D1525024

LEXIQUE DE LA PROSE LATINE
DE LA RENAISSANCE

LEXIQUE DE LA PROSE LATINE DE LA RENAISSANCE

PAR

RENÉ HOVEN

E.J. BRILL
LEIDEN · NEW YORK · KÖLN
1994

The paper in this book meets the guidelines for permanence and durability of the Committee on Production Guidelines for Book Longevity of the Council on Library Resources.

Library of Congress Cataloging-in-Publication Data

Hoven, René.
Lexique de la prose latine de la renaissance / par René Hoven.
p. cm.
Includes bibliographical references
ISBN 9004096566 (cloth)
1. Latin prose literature, Medieval and modern—Concordances.
2. Latin language, Medieval and modern—Glossaries, vocabularies.
3. Renaissance. I. Title.
PA8081.H68 1993
878.008'30809—dc20 93–18610
CIP

Die Deutsche Bibliothek – CIP-Einheitsaufnahme

Hoven, René:
Lexique de la prose latine de la renaissance / par René Hoven.
– Leiden ; New York ; Köln : Brill, 1993
ISBN 90-04-09656-6

ISBN 90 04 09656 6

PRINTED IN THE NETHERLANDS

TABLE DES MATIÈRES

INTRODUCTION

Au cours des dernières décennies, l'intérêt croissant pour les études néo-latines – marqué notamment par la création de l'*Association internationale d'études néo-latines* ou *Societas internationalis studiis neolatinis prouehendis*[1] et par l'organisation depuis 1971 de huit importants Congrès internationaux – a mis en relief le manque criant d'instruments de travail adéquats, particulièrement l'absence de tout dictionnaire néo-latin.

La réalisation d'un dictionnaire couvrant, dans le temps comme dans l'espace, tout le domaine néo-latin exigerait une entreprise collective de très grande envergure. Plus modestement, le présent *Lexique*, fruit d'un travail individuel de longue haleine, se limite, comme son titre l'indique, à la prose de la Renaissance, c'est-à-dire à la première période, capitale d'ailleurs, de la littérature néo-latine; un examen valable du vocabulaire poétique de la même époque aurait demandé, à notre sens, une approche particulière, plus délicate, que nous n'avons pas entreprise . . . mais qui tentera peut-être d'autres chercheurs.

Certes, conformément au principe même de l'Humanisme de la Renaissance, qui rejette comme « barbare » le latin médiéval et entend revenir aux modèles de l'Antiquité[2], la plus grande partie du vocabulaire utilisé par les auteurs latins de la Renaissance – et plus généralement par les auteurs néo-latins – figure dans les dictionnaires latins traditionnels, qu'il importe de consulter en premier lieu. Mais tous les lecteurs de textes néo-latins savent que maintes fois une telle consultation se fait en vain, car pour diverses raisons les auteurs néo-latins emploient aussi de nombreux termes ignorés du latin de l'Antiquité, ainsi que des mots anciens pourvus d'une acception nouvelle.

Si l'on veut éviter de le gonfler peu utilement, on concevra donc tout dictionnaire relatif au néo-latin non comme un ouvrage complet par lui-même mais comme un supplément aux dictionnaires qui concernent l'Antiquité. Pour des raisons de clarté et surtout pour la commodité des utilisateurs, nous avons pour notre

---

[1] désignée couramment sous son appellation anglaise *International Association for Neo-Latin Studies*, en abrégé IANLS.

[2] avec une sélectivité qui varie selon les auteurs et qui peut aller jusqu'aux excès du cicéronianisme.

part estimé préférable de prendre pour base un seul de ces dictionnaires. Puisque nous voulions composer un lexique latin-français qui satisfasse aux exigences scientifiques tout en restant de consultation aisée, notre choix s'est naturellement porté sur un ouvrage qui, pour le latin de l'Antiquité, répond dans une très large mesure aux mêmes critères et qui offre en outre l'avantage d'une très grande diffusion: le *Dictionnaire latin-français* de F. Gaffiot.

Pour préparer ce *Lexique*, nous avons lu – entièrement ou partiellement – les oeuvres en prose de quelque 150 auteurs[3], de Pétrarque à Juste Lipse († 1606); si jusqu'au milieu du XVe siècle, il s'agit bien entendu presque exclusivement d'Humanistes italiens, le choix s'étend ensuite géographiquement pour couvrir au XVIe siècle toute l'Europe occidentale et centrale. Pour une cinquantaine d'auteurs, nous n'avons lu, il est vrai, que quelques pages présentées dans des anthologies; mais il en est beaucoup d'autres, surtout parmi les plus importants, pour lesquels nous avons dépouillé de gros volumes, voire les *Opera omnia.* Nos textes offrent également une grande variété de genres: de la littérature proprement dite aux sciences, en passant par les recueils de correspondance, les ouvrages scolaires, l'histoire, le droit, la philosophie, la théologie, sans oublier les traductions latines de textes grecs de l'Antiquité.

Cette lecture de milliers et de milliers de pages – lecture que nous aurions pu poursuivre longtemps encore, tant est grande la masse des textes à explorer – nous a fourni la matière de 8550 notices[4], où l'on doit distinguer deux grands groupes: plus de 7100 notices concernent les mots non signalés par Gaffiot; environ 1400 se rapportent à des termes qui figurent dans son *Dictionnaire* mais qui sont employés par nos auteurs dans un sens différent (les notices de ce deuxième groupe sont précédées du signe +). Quant au nombre total d'acceptions relevées, il atteint 9150.

Chaque notice, rédigée de manière aussi succincte que possible, comporte: le mot latin avec ses variantes graphiques éventuelles; le ou les sens retenus, avec pour chaque sens de une à trois références, complétées au besoin par une brève citation; s'il y a lieu, nous ajoutons: des remarques portant sur l'origine du mot et sur sa formation; les réserves émises par les utilisateurs

---

[3] v. liste alphabétique, avec indication des éditions utilisées, pp. xiv–xxviii.

[4] compte non tenu des simples renvois: variantes orthographiques, mots faisant partie d'une expression traitée sous un autre de ses termes.

eux-mêmes (*ut ita dicam, uulgo . . .*) ainsi que les critiques ou condamnations formulées par des auteurs particulièrement soucieux du bon usage linguistique, comme Valla[5] et Cornelius Crocus[6]; des rapprochements avec d'autres termes; le renvoi à un ouvrage ou article moderne . . . Dans le cas où nos lectures nous ont permis de recueillir pour tel mot dans telle acception plus de trois références, nous empruntons si possible les trois références retenues à des auteurs différents, avec subsidiairement une priorité pour les textes les plus anciens, et nous ajoutons la mention « etc. » ; celle-ci est remplacée par « fréq. » (= fréquent) si nous disposons de plus de dix références provenant d'au moins cinq auteurs.

En outre, nous indiquons éventuellement par un signe conventionnel la période de la latinité où – d'après les renseignements que nous avons recueillis – tel mot a été employé pour la première fois dans tel sens donné:

*** en latin « classique » ;
** en latin « tardif » ;
* en latin médiéval.

Cette question mérite quelque développement. Tout d'abord, nous avons jugé utile de distinguer dans le latin de l'Antiquité deux grandes périodes, la césure se situant vers l'an 200 de notre ère; faute de termes vraiment adéquats, nous parlerons jusqu'à cette date de latin « classique » au sens large et pour la période du IIIe au VIe siècle de latin « tardif », formule abrégée pour « latin de l'Antiquité tardive », qui permet d'éviter les expressions à connotation péjorative comme « latin de la décadence » ou « bas-latin ». Si la plupart des dictionnaires englobent indistinctement les deux périodes, F. Gaffiot écrit dans sa *Préface* : « il va de soi que le latin de la décadence n'a pas été et ne pouvait pas être traité avec les mêmes développements que le latin classique » ; quant à l'*Oxford Latin Dictionary*, il exclut complètement la deuxième période, à laquelle au contraire se consacrent entièrement le *Dictionnaire latin-français des auteurs chrétiens* d'A. Blaise (= BLAISE I) et *A glossary of later Latin to 600 A.D.* de A. Souter.

Dans notre *Lexique*, le signe *** est toujours étayé par une référence précise (exceptionnellement deux) à un passage d'auteur « classique », le plus souvent repéré grâce à la consultation systématique du *Thesaurus linguae Latinae*, suppléé pour les

[5] surtout dans ses *Elegantiae*, mais aussi dans d'autres oeuvres.
[6] dans sa *Farrago sordidorum uerborum*.

dernières lettres de l'alphabet par le *Totius Latinitatis Lexicon* de Forcellini. On ne rencontrera ce signe que 48 fois, y compris 5 cas où notre interprétation diverge de celle de Gaffiot et 23 où il s'agit seulement de variantes, dont certaines n'apparaissent même pas dans les apparats critiques de nos éditions modernes, mais figurent dans des éditions anciennes, où les auteurs de la Renaissance ont pu les lire; il ne reste donc que 20 cas où l'on peut vraiment parler d'omission de la part de Gaffiot.

Quant au signe **, symbolisant le latin « tardif », nous l'utilisons environ 850 fois, après recours au *Thesaurus* – suppléé par Forcellini pour les mots commençant par N, P partim et Q-Z – et aux ouvrages de Blaise et de Souter mentionnés plus haut. Ce nombre nettement plus élevé n'a rien d'étonnant: n'oublions pas qu'ici Gaffiot ne se veut pas exhaustif, même s'il emprunte de nombreuses références aux auteurs de cette période, et souvenons-nous que c'est notamment l'époque des Pères de l'Église, dont les oeuvres ont été lues abondamment à la Renaissance.

Pour le latin médiéval (noté ici par le signe*), dont le vocabulaire est extrêmement diversifié, un gros effort a été entrepris depuis quelques décennies: le chercheur dispose de plusieurs dictionnaires, qui ont chacun leur spécificité, mais dont les plus importants sont loin d'être achevés. Pour notre comparaison, nous avons choisi cinq de ces ouvrages: le *Mediae Latinitatis Lexicon minus* de J. F. Niermeyer, surtout orienté vers les textes historiques; le *Lexicon Latinitatis Medii Aevi* de A. Blaise (= BLAISE II), qui concerne essentiellement le « latin chrétien » ; *Medieval Latin word-List from British and Irish Sources* de J. H. Baxter; les deux suivants, qui comptent déjà plusieurs volumes, sont encore en cours de publication: le *Lexicon Latinitatis Nederlandicae Medii Aevi* de J.W. Fuchs (lettres A à Me-) et le *Novum Glossarium Mediae Latinitatis* (lettres L à Pa-), parfois surnommé « le nouveau Du Cange ».

Faute de dictionnaire néo-latin, certains auteurs de dictionnaires médiévaux ont tendance à déborder sur le domaine néo-latin, ce qui pour notre propos risquerait, si l'on n'y prenait pas garde, de « brouiller les cartes ». Ainsi, le recueil de Baxter utilise expressément des textes du XVIe siècle (y compris les oeuvres de Thomas More!), facilement repérables à vrai dire, puisque dans cet ouvrage les références sont remplacées par des dates. Quant à Blaise, il écrit dans son *Avertissement* (p. V): « nous faisons intervenir quelquefois (environ 1 % du texte) des termes ou locutions appartenant au latin moderne » ; mais aucun signe ne permet de distinguer à première vue et à coup sûr ces termes néo-latins de la masse des mots médiévaux, et parfois l'absence de toute référence rend impossible une vérification.

Après consultation des cinq dictionnaires précités et tout en prenant les précautions nécessitées par la situation que nous venons de décrire, nous avons été amené à utiliser le signe * près de 1600 fois. Quand on pense au mépris affiché par les Humanistes face au caractère « barbare » du latin médiéval, ce nombre a de quoi surprendre; le maintien de toute une tranche de vocabulaire médiéval dans le latin de la Renaissance a certes déjà été signalé[7], mais le problème mériterait, pensons-nous, une étude approfondie, à laquelle devraient collaborer spécialistes du latin médiéval et néo-latinistes. Contentons-nous ici de deux observations d'ordre général: tout d'abord, on rencontre dans les mots et acceptions en question de nombreux termes « techniques », difficilement évitables: mots de la vie courante (mesures, poids, monnaies, vêtements, titres, fonctions . . .), « latin chrétien » (croyances, institutions . . .), langage juridique . . . ; ensuite, c'est ici aussi que l'on trouve le plus souvent les réserves émises par les auteurs eux-mêmes et les critiques d'un Valla ou d'un Crocus (v. *supra*, p. ix).

*

*   *

En ce qui concerne l'orthographe latine, une remarque importante s'impose: contrairement à Gaffiot, nous ne distinguons pas *i* et *j*, *u* et *v*; nous écrivons partout *i* et *u* (*V* à l'initiale majuscule) et nous avons bien entendu établi sur ces bases l'ordre alphabétique.

Pour le reste, on rencontre dans les textes néo-latins de très nombreuses variantes de graphies, dues d'ailleurs autant aux éditeurs et aux imprimeurs qu'aux auteurs eux-mêmes; nous avons pour notre part relevé les principales variantes et, chaque fois que cela nous a paru nécessaire, nous avons prévu des renvois à leur place alphabétique.

De toutes manières, le lecteur de textes latins de la Renaissance ne doit pas se laisser désorienter par les innombrables confusions entre *ae* et *e*, *ae* et *oe*, *i* et *y*, *ci* et *ti*, par la présence ou l'absence de *h* à l'initiale ou à l'intérieur d'un mot . . . ; en outre, pour les mots dérivés du grec, il doit penser aux effets possibles de la

---

[7] cf. notamment J. IJSEWIJN, *Companion to Neo-Latin Studies*, 1ère éd., pp. 243–4.

prononciation byzantine, notamment l'iotacisme (η, υ, ει, οι prononcés i), αι prononcé é, β prononcé u (w).

*

* *

Pour faciliter certains rapprochements et certaines recherches, nous avons ajouté à la fin de l'ouvrage (pp. 389–427) trois séries de listes récapitulatives: mots d'origine non-latine, surtout d'origine grecque[8]; diminutifs; mots classés d'après certains suffixes ou terminaisons. Puisqu'il s'agit ici des mots eux-mêmes et non de leur signification, nous n'avons pas repris dans ces listes les mots qui figurent déjà dans le *Dictionnaire* de Gaffiot et qui dans notre *Lexique* sont précédés du signe +.

*

* *

Tel qu'il est, avec ses limites, ce *Lexique* ambitionne d'être un instrument de travail utile au chercheur chevronné comme à l'étudiant novice; puisse-t-il ne pas trop décevoir le premier et ne jamais égarer le second!

Si, malgré les précautions prises aux différentes étapes de ce travail, des erreurs se sont glissées dans notre texte, nous prions les lecteurs attentifs de bien vouloir nous en faire part; d'avance, nous les en remercions très vivement. De même, nous serions très reconnaissant à ceux qui nous transmettraient des renseignements de nature à éliminer points d'interrogation et expressions dubitatives[9].

Il nous reste à exprimer notre plus vive gratitude à toutes celles et à tous ceux qui nous ont apporté aide, conseil, encouragement; nous n'en citerons que quelques-uns, en priant tous les autres de bien vouloir nous excuser.

Tous nos remerciements vont à M. J. Chomarat (Paris-Sorbonne), qui nous a généreusement confié son précieux fichier de vocabulaire érasmien; à M. L. Valcke (Sherbrooke), qui

[8] sans essai de distinction entre les mots tirés directement du grec et ceux qui auraient été formés au départ d'un mot de la même famille, d'origine grecque mais déjà latinisé.

[9] Adresse privée: Avenue du Monument 24, B–6900 Marche-en-Famenne.

a attiré notre attention sur l'interprétation d'un passage de la *Vita* de Jean Pic de la Mirandole due à son neveu Jean-François; à M. J. IJsewijn (Leuven, K.U.L.), à M. C.L. Heesakkers (Leiden), aux responsables et aux participants du Congrès de l'IANLS à Copenhague en août 1991.

Nous nous tournons aussi vers la Faculté de Philosophie et Lettres de l'Université de Liège, où nous adressons nos vifs remerciements à MM. A. Motte, M. Dubuisson, P. Wathelet, A. Deisser, et où nous devons une reconnaissance toute particulière à l'équipe de l'Institut d'Histoire de la Renaissance et de la Réforme: MM. L.-E. Halkin, J.-P. Massaut et Fr. Bierlaire.

D'avance, un tout grand et amical merci à M. L. Maka, qui spontanément nous a proposé son aide et son expérience pour la tâche ingrate de la correction des épreuves.

Enfin, nous adressons nos chaleureux remerciements aux responsables des Éditions E.J. Brill, qui offrent à notre Lexique l'enseigne prestigieuse de leur Maison: « *Tuta sub aegide Pallas* ».

Décembre 1992

René HOVEN
Université de Liège
Institut d'Histoire de la
Renaissance et de la Réforme

AUTEURS ET TEXTES LATINS DE LA RENAISSANCE

Remarques préliminaires

I. Dans cette liste alphabétique, les auteurs et textes sont cités en premier lieu sous la forme – souvent abrégée – que nous avons adoptée pour les références.
Voir aussi dans l'ordre alphabétique l'explication des mentions *Mon.*, *Praef.*, *Pros.* et *Reden.*

II. En principe, chaque référence comporte également:
a) s'il y a lieu, le tome ou le « livre » (en chiffres romains, éventuellement complétés par une deuxième indication, p. ex. III A, I–3, IX/2);
b) la page ou colonne (plus rarement le folio, suivi alors de la mention r° ou v°);
c) la ligne.
Dans les cas où un autre système de références a été adopté (chapitre, n° de lettre . . .), nous le signalons expressément.

III. Sauf indication contraire (dépouillement partiel, références occasionnelles . . .), tous les textes latins en prose figurant dans les éditions mentionnées ont été dépouillés.

*

*   *

ACCURSIUS in *Praef.* = Bonus ACCURSIUS; ? – ca. 1485.

AGNELIUS = AGNELIUS Salernitanus; 2e moitié XVe s.? cf. P.S. Piacentini, *Lettere di un ignoto Umanista,* dans *Humanistica Lovaniensia,* XXIX (1980), pp. 121–146.

AGNOLELLI = Felice AGNOLELLI; fin XIVe – début XVe s. cf. C. Bianca, *Monumentum laudis*: *una lettera di Felice Agnolelli a Coluccio Salutati,* dans *Humanistica Lovaniensia,* XXIX (1980), pp. 1–12.

AGR. G = Georges/Georgius AGRICOLA; 1494–1555. *Bermannus siue De re metallica,* Bâle, 1530; nous citons d'après l'éd. de R. Halleux & A. Yans, Paris, 1990.

AGRIPPA = Henri Corneille AGRIPPA; 1486–1535. *De nobilitate et praecellentia foeminei sexus,* Anvers, 1529; nous citons d'après l'éd. de Ch. Béné (et alii), Genève, 1990 (Travaux d'Humanisme et Renaissance, n° 243).

AL. = Jérôme ALÉANDRE/Hieronymus ALEANDER; 1480–1542.
- Jovy II = textes publiés par E. Jovy en appendice à son étude *François Tissard et Jérôme Aléandre, 2e fascicule. Premier séjour d'Aléandre à Paris. Aléandre à Orléans*, Vitry-le-François, 1900 (pp. 93–131).
- Jovy III = id., *3e fascicule. Le second séjour d'Aléandre* . . . , Vitry-le-François, 1913 (pp. 213–269 et 292–333).
- Paquier = J. Paquier, *Jérôme Aléandre et la Principauté de Liège (1514–1540). Documents inédits*, Paris, 1896.

ALCIAT in *Pros.* = André ALCIAT/ Andreas ALCIATUS; 1492–1550.

ALDE in *Praef.* = ALDE MANUCE l'Ancien/ ALDUS MANUTIUS Maior; ca. 1450–1515.

AMERB. = *Die Amerbachkorrespondenz*, éd. A. Hartmann, puis B. R. Jenny, Bâle, en cours de publication depuis 1942; tomes I à IX/2. – Concerne la famille AMERBACH (IUS)/AMORBACH (IUS); il y a lieu de distinguer les divers membres de la famille:
AMERB. Bas. 1 = Basile, fils de Jean, 1488–1535;
AMERB. Bas. 2 = Basile, fils de Boniface et petit-fils de Jean, 1533–1591;
AMERB. Bon = Boniface, fils de Jean, 1495–1562;
AMERB. Br. = Bruno, fils de Jean, 1484–1519;
AMERB. J. = Jean, ca. 1443–1513.
[références: tome, n° de la lettre, ligne]

ANDREAS in *Praef.* = Ioannes ANDREAS; 1417–1475.

APH. = Petrus APHERDIANUS, ca. 1510–1580.
Tyrocinium linguae Latinae, Anvers, 1552; reprint La Haye, 1976.

ARCERIUS in *Praef.* = Ioannes ARCERIUS; 1538–1604.

ARGYR. in *Reden* = Ioannes ARGYROPULOS; ca. 1415–1487.

ARL. = Antoine ARLIER/ Antonius ARLERIUS; ca. 1502–1545. *Correspondance*, éd. J. N. Pendergrass, Genève, 1990 (Travaux d'Humanisme et Renaissance, n° 244).

ASULANUS in *Praef.* = François d'ASOLA/ Franciscus ASULANUS; fin XVe – début XVIe s.

BARL. = Adrien BARLAND/ Adrianus BARLANDUS; 1486–1538. Correspondance publiée par E. Daxhelet dans son ouvrage *Adrien Barlandus, Humaniste Belge*, Louvain, 1938 (Coll. Humanistica Lovaniensia, n° 6).
[références: n° de la lettre, ligne]

BARON = Stephen BARON/ Stephanus BARO; ca. 1470/80–1520?

De regimine principum (1509), éd. P.J. Mroczkowski, New York, 1990.

BAUDOUIN in *Pros.* = François BAUDOUIN/ Franciscus BALDUINUS; 1520–1573.

BB^2 = *Bibliotheca Belgica. Bibliographie générale des Pays-Bas*, rééd. M.-Th. Lenger, Bruxelles, 1964–1970 (tomes I, II et VI: références occasionnelles à des adresses typographiques du XVIe s.). [références: tome, page]

BÈZE = Théodore de BÈZE/ Theodorus BEZA; 1519–1605.
Correspondance, éd. F. Aubert (et alii), Genève, en cours de publication depuis 1960; tomes I à XIV (Travaux d'Humanisme et Renaissance, n[os] divers).

BOD. = Jean BODIN/ Ioannes BODINUS; 1530–1596.
Oeuvres philosophiques, t. I, éd. P. Mesnard, Paris, 1951.

BOV. = Charles de BOVELLES; 1479–1566.
- Nih. = *De nihilo*, Paris, 1510–1511; nous citons d'après l'éd. de P. Magnard (*Le livre du néant*), Paris, 1983 (Coll. De Pétrarque à Descartes, XLIV).
- Opp. = *Ars oppositorum*, Paris, 1510–1511; nous citons d'après l'éd. de P. Magnard (*L'art des opposés*), Paris, 1984 (Coll. De Pétrarque à Descartes, XLVII).
- Sap. = *De sapiente*, Paris, 1510–1511; nous citons d'après l'éd. de P. Magnard (*Le livre du Sage*), Paris, 1982 (Coll. De Pétrarque à Descartes, XLII).

BRENTA in *Reden* = Andreas BRENTA/ BRENTIUS; ca. 1454–1484.

BRIÇ. = Guillaume BRIÇONNET; 1472–1534.
Duo sermones synodales (1519–1520), éd. M. Veissière, dans *Humanistica Lovaniensia*, XXVII (1978), pp. 89–127.

BRUNI = Leonardo BRUNI ARETINO; 1370–1444.
Textes publiés par H. Baron dans *Humanistische-philosophische Schriften* . . . , Leipzig-Berlin, 1928 (pp. 3–49 et 70–149).

BUC. = Martin BUCER/ Martinus BUCERUS; 1491–1551.
- Corr. = *Correspondance*, éd. J. Rott, t. I et II, Leiden, Brill, 1979 et 1989.
  [références: tome, n° de la lettre, ligne]
- Op. lat. = *Opera latina*, t. I, Leiden, Brill, 1982; t. II, 1988; t. IV, 1988; t. XV, Paris, 1955.

BUDÉ = Guillaume BUDÉ/ Gulielmus BUDAEUS; 1468–1540.
Opera omnia, 4 vol., Bâle, 1557; reprint Farnborough, 1966.

[références: le t. III comportant deux parties ayant chacune une pagination distincte, nous précisons: III A = *Annotationes in Pandectas,* III B = *Forensia*]

BULL. = Heinrich/ Henricus BULLINGER; 1504–1575.
- Corr. = *Briefwechsel,* t. I, Zurich, 1973.
- Gr. = *Korrespondenz mit den Graubündern,* éd. Fr. Schiess, 3 vol., Bâle, 1904–1906; reprint Nieuwkoop, 1968.
- Stud. = *Studiorum ratio* (1528), éd. P. Stolz, Zurich, 1987.

BUSL. = Jérôme BUSLEYDEN: Hieronymus BUSLIDIUS/ BUSLIDIANUS; ca. 1470–1517.
- Ep. = *Epistolae,* éd. H. De Vocht dans *Jérôme de Busleyden,* Turnhout, 1950 (Coll. Humanistica Lovaniensia, n° 9) pp. 275–473.
  [références: n° de la lettre, ligne]
- Or. = *Orationes,* pp. 258–274 du même ouvrage.
  [références: p. ex. A, (ligne) 7, les *Orationes* étant classées de A à E]

CALV. = Jean CALVIN/ Ioannes CALVINUS; 1509–1564.
Opera omnia, t. I à XX (= *Corpus Reformatorum,* t. 29 à 48), Braunschweig, 1863–1879; reprint 1964

CARBO in *Reden* = Ludovicus CARBO; 1435–1482.

CASAUBON in *Praef.* = Isaac CASAUBON/ CASAUBONUS; 1559–1614.

CAST. = Sébastien CASTELLION/ Sebastianus CASTELLIO; ca. 1515–1563.
- De arte = *De arte dubitandi et confitendi, ignorandi et sciendi,* éd. E. Feist-Hirsch, Leiden, Brill, 1981.
  [références: livre, chapitre, ligne]
- Haer. = *De haereticis non puniendis,* éd. B. Becker, Genève, 1971 (Travaux d'Humanisme et Renaissance, n° 118).

CASTILIONENSIS in *Reden* = Franciscus CASTILIONENSIS; ? – 1484.

CATH. = Ambroise CATHARIN/ Ambrosius CATHARINUS; 1483–1553.
- Assert.
- Disput.
- Enarr.

  = *Enarrationes. Assertiones. Disputationes,* Rome, 1551–1552; reprint Ridgewood, 1964.
- Opusc. = *Opuscula,* Lyon, 1542; reprint Ridgewood, 1964.
  [références: le volume d'*Opuscula* comportant trois parties ayant chacune une pagination distincte, nous précisons: I = 1ère partie, *De praescientia,* etc; II = 2e partie, *De certa gloria* . . . ;

III = 3e partie, *Disputatio pro immaculata . . . conceptione*, etc.]

CAUCIUS in *Pros.* = Antoine CAUCHIE/ Antonius CAUCIUS; 2e moitié XVIe s.

CELT. = Conrad/Konrad CELTIS; 1459–1508.
Briefwechsel, éd. H. Rupprich, Munich, 1934.
[références: n° de la lettre, ligne]
N.B. Nous n'avons pas dépouillé les lettres de certains correspondants, notamment J. Tolhopf, dont le latin est encore « barbare ».

CHANS. = Claude CHANSONNETTE/ Claudius CANTIUNCULA; ca. 1490–1549.
cf. A. Rivier, *Claude Chansonnette, jurisconsulte messin, et ses lettres inédites*, Bruxelles, 1880 (Mémoires couronnés par l'Académie Royale de Belgique, t. XXIX).

CLAM. = Nicolas de CLAMANGES; ca. 1360–1437.
Lettres publiées par D. Cecchetti en appendice à son étude *L'evoluzione del latino-romanistico in Francia*, Paris, 1986.

CLÉMENT VII in *Praef.* = CLEMENS VII; 1478–1534; Pape de 1523 à 1534.

CLEN. = Nicolas CLÉNARD/ Nicolaus CLENARDUS; 1493/94–1542.
Correspondance, éd. A. Roersch, Bruxelles, 1940.
[références: n° de la lettre, ligne]

CLICHT. = Josse CLICHTOVE/ Iudocus CLICHTOVEUS; 1472/73–1543. *De bello et pace*, Paris, 1523.

CLUS. = Charles DE L'ÉCLUSE/ Carolus CLUSIUS; 1526–1609.
Caroli Clusii Atrebatis ad Thomam Redigerum et Joannem Cratonem Epistolae, éd. P. F. X. De Ram, Bruxelles, 1847.

CORD. = Mathurin CORDIER/ Maturinus CORDERIUS; 1479–1564.
Colloquia scholastica, Genève, 1564; nous citons d'après une rééd. de Francfort, 1698.
[références: livre, n° du colloque]

CRAN. = François CRANEVELT/ Franciscus CRANEVELDIUS; 1485–1564.
Literae virorum eruditorum ad Franciscum Craneveldium, éd. H. De Vocht, Louvain, 1928 (Coll. Humanistica Lovaniensia, n° 1).
[références: n° de la lettre, ligne]

CRESTON in *Praef.* = Jean CRESTON de Plaisance/ Ioannes CRASTONUS; 2e moitié XVe s.

CROC. = Cornelius CROCUS; ca. 1500–1550.
- Coll. = *Colloquiorum puerilium formulae*, Cologne, 1534 [références: faute de pagination, nous avons eu recours aux signatures des cahiers, p. ex. f(olio) D 1 r°, (ligne) 20]
- Farr. = *Farrago sordidorum verborum*, joint à Érasme, *Paraphrasis . . . in Elegantiarum libros Laurentii Vallae*, Cologne, 1529; nous citons d'après une rééd. de Lyon, S. Gryphe, 1542.

CRUC. = Laevinus CRUCIUS; ca. 1488– ca. 1555.
Correspondance éd. par M.-J. Desmet-Goethals dans son étude *Levinus Crucius en zijn Threnodia*, Bruxelles, 1985 (pp. 44–97). [références: n° de la lettre, ligne]

CUEVA = Martinus CUEVA; milieu XVIe s.
De corrupto docendae grammaticae Latinae genere, Anvers, 1550.

CURTERIUS in *Praef.* = Ioannes CURTERIUS; 2e moitié XVIe s.

DOLET = Étienne DOLET/ Stephanus DOLETUS; 1509–1546.
De imitatione Ciceroniana, Lyon, 1535; reprint dans E. Telle, *L'Erasmianus siue Ciceronianus d'Étienne Dolet*, Genève, 1974 (Travaux d'Humanisme et Renaissance, n° 138).

DORP = Martin DORP/ Martinus DORPIUS; 1485–1525.
Orationes IV, éd. J. IJsewijn, Leipzig, 1986 (Bibliotheca Teubneriana).

DU MOULIN in *Pros.* = Charles DU MOULIN/ Carolus MOLINAEUS; 1500–1566.

ER. = Désiré ÉRASME/ Desiderius ERASMUS; 1469 ? – 1536.
- Allen = *Opus epistolarum*, éd. P. S. Allen (et alii), 12 vol., Oxford, 1906–1958.
  [références: tome, n° de la lettre, ligne; pour le t. I jusqu'à la p. 71: tome, page, ligne]
- ASD = *Opera omnia*, Amsterdam, en cours de publication depuis 1969: t. I-1 à I-6; II-4 à II-6; IV-1 à IV-3; V-1 à V-3; IX-1 et IX-2.
- Ferg. = *Opuscula*, éd. N.K. Ferguson, La Haye, 1933.
  (pour les textes dont l'attribution à ER. est douteuse, nous écrivons [ER.]).
- LB = *Opera omnia*, Leiden (Lugdunum Batavorum), 1703–1706; tomes I, II, V, VI, IX et X (dépouillement partiel et références occasionnelles).
  [références: tome, colonne, subdivision de A à F]

ESTIENNE in *Praef.* = Henri II ESTIENNE/ Henricus II STEPHANUS; 1528–1598.

FERNEL in *Pros.* = Jean FERNEL/ Ioannes FERNELIUS; ca. 1506–1558.

FIC. = Marsile FICIN/ Marsilius FICINUS; 1433–1499.
- Conv. = *Commentarium in Convivium Platonis, de Amore*; nous citons d'après l'éd. de R. Marcel dans son ouvrage *Marsile Ficin. Sur le Banquet de Platon ou de l'Amour*, Paris, 1956 (Les Belles Lettres; Coll. Les Classiques de l'Humanisme).
- O.O. = *Opera omnia*, 2 vol., Paris, 1641 (dépouillement partiel: t. I, pp. 1–73; 415–655; 700–1036).
- Theol. = *Platonica theologia. De immortalitate animorum* + *Opuscula theologica*; nous citons d'après l'éd. de R. Marcel: *Théologie platonicienne. De l'immortalité de l'âme*, 3 vol., Paris, 1964–1970 (Les Belles Lettres; Coll. Les Classiques de l'Humanisme).

FICHET = Guillaume FICHET/ Guillermus FICHETUS; 1433– ca. 1480. cf. E. Beltran, *Humanistes français du milieu du XVe siècle. Textes inédits* . . . , Genève, 1989, pp. 137–169 (Travaux d'Humanisme et Renaissance, n° 235).

GAG = Robert GAGUIN/ Robertus GAGUINUS; 1433–1501. *Epistole et Orationes*, 2 vol., éd. L. Thuasne, Paris, 1903.

GERBELIUS in *Praef.* = Nicolaus GERBELIUS; 1485–1560.

GOES in *Mon.* = Damião de GOES/ Damianus a GOES; 1502–1574.

GRYNAEUS in *Praef.* = Simon GRYNAEUS; 1493/94–1541.

GUAR. 1 = GUARINO Veronese/ GUARINUS Veronensis; 1374–1460.
- Doc. = *Documenti*, publiés par R. Sabbadini dans *La scuola e gli studi di Guarino Guarini Veronese*, Catane, 1896, pp. 165–230; reprint sous le titre *Guariniana*, 2, a cura di M. Sancipriano, Turin, 1964.
- Inaug. = *Acht Inauguralreden des Veronesers Guarino und seines Sohns Battista*, éd. K. Müllner, dans *Wiener Studien*, 18 (1896), pp. 282–306.

GUAR. 2 = Baptista GUARINUS; 1435–1505 (fils de GUAR. 1).
- Inaug. (v. *supra*), dans *Wiener Studien*, 19 (1897), pp. 126–143.
- Ord. = *De ordine docendi ac studendi*, éd. L. Piacente, Bari, 1975.

GYR = Lilius Gregorius GYRALDUS; 1478–1552.

De poetis nostrorum temporum, Florence, 1551; nous citons d'après l'éd. de K. Wotke, Berlin, 1894 (Lateinische Litteraturdenkmäler, n° 10).

HAL. = Georges d'HALLUIN/ Georgius HALOINUS; ca. 1470–1536/37.
Restauratio linguae Latinae, Anvers-Ypres, 1533; nous citons d'après l'éd. de C. Matheeussen, Leipzig, 1978 (Bibliotheca Teubneriana).

HAZ. = Pierre de la HAZARDIÈRE; ca. 1400–1465.
cf. E. Beltran, *Humanistes français du milieu du XVe siècle. Textes inédits . . .*, Genève, 1989, pp. 17–25 (Travaux d'Humanisme et Renaissance, n° 235).

HEG. = Christophe HEGENDORF/ Christophorus HEGENDORPHINUS; 1500–1540.
- Chr. = *Christiana studiosae iuuentutis institutio*, s. l., 1526 [références: faute de pagination, nous avons eu recours aux signatures des cahiers, p. ex. f.(olio) A 5 v°, (ligne) 25]
- Meth. = *Methodus conscribendi epistolas*, Haguenau, 1526; nous citons d'après une rééd. de Paris, Wechel, 1534.

HOTM. = François HOTMAN/ Franciscus HOTOMANUS; 1524–1590.
Francogallia, Genève, 1573; nous citons d'après la rééd. de Cambridge, 1972.

HUGO in *Reden* = HUGO de Senis/Ugo BENZI/ Hugo BENTIUS; 1376–1439.

HUTT. = Ulrich von HUTTEN/ Ulrichus HUTTENUS; 1488–1523.
Opera . . . omnia, éd. E. Böcking, 5 vol., Leipzig, 1859–1861.

JON. = Iustus JONAS; 1493–1555.
Briefwechsel, éd. G. Kawerau, 2 vol., Halle, 1884–1885; reprint Hildesheim, 1964.

LAGUNA in *Pros.* = André LAGUNA; ca. 1499–1560.

LAMOLA in *Reden* = Ioannes LAMOLA; 1407–1449.

LANDINO in *Reden* = Cristoforo LANDINO/ Christophorus LANDINUS; 1424– ca. 1498.

LAPUS. in *Reden* = LAPUS Casteliunculus; 1405–1438.

LASCARIS. in *Praef.* = Ianus/Ioannes LASCARIS; ca. 1445– ca. 1535.

LAT. = Barthélemy LATOMUS/ Bartholomaeus LATOMUS; ca. 1485–1570.

cf. *Deux discours inauguraux*, éd. L. Bakelants, Bruxelles, 1951 (Coll. Latomus, n° 5).

LEF. = Jacques LEFÈVRE D'ÉTAPLES/ Iacobus FABER STAPULENSIS; ca. 1460–1536.
The Prefatory Epistles of Jacques Lefèvre d'Étaples and related texts, éd. E. F. Rice, New York & Londres, 1972.

LÉON X in *Praef.* = LEO X; 1475–1521; Pape de 1513 à 1521.

LIPSE = Juste LIPSE/ Iustus LIPSIUS; 1547–1606.
- Ep. = *Iusti Lipsi Epistolae*, Brussel, en cours de publication depuis 1978; t. I, II et III.
  [références: tome, n° de la lettre, ligne]
- O.O. = *Opera omnia*, 4 vol., Anvers, 1637 (dépouillement partiel: t. III, pp. 235–366, *Poliorcetica*; t. IV, pp. 365–420, *De Constantia*).

LUTH. = Martin LUTHER/ Martinus LUTHERUS; 1483–1546.
- WA = *Werke*, Weimarer Ausgabe, 1883–; reprint, 1964 et 1966 (dépouillement partiel: t. X/2, pp. 180–222, *Contra Henricum Regem Angliae*; t. XVIII, pp. 600–787, *De seruo arbitrio*, en outre, références occassionnelles au t. VII).
- WA Br. = *Werke. Briefwechsel*, Weimarer Ausgabe, 1930–; reprint, 1969 (dépouillement des t. I. et II; références occasionnelles aux t. III et VII).
  [références: tome, n° de la lettre, ligne]

MAIORANUS. in *Praef.* = Nicolaus MAIORANUS; milieu XVIe s.

MAN. P. = Paul MANUCE/ Paulus MANUTIUS; 1512–1574. *Epistolae selectae*, éd. M. Fickelscherer, Leipzig, 1892.

MANRIQUE in *Mon.* = Rodrigo MANRIQUE/ Rodericus MANRICUS; 1ère moitié XVIe s.

MARN. = Philippe MARNIX de Sainte-Aldegonde/ Philippus MARNIXIUS; 1540–1598.
Epistulae, t. I, éd. A. Gerlo & R. De Smet, Bruxelles, 1990.
[références: tome, n° de la lettre, ligne]

MEL. = Philippe/ Philippus MELANCHTHON; 1497–1560.
- O.O. = *Opera omnia*, 28 vol. (= *Corpus Reformatorum*, 1 à 28), Halle, 1834–1860; reprint 1963 (dépouillement des t. I et II; références occasionnelles aux t. III et VII; dépouillement partiel des t. XI, XXI et XXIII).
- W. = *Werke im Auswahl*, t. IV à VII/2, Götersloh, 1963–1975.

MERC. = Gérard/ Gerardus MERCATOR; 1512–1594.
Correspondance Mercatorienne, éd. M. Van Durme, Anvers, 1959.

MERULA in *Praef.* = Georgius Alexandrinus MERULA; ca. 1424–1494.

MINUTIANUS in *Praef.* = Alexander MINUTIANUS; ca. 1450–1522.

MOHY = Remacle MOHY/ Remaclus MOHYIUS; ca. 1555–1621.
Suasoriae epistolae, Liège, 1606.
[références: faute de pagination, nous avons eu recours aux signatures des cahiers, p. ex. f(olio) A 1 v°, (ligne) 3]

Mon. = *Monumenta Humanistica Lovaniensia*, éd. H. De Vocht, Louvain, 1934 (Coll. Humanistica Lovaniensia, n° 4).
Voir à sa place alphabétique le nom de chaque auteur, suivi de la mention « in *Mon.* »

MORE = Thomas MORE/MORUS; 1477/78–1535.
- Corr. = *Correspondance*, éd. E. F. Rogers, Princeton, 1947. [références: n° de la lettre, ligne]
- CW = *The Yale Edition of the Complete Works*, t. II (1963), III/1 (1974), IV (1965), V/1 (1969), XIV/1 (1976).

MORING. = Gerardus MORINGUS; ca. 1495–1556.
Orationes, éd. J.H. Bentley dans *Humanistica Lovaniensia*, XXIX (1980), pp. 200–236.

MOS. = Pierre/ Petrus MOSELLANUS; 1493/94–1524.
- Paed. = *Paedologia*, 1517/18 et 1520; nous citons d'après la rééd. de H. Michel, Berlin, 1906 (Lateinische Litteraturdenkmäler, n° 18).
- Tab. = *Tabulae de schematibus et tropis*, Francfort, 1516; nous citons d'après une rééd. de Paris, R. Estienne, 1535.

MUNST. = Sébastien MUNSTER/ Sebastianus MUNSTERUS; 1488–1552. *Briefe*, éd. K.H. Burmeister, Francfort, 1964.

MURET = Marc-Antoine MURET/ Marcus Antonius MURETUS; 1526–1585.
- O.O. = *Opera omnia*, t. I et II, éd. C.H. Frotscher, Leipzig, 1834.
- Scr. sel. = *Scripta selecta*, éd. J. Frey, 2 vol., Leipzig, 1918–1919.

NANCEL = Nicolas de NANCEL/ Nicolaus NANCELIUS; ca. 1539–1610. *Petri Rami vita*, Paris, 1599; nous citons d'après la rééd. de P. Sharrat dans *Humanistica Lovaniensia*, XXIV (1975), pp. 161–277.

NANN. = Petrus NANNIUS; 1500–1557.
Textes publiés par A. Polet dans son ouvrage *Une gloire de l'Humanisme belge: Petrus Nannius*, Louvain, 1936, pp. 197–208 et 238–328 (Coll. Humanistica Lovaniensia, n° 5).

NEBR. = Antonio de NEBRIJA/ LEBRIJA/ Antonius NEBRISSENSIS; ca. 1444–1522.
De liberis educandis, éd. R. Chabas, dans *Revista di Archivos*, 9 (1903), pp. 56–66.

NIGER in *Praef.* = Franciscus NIGER; 1452–après 1523.

OBSOPOEUS in *Praef.* = Vicentius OBSOPOEUS; 1ère moitié XVIe s.

PERAXYLUS in *Praef.* = Arnoldus PERAXYLUS; ca. 1510– ca. 1582.

PERNA in *Praef.* = Petrus PERNA; avant 1522–1582.

PETR. = François PÉTRARQUE/ Franciscus PETRARCHA; 1304–1374.
Opera omnia, t. I à III, Bâle, 1554; reprint Ridgewood, 1965.

PFLUG = Iulius PFLUG; 1499–1564.
Correspondance, éd. J.V. Pollet, 5 vol., Leiden, Brill, 1969–1982.
[références: tome, n° de la lettre ou du document, ligne]

PIC 1 = Jean PIC DE LA MIRANDOLE/ Ioannes PICUS MIRANDULA; 1463–1494.
Opera omnia, t. I, Bâle, 1601 (les *Conclusiones* . . . , pp. 42–76, n'ont pas été dépouillées).

PIC 2 = Jean-François PIC DE LA MIRANDOLE/ Ioannes Franciscus PICUS MIRANDULA; 1470–1533 (neveu de PIC 1).
- O.O. = t. II des *Opera omnia*, de PIC 1, Bâle, 1601 (dépouillement partiel: pp. 1–28, 123–145, 815–890).
- Vita = *Ioannis Pici Mirandulae . . . vita per Ioannem Franciscum . . . conscripta*, éd. T. Sorbelli, Modène, 1963 (références occasionnelles).

PIGH = Stephanus Winandus PIGHIUS; ca. 1520–1604.
Epistolarium, éd. H. De Vocht, Louvain, 1959 (Coll. Humanistica Lovaniensia, n° 15).
[références: n° de la lettre, ligne]

PLANT. = Christophe PLANTIN/ Christophorus PLANTINUS; ca. 1520–1589.
Correspondance, 9 vol., éd. M. Rooses puis J. Denucé, Anvers, 1883–1918 + Supplément (Suppl.), éd. M. Van Durme, Anvers, 1955.

POGG. = POGGIO Bracciolini/ POGGIUS; 1380–1459.
Opera omnia, t. I, Bâle, 1538; reprint Turin, 1964.

POLENTONUS in *Reden* = Sicco POLENTONUS; ca. 1375–1447.

POLIT. = Ange POLITIEN/ Angelus POLITIANUS; 1454–1494.
Opera omnia, Bâle, 1553.

POLYDORUS in *Praef.* = POLYDORUS VERGILIUS; ca. 1470–ca. 1555.

POMP. = Petrus POMPONATIUS; 1462–1524/25.
Tractatus de immortalitate animae, Bologne, 1516; nous citons d'après une rééd. de 1534, s.l.

POMPONIUS in *Praef.* = Iulius POMPONIUS LAETUS; ca. 1428–ca. 1497.

Praef. = *Praefationes et epistolae editionibus principibus auctorum veterum praepositae*, éd. B. Botfield, Cambridge & Londres, 1861.
Voir à sa place alphabétique le nom de chaque auteur, suivi de la mention « in *Praef.* »

Pros. = *Prosateurs latins en France au XVIe siècle*, éd. J. Chomarat (et alii), Paris, 1987.
Voir à sa place alphabétique le nom de chaque auteur, suivi de la mention « in *Pros.* »

PUTEOLANUS in *Praef.* = Franciscus PUTEOLANUS; ? – 1490.

RAMUS in *Pros.* = Pierre de la RAMÉE/ Petrus RAMUS; ca. 1515–1572.

RAUDENSIS in *Reden* = Antonius RAUDENSIS; ? – ca. 1455.

Reden = *Reden und Briefe italienischer Humanisten. Ein Beitrag zur Geschichte der Pädagogik des Humanismus*, éd. K. Müllner, Vienne, 1899; reprint Munich, 1970.
Voir à sa place alphabétique le nom de chaque auteur, suivi de la mention « in *Reden* ».

REU. = Jean REUCHLIN/ Ioannes REUCHLINUS/ CAPNIO; 1455–1522. *Briefwechsel*, éd. L. Geiger, Stuttgart, 1875; reprint Hildesheim, 1962.

RHEN. = Beatus RHENANUS; 1485–1547.
Briefwechsel, éd. A. Horawitz & K. Hartfelder, Leipzig, 1886; reprint Nieuwkoop, 1966.

RICCIARDINUS in *Praef.* = Benedictus RICCIARDINUS; fin XVe – début XVIe s.

RING. = Joachim RINGELBERG/ Ioachimus RINGELBERGIUS; 1ère moitié XVIe s.
Opera, Lyon, 1531; reprint Nieuwkoop, 1967.

ROBORTELLUS in *Praef.* = Franciscus ROBORTELLUS; 1516–1567.

SAL. = Coluccio SALUTATI; ca. 1331–1406.
De fato et fortuna, éd. C. Bianca, Florence, 1985.
[références: traité (en chiffres romains), chapitre, ligne]

SCALIGER in *Pros.* = Jules-César SCALIGER/ Iulius Caesar SCALIGERUS; 1484–1558.

SCHIF. = Thomas SCHIFALDUS; ca. 1430–ca. 1500.
De indagationibus grammaticis, éd. S. Noake & R.A. Kaster, dans *Humanistica Lovaniensia*, XXXII (1983), pp. 117–156.

SERRA = Jean SERRA; ca. 1400–ca. 1470.
cf. E. Beltran, *Humanistes français du milieu du XVe siècle. Textes inédits* . . . , Genève, 1989, pp. 27–135 (Travaux d'Humanisme et Renaissance, n° 235).

SERVET in *Pros.* = Michel SERVET/ Michael SERVETUS; ca. 1511–1553.

SINNING = Jens Andersen SINNING/ Iohannes SYNINGIUS; ? – 1547.
Oratio de studiis philosophicis . . . , Copenhague, 1591; reprint Copenhague, 1991.

S.J. = *Ratio Studiorum et Institutiones Scholasticae Societatis Jesu*, t. I et II, éd. G.M. Pachtler, Berlin, 1887.

STURM = Jean STURM/ Ioannes STURMIUS; 1507–1589. *Classicae Epistolae sive Scholae Argentinenses restitutae*, Strasbourg, 1565; nous citons d'après l'éd. de J. Rott, Paris-Strasbourg, 1938.

SYLVIUS in *Pros.* = Jacques DUBOIS/ Iacobus SYLVIUS; ca. 1489? – 1555.

TIPHERNAS in *Reden* = Gregorius TIPHERNAS; 1419–1466.

TORR. = Laevinus TORRENTIUS; 1525–1595.
Correspondance, éd. M. Delcourt & J. Hoyoux, 3 vol., Paris, 1950–1954 (Bibliothèque de la Faculté de Philosophie et Lettres de l'Université de Liège). [références: tome, n° de la lettre, ligne]

TUSCANELLA in *Reden* = Iohannes TUSCANELLA; ca. 1400–1449.

TYRRHENUS in *Praef.* = Benedictus TYRRHENUS; fin XVe-début XVIe s.

UGOLETUS in *Praef*. = Theodorus UGOLETUS; ? –1514.

VALER. C. = Cornelius VALERIUS; 1512–1578.
- Coll. = *Colloquia et dictionariolum septem linguarum*, éd. Anvers, 1616, reproduite par R. Verdeyen, Anvers, 1925. *N.B.* Dans cet ouvrage anonyme, au titre variable et aux très nombreuses rééditions, le texte latin a été inséré pour la première fois dans une éd. de Louvain, 1551, avec mention du nom du traducteur, C. Valerius.
- Ep. = *Cornelii Valerii ab Auwater epistolae et carmina*, éd. H. De Vocht, Louvain, 1957 (Coll. Humanistica Lovaniensia, n° 14). [références: n° de la lettre, ligne]

VALERIUS Aug. in *Reden* = Augustinus VALERIUS; 1531–1606.

VALLA = Lorenzo/ Laurentius VALLA; 1407–1457.
Opera omnia, 2 vol., Turin, 1962 (t. I = reprint de l'éd. de Bâle, *Opera* 1540; t. II, reprints de diverses éd. de 1479 à 1955).

VENATORIUS in *Praef*. = Thomas GECHAUFF/VENATORIUS; ? –1551.

VER. = Simon VÉRÉPÉE/VEREPAEUS; 1522–1598.
Correspondance, éd. M.A. Nauwelaerts, dans *Humanistica Lovaniensia*, XXIII (1974), pp. 271–340.
[références: n° de la lettre, §]

VICTORIUS in *Praef*. = Pietro VETTORI/ Petrus VICTORIUS; 1499–ca. 1585.

VIP. = Ioannes Antonius VIPERANUS; ca. 1540–1610.
- Hist. = *De scribenda historia*, Anvers, 1579.
- Poet. = *De Poetica libri tres*, Anvers, 1579.

VIVES = Juan Luis/ Ioannes Ludovicus VIVES; 1492–1540.
- Conscr. = *De conscribendis epistolis*, Anvers, 1534; nous citons d'après l'éd. de Ch. Fantazzi, Leiden, Brill, 1989.
- E.W. I = *Early writings I*, éd. C. Matheeussen (et alii), Leiden, Brill, 1987.
- H.L. = textes publiés par J. IJsewijn dans son article *J.L. Vives in 1512–1517*, dans *Humanistica Lovaniensia*, XXVI (1977), pp. 93–95.
- Pseud. = *In Pseudodialecticos*, Louvain, 1520; nous citons d'après l'éd. de Ch. Fantazzi, Leiden, Brill, 1979.

VLAD. = Christophe/ Christophorus VLADERACCUS; 1524–1601.
Correspondance, éd. M. A. Nauwelaerts, dans *Humanistica Lovaniensia*, XXI (1972), pp. 239–279.

VOLZ in *Mon.* = Paul VOLZ/Paulus VOLZIUS; 1480–1544.

XIMENES in *Praef.* = Francisco JIMENEZ DE CISNEROS/ Franciscus XIMENES; 1436–1517.

ZAS. = Ulrich ZASIUS; 1461–1535.
Opera omnia, t. V, Francfort-sur-le-Main, 1590 (dépouillement partiel: pp. 172–191, *Epistolae aliquot*).

ZOPINUS in *Praef.* = Nicolus ZOPINUS/RESCIUS; ? – ca. 1544.

ZW. = Huldericus/Udalricus ZWINGLI; 1484–1531.
Sämtliche Werke, t. VII et VIII, Leipzig, 1911 et 1914; reprint Munich, 1981 (= *Corpus Reformatorum*, t. 94 et 95).

ABRÉVIATIONS ET SIGNES CONVENTIONNELS

Remarques préliminaires

I. Pour les abréviations relatives aux auteurs et textes latins de la Renaissance, v. *supra*, pp. xiv–xxviii.
II. Pour les auteurs et textes latins de l'Antiquité, les abréviations utilisées sont celles du *Dictionnaire latin-français* de F. GAFFIOT.

Abréviations

abl. = ablatif
acc. = accusatif
adj. = adjectif
adr. = adresse
adv. = adverbe/adverbial
all. = allemand
anc. = ancien(ne)
angl. = anglais
ann. = annexe
ap. = *apud*
app. = appendice
app. crit. = apparat critique
art. = article

BAXTER: v. Bibliographie
BLAISE I: v. Bibliographie
BLAISE II: v. Bibliographie
byz. = byzantin(e)

ca. = *circa*
c-à-d. = c'est-à-dire
ch. = chapitre
chrét. = chrétien(ne)
coll. = collection
compar. = comparatif
connot. = connotation

dat. = datif
décl. = déclinaison
D.H.G.E.: v. Bibliographie
Dict. Bible: v. Bibliographie
Dict. Théol. Cath.: v. Bibliographie
dim. = diminutif
doc. = document

eccl. = ecclésiastique
éd. = édition(s)
empl. = emploi/employé comme
esp. = espagnol

F. féminin
f. = folio
fig. = figuré/sens figuré
FORCELLINI: v. Bibliographie
franç. = français
fréq. = fréquent (v. p. ix)
FUCHS: v. Bibliographie

G. = GAFFIOT (v. Bibliographie)
gén. = génitif
germ. = germanique/ langue germanique
gramm. = grammaire/ grammatical (-ale)

impers. = impersonnel
indécl. = indéclinable
invar. = invariable
ital. = italien

l. = ligne
lat. = latin
Lex.f.Theol.u.K.: v. Bibliographie
ll. = lignes
loc. cit. = *loco citato*

M. = masculin

N. = neutre
n. = note
néerl. = néerlandais
NIERMEYER: v. Bibliographie
nom. = nominatif
not. = notamment
Novum Glossarium: v. Bibliographie

opp. = opposé(e)/opposition
p. = page
part. = particulièrement/en particulier

péjor. = péjoratif(-ive)
philos. = philosophie/philosophique
Pl. = pluriel
pp. = pages
probabl. = probablement
prononc. = prononciation
PUELMA: v. Bibliographie

rééd. = réédition(s)
relig. = religieux(-euse)/religion
rhét. = rhétorique
RIZZO: v. Bibliographie

s. = siècle
scolast. = scolastique
Sg. = singulier
SHAW: v. Bibliographie
s.l. = *sine loco* /sans lieu
SOUTER: v. Bibliographie
souv. = souvent
subst. = substantif/ substantivé/ substantivement
suff. = suffixe

t. = tome(s)
théol. = théologie/théologique
Thesaurus: v. Bibliographie
trad. = traduction
typogr. = typographie/typographique

univ. = universitaire

v. = voir/voyez
var. = variante
vol. = volume(s)
VREDEVELD: v. Bibliographie

WIDMANN: v. Bibliographie

Signes conventionnels

en tête d'une notice
\+ : mot déjà mentionné par GAFFIOT, mais sens différent

avant la mention d'un sens (v. p. ix)
*** : déjà latin « classique »
** : déjà latin « tardif »
* : déjà latin « médiéval »

BIBLIOGRAPHIE

A. BAILLY, *Dictionnaire grec-français*, Paris, 1894; nombreuses rééd.

J.H. BAXTER (et alii), *Medieval Latin Word-List from British and Irish Sources*, Londres, 1934; plusieurs rééd.
(nous avons utilisé la rééd. de 1950; en abrégé: BAXTER)

A. BLAISE, *Dictionnaire latin-français des auteurs chrétiens*, Strasbourg, 1934; plusieurs rééd. Turnhout, avec *Addenda et corrigenda*.
(nous avons utilisé la rééd. de 1986; en abrégé: BLAISE I)

A. BLAISE, *Lexicon Latinitatis Medii Aevi praesertim ad res ecclesiasticas investigandas pertinens. Dictionnaire latin – français des auteurs du Moyen-Âge*, Turnhout, 1975.
(en abrégé:BLAISE II)

Dictionnaire de la Bible, t. I, Paris, 1895.
(en abrégé: *Dict. Bible*)

Dictionnaire d'Histoire et de Géographie Ecclésiastiques, Paris, en cours de publication depuis 1912.
(en abrégé: *D.H.G.E.*)

Dictionnaire de Théologie Catholique, 15 vol. + Tables, Paris, 1903–1972.
(en abrégé: *Dict. Théol. Cath.*)

H. ESTIENNE (STEPHANUS), *Thesaurus Graecae linguae*, Paris, 1572; plusieurs rééd.
(nous avons utilisé la rééd. en 8 vol. de Paris, Didot, 1831–1865)

Ae. FORCELLINI, *Totius Latinitatis Lexicon*, Padoue, 1771; rééd. en 4 vol., Schneeberg, 1831–1835
(en abrégé: FORCELLINI)

J.W. FUCHS (et alii), *Lexicon Latinitatis Nederlandicae Medii Aevi*, Amsterdam puis Leiden, Brill, en cours de publication depuis 1970 (lettres A à Me-).
(en abrégé: FUCHS)

F. GAFFIOT, *Dictionnaire latin-français*, Paris, 1934; nombreuses rééd.
(en abrégé: G. ou GAFFIOT)

J. IJSEWIJN, *Companion to Neo-Latin Studies*, Amsterdam, 1977; spécialement Ch. V, *Language and Style*, pp. 237–253, avec bibliographie. (*N.B.* Une 2e éd., en 2 tomes, est prévue; seul le t. I a été publié, Leuven-Louvain, 1990 = Supplementa Humanistica Lovaniensia, n° V).

G. W. H. LAMPE, *A Patristic Greek Lexicon*, Oxford, 1961.

Lexikon für Theologie und Kirche, 10 vol. + Tables, Fribourg-en-Brisgau, 1957–1967.
(en abrégé: *Lex. f. Theol. u.K.*)

H.G. LIDDELL, R. SCOTT & H.S. JONES, *A Greek-English Lexicon*, Oxford, 1925; plusieurs rééd.

J. F. NIERMEYER, *Mediae Latinitatis Lexicon minus*, Leiden, Brill, 1976; 2e éd., 1984.
(en abrégé: NIERMEYER)

Novum Glossarium Mediae Latinitatis ab anno DCCC usque ad annum MCC, edendum curauit Consilium Academiarum consociatarum, Copenhague, en cours de publication depuis 1957 (lettres L à Pa-).
(en abrégé: *Novum Glossarium*)

Oxford Latin Dictionary, Oxford, 1982.

M. PUELMA, *Spectrum. Probleme einer Wortgeschichte vom Altertum zur Neuzeit*, dans *Museum Helveticum*, 42 (1985), pp. 205–244 et 43 (1986), pp. 169–175.
(en abrégé: PUELMA)

S. RIZZO, *Il Lessico filologico degli Umanisti* (Coll. Sussidi eruditi, n° 26), Rome, 1984.
(en abrégé: RIZZO)

R. J. SCHOECK (et alii), *A step toward a neo-latin Lexicon: a first word-list drawn from Humanistica Lovaniensia*, dans *Humanistica Lovaniensia*, XXXIX (1990), pp. 340–365 et XL (1991), pp. 423–445.

D. SHAW, *'Ars formularia': Neo-Latin Synonyms for Printing*, dans *The Library*, Sixth Series, vol. 11 (1989), pp. 220–230.
(en abrégé: SHAW)

A. SOUTER, *A Glossary of later Latin to 600 A.D.*, Oxford, 1949.
(en abrégé: SOUTER)

H. STEPHANUS: v. H. ESTIENNE.

Thesaurus linguae Latinae, Leipzig et Stuttgart, en cours de publication depuis 1900 (lettres A-M, O, P partim).
(en abrégé: *Thesaurus*)

H. VREDEVELD, *The word « anormis » in Erasmus' De praeparatione ad mortem*, dans *Humanistica Lovaniensia*, XXXVII (1988), pp. 265–266.
(en abrégé: VREDEVELD)

H. WIDMANN, *Die Übernahme antiker Fachausdrücke in die Sprache des Frühdrucks*, dans *Antike und Abendland*, 20(1974), pp. 179–190.
(en abrégé: WIDMANN)

E. WOLFF, *Mots rares et mots nouveaux dans les "Colloques" d'Érasme*, dans *Revue des Études Latines*, 69 (1991), pp. 166–186 (*N.B.* Nous n'avons eu connaissance de cette étude qu'après l'achèvement de notre travail; il nous a été impossible d'en tenir compte).

A

+ **a/ab** forme avec divers noms des périphrases ayant valeur de substantifs et désignant des personnes qui exercent une fonction, un métier: *ab actis, ab auribus, a baculo, a commentariis, a concionibus, a confessione/-ibus, a consilio/-iis, a corpore, a cubiculo/-is, a cyathis, ab eleemosynis, ab historiis, a iurgiis, a legationibus, a licentia, a manibus, a matula, a medicina/-is, a pennis, a poculis, a sacris, a scholis, a scopis, a scriniis, a secretis, a studiis, a suffragiis, a thesauris*; v. chacun des noms. – Sur l'origine de telles expressions, cf. G., *a/ab,* III/5.

+ **abalienatio**, *-onis* dans *sensus abalienatio,* fait de perdre connaissance: ap. PFLUG I, n° 53, 38.

abannagium: v. *apannagium.*

abannatio, *-onis* exil pour un an: BUDÉ III A, 345, 20.

+ **abbas**, *-atis* (F.) **abbesse d'un monastère: AGRIPPA, 78, 5.

abbatialis, *-is, -e* *abbatial: CALV. VII, 300, 51; TORR. I, n° 198, 40; II, n° 283, 39, etc.

abbatialitas, *-atis* existence juridique d'une abbaye: TORR. II, n° 525, 34 (*ut ita dicam*).

abbaticus, *-a, -um* abbatial: ER., ASD I-3, 490, 730.

abbatiola, *-ae* *petite abbaye: ER., Allen III, n° 597, 5; n° 628, 19. - dim. de *abbatia.*

abbatulus, *-i* *petit abbé: ER., Allen IV, n° 1097, 23; VOLZ ap. RHEN., 310, 37; 314, 26. - dim. de *abbas,* avec connot. péjor.

abbreuiatura, *-ae* *abréviation: ER., ASD I-4, 34, 665; AL. Jovy III, 248, 21.

+ **abdico**, *-are* A) *démettre quelqu'un de ses fonctions, destituer quelqu'un: ap. CALV. XIII,1, 16. - B) *part. déposer un roi: HOTM., 234, 4; 236, 16; 332, 4; etc.

+ **abductio**, *-onis* distraction: MORE, CW XIV/1, 139, 13.

abductor, *-oris* *quelqu'un qui écarte, qui détourne: BUDÉ I, 187, 6.

aberramentum, *-i* errement: BUDÉ I, 475, 19 et 20.

abflecto, *-ere* détourner: AMERB. Bon. II, n° 948, 67; ZAS. ap. AMERB. III, n° 1431a, 29.

abgregator, *-oris* (empl. adj. M.) qui se détourne du troupeau: BUDÉ I, 152, 7 (trad. de ἀτιμαγελῶν).

abhorrenter d'une manière qui ne correspond pas à . . . : BUDÉ I, 196, 29 (*abhorrenter a ueritate*).
abiturio, *-ire* avoir l'intention de partir, s'apprêter à partir: ER., Allen III, n° 991, 5; AMERB. Bon. II, n° 711, 2; CALV. XVII, 467, 19; fréq.
abiunctio, *-onis* *séparation: BOV. Sap., 148, 26; Opp., 46, 17; 90, 35.
+ **abiuratio**, *-onis* abjuration (d'une croyance relig.): CALV. VII, 296, 19; BÈZE III, 73, 29; ap. PFLUG IV, n° 843, 59; etc.
+ **abiuro**, *-are* abjurer: ER., ASD V-1, 303, 901; BÈZE III, 102, 24; CALV. XI, 216, 31; etc.
+ **ablacto**, *-are* *allaiter: ap. CELT., n° 208, 10; n° 261, 9 (fig.)
ablutorius, *-a, -um* d'ablution, de purification: BUDÉ III A, 333, 20.
abnauigo, *-are* s'éloigner en bateau: ER., ASD IV-2, 162, 211; ap. ER., Allen IX, n° 2570, 36.
+ **abnegatio**, *-onis* **abnégation, renoncement: BUC., Op. lat. I, 87, 27; CALV. II, 508, 22; 512, 10; etc.
Abraamicus, *-a, -um* d'Abraham: VIVES, E.W. I, 22, 5.
abrogatorius, *-a, -um* abrogatoire: BÈZE IX, 193, 17.
abrogatrix, *-icis* (empl. adj. F.) *qui abroge, qui détruit: PETR. I, 149, 10; BUDÉ I, 189, 1.
abscolor, *-oris* qui n'a pas de couleurs: POMP., 32, 16.
abscoloritas, *-atis* absence de couleurs: SAL. II, ch. 9, 140.
absectaneus, *-a, -um* qui appartient à une secte: ZAS. ap. AMERB. IV, n° 1601, 4.
+ **absolutio**, *-onis* **pardon, absolution des péchés: ER., Allen V, n° 1347, 152; MEL., O.O. I, 353, 19; CALV. I, 164, 42; fréq.
+ **absolutor**, *-oris* quelqu'un qui achève, qui parfait: ER., LB II, 959 E.
absolutrix, *-icis* (empl. adj. F.) qui achève, qui parfait: RHEN., 59, 22.
abstitrix (*ast-*), *-icis* (empl. adj. F.) qui retient, qui entrave: SAL. I, ch. 1, 63.
abstracte *de manière abstraite: CATH., Opusc. II, 11, 12.
+ **abstractio**, *-onis* *extase: FIC., Theol. III, 195, 19.
absurdiusculus, *-a, -um* assez absurde: SYLVIUS in *Pros.*, 314, 23. - dim. du compar. *absurdior, -ius.*
absurdulus, *-a, -um* assez absurde: BUDÉ II, 9, 23. - dim. de *absurdus.*
abtrectator, *-oris* un détracteur: BOD. I, 127 B, 54.
abtruncatrix, *-icis* celle qui ampute: ap. PFLUG V/1, n° 459 bis,14.
+ **abusus**, *-us* A) ***abus (déjà CIC. *Top.* 17: *usus, non abusus;*

trad. G. divergente): VALLA I, 5, 44; POGG. I, 304, 19; PIC 1, 93, 3; fréq. - B) *mauvais usage: RHEN., 132, 25.

abyssalis, *-is, -e* *profond comme un abîme: ER., Allen II, n° 543, 6 (ironique). - ← ἄβυσσος (*abyssus*) + suff. lat.

+ **academia**, *-ae* A) académie, groupe d'humanistes: FIC., O.O. I, 607 A, 22; ap. POLIT., 25, 43; CELT., n° 17, 21; fréq. - B) université: PIC 1, 282, 53; GAG. I., 224, 7; ER., Allen I, n° 45, 4; fréq.; v. *academiola* A, *archigymnasium, Athenaeum, gymnasium* A, *lyceum, studium* A et *uniuersitas*. - C) académie, école protestante: BÈZE I, 89, 44; STURM, 6, 4; CAST. Haer., 25, 15; etc. v. *academiola* B.

academice à la manière des philosophes de l'Académie: CAST. Haer. 155,14 (*academice dubitare*). - ← Ἀκαδημικός (*Academicus*).

+ **academicus**, *-i* A) membre d'une académie, groupe d'humanistes: FIC., O.O. I, 892 B, 22; 894 A, 19. - B) membre d'une université: ap. AL., Jovy III, 265,7; 266, 10.

academiola, *-ae* A) université: ap. LIPSE, Ep. I, n° 123, 111; v. *academia* B. - B) académie protestante; BÈZE I, 160, 16; III, 22, 2; X, 114, 1; v. *academia* C. - C) bureau, cabinet de travail: AGNELIUS, 142, 29; v. *litteratorium, museolum, museum, phrontisterium* et *studiolum*. - ← ἀκαδημία (*academia*) + suff. lat. de dim.

acanthia, *-ae* désigne une sorte de poisson: VIVES Pseud., 85, 5. - ← ἀκανθίας.

accedentarius: v. *accidentarius*.

+ **acceleratio**, *-onis* *hâte, empressement: AMERB. Bon. II, n° 804, 1; IV, n° 1561, 12.

accentuo, *-are* *accentuer: AMERB. J. I, n° 184, 50.

accenturio, *-ire* enrôler, engager en plus: BUDÉ III A, 360, 33.

acceptate d'une façon qui est bien acceptée, qui est bienvenue: ZAS. ap. AMERB. II, n° 867, 5 (v. toutefois *acceptato*).

acceptato d'une façon qui est bien acceptée, qui est bienvenue: ZAS. V., 175 B, 34 (v. toutefois *acceptate* ap. AMERB. II, n° 867, 5, même lettre).

+ **acceptio**, *-onis* *acception, sens d'un mot: PIC 1, 358, 14. BOV. Sap., 74, 9; ZAS. ap. AMERB. III, n° 1030, 5; etc.

+ **accessio** *-onis* progrès: CUEVA, 74 r°, 26.

accessiuncula, *-ae* petit accroissement: ER., ASD IV-2, 74, 312. - dim. de *accessio*.

accessorie *accessoirement: BOD. I, 79 A, 8.

accessorium *-ii* *l'accessoire: ER., ASD I-4, 212, 87 (*apud iureconsultos accessorium dicitur, quod principali adiungitur*); Allen II, n° 307, 23; LB II, 1003 C.

accessorius, *-a, -um* *ajouté à → accessoire: FIC., O.O. I, 50 A, 12; ER., LB II, 1003 B; ZAS. V, 182 A, 76; etc.

+ **accessus**, *-us* ***flux, marée montante (déjà CIC *Nat.* III, 10, 24): RING., 437, 10 et 20.

accidentarius (*acce-*), *-a, -um* *accidentel (philos.): BUDÉ I, 520, 22; BOV. in *Pros.*, 132, 23; BÈZE XII, 70, 16; etc.

accipitrarius, *-ii* *fauconnier: BUDÉ I, 362, 24; II, 273, 45; III A, 227, 54.

accise brièvement: ap. CALV. XVII, 369, 6.

accisso, *-are* faire des façons: ER., LB II, 483 B-D; 1005 C. - ← ἀκκίζω.

acclamatiuncula, *-ae* sentence finale, morale: RHEN., 102, 35 (*acclamatiunculis, quae* ἐπιφωνήματα *Graeci uocant*). - dim. de *acclamatio.*

acclamator, *-oris* quelqu'un qui clame, qui proclame: ap. ER., Allen VII, n° 1814, 124; ap. ZW. VIII, 201, 27.

acclamatorius, *-a, -um* exclamatif: ER., ASD I-6, 252, 351.

accommodabilis, *-is, -e* qui peut convenir à, qui peut être adapté à . . . : ER., LB II, 998 E.

accordo (*adc-*), *-are* donner du courage: ZAS. ap. ER., Allen IX, n° 2401, 24.

accubuus, *-a, -um* toujours penché sur . . . → assidu: LIPSE, Ep. I, n° 62, 20.

+ **accumulatio**, *-onis* argument supplémentaire, raison supplémentaire: BRUNI, 4, 17.

accuratia, *-ae* soin, attention: ZAS. ap. AMERB. II, n° 504 a, 11; III, n° 1297, 23. - cf. *accuratio* (G.).

accuratiuscule avec un certain soin, avec une certaine attention: RHEN., 15, 13. - dim. du compar. adv. *accuratius.*

accusatiuncula, *-ae* petite accusation, petit reproche: HOTM. ap. CALV. XVI, 82, 30; LIPSE, Ep. I, n° 57, 43. - dim. de *accusatio.*

+ **accuso**, *-are* dans *accusandi casus,* ***accusatif (déjà VARR. *L.* 8, 66): GUAR. 2, Ord., 46, 17 et 23; 56, 21.

+ **acedia**, *-ae* *paresse: BOV. Sap., 58, 12; 60, 26; ER., Allen V, n° 1488, 45; etc.

+ **acephalus**, *-a, -um* *décapité: AL. Paquier, 22, 22.

acerbiuscule assez durement, assez âprement: LUTH., WA Br. III, n° 729, 7. - dim du compar. adv. *acerbius.*

acerbiusculus, *-a, -um* assez âpre, assez dur, assez amer: ZAS. ap. HUTT. I, 175, 16; MARN. I, n° 68, 60. - dim. du compar. *acerbior, -ius.*

aceruulus *-i* *petit tas, petite quantité: CLEN., n° 28, 71. - dim. de *aceruus.*

acetosa, *-ae* oseille: ap. FIC., O.O. I, 571 B, 14; ap. AMERB. III, n° 1115, 231.

acetosella, *-ae* oseille: ap. FIC., O.O. I, 571 B, 43; 580 A, 3 et 40. - dim. de *acetosa.*

acetositas, *-atis* jus aigre: ap. FIC., O.O. I, 569 B, 58; 570 B, 2; 571 B, 17; etc.

acetum dans *uitrioli acetum*: v.*uitriolum.*

Achitophelicus, *-a, -um* d'Achitophel: ap. MEL., O.O. II, 553, 4; BULL. ap. CALV. XVIII, 173, 18. - cf. *Dict. Bible* I, 146-7.

achristianus, *-a, -um* non chrétien: ap. LUTH., WA Br. I, n° 230, 77. - ← ἀχριστιανός.

acolytatus, *-us* *charge d'acolyte, titre d'acolyte: ap. ZW. VII, 75, 6. - ← ἀκόλουθος (*acolytus* et var.) + suff. lat.

acosmia, *-ae* désordre, chaos: BUDÉ I, 455, 8 - ← ἀκοσμία.

acquitantia: v. *aquitantia.*

acquieto (*aqu-*), *-are* *acquitter, constater le paiement: ap. MORE Corr., n° 94, 38.

acrimoniosus, *-a, -um* **acrimonieux: PETR. II, 706, 32.

acritomythus, *-a, -um* au langage insensé: ER., Allen X, n° 2846, 44. - ← ἀκριτόμυθος.

acroamaticus, *-a, -um* A) réservé aux auditeurs, aux disciples → ésotérique: PERNA in *Praef.*, 597, 9; BUDÉ I, 23, 39. - B) disposé à écouter: BUDÉ I, 159, 3; 162, 21. - C) qui se passe à huis-clos: BUDÉ III B, 30, 39; 95, 15; 127, 40. ← ἀκροαματικός.

acrochirista, *-ae* (M.) lutteur qui se sert seulement de ses mains: POLIT., 470, 23. - ← ἀκροχειριστής.

acrothinia, *-orum* prémices: ER., LB II, 989 B-C. - ← τὰ ἀκροθίνια.

+ **actualis**, *-is, -e* **actuel, qui résulte d'un acte de l'homme (péché actuel, opp. au péché originel): PIC 1, 102, 38; BUC., Op. lat. I, 29, 20; MEL., O.O. XXI, 97, 11; etc.

+ **actualiter** A) **effectivement, réellement: CATH., Opusc. I, 175, 41; Enarr., 291, 17; Disput., 22, 5. - B) dans *actualiter peccare*, commettre un péché actuel (v. *actualis*): CATH., Opusc. III, 44, 17; 45, 18; 161, 36; etc.

+ **actuarius**, *-a, -um* d'un teneur de livres: BUDÉ III B, 109, 7 (*cella actuaria*).

+ **actum**, *-i* dans *ab actis*, greffier, secrétaire: POLIT., 471, 5; ER., ASD I-6, 174, 638; ap. CRUC., n° 5, 4; etc. - V. *a/ab.*

actuo, *-are* faire passer à l'acte (philos.): POMP., 14, 1 et 6; 54, 17.

acuitas, *-atis* A) caractère aigu de la voix: POLIT., 412, 1. - B) fig., finesse du style: CUEVA, 75 v°, 23.

aculeosus, *-a, -um* A) piquant, blessant: PETR. II, 779, 19; 836, 15; 1100, 9. - B) muni de piquants: BUDÉ III B, 104, 25.

acupictor, *-oris* brodeur: APH., 74 r°, 12.
acupingo, *-ere* broder → décrire: ap. HUTT. I, 439, 10.
acutia, *-ae* *finesse, pénétration: ap. ER., Allen II, n° 574, 80.
acuties, *-ei* *finesse, pénétration: LUTH. WA X/2, 205, 17.
acyron, *-i* impropriété de termes: MOS. Tab., 16, 1. - ← ἄκυρος, -ος, -ον.
adaequate A) *adéquatement: BOV. in *Pros.*, 132, 13; AMERB. J. I, n° 184, 18. - B) de manière égale: MORE, CW V/1, 540, 19.
adaequatrix, *-icis* celle qui égalise: PETR. I, 239, 22(*mors... adaequatrix optima*).
adagiosus, *-a*, *-um* rassembleur d'adages: CLEN., n° 55, 183 (*adagiosus Erasmus*).
Adamides, *-ae* (M.) descendant d'Adam: BUDÉ I, 168, 18 et 20.
Adamitae, *-arum* (M. Pl.) Adamites ou Adamiens: CALV. IX, 465, 42. - cf. *D.H.G.E.*, I, 503-4.
adamplexor, *-ari* s'attacher à...: ap. LEF., 261, 8.
adcordo, *-are*: v. *accordo, -are.*
addictitius, *-a*, *-um* dépendant de, voué à...: BRIÇ., 122, 15.
addictorius, *-a*, *-um* qui concerne une vente aux enchères: BUDÉ III B, 59, 24 (*dies addictorius*).
additionalis, *-is*, *-e* *additionnel, supplémentaire: ap. AMERB. VII, n° 3102, 2 (*articulos eos additionales quos uocant*); AMERB. Bon. VII, n° 3105, 3; TORR. I, n° 277, 47; etc.
additiuncula, *-ae* petit supplément, petit ajout: BUDÉ II, 269, 34; ap. PLANT. VII, 163, 4; LIPSE, Ep. II, n° 572, 18; etc. - dim. de *additio.*
addiuino, *-are* deviner, conjecturer: ER., Allen V, n° 1304, 467; Ferg., 183, 1334.
addubitabundus, *-a*, *-um* plein de doutes: BUDÉ I, 451, 49.
addubitanter avec doute, en hésitant: BUDÉ III B, 130, 53.
addubitatrix, *-icis* (empl. adj. F.) qui provoque le doute: BUDÉ I, 172, 28 (*addubitatricis philosophiae).*
adductito, *-are* conduite à, amener à...: BUDÉ I, 328, 5.
adduplico, *-are* doubler, multiplier par deux: ap. ER., Allen V, n° 1509, 7.
adespotus, *-a*, *-um* A) **anonyme: MORE Corr., n° 83, 902. - B) sans possesseur connu: BUDÉ II, 115, 8; 149, 9; III B, 31, 35. - ← ἀδέσποτος.
adfateor (*aff-*), *-eri* avouer en outre, reconnaître en outre: LIPSE, O.O. IV, 390 B, 3.
adfecticulus (*aff-*), *-i* sentiment: VIVES ap. CRAN., n° 202, 7. - dim. de *adfectus*, avec connot. péjor.
adfector (*aff-*), *-oris* créateur, auteur: ap. LEF., 218, 8.

adfibratus (*aff-*), *-a, -um* rattaché, relié: BUDÉ I, 461, 52.
+ **adfingo** (*aff-*), *-ere* façonner: BUDÉ I, 141, 54 (*affingere mores suos*).
adfirmatiua (*aff-*), *-ae* affirmation: LUTH. WA XVIII, 648, 20; 750, 25.
adflatio (*aff-*), *-onis* **souffle, inspiration: PIC 1, 304, 24.
adfluxus (*aff-*), *-us* les flots: ER., ASD I-1, 641, 15.
adformator (*aff-*), *-oris* quelqu'un qui instruit, qui enseigne: ap. ER., Allen III, n° 769, 77.
adformo (*aff-*), *-are* A) former: PIC 1, 252, 10; MORE Corr., n° 83, 109; BUDÉ I, 287, 24. - B) conformer: BUDÉ I, 142, 1.
adfrutico (*aff-*), *-are* produire des pousses, des rejetons: BUDÉ I, 459, 17.
adfulgentia (*aff-*), *-ae* lumière: CLICHT. ap. LEF., 351, 16.
adgestio (*agg-*), *-ire* exulter: ER., ASD IV-1, 86, 981.
adglutinator (*agg-*), *-oris* quelqu'un qui rapproche, qui rassemble: BUDÉ I, 62, 10; IV, 321, 9.
adgratulor (*agg-*), *-ari* *remercier, féliciter: ER., ASD I-1, 440, 22; IV-1, 39, 440; LB V, 45 A; etc.
+ **adgrauatio** (*agg-*), *-onis* *l'aggrave (droit canon): BUDÉ III B, 13, 31.
adgregatim (*agg-*) en groupe: ap. BULL., Gr. I, 77, 36.
adgregatiuus (*agg-*), *-a, -um* *qui est un agrégat: BÈZE VI, 280, 40; CAST. Haer., 154, 21.
+ **adgressio** (*agg-*), *-onis* fait d'aborder, de commencer: LEF., 157, 4 (*uoluminum iuris aggressio*).
adgressorius (*agg-*), *-a, -um* d'attaque: BUDÉ IV, 1062, 16.
+ **adgressus** (*agg-*), *-us* fait d'aborder, de commencer: ER., ASD I-2, 142, 18.
adgrunnio (*agg-*), *-ire* grogner: MORE, CW V/1, 404, 3.
adhaesiue affirmativement, en marquant son adhésion: PIC 1, 132, 6 et 7; 144, 33.
adhortatiuncula, *-ae* petite exhortation: VOLZ in *Mon.*, 384, 55. - dim. de *adhortatio*.
adhortatorius, *-a, -um* **d'exhortation: VIVES Conscr., 52, 28; ARCERIUS in *Praef.*, 641, 4.
adhortatrix, *-icis* celle qui exhorte: RHEN., 384, 38.
adiaphora, *-orum* (N.Pl.) les indifférents (philos. ou relig.): MEL., O.O. XXI, 1019, 48; ap. BÈZE X, 164, 19; ap. CALV. XIV, 85, 7; etc. - ← τὰ ἀδιάφορα; v. aussi *adiaphorus, -a, -um*.
Adiaphoristae, *-arum* (M.Pl.) Adiaphoristes ou Adiaphorites: ap. CALV. XV, 100, 1; XVIII, 188, 3; 189, 3. - cf. *D.H.G.E.* I, 563.
adiaphorus, *-a, -um* A) **indifférent: MEL., O.O. XXI, 1023, 28; ap. BÈZE IX, 222, 38; ap. CALV. XVIII, 150, 19; etc. - B) modéré:

TORR. II, nº 374, 10. - ← ἀδιάφορος; v. aussi *adiaphora, -orum.*
adiectiue *adjectivement: VALLA I, 273, 8; ER., ASD I-6, 168, 475; MEL. W. V, 221, 7.
adiectiuncula, *-ae* petit supplément: LIPSE, Ep. II, nº 438, 12. - dim. de *adiectio.*
adipsia, *-ae* fait de ne pas avoir soif → résistance à la soif: BUDÉ I, 156, 33 (*quam uocant*). - ← grec: cf. ἄδιψος (*adipsus*).
adipsus, *-a, -um* qui n'a pas soif: BUDÉ I, 156, 37. - ← ἄδιψος.
adiurgo, *-are* réprimander, gourmander: BUDÉ ap. ER., Allen III, nº 810, 47.
adiutamentum, *-i* aide, secours: ap. CALV. XIV, 540, 18.
+ **adlaboro** (*all-*), *-are* aider, collaborer: CLEN., nº 61, 75.
adlacrimo (*all-*), *-are* pleurer « en réponse », pleurer à son tour: LIPSE, Ep. I, nº 50, 9. - cf. *adlacrimans* (G.).
adlamentor (*all-*), *-ari* pleurer avec quelqu'un: BUDÉ IV, 88, 29.
+ **adlapsus** (*all-*), *-us* intervention: BUDÉ I, 206, 38 (*diuinae indulgentiae allapsu*).
adlasciuio (*all-*), *-ire* arriver pour badiner: ER., ASD IV-2, 271, 131.
adlatratus (*all-*), *-us* aboiement: ER., Allen IX, nº 2465, 324 (fig.).
adlegamentum (*all-*), *-i* allégation, affirmation: HUTT. I, 211,27.
adleuatrix (*all-*), *-icis* (empl. adj. F.) qui aide, qui soulage: BUDÉ III B, 86, 4; 176, 46; 178, 21.
adlucesco (*all-*), *-ere* *luire, briller: ER., Allen III, nº 699, 15.
+ **adlusio** (*all-*), *-onis* A) **jeu de mots: BUDÉ II, 223, 31; ER., ASD II-5, 338, 243; LB II, 98 F; etc. - B) **allusion: ER., Allen II, nº 308, 26; ASD I-6, 50, 472; VIVES Conscr., 72, 12, etc.
admaritimus, *-a, -um* proche de la mer: LIPSE, O.O. III, 305 B, 27.
admensio, *-onis* A) fait de mesurer: BUDÉ IV, 363, 5 - B) fig., fait d'attribuer une certaine quantité de . . . : BUDÉ I, 234, 18 (*bonorum et malorum admensio*).
admensor, *-oris* quelqu'un qui mesure: BUDÉ I, 351, 42.
admentior, *-iri* **ajouter en imaginant: ER., ASD I-3, 421, 155 (*nonnulla admentiens, quae sibi tamen persuadebat esse uera*).
admercor, *-ari* acheter en outre: ER., ASD II-5, 189, 618.
adminiculatrix, *-icis* (empl. adj. F.) qui apporte une aide, un soutien: BUDÉ I, 47, 12; 472, 32.
+ **administratio**, *-onis* A) *fait d'administrer des sacrements: SERRA, 102, 21; BUC., Op. lat. II, 176, 7; MEL., O.O. II, 574, 1; etc. - B) fait d'administrer un remède: ER., ASD I-1, 400, 33.
+ **administrator**, *-oris* administrateur de couvent: ZW. VII, 120, 4; ap. AMERB. I, nº 47, 43; ap. RHEN., 208, 11; etc.
administratrix, *-icis* celle qui a la charge de, qui s'occupe de . . . : POGG. I, 283, 23; FIC., Theol. II, 293, 25.

admirabunde avec étonnement ou admiration: BUDÉ IV, 917, 9; 1547, 7.
admirabundus, *-a, -um* plein d'étonnement ou d'admiration: BRUNI, 16, 6; AGNOLELLI, 9, 15; VALLA I, 380, 17; fréq.
admiraldus (*-lius, -llius, ami-, amiralius, ammiralius*), *-i* *amiral: CALV. XI, 31, 43; BÈZE V, 48, 10; BULL, Gr. III, 157, 23; etc. - ← arabe.
admiralitas, *-atis* amirauté: MARN. I, n° 59, 25. - ← arabe + suff. lat.
admiralius: v. *admiraldus.*
admirallianus (*amirali-*), *-a, -um* A) de l'amiral: ap. BÈZE XIV, 18, 17. - B) empl. subst. M.Pl., troupes de l'amiral: BULL., Gr. III, 176, 18; 180, 8. - ← arabe + suff. lat.
admirallius: v. *admiraldus.*
admiratrix I, *-icis* (subst.) une admiratrice: ap. ER., Allen XI, n° 3111, 103.
admiratrix II, *-icis* (empl. adj. F.) admiratrice: BUDÉ I, 40, 50; 137, 9; 212, 19.
admissorius, *-a, -um* d'introduction, de recommandation: ap. CALV. XVII, 669, 3.
admissura, *-ae* ***saillie (déjà PLIN. 1, VIII, 66, 164 et APUL. *M.* VII, 16): BUDÉ II, 153, 7.
admonitorius, *-a, -um* A) *d'avertissement: ap. ER., Allen IX, n° 2513, 277; VIVES Conscr., 24, 23; CALV. IX, 684, 41; etc. - B) qui attire l'attention, qui recommande: BUDÉ III B, 72, 40; ap. LEF., 257, 6; BUC., Op. lat.I, 93, 6; etc.
admunitio, *-onis* fait de pourvoir de → protection supplémentaire: ap. ER., Allen V, n° 1501, 76.
admussito, *-are* dire tout bas, murmurer: HUTT. II, 24, 34.
adneo, *-ēre* filer en outre: BUDÉ I, 383, 42.
+ **adnihilatio** (*ann-*), *-onis* *annihilation: PIC 1, 127, 39; 128, 3; 159, 2; etc.
adnomen, *-inis* surnom, titre: ER., ASD IV-1, 78, 702; ap. ER., Allen VIII, n° 2184, 50 et 53.
+ **adnotator** (*ann-*), *-oris* scoliaste: ER., ASD I-6, 118, 232.
+ **adobruo**, *-ere* couvrir de . . .(fig.): POLIT., 112, 33 (*me . . . laudibus . . . adobruisti*).
adorabundus, *-a, -um* plein de respect: ER., ASD I-4, 215, 199; Allen VIII, n° 2284, 126.
+ **adoratio**, *-onis* culte, vénération (des saints): ZW. VII, 548, 8.
adornatio, *-onis* préparation, mise au point: ap. CALV. XIV, 307, 27.
adornator, *-oris* quelqu'un qui prépare, qui met en ordre: BUDÉ I, 101, 41; 355, 15; CHANS., 59, 2.

adornatrix, *-icis* (empl. adj. F.) A) qui prépare: BUDÉ I, 43, 42; B) qui orne, qui apporte un ornement à . . . : BUDÉ I, 286, 21.
+ **adoxus**, *-a, -um* paradoxal: ER., Allen IV, n° 999, 252.
adp-: v. *app-*.
adrespondeo (*arr-*), *-ēre* répondre à . . . : ALDE in *Praef.*, 250, 5.
adrogantulus (*arr-*), *-a, -um* assez arrogant: ap. CALV. XI, 188, 34. - dim. de *adrogans.*
adrosus (*arr-*), *-us* fait de ronger: ER., ASD II-5, 114, 243.
adrudo, *-ere* braire: MORE, CW V/1, 404, 3.
adsecuro (*ass-*), *-are* *assurer, garantir: PLANT. IV, 248, 23.
adsecutrix (*ass-*), *-icis* celle qui recherche, qui atteint: LEF., 87, 27.
adsensiuus (*ass-*), *-a, -um* *approbateur: ap. AMERB. III, n° 1445, 4.
adsentabunde (*ass-*) avec l'intention de flatter: BUDÉ III A, 331, 39
adsentatorius (*ass-*), *-a, -um* flatteur, qui concerne la flatterie: ER., ASD I-1, 98, 29; DOLET, 155, 14; VIVES Conscr., 34, 27.
adsentatricula (*ass-*), *-ae* « petite » flagorneuse: ER., ASD IV-2, 125, 85. - dim. de *adsentatrix.*
adsertiue (*ass-*) *par assertion, de manière affirmative: PIC 1, 86, 4; ap. LUTH., WA Br. I, n° 110, 245; CATH., Opusc. II, 11, 18; etc.
adsertiuus (*ass-*), *-a, -um* *affirmatif: BOV. Nih., 40, 21; 100, 17; 106, 30; etc.
adseruatio (*ass-*), *-onis* conservation, sauvegarde: BUDÉ I, 464, 43.
adseruator (*ass-*), *-oris* un gardien: ER., ASD II-4, 260, 939.
adseruatrix (*ass-*), *-icis* **une gardienne: BOV. Sap., 120, 3.
adsessito (*-ass-*), *-are* être assis habituellement à côté de . . . : BUDÉ III A, 25, 35.
adseuerator (*ass-*), *-oris* quelqu'un qui affirme, qui garantit: ER., ASD V-1, 147, 892; Allen IV, n° 1195, 121; ap. ER., Allen VII, n° 1817, 47; etc.
adsiduatio (*ass-*), *-onis* assiduité: CELT., n° 358, 336.
adsimulatrix (*ass-*), *-icis* une simulatrice: BUDÉ I, 195, 23.
adsistentia (*ass-*), *-ae* **assistance, aide: ap. AMERB. I, n° 391, 11; CATH. Assert., 89, 56; PLANT. IV, 162, 23; etc.
adsociatio (*ass-*), *-onis* une mise en commun: ap. PFLUG II, n° 146, 68 (*uoluntatum associatio*).
adsp-: v. *asp-*.
adstes (*ast-*), *-itis* soldat qui se trouve à côté d'un autre: APH., 78 r°, 15.
adstipatio, *-onis* proximité: BUDÉ I, 525, 2.
adstitio, *-onis* fait de se tenir debout (près de la table, pour le service): LIPSE, Ep. II, n° 316, 36.

adstricticius (*ast-*), *-a, -um* astringent: HUTT. V, 473, 13.
+ **adstrictio** (*ast-*), *-onis* *lien, attache (fig.): CALV. XV, 487, 35; LIPSE, O.O. III, 256, 1.
adstrigmenta (*ast-*), *-orum* lacets (jeu): APH., 42 r°, 27.
adsuadeo (*ass-*), *-ēre* conseiller: PLANT. Suppl., 236, 33.
adsuefactio (*ass-*), *-onis* *accoutumance, habitude: ER., ASD V-1, 63, 658; VIVES, E.W. I, 102, 18; BUC., Op.lat. XV, 239, 6; etc.
+ **adsumo** (*ass-*), *-ere* A) A l'actif, avec *Deus* comme sujet, élever jusqu'à soi: PIC 1, 106, 26 et 40; 107, 35. - B) Au passif, être élevé (s'élever) jusqu'à Dieu: PIC 1, 106, ll. 24, 25 et 30; etc.
adsumptibilis (*ass-*), *-is, -e* qui peut être élevé (qui peut s'élever) jusqu'à Dieu: PIC 1, 106, 27; 107, 32; 108, 26; etc.
adsumptibilitas (*ass-*), *-atis* fait de pouvoir être élevé (s'élever) jusqu'à Dieu: PIC 1, 108, 42; 109, 9.
adsumptitius (*ass-*), *-a, -um* « emprunté », non naturel: ER., ASD V-1, 268, 875 (*Ea corpora sunt assumptitia, non naturalia*).
+ **adsurgo** (*ass-*), *-ere* ressusciter (sens chrét. de résurrection finale): PETR. I, 239, 26 et 27.
adsurrectio (*ass-*), *-onis* A) **montée, élévation (sens spirituel): CLICHT. ap. LEF., 109, 22; LEF. 345, 17; BOV. in *Pros.*, 104, 14; etc. - B) **fait de se dresser, de se tenir debout: BUDÉ I, 294, 34.
adtaediatus (*att-*), *-a, -um* *lassé, fatigué: ap. AMERB. I, n° 425, 5.
adteger, *-gra, -grum* mutilé, incomplet: ap. LIPSE, Ep. III, n° 620, 312 et 403. - opp. à *integer.*
+ **adtendo** (*att-*), *-ere* dans *attento quod,* *attendu que: ap. PFLUG II, n° 178, 76; TORR. II, n° 628, 54.
abtentator (*att-*), *-oris* quelqu'un qui s'en prend à . . . : BUDÉ I, 156, 21; 184, 10.
adtentiuscule (*att-*) avec une certaine attention: BOV. Sap., 166, 32. - dim. du compar. adv. *adtentius.*
adtextum (*att-*), *-i* complément, appendice: LIPSE, Ep. III, n° 613, 14.
adtinentia (*atte-, atti-*), *-ae* *parenté (fait d'être apparenté): ap. AMERB. I, n° 164, 7; ap. CELT., n° 147, 31.
adtingibilis (*att-*), *-is, -e* *qui peut être atteint: PETR. I, 369, 25 et 26; 370, 44; etc.
adtonsilis (*att-*), *-is, -e* bon à être tondu, que l'on peut tondre: BUDÉ II, 175, 34.
adtractrix (*att-*), *-icis* (empl. adj. F.) qui attire: ap. AMERB. V, n° 2309, 9.
+ **adtributum** (*att-*), *-i* A) titre honorifique: SERRA, 60, 19; 61, 1 et 6; etc. - B) attribut, prédicat (gramm.): BOV. Opp., 68, 24; 70, 6; BÈZE X, 37, 28.

+ **adtritio** (*att-*), *-onis* *contrition: MEL., O.O. I, 352, 5 et 7.
adtritor, *-oris* quelqu'un qui broie, qui use: VALLA I, 370, 6.
aduentiuus, *-a, -um* qui vient d'ailleurs, étranger: POGG. I, 173, 17. - cf. *aduenticius* (G.).
aduentualis, *-is, -e* de l'Avent: LUTH., WA Br. II, n° 378, 21.
+ **Aduentus**, *-us* **Avent: ER., ASD II-1, 80, 424; ap. ER., Allen VII, n° 2076, 2.
aduerbiasco, *-ere* « devenir adverbe », être employé comme adverbe: VALLA I, 91, 1; 525, 11 (*neutra comparatiuorum aduerbiascunt*).
aduerbio, *-are* employer comme adverbe: VALLA I, 81, 44.
aduertentia, *-ae* *attention, soin: ap. CELT., n° 67, 18.
adulatilis, *-is, -e* adulateur: ZAS. ap; ER., Allen II, n° 317, 17.
adulteratrix, *-icis* (empl. adj. F.) qui fausse, qui altère: BUDÉ I, 14, 14; III B, 116, 38.
adultere de manière adultère: ap. ER., Allen XI, n° 3119, 7.
adumbramentum, *-i* apparence: BUDÉ I, 173, 9.
adumbrator, *-oris* A) quelqu'un qui fait des esquisses, qui esquisse: VALLA I, 739, 33. - B) quelqu'un qui simule: BUDÉ III B, 186, 46 (*iustitiae adumbratores*).
+ **aduocatio**, *-onis* fonction d'accusateur (v. *aduocator*): BOD. I, 184 B, 19.
+ **aduocator**, *-oris* un accusateur (magistrat à Venise): BOD. I, 184 B, 15.
aduolaturio, *-ire* avoir envie de « s'envoler », de partir: ER., Allen IV, n° 1101, 1.
+ **aedes**, *-is* **église chrétienne (bâtiment): CASTILIONENSIS in *Reden*, 217, 14; RHEN., 32, 18; MORE Corr., n° 2, 16; fréq.
aedificabilis, *-is, -e* acceptable: ap. CALV. XVII, 371, 6; XIX, 261, 45; 295, 15.
+ **aedificatio**, *-onis* **édification (spirituelle): XIMENES in *Praef.*, 44, 10; ap. AMERB. I, n° 55, 24; LEF., 310, 18; etc.
aedificatoria, *-ae* fait de construire, art de construire: POLIT., 467, 48; BUDÉ I, 252, 42.
+ **aedificatorius**, *-a, -um* **édifiant (spirituellement): LEF., 310, 27.
aedificatrix, *-icis* (empl. adj. F.) édifiante (spirituellement): BUC., Op. lat. IV, 78, 7.
+ **aedifico**, *-are* **édifier (spirituellement): LEF., 311, 26.
aeditima, *-ae* gardienne d'un temple: POLIT., 448, 12.
+ **aedituus**, *-i* **portier d'une église chrétienne, sacristain: ER., ASD V-1, 285, 357; Allen VII, n° 2037, 28; VALER. C. Coll., 156 a, 22; etc.
aegriuscule assez mal, assez péniblement: CHANS. ap. AMERB. VII,

n° 3167, 114. - dim. du compar. adv. *aegrius.*

aegyptie dans la langue des Egyptiens: ap. POLIT., 127, 19.

aemulatim à l'envi: MOHY, f. I 4 r°, 8; K 2 v°, 14.

aemulatiuncula, *-ae* petite jalousie, petite rivalité: LIPSE, Ep. I, n° 218 a, 40; n° 236, 14; II, n° 330, 12. - dim. de *aemulatio.*

aenarius (*ahe*), *-ii* fabricant d'objets en cuivre ou en bronze: APH., 74 v°, 11.

aenigmaticus, *-a, -um* **énigmatique, mystérieux: VALLA I, 505, 33; FIC., O.O. I, 47 A, 23; ER., Allen I, n° 133, 41; etc. - ← αἰνιγματικός.

aenigmatium, *-ii* petite énigme, petite devinette: POLIT., 300, 9. - Doit être calqué sur αἰνιγμάτιον (non attesté?), dim. de αἴνιγμα (*aenigma*).

aenigmatizor: v. *enigmatizor.*

aeolice en dialecte éolien: VALLA I, 4, 23; BOD. I, 249 B, 17. - ← αἰολικῶς.

+ **aequator**, *-oris* *équateur: MORE, CW IV, 52, 2; RING., 20, 8; MERC., 29, 6; etc.

+ **aequidistans** (*equ-*), *-ntis* *équidistant: BOV. Nih., 90, 12 (*punctum . . . medium equidistans ab extremis*).

aequidistanter (*equ-*) *parallèlement: BOV. Opp., 122, 8.

aequidistantia (*equ-*), *-ae* *parallélisme: BOV. Opp., 66, 10; 110, 12; 118, 29; etc.

aequidisto (*equ-*), *-are* *être à égale distance: BOV. Opp., 128, 18 et 23.

aequipendium, *-ii* une balance: BRIÇ., 125, 4.

aequipolleo, *-ēre* *équivaloir à . . . : PIC 1, 90, 13; MORE Corr., n° 15, 389; ap. ER., Allen IX, n° 2405, 171; etc.

aequiualor (*equ-*), *-oris* valeur équivalente: ap. ER., Allen IX, n° 2558, 21.

aequiuocum, *-i* *une équivoque: SERVET ap. CALV. VIII, 692, 36.

aerariolum, *-i* petit trésor, mince trésor: CALV. XIV, 477, 23. - dim. de *aerarium.*

aerumnose *misérablement: BUDÉ III B, 120, 27.

+ **aerumnula**, *-ae* petit souci, petite épreuve: BUDÉ I, 167, 19.

aestimatrix I, *-icis* (subst.) celle qui estime, qui juge: BUDÉ I, 112, 43; 176, 9; II, 32, 5; etc.

aestimatrix II, *-icis* (empl. adj. F.) qui estime, qui juge: FIC., Theol. III, 13, 8; BUDÉ IV, 42, 23.

+ **aestuarium**, *-ii* *un poêle: ER., Allen IV, n° 1169, 17 (*aestuaria Germanica*).

aestuarius, *-a, -um* bouillonnant, agité: ER., Allen I, n° 157, 34; X, n° 2879, 96.

aetas dans *defectus aetatis* : v. *defectus.*

aetiologicon, *-i* étiologie: POLIT., 463, 18 et 19 (médecine). - ← αἰτιολογικός, -ή, -όν.

aeuinteger, *-gra*, *-grum* toujours intact: MEL., O.O. XI, 6, 29.

aezumnetes, *-is* chef, prince (Mitylène anc.): BOD. I, 188 A, 41. - ← grec: cf. αἰσυμνήτηρ.

aff-: v. *adf-*.

afrisso, *-are* imiter l'Afrique ou les Africains: ER., ASD II-4, 132, 68.

agathallus, *-i* mésange: ER., ASD I-5, 124, 406. - ← grec: cf. αἰγίθαλλος.

agens, *-ntis* (subst. N.) *l'agent: FIC., Theol. I, 86, 28 (*primum agens, quod est Deus*); 98, 6; 99, 16; etc.

agg-: v. *adg-*.

agibilis, *-is*, *-e* dans *res agibilis*, acte, action: PETR. I, 460, 47.

agogus, *-i* guide, compagnon: ap. AMERB. V, n° 2357, 27. - ← ἀγωγός.

+ **agon**, *-onis* *agonie: ap. ZW. VII, 263, 13; CATH., Assert., 115, 10.

+ **agonia**, *-ae* (*-as*) **agonie: MORE, CW XIV/1, 81, 3; 109, 2; BUDÉ IV, 1005, 17; etc.

+ **agoniso** (*-izo*), *-are* *agoniser: ap. RHEN., 184, 23; CATH. Assert., 153, 47.

+ **agonotheta** (*-tes*), *-ae* (M.) **fig., pour désigner Dieu: CALV. XV, 18, 19; XVIII, 624, 1; ap. CALV. XVI, 119, 20; etc.

agronomus, *-i* magistrat chargé de la police des campagnes: BUDÉ III A, 378, 33. - ← ἀγρονόμος.

agyrta, *-ae* (M.) charlatan, diseur de bonne aventure: ap. CALV. XV, 279, 42; LIPSE, Ep. II, n° 342, 32. - ← ἀγύρτης.

ahenarius: v. *aenarius*.

+ **albugo**, *-inis* *blanc d'oeuf: APH., 29 v°, 9.

albus, *-i* *monnaie d'argent, pièce d'argent: CORD. II, n° 6; S.J. I, 184, 9; MERC., 150, 13; etc.

alchemia: v. *alchimia*.

alchimia (*-emia*), *-ae* *alchimie: PETR. I, 112, 30; HAL., 69, 24 (*uulgo*); FIC., O.O. I, 777 A, 25; etc. - ← arabe.

alchimicus (*alci-*), *-a*, *-um* *qui concerne l'alchimie; alchimique: CRAN., n° 196, 12; ER., ASD II-4, 312, 688. - ← arabe + suff. lat.

alchimista, *-ae* (M.) *alchimiste: PETR. I, 113, 2; FIC., O.O. I, 889 B, 5 (*uulgo*); LUTH., WA Br. I, n° 154, 25; etc. - ← arabe + suff. lat.

alchimisticus, *-a*, *-um* qui concerne l'alchimie, alchimique: CALV. VIII, 599, 30. - ← arabe + suff. lat.

Alchoranus: v. *Alcoranus.*
Alciaticus, *-a, -um* d'Alciat: ZAS. V, 172 B, 32; 173 A, 18.
alcimicus: v. *alchimicus.*
alcinus, *-a, -um* d'élan (animal): ap. AMERB. VI, n° 2681, 32.
Alcoranus (*Alcho-*), *-i* *Coran: FIC., O.O. I, 11 B, 52; MUNST., 53, 27; BUC., Op. lat. II, 7, 22; etc. - ← arabe.
alcumicus, *-i* alchimiste: [ER.], Ferg., 208, 84. - ← arabe + suff. lat.
alcumista, *-ae* (M.) alchimiste: ER., ASD I-3, 425, 30; II-6, 414, 489; IV-1 A, 146, 946; etc. - ← arabe + suff. lat.
alcumistica, *-ae* alchimie: ER., ASD I-2, 613, 12; I-3, 422, 202; 424, 1; etc. - ← arabe + suff. lat.
alcumisticus, *-a, -um* qui concerne l'alchimie, alchimique: ER., ASD I-3, 434, 51; 436, 101. - ← arabe + suff. lat.
aldermannus, *-i* *l'alderman (Angleterre): ap. CALV. XIII, 628, 24. - ← angl.
aleatrix I, *-icis* (subst.) celle qui agit au hasard: BUDÉ I, 202, 27.
aleatrix II, *-icis* (empl. adj. F.) **qui agit au hasard: BUDÉ I, 138, 34.
aleciaria, *-ae* marchande de harengs, sardines, anchois: GAG. I, 268, 14.
alectromantia, *-ae* divination par le chant des coqs: POLIT., 473, 37. - ← grec: cf. ἀλεκτρυομαντεία.
alemannice en langue ou dialecte alémanique: NANN., 286, 35.
alembicum (*-us?*), *-i* alambic: ap. FIC., O.O. I, 579 B, 39 et 41; 585 B, 50; etc. - ← arabe.
alete, *-es* un vagabond: ER., Allen VII, n° 2049, 54. - ← ἀλήτης.
alethia, *-ae* *vérité: NIGER in *Praef.*, 236, 9. - ← ἀλήθεια.
aleurites (adj. M.) de farine de froment (qualifie un pain): BUDÉ II, 231, 38 et 39. - ← ἀλευρίτης.
aleuromantia, *-ae* divination au moyen de farine de froment: POLIT., 473, 37. - ← grec: cf. ἀλευρομαντεῖον.
alienabilis, *-is, -e* aliénable: BUDÉ III B, 10, 30.
alietas, *-atis* *changement: ap. LEF., 248, 6; BOV. Sap., 188, 12.
alimentatio, *-onis* alimentation: BOV. Sap., 60, 20; 68, 27; 86, 28; etc.
+ **alimentum**, *-i* bourse d'études: ap. ER., Allen VI, n° 1768, 53. - v. *bursa* B, *censulus, stipendiolum* et *stipendium.*
alimmaticus, *-a, -um* d'onction, de friction: NEBR., 60, 40. - ← grec: cf. ἄλειμμα.
aliqualis, *-is, -e* *quelque: PETR. I, 8, 20; 371, 7; BULL. ap. BÈZE IX, 78, 37; etc.
all-: v. aussi *adl-.*

allegoricos allégoriquement: POLIT., 230, 41; 280, 23; BUDÉ III A, 147, 52. - ← ἀλληγορικῶς; cf. *allegorice* (G.).
allodium, *-ii* *bien allodial: HOTM. 272, 20 et 22. - ← germ.
almicius, *-a*, *-um* nourricier → bienfaisant: BOV. Sap., 148, 13.
almipotens, *-ntis* **dont la puissance est bienfaisante: AMERB. J. I, n° 330, 3.
alogicus, *-a*, *-um* illogique: ap. LEF., 251, 2. - ← grec: cf. ἀλογία.
alogistia, *-ae* fait de ne pas devoir rendre des comptes: BUDÉ I, 225, 32; II, 274, 47 (*quam uocant*). - ← ἀλογιστία.
alpestris, *-is*, *-e* *alpestre, montagneux: PETR. I, 604, 38; ER., Allen VII, n° 1939, 16.
alphabetarium, *-ii* alphabet: PIC 1, 441, 40. - ← grec: cf. ἀλφάβητος.
alphabetarius I, *-a*, *-um* qui apprend l'alphabet, les rudiments: CALV. VIII, 498, 18 (*puer alphabetarius*). - ← grec: cf. ἀλφάβητος.
alphabetarius II, *-ii* quelqu'un qui apprend l'alphabet: S.J. I, 255, 5. - ← grec: cf. ἀλφάβητος.
alphabeticus, *-a*, *-um* alphabétique, de l'alphabet: XIMENES in *Praef.*, 42, 15; ASD I-2, 609, 24; AMERB. J. I, n° 293, 40; fréq. - ← grec: cf. ἀλφάβητος.
alphestes, *-ae* (adj. M.) industrieux, entreprenant: BUDÉ I, 67, 19. - ← ἀλφηστής.
alphitomantia, *-ae* divination au moyen de farine: POLIT., 473, 37. - ← grec: cf. ἀλφιτόμαντις.
alterabilis, *-is*, *-e* *qui peut s'altérer: BUDÉ I, 517, 8.
altercatiuncula, *-ae* petite discussion: LEF., 123, 25. - dim. de *altercatio*.
altercatrix, *-icis* (empl. adj. F.) qui prend à partie, agressive; MORE Corr., n° 143, 405; BUDÉ I, 197, 18; III B, 140, 27.
altercatura, *-ae* prises oratoires: BUDÉ III B, 119, 54 (*in altercatura forensi*).
alternatiua, *-ae* *alternative: ZAS., 185 A, ll. 55, 63 et 73.
alternatiue par alternative: POMP., 17, 27; 24, 29.
alternatiuus, *-a*, *-um* *alternatif: ap. AL. Paquier, 156, 17.
altifremus, *-a*, *-um* qui parle haut, qui crie fort: ER., ASD I-1, 413, 16; 490, 11.
altiloquenter sur un ton élevé: BUDÉ I, 14, 39 (*altiloquentissime*).
altiloquentia, *-ae* langage élevé: SCALIGER in *Pros.*, 298, 20.
altiloquus, *-a*, *-um* A) *au langage élevé, qui parle de choses célestes: BUDÉ II, 292, 29. - B) pompeux, grandiloquent: ESTIENNE in *Praef.*, 552, 27.
altimeter, *-tra*, *-trum* qui indique la hauteur: MERC., 30, 39.
+ **alueare**, *-is* **fig., communauté de moines, couvent: ER., ASD I-3, 579, 76.

+ **aluearium**, *-ii* fig., maison: ap. ER., Allen V, n° 1394, 6.

alumnatio, *-onis* fait d'avoir des élèves pensionnaires: ap. POLIT., 148, 18 (*inter disciplinas et alumnationes tuas = inter discipulos et alumnos tuos*).

alutarius, *-ii* *mégissier: APH., 75 r°, 25.

amariuscule assez amèrement: PETR. II, 1065, 36. - dim. du compar. adv. *amarius.*

amariusculus, *-a, -um* *assez amer: PETR. I, 173, 43; II, 845, 47; 914, 26; etc. - dim. du compar. *amarior, -ius.*

amarulente avec aigreur, avec amertume: ER., Allen IV, n° 1196, 553; ap. RHEN., 265, 14; ap. CRAN., n° 134, 35; etc.

amarulenter avec aigreur, avec amertume: BUDÉ IV, 1447, 28; ap. ZW. VIII, 438, 5; ap. CALV. XV, 532, 21; etc.

amarulentia, *-ae* A) amertume, aigreur: ER., Allen III, n° 606, 11; BUDÉ I, 156, 25; HUTT. II, 192, 12; fréq. - B) saveur amère (de l'eau de mer): BUDÉ I, 527, 48.

amasia, *-ae* A) *amante, maîtresse: ER., ASD I-4, 222, 426; AGRIPPA, 56, 31; 57, 1. - B) fig.: ER., Allen VIII, n° 2195, 30.

ambagiose par des voies détournées, de manière ambiguë: BUDÉ I, 139, 53; II, 293, 13; ap. BUDÉ I, f. FF 1 r°, 22.

ambasator (*-iator*): v. *ambassiator.*

ambasius, *-ii* courrier (personne), messager: ER., Allen VII, n° 1992, 149.

ambassiator (*-asa-, -asia-*), *-oris* *ambassadeur: ap. MORE Corr., n° 10, 57; ap. PFLUG II, n° 324, 29; ap. BULL., Gr. III, 170, 15; etc. - Condamné par VALLA I, 410, 38: *quod nemo* (*nisi barbarus*) *dixit.* - ← ital.

ambesura, *-ae* fait de ronger . . . : ZAS. ap. AMERB. III, n° 1177, 4 (*tinearum ambesura*: vermoulure, à propos d'un fromage).

ambitiosule A) avec une certaine prétention, avec une certaine vanité: BUDÉ I, 262, 19. - B) avec une certaine insistance: BUDÉ I, 285, 42. - dim. de *ambitiose*, mais formé sur *ambitiosulus.*

ambitiosulus, *-a, -um* assez prétentieux, assez vaniteux: RHEN., 497, 18. - dim. de *ambitiosus.*

ambitiuncula, *-ae* un certain désir de popularité: MEL., O.O. I, 698, 24. - dim. de *ambitio.*

ambliopia, *-ae* **faiblesse de la vue: APH., 16 r°, 30. - On attendrait *amblyopia* ← ἀμβλυωπία; mais cf. prononc. byz.

amblyopia: v. *ambliopia.*

ambra, *-ae* ambre: FIC., O.O. I, 495 A, 39; ap. AMERB. III, n° 1244, 9; AGRIC. G., 57, 7; etc. - ← arabe.

amburbius, *-a, -um* qui se fait autour d'une ville: BUDÉ III A, 239, 54 (*supplicationes amburbiae*).

amicabilitas, *-atis* *amabilité, amitié: ap. AMERB. II, n° 608, 6.

amicitiuncula, *-ae* « petite » amitié: CLEN., n° 27, 22. - dim. de *amicitia*.
+ **amictus**, *-us* **amict (vêtement. eccl.): S.J. I, 274, 16.
+ **amiculum**, *-i* amict (vêtement eccl.): ER., Allen VII, n° 2037, 253; CLEN., n° 34, 52.
amiraldus: v. *admiraldus*.
amiralianus: v. *admirallianus*.
amiralius: v. *admiraldus*.
ammannus (*-anus*), *-i* *amman, landamman: ap. BULL., Gr., III, 98, 3; BULL. ap. BÈZE XI, 98, 36; 117, 25; etc. - ← germ.
ammiralius: v. *admiraldus*.
+ **amnestia**, *-ae* *oubli (sens premier d'ἀμνηστία): BUDÉ I, 224, 17 et 30.
amorosus, *-a*, *-um* digne d'être aimé: PETR. I, 370, 31; ap. CELT., n° 236, 5; LUTH., WA Br. I, n° 12, 22; etc.
amphibologice d'une façon équivoque: PETR. I, 522, 9; ap. POLIT., 37, 20. - ← grec: cf. ἀμφιβολογία; cf. aussi *amphibolice* (G.).
amphibologicus, *-a*, *-um* *amphibologique, équivoque: ap. BULL., Gr. I, 374, 30; ap. CALV. XIII, 289, 22; XX, 338, 32. - ← grec: cf. ἀμφιβολογία.
amphidromia, *-ae* fête du nouveau-né: ER., LB II, 997 F. - ← ἀμφιδρομία.
amphithetum, *-i* sorte de coupe (qu'on prend à deux mains): ER., LB II, 994 D. - ← ἀμφίθετος, -ος, -ον.
amphoteroplus valable pour l'aller et le retour en mer: BUDÉ II, 44, 2. - ← ἀμφοτερόπλους.
amphotis, *-idis* oreillère: ER., ASD I-5, 160, 3; MURET, Scr. Sel. II, 200, 18. - ← ἀμφωτίς.
amplexabilis, *-is*, *-e* qui peut être « embrassé » → qui peut être atteint, obtenu: BUDÉ I, 264, 24 (à propos de la *uirtus*).
amplexator, *-oris* celui qui aime, qui s'attache à quelqu'un: BUDÉ I, 245, 26; 377, 24.
ampliate au sens large, largement: ap. AMERB. IV, n° 1993, 64.
ampliatiue au sens large, largement: PIC 1, 152, 3.
ampliatrix, *-icis* (empl. adj. F.) qui développe, qui augmente: ER., ASD IV-2, 61, 19; BUDÉ ap. MORE, CW IV, 4, 29.
amplificabilis, *-is*, *-e* qui provoque un accroissement, une augmentation: FIC., O.O. I, 535 A, 34.
+ **amplitudo**, *-dinis* dans *tua Amplitudo*, **« Ta/votre Grandeur », « Ton/Votre Honneur » : PIC 1, 76, 32; ap. POLIT., 212, 15; ER., Allen I, n° 149, 4; fréq. - v. *tua*.
ampliuage largement, généralement: VALLA I, 650, 12.
ampullose *avec emphase, avec prétention: VALLA I, 298, 46.

ampullositas, *-atis* *emphase, caractère ampoulé: POGG. I, 229, 7 (*loquendi uana ampullositas*).
ampullosus, *-a*, *-um* *emphatique, prétentieux, ampoulé: PETR. II, 1055, 50; POGG. I, 102, 16; POLIT., 216, 46; fréq.
amussatim avec précision, avec exactitude: ER., ASD I-6, 156, 213. - v. *examussatim.*
amusus, *-a*, *-um* étranger aux Muses, non instruit: POLIT., 301, 10; ER., Allen II, n° 535, 29; DORP, 98, 3; fréq. - ← ἄμουσος.
amygdaletum, *-i* endroit planté d'amandiers: VALLA I, 395, 1. - ← grec: cf. ἀμυγδαλῆ.
anabaptismus, *-i* anabaptisme: ap. ER., Allen IX, n° 2430, 26; AMERB. Bon. III, n° 1141, 47; BUC., Op. lat. II, 96, 27; fréq. - ← ἀναβαπτισμός; v. aussi *catabaptismus.*
anabaptista, *-ae* (M.) un anabaptiste: ER., Allen V, n° 1369, 38; MORE Corr., n° 162, 5; AMERB. Bon. III, n° 1198, 123; fréq. - ← grec: cf. ἀναβαπτισμός; v. aussi *catabaptista.*
anabaptisticus, *-a*, *-um* anabaptiste: ER., Allen XI, n° 2981, 10; MEL., O.O. XXI, 656, 25; ZW. VIII, 640, 21; fréq. - ← grec: cf. ἀναβαπτισμός; v. aussi *catabaptisticus.*
anacardinus, *-a*, *-um* d'anacarde: FIC., O.O. I, 496 B, 9.
anacardus, *-i* *anacarde: FIC., O.O. I, 496 B, 22.
anacrisis, *-is* A) enquête judiciaire: BUDÉ III A, 302, 21. - B) question préalable (en justice): BUDÉ III A, 302, 24; 332, 40. - ← ἀνάκρισις.
anaematos, *-a* (ou *-os?*), *-on* où le sang n'est pas versé, non sanglant: POLIT., 368, 45 (*anaematon, hoc est citra sanguinem, imperium*). - ← ἀναίματος, -ος, -ον.
anagnosis, *-is* lecture: PERNA in *Praef.*, 597, 13. - ← ἀνάγνωσις.
anagogice *mystiquement, spirituellement: PIC 1, 118, 42. - ← ἀναγωγικῶς.
analphabeticus I, *-a*, *-um* A) illettré: ap. ER., Allen III, n° 769, 54; VI, n° 1649, 15. - B) qui va apprendre, débutant: CLEN., n° 40, 110. - ← grec: cf. ἀναλφάβητος.
analphabeticus II, *-i* quelqu'un qui va apprendre, un débutant: CLEN., n° 40, 293 et 469; n° 64, 387; etc. - ← grec: cf. ἀναλφάβητος.
analphabetus, *-a*, *-um* A) illettré: CHANS., 52, 31; BUDÉ III A, 20, 47; LUTH., WA XVIII, 687, 28; etc. - B) non pourvu de lettre, d'épître: CHANS., 72, 5 (*tabellarium analphabetum*). - ← ἀναλφάβητος.
analysis, *-is* *analyse: BOD. I, 116 A, 45; 118 B, 37. - ← ἀνάλυσις.
anantapodoton, *-i* fait de ne pas répéter un mot ou un membre de phrase exprimé dans une première partie: ER., ASD IX-1,

454, 321; BUDÉ III A, 57, 31 et 48. - ← ἀνανταπόδοτος, -ος, -ον.

anapodoton, *-i* un sous-entendu: ER., Allen III, n° 843, 157. - ← ἀναπόδοτος, -ος, -ον.

anarchia, *-ae* anarchie: ER., ASD IV-1, 192, 801; BUC., Op. lat. I, 223, 17; CALV. II, 1096, 10; etc. - ← ἀναρχία.

+ **anarchos**, *-on* qui ne suit aucune règle: MORE, CW V/1, 690, 31.

anasarca, *-ae* anasarque (maladie): APH., 15 v°, 16. - ← ἀνασάρκα; v. *hyposarca*.

anatasis, *-is* la montée: BUDÉ I, 7, 10 (*Graeci*. . .*uocant*). - ← ἀνάτασις,

anatomicus, *-a, -um* **anatomique: SYLVIUS in *Pros.*, 612, 2; 614, 7; 620, 5; etc. - ← ἀνατομικός.

ancter, *-eris* agrafe (pour fermer les lèvres d'une plaie): BUDÉ I, 475, 33. - ← ἀγκτήρ.

andria, *-ae* courage: BRUNI, 30, 26. - ← ἀνδρεία.

androlepsia, *-ae* arrestation d'un otage par représaille: BUDÉ III A, 347, ll. 13, 15 et 16; etc. - ← ἀνδροληψία.

androsphinx, *-ngis* homme-sphinx: BUDÉ I, 145, 15. - ← ἀνδρόσφιγξ.

anemographia, *-ae* anémographie: BOD. I, 118 A, 35. - ← grec: cf. ἄνεμος + γράφω.

+ **angaria**, *-ae* A) *un des quatre-temps: LUTH., WA Br. II, n° 427, 42; S.J. I, 182, 30; 307, 37. - B) *paiement fait quatre fois par an, à chacun des quatre-temps: AMERB. J. I, n° 246, 14; ap. AMERB. V, n° 2520, 12; ap. RHEN., 239, 4; etc.

angariatim contre paiement à chacun des quatre-temps: RHEN., 238, 40 et 41.

angelatus, *-i* angelot (monnaie): ER., Allen I, n° 270, 23; VIVES ap. CRAN., n° 167, 15; APH., 65 r°, 24; etc.

angeliformiter à la manière des anges: LEF., 225, 14.

angelotus (*-ottus*), *-i* angelot (monnaie): ap. BÈZE VI, 139, 16; LIPSE, Ep. III, n° 827, 6; VALER. C. Coll., 115 a, 18.

+ **angelus**, *-i* *un messager (sens premier de ἄγγελος): REU., 129, 2.

anginarius, *-a, -um* d'angoisse: BUDÉ II, 281, 36.

anglice *en langue anglaise: ER., Allen I, n° 276, 9; PLANT. II, 216, 3; VALER. C. Coll., 10 a, 15; etc. - v. *britannice*.

anhelabunde avec des halètements: BUDÉ I, 117, 52; 124, 40; II, 64, 7.

animaduersiuncula, *-ae* petite remarque, petite critique: ap. BÈZE VII, 178, 24. - dim. de *animaduersio*.

animalculum, *-i* petit être vivant, petit animal: ER., Allen I, n° 292, 18; MORE, CW IV, 170, 24; LIPSE, O.O. IV, 405 A, 41; etc. - dim. de *animal.*

animicida, *-ae* (M.) « tueur d'âmes » : LUTH., WA XVIII, 624, 23; ap. ER., Allen X, n° 2826, 62; CALV. V, 178, 38.

+ **animo**, *-are* **pousser à, inciter à . . . : PETR. II, 688, 8.

ann-: v. aussi *adn-*.

annata, *-ae* *annate (droit eccl.): ER., ASD I-3, 505, 367; LB V, 89 A; PFLUG II, n° 232, 34; etc.

annonipeta, *-ae* (M.) quelqu'un qui recherche un cadeau, un pourboire: BUDÉ III B, 152, 46.

annue *annuellement: ER., ASD I-3, 524, 1077; Allen I, n° 296, 131; MERC., 192, 16; etc.

annus, *-i* A) dans *annus decretorius* : v. *decretorius.* - B) dans *annus gradarius*: v. *gradarius.* - C) dans *annus scalaris*: v. *scalaris.*

anorexia, *-ae* **anorexie: APH., 17 r°, 4. - ← ἀνορεξία.

anormis, *-is*, *-e* simple variante graphique pour *abnormis* (G.): ER., ASD I-2, 49, 18; V-1, 384, 117. - cf. VREDEVELD.

ansulatus, *-a*, *-um* en forme de bague: BUDÉ I, 39, 3.

antacademicus, *-a*, *-um* ennemi de la culture, « barbare » : ER., ASD I-1, 89, 14. - ← ἀντί + Ἀκαδημικός.

antadiaphoristae, *-arum* (M.Pl.) ceux qui s'opposent aux Adiaphoristes (ou - ites): ap. PFLUG III, n° 464, 30 (*sic enim seipsos appellant*); ap. CALV. XV, 100, 2. - ← grec: cf. ἀντί + ἀδιάφορος; v. *Adiaphoristae.*

antadiaphoristicus, *-a*, *-um* qui concerne l'opposition aux Adiaphoristes (ou - ites): ap. PFLUG III, n° 509, 43. - v. *antadiaphoristae.*

antaxioma, *-atis* proposition contraire: BUDÉ III, B, 175, 13. - ← ἀντί + ἀξίωμα.

+ **anteambulo**, *-onis* précurseur: CLICHT., 27 v°, 29; BUDÉ I, 168, 11; 222, 30.

antecedenter *de manière antécédente: PIC 1, 158, 12.

antedictus, *-a*, *-um* ** cité plus haut, susdit: ap. ER., Allen VII, n° 1965, 43.

anteliminaris, *-is*, *-e* préliminaire, qui sert de préface: ap. AMERB. III, n° 1020, 11.

antelucor, *-ari* *se lever avant le jour: BOV. Sap., 150, 18.

antepaschalis, *-is*, *-e* qui précède Pâques: ap. CALV. XIV, 553, 9.

antependium: v. *antipendium.*

antepraecedens, *-ntis* qui se trouve avant le précédent: SAL. II, ch. 8, 7; III, ch. 4, 6 (*antepraecedenti capitulo*).

antetrinitarius (probabl. erreur typogr.): v. *antitrinitarius* I.

anteuangelismus, *-i* non-respect de l'Évangile: BUDÉ I, 199, 29. - ← grec: cf. ἀντί + Εὐαγγελία.

anteuangelus, *-i* ennemi du « bon messager », c-à-d. du Christ: BUDÉ I, 217, 13; 233, 53. - ← ἀντί + εὐάγγελος.

anthropolatria, *-ae* fait de rendre un culte à des hommes: BUDÉ III A, 205, 5. - ← ἀνθρωπολατρεία.

anthropopathia, *-ae* sentiment humain, affection humaine: ap. CALV. XIII, 338, 7. - ← ἀνθρωποπάθεια.

anthypocrita, *-ae* (M.) ennemi de l'hypocrisie: BUDÉ I, 181, 13; 196, 3. - ← ἀντί + ὑποκριτής.

antibarbarus, *-i* un ennemi de la « barbarie » → un ami de la culture: ER., ASD I-1, 38, 10. - ← ἀντί + βάρβαρος.

antica, *-ae* *porte de devant: APH., 21 v°, 1.

anticaesares, *-um* ennemis de l'Empereur: ap. PFLUG II, n° 354, 35.

anticaluinianus, *-i* un anticalviniste: CAST. Haer., 40, 11; 102, 4 et 5.

antichristianismus, *-i* antichristianisme: BÈZE V, 167, 14; ap. BÈZE VII, 341, 40.

antichristianus I, *-a, -um* *ennemi du Christ ou du christianisme: ER., Allen V, n° 1496, 84; BUDÉ I, 161, 1; BUC., Corr. I, n° 53, 21; fréq.

antichristianus II, *-i* *un ennemi du Christ ou du christianisme: VALLA I, 292, 30; BUC., Op. lat. I, 21, 19; ap. BULL., Gr. I, 291, 13; etc.

+ **anticipatio**, *-onis* anticipation de paiement: VALER. C. Ep., n° 44, 16.

antidosis, *-is* échange: BUDÉ IV, 118, 28 et 30. - ← ἀντίδοσις.

antidoxus, *-a, -um* d'opinion opposée, opposé à . . . : BUDÉ I, 142, 18; 198, 43; 213, 51. - ← ἀντίδοξος.

antigrapharius, *-ii* contrôleur: BUDÉ III A, 113, 24; CALV. V, 127, 11. - ← grec: cf. ἀντιγραφεύς.

antilogia, *-ae* réplique, contradiction: CALV. VIII, 573, 38; ap. CALV. XIII, 589, 38. - ← ἀντιλογία.

antilutheranus I, *-a, -um* antiluthérien: ER., Allen V, n° 1411, 17.

antilutheranus II, *-i* un antiluthérien: ER., Allen V, n° 1342, 666; MEL., W. VII/1, 209, 7; ap. RHEN., 279, 21; etc.

antimachometicus, *-a, -um* antimusulman: CLEN., n° 55, 85; n° 58, 87; n° 61, 144; etc.

antimonium, *-ii* antimoine: FIC., O.O. I, 492 B, 7; VIVES, E.W. I, 68, 18.

Antinomus, *-i* un Antinomien: ap. CALV. XV, 99, 35; MEL., W. VI, 328, 24; BÈZE VIII, 240, 15; etc. - cf. *Dict. Théol. Cath.* I, 632-4 (art. *Agricola Jean*).

antipapa, *-ae* (M.) *un antipape: POGG. I, 155, 19; HOTM., 452, 6 et 11.
antiparistasis: v. *antiperistasis*.
antipelargosis (*-isis*), *-is* **témoignage filial de reconnaisance: BOV. Sap., 224, 35; NEBR., 58, 23; ap. LUTH., WA Br. I, n° 7, 16. - ← ἀντιπελάργωσις; v. aussi *pelargycum* et *reciconiatio*.
antipendium (*ante*), *-ii* *linge d'autel: S.J. I, 274, 16.
antiperistasis (*antipa-*), *-is* *fait qu'une chose s'oppose à une autre et prend sa place; alternance: BOV. Opp., 74, 29; 76, 2; BUDÉ I, 528, 39; etc. - ← ἀντιπερίστασις; v. *circumobsistentia*.
antiphilosophia, *-ae* attitude anti-philosophique: BUDÉ I, 342, 25; III B, 122, 38. - ← ἀντί + φιλοσοφία.
antiphonarium, *-ii* **antiphonaire (livre liturgique): PLANT. III, 206, 16; 213, 11; 257, 14; etc. - ← grec: cf. ἀντίφωνος.
antipocha, *-ae* *reconnaissance de dette: APH., 64 r°, 10.
antiquabilis, *-is*, *-e* périmé: BUDÉ III A, 96, 11.
antiquariter savamment: ap. CELT., n° 249, 8 (*scite et antiquariter*).
+ **antiquarius**, *-ii* un antiquaire: ap. PIGH., n° 14, 21.
+ **antiquo**, *-are* « vieillir » quelque chose, c-à-d. exagérer son ancienneté: CLEN., n° 54, 154.
antirhetor, *-oris* un ennemi de l'art oratoire → un «barbare»: ER., ASD I-1, 67, 5. - ← ἀντί + ῥήτωρ.
antisophisma, *-atis* réplique à un sophisme: BUDÉ I, 192, 26; III B, 119, 44. - ← grec: cf. ἀντισοφιστής.
antistrategema, *-atis* contre-ruse: BUDÉ I, 89, 31; III B, 119, 48. - ← ἀντιστρατήγημα.
+ **antistropha**, *-ae* contre-ruse: BUDÉ I, 192, 26; III B, 119, 44. - ← ἀντιστροφή.
antistrophon, *-i* une controverse: AMERB. Bon. II, n° 983, 48. - ← ἀντίστροφος, -ος, -ον.
+ **antithesis**, *-is* (*-eos*) **antithèse, opposition: ER., ASD I-2, 326, 12; LUTH., WA XVIII, 776, 21; MEL., O.O. XXI, 695, 1; fréq.
antitrinitarius I, *-a*, *-um* antitrinitaire: ap. BÈZE XI, 292, 26 (*ante-*, probabl. par erreur typogr.). - ← ἀντί + *trinitarius*.
antitrinitarius II, *-ii* un antitrinitaire: BULL., Gr. III, 208, 35; ap. CALV. XX. 338, 25; BÈZE X, 53, 12; etc. - ← ἀντί + *trinitarius*.
antitypia, *-ae* rebondissement: BUDÉ III B, 152, 25 (*sphaerae antitypia*). - ← ἀντιτυπία.
antitypus, *-i* image, réplique, copie: ER., ASD IX-2, 148, 751; 188, 442; Allen VII, n° 1855, 44. - ← grec: cf. τό ἀντίτυπον.
antoeci, *-orum* **ceux qui habitent aux antipodes: POLIT., 466, 12; RING., 20, 5; 425, 17; etc. - ← ἄντοικος.
antrorsus vers l'avant, à l'avant: LIPSE, O.O. III, 271 B, 33; 294 B, 52.

anuminis, *-is* (adj. M.) athée: ZW. VIII, 265, 1 (ἄθεοι *id est anumines*). - ← ἀ- privatif + *numen, -inis.*

apalaester, *-tra, -trum* non exercé: BUDÉ I, 361, 29; III A, 132, 15; III B, 17, 33; etc. - ← ἀπάλαιστρος.

apannagium (*ab-, app-*), *-ii* *apanage: HOTM., 258, 5 (*uulgo*); 260, 9; 342, 1; etc.

aparemphatos, *-i* **infinitif: ER., ASD I-3, 351, 227. - ← ἀπαρέμφατος.

apartilogia, *-ae* compte rond: BUDÉ II, 111, 30. - ← ἀπαρτιλογία.

Apellicanus, *-i* sectateur d'Apelle: ap. BÈZE XIV, 45, 15. - cf. *D.H.G.E.*, III, 928-9 (art. *Apelle 2*).

apertim ouvertement: PETR. II, 771, 17. - cf. *aperte* (G.).

\+ **apertio**, *-onis* fait de se découvrir: ER., ASD IX-1, 33, 413 (*apertio capitis*).

aphe, *-es* poussière; POLIT., 399, 36. - ← ἀφή.

aphonus, *-a, -um* muet: ER., ASD IV-1 A, 26, 28. - ← ἄφωνος.

aphorismicus, *-a, -um* qui est en forme d'aphorisme: CLEN., n° 12, 3. - ← grec: cf. ἀφορισμός.

aphrodisius, *-a, -um* érotique: BULL., Corr. I, 124, 18. - ← ἀφροδίσιος.

apiculus, *-i* trait de lettre: ER., Allen II, n° 373, 104; BUC., Corr. I, n° 17, 12; MORE Corr., n° 15, 1191; fréq. - dim. de *apex, -icis.*

apirocalia, *-ae* *ignorance du bien et du beau: BUDÉ II, 33, 14. - ← ἀπειροκαλία.

apithia, *-ae* incroyance: BUDÉ I, 163, 29; 170, 51; 228, 1. - ← ἀπείθεια.

\+ **apocatastasis**, *-is* rétablissement, restauration (sens attesté pour ἀποκατάστασις): BUDÉ II, 314, 27.

\+ **apocope**, *-es* remise de dette, reçu (sens attesté pour ἀποκοπή): MORE ap. ER., Allen II, n° 424, ll. 33, 34 et 37; etc.

apocopo, *-are* former par apocope: VALLA I, 404, 40; 680, 26. - ← grec: cf. ἀποκοπή (*apocope*).

apodictice en recourant aux démonstrations: ap. MERC., 37, 25. - ← ἀποδεικτικῶς.

apolis, *-idis* quelqu'un qui n'a pas de cité, de patrie: BUDÉ II, 306, 10. - ← ἄπολις.

apologaster, *-tri* raconteur de fables, d'histoires fausses: MORE Corr., n° 83, 1536. - ← ἀπόλογος (*apologus*) + suff. lat.

apologeticus, *-a, -um* **apologétique: ER., Allen VII, n° 1967, 5. - ← ἀπολογητικός.

apologiso, *-are* composer des apologues: POMP., 141, 4. - ← grec: cf. ἀπόλογος.

apomagdalia, *-ae* pâte qu'on roulait dans les mains pour les nettoyer au sortir de table, puis qu'on jetait aux chiens: ER., LB II, 975 D-976 D. - ← ἀπομαγδαλιά.

apophthegma, *-atis* apophtegme: PETR. I, 467, 46; BUDÉ I, 142, 19; ER., ASD I-2, 119, 2; fréq. - ← ἀπόφθεγμα.

apophthegmaticus, *-a, -um* qui a la valeur d'un apophtegme: BUDÉ III A, 61, 25. - ← ἀποφθεγματικός.

apostilla, *-ae* apostille: ALCIAT ap. AMERB. VI, n° 2706, 6; LIPSE, Ep. III, n° 756, 7. - v. *postilla.*

+ **apostolus**, *-i* **messager, porteur de lettres: RHEN., 144, 16.

+ **apostrophe**, *-es* retour, fait de se tourner à nouveau vers . . . : BUDÉ I, 214, 11 (*ad Deum apostrophe*).

aposynagogus, *-a, -um* exclu de la synagogue: BUDÉ III A, 333, 39. - ← ἀποσυνάγωγος.

apotecarius: v. *apothecarius.*

+ **apotheca**, *-ae* *pharmacie: MUNST., 67, 14. - Emploi dans ce sens condamné par CROC. Farr., 196, 16.

+ **apothecarius** (*apote-*), *-ii* *pharmacien: PETR. II, 1223, 41; ap. ZW. VIII, 503, 19; APH., 14 r°, 22; etc. - Emploi dans ce sens condamné par CROC. Farr., 196, 22.

+ **apotheosis**, *-is* montée au ciel d'un homme devenu saint: ap. CELT., n° 325, 7; ER., ASD I-3, 267, 1; RHEN., 442, 39; etc.

appaciscor, *-i* ajouter à un pacte, à une convention: BUDÉ I, 395, 48.

appannagium: v. *apannagium.*

apparitrix, *-icis* « huissier féminin » : BUDÉ I, 193, 22 (à propos d'Atropos).

appellatiue par appellation: SAL. III, ch. 8, 190.

appensibilis, *-is, -e* que l'on peut peser: VALLA I, 649, 17.

+ **appensio**, *-onis* *apposition d'un sceau: ap. CELT., n° 7, 35 (*nostri sigilli appensio*).

applausor, *-oris* ***quelqu'un qui applaudit ou fait applaudir, qui approuve (déjà PLIN. 2, *Pan*, 46, 4; var. éd. anc.): ER., Allen I, n° 182, 56; BUDÉ I, 203, 30; ap. CALV. XX, 431, 23; etc.

applicabilis, *-is, -e* A) applicable: PETR. II, 1002, 48; PIC 1, 107, 53. - B) attaché à . . . , appliqué à . . . : PETR. I, 12, 3; II, 1130, 47.

applicamentum, *-i* une applique: BUDÉ IV, 613, 11.

+ **applicatio**, *-onis* application, fait de mettre en pratique: PIC 1, 112, 18.

applicatiuus, *-a, -um* lié à . . . : CALV. X A, 181, 9.

appodiatum (*adp-*), *-i* un point d'appui: ap. LUTH., WA Br. II, n° 244, 412.

appositicius (*-tius*), *-a, -um* A) ajouté après coup: AL., Jovy III, 248, 22. - B) postiche (à propos des cheveux): ER., ASD I-1, 451, 3; IV-3, 108, 682.

+ **appositio**, *-onis* complément (gramm.): VALLA I, 194, 26.
apposititius: v. *appositicius.*
appositiue *en apposition, en complément: SAL. II, ch. 5, 199; ER., ASD V-3, 283, 890.
+ **appositum**, *-i* complément (gramm.): VALLA I, 194, 14; 242, 18; GUAR. 2, Ord., 46, 16; etc.
+ **apprehendo**, *-ere* A) **arriver à un endroit, atteindre un endroit: PETR. I, 90, 21. - B) arrêter quelqu'un: TORR. I, n° 31, 7.
+ **apprehensio**, *-onis* A) **arrestation: TORR. I, n° 31, 6. - B) fait d'arriver à un endroit: PETR. I, 89, 38.
apprehensiuus, *-a, -um* que l'on peut saisir → évident: POLIT., 403, 38.
appretiator, *-oris* *quelqu'un qui évalue, priseur: VALLA I, 317, 25 (*uulgus*).
+ **appretio**, *-are* apprécier, faire cas de . . . : HAL., 5, 9.
approximatio, *-onis* *approche: CATH. Enarr., 406, 28.
appunctuo, *-are* *stipuler, convenir: ap. MORE Corr., n° 10, 72; n° 14, 51; n° 42, 48; etc.
+ **appungo** (*adp-*), *-ere* ponctuer: NANCEL, 220, 14.
apripeta, *-ae* (M.) chien qui traque les sangliers: BUDÉ I, 77, 10.
apseutes, *-is* qui ne ment pas, sincère: BOV. Nih., 40, 27; Sap. 308, 36. - ← grec: cf. ἄψευστος et ἀψευδής.
aptitudinaliter *potentiellement: POMP., 41, 11.
apyrustus, *-a, -um* insensible au feu: ER., ASD I-5, 236, 229. - ← grec: cf. ἄπυρος.
aqua A) dans *aqua chrysulca* : v. *chrysulcus, -a, -um.* - B) dans *aqua cordialis* : v. *cordialis.* - C) dans *aqua lustralis* : v. *lustralis* A et B.
aqueus, *-a, -um* *d'eau, aqueux: VALLA I, 672, 30; FIC., Theol. I, 152, 29; PIC 1, 294, 42; fréq. - Condamné par VALER. C. ap. PLANT. IV, 301, 21.
aquieto, *-are* : v. *acquieto, -are.*
aquilaris, *-is, -e* d'aigle: SAL. IV, l. 47.
aquitantia (*acqui-*), *-ae* *quittance: ER., Allen III, n° 913, 10. - v. *quietantia.*
arabicaster, *-tri* un arabisant: CLEN., n° 63, 890. - suff. *-aster* sans connot. péjor. (de même *hebraicaster*).
arabicator, *-oris* un arabisant: CLEN., n° 58, 239.
arabicaturio, *-ire* désirer apprendre l'arabe: CLEN., n° 61, 22.
+ **arabice** en langue arabe: CLEN., n° 47, 301; ap. AMERB. V, n° 2488, 79; PLANT. V, 3, 29; etc.
arabicor, *-ari* apprendre l'arabe, s'exprimer en arabe: CLEN., n° 27, 7; n° 33, 66; n° 34, 21; etc.
Arabiculus, *-i* « petit » Arabe: PETR. II, 1010, 8; 1053, 31. - dim. de *Arabus*, avec connot. péjor.

arabismus, *-i* étude de l'arabe: CLEN., n° 47, 5; n° 54, 44; n° 63, 85; etc.

aragne, *-es* araignée: GAG. I, 330, 3. - ← ἀράχνη.

aranceus (*-ius*), *-i* une orange: FIC., O.O. I, 490 A, 50; 533 B, 13; ap. FIC., O.O. I, 567 A, 21; etc. - ← arabe.

arancia, *-ae* *une orange: ap. FIC., O.O. I, 570 A, 34. - ← arabe.

arancius: v. *aranceus.*

arbitrarie arbitrairement: PIC 1, 425, 40.

arboripeta, *-ae* (adj. M.-F.) qui cherche les arbres (à propos d'oiseaux): BUDÉ III A, 227, 23.

+ **arca** (*-cha*), *-ae* A) **arche de Noé: POGG. I, 445, 38; FIC., O.O. I, 46 B, 23; ER., ASD V-3, 101, 230; etc. - B) **arche de l'Alliance: ER., ASD V-2, 289, 32; MORE Corr., n° 143, 1322; MEL., O.O. XXI, 813, 50; etc. - C) châsse: ER., Allen I, n° 50, 10 et 13.

arcellula, *-ae* **petit coffret: AMERB. Bon. II, n° 741, 24. - dim. de *arcella,* déjà dim. de *arca.*

archa: v. *arca.*

+ **archetypus** I, *-a, -um* d'origine: XIMENES in *Praef.*, 41, 22 et 32 (*archetypa lingua).*

archetypus II, *-i* un modèle: ER., LB V, 142 D; BOV. Sap., 154, 7. - cf. *archetypum* (G.).

archibusarius, *-ii* arquebusier: AL. Paquier, 280, 20. - ← all.

archicancellarius, *-ii* *archichancelier: RHEN., 423, 12; S.J. I, 174, 30. - ← ἀρχι- + *cancellarius.*

archichalcographus, *-i* premier imprimeur, chef d'atelier d' imprimerie: ap. ER., Allen VI, n° 1733, 47. - ← grec: cf. ἀρχι- + χαλκός + γράφω; v. *chalcographus.*

archidiabolus, *-i* le « grand démon » : ap. CALV. XIV, 705, 43 (à propos d'un homme!). - ← ἀρχι- + διάβολος (*diabolus*).

archidiaconalis, *-is, -e* *archidiaconal: TORR. II, n° 321, 26. - ← ἀρχιδιάκονος (*archidiaconus*) + suff. lat.

archidiaconicus, *-a, -um* archidiaconal: CLEN., n° 52, 63. - ← grec: cf. ἀρχιδιάκονος (*archidiaconus*).

archidicastes, *-ae* (M.) juge en chef: BUDÉ II, 149, 24. - ← ἀρχιδικαστής.

archididascalus, *-i* directeur d'école: APH., 36 r°, 9. - ← ἀρχιδιδασκάλος.

archiducalis, *-is, -e* d'archiduc: ap. AMERB. III, n° 1097, 13; S.J. I, 366, 9. - ← ἀρχι- + *ducalis.*

archidux, *-ucis* A) *archiduc: GAG, I, 366, 9; ER., Allen I, n° 76, 33; AL. Paquier, 41, 5; fréq. - B) « grand chef » : MOS. ap. JON. I, 44, 31 (*ipsi Christianorum archiduci Paulo,* pour désigner saint Paul). - ← ἀρχι- + *dux.*

archiepiscopalis, *-is, -e* *archiépiscopal: HUTT. I, 250, 25; ap.

AMERB. IV, n° 1749, 32; TORR. III, n° 1045, 18; etc. - ← ἀρχεπίσκοπος (*archiepiscopus*) + suff. lat.

archiepiscopatus, *-us* **fonction, dignité d'archevêque: POLIT., 106, 34; RHEN., 91, 10; ap. ER., Allen II, n° 336, 9; fréq. - ← ἀρχιεπίσκοπος (*archiepiscopus*) + suff. lat.

archigrammateus, *-ei* premier secrétaire: RHEN., 28, 33; ap. AMERB. II, n° 650, 10; ap. BULL. Gr. I, 161, 19; fréq. - ← ἀρχιγραμματεύς.

archigymnasium, *-ii* université: CELT., n° 306, 6; ap. LEF., 349, 22; ap. AMERB. V, n° 2443, 15. - ← ἀρχι- + γυμνάσιον; v. *academia* B, *academiola* A, *Athenaeum*, *gymnasium* A, *lycaeum*, *studium* A et *uniuersitas*.

archiplanus, *-i* le « grand charlatan » : BUDÉ II, 301, 12 (désigne le démon, dans contexte chrét.). - ← ἀρχι- + πλάνος (*planus*).

archipraesul, *-ulis* **archevêque: GAG. I, 341, 16; BUSL. Ep., n° 10, 8; MORE ap. ER., Allen II, n° 424, 35; etc. - ← ἀρχι- + *praesul*.

archipraesulatus, *-us* *fonction d'archevêque: GAG. II, 133, 11. - ← ἀρχι- + *praesulatus*.

archipresbyteratus, *-us* *fonction d'archiprêtre: POGG. I, 451, 21. - ← ἀρχιπρεσβύτερος (*archipresbyter*) + suff. lat.

archiscriba, *-ae* (M.) premier secrétaire: ap. AMERB. V, n° 2236, 8; ap. RHEN., 521, 31. - ← ἀρχι- + *scriba* ; v. *protoscriba*.

archistrategus, *-i* A) archiduc: ER., Allen V, n° 1333, adr.; IX, n° 2410, 86. - B) général d'un Ordre religieux: TORR. II, n° 592, 18 et 57 (*ad ordinis uestri praefectum, quem archistrategum appellas*). - ← ἀρχιστράτηγος.

architectatrix, *-icis* (empl. adj. F.) qui crée, qui bâtit: BUDÉ II, 169, 5; MEL., O.O. XXI, 637, 43.

architectrix I, *-icis* (subst.) celle qui crée, qui bâtit: BUDÉ I, 518, 54; ER., LB II, 955 A; ASD IV-3, 92, 369; etc.

architectrix II, *-icis* (empl. adj. F.) qui crée, qui bâtit → qui provoque: ER., ASD IV-1 A, 130, 440 (*linguam . . . odiorum ac maleuolentiae architectricem*).

architypographus *-i* architypographe (désigne Plantin): PLANT. V, 91, 14; 128, 11; VALER. C. ap. PLANT. IV, 302, 24; etc. - ← grec: cf. ἀρχι- + τυπός + γράφω; v. *prototypographus* et *typographus*.

archiuium, *-ii* *dépôt d'archives: ap. AL. Paquier, 135, 23. - cf. *archiuum* (G.).

archus, *-i* chef, prince (Thessalie anc.): BOD. I, 188 A, 40; 216 A, 59. - ← ἀρχός.

arcicula, *-ae* petite citadelle, petite forteresse: ap. RHEN., 383, 16 et 18. - dim. de *arx, arcis*.

arctitudo (*art-*), *-dinis* *étroitesse: LEF., 277, 4 (*uitae arctitudinem* :

sévérité de la vie monacale).

arcualis, *-is, -e* d'arc: Er., Asd II-4, 46, 632 (*neruum arcualem*: corde d'arc).

ardentia, *-ae* ardeur: Bov. Sap., 144, 32.

ardidus, *-a, -um* ardent, brûlant: Lipse, Ep. II, n° 395, 16.

arenga, *-ae* hareng: Aph., 27 v°, 15. -cf. *aringus* (G.) et *haringus* (G.).

arepennum: v. *arpennum.*

arest-: v. *arrest-.*

aretalogia, *-ae* hâblerie: Budé I, 195, 2. - ← ἀρεταλογία.

argenteatura, *-ae* argenture: Valla I, 146, 27.

argioculus, *-a, -um* ocellé: Petr. I, 70, 29 (à propos de la queue du paon).

argumentulum, *-i* A) petit thème, petit sujet: Er., Allen I, n° 152, 24. - B) petit argument: Buc., Op. lat. I, 45, 25. - dim. de *argumentum.*

+ **argutatio**, *-onis* argutie: Er., Allen IV, n° 1039, 260.

argutiuncula, *-ae* argutie, critique: ap. Er., Allen I, n° 174, 80; Cath., Opusc. II, 47, 35. - dim. de *argutia.*

argutulus, *-i* un ergoteur: Cath., Opusc. III, 41, 4. - Empl. subst. de *argutulus, -a, -um* (G.), dim de *argutus, -a, -um* (G.).

argyrocopium, *-ii* atelier de monnayeur: Budé II, 99, 35; 102, 22; 153, 54; etc. - ἀργυροκοπεῖον.

argyrognomonica, *-ae* estimation des monnaies: Budé II, 56, 51. - ἀργυρογνωμονικός, -ή, -όν.

Arianicus (*Arri-*), *-a, -um* **d'Arius: ap. Calv. XIX, 560, 42; 579, 2; Cath. Disput., 310, 48.

Arianismus (*Arri-*), *-i* arianisme: Budé IV, 169, 23; Calv. XII, 19, 9; Bèze VIII, 138, 40; fréq.

aridarius, *-ii* désigne une catégorie de gladiateurs: Polit., 470, 20.

ariolamentum (*ha-*), *-i* bavardage, radotage: Budé III A, 31, 51.

ariolator (*ha-*), *-oris* « devin », « prophète » : Amerb. Bon. IV, n° 1596, 67.

ariolatrix (*ha-*), *-icis* (empl. adj. F.) qui n'est que devinette → fantaisiste: Budé II, 185, 17; III A, 265, 47.

Aristippicus, *-i* **partisan de la doctrine d'Aristipppe: Fic., O.O. I, 913 B, 10.

aristocratia, *-ae* **aristocratie: Er., Allen II, n° 305, 93; Budé I, 246, 3; Buc., Op. lat. I, 171, 1; fréq. - ← ἀριστοκρατεία.

aristocraticus I, *-a, -um* *aristocratique: Lipse, Ep. III, n° 634, 30. - ← . ἀριστοκρατικός.

aristocraticus II, *-i* partisan du régime aristocratique: Budé III

A, 20, 2. - ← . ἀριστοκρατικός.

arithmetra, *-ae* (M.) arithméticien: FIC., O.O. I, 639 A, 19. - ← grec: cf. ἀριθμητής.

+ **arma**, *-orum* *armoiries, blason: PLANT. II, 261, 23; VIII, 291, 16; MOHY, f. A 1 v°, 3 (*arma gentilitia*). - v. *clipeus*.

+ **armarium**, *-ii* *dépôt d'armes: LAT., 45, 18.

armellina, *-ae* hermine: ap. AMERB. III, n° 1110, 15. - ← ital.

armentatim en troupeaux: ER., ASD IV-2, 62, 46.

aromatarius I, *-a, -um* A) de parfum, à parfum: ER., ASD IV-1 A, 128, 341. - B) d'épices: ap. ER., Allen VIII, n° 2310, 56. - ← ἄρωμα (*aroma*) + suff. lat.

+ **aromatarius** II, *-ii* A) *pharmacien: CHANS., 87, 18 et 22. - B) marchand d'épices: ap. AMERB. III, n° 1067, 83.

aromaticitas, *-atis* **valeur aromatique, qualité aromatique: FIC., O.O. I, 513 A, 22 et 27. - ← ἄρωμα (*aroma*) + suff. lat.

aromatopola, *-ae* (M.) marchand d'aromates: APH., 33 v°, 4. - ← ἀρωματοπώλης.

arpennum (*arep-*), *-i* *arpent: BUDÉ II, 201, 21; 202, 14; 260, 9; etc. - cf. *arapennis* (G.) et *arepennis* (G.).

arr-: v. aussi *adr-*.

arrendamentum, *-i* *arrentement, bail à rente: ap. AL. Paquier, 228, 21.

arrendator, *-oris* *quelqu'un qui prend en location: ap. AL. Paquier, 228, 15 et 19; 229, 4; etc.

arrendo, *-are* *donner en location: ap. AL. Paquier, 228, 6.

arresta (*are-*), *-ae* saisie, séquestre: MUNST., 99, 23; 100, 17; ap. AMERB. VII, n° 3048, 24.

arrestatio (*arestacio*), *-onis* *arrestation: ap. MORE Corr., n° 42, 51 et 86.

arresto (*are-*), *-are* *placer sous séquestre, saisir: AMERB. Bon. III, n° 1092, 65 (*ut uulgari uerbo utar*); MUNST., 101, 3; JON. II, 62, 21; fréq.

arrestum (*are-*), *-i* A) *saisie, séquestre: ap. ER., Allen X, app. XXIII A 6, l. 30; TORR. II, n° 338, 18; n° 573, 30; etc. - B) *arrêt, sentence: BUDÉ III A, 101, 52; III B, 9, 52; CALV. X B, 29, 23; etc. - C) dans *in arresto teneri*, être aux arrêts: BÈZE XIII, 140, 38.

Arria-: v. *Aria-*.

ars A) dans *fictoria ars*: v. *fictorius*. - B) dans *ars formularia*: v. *formularius*. - C) dans *ars notoria*: v. *notorius*. - D) dans *ars potatica*: v. *potaticus*.

Artemonita, *-ae* (M.) un Artémonite: MORING., 219, 25. - cf. *Dict. Théol. Cath.* I, 2022-3 (art. *Artémon*).

arterialis, *-is, -e* artériel: RING., 651, 24; 652, 2 et 4.
articula, *-ae* *petit art: BOV. Opp., 32, 32; 34, 1 (désigne l'*ars oppositorum*). - dim. de *ars, artis*.
articulose article par article, point par point: BUDÉ III B, 75, 24; 107, 48; 110, 20; etc.
+ **artificialis**, *-is, -e* *artificiel: HAL., 10, 12.
+ **artificiosus**, *-a, -um* artificiel: PETR. I, 459, 14 (*artificiosa memoria*).
artista, *-ae* (M.) *membre d'une Faculté des Arts: ap. AL. Paquier, 156, 13. - Critiqué par CROC. Farr., 213, 2.
artisticus, *-a, -um* dans *Facultas artistica*, Faculté des Arts: ap. AMERB. VI, n° 2933, 5.
artitudo: v. *arctitudo*.
artolatria, *-ae* adoration du Saint-Sacrement (« dieu de pâte »): BÈZE VII, 159, 42. - ← ἄρτος + λατρεία.
artsirius, *-ii* archer: ap. ER., Allen VIII, n° 2130, ll. 62, 67 et 68; etc.
ascensorius, *-a, -um* *qui monte, que l'on monte: ER., ASD V-3, 289, ll. 89, 99 et 138.
ascesis, *-is* exercice, pratique: BUDÉ III A, 28, 54. - ← ἄσκησις.
aschematiston, *-i* absence de figures de style: MOS. Tab., 18, 4. - ← ἀσχημάτιστος, -ος, -ον.
asciticius (*-tius*), *-a, -um* ***emprunté → supposé, adopté (déjà PL. *Truc.* 423; var. éd. anc.): POLIT., 316, 43; ER., ASD I-6, 162, 378; BUDÉ I, 27, 1; fréq.
asimbolus v. *asymbolus*.
asinitas, *-atis* la « qualité » d'âne: MORE, CW V/1, 228, 3 (*asinus ipsa asinitate asininior*).
asmatographus, *-i* auteur de chants: POLIT., 473, 2; VIP. Poet., 24, 18. - ← ᾀσματογραφεύς.
asophus, *-a, -um* insensé, qui manque de sagesse: VALLA I, 644, 28; ap. CRUC., n° 1, 23. - ← ἄσοφος.
asotodidascalus, *-i* maître de libertinage: BUDÉ I, 351, 52. - ← ἀσωτοδιδάσκαλος.
+ **aspectabilis** (*ads-*), *-is, -e* de bonne mine: BUDÉ I, 183, 37.
aspersiuncula, *-ae* petite aspersion: ER., ASD I-3, 690, 138. - dim. de *aspersio*.
asperulus, *-a, -um* assez âpre, assez rude; PIC 1, 242, 21. - dim. de *asper*.
aspiratus, *-us* souffle favorable → faveur: BUDÉ I, 142, 37. - cf. *aspiratio* (G.).
ass-: v. aussi *ads-*.
assamenta, *-orum* assemblage de planches, plancher: BUDÉ II, 251, 14.

assassinus, *-i* *assassin: ARL., 105, 15. - ← arabe, par ital.
assella, *-ae* planche: ap. ER., Allen XI, n° 3031 a, 607 et 608.
ast-: v. aussi *adst-*.
+ **asteriscus**, *-i* petite étoile: ER., Allen I, n° 152, 21.
astitrix: v. *abstitrix*.
astragalomantia, *-ae* divination au moyen d'osselets: POLIT., 473, 38. - ← grec: cf. ἀστραγαλόμαντις.
astrolabium (*-bum*), *-ii* (*-i*) *astrolabe: PETR. I, 366, 36; SAL. III, ch. 1, 221; PIC 1, 289, 6; fréq. - ← ἀστρολάβιον.
+ **astrologicus**, *-a*, *-um* **qui concerne l'astrologie: PIC 1, 282, 32; 283, 12; FIC., O.O. I, 982 B, 31; etc.
astynomia, *-ae* fonction d'astynome, de préteur urbain: BUDÉ III A, 378, 27. - ← ἀστυνομία.
astynomus, *-i* astynome, préteur urbain; BUDÉ III A, 378, 33. - ← ἀστυνόμος.
asylia, *-ae* asile (droit), inviolabilité: BUDÉ III A, 261, 19; IV, 948, 3; CALV. V, 33, 32; etc. - ← ἀσυλία.
asylus, *-i* refuge: DORP, 43, 28. - ← ἄσυλος; cf. *asylum* (G.).
+ **asymbolus** (*asi-*), *-a*, *-um* A) non pourvu de . . . , dépourvu de . . . : ap. ER., Allen V, n° 1372, 28. - B) à l'écart du rite, de l'Eucharistie: ER., Allen IX, n° 2631, 42. - C) qui ne joue pas de rôle, qui n'a pas d'influence: PIC 1, 349, 3.
atheia, *-ae* athéisme: BUDÉ I, 18, 33; 137, 25; 222, 15; etc. - ← ἀθεία.
atheismus, *-i* athéisme: CALV. VIII, 45, 18; BÈZE II, 33, 10; S.J. II, 54, 5; etc. - ← grec: cf. ἀθεία (*atheia*).
atheista, *-ae* (M.) un athée: BÈZE VIII, 21, 12. - ← grec: cf. ἀθεία (*atheia*).
+ **Athenaeum**, *-i* université: LIPSE, Ep. II, n° 298, 20 (*in nouum hoc Athenaeum*, à propos de l'université de Leiden); n° 408, 33. - v. *academia* B, *academiola* A, *archigymnasium*, *gymnasium* A, *lyceum*, *studium* A et *uniuersitas*.
athlotheta, *-ae* (M.) magistrat chargé d'organiser des jeux (Athènes anc.): BUDÉ III A, 137, 10; 377, 45. - ← ἀθλοθέτης.
atrachilus, *-a*, *-um* sans cou: SYLVIUS in *Pros.*, 624, 23. - ← ἀτράχηλος.
att-: v. aussi *adt-*.
attenentia (*atti-*): v. *adtinentia*.
atticista, *-ae* (M.) partisan de l'atticisme, du style attique: POLIT., 236, 34.
+ **auctor**, *-oris* un accusateur: SERRA, 123, 18 (*auctoris siue accusatoris*).
auctoratrix: v. *autoratrix*.

auctorculus, *-i* *« modeste » auteur: ap. AMERB. I, n° 474, 5. - dim. de *auctor.*

+ **auctoritas** (*aut-*), *-atis* dans *Auctoritas tua*, « Ta/Votre Grandeur » : ER., Allen VII, n° 1888, 2. - v. *tua.*

auctoritatineus, *-a*, *-um* plein d'autorité, de prestige: CELT., n° 69, 9.

auctoritatula, *-ae* petite autorité, petit témoignage: CLICHT. ap. LEF., 401, 13. - dim. de *auctoritas*, avec connot. péjor.

auctuarium, *-ii* augmentation: ap. ER., Allen VII, n° 2000, 49.

aucupator, *-oris* (empl. adj. M.) qui est en quête de, qui cherche à . . . : BUDÉ III A, 348, 25.

aucupatrix, *-icis* (empl. adj. F.) qui est en quête de . . . : BUDÉ I, 194, 39; III A, 274, 40.

audacule avec une certaine audace: ap. POLIT., 198, 13; BUDÉ I, 399, 31; BÈZE XII, 258, 13. - adv. formé sur l'adj. *audaculus* (G.), dim. de *audax*, *-acis.*

audiciuncula: v. *auditiuncula.*

+ **audiens**, *-ntis* (empl. subst.) confesseur (prêtre qui entend les confessions): ER., LB V, 145 B, 146 C, 147 C; etc.

+ **audientia**, *-ae* **audience (demander audience, accorder audience . . .): BUDÉ III A, 45, 12; LUTH., WA Br. II, n° 341, 10; CLEN., n° 54, 284; etc.

audientiarius, *-ii* *audiencier, huissier: BUDÉ III, B, 37, 51 (*uulgo*); ER., ASD IV-1, 93, 222; ap. MORE Corr., n° 89, 29; fréq.

+ **auditiuncula** (*audici-*), *-ae* bruit, renom: ap. BULL., Gr. I, 244, 15.

auditoratus, *-us* auditorat: AL. Paquier, 255, 33 (*ad auditoratum Rotae*).

auditrix, *-icis* (empl. adj. F.) qui concerne l'ouïe: BUDÉ I, 529, 15.

auellanetum, *-i* *coudraie: VALLA I, 395, 1.

Auerroicus I, *-a*, *-um* averroïste, d'Averroès: FIC., Theol. III, 55, 10; 58, 31; 60, 14; etc.

Auerroicus II, *-i* un Averroïste: FIC., Theol. III, 41, 16; 42, 28; 62, 30; etc.

Auerroista, *-ae* (M.) un Averroïste: POMP., 11, 20; 46, 21; S.J. I, 80, 37; etc.

+ **augmentum**, *-i* A) augment (conjugaison grecque): ER., ASD IX-2, 166, 56. - B) supplément, complément: LIPSE, Ep. II, n° 363, 23; III, n° 633, 16.

auguratrix, *-icis* (empl. adj. F.) augurale, prophétique: BUDÉ II, 313, 42.

auguriosus (*-rosus*), *-a*, *-um* soucieux des augures, des présages: FIC., O.O. I, 813 B, 48 (*ut uulgo dicitur*); 910 B, 25.

Augustinensis, *-is* *un Augustin: ER., Allen VII, n° 1879, 41; MORE, CW V/1, 82, 4; ap. ZW. VII, 382, 20; etc.

Augustinianus I, *-a, -um* A) *de saint Augustin: ER., ASD V-2, 34, 55; MEL., W. V, 40, 21. - B) d'un Augustin: ER., LB V, 142 F; MEL., W. VII/1, 176, 21; ap. PFLUG II, n° 292, 27.

Augustinianus II, *-i* *un Augustin: ER., ASD V-3, 124, 130; MORE, CW V/1, 416, 3; MEL., O.O. I, 211, 2; etc.

auidenter **avidement: ap. ER., Allen VI, n° 1742, 155 (*auidentissime*). - cf. *auiditer* (G.).

auidiusculus, *-a, -um* assez avide, assez gourmand: ER., ASD II-6, 364, 387. - dim. du compar. *auidior, -ius.*

auidulus, *-a, -um* *assez désireux de . . . : AGNOLELLI, 10, 1. - dim. de *auidus.*

auiso, *-are* *aviser, informer: LUTH., WA Br. II, n° 278, 20 (*ut uocant*); AMERB. J. I, n° 265, 36; ap. ZW. VII, 13, 11.

auledus, *-i* *joueur de flûte: ap. ER., Allen VI, n° 1557, 9. - ← grec: cf. αὐλητής.

aulicaster, *-tri* un courtisan (avec connot. péjor.): BUDÉ I, 317, 44; II, 173, 6.

aulicaturio, *-ire* désirer une vie de courtisan, une vie de Cour: CLEN., n° 21, 32.

aulicor, *-ari* être courtisan, être homme de Cour: CLEN., n° 17, 2; n° 46, 12.

\+ **aulicus**, *-i* **un courtisan, un homme de Cour: BUDÉ I, 242, 45; ARL., 154, 16; ap. CALV. XV, 476, 27; etc.

aulula, *-ae* petite Cour: ap. AMERB. VI, n° 2952, 7. - dim. de *aula.*

auree à la manière de l'or: VALLA I, 414, 26 (*auree loqui* : parler d'or).

aurichalceus (*or-*), *-a, -um* de cuivre: VALLA I, 146, 20; BUDÉ I, 126, 32.

\+ **auricularis**, *-is, -e* dans *auricularis confessio,* *confession auriculaire: CALV. VIII, 69, 15; X A, 178, 9; ap. CALV. XI, 183, 21; etc.

\+ **auricularius** I, *-a, -um* dans *auricularium sacramentum,* confession auriculaire: BUDÉ III A, 346, 3.

\+ **auricularius** II (*or-*), *-ii* *confesseur (prêtre qui entend les confessions): BUDÉ I, 376, 6; MOS. Paed., 36, 9; MANRIQUE in *Mon.*, 438, 128; etc.

auriculatus, *-a, -um* pourvu d'oreilles: CRAN., n° 149, 46 (*auriculato cucullo,* à propos d'un bonnet de fou).

aurifaber, *-bri* *un orfèvre: ap. ER., Allen XI, n° 3031 a, 401; n° 3041, 10; ap. AMERB. V, n° 2454, 12; etc.

auripeta, *-ae* (M.) quelqu'un qui demande de l'or, qui recherche de l'or: BUDÉ III B, 109, 47.

+ **auris**, *-is* dans *ab auribus*, un confident (?): LUTH., WA Br. I, n° 195, 2. - v. *a/ab.*

aurisuga, *-ae* (M.) un « suceur d'or » : HUTT. I, 126, 2; 302, 25; BÈZE VI, 96, 4; etc.

aurum dans *aurum coticularium*: v. *coticularius, -a, -um.*

auscultatorius, *-a, -um* qui écoute, attentif: BUDÉ I, 162, 21.

auspicamentum, *-i* début, initiation: BUDÉ III A, 267, 26.

auspicatio, *-onis* **signe augural: PIC 1, 291, 37; 361, 5 et 9.

auspicatrix, *-icis* (empl. adj. F.) inaugurale: AMERB. Bon. IX/1, n° 3750, 211 (*orationem praelectionum auspicatricem*).

authentice *authentiquement, en fait: ap. BÈZE XI, 277, 2. - ← αὐθεντικῶς.

autodidactus (*-os*), *-a, -um* (*-on*) autodidacte: BUDÉ II, 74, 28. - ← αὐτοδίδακτος.

autolecythus, *-i* un parasite: ER., ASD IV-2, 125, 79; LB II, 1037 A. - ← αὐτολήκυθος.

autoratrix (*auct-*), *-icis* (empl. adj. F.) qui lie, qui engage: BUDÉ I, 97, 52; III B, 101, 20.

autoritas: v. *auctoritas.*

autoschedion, *-ii* l'original (d'un texte): VIVES ap. CRAN., n° 90, 134. - ← αὐτοσχέδιος, -α, -ον.

autotypon, *-i* l'original (d'un texte): CHANS. 71, 27. - ← αὐτότυπος, -ος, -ον.

axiomaticus, *-a, -um* axiomatique, évident: BUDÉ I, 137, 30; 143, 54; 161, 13; etc. - ← ἀξιωματικός.

+ **axis**, *-is* hauteur (d'un triangle): BOV. Opp., 96, 36; 98, 22 et 23.

B

Baalita, *-ae* (M.) adorateur de Baal (pour désigner un «papiste»): JON. II, 173, 7; 242, 3.

baccalarius: v. *baccalaureus.*

baccalaureandus, *-i* quelqu'un qui va obtenir le grade de bachelier: S.J. I, 186, 8 et 10; 280, 26. - A rapprocher: *doctorandus* (BLAISE II), *graduandus, licentiandus* et *magistrandus.*

baccalaureatus (*baccularia-*), *-us* *grade de bachelier: LUTH., WA Br. I, n° 18, 28; AMERB. J. I, n° 234, 32; MEL., O.O. I, 575, 21; fréq.

baccalaureus (*larius*), *-i* *un bachelier: GAG. I, 318, 5; ER., ASD I-3, 243, 384; LUTH., WA Br. I, n° 14, 21; fréq.

+ **Bacchanalia**, *-ium* carnaval: ap. CRAN., n° 92, 3; MOS. Paed., 34, 25; ap. CALV. XVII, 60, 4; etc. - v. *carniualia* et *Saturnalia.*

+ **Bacchanalis**, *-is, -e* de carnaval: ARL., 103, 16; LUTH., WA Br. II, n° 377, 29.

baccularìatus: v. *baccalaureatus.*

bachans, *-ntis* un étudiant: MUNST., 53, 21.

bacularius, *-ii* *un bachelier: ER., ASD I-4, 26, 393; BUDÉ I, 47, 25.

+ **baculus**, *-i* A) *crosse: ap. PFLUG III, n° 486, 25. - B) dans *a baculo*: un bachelier: ER., ASD I-4, 25, 386; 26, 390 et 393. - v. *a/ab.*

bacus, *-i* désigne une monnaie (batz? v. *bassio, batzius* et *batzo*): CORD. II, n° 43 et n° 44; III, n° 19; etc.

bagathinus, *-i* *bagatin (monnaie): ER., ASD I-3, 681, 179. - ← ital.

bailliuus: v. *balliuus.*

baiularius, *-a, -um* de portefaix: BUDÉ II, 183, 21.

balbidus, *-a, -um* bégayant, balbutiant: REU., 340, 6.

balbuties, *-ei* *balbutiement, bégaiement: GAG. II, 10, 11: ER., ASD I-6, 38, 242; AMERB. Bon. II, n° 675, 5; fréq.

balia, *-ae* (M.) bailli: BOD. I, 188 A, 43.

baliuus: v. *balliuus.*

balla, *-ae* *paquet, colis: PLANT. III, 305, 4; V, 176, 9; ap. PLANT. IV, 46, 26; etc. - ← germ.

ballistula, *-ae* petite machine de guerre: ap. CALV. XVIII, 19, 27. - dim. de *ballista.*

balliuia, *-ae* *baillage: ap. PLANT. VIII, 273, 18.

balliuus (*bailli-, bali-*), *-i* *bailli: ER., Allen X, n° 635, adr,; BUDÉ III A, 96, 9; GOES in *Mon.*, 648, 67; etc.

ballus, *-i* paquet, colis: ap. AMERB. I, n° 10, 23 et 24; n° 12, 16; etc. - ← germ.

bancarius, *-ii* *banquier, changeur: AL. Paquier, 65, 25; 181, 17; 182, 30; etc. - ← ital.

bancus, *-i* *banque, bureau de change: AL. Paquier, 65, 24; 76, 22; ap. AL. Paquier, 162, 26; etc. - ← ital.

banleuca, *-ae* *banlieue: BUDÉ III A, 118, 25 et 35. - ← germ.

bannum, *-i* A) *ban (territoire): VOLZ ap. RHEN., 447, 17; 469, 26. - B) *bannissement: ap. AMERB. V, n° 2164, 63; VI, n° 3015, 76. - C) Pl., bans de mariage: ap. AL. Paquier, 135, 3; TORR. II, n° 341, 13; n° 343, 12. - ← germ.

bapiraceus, *-a, -um* de papier: ap. AMERB. I, n° 224, 37; n° 336, 25. - v. *papyraceus.*

bapirificus, *-i* fabricant de papier: ap. AMERB. I, n° 10, 16.

bapirus (*bappi-, bapy-*), *-i* (F.) papier: ap. AMERB. I, n° 1, 13; ap. RHEN., 173, 9; ap. ZW. VII, 13, 25; etc.

barbarolatinus, *-a, -um* en latin « barbare » : ap. RHEN., 45, 19 (*ut ita dicam*); 317, 11.

+ **barbarus**, *-a, -um* ignorant de . . . : HAL., 44, 3 (*a lingua Hispana barbari*).

barbitonsor, *-oris* *barbier: ap. AMERB. I, n° 253, 20; n° 409, 15; n° 445, 6; etc. - Condamné par VALLA I, 397, 37 (*non est nomen dignum quo utamur*).

baro, *-onis* *baron: ER., Allen I, n° 269, 130; AMERB. J. I, n° 364, 22; PFLUG I, n° 32, 13; fréq. - ← germ.

baronatus, *-us* titre de baron: ap. CALV. XIV, 410, 11. - ← germ. + suff. lat.

baronia, *-ae* *baronnie: ap. AMERB. IV, n° 1749, 86. - ← germ.

bascha: v. *bassa.*

basilicanus, *-a, -um* de la « basilique », du promenoir, de la « salle des pas-perdus » : BUDÉ II, 22, 22; 36, 6; III B, 112, 43; etc.

+ **basis**, *-is* A) **fondement, base (fig.): SERRA, 87, 10; BOV. Nih., 128., 22; DORP, 30, 10; etc. - B) basse (voix): NANCEL, 228, 14.

bassa (*-scha*), *-ae* (M.) Pacha: ap. BULL., Gr. I, 336, 5; II, 644, 38; ap. CALV. XII, 325, 47; etc. - ← arabe.

bassio, *-onis* batz (monnaie): PLANT. I, 289, 7. - ← germ.; v. *bacus?, batzius* et *batzo.*

bastus, *-i* bât: VALLA I, 415, 24 (*uulgo*); ER., ASD I-4, 234, 730.

battalus, *-i* bredouilleur: ap. ER., Allen IV, n° 1084, 86. - ← grec: cf. βατταρίζω.

battologia (*uatt-*), *-ae* radotage, vain bavardage: ER., ASD I-6, 54,

545; MORE, CW XIV/1, 315, 8; AMERB. Bon. III, n° 1034, 42; fréq. - ← βαττολογία.

battologismus, *-i* radotage, vain bavardage: ap. CRUC., n° 5, 34. - ← grec: cf. βαττολογία.

batzius, *-ii* batz (monnaie): BULL., Gr. I, 54, 1; BÈZE XIV, 188, 3; CALV. XI, 63, 33; etc. - ← germ.; v. *bacus*?, *bassio* et *batzo*.

batzo (*bazo*), *-onis* batz (monnaie): ER., Allen IX, n° 2530, 5; AMERB. Bon. III, n° 1116, 13; RHEN., 448, 20; etc. - ← germ.; v. *bacus?*, *bassio* et *batzius*.

baubatus, *-us* *aboiement: AL. Paquier, 12, 7; 13, 30; DORP, 24, 19.

bazo: v. *batzo*.

beanus, *-i* *étudiant nouveau, naïf et ignorant: ER., ASD I-2, 61, 2; ap. ZW. VII, 360, 9 (*ut uocant*); ap. VALER. C. Ep., n° 5, 78; etc. - ← anc. franç.

beatio, *-onis* fait de rendre heureux: HUTT. IV, 341, 36 (*ad animorum beationem*: pour le bonheur des âmes).

+ **beatitudo**, *-inis* dans *Beatitudo tua*, **« Ta/Votre Béatitude » (adressé au Pape): POLIT., 105, 36; XIMENES in *Praef.*, 42, 22; ER., Allen IV, n° 1007, 120; etc. - v. *tua*.

beator, *-oris* quelqu'un qui rend heureux: BUDÉ II, 288, 31; 307, 35.

beatrix, *-icis* (empl. adj. F.) qui rend heureuse: BUDÉ I, 28, 50; II, 178, 12.

bedellus: v. *bidellus*.

beghi-: v. *begi-*.

begina (*beghi-*, *begui-*), *-ae* *une béguine: ER., ASD I-3, 543, 210 (*medium genus inter monachas et laicas*); CLEN., n° 54, 267; BUC., Op. lat. IV, 112, 2; fréq. - ← néerl.?

beginagium (*beghi-*, *begui-*), *-ii* *béguinage: PLANT. VI, 109, 4; TORR. II, n° 491, 31; n° 646, 27; etc. - ← néerl. ?

beginarius, *-a*, *-um* qui concerne un béguinage: CLEN., n° 55, 135. - ← néerl. ? + suff. lat.

begui-: v. *begi-*.

beguttarius, *-a*, *-um* bigot: ER., Allen VI, n° 1653, 18.

belgice en langue néerlandaise: CRUC., n° 7, 58; n° 21, 12: NANN., 286, 36; etc. - v. *-cimbrice*, *flandrice*, *germanice* B, *hollandice*, *teutonice* B.

bellabundus, *-a*, *-um* belliqueux: ap. PFLUG II, n° 354, 43.

bellacitas, *-atis* *fait d'être belliqueux: ER., Allen XI, n° 3032, ll. 119, 391 et 404.

bellaturio, *-ire* avoir envie de faire la guerre: ER., ASD I-6, 68, 870; IV-1, 150, 426.

bellico, *-are* se révolter: PETR. II, 1133, 31 (*conscientia bellicante*).

bellicose *de manière belliqueuse: ap. CALV. X B, 418, 39.

bellicositas, *-atis* *valeur guerrière, ardeur guerrière: HEG. Meth., 9, 9.

belliuagus, *-i* soldat errant: ap. AMERB. I, n° 221, 5.

+ **bellus**, *-a, -um* dans *bella mater,* belle-mère (deuxième femme du père): TORR. I, n° 265, 16.

Benedictensis, *-is* un Bénédictin: ap. AMERB. V, n° 2488, 24.

Benedictinus I, *-a, -um* de Bénédictin: ER., Allen III, n° 858, 501; RHEN., 283, 27.

Benedictinus II, *-i* *un Bénédictin: ER., Allen III, n° 597, 5; n° 628, 19; MORE, CW II, 3, 19; etc.

benefactrix, *-icis* (empl. adj. F.) *bienfaisante: GAG. I, 285, 17.

benefaueo, *-ēre* favoriser, être favorable à . . . : ap. CELT., n° 124, 59.

+ **beneficialis**, *-is, -e* *relatif à un bénéfice ecclésiastique: ap. PIGH., n° 199, 20.

+ **beneficiarius**, *-a, -um* *relatif à un bénéfice ecclésiastique: TORR. I, n° 244, 22.

beneficiolum, *-i* A) *petit bénéfice ecclésiastique: GAG. II, 141, 19; TORR. I, n° 60, 13; n° 63, 2; etc. - B) petit bienfait: HUTT. I, 102, 31; ap. CELT., n° 61, 19; Volz ap. ER., Allen II, n° 372, 4; etc. - dim. de *beneficium.*

+ **beneficium**, *-ii* *bénéfice ecclésiastique: POGG. I, 12, 3; GAG. II, 143, 15; ER., Allen III, n° 762, 38; fréq.

beneuolo, *-uelle* vouloir du bien, être bienveillant: ap. CELT., n° 124, 58.

+ **benignitas**, *-atis* dans *tua Benignitas,* **« Ta/ Votre Bonté » : GAG. II, 53, 14; ER., Allen IV, n° 1018, 1; AL. Paquier, 71, 30; etc. - v. *tua.*

Bernardinus *-i* un Bernardin: ER., Allen VII, n° 1805, 140.

Bernardita, *-ae* (M.) *un Bernardin: ap. ER., Allen VII, n° 1814, 379.

bestialitas, *-atis* A) *bestialité: PETR. I, 505, 21. - B) méchanceté: AL. Paquier, 87, 30.

besuar: v. *bezoar.*

bezaar: v. *bezoar.*

Bezamastix, *-igis* quelqu'un qui fustige Bèze: ap. CALV. XV, 259, 16. - v. *mastix.*

bezoar (*besuar, bezaar,* indécl.) bézoard: FIC., O.O. I, 534 B, 19; TORR. I, n° 277, 112; PLANT. VI, 142, 29; etc. - ← arabe.

bezuarius, *-a, -um* de bézoard: TORR. I, n° 138, 1; n° 248, 12; - ← arabe + suff. lat.

bibacitas, *-atis* fait d'être grand buveur: ER., ASD II-6, 364, 391 (app. crit.); BUDÉ II, 219, 11; CALV. IX, 249, 29.

bibale, *-is* *un pourboire: AMERB. Bas. 1, III, nº 1183, 26.
Biblia I, *-ae* *Bible: CLICHT. ap. LEF., 425, 23; REU., 89, 4; LUTH., WA Br. I, nº 74, 37; etc. - Critiqué par CROC. Farr., 199, 7: *Biblia bibliae uulgatius quam Latinius dicitur pro biblia bibliorum.*
Biblia II, *-orum* Bible: ap. LEF., 495, 4; MEL. O.O. I, 448, 17; AGRIPPA, 59, 1; etc. - ← τὰ βιβλία.
bibliographus, *-i* **copiste: ER., LB VI, f. **2 vº, l. 32. - ← βιβλιογράφος.
bibliopegus, *-i* relieur: APH., 40 vº, 9; VALER. C. Ep., nº 20, 6; VER., nº 23, § 2. - ← grec: cf. βιβλίον + πήγνυμι.
bibliophagus, *-i* un « dévoreur » de livres: UGOLETUS in *Praef.*, 185, 3. - ← grec: cf. βιβλίον + φάγος.
bibliophylax (*-acus*), *-acis* (*-aci*) bibliothécaire: LUTH., WA Br. I, nº 31, 1; ER., Allen VI, nº 1797, 3; CHANS., 47, 8; etc. - ← βιβλιοφύλαξ.
bibliopolica, *-ae* vente de livres: ap. BULL., Gr. I, 141, 24. - ← grec: cf. βιβλιοπωλεῖον.
bibliopolicus, *-a, -um* de libraire: BULL., Gr. III, 202, 23. - ← grec: cf. βιβλιοπώλης.
bibliopolium (*-ion*), *-ii* librairie: MOS. Paed., 16, 30; ap. PFLUG III, nº 488, 21. - ← βιβλιοπωλεῖον.
bibliopolius, *-a, -um* de libraire: ap. PFLUG III, nº 401, 86. - ← grec: cf. βιβλιοπώλης.
bibliotaphus, *i* quelqu'un qui « enterre » ses livres, qui refuse de les prêter: ALDE in *Praef.* 264, 8 (part., quelqu'un qui refuse de prêter à un imprimeur les ouvrages qu'il possède en manuscrits). - → βιβλιοτάφος.
bibo, *-ere* dans *haustim bibere* : v. *haustim.*
bicaudis, *-is, -e* à deux queues: VALLA I, 639, 3.
bicoloratus, *-a, -um* de deux couleurs: ap. ER., Allen II, nº 391, 57.
bidellus (*be-*), *-i* *bedeau, appariteur: VALLA II, 427, 13; ap. AMERB. II, nº 987, 14; ap. ZW. VII, 383, 9 (*quos uocant*); fréq. - ← germ.; v. *pedellus.*
bigamia, *-ae* A) *remariage: MORE, CW II, 62, 27; 64, 6. - B) *bigamie: CATH. Enarr., 170, 56. - cf. *bis* + γάμος.
bigenus, *-a, -um* *hybride: BUDÉ III A, 174, 4. - cf. *bigener* (G.).
bigonus, *-i* figure à deux angles: LANDINO in *Reden*, 123, 30. - cf. *bis* + γωνία.
+ **bilibris**, *-is* balance double: ER., ASD I-6, 266, 764.
bilis dans *bilis uesica* : v. *uesica.*
billa, *-ae* billet: ER., Allen III, nº 892, 12 et 16.
bimestre, *-is* période de deux mois: ap. AMERB. IV, nº 1993, 14;

ap. AL. Paquier, 297, 32; ap. CALV. XV, 466, 35; etc.

binio: v. *bino* II.

bino I, *-are* dire deux messes le même jour: TORR. III, n° 968, 38.

bino II, *-onis* cahier de deux feuilles doubles (= 8 pages): VALER. C. Ep., n° 111, 38: *binone, ut sic dicam, seu semiquaternione.* - On attendrait *binio*; à rapprocher: *duernio, octernio, quaternio* (G.), *quinternio, senio, sexternio* et *ternio.*

biparticularis, *-is, -e* doublement particulier: VALLA I, 701, 40 et 50; 702, 33.

+ **bipennis**, *-is* hallebarde: ER., ASD I-3, 606, 111; APH., 77 v°, 22. - v. *halabarda* et *halabardacha.*

biretus (*birre-*), *-i* bonnet de docteur (univ.): PETR. I, 365, 46; ZAS. ap. AMERB. II, n° 985, 69 (*ut nominant*).

birretus: v. *biretus.*

bisemutum, *-i* bismuth: AGR. G., 67, ll. 6 (*bisemutum nostri appellant*), 10 et 17. - ← all.

biuolens, *-ntis* qui veut des choses contradictoires: ap. CALV. IX, 279, 3.

blaese (*ble-*) **en balbutiant, en bégayant: GUAR. 1, Doc., 215, 13; ER., ASD V-3, 338, 218. - ← βλαισός (*blaesus*).

blaesitas (*ble-*), *-atis* balbutiement, bégaiement: ER., ASD IV-1 A, 148, 41; BUDÉ III A, 257, 47. - ← βλαισός (*blaesus*) + suff. lat.

blaesulus (*ble-*) *-a, -um* qui a tendance à bégayer, à balbutier: ap. ER., Allen II, n° 459, 34. - ← βλαισός (*blaesus*) + suff. lat. de dim.

+ **blaesus**, *-a, -um* difforme (cf. sens de βλαισός): SYLVIUS in *Pros.*, 624, 1.

blandiuscule de manière assez flatteuse, assez aimable: ap. AMERB. I, n° 177, 3; ap. BULL, Gr. III, 290, 29. - dim. du compar. adv. *blandius.*

blandiusculus, *-a, -um* assez flatteur, assez aimable: GAG. I, 375, 7; ap. CELT., n° 141, 48; LUTH., WA Br. II, n° 451, 114; etc. - dim. du compar. *blandior, -ius.*

blapardus: v. *blappardus.*

blappardus (*blapa-*), *-i* désigne une monnaie (blappart ou plappart): REU., 145, 21; ap. AMERB., IX/2, n° 3865, 37. - ← germ.; v. *flapardus* et *plapardus.*

blasphemabundus, *-a, -um* qui outrage: ap. ZW. VIII, 91, 1.

blasphematorius, *-a, -um* blasphématoire: BARON, 104, 22.

blateramentum, *-i* vain bavardage: ER., Allen I, n° 109, 147; ap. LEF., 447, 15; DORP, 78, 6; fréq.

blaterator, *-oris* **quelqu'un qui bavarde inutilement: CELT., n°

275, 196; ap. POLIT., 27, 23; ER., ASD I-6, 54, 549.

blateratrix, *-icis* celle qui bavarde inutilement: BUDÉ III A, 172, 35.

bles-: v. *blaes-*.

boator, *-oris* quelqu'un qui « mugit », qui hurle: POGG. I, 210, 30.

boethetica, *-ae* art de soulager les douleurs des malades: GUAR. 2, Inaug., 138, 20. - ← βοηθητικός, -ή -όν.

bohemice en langue tchèque: S.J. I, 166, 32.

bombarda, *-ae* *bombarde, arme à feu: VALLA I, 67, 9 (*Nuper inuenta est machina, quam bombardam uocant*); FIC., Theol. I, 41, 29; ap. CELT., n° 144, 7; fréq. - cf. βόμβος (*bombus*).

bombardarius, *-ii* carabinier: ap. CALV. XII, 405, 14; APH., 77 v°, 17; BÈZE IV, 238, 37; etc. - cf. βόμβος (*bombus*).

bombardicus, *-a*, *-um* *de bombarde, d'arme à feu: ER., ASD I-3, 547, 364; AMERB. Bon III, n° 1144, 102; HUTT. I, 202, 23; fréq. - cf. βόμβος (*bombus*).

bombardula, *-ae* petite arme à feu: CALV. X A, 217, 2; ap. CALV. XIX, 532, 46. - dim. de *bombarda*.

bombardularius, *-ii* tireur (à l'arme à feu): ZW. VIII, 667, 13. - cf. βόμβος (*bombus*).

bombardulus, *-i* petite arme à feu: ap. BULL., Gr. III, 80, 9. - dim. de *bombarda*.

bombylius I, *-a*, *-um* qui se comporte comme un bourdon → bruyant et inutile: ER., ASD II-4, 68, 202 et 203. - ← βομβυλιός.

bombylius II, *-ii* bourdon: ER., ASD II-4, 68, 204. - ← βομβυλιός.

bona, *-orum* A) dans *bona immobilia* : v. *immobilis*. - B) dans *bona mobilia*, v. *mobilis*.

borago, *-inis* *bourrache: FIC., O.O.I., 490 B, 10; 493 B, 10; HUTT. V, 426, 1. - ← arabe.

borborygmus, *-i* borborygme: POLIT., 425, 29; 434, 8. ← βορβορυγμός

bossellus (*-elus*), *-i* *boisseau (mesure de capacité): BUDÉ II, 198, 44 (*quos bosselos appellamus*); 212, 2. - ← anc. franç.

bouina, *-ae* **viande de boeuf: APH., 26 v°, 9.

\+ **brachium**, *-ii* A) dans *diuinum brachium* ou *brachium Domini*, **« le bras de Dieu » : ap. PFLUG II, n° 368, 1; BUC. ap. CALV. XII, 461, 9. - B) dans *brachium saeculare*, *bras séculier: ER., ASD V-2, 148, 630; HUTT. I, 404, 18; ap. LUTH., WA Br.II, n° 244, 110; etc.

brassicula, *-ae* petit chou: LIPSE, Ep. I, n° 179, 1 (*brassicularum . . .florentium* : petits choux-fleurs). - dim. de *brassica*.

Brentianismus, *-i* doctrine de Brenz: BULL. ap. CALV. XX, 43, 9. - cf. *D.H.G.E.*, X, 542-4.

\+ **breue**, *-is* *un bref, un rescrit: VALLA I, 351, 12; ER., Allen II, n° 457, 32; CRAN., n° 196, 1 (*ut uocant*); fréq.

+ **breuiarium**, *-ii* **bréviaire: PETR. III, 1374, 41; GAG. II, 268, 4; ap. AMERB. I, nº 7, 19; fréq. - Emploi dans ce sens critiqué par CROC. Farr., 179, 27.

breuiculum, *-i* petit bref, petit rescrit: BUDÉ III B, 103, 7. - dim. de *breue.*

+ **breuis**, *-is* (subst. F.) *un bref, un rescrit: ap. ER., Allen II, nº 389, 20; nº 429, 5.

breuiuscule assez brièvement: ap. AMERB. I, nº 310, 3 - dim. du compar. adv. *breuius.*

breuiusculus, *-a, -um* *assez bref: LAMOLA in *Reden,* 241, 31; POLIT., 214, 17; PIC 1, 31, 40; fréq. - dim. du compar. *breuior, -ius.*

britannice en langue anglaise: MORE Corr., nº 160, 145; DOLET, 92, 6; ap. CALV. XIV, 258, 39. - v. *anglice.*

Britannicus, *-a, -um* A) dans *lues Britannica* : v. *lues.* - B) dans *malum Britannicum* : v. *malum.*

brodiator, *-oris* copiste qui écrit de manière peu lisible, comme s'il brodait: CLAM., 138, 19 (*ut ita dicam*). - ← francique par le franç. ?

+ **brutalis**, *-is, -e* *brutal, de brute: VIVES, E.W. I, 40, 27.

bubalinus, *-a, -um* *de bubale, de gazelle: POGG. I, 242, 25; 245, 11; ER., ASD I-3, 681, 191; etc.

bubo (*-on*), *-onis* **tumeur, bubon: ap. FIC., O.O. I, 590 A, 33; BULL. ap. BÈZE V, 158, 16. - ← βουβών.

buccellatim *en petites bouchées, en petits morceaux: APH., 28 vº, 15.

buccinatrix (*buci-*), *-icis* trompette (fig.) → celle qui chante, qui proclame: ER., ASD IV-3, 72, 33; Allen III, nº 757, 13; X, nº 2702, 10.

buccinatura (*buci-*), *-ae* sonnerie de cor: BUDÉ I, 74, 14.

Buceranicus, *-a, -um* de Bucer: BULL. ap. BÈZE XII, 246, 31.

Buceranismus, *-i* adhésion aux positions de Bucer: CALV. XII, 730, 33; ap. CALV. XIII, 179, 4.

Buceranus I (*-ianus*), *-a, -um* de Bucer: LUTH., WA Br. II, nº 253, 4; BULL. ap. BÈZE XII, 246, 7; ap. CALV. XVI, 22, 1.

Buceranus II, *-i* un partisan de Bucer: ap. CALV. XIII, 565, 21.

Bucerianus: v. *Buceranus* I.

buci-: v. *bucci-.*

bucolice comme un rustre: ER., ASD I-2, 142, 14. - ← βουκολικός (*bucolicus*) .

Budaice à la manière de Budé: CRUC., nº 16, 62.

Budaicus I, *-a, -um* de Budé: ER., Allen VII, nº 2046, 142; RHEN., 120, 12; AMERB. Bon. II, nº 774, 20; etc.

Budaicus II, *-i* ami ou admirateur de Budé: ER., Allen VII, nº

2038, 9; n° 2040, 17; n° 2048, 35.

Budeanus, *-a, -um* de Budé: MEL., O.O. I, 575, 7.

buleus, *-a, -um* qui donne des conseils: BUDÉ II, 290, 24 (*bulea Themis*). - ← βουλαῖος.

bulimia, *-ae* A) *boulimie: ER., ASD I-3, 454, 47 (fig.: *bulimia pecuniarum*); APH., 17 r°, 6. - B) famine: ER., ASD I-3, 496, 20; 676, 9; Allen V, n° 1400, 304; etc. - ← βουλιμία.

+ **bulla**, *-ae* *bulle (pontificale): VALLA I, 363, 17; ER., Allen III, n° 808, 18; HUTT. I, 351, 15; fréq.

bullarius, *-ii* *ecclésiastique qui s'occupe des bulles: ER., ASD IX-1, 174, 223; CALV. I, 714, 21.

bullaticus, *-a, -um* exprimé dans une bulle: LUTH., WA Br. II, n° 352, 10 (*excommunicatio bullatica*).

bullicida, *-ae* (M.) un « ennemi d'une bulle » : BULL., Gr. III, 317, 33.

bulligerulus, *-i* un porteur de bulles: CALV. I, 165, 37; II, 491, 16.

burggrauius: v. *burgrauius*.

burghemagister: v. *burgimagister*.

burgimagister (*burghe-*, *burgo-*), *-tri* *bourgmestre, maire: AL. Paquier, 86, 3; ap. BULL., Gr. I, 265, 36; BOD. I, 189 A, 56; etc. - ← germ.

burgomagister: v. *burgimagister*.

burgrauius (*burggr-*), *-ii* *burgrave: OBSOPOEUS in *Praef*, 373, 7; ap. ER., Allen IX, n° 2520, 2; MEL., W. V, 25, 9; etc. - ← germ.

+ **bursa**, *-ae* A) bourse (porte-monnaie): ap. AMERB III, n° 1318, 20. - B) *bourse d'études: ap. ER., Allen VI, n° 1768, 53; ap. CRAN., n° 255, 12; TORR. II, n° 352, 87; etc.; v. *alimentum, censulus, stipendiolum* B et *stipendium*. - C) Collège universitaire: ZAS. ap. AMERB. II, n° 985, 38 (*ut nominant*); ap. PFLUG III, n° 391, 24; IV, n° 637, 86.

bursalis, *-is* un boursier: ap. CRAN., n° 255, 2.

bursarius, *-ii* un boursier: TORR. III, n° 882, 6; n° 1162, 21; NANCEL, 206, 28; etc.

Busiricus, *-a, -um* cruel comme Busiris: ap. CALV. XV, 62, 31.

butiranus, *-a, um* de beurre: ap. RHEN., 307, 7. - On attendrait *butyranus* ← βούτυρον (*butyrum*) + suff. lat.; mais cf. prononc. byz.

butyranus: v. *butiranus*.

butyratus, *-a, -um* beurré: APH., 28 v°, 18. - ← βούτυρον (*butyrum*) + suff. lat.

Buzerans, *-ntis* inspiré de Bucer, emprunté à Bucer: BULL. ap. BÈZE XII, 246, 24.

C

Cabala, *-ae* Cabale (juive): PIC 1, 82, 9; 110, 43, 111, 4; etc. - ← hébreu.

Cabalaeus, *-i* auteur de textes contenus dans la Cabale: REU., 270, 29; ap. REU., 278, 19. - ← hébreu + suff. lat.

Cabalista, *-ae* (M.) un Cabaliste: PIC 1, 82, 45; REU., 270, 31; AGRIPPA, 52, 9; etc. - ← hébreu + suff. lat.

Cabalisticus, *-a, -um* qui concerne la Cabale: PIC 1, 118, 47; REU., 270, 32; AGRIPPA, 65, 15; etc. - ← hébreu + suff. lat.

cacangelicus, *-i* terme moqueur et méprisant formé par jeu de mots et employé pour *euangelicus,* un « évangélique » → un protestant: ER., Allen IX, n° 2441, 17. - v. *cacangelista.*

cacangelista, *-ae* (M.) terme moqueur et méprisant formé par jeu de mots et employé pour *euangelista,* un « évangélique » → un protestant: MORE Corr., n° 143, 58; CW V/1, 230, 2. - v. *cacangelicus.*

cacodaemon, *-onis* **mauvais génie, démon (contexte chrét.): VALLA I, 986, 49; ER., Allen I, n° 61, 214; BUC., Corr. I, n° 3, 281; fréq. - ← κακοδαίμων.

cacodaemonicus *-a, -um* démoniaque: ap. MEL., O.O. I, 232, 46. - ← κακοδαιμονικός.

cacoglottus, *-i* homme qualifié de « mauvaise langue » : DORP, 94, 30. - κακόγλωσσος.

cacographia, *-ae* A) mauvaise écriture: ER., Allen VII, n° 1805, 386; ap. AMERB. IV, n° 1488, 14; PIGH., n° 187, 29. - B) mauvaise « orthographe » : SYLVIUS in *Pros.,* 314, 27. - ← grec: cf. κακόγραφος.

cacographus, *-i* quelqu'un qui a une mauvaise écriture: ap. CALV. XIV, 409, 10. - ← κακόγραφος.

cacologicus, *-a, -um* injurieux: ER., Allen IV, n° 1173, 104. - ← grec: cf. κακολόγος.

cacolycus I, *-a, -um* terme moqueur et méprisant formé par jeu de mots (cf. κακός + λύκος) et employé pour *catholicus,* catholique (adj.): BÈZE IX, 194, 20; X, 91, 9; 93, 32.

cacolycus II, *-i* un catholique (v. *cacolycus* I): ER., Allen IX, n° 2483, 47 (*pro catholicis cacolycos*); BÈZE IX, 90, 7; 189, 21; etc.

cacophonia, *-ae* *cacophonie, discordance: CATH., Opusc. III, 16, 1. - ← κακοφωνία.

cadauerarius, *-ii* celui qui s'occupe des pompes funèbres: RHEN., 266, 27.

caduceatorius, *-a, -um* qui sert de messager: AMERB. Bon. II, n° 977, 16.

cadurcum, *-i* récipient pour tirer l'eau d'un puits: VALLA I, 407, 47 (*cardurcum* par erreur typogr., mais forme correcte dans l'index, f. a 3 r°); ER., ASD I-4, 231, 647.

caecatrix, *-icis* (empl. adj. F.) qui aveugle: BUDÉ I, 53, 28; 147, 31.

caecutientia (*coe-*), *-ae* fait de voir trouble; ER., Allen IV, n° 999, 32; CHANS. ap. AMERB. III, n° 1197, 8; JON. I, 80, 6; etc.

caedicula, *-ae* meurtre: VALLA I, 8, 32. - dim. de *caedes.*

\+ **caelebs** (*ce-, coe-*), *-ibis* veuf: VALLA I, 156, 24; ER., ASD I-3, 382, 242; Allen IV, n° 999, 175.

caelestiformiter conformément au modèle céleste, au modèle divin: LEF., 71, 34 (*ecclesiis tunc caelestiformiter uiuentibus*).

\+ **caelibatus** (*coe-*), *-us* veuvage: VALLA I, 156, 25; ER., ASD I-3, 378, 119; Allen V, n° 1484, 15; etc.

caelimeter (*ce-, -tris?*) astronome: SAL. I, ch. 3, 43 (*-tres,* nom. Pl.).

caelipeta I (*coe-*), *-ae* (subst. M.) quelqu'un qui aspire au ciel, qui tend vers le ciel: BUDÉ I, 138, 4; 222, 27; 231, 46.

caelipeta II (*coe-*), *-ae* (adj. M.-F.) *qui aspire au ciel, qui tend vers le ciel: BUDÉ I, 227, 40; 230, 27; 232, 41.

caementarius (*ce-*), *-a, -um* *de maçon: ER., ASD IV-1 A, 178, 63.

caen-: v. *cen-.*

caeremoniarius (*ce-*), *-ii* « client » qui escorte son « patron » : ZAS. V, 181 B, 2 (*forenses ceremoniarii*).

caeremoniatus (*ce-*), *-a, -um* attaché aux cérémonies: CHANS. ap. ER., Allen VIII, n° 2240, 18.

caeremoniola, *-ae* petite cérémonie: ER., Allen I, n° 296, 73; MEL., O.O. I, 706, 2; CALV. I, 853, 26; etc. - dim. de *caeremonia,* avec connot. péjor.

caeremoniosus, *-a, -um* attaché aux cérémonies: LUTH., WA Br. II, n° 447, 38.

caerolepsia: v. *chaerolepsia.*

caeroplasta: v. *ceroplasta.*

\+ **Caesareanus** I (*-rianus*), *-a, -um* *de l'Empereur, impérial (concerne le Saint-Empire): REU., 197, 9; ap. CRAN., n° 57, 14; MEL., O.O. I, 390, 7; fréq.

\+ **Caesareanus** II (*-rianus*), *-i* sujet de l'Empereur, partisan de l'Empereur (concerne le Saint-Empire): ER., Allen VI, n° 1747, 58; ap. AMERB. II, n° 835, 5; RHEN., 442, 34; etc.

\+ **Caesareus** (*-rius*), *-a, -um* *de l'Empereur, impérial (concerne le Saint-Empire): ap. CELT., n° 7, 3; MORE Corr., n° 155, 15; DORP, 35, 11; fréq.

Caesari-: v. *Caesare-*.

calamarium (*calm-*), *-ii* *boîte à roseaux → plumier: VALLA I, 9, 46; APH., 38 v°, 31; 39 r°, 2.

calamistro, *-are* friser (fig.) → ajouter des ornements de style: CRUC., n° 16, 22.

calantica, *-ae* un voile: APH., 17 v°, 19.

calcearius, *-ii* **chausseur, cordonnier: ER., ASD IV-1, 198, 979; CLEN., n° 24, 79; APH., 20 r°, 25; etc.

calceolaria, *-ae* art du chausseur, du cordonnier: ER., ASD I-1, 98, 9; I-2, 261, 12; DORP ap. CRAN., n° 85, 168; etc.

calceus, *-a, -um* de chaux: ER., Allen VIII, n° 2158, 30.

calcidonius: v. *chalcedonius*.

calcifex, *-icis* *chausseur, cordonnier: ER., ASD I-2, 261, 13.

calco-: v. *chalco-*.

calcularis, *-is, -e* dans *morbus calcularis*, gravelle: PLANT. II, 165, 8; 169, 33.

calculatoria, *-ae* science pratique du calcul: POLIT., 462, 45; 466, 15.

calculatus, *-a, -um* accablé de gravelle: JON. I, 426, 5.

calefactor, *-oris* A) garçon de course, boy: ap. AMERB. I, n° 114, 11. - B) quelqu'un qui échauffe: ap. BULL., Gr. III, 305, 7 (fig.).

calefactrix: v. *calefatrix*.

calefatrix, *-icis* femme chargée de faire les courses: MUNST., 106, 2. - On attendrait *calefactrix* : v. *calefactor* A.

calendatim dans un registre, dans un livre de comptes: BUDÉ I, 246, 41.

caliditas, *-atis* **chaleur: FIC., Theol. II, 71, 5 et 12; POMP., 77, 13.

+ **calix**, *-icis* **calice (eucharistique): POGG. I, 479, 17; FIC., O.O. I, 951 B, 32; ER., ASD I-3, 527, 1173; fréq.

Calixtinus I, *-a, -um* de Calixtin: ap. CALV. XVII, 563, 12. - cf. *D.H.G.E.*, XI, 401-6.

Calixtinus II, *-i* un Calixtin: ap. CALV. XVII, 563, 13. - c.f. *D.H.G.E.*, XI, 401-6.

callilogia, *-ae* fait de bien parler, beau (bon) langage: BUDÉ I, 31, 34; 51, 42; 84, 3; etc. - ← καλλιλογία.

calmarium: v. *calamarium*.

calobates, *-ae* (M.) quelqu'un qui marche sur des échasses: BUDÉ I, 65, 30. - ← καλοβάτης.

calopodiatus, *-a, -um* chaussé de sabots: ap. CRAN., n° 198, 60 (*quendam Minoritam calopodiatum*). - ← grec: cf. καλοπέδιλον et καλόπους; à rapprocher: *lignipes.*

calotechnius, *-ii* habile artisan: BOV. Sap., 214, 9; 222, 5. - ← grec: cf. καλοτεχνία.

Caluiniane à la manière de Calvin: CAST. Haer., 158, 18.

Caluinianismus, *-i* calvinisme: PFLUG IV, n° 836, 32; CAST. Haer., 99, 24; ap. CALV. XVIII, 69, 32; etc.

Caluinianus I, *-a, -um* de Calvin, calviniste: ap. PFLUG IV, n° 788, 77; CAST. Haer., 162, 15; BULL. ap. CALV. XVIII, 69, 25; etc.

Caluinianus II, *-i* un calviniste: BULL. ap. BÈZE IV, 158, 21; BÈZE XIII, 59, 26; CAST. Haer., 18, 14; etc.

Caluinicus I, *-a, -um* calviniste: ap. CALV. XIX, 442, 49.

Caluinicus II, *-i* un calviniste: BULL. ap. CALV. XX, 41, 10.

Caluinismus, *-i* calvinisme: BÈZE VII, 222, 28; BULL. ap. BÈZE X, 126, 40; CALV. XII, 730, 33; etc.

caluiniso (*-izo*), *-are* se montrer partisan de Calvin: BULL. ap. BÈZE VI, 176, 9; ap. CALV. XV, 343, 46.

Caluinista, *-ae* (M.) un calviniste: BÈZE I, 178, 39; ap. PFLUG IV, n° 824, 21; ap. CALV. XVIII, 107, 12; fréq.

Caluinisticus, *-a, -um* calviniste: ap. CALV. XV, 565, 30.

calunculus, *-i* un petit valet: ZAS. ap. ER., Allen II, n° 319, 40. - dim. de *calo.*

cambium, *-ii* *change (monétaire): AL. Paquier, 69, 16; ap. ER., Allen VII, n° 1993, 17; ap. CRAN., n° 224,. 11; etc. - ← ital.; v. aussi *excambium.*

camelottus (*-otius, -otus*), *-i* *étoffe, pièce d'étoffe: ap. RHEN., 232, 2; ap. AMERB. II, n° 890, 13. - Critiqué par CROC. Farr., 214, 2.

+ **camera**, *-ae* **chambre: VALLA II, 426, 23; POGG. I, 458, 34; GAG. II, 270, 5; fréq.

camerula, *-ae* *petite chambre: VALLA II, 427, 7; POGG. I, 26,13. - dim. de *camera.*

campanula, *-ae* **petite cloche: POGG. I, 471, 21 et 23. - dim. de *campana.*

camphora, *-ae* *camphre: FIC., O.O. I, 514 B, 17; HUTT. V, 428, 15; ap. AMERB. III, n° 1115, 240; etc. - ← arabe.

camphoratus, *-a, -um* camphré: ap. FIC., O.O. I, 571 B, 12. - ← arabe + suff. lat.

campsor, *-oris* *un changeur: VALLA I, 138, 35 (*uulgo*).

camusus, *-a, -um* camus: SYLVIUS in *Pros.*, 624, 5. - ← franç.

canabaceus, *-a, -um* *de chanvre: VALLA I, 787, 18.

canabeus, *-a, -um* *de chanvre: ER., ASD I-3, 336, 105; 535, 1493; Allen VII, n° 1886, 31; etc.

+ **canalis**, *-is* chenal, passe: MORE, CW IV, 110, 21.

cancellaria, *-ae* *chancellerie: POGG. I, 346, 12; BUDÉ III A, 346, 24; GAG. I, 295, 20; fréq.

cancellariatus, *-us* *fonction de chancelier: GAG. II, 132, 9; BUDÉ III A, 104, 31; AL. Paquier, 48, 16; fréq.

+ **cancellarius**, *-ii* **chancelier: PETR. II, 673, 45; VALLA I, 286, 22; GAG. I, 385, 5; fréq.

cancerinus, *-a*, *-um* de crabe, d'écrevisse: ap. RHEN., 182, 24.

candicantia, *-ae* aspect blanchâtre: BUDÉ I, 524, 43.

caniculus, *-i* *petit chien: POGG. I, 431, 17; MORE, CW XIV/1, 641, 4; APH., 54 r°, 10; etc. - dim. de *canis.*

+ **canna**, *-ae* canne à sucre: BÈZE VIII, 21, 31.

+ **canon**, *-onis* **canon de la messe: ap. ER., Allen VII, n° 1881, 27; MEL., W. VI, 132, 16; PFLUG III, n° 392, 16; etc.

canonicalis, *-is*, *-e* *de chanoine: ap. ER., Allen I, n° 291, 44; AL. Paquier, 268, 10; ZW. VIII, 644, 21; etc. - ← κανονικός (*canonicus*) + suff. lat.

canonicatus, *-us* *canonicat: ap. CELT., n° 153, 47; ap. AMERB. I, n° 450, 18; ER., Allen XI, n° 3065, 12; fréq. - ← κανονικός (*canonicus*) + suff. lat.

canonisma, *-atis* règle (gramm.): ALDE in *Praef.*, 206, 30; 207, 27. - ← κανόνισμα.

canonissa, *-ae* *chanoinesse: CELT., n° 73, 9; ap. PFLUG II, n° 227, 32 et 34. - ← κανών (*canon*) + suff. lat.

canonista, *-ae* (M.) *un canoniste: VALLA II, 120, 17; ap. HUTT. I, 142, 23; AMERB. Bon II, n° 746, 30; fréq. - ← κανονιστής.

canonizatio, *-onis* A) *canonisation: PIC 1, 141, 22; 148, 2; CATH., Opusc. II, 7, 20; etc. - B) inscription au nombre des livres canoniques: CATH. Disput., 297, 12 et 19; 300, 25. - ← κανονίζω (*canonizo*) + suff. lat.

+ **cantharus**, *-i* **escarbot ou scarabée (sens attesté pour κάνθαρος): LIPSE, Ep. III, n° 668, 16.

canto, *-onis* canton (en Suisse): BÈZE III, 90, 21; BULL., Gr. II, 172, 24; 198, 12; etc. - ← ital.

+ **cantor**, *-oris* **chantre (dans une église): ER., Allen III, n° 867, 112; BÈZE II, 55, 24; PLANT. II, 36, 29; etc.

cantorculus, *-i* jeune chantre: RHEN. ap. ER., Allen I, p. 56, 9. - dim. de *cantor.*

cantoria, *-ae* *fonction de chantre: LÉON X ap. ER., Allen II, n° 518, 14; ap. AL. Paquier, 163, 10; TORR. II, n° 296, 3; etc.

cantus dans *planus cantus* : v. *planus.*

canunculus, *-i* « petit » canon ecclésiastique: CALV. I, 188, 32. - dim. de *canon* (κανών), avec connot. péjor.

capella, *-ae* **chapelle: GAG. I, 315, 8; ap. ER., Allen III, n° 187

A, 15; TORR. II, n° 338, 6; etc.

capellania, *-ae* *chapellenie: GAG. II, 70, 6; ap. ER., Allen IV, n° 1094, 29; CALV. I, 187, 8; etc.

capellanus, *-i* **chapelain: PETR. II, 1140, 11: ER., Allen VI, n° 1610, 18; RHEN., 377, 4; fréq.

capero, *-onis* *capuchon: ER., ASD I-3, 689, 117 et 120; Allen X, n° 2700, 44.

+ **capitale**, *-is* *le capital: POGG. I, 478, 33; AMERB. J. I, n° 348, 23.

+ **capitalis**, *-is, -e* dans *summa capitalis,* le capital: TORR. I, n° 193, 17; II, n° 387, 64; n° 525, 69; etc.

capitaneus, *-i* *capitaine: PETR. II, 1140, 11; GUAR. 1, Doc., 205, 18; ER., Allen V, n° 1263, 22; fréq. - condamné par CROC. Farr., 200, 25.

capitatum, *-i* teston (monnaie): CORD. III, n° 23. - v. *capitatus* et *caput* A.

capitatus, *-i* teston (monnaie): CALV. XI, 63, 24; ap. CALV. XII, 192, 5. - v. *capitatum* et *caput* A.

capitiolum, *-i* petit bonnet: ap. RHEN., 256, 27. - dim. de *capitium.*

capitosus I, *-a, -um* insensé: VALLA I, 457, 50; REU., 271, 31; ap. RHEN., 330, 3; etc.

capitosus II, *-i* un insensé: PIC 1, 87, 6; ER., Allen IX, n° 2362, 15.

capitulanter: v. *capitulariter.*

capitularis, *-is, -e* *capitulaire, de chapitre (relig.): AL. Paquier, 81, 28; ap. ER., Allen VI, n° 1540, 5; CALV. I, 589, 9; etc.

capitulariter *en chapitre (de chanoines): TORR. II, n° 517, 70; v. aussi 637, 11, où on lit *capitulanter,* peut-être par erreur typogr.

capitulo, *-are* *conclure une convention, un traité: ap. MORE Corr., n° 153, 15 et 67; n° 169, 54.

+ **capitulum**, *-i* A) *chapitre de chanoines: PETR. II, 1137, 22; GAG. II, 134, 3; ER. Allen I, n° 73, 7; fréq. - B) chapitre de pasteurs protestants: BÈZE II, 72, 26.

Capniomastix, *-igis* (*-icis*) quelqu'un qui fustige Capnion (Reuchlin): HUTT. I, 167, 33; AGRIPPA ap. HUTT. I, 359, 26; ap. REU., 151, 2. - v. *mastix* et *Reuchlinomastix.*

+ **cappa**, *-ae* A) **chape: POGG. I, 428, 11 et 15; BÈZE I, 52, 30. - B) droit de chape: TORR. III, n° 998, 22; n° 1052, 12 (*quam uocant*).

cappacismus, *-i* fait de prononcer le *c* latin comme un *k* (κάππα): GYR., 5, 29.

capputium: v. *caputium.*

capripileus, *-a, -um* en poil de chèvre: APH., 18 r°, 28.

caprizatus, *-us* chevrotement: ESTIENNE in *Praef.*, 550, 29.

caprizo, *-are* chevroter: ESTIENNE in *Praef.*, 550, 27.
captabundus, *-a, -um* qui cherche à attraper: HUTT. II, 31, 19.
captatura, *-ae* le fait de chercher à obtenir, la « chasse » à . . . : HUTT. I, 346, 20 (*captatura gloriolae*).
+ **captio**, *-onis* **capture, arrestation: MORE, CW XIV/1, 3, 1; 301, 3; 439, 6; etc.
capturor, *-oris* celui qui arrête, qui fait prisonnier: MORE, CW XIV/1, 373, 8.
Capucinus, *-i* un Capucin: TORR. III, n° 699, 27; n° 702, 19; n° 990, 29; etc.
+ **caput**, *-itis* A) teston (monnaie): RHEN., 448, ll. 17, 18 et 19; v. *capitatum* et *capitatus*. - B) dans *caput ministeriale* : v. *ministerialis, -is, -e.*
caputiatus, *-a, -um* encapuchonné: AMERB. J. I, n° 337, 12.
caputium (*capp-*), *-ii* *capuchon: POGG. I, 455, 40. - Critiqué par CROC. Farr., 200, 5.
caracta, *-ae* *carat: BUDÉ II, 101, 3 et 5; 102, 16.
caracter: v. *character.*
carbonifodina, *-ae* mine de charbon: AL. Paquier, 79, 36.
cardillus, *-i* chardonneret: AGNELIUS, 131, 31. - cf. *carduelis* (G.).
cardinalatus, *-us* *cardinalat: ANDREAS in *Praef.*, 55, 27; ER., Allen I, n° 77, 7; AL. Paquier, 20, 22; fréq.
cardinaleus, *-a, -um* de Cardinal: ap. ER., Allen VI, n° 1595, 30.
cardinalicius (*-tius*), *-a, -um* *de Cardinal: ER., ASD I-3, 270, 122; JON. I, 151, 23; CLEN., n° 47, 22,; fréq.
cardinalis, *-is* *Cardinal: PETR. I, 258, 8; POGG. I, 32, 3; VALLA I, 340, 2; fréq.
cardinalitius: v. *cardinalicius.*
cardineus, *-a, -um* de Cardinal: FIC., O.O. I, 925 B, 24; AL. Paquier, 15, 2; ap. AMERB. V, n° 2132, 14; etc.
cardiognostes (adj. M.) qui connaît le fond des coeurs: ER., Allen VIII, n° 2206, 16 (*solus Deus est cardiognostes*). - ← καρδιογνώστης.
cardiulcus, *-a, -um* qui arrache le coeur: BUDÉ II, 307, 51; 308, 1. - ← grec: cf. καρδιουλκέω.
cardurcum (erreur typogr.): v. *cadurcum.*
carentia, *-ae* **pénurie, manque: VALLA I, 143, 34; ap. CELT., n° 304, 89; BOV. Nih., 110, 4; etc.
carisea, *-ae* cariset (tissu): VALER. C. Coll., 101 a, 15. - ← franç.
caristia, *-ae* *cherté: ap. CELT., n° 252, 60; ap. ER., Allen III, n° 612, 17; MUNST., 92, 20; etc.
+ **caritas** (*cha-*), *-atis* A) **charité (sens chrét.): GAG. I, 383, 8; BUDÉ I, 143, 23; ER. LB II, 960 A; fréq. - B) dans *tua Caritas*, *« Ta/Votre Bonté » : GAG. II, 18, 1; v. *tua.*
caritudo, *-inis* *cherté: ap. AMERB. I, n° 398, 9.

Carmelita, *-ae* (M.) *un Carme: PIC 1, 95, 51; GAG. II, 183, 1; ap. CELT., n° 109, 3; fréq.

Carmelitanus, *-i* *un Carme: CRESTON in *Praef.*, 167, 25; ACCURSIUS in *Praef.*, 168, 32; 169, 30.

Carmeliticus, *-a, -um* de Carme: ER., Allen IV, n° 1162, 242; CALV. VII, 392, 2; ap. ZW. VII, 383, 4; etc.

carminatrix, *-icis* cardeuse: APH., 73 v°, 13.

carnaliter **charnellement, corporellement: LEF., 194, 20; BUC. Corr. II, n° 109, 49; MEL., O.O. I, 677, 10; fréq.

+ **carnarium**, *-ii* *boucherie: VALER. C. Coll., 198 a, 22.

carnispriuialis, *-is, -e* *de carême-prenant: ap. AMERB. I, n° 216, 19; ap. ER., Allen VIII, n° 2117, 5.

carnispriuium, *-ii* *carême-prenant: AGNELIUS, 134, 21; POGG. I, 425, 23; ap. AMERB. III, n° 1176, 24; etc.

carniualia, *-ium* carnaval: ap. CRAN., n° 92, 1. - v. *Bacchanalia* et *Saturnalia.*

+ **caro**, *carnis* **chair (avec connot. péjor., contexte chrét.): POGG. I, 467, 23; ER., Allen I, n° 149, 29; MEL., W. IV, 29, 2; etc.

caroleus, *-i* carolin (monnaie): BUDÉ II, 238, 38; 255, 26; VALER. C. Ep., n° 37, 23; etc. - v. *carolinus* et *carolus.*

carolinus, *-i* carolin (monnaie): ER., ASD I-3, 342, 122; APH., 65 r°, 22; ap. PIGH., n° 73, 4; etc. - v. *caroleus* et *carolus.*

carolus, *-i* carolin (monnaie): ap. CRAN., n° 224, 20. - v. *caroleus* et *carolinus.*

+ **carruca**, *-ae* poulie: VALLA II, 16, 24.

Carthu-: v. *Cartu-.*

Cartusia (*carth-*), -ae *chartreuse: REU., 14, 14; ap. AMERB. I, n° 120, 25; LEF., 374, 38; etc.

Cartusianicus, *-a, -um* de Chartreux: ap. ER., Allen VI, n° 1574, 35.

Cartusianus I (*Carth-*), *-a, -um* *de Chartreux: ap. AMERB. I. n° 153, 5; ER., ASD V-3, 280, 764; ZAS. V, 180 B, 38; etc.

Cartusianus II (*Carth-*), *-i* *un Chartreux: ER., Allen II, n° 447, 498; AMERB. J. I, n° 330, 28; BUC. Corr. I, n° 11, 42; fréq.

Cartusiensis, *-is* *un Chartreux: REU., 40, 1; ER., Allen II, n° 471, 17; ap. AMERB. I, n° 124, 7; fréq.

Cartusius, *-ii* un Chartreux: LEF., 141, 1; 142, 29; 197, 11; etc.

caryca, *-ae* sauce lydienne: ER., ASD II-4, 84, ll. 534, 540 et 541; etc. - ← καρύκη.

casatim de chaumière en chaumière: ap. REU., 234, 9.

casitatrix, *-icis* (empl. adj. F.) qui tombe, qui échoue: BUDÉ I, 169, 35.

castellania, *-ae* *châtellenie: AL. Paquier, 93, 27 et 29; 94, 1; etc.

+ **castellanus**, *-i* burgrave: MUNST., 168, ll. 13, 15 et 16.

castigabundus, *-a, -um* qui blâme, qui réprimande: BUDÉ I, 71, 26.

+ **castigate** correctement, sans erreurs: DORP ap. ER., Allen II, n° 304, 157; AMERB. Bon. III, n° 1435, 15; ap. CRUC., n° 19, 2; etc.

+ **castigatio**, *-onis* correction (de textes): AL., Jovy III, 248, 30; RHEN., 51, 21; DORP, 87, 34; fréq.

castigatiuncula, *-ae* petite correction (dans un texte): ap. ER., Allen VII, n° 1899, 24; RHEN., 546, 22; BÈZE XII, 25, 26. - dim. de *castigatio.*

+ **castigator**, *-oris* correcteur (de textes): GAG. I, 174, 11; LEF., 16, 16; ER., Allen II, n° 356, 12; fréq.

castigatoricus, *-a, -um* qui concerne la correction (de textes): AMERB. Bon III, n° 1029, 3.

castigatrix I, *-icis* (subst.) celle qui critique, qui blâme: PETR. I, 79, 18.

castigatrix II, *-icis* (empl. adj. F.) qui corrige (un texte): CRUC., n° 11, 143.

castigaturio, *-ire* avoir l'intention de corriger, s'appréter à corriger: RHEN., 89, 22.

castrametatio, *-onis* campement: ap. PFLUG II, n° 355, 8.

castratinus, *-a, -um* de mouton châtré: VALLA I, 374, 3 et 12.

+ **casus**, *-us* A) *un cas (droit canon): ER., ASD IX-1, 174, 230; S.J. II, 118, 10; 119, 20; etc. - B) dans *accusandi casus* : v. *accuso, -are.* - C) dans *generandi casus* : v. *genero, -are.*

catabaptismus (*ka-*), *-i* anabaptisme: BUC., Op. lat. II, 96, 27; ZW. VIII, 471, 4; BÈZE XI, 174, 18; etc. - ← grec: cf. καταβαπτίζω; v. aussi *anabaptismus.*

catabaptista, *-ae* (M.) un anabaptiste: BUC., Corr. II, n° 125, 20; AMERB. Bon. III, n° 1253, 92; ZW. VIII, 487, 18; fréq. - ← καταβαπτιστής; v. aussi *anabaptista.*

catabaptisticus, *-a, -um* d'anabaptiste: ap. AMERB. V, n° 2356, 6. - ← grec: cf. καταβαπτιστής; v. aussi *anabaptisticus.*

catagoga, *-ae* fait de rabaisser: BULL. Stud., 100, 4. - ← καταγωγή.

catalalus, *-i* un calomniateur, un dénigreur: ER., Allen IV, n° 1029, 1. - ← κατάλαλος.

cataleptice en jugeant, en exprimant un avis: BUDÉ I, 104, 12; 125, 4. - ← καταληπτικῶς.

catalyma, *-atis* réfectoire: APH., 70 v°, 20. - ← κατάλυμα.

+ **catapultarius**, *-a, -um* armé d'une catapulte: BÈZE X, 63, 28.

catapulticus, *-a, -um* lancé par une catapulte: LIPSE, O.O. III, 270 B, 5.

+ **cataracta**, *-ae* **cataracte (maladie des yeux): FIC., Theol. III, 203, 2 et 16.

+ **catastropha** (*-e*), *-ae* (*-es*) fin, dénouement: ER., Allen I, n° 55, 19; BUDÉ I, 154, 41; AMERB. Bon. III, n° 1253, 28; fréq.
catechisticus, *-a*, *-um* d'initiation, d'apprentissage des rudiments: VER., n° 16, § 5 (*libellos catechisticos*). - ← κατηχιστικός.
categorematice *selon les catégories: POMP., 80, 6. - ← grec: cf. κατηγόρημα.
categorice (*cathe-*) *franchement, nettement: PIC 1, 151, 45; ap. ER., Allen XI, app. XXVII, 85; PLANT. II, 306, 15; etc. - ← κατηγορικῶς.
catella, *-orum* *les biens: ap. MORE Corr., n° 149, ll. 6, 13 et 17.
catellus, *-i* petite écuelle: APH., 24 r°, 20. - dim. de *catinus*.
catharma, *-atis* A) objet impur → pécheur: BUDÉ I, 175, 29. - B) purification: CALV. II, 265, 52. - ← κάθαρμα.
Catharus, *-i* **un Cathare: MEL., O.O. XXI, 878, 51; CALV. II, 756, 45; ap. CALV. XIX, 713, 8; etc. - ← καθαρός.
cathedralis, *-is*, *-e* A) *de cathédrale: RHEN., 91, 15; CALV. I, 187, 10; JON. I, 440, 8; etc. - B) qui concerne une chaire de professeur: ap. CELT., n° 81, 36. - ← καθέδρα (*cathedra*) + suff. lat.
cathedraticus, *-i* professeur: CLEN., n° 16, 5; n° 24, 42 (*sic uocant*). - ← grec: cf. καθέδρα (*cathedra*).
cathegorice: v. *categorice*.
catholicismus, *-i* catholicisme: ap. PFLUG III, n° 508, 5.
catoptice, *-es* catoptrique: POLIT., 467, 34. - On attendrait *catoptrice* ← κατοπτρικός, -ή, -όν.
catoptrice: v. *catoptice*.
catoptricum, *-i* miroir: NANCEL, 202, 5. - ← grec: cf. κάτοπτρον.
catorthoma, *-atis* A) action droite (philos.) → opinion exacte: BUDÉ I, 217, 22; II, 301, 42; III B, 96, 40; etc. - B) redressement: ap. RHEN., 484, 34 (*catorthoma tot rerum in ecclesia deprauatarum*). - ← κατόρθωμα.
catorthomaticus, *-a*, *-um* bon, droit, correct: BUDÉ III B, 181, 46. - ← grec: cf. κατόρθωμα.
+ **cauda**, *-ae* fig., traîne de robe: ER., ASD I-3, 399, 375; 632, 124.
caudatus, *-a*, *-um* *pourvu d'une queue: PETR. II, 898, 31 (à propos d'une chevelure); ap. ER., Allen IV, n° 1077, 4.
cauillabunde de manière captieuse, en usant de sophismes: BUDÉ I, 308, 27; II, 24, 23; III A, 297, 23.
cauillamentum, *-i* subtilité, sophisme: BUDÉ I, 360, 22; ap. AL. Paquier, 300, 28.
cauillanter en usant de sophismes BUDÉ IV, 1255, 45.
cauillatiuncula, *-ae* A) chicanerie: ER., ASD I-1, 108, 13; Allen IV, n° 1117, 53. - B) subtilité, sophisme: CATH., Opusc. I, 84, 15. - dim. de *cauillatio*.
cauillose en usant de sophismes: VALLA I, 698, 34.

cauletus (*-um?*), *-i* manteau: ER., Allen IV, n° 1211, 228 (acc. *cauletum suum*).

cauponaria, *-ae* une aubergiste: ER., Allen I, n° 119, 132 et 189; BUC., Op. lat. I, 180, 22; etc.

cauponarius, *-a*, *-um* qui concerne le maquignonnage, le marchandage: ER., ASD II-4, 157, 161.

cauponatio, *-onis* maquignonnage, marchandage: ER., ASD II-5, 26, 77; IX-1, 173, 182; Allen III, n° 858, 205; etc.

cauponatrix, *-icis* (empl adj. F.) qui concerne le trafic, le maquignonnage: BUDÉ I, 153, 52; IV, 351, 44.

causa dans *causa heteromolia* : v. *heteromolius*, *-a*, *-um*.

causabunde en alléguant une excuse, un prétexte: BUDÉ III B, 161, 38.

causalitas, *-atis* *causalité: SAL. II, ch. 10, 26.

causatiue *à titre de cause, avec valeur causale: ARGYR. in *Reden*, 22, 31; ap. CALV. XX, 564, 31.

causator, *-oris* quelqu'un qui cherche un prétexte: ER., ASD II-5, 145, 969.

causificatio, *-onis* prétexte, argutie: BUDÉ I, 378, 40; ER., Allen VIII, n° 2134, 65; ap. PFLUG III, n° 521, 19; etc.

causificator, *-oris* A) défenseur, avocat: BUDÉ I, 39, 5. - B) ergoteur: ER., Allen IV, n° 1196, 571.

causonicus, *-a*, *-um* dans *causonica febris*, fièvre ardente: BRIÇ., 102, 17. - ← grec: cf. καύσων.

cautiusculus, *-a*, *-um* assez prudent, assez méfiant: LEF., 106, 27. - dim. du compar. *cautior*, *-ius*.

ce-: v. aussi *cae-* et *coe-*.

cecryphalus, *-i* résille: APH., 17 v°, 25. - ← κεκρύφαλος.

cedrifer, *-era*, *-erum* riche en cèdres: PETR. I, 619, 19; 620, 37.

cedula, *-ae* *lettre, billet: BRUNI, 108, 4; ap. AMERB. I, n° 290, 22; ap. ER., Allen VII, n° 1993, 16; etc. - var. graphique de *schedula* (G.), dim. de *scheda*.

Celestianus, *-i* partisan de l'hérésie de Celestius: MORING., 222, 12. - cf. *D.H.G.E.*, XII, 104-7 (art. *Celestius* 3).

Celestinus (*Coe-*), *-i* *un Célestin (Ordre relig.): LEF., 197, 12; 277, 3; ER., Allen VIII, n° 2188, 143.

celimeter: v. *caelimeter*.

+ **cella**, *-ae* **cellule de moine: MORE Corr., n° 83, 922 et 929.

celtismus, *-i* gallicisme: BUDÉ IV, 286, 33 et 52.

cemelium: v. *cimelium*.

+ **cena** (*cae-*, *coe-*), *-ae* Cène (chez les protestants): BUC., Corr. I, n° 49, 23; MEL., O.O. I, 1048, 27; BULL., Corr. I, 213, 1; fréq.

cenaculatim (*cae-*, *coe-*) étage par étage: BUDÉ III A, 158 (p. chiffrée 146), 22.

cenitatio (*cae-*), *-onis* Pl., repas fréquents, banquets fréquents: GAG. I, 213, 4.

censulus, *-i* petite bourse d'études: ap. PFLUG I, n° 123, 109. - dim. de *census* ; v. *alimentum*, *bursa* B, *stipendiolum* B et *stipendium*.

centaurice à la manière d'un centaure: ER., ASD II-5, 119, 349 et 350. - ← κενταυρικῶς.

centnerus, *-i* quintal: ap. PFLUG III, n° 402, 24. - ← all.

centonatus, *-i* « fabricant de centons » : ER., Allen III, n° 826, 3.

centrobaricus: v. *centrobaticus*.

centrobaticus, *-a*, *-um* qui concerne le centre de gavité: POLIT., 468, 21. - On attendrait *centrobaricus* ← κεντροβαρικός.

\+ **centuria**, *-ae* centurie, série de cent (chapitres, adages . . .): POLIT., 213, 2; ER., ASD II-4, 19, 1; TORR. II, n° 477, 24; etc.

centuriator, *-oris* un « centuriateur » : PLANT. V, 89, 7 (à propos des « centuriateurs » de Magdebourg; cf. *Lex. f. Theol. u. K.*, VI, 1274).

cerasaceus, *-a*, *-um* *de cerises: ER., Allen VIII, n° 2189, 34.

cerasetum, *-i* endroit planté de cerisiers: APH., 49 v°, 18.

cercopisso, *-are* imiter le singe → folâtrer ou flatter: ER., ASD II-4, 111, 552 et 553. - ← κερκοπίζω.

cerdonica, *-ae* art du cordonnier: ER., ASD II-6, 360, 294 et 295.

cerdonicus, *-a*, *-um* *de savetier, de cordonnier: ER., ASD I-1, 485, 8; IX-1, 24, 151.

cerebrositas, *-atis* maladie mentale: VALLA I, 455, 39; 456, 47.

cereuisianus, *-a*, *-um* de bière: ap. RHEN., 307, 7.

cereuisiarius: v. *ceruisiarius* I et II.

ceroplasta (*cae-*), *-ae* (M.) **fabricant de figures en cire: APH., 75 r°, 31. - ← κηροπλάστης.

certificatio, *-onis* *assurance, ce qui donne une certitude: PIC 1, 111, 22; BARON, 96, 21.

certitudinaliter *avec certitude: CATH. Assert., 69, 5.

ceruipeta, *-ae* (M.) chien qui traque les cerfs: BUDÉ I, 77, 9 et 18.

ceruisiaria, *-ae* brasserie: MORE, CW IV, 68, 29; 146, 17.

ceruisiarius, I (*cere-*), *-a*, *-um* qui concerne la bière: ER., Allen III, n° 867, 171; CROC. Coll., f. D 1 r°, 20; APH., 24 r°, 8; etc.

ceruisiarius II (*cere-*), *-ii* *brasseur: ap. ER., Allen VII, n° 1931, 16; APH., 31 r°, 2.

ceruisiola, *-ae* *bière légère: ER., Allen III, n° 867, 141. - dim. de *ceruisia*.

ceruulus, *-i* **jeune cerf; faon: BUDÉ I, 72, 31. - dim. de *ceruus*.

cessatiuncula (*-ciuncula*), *-ae*, petit retard, petite interruption: ER., ASD I-1, 49, 10; V-3, 420, 445; Allen I, n° 278, 26. - dim. de *cessatio*.

cessionarius, *-ii* *quelqu'un qui cède des biens: AMERB. Bon. IX/2, ann. 2, ll. 18, 21 et 29.

+ **cestros**, *-i* un trait: RHEN. 33, 5 (*daemoniaco . . . cestro perciti*).

chaerolepsia, *-ae* fait de considérer le moment opportun: LUTH. WA XVIII, 628, 37. - on attendrait *caerolepsia*: cf. καιρός; à rapprocher: *prosopolepsia, topolepsia* et *tropolepsia*.

chalcedonius (*calci-, chalci-*), *-ii* *calcédoine: VALLA I, 993, 27; FIC., O.O. I, 522 A, 18; 528 B, 58; etc. - ← χαλκηδόνιος.

chalcidonius: v. *chalcedonius*.

chalcographarius, *-a, -um* d'imprimerie: BUDÉ II, 20, 21. - ← grec: cf. χαλκός + γράφω.

chalcographia (*ca-*), *-ae* A) imprimerie (art): ap. AMERB. I, n° 153, 1; LEF., 214, 36; OBSOPOEUS in *Praef.*, 396, 23; etc. - B) imprimerie (atelier, maison): ap. LEF., 230, 14; ap. RHEN., 432, 1; ap. CALV. XIII, 526, 22; etc. - ← grec: cf. χαλκός + χράφω.

chalcographicus (*ca-*), *-a, -um* qui concerne l'imprimerie: ER., Allen I, n° 180, 189; MEL., O.O. XI, 11, 9; BUC., Op. lat. II, 367, 13; etc. - ← grec: cf. χαλκός + γραφικός.

chalcographus (*ca-*), *-i* un imprimeur: LUTH., WA Br. I, n° 21, 11; ER., Allen I, n° 181, 87; BARL., n° 13, 26; fréq. - ← grec: cf. χαλκός + γράφω.

chalcotypus I, *-a, -um* qui concerne l'imprimerie: CLICHT. ap. LEF., 364, 6. - ← χαλκοτύπος.

chalcotypus II, *-i* un imprimeur: BUDÉ I, 10, 52; MORE, CW V/1, 4, 2; MEL., O.O. I, 50, 18; etc. - ← χαλκοτύπος.

chaldaice **en langue chaldéenne: PIC 1, 2, 48; FIC., O.O. I, 31 A, 21; REU., 150, 25; fréq.

chamaeleonteus, *-a, -um* de caméléon: BUDÉ I, 158, 46. - ← grec: cf. χαμαιλέων.

+ **character** (*ca-*), *-eris* A) **caractère, lettre: ap. AMERB. I, n° 1, 3; GAG. I, 331, 116; ALDE in *Praef.*, 273, 26; fréq.; pour *characterum collector*, v. *collector*. - B) écriture: ap. LEF., 230, 1; ap. ER., Allen III, n° 958, 119; ap. AMERB., IX/2, n° 3835, 32.

characteristicus, *-a, -um* *caractéristique: CUEVA, 53 v°, 3; BÈZE XII, 80, 28. - ← χαρακτηριστικός.

characterizo, *-are* orthographier: ap. AMERB. I, n° 189, 125. - ← χαρακτηρίζω.

chariophylus, *-i* clou de girofle: FIC., O.O. I, 505 A, 54; 505 B, 3. - cf. *caryophyllon* (G.) ← καρυόφυλλον.

charisterium, *-ii* A) témoignage de reconnaissance: BUDÉ I, 129, 17. - B) eucharistie: BUDÉ I, 175, 12. - ← χαριστήριον.

charitas: v. *caritas*.

charopus, *-a, -um* brillant, clair (à propos des yeux): NANCEL, 228, 6. - ← χαροπός.

+ **charta**, *-ae* A) carte à jouer: ER., Allen VI, n° 1581, 622; MORE, CW IV, 68, 29; HAL., 114, 5; fréq. - B) carte géographique: ap. ER., Allen XI, n° 3132, 66; MERC., 32, 13; 33, 38.
chartabella, *-ae* registre (?): TORR. II, n° 586, 56; III, n° 854, 37 (*ut uocant*); n° 864, 48.
+ **chartarius**, *-ii* joueur de cartes: ER., ASD I-3, 615, 114.
chartophorus, *-i* messager: AGRIPPA ap. ER., Allen X, n° 2739, 10; ER., Allen X, n° 2748, 4. - ← grec: cf. χάρτης + φέρω.
chartophylax, *-acis* archiviste: BUDÉ III A, 122, 12. - ← χαρτοφύλαξ.
+ **chartula**, *-ae* carte à jouer: CALV. XI, 717, 29; APH., 45 v°, 32.
chartulatim feuille par feuille, à la feuille: BUDÉ III A, 26, 38.
chasmaticus, *-i* tremblement de terre avec formation de crevasses ou de gouffres: BUDÉ III A, 236, 29. - ← χασματικός.
chebula, *-ae* chébule (sorte de myrobolan): FIC., O.O. I, 492 B, 21; 493 A, 2; 493 B, 54; etc.
cheironomia: v. *chironomia.*
cheopina (*chio-*), *-ae* chopine: BUDÉ II, 236, 43; SYLVIUS in *Pros.* 634, 1; NANCEL, 230, 18. - Le rapprochement avec le grec (χέω + πίνειν: BUDÉ, *loc. cit.*, suivi par NANCEL, *loc. cit.*) paraît dû à une étymologie fantaisiste du mot français « chopine » (cf. d'aiileurs BUDÉ: *a nobis dicitur*), qui devrait en fait être rapproché de l'allemand « Schoppen ».
chernibs, *-ibis* lave-mains, ablution: ER., Allen V, n° 1347, 246. - ← χέρνιψ, -ιβος.
cherubicus I, *-a, -um* A) *de chérubin (ange): PIC 1, 4, 50; ER., ASD V-3, 332, 61; ap. ER., Allen XI, n° 3002, 942; etc. - B) de Dominicain: ER., Allen IX, n° 2522, 84. - ← hébreu + suff. lat.
cherubicus II, *-i* un Dominicain: ER., Allen IX, n° 2522, 109 et 111; n° 2523, 55. - ← hébreu + suff. lat.
chilias, *-adis* **un millier, une chiliade: ER., ASD II-5, 23, 2; Allen I, n° 123, 13; CLEN., n° 54, 123; etc. - ← χιλιάς.
chimaericus: v. *chimericus.*
chimastrum (*chy-*), *-i* vêtement d'hiver: BUDÉ I, 352, 7; APH., 19 v°, 13. - ← χείμαστρον.
chimericus, *-a, -um* chimérique, fantastique: CATH., Opusc. I, 26, 40; 176, 40. - On attendrait *chimaericus* ← Χίμαιρα (*Chimaera*), mais cf. prononc. byz.
chiopina: v. *cheopina.*
chirographus, *-a, -um* manuscrit: BUDÉ II, 313, 1. - ← χειρόγραφος.
chiromactrum, *-i* essuie-mains: APH., 24 v°, 3. - ← χειρόμακτρον.
chiromantia, *-ae* *chiromancie: POLIT., 473, 39. - ← χειρομαντεία.

chiromanticus I, *-a, -um* qui concerne la chiromancie: ER., ASD I-3, 385, 348; 393, 148. - ← grec: cf. χειρομαντεία (*chiromantia*).
chiromanticus II, *-i* *chiromancien: PIC 1, 297, 4. - ← grec: cf. χειρομαντεία (*chiromantia*).
chiromantis, *-is* chiromancien: PIC 1, 303, 46; ER., Allen I, n° 143, 196; V, n° 1347, 197; etc. - ← grec: cf. χειρομαντεία (*chiromantia*).
+ **chironomia**, *-ae* danse, pantomime (sens attesté pour χειρονομία): ap. AMERB. VII, n° 3025, 5 (*chei-*).
chironomicus, *-a, -um* de pantomime: BUDÉ III A, 256, 30. - ← grec: cf. χειρονομία (*chironomia*).
chirotheca, *-ae* *gant: ER., Allen I, n° 119, 170; VIVES, E.W. I, 68, 21; ap. CALV. XIV, 446, 38; etc. ← χειροθήκη.
chirurgicus (*chy-, cy-*), *-i* *chirurgien: HUTT. I, 229, 13; MORING. in *Mon.* 545, 121; ap. AMERB. I, n° 253, 17; etc. - ← χειρουργικός.
chnauma, *-atis* friandise: ER., ASD II-4, 246, 663 et 664. - ← χνῶμα.
choenicarius, *-a, -um* d'une chénice: BUDÉ II, 231, 52. - ← grec: cf. χοῖνιξ (*choenix*).
cholica: v. *colica.*
chondrites (adj. M.) de semoule (qualifie un pain): BUDÉ II, 231, 38. - ← χονδρίτης.
choralis I, *-is* (subst.) Pl. *les « choraux » : ap. AL. Paquier, 149, 4. - ← χόρος (*chorus*) + suff. lat.
choralis II, *-is, -e* *de choeur (dans une église): ap. AMERB. VI, n° 2961, 135. - ← χόρος (*chorus*) + suff. lat.
Chordiger (*Co-*), *-eri* *un Cordelier, un Franciscain: ap. HUTT. I, 30, 3; 439, 7.
chordula, *-ae* A) *petite corde: ER., ASD I-1, 566, 31; MEL., O.O. XI, 12, 8. - B) petite cithare: VALLA I, 8, 38. - dim. de *chorda* (χορδή).
choregia, *-ae* fonction de chorège (Athènes anc.): BUDÉ II, 206, 6. - ← χορηγία.
chorodidascalus *-i* chef de choeur A) **sens propre: BUDÉ IV, 368, 51; 1226, 51; ROBORTELLUS in *Praef.*, 463, 37; etc. - B) fig.: BUDÉ I, 173, 31. - ← χοροδιδάσκαλος.
chorographicus, *-a, -um* géographique: ap. RHEN., 352, 38; MERC., 166, 2; ap. LIPSE, Ep. III, n° 817, 53. - ← χωρογραφικός.
chorostates, *-ae* (M.) chef de choeur: BUDÉ II, 282, 34 (fig.). - ← χοροστάτης.
+ **chorus**, *-i* *choeur (partie d'une église): GAG. II, 105, 2; ER., Allen IV, n° 1211. 384; RHEN., 426, 24; fréq.
chrestologia, *-ae* langage spécieux: BUDÉ III B, 125, 50. - ← χρηστολογία.

christallinum: v. *crystallinum.*
christianice chrétiennement: ap. BULL., Corr., I, 182, 8; 191, 25. - cf. *christiane* (G.).
christianiter chrétiennement: ap. RHEN., 328, 18.
Christifidelis, *-is* *quelqu'un qui est fidèle au Christ → un fidèle, un chrétien: HUTT. I, 157, 15; BUC. ap. PFLUG III, n° 374, 442; ap. PFLUG III, doc. 72, l. 65.
Christipeta, *-ae* (adj. M.-F.) qui cherche le Christ: BUDÉ I 223, 14.
Christocola, *-ae* (M.) quelqu'un qui honore le Christ → un chrétien: POMP., 145, 29. - cf. *Christicola* (G.).
chronicarius, *-ii* auteur de chroniques: ap. RHEN., 346, 19. - ← grec: cf. χρονικός (*chronicus*).
chronocrator, *-oris* **« maître du temps » : POLIT., 467, 30; PIC 1, 430, 32; BUDÉ I, 210, 25 (*ut genethliologi loquuntur*); etc. - ← χρονοκράτωρ.
chronologia, *-ae* chronologie: BOD. I, 115 B, 43; BAUDOUIN in *Pros.*, 714, 9. - ← χρονολογία.
chronologus, *-i* chronologiste: ap. LIPSE, Ep. I, n° 152, 18 et 22. - ← grec: cf. χρονολογία.
chrysophagus, *-i* « mangeur d'or » : ap. AMERB. VII, n° 3148, 19. - ← grec: cf. χρυσός + φάγος.
chrysoplusium, *-ii* installation pour laver les pépites d'or: BUDÉ II, 101, 29. - ← χρυσοπλύσιον.
chrysulcus, *-a, -um* dans *aqua chrysulca,* eau régale: BUDÉ II, 101, 31 et 43; BOD. I, 196 A, 36. - ← grec: cf. χρυσός + ἕλκω.
chrysurgicus, *-a, -um* qui concerne le travail de l'or: BUDÉ II, 102, 10 - ← grec: cf. χρυσουργός.
chrysurgus, *-i* orfèvre: BUDÉ II, 105, 24. - ← χρυσουργός.
chymastrum (graphie aberrante): v. *chimastrum.*
chymeutice, *-es* chimie: AGR. G., 89, 35. - ← χυμευτικός, -ή, -όν.
chymice, *-es* A) alchimie: AGR. G., 69, 7. - B) chimie: AGR. G., 67, 31. - ← grec: cf. χυμεία et χυμευτικός.
chymicus I, *-a, -um* alchimique: TORR. II, n° 537, 39. - ← grec: cf. χυμεία et χυμευτικός.
chymicus II, *-i* un alchimiste: TORR II, n° 537, 30; n° 555, 31. - ← grec: cf. χυμεία et χυμευτικός.
chymista, *-ae* (M.) A) un alchimiste: AGR. G., 51, 7; 53, 32; 69, 2. - B) un chimiste: AGR. G., 67, 35; 81, 17; 83, 26; etc. - ← grec: cf. χυμεία et χυμευτικός.
chyrurgicus (graphie aberrante): v. *chirurgicus.*
cibisis, *-is* besace: ER., ASD II-4, 322, 883. - ← κίβισις.
cibulus, *-i* « petite » nourriture: ER., Allen IV, n° 1211, 156. - dim. de *cibus.*

cicernus, *-a, -um* de pois chiche, de légume: ER., ASD II-4, 54, 834 et 835.

Ciceroniane à la manière de Cicéron: PIC 2, O.O., 127, 32.

ciclopaedia: v. *cyclopaedia.*

cifra, *-ae* A) *chiffre: PLANT. Suppl., 120, 10. - B) langage chiffré, codé: VIVES Conscr., 104, 34. - ← arabe.

+ **cimbrice** en langue néerlandaise: CRUC., n° 21, 31. - v. *belgice, flandrice, germanice* B, *hollandice, teutonice* B.

cimelium (*ce-*), *-ii* **bien, trésor: ER., ASD I-3, 444, 214; ap. ER., Allen XI, n° 3040, 7; CASAUBON in *Praef.*, 622, 12. - ← κειμήλιον.

cimitericus, *-a, -um* de cimetière: AMERB. Bon. III, n° 1448, 31. - A rapprocher κοιμητήριον (*coemeterium*).

cinctrix, *-icis* (empl. adj. F.). qui ceint, qui couronne: BUDÉ II, 312, 4.

+ **cinericius** (*-tius*), *-a, -um* dans *cinericia* (*-tia*) *festa* : mercredi des cendres: ap. HUTT. I, 163, 3.

Cinglianismus, *-i* zwinglianisme: ap. CALV. XIV, 561, 18. - v. *Zuinglianismus.*

Cinglianus I, *-a, -um* zwinglien: MEL., O.O. II, 83, 4; W. VII/2, 81, 44; ap. MEL., O.O. II, 208, 44. - v. *Zuinglianus* I.

Cinglianus II, *-i* un zwinglien: MEL., O.O. II, 222, 19; 382, 21; W. VII/2, 82, 54; etc. - v. *Zuinglianus* II.

cingularis, *-is, -e* de la ceinture, fixé à la ceinture: ap. AMERB. VI, n° 2906, 84.

cionida, *-ae* oedème de la luette: APH., 16 v°, 4. - ← κιονίς, -ίδος.

+ **cippus**, *-i* *cep, entrave pour les pieds: APH., 72, r°, 12.

+ **circuitio**, *-onis* A) fait de tourner autour: ap. RHEN., 339, 32 (*templorum circuitio* : procession autour des églises). - B) détour (sens propre): TORR. I, n° 253, 1.

+ **circularis**, *-is, -e* A) encyclopédique: BUDÉ I, 3, 38; 48, 26. - B) courant, répandu: BUDÉ II, 136, 18.

circulariter *circulairement: BUDÉ I, 524, 44.

+ **circulor**, *-ari* parcourir: LIPSE, O.O. IV, 378 B, 1.

circumaduolo, *-are* voler autour: POGG. I, 204, 16.

+ **circumcisio**, *-onis* *fait de rogner (une monnaie): ER., ASD IV-1, 192, 803; APH., 65 r°, 6.

+ **circumcisus**, *-a, -um* circoncis → juif: BUDÉ I, 445, 16 (*schola circumcisa*).

circumcursito, *-are* *courir autour, parcourir: ER., ASD I-3. 258, 825; ap. ER., Allen VIII, n° 2163, 25; CLEN., n° 63, 1010.

circumdictio, *-onis* périphrase: MEL., W. IV, 278, 12.

circumductilis, *-is, -e* A) que l'on peut contourner → que l'on peut éviter: BUDÉ I, 242, 18; III B, 58, 5. - B) circulaire: BUDÉ I, 447, 9.

circumfinitio, *-onis* : limitation du lieu de résidence: BUDÉ III A, 348, 47.
circumgestatio, *-onis* A) fait de faire circuler → procession: BÈZE II, 115, 36; BUC. ap. PFLUG III, n° 374, 337; CALV. XI 215, 37; etc. - B) fait d'emporter avec soi: NANN., 286, 29.
+ **circumgyro** (*-iro*), *-are* *parcourir: GAG. II, 116, 12.
circumiectim en entourant, en enveloppant: BUDÉ IV, 600, 11.
circumincessibilis, *-is, -e* qui peut faire l'objet de circumincession (théol.): PIC 1, 108, 42.
circumincessio, *-onis* *circumincession (théol.): PIC 1, 106, 38 et 40; 107, 5; etc.
circumlingo, *-ere* lécher: ER., ASD I-1, 479, 1; LB V, 38 F.
circumlocutiue *par circonlocutions: CLEN., n° 18, 18.
circumlugens, *-ntis* qui accompagne en pleurant: PETR. I, 392, 40.
circummunite en s'entourant de précautions: ap. ER., Allen IV, n° 1241, 3.
circumobsistentia, *-ae* A) résistance périphérique: BUDÉ I, 527, 26. - B) alternance: BUDÉ I, 528, 39 (*anni temporum circumobsistentia*). - trad. de ἀντιπερίστασις (v. *antiperistasis*).
circumpes, *-pedis* qui entoure, qui accompagne: BUDÉ I, 58, 13; 220, 52.
circumradio, *-are* **briller en tous sens (à propos d'or): PETR. I, 387, 46; 397, 18.
circumscriptibilis, *-is, -e* *limité: CALV. IX, 378, 12; ap. CALV. IX, 378, 10 et 21.
circumscriptrix, *-icis* (empl. adj. F.) trompeuse: BUDÉ I, 195, 2; 215, 23.
circumsculpo, *-ere* sculpter autour, ciseler autour: RHEN., 34, 44.
circumspectim avec prudence, avec circonspection: ER., ASD I-5, 260, 649: Allen VII, n° 2002, 40. - cf. *circumspecte* (G.).
circumspicienter avec prudence, avec circonspection: ER., ASD I-1, 545, 33.
circumsterto, *-ere* dormir tout autour: PETR. II, 1115, 42 (*uigilare uulgo circumstertente*).
circumuallator, *-oris* un assiégeant, un assaillant (fig.): POGG. I, 247, 1.
circumuicinus, *-a, -um* *proche voisin: POGG. I, 298, 16; AMERB. Bon. III, n° 1144, 106.
circumuolutio, *-onis* *fait de tourner autour: ER., ASD II-4, 154, ll. 98, 106 et 112.
Cisterciensis I (*Cys-*), *-is* *un Cistercien: ap. ER., Allen VII, n° 1814, 380; CATH., Disput., 110, 30.
Cisterciensis II (*-siensis*), *-is, -e* *Cistercien (adj.): SAL., Prooemium, l. 65; ap. RHEN., 247, 43.

citabilis, *-is, -e* qui peut se mouvoir: BUDÉ I, 528, 44; 529, 2.
citadinus, *-i* un bourgeois: BOD. I, 74 A, 17; 171 A, 2; 185 A, 48.
citamentum, *-i* mouvement: BUDÉ I, 538, 32.
+ **citatio**, *-onis* A) **citation en justice: ap. JON. I, 7, 3; ap. ER., Allen V, n° 1519, 20; ZAS. V, 180 B, 22; fréq. - B) citation d'auteur: ER., Allen IV, n° 1000, 40; AMERB. Bon III, n° 1055, 31; BULL., Corr. I, 72, 18; fréq.
citatorius, *-a, -um* *relatif aux citations en justice: ER., ASD I-2, 287, 10.
+ **cito**, *-are* *citer (un auteur, un texte): POMP., 12, 19; ER., ASD II-4, 24, 133; MORE Corr., n° 15, 627; fréq.
citrangulus, *-i* citrangle (espèce de citron): ap. AMERB. IV, n° 2089, 44.
citrinus, *-a, -um* de citron: ap. AMERB. V, n° 2309, 6.
citrulus, *-i* *citrouille: GAG. I, 191, 2.
+ **ciuilis**, *-is, -e* poli, qui fait preuve de politesse: ER., ASD I-3, 233, 50; IV-1 A, 154, 232.
+ **ciuilitas**, *-atis* A) **politesse: ER., Allen IX, n° 2465, 663. - B) **société, État: BUDÉ I, 207, 42.
+ **ciuiliter** poliment: ER., ASD IV-1 A, 157, 340; Allen V, n° 1452, 13; VIII, n° 2328, 42; etc.
ciuis dans *ciuis primarius*: v. *primarius* I.
ciuitatim de ville en ville: ap. PFLUG IV, n° 727, 42.
clamitator, *-oris* un criard, un braillard: BUDÉ I, 5, 20.
clamitatrix, *-icis* (empl. adj. F.) criarde: BUDÉ I, 360, 22.
Clancularii, *-orum* Clanculaires (membres d'une secte anabaptiste): CALV. IX, 465, 43.
clandestine *en cachette: AMERB. Bas. 1, I, n° 239, 16; ap. CALV. XVIII, 370, 23. - cf. *clandestino* (G.).
claretus, *-a, -um* *clairet (à propos de vin): ap. ER., Allen XI, n° 2401 a, 18 et 22; ap. AMERB. VII, n° 3827, 16.
+ **claritudo**, *-dinis* dans *tua Claritudo*, *« Ton/Votre Illustre Personne » : ap. ER., Allen X, app. XXIII, A 6, l. 48; ap. AMERB. VIII, n° 3479, 8; ap. RHEN., 553, 8; etc. - v. *tua.*
+ **classiarius**, *-ii* maître d'école: ap. AMERB. VI, n° 2763, 5.
+ **classicus**, *-a, -um* qui concerne l'enseignement, les classes d'une école: ap. AMERB. VI, n° 2764, 19; STURM, 90, 4; 104, 40.
+ **classis**, *-is* *classe (groupe d'élèves): MEL., O.O. I, 870, 31; CORD. II, n° 37; S.J. I, 152, 23; etc; pour *classis humanitatis*, v. *humanitas*, - v. *curia* D, *gradus* B, *locus*, *ordo* D et *tribus.*
+ **claua**, *-ae* battoir (pour jeu de balle): CROC. Coll., f. D 4 v°, 9 et 21.
clauarius, *-a, -um* dans *pila clauaria*, désigne un jeu de balle: CROC. Coll., f. D 4 v°, 15.

clauicordium, *-ii* *clavicorde: AMERB. Bon. II, n° 686, 76.
clauiculatim en forme de vrille: BUDÉ III A, 241, 41 et 50.
claustralis I, *-is* *moine: RAUDENSIS in *Reden,* 167, 28.
+ **claustralis** II, *-is, -e* *claustral, de couvent: FICHET, 162, 25; TORR. II, n° 346, 19; n° 430, 38; etc.
+ **claustrum**, *-i* **cloître: CARBO in *Reden,* 101, 15; MORE Corr., n° 83, 928; LEF., 107, 27; etc.
clausularius, *-a, -um* de conclusion: BUDÉ III B, 113, 5.
+ **clausura**, *-ae* *clôture monastique: TORR. III, n° 903, 76.
+ **clementia**, *-ae* dans *Clementia tua,* **« Ta/Votra Bonté » : ap. PFLUG II, n° 277, 1; n° 279, 3; MERC., 205, 30; etc. - v. *tua.*
clementiuscule assez modérément: ap. HUTT. I, 442, 28. - dim. du compar. adv. *clementius.*
clenodium (*cleon-*), *-ii* *bijou: CELT., n° 170, 21; AMERB. J. I, n° 491 a, 98; ap. AMERB. VI, n° 2899, 5. - ← germ.
cleonodium: v. *clenodium.*
clericulus, *-i* *« petit » clerc: VALLA I, 784, 38. - dim. de *clericus,* avec connot. péjor.
clientelaris, *-is, -e* *de « client », de vassal: BUDÉ I, 198, 27; II, 25, 53; III B, 25, 52; etc.
clientelarius, *-a, -um* de « client », de vassal: BUDÉ III A, 271, 45.
+ **clipeus** (*cly-*), *-i* *blason, écu: ER., ASD I-3, 595, 121; Allen VI, n° 1415, 26; S.J. II, 412, 15; etc. - v. *arma.*
clitellatus, *-a, -um* bâté: ER., ASD I-2, 609, 26; Allen I, n° 101, 29; VII, n° 2045, 142.
clypeus: v. *clipeus.*
coaceruator, *-oris* un compilateur: ER. ASD II-4, 216, 45; LB V, 133 C.
+ **coactio**, *-onis* **une contrainte: SAL. II, ch. 8, 28; BUC., Corr. I, n° 3, 368; CALV. I, 320, 3; fréq.
coactiuncula, *-ae* légère contrainte: LIPSE, Ep. II, n° 499, 13. - dim. de *coactio.*
coadiutoria, *-ae* *fonction de coadjuteur: ap. ER., Allen X, n° 2894, 6.
coadiutrix, *-icis* une coadjutrice: TORR. I, n° 124, 28; n° 194, 98; n° 198, 38.
coaequaeuus, *-a, -um* A) *de même âge: PETR. I, 535, 34; II, 819, 37. - B) de même durée: PETR. II, 681, 47.
coagmentator, *-oris* quelqu'un qui rassemble, qui réunit: BUDÉ I, 465, 9; III A, 383, 46.
coalescentia, *-ae* A) un lien: CLICHT., 2 v°, 21. - B) un ensemble: BUDÉ I, 467, 27.
coalitio, *-onis* A) union: BOV. in *Pros.,* 112, 21; BÈZE VII, 118,

26. - B) composition: BOV. Sap., 234, 1.

+ **coarctatio** (*coart-*), *-onis* *limitation: ap. PFLUG IV, n° 829, 46.

coargutor, *-oris* quelqu'un qui démontre, qui apporte une preuve irréfutable: ER., Allen VII, n° 1819, 39.

coartatio: v. *coarctatio.*

coax (indécl.) **coassement: ER., Allen VI, n° 1554, 35. - ← κοάξ.

coaxatio, *-onis* A) coassement: PETR. I, 123, 45. - B) fig., criailleries: ER., Allen VII, n° 1805, 209: DORP ap. CRAN., n° 85, 117; ap. AL., Jovy III, 239, 21; etc. - ← κοάξ (*coax*) + suff. lat.

cobaltum, *-i* cobalt: AGR. G., 55, 11 (*cobaltum nostri uocant*); 113, 26 et 28. - ← germ.

coccismus, *-i* cri perçant: AP. BÈZE VI, 184, 24. On attendrait *coccysmus* ← κοκκυσμός, mais cf. prononc. byz.

coccysmus: v. *coccismus.*

coccysso (*-yzo*) *-are* pousser un cri perçant (concerne le coucou ou le coq): ER., ASD I-1, 478, 35; I-3, 168, 1397; II-5, 212, 140. - ← κοκκύζω.

cocta, *-ae* chemise: POGG. I, 462, 24.

+ **codex**, *-icis* A) livre imprimé: POLIT., 73, 9; ap. POLIT., 39, 43; cf. WIDMANN, p. 179: RIZZO, pp. 70-71. - B) cahier: CLEN., n° 7, 11 (d'un livre imprimé); n° 40, 557 (manuscrit). - C) dans *codex rationarius*: v. *rationarius.*

+ **codicillus**, *-i* cahier: ER., Allen II, n° 378, 7 (d'un livre imprimé).

+ **codiculus**, *-i* *petit livre: ap. ER., Allen II, n° 398, 23.

coe-: v. aussi *cae-* et *ce-*.

coefficiens, *-ntis* co-efficient: SAL. II, ch. 6, 194 (*coefficientes causae*).

coelector, *-oris* *co-électeur: ap. PFLUG III, n° 516, 151.

coelementalis, *-is, -e* de même élément: PIC 1, 13, 27.

coenobiarcha, *-ae* (M.) chef d'un monastère, supérieur d'un couvent: BUC., Op. lat. I, 185, 3; BUDÉ I, 59, 11; AMERB. Bon. IV, n° 1835, 1; etc. - ← κοινοβιάρχης.

coenobiarchia, *-ae* fonction de supérieur de couvent: BUDÉ II, 276, 22. - ← grec: cf. κοινοβιάρχης.

coenobicus, *-a, -um* **de monastère: JON. II, 108, 13. - ← grec: cf. κοινόβιον (*coenobium*).

coenobiticus (*ce-*), *-a, -um* *de monastère: GAG. II, 86, 23; RHEN. ap. ER., Allen I, p. 59, 114; BUC. ap. CALV. XIII, 181, 30. - ← grec: cf. κοινόβιον (*coenobium*).

coepulo, *-onis* convive: BUDÉ I, 292, 19. cf. *coepulonus* (G.).

coexecutor, *-oris* *co-exécuteur (d'un testament): TORR. II, n° 299, 2; n° 637, 9.

coexistentia, *-ae* *coexistence: POMP. 77, ll. 17, 21 et 31.

cogitanter de manière réfléchie: JON. II, 174, 16.
cogitatiuncula, *-ae* *« petite » pensée, « petite » méditation: ER., ASD I-3, 175, 1619; BUC., Op. lat. I, 199, 30. - dim. de *cogitatio.*
cogitatiuus, *-a, -um* *qui pense, qui imagine: FIC., Theol. III, 16, 6; 39, 5; ARGYR. in *Reden,* 51, 30; etc.
cogitatrix, *-icis* (empl. adj. F.) qui pense, qui imagine, qui concerne la pensée . . . : FIC., Theol. II, 210, 11; 212, 20; 224, 18; etc.
cognatulus, *-i* jeune neveu (ou autre personne apparentée): MORING. in *Mon.,* 566, 55. - dim. de *cognatus.*
cognitiuus, *-a, -um* *cognitif, relatif à la connaissance: FIC., Theol. I, 255, 30; BOV. Sap., 204, 5; BUDÉ I, 533, 44; etc.
cognitrix, *-icis* (empl. adj. F.) qui permet de connaître: BOV. Sap., 110, 35; 250, 5.
cognoscitiuus, *-a, -um* *qui concerne la connaissance (cf. γνωστικός): VALERIUS Aug. in *Reden,* 287, 8; POMP. 20, 2; 54, 9.
cognoto, *-are* : v. *connoto, -are.*
\+ **cohaerenter** de manière cohérente: S.J. II, 44, 39.
cohaesio, *-onis* lien, relation: SCALIGER in *Pros.,* 290, 24.
cohibitrix, *-icis* (empl. adj. F.) qui retient, qui maintient: BUDÉ I, 114, 25; 465, 4.
cohonestamentum, *-i* ce qui rehausse . . . : AMERB. Bon. III, n° 1128, 35 (*egregio encomii cohonestamento*).
cohortator, *-oris* **un instigateur: POGG. I, 290, 37; ap. AMERB. VI, n° 2691, 6.
cohortatorius, *-a, -um* **d'exhortation: ER., ASD I-2, 349, 11; ap. AMERB. VI, n° 2830, 12.
cohortatrix, *-icis* (empl. adj. F.) qui exhorte: BUDÉ I, 220, 10.
coimpressus, *-a, -um* imprimé avec, imprimé en même temps que . . . ; ap. CELT., n° 147, 10; ap. LEF., 293, 27; ap. HUTT. I, 458, 4.
coincidentia, *-ae* *coïncidence, rencontre: BOV. Opp., 32, 33; 152, 8; 158, 11; etc.
coincido, *-ere* *coïncider: PETR. II, 719, 38; BOV. Opp., 158, 13; POMP., 21, 13; etc.
coindicatio, *-onis* renseignement complémentaire: ap. PIGH., n° 219, 9.
\+ **coitio**, *-onis* conjonction (astronomie): VIVES, E.W. I, 50, 17 (*coitiones . . . astrorum*).
colaphista, *-ae* (M.) quelqu'un qui donne des coups de poing ou des soufflets: ER., Allen VIII, n° 2134, 6; ASD V-3, 129, 298. - ← grec: cf. κόλαφος (*colaphus*).
Coleta, *-ae* (M.) un Colettan (Franciscain): ER., LB V, 45 E; Allen VII, n° 2126, 100.

colica (*cho-*), *-ae* *colique: VIVES Conscr., 90, 14; PLANT. III, 130, 25; 145, 4; etc. - ← grec: cf. κωλικός et χολικός.

collabellatio, *-onis* un baiser: BOV. Sap., 222, 3.

collaborator, *-oris* *un collaborateur: ZAS. ap. AMERB. III, n° 1177, 24; ZW. VII, 197, 2; ap. BULL., Gr. I, 72, 15; etc.

collamentor, *-ari* gémir avec quelqu'un, pleurer avec quelqu'un: ER., ASD IV-2, 191, 66; BUDÉ IV, 88, 29.

+ **collare**, *-is* un col: APH., 18 r°, 4.

collateralis I, *-is* Pl., des collatéraux: TORR. I, n° 162, 12 (*ut uocant*).

collateralis II, *-is, -e* *qui est aux côtés de . . . : PETR. I, 262, 7.

+ **collatio**, *-onis* A) **collation, fait ou droit de conférer: ER., Allen II, n° 476, 17; AL. Paquier, 30, 24; ap. CRAN., n° 141, 20; fréq. - B) *collation (repas): ER., ASD IX-1, 72, 214; emploi dans ce sens critiqué par CROC. Farr., 199, 25. - C) collaboration: ap. BÈZE III, 32, 23.

Collationarius (adj. M.) dans *Fratres Collationarii*, pour désigner les Frères de la Vie Commune: ER., Allen II, n° 447, 101; V, n° 1436, 29.

collationo, *-are* *collationner: BUDÉ III B, 20, 29; ap. ER., Allen X, app. XXIII, A 2, l. 20.

collatiue en bloc, en vrac: ap. ER., Allen II, n° 554, 118; MEL., W. V. 239, 18.

collatro, *-onis* **compagnon de brigandage: HUTT. I, 295, 5.

collaudatorius, *-a, -um* *louangeur: ER., ASD I-2, 312, 2; 549, 6.

+ **collecta**, *-ae* A) **collecte (prière chrét.): ER., ASD I-3, 273, 204; V-1, 162, 437; TORR. I, n° 188, 56; etc. - B) résumé: MEL., W. IV, 146, 23; 169, 3; 171, 17; etc.

collectarium, *-ii* *recueil, collection: CLEN., n° 40, 526 et 561.

collectiue *collectivement: CATH. Disput., 236, 43.

+ **collector**, *-oris* A) *collecteur, quêteur: ap. ER., Allen II, n° 517, 74. - B) dans *collector characterum/typorum*, compositeur (dans une imprimerie): PLANT. I, 96, 8; 114, 19; IV, 88, 8.

collegialiter *en groupe: ap. AMERB. VIII, n° 3473, 19 (*ut nos loquimur*); S.J. I, 191, 26.

collegiaticus, *-a, -um* de collège: RHEN. ap. ER., Allen I, p. 58, 67 (*uita collegiatica*: vie de collège).

collegiatus, *-a, -um* dans *collegiata ecclesia*, *église collégiale: AL. Paquier, 61, 12; ER., Allen XI, n° 2961, 100; ap. AMERB. IV, n° 1857, 27; fréq.

+ **collegium**, *-ii* A) *collège universitaire: AMERB. J. I, n° 127, 7; ER., Allen I, n° 51, 10; MORE Corr., n° 60, 255; fréq. - B) collège, école latine: ER., Allen IV, n° 1211, 295; STURM, 10, 1; PLANT. II, 307, 25; etc.

+ **collibro**, *-are* dans se *collibrare*, se tenir en équilibre: BOV. Sap., 64, 18; Nih., 56, 30.

colligantia, *-ae* lien moral, rapprochement: DORP, 43, 34 (*animorum colligantia*).

+ **colligo**, *-are* relier (des livres): HUTT. I, 427, 27; 429, 16; VALER. C. Ep., n° 20, 6; etc.

collimatio, (*-neatio*), *-onis* sagacité, perspicacité: BUDÉ II, 257, 45-47 (*nostri collimationem dixerunt...Quanquam sunt qui collineationem appellare eam malint*).

collimitius I, *-a*, *-um* limitrophe: ap. CELT., n° 143, 5.

collimitius II, *-ii* un voisin (peuple): CELT., n° 328, 3; ap. CELT., n° 298, 13.

collineatio: v. *collimatio.*

collipendium, *-ii* désigne un vêtement sacerdotal: BÈZE VII, 224, 7; ap. BÈZE VII, 340, 28.

collitigo, *-are* **se quereller, être en litige: POGG. I, 434, 39; TORR. II, n° 382, 17.

collops, *-opis* clé (d'un instrument à cordes): ER., ASD I-1, 587, 14. - ← κόλλοψ.

colloquiolum, *-i* brève entrevue, brève conversation: ap. ER., Allen VIII, n° 2169, 12; ER., Allen IX, n° 2461, 6; VIVES Conscr., 124, 18. - dim. de *colloquium.*

collucentia, *-ae* fait de briller ensemble: BUDÉ I, 525, 1 (*stellarum collucentia multarum*).

collusito, *-are* A) jouer ensemble: ER., ASD I-1, 473, 23; CROC. Coll., f. A 7 v°, 25. - B) s'entendre frauduleusement avec quelqu'un: BUDÉ III B, 152, 51.

collutulo, *-are* souiller: ap. LIPSE, Ep. I, n° 193, 31.

colluuiosus, *-a*, *-um* trouble, bourbeux: ZAS. V, 185 A, 14.

colonellus, *-i* un colonel: TORR. III, n° 967, 5; n° 968, 45. - ← ital.

coloniola, *-ae* petit groupe: ap. CALV. XV, 122, 30. - dim. de *colonia.*

+ **colophon**, *-onis* achèvement, fin: ER., LB II, 498 F; HUTT. I, 216, 15; RHEN., 89, 18; etc.

colophonius, *-a*, *-um* qui constitue un achèvement, un couronnement: BUDÉ III B, 115, 23; AL., Jovy III, 293, 19; AL. ap. ER., Allen X, n° 2638, 50. - ← grec: cf. κολοφών (*colophon*).

+ **colubrina**, *-ae* *couleuvrine: BULL. ap. BÈZE XI, 250, 1.

+ **colum**, *-i* la fin: ap. PLANT., Suppl., 155, 13 (*libri non... ad colum perducti*).

columbella, *-ae* *petite colombe: ap. PFLUG II, n° 368, 42. - dim. de *columba.*

columbula, *-ae* *petite colombe: ER., ASD II-4, 92, 129 (terme de tendresse). - dim. de *columba*.

+ **columella**, *-ae* **petite colonne de texte: XIMENES in *Praef.*, 44, 29.

columitas, *-atis* salut, conservation: POGG. I, 283, 33.

+ **columna**, *-ae* colonne de texte: XIMENES in *Praef.*, 44, 18 et 28; PLANT. IV, 72, 3; etc.

columnula, *-ae* petite colonne de texte: ALDE in *Praef.*, 259, 26 et 27. - dim. de *columna*.

comendatarius: v. *commendatarius*.

comicotragicus, *-a*, *-um* tragi-comique: GYR., 68, 23.

comicotragoedia, *-ae* tragi-comédie: ER., Allen VII, n° 1825, 3; CLEN., n° 21, 202; GYR., 68, 14; etc.

cominatorius: v. *comminatorius*.

+ **comitatus**, *-us* *comté: ap. ER., Allen X, app. XXIII, A 9, l. 12; ap. AMERB. VIII, n° 3532, 36: CALV. VIII, 56, 40; etc.

comitissa, *-ae* *comtesse: ap. RHEN., 480, 15; AMERB. Bon. IX/2, ann. 2, l. 71; ap. BÈZE IV, 45, 15; fréq.

+ **comma**, *-atis* frappe de la monnaie, aloi: ER., ASD II-5, 109, 109 et 115.

+ **commanduco**, *-are* **manger ensemble: ap. BULL., Gr. I, 79, 12.

commemorabunde de manière mémorable (?): BUDÉ III B, 33, 40.

commemorabundus, *-a*, *-um* prêt à rappeler, décidé à rappeler: CLEN., n° 28, 104.

commemoratiuus, *-a*, *-um* *qui commémore, qui rappelle: ap. CALV. XIII, 113, 30.

commenda, *-ae* *commende, bénéfice ecclésiastique: CLÉMENT VII ap. ER., Allen VI, n° 1588, 14; ap. BÈZE X, 167, 2; ap. PFLUG IV, n° 829, 60; etc.

commendabiliter, *d'une façon recommendable: BUDÉ I, 152, 29; 177, 54; 474, 29.

commendatarius, (*come-*), *-ii* *commandeur: RICCIARDINUS in *Praef.*, 213, 27; BUC., Corr. I, n° 63, 113; ZW. VIII, 129, 7; etc.

commendatiuncula, *-ae* *« petite » recommandation: ER., ASD I-6, 234, 895; ap. AMERB. VI, n° 2983, 10; ap. RHEN., 454, 31; etc. - dim. de *commendatio*.

+ **commendator**, *-oris* *commandeur: ER, Allen IV, n° 1016, 2; ZW. VIII, 128, 7; MUNST., 60, 8; fréq.

commendatura, *-ae* commanderie: ER., Allen X, n° 2812, 26 et 37; ap. ER., Allen X, n° 2848, 6.

commendurarius, *-ii* commandeur: ap. AMERB. IV, n° 2028, 18 (*ut uocant*).

commensalis, *-is* *un commensal: ap. AMERB. I, n° 396, 8; ap. RHEN., 206, 13 (*ut uocant*): MUNST., 106, 11; etc. - Condamné par CROC. Farr., 200, 24.

commensalitas, *-atis* fait d'être commensal de quelqu'un: AL. Paquier, 261, 26.

commensarius, *ii* un commensal: ZAS. ap. AMERB. III, n° 1196, 9; toutefois, on lit *commensalis* (v. *supra*) ZAS. V, 184 A, 81 (même lettre).

commensuratiue *de la même manière, dans la même mesure: PIC 1, 85, 25 et 45.

commensuro, *-are* **mesurer: MERC., 204, 22.

+ **commentarium** (*-ius*), *-ii* dans *a commentariis*, mémorialiste: BUDÉ II, 149, 23; LUTH., WA Br. I, n° 53, 1. - v. *a/ab.*

commentatiuncula, *-ae* bref traité, bref commentaire: PIC 2, O.O., 861, 20; ER., ASD I-1, 541, 42; BUDÉ I, 278, 42; etc. - dim. de *commentatio.*

commentatorius, *-a, -um* A) qui concerne les commentaires: ap. AMERB. IV, n° 1552, 11. - B) de conseil, de consultation: BUDÉ III B, 30, 44.

+ **commentatrix** I, *-icis* (subst.) **une commentatrice: BUDÉ II, 305, 40.

commentatrix II, *-icis* (empl. adj. F.) qui médite: BUDÉ I, 211, 25; 212, 18; 230, 28.

commentulum, *-i* bref commentaire: ER., LB V, 82, A-B. - dim. de *commentum.*

+ **commentum**, *-i* **commentaire: ER., ASD V-2, 264, 303; HAL., 119, 34; 120, 15.

+ **commeo**, *-are* dans *res commeantes*, les choses transitoires, les choses qui passent (opp. à *res aeternae*): BUDÉ I, 134, 50.

commerciarius, *-a, -um* commercial: BUDÉ III A, 21, 29 et 36; 210, 47.

+ **commilito**, *-onis* fig. A) ***compagnon (déjà APUL. *M.* IV, 11 et PÉTRONE, 80): ap. CELT., n° 102, 5; n° 330, 8; ap. AMERB. VI, n° 2823, 4. - B) condisciple: LEF., 38, 37; MOS. Paed., 23, 16; ap. ER., Allen V, n° 1450, 20; etc; à rapprocher: *litteraria militia.* - C) confrère dans le sacerdoce (comme « soldat du Christ »): BRIÇ., 99, 17; 103, 7; ZW. VIII, 315, 8; etc.

comminatorius, (*comi-*), *-a, -um* *de menaces, menaçant: ap. ZW. VIII, 802, 19.

commissarius, *-ii* A) *commissaire: BUDÉ III B, 10, 27; ER., Allen II, n° 360, 16; ap. MORE Corr., n° 10, 4; fréq. - B) *nonce apostolique: FIC., O.O. I, 704 B, 48; AL. Paquier, 82, 25; TORR. III, n° 1106, 2; etc. - C) confesseur, commissaire aux indulgences: ER., ASD I-3, 157, 1027.

commissilis, *-is*, *-e* qui peut être annulé: BUDÉ III B, 11, 34.

+ **commissio**, *-onis* A) *mission, mandat, délégation de pouvoir: VALLA I, 187, 24 (*ut nunc loquimur*); [ER.], Ferg., 320, 21; BUC., Corr. I, n° 23, 16; etc. - B) recommandation, conseil: ap. ER., Allen X, n° 2693, 69 et 70. - C) commission (groupe): TORR. I, n° 24, 1.

commissionarius, *-ii* censeur, commissaire: ER., ASD I-3, 743, 93.

+ **commissor**, *-oris* régisseur: BUDÉ I, 203, 30.

commissorialis, *-is*, *-e* commissoire (droit): AL. Paquier, 216, 4.

commodatarius, *-ii* *quelqu'un qui obtient une chose en prêt; CORD. II, n° 12; n° 35.

commodaticius, (*-tius*), *-a*, *-um* prêté par . . . , emprunté à . . . : ER., ASD I-2, 451, 26; I-4, 76, 84; V-1, 340, 44.

commodito, *-are* rendre service: BUDÉ I, 191, 48.

commodulor, *-ari* chanter (à propos du coq): PIC 1, 212, 16.

commonefactio, *-onis* *avertissement, rappel: BUDÉ I, 348, 21; ap. ER., Allen V, n° 1458, 42; MEL., W. VI, 120, 21; fréq.

commonefactorius, *-a*, *-um* d'avertissement, de rappel: BUDÉ I, 282, 38; III B, 33, 40.

commonefactrix, *-icis* (empl. adj. F.) qui rappelle: BUDÉ I, 325, 52; III B, 72, 46.

commonstrator, *-oris* A) quelqu'un qui montre, qui explique: ER., ASD I-2, 708, 3; Allen VI, n° 1800, 165; IX, n° 2584, 84; etc. - B) part., maître d'école: CUEVA, 1 r°, 11; 8 r°, 12; 8 v°, 11; etc.

+ **commorsico** (*-to*), *-are* mordiller à plusieurs reprises: PETR. II, 808, 41; 1124 (p. chiffrée 1024), 32.

communeror, *-ari* gratifier quelqu'un de quelque chose, donner quelque chose à quelqu'un: ZAS. ap. AMERB. IV. n° 1965, 3.

+ **communicatio**, *-onis* **communion (sacrement): MORE, CW V/1, 426, 5; CALV. XI, 216, 15; PLANT. VII, 202, 5.

+ **communicatus**, *-us* communication (entre deux endroits): TORR. I, n° 105, 34.

+ **communico**, *-are* **communier (sacrement): RHEN., 482, 4; MORE, CW V/1, 384, 26; LUTH., WA X/2, 201, 10; etc.

+ **communifico**, *-are* communiquer, faire savoir: ap. CALV. XVIII, 370, 21.

+ **communio**, *-onis* A) **communion (sacrement): POGG. I, 485, 36; ER., Allen VIII, n° 2284, 6; MORE CW V/1, 380, 34; etc. - B) communication, envoi: GAG. I, 371, 6.

commutatiuus, *-a*, *-um* dans *iustitia commutatiua*, *justice commutative: ARGYR. in *Reden*, 28, 11; BUC., Op. lat. XV, 268, 12 (*iustitia quam uocant commutatiuam*).

commutatrix, *-icis* (empl. adj. F.) qui concerne les échanges de marchandises: BUDÉ IV, 351, 44.

commystes, *-ae* (M.) compagnon d'initiation à . . . : ap. PIGH., n° 8, 59 (*socius et commystes eorundem studiorum*). - cf. *cum* (*com-*) + μύστης (*mystes*).

comoediola, *-ae* petite comédie: RHEN., 234, 35; ER., Allen IX, n° 2462, 1. - ← κωμῳδία (*comoedia*) + suff. lat. de dim.

comopolitanus, *-a*, *-um* de petite ville: BUDÉ I, 192, 3; III B, 89, 50. - ← grec: cf. κωμόπολις (*comopolis*).

compactor, *-oris* A) **assembleur: PETR. I, 67, 48. - B) relieur (de livres): CHANS., 90, 17; AMERB. Bon. VIII, n° 3556, 73; CALV. X B, 51, 26; etc.

+ **compactura**, *-ae* reliure (de livres): PLANT. II, 17, 16; 240, 10; ap. PLANT. VII, 109, 6; etc.

+ **compaginator**, *-oris* relieur (de livres): APH., 40 v°, 9.

+ **compagino**, *-are* relier (des livres): VALLA I, 464, 15; DORP ap. ER., Allen II, n° 509, 8; ap. CRAN., n° 207, 17.

compaguncula, *-ae* petit assemblage: BUDÉ I, 518, 7. - dim. de *compago*.

+ **comparabilis**, *-is*, *-e* que l'on peut se procurer, que l'on peut acheter: ap. LEF., 365, 31 (*paruo aere comparabiles*).

+ **comparate** relativement, jusqu'à un certain point: ap. BÈZE XII, 74, 17; BÈZE XII, 74, 40.

+ **compater**, *-tris* A) **parrain: ap. BULL., Gr. I, 218, 5; BUC., Op. lat. II, 93, 7; ap. CALV. XIV, 235, 26; etc. - B) *compagnon, confrère, ami: PIC 1, 186, 7; FIC., O.O. I, 720 B, 4; ap. LEF., 212, 25; etc.

compatibilis, *-is*, *-e* *compatible: ap. PFLUG III, doc. 72, l. 31 (*beneficia compatibilia*).

+ **compendiarium**, *-ii* résumé, abrégé: POLIT., 284, 21 et 27.

+ **compendiarius**, *-a*, *-um* avantageux, qui procure un gain: BUDÉ, II, 280, 7.

compendiolum, *-i* A) petite récompense, petit profit: ap. ER., Allen III, n° 849, 25; ZAS. V, 180 B, 46; AMERB. Bon. IX/2, n° 3898, 84. - B) bref résumé: ap. LEF., 325, 19; CLEN., n° 30, 29. - dim. de *compendium*.

+ **compendium**, *-ii* **résumé, abrégé: GUAR. 2, Ord., 44, 19; POLIT., 499, 28; FIC., O.O. I, 604 B, 22; etc.

compensator, *-oris* quelqu'un qui donne en compensation: ap. AMERB. VII, n° 3122, 4.

comperendinator (*comperhe-*), *-oris* quelqu'un qui retarde, qui remet à plus tard: ER., ASD II-4, 315, 734; Allen II, n° 491, 1.

comperendinatorius, *-a*, *-um* ajourné: BUDÉ III B, 112, 8.

comperhendinator (graphie aberrante): v. *comperendinator*.

+ **competentia**, *-ae* *compétence: PFLUG III, n° 465, 31.

comphilosophor (*con-*), *-ari* philosopher avec . . . : LEF., 16, 19. - cf. *cum* (*com-*) + φιλοσοφέω (*philosophor*).

comphilosophus (*con-*), *-i* *confrère en philosophie: FIC., Theol. III, 301, 3; 310, 4; ap. CELT., n° 77, 1; etc. - cf. *cum* (*com-*) + φιλόσοφος (*philosophus*).

+ **compingo**, *-ere* relier (des livres): ER., Allen V, n° 1488, 36; HUTT. I, 427, 29; ap. CRAN., n° 234, 10; fréq.

+ **compitalicius** (*-tius*), *-a*, *-um* de carrefour → courant, commun: BUDÉ I, 173, 13.

+ **complementum**, *-i* accomplissement, réalisation: CALV. I, 298, 6; 408, 8; 479, 45; etc.

completo, *-are* A) compléter, achever: AMERB. Bon. III, n° 1257, 7. - B) remplir: ap. BÈZE XI, 142, 16 (*Deus te spiritu suo completet*).

complexis, *-is* contexte: ER., ASD IX-1, 400, 540.

complexus, *-a*, *-um* brisé (cf. ligne brisée): BOV. Opp., 70, ll. 21, 32 et 36.

complicatilis, *-is*, *-e* pliant: BUDÉ IV, 1261, 25.

complicator, *-oris* relieur (de livres): ZW. VII, 146, 2.

complicius, *-ii* un complice: ap. BULL., Corr. I, 191, 5.

+ **complico**, *-are* relier (des livres): ZW. VII, 138, 17.

complosio, *-onis* fait de joindre les mains: ER., ASD I-4, 321, 147 (*complosio manuum*, à propos du suppliant).

componens, *-ntis* synthétique: SCALIGER in *Pros.*, 294, 26.

+ **composite** en ayant recours à la composition (à propos des mots composés): ER., ASD I-6, 168, 470 et 473.

+ **compositio**, *-onis* *composition (à propos des mots composés): VALLA I, 176, 38; 212, 5; ER., ASD I-6, 98, 800; etc.

compositionarius, *-ii* ecclésiastique chargé de s'occuper des amendes pénitentielles (connot. ironique): ER., ASD IX-1, 174, 223.

+ **compositor**, *-oris* A) **médiateur, arbitre: ap. ER., Allen VIII, n° 2333, 44; ap. AMERB. VI, n° 2815, 3; CALV. XI, 261, 38. - B) compositeur (dans une imprimerie): GERBELIUS in *Praef.*, 440, 17; ap. AMERB. VI, n° 2684, 1; PLANT. I, 96, 8; etc.

compositum, *-i* A) ***un mot composé (déjà QUINT. I, 5, 68 et I, 6, 38): PETR, I, 369, 21; VALLA I, 470, 32; 471, 32; etc. - B) un composé (chose ou être): SAL. III, ch. 8, 164; POMP., 29, 4.

compossibilis, *-is*, *-e* *possible en même temps: PIC 1, 94, 37 (*quando effectus sunt compossibiles*).

+ **compotatio**, *-onis* Pl. beuveries (connot. péjor.): ER., Allen I, n° 296, 211; III, n° 809, 117; TORR. II, n° 517, 60; etc.

compotatiuncula, *-ae* petite réunion où l'on boit ensemble: ER.,

ASD I-3, 150, 802; CROC. Coll., f. C 2 r°, 21; LUTH., WA Br. I, n° 135, 6; etc. - dim. de *compotatio.*

compotator, *-oris* **compagnon de beuverie: ER., Allen VII, n° 1992, 398; ap. ER., Allen IX, n° 2437, 68.

compoto, *-are* **boire en groupe, boire avec quelqu'un: ER., ASD I-1, 473, 22; I-3, 149, 771; ap. BULL., Gr. I, 79, 13; etc.

compraesto, *-are* prouver, montrer: POGG. I, 173, 23.

comprehendibilis, *-is, -e* ***qui peut être compris (déjà CIC. *Ac. post.* I, 11, 41; mais texte discuté: certains adoptent *comprehensibilis,* cf. G.): BUDÉ I, 146, 29.

comprehensibiliter **d'une manière compréhensible: PETR. I, 370, 41.

comprehensor I, *-oris* *quelqu'un qui jouit de la vision béatifique: PIC 1, 91, 43 et 44.

comprehensor II, *-oris* (empl. adj. M.) qui comprend, qui accueille: BUDÉ I, 226, 5.

+ **comprobatio**, *-onis* **justification, preuve: FICHET, 139, 17; 140, 1 et 4; etc.

comprobatrix, *-icis* celle qui confirme: ER., LB V, 143 C.

compromissio, *-onis* *un compromis: ER., Allen VII, n° 1934, 163; n° 1992, 243; ap. CALV. XVI, 307, 29.

compromotus, *-a, -um* promu avec, promu en même temps: POLENTONUS in *Reden,* 163, 22.

comptrix, *-icis* une coiffeuse: ER., ASD I-3, 658, 199.

comptura, *-ae* coiffure: ER., ASD IV-3, 90, 352.

compubesco, *-ere* croître, se développer: BUDÉ I, 492, 5.

+ **compulsio**, *-onis* action de presser, de serrer: BUDÉ IV, 483, 14.

compulsorialis, *-is, -e* de compulsoire (droit) A) dans *compulsoriales litterae*: AL., Paquier, 61, 5; 62, 7. - B) empl. subst. F. Pl. (*litterae* sous-entendu): AL. Paquier, 61, 9; 69, 11 et 27; etc.

conator, *-oris* quelqu'un qui fait des efforts: LUTH., WA XVIII, 768, 33.

conatulus, *-i* A) effort, volonté: LUTH., WA XVIII, 674, 31. - B) petit travail, petite entreprise: BUC., Op. lat. XV, 2, 27. - dim. de *conatus.*

conaturatus: v. *connaturatus.*

concandidatus, *-i* compagnon-candidat → concurrent (?): VIVES, H.L., 94, 13.

concanonicus, *-i* *quelqu'un qui fait partie du même chapitre de chanoines, un collègue dans le canonicat: PETR. II, 1005, 29; ap. CELT., n° 317, 2; ER., Allen I, n° 296, 86; etc.

concausa, *-ae* *cause concomitante: POLIT., 463, 7; PIC 1, 108, 38; 109, 9; etc.

concelebratio, *-onis* fait de célébrer, d'honorer quelqu'un: AGNOLELLI, 7, 9; ap. CELT., n° 147, 44.

concentricus, *-a*, *-um* *concentrique: SAL. III, ch. 8, 38; DORP, 38, 10.

concenturiatio, *-onis* fait de réunir, de rassembler: BUDÉ III A, 365, 44 (trad. de σύνταξις).

+ **concerno**, *-ere* *concerner: PETR. I, 233, 15; ap. CELT., n° 240, 12; ap. MORE Corr., n° 10, 94; etc.

concertatiuncula, *-ae* brêve dissertation, petite discussion: ER., Allen IV, n° 1162, 1; BUDÉ III B, 91, 42; MURET, O.O. I, 381, 33; etc. - dim. de *concertatio.*

+ **conciliabulum**, *-i* **« petit » concile (connot. péjor.): ER., Ferg., 89, 407; MEL., O.O. I, 143, 34; ap. BULL., Gr. I, 12, 24; fréq.

conciliariter en concile: ap. LUTH., WA Br. II, n° 244, 323.

conciliatorius, *-a*, *-um* de conciliation ou de réconciliation: ER., ASD I-2, 510, 1; VIVES Conscr., 24, 25; BÈZE VI, 277, 31; etc.

+ **concilium**, *-ii* **concile: POGG. I, 157, 36; VALLA I, 359, 41; ER., Allen I, n° 182, 180; fréq.

concinator: v. *concinnator.*

+ **concinnatio**, *-onis* reliure (de livres): RHEN., 136, 22; CROC. Coll., f. C 6 v°, 21.

+ **concinnator** (*-cinator*), *-oris* relieur (de livres): AMERB. BON. III, n° 1116, 15; IV, n° 1957, 5; CHANS., 72, 18; etc.

concinnatrix, *-icis* (empl. adj. F.) qui ajuste, qui agence: BUDÉ I, 514, 51.

+ **concinno**, *-are* relier (des livres): ER., Allen VI, n° 1740, 16; RHEN., 136, 20; ap. ZW. VII, 42, 11; fréq.

+ **concio**, (*-tio*), *-onis* A) sermon, prêche (*concio* seul ou *sacra concio*): POLIT., 52, 29; ER., Allen II, n° 541, 82; MOS. Paed., 17, 19; fréq. - B) dans *a concionibus* (ou *a sacris concionibus*). prédicateur: ER., Allen III, n° 855, 42; ap. ZW. VII, 355, 3; LUTH., WA Br. II, n° 552, 1; etc.; v. *a/ab.*

concionabunde (*conti-*) sur un ton oratoire: BUDÉ I, 371, 25.

+ **concionalis** (*conti-*), *-is*, *-e* de sermon: ER., ASD V-3, 330, 2.

concionatorius, *-a*, *-um* A) *de prédicateur: ap. PFLUG I, n° 78, 36 et 67. - B) dans *oratio concionatoria*, harangue: ER., Allen I, p. 37, 15.

concionatrix, *-icis* une prêcheuse, une prédicatrice: ER., ASD I-3, 392, 108.

concionatura, *-ae* fonction de prédicateur: ap. ZW. VII, 376, 1 (*ut uocant*).

+ **concionor** (*conti-*), *-ari* **prêcher: VALLA I, 357, 7; POLIT., 52, 33; ER., Allen II, n° 456, 274; fréq.

+ **concise** avec concision: BAUDOUIN in *Pros.*, 368, 11; ap. CALV. XVIII, 126, 15.
concisim avec concision: AMERB. Br. I, n° 331, 2.
+ **conciuncula** (*conti-*), *-ae* A) petit sermon: ap. ER., Allen VI, n° 1742, 62. - B) bref commentaire: ER., Allen VII, n° 2049, 24.
+ **conclaue**, *-is* *conclave: POGG. I, 435, 4; ap. PFLUG III, n° 452, 2; MAN. P., 106, 15; etc.
concoctibilis, *-is, -e* digestible: POLIT., 419, 12.
concomitanter *de manière concomitante: PIC 1, 158, 12; LUTH., WA Br. II, n° 509, 61.
concomitantia, *-ae* *concomitance: PIC 1, 130, 15; POMP., 79, 30; LUTH., WA Br. II, n° 509, 41; etc.
concordantiae, *-arum* *concordances (not. de la Bible): ap. AMERB. II, n° 498, 8; CALV. XVI, 329, 19 et 23.
concordatum, *-i* *accord, traité: ap. AL. Paquier, 135, 14 et 15; PFLUG II, n° 257, 4.
concreatio, *-onis* *création concomitante: BOD. I, 147 A, 2.
concrete *concrètement: VALLA I, 650, 34 et 36; 652, 25.
+ **concretio**, *-onis* *caractère concret: PIC 1, 172, 30.
concretitas, *-atis* caractère concret, valeur concrète: VALLA I, 650, 44.
concretiue *concrètement: PIC 1, 129, 40.
+ **concretus**, *-a, -um* *concret: VALLA I, 649, 49; FIC., Theol. III, 61, 27; PIC 1, 162, 6; fréq.
concubinarius, *-ii* (adj. M. et subst.) *concubinaire: ER., ASD I-1, 75, 3; Allen III, n° 858, 611; TORR. II, n° 451, 36; etc.
+ **conculco**, *-are* faire pénétrer: PETR. II, 967, 11.
concupiscibilitas, *-atis* **capacité de désirer, de convoiter: SERRA, 36, 20; 87, 5; 88, 17; etc.
concupitrix, *-icis* (empl. adj. F.) qui éprouve un désir: BUDÉ I, 538, 11.
concurrens, *-ntis* un concurrent: PIC 2, O.O., 13, 36; ap. ER., Allen X, n° 2753, 24.
concurrentia, *-ae* *convergence, réunion: BOV. Sap., 156, 23; 170, 28; Opp., 66, 15; etc.
+ **concursus**, *-us* concours (pour un emploi): TORR. II, n° 448, 8; n° 449, 8; n° 476, 58; etc.
conda, *-ae* celle qui met en réserve, qui garde ce qu'elle a: VIVES, E. W. I, 90, 6.
condecenter *de manière convenable: ap. LEF., 115, 19.
condecuriatio, *-onis* organisation des décuries de juges: BUDÉ III A, 370, 2.
condecurio, *-are* inscrire dans une décurie de juges: BUDÉ III A, 374, 14.

condemnatorius, *-a, -um* *de condamnation: BUDÉ III B, 173, 2; BOD. I, 79 B, 57.

+ **condescendo**, *-ere* *condescendre à . . . : ap. CELT., n° 136, 36.

condici-: v. *conditi-*.

+ **condico**, *-ere* accorder, donner: MOS. Paed., 19, 24.

conditionatus, (*condici-*), *-a, -um* conditionnel: PIC 1, 93, 41.

conditiuncula (*condici-*), *-ae* petite charge, petite fonction: ap. AMERB. III, n° 1395, 27; AMERB. Bon. IV, n° 1513, 13; MEL., O.O. II, 804, 3. - dim. de *conditio*.

condiuido, *-ere* *partager: AMERB. J. I, n° 265, 47.

condolentia, *-ae* **compassion: FIC., Theol. I, 274, 27; BUSL. Ep. n° 8, 22.

condolescentia, *-ae* compassion: BUDÉ I, 329, 11; 335, 45; III A, 355, 35.

condominus, *-i* un co-propriétaire: ap. AMERB. III, n° 1016, 114.

+ **condonatio**, *-onis* A) *pardon, rémission: ER., LB II, 956 F; BUC., Op. lat. I, 43, 20; MEL., O.O. XXI, 176, 41; etc. - B) Pl., indulgences: ER., Allen III, n° 786, 24; LB V, 63 F; RHEN., 123, 40.

condonator, *-oris* quelqu'un qui pardonne: BUC., Op. lat XV, 28, 12; MEL., W. IV, 169, 5.

conductibilis, *-is, -e* propre à conduire à . . . : ap. AMERB. I, n° 250, 12.

+ **conductio**, *-onis* A) engagement, contrat: ap. CELT., n° 24, 8; n° 43, 15; n° 45, 1; etc. - B) transport (par messager): PLANT. VIII, 329, 9.

+ **conductor**, *-oris* A) *chef, guide: ER., ASD V-3, 40, 232. - B) *messager, transporteur: ALCIAT ap. AMERB. IV, n° 1827, 57; PLANT. VIII, 329, 8.

conductura, *-ae* transport, messagerie: ALCIAT ap. AMERB. IV, n° 1827, 21.

conductus, *-us* dans *saluus conductus*: v. *saluus*.

condulcoro, *-are* *adoucir, atténuer: VIVES Conscr., 64, 24. - cf. *condulco, -are* (G.).

conestabilicus (*conne-*), *-a, -um* de connétable: ap. CALV. XV, 476, 24.

conestabilis (*conne-, const-*), *-is* *connétable: CALV., X B, 430, 9; BULL., Gr. II, 72, 23; ARL., 147, 21; fréq.

conestablius (*conne-*), *-ii* connétable: BULL. ap. BÈZE VII, 268, 13; HOTM., 372, 5; ap. CALV. XVIII, 307, 10; etc.

conestabularius, (*const-*), *-ii* *connétable: GAG. II, 116, 25; BUDÉ III A, 109, 3.

conexus: v. *connexus*.

confabulatiuncula, *-ae* petit entretien, petite conversation: ER.,

ASD IX-1, 176, 271. - dim. de *confabulatio.*

confabulo, *-onis* interlocuteur: ER., Allen IV, n° 1211, 325; CROC. Coll., f. B 4 v°, 17; ap. AMERB. IV, n° 1656, 8; etc.

confarcino, *-are* farcir; ap. ARL., 239, 19; 242, 15 (fig.).

confectarium, *-ii* A) construction (fig.), élucubration; BUDÉ I, 23, 18. - B) rapport: BUDÉ III B, 144, 45.

confessarius, *-ii* **confesseur (prêtre qui entend les confessions): CLEN., n° 53, 85; PIGH., n° 179, 8; PLANT. II, 209, 24; fréq.

+ **confessio**, *-onis* A) **confession de foi, profession de foi: GAG. II, 282, 18; ap. PFLUG II, n° 332 147; BÈZE II, 48, 33; etc. - B) **confession (sacrement): POGG. I, 346, 17; ER., Allen III, n° 858, 50; CLEN., n° 63, 1206; fréq. Pour *auricularis confessio,* v. *auricularis.* - C) dans *a confessione,* confesseur (prêtre qui entend les confessions): ap. LEF., 293, 13; v. *a/ab.* - D) dans *a confessionibus,* même sens: LUTH., WA Br, I, n° 30, 9; BUDÉ I, 376, 6; ER., Allen III, n° 597, 12; etc; v. *a/ab.*

confessionarius, *-ii* confesseur (prêtre qui entend les confessions): ap. ER., Allen II, n° 523, 6; CALV. I, 160, 19; APH., 70 r°, 7; etc.

confessionista, *-ae* (M.) un luthérien (qui adhère à la Confession d'Augsbourg, 1530): ap. BÈZE XI, 164, 31; BULL., Gr. III, 199, 33; TORR. II, n° 631, 13; etc.

confessiuncula, *-ae* « petite » confession de foi; « petite » profession de foi: ap. BÈZE XI, 164, 25. - dim. de *confessio.*

+ **confessor**, *-oris* A) *confesseur (prêtre qui entend les confessions): POGG. I, 434, 12; ap. CELT., n° 133, 40; LEF., 42, 2; fréq. Emploi dans ce sens critiqué par VALLA II, 291, 34. - B) quelqu'un qui se confesse: ER., ASD IV-1 A, 76, 630. - C) quelqu'un qui reconnaît son erreur: CAST. ap. BÈZE II, 202, 9.

confibratus, *-a, -um* emmêlé: BUDÉ III B, 133, 44.

+ **configuratio**, *-onis* configuration: FIC., Theol. II, 136, 7 (*caelorum configuratio*).

confinitas, *-atis* similitude, ressemblance: ER., ASD II-4, 162, 281.

+ **confirmatio**, *-onis* **confirmation (sacrement): ER., ASD I-3, 123, 9; MEL., O.O. I, 312, 41; CALV. I, 141, 40; fréq.

confirmatorius, *-a, -um* *qui confirme, qui garantit: ap. MORE Corr., n° 14, 64; n° 42, 74; CALV. I, 1074, 36.

+ **confirmo**, *-are* **confirmer (conférer le sacrement de confirmation): BUC. ap. PFLUG III, n° 374, 79.

confitens, *-ntis* (empl. subst.) *celui qui se confessse: ER., LB V, 145 B, 146 C, 147 C; etc.

+ **confiteor**, *-eri* **se confesser, avouer ses péchés: POGG. I, 434, 11; POLIT., 47, 2; ER., ASD I-3, 177, 1725; fréq.

conflammesco, *-ere* s'enflammer: PIC 1, 330, 25.
+ **conflatio**, *-onis* composition, fait d'être composé de divers éléments: FIC. Theol. I, 278, 20.
+ **conflator**, *-oris* *excitateur, instigateur: BÈZE XIII, 82, 25.
conflictatiuncula, *-ae* petite « dispute » (verbale ou écrite): ER., Allen I, n° 109, 1; II, n° 413, 12; MORE ap. ER., Allen IV, n° 1087, 506; etc. - dim. de *conflictatio.*
confluctuatio, *-onis* agitation, querelle: ap. BÈZE III, 56, 20.
+ **confluxus**, *-us* **afflux: CALV. XIV, 32, 25.
+ **conformis**, *-is, -e* *conforme à . . . : RHEN., 20, 10; 22, 2.
conformiter *conformément à . . . : CLAM. 105, 15; ap. PFLUG II, n° 178, 74.
confractor, *-oris* quelqu'un qui brise, qui détruit: VALLA I, 370, 6.
confrater, *-tris* A) *confrère: PETR. II, 1005, 29; ER., Allen I, n° 296, 70; AL. Paquier, 272, 8; fréq. - B) *membre d'une confrérie: ap. CELT., n° 147, 53.
confraternitas, *-atis* *confrérie: GAG. I, 341, 20.
confratria, *-ae* *confrérie: BUDÉ IV, 1116, 24 (*uulgo*).
confriatilis, *-is, -e* friable: BUDÉ III A, 239, 52.
confrictura, *-ae* limaille: AGR. G., 45, 13.
+ **confundo**, *-ere* A) **confondre, réfuter quelqu'un: TORR. I, n° 37, 115. - B) prouver la fausseté de quelque chose: HAL., 118, 8 (*Hanc propositionem experientia confundit*); 157, 32.
+ **confusor**, *-oris* quelqu'un qui mêle, qui confond: ER., ASD V-3, 418, 381.
confutatiuncula, *-ae* critique, réfutation: ap. BÈZE VII, 178, 25. - dim. de *confutatio.*
congeneus, *-a, -um* inné: LEF., 5, 27; BOV. ap. LEF., 92, 11 et 23.
congermanitas, *-atis* *sympathie fraternelle: ap. AL., Jovy III, 219, 11.
congestor, *-oris* A) compilateur: ER., ASD I-1, 110, 26. - B) quelqu'un qui entasse, qui amasse: VIVES, E.W. I, 88, 3. - C) prêteur d'argent: PLANT. III, 306, 14.
conglobamentum, *-i* amas: BUDÉ I, 523, 32.
conglutinabilis, *-is, -e* qui peut être assemblé, qui peut être lié: BUDÉ I, 59, 46.
conglutinator, *-oris* A) un assembleur: ap. ER., Allen II, n° 589, 46. - B) quelqu'un qui arrange un mariage: BUDÉ IV, 1224, 2.
conglutinatrix, *-icis* celle qui arrange un mariage: BUDÉ IV 1224, 44.
+ **conglutino**, *-are* relier (des livres): POLIT., 247, 1; ap. ZW. VII, 313, 1; AMERB. Bon. III, n° 1092, 5.
congratanter très volontiers: ap. LEF., 293, 28.

congratulator, *-oris* quelqu'un qui félicite: AGNOLELLI, 12, 8.
congratulatorium, *-ii* *lettre de félicitations: PIGH., n° 273, 3.
congratulatorius, *-a, -um* *de félicitations: PETR. II, 1106, 3; ap. PIGH., n° 215, 3.
+ **congregatio**, *-onis* *congrégation: TORR. I, n° 31, 27; PLANT. VIII, 354, 23.
congregatrix, *-icis* (empl. adj. F.) qui réunit, qui rassemble: FIC., Theol. II, 210, 19; ER., ASD V-2, 339, 328.
congressiuncula, *-ae* brève rencontre, bref entretien: ER., Allen V, n° 1496, 131, ap. ER., Allen VI, app. XVIII-2, l. 26. - dim. de *congressio*.
coniectatiuncula, *-ae* petite conjecture: PIGH., n° 276, 24. - dim. de *coniectatio*.
coniecturula, *-ae* petite conjecture: ap. ZW. VIII, 773, 3. - dim. de *coniectura*.
+ **coniugo**, *-are* conjuguer: HAL., 9, 24.
coniunctiuncula, *-ae* conjonction, mot de liaison: ER., ASD I-4, 92, 641; II-5, 281, 936. - dim. de *coniunctio*.
coniungibilis, *-is, -e* *qui peut être uni à . . . : PIC 1, 91, 42 et 43.
connaturatus (*cona-*), *-a, -um* connaturel: PETR. I, 370, 23.
connest-: v. *conest-*.
+ **connexus** (*cone-*), *-us* contexte: LIPSE, Ep. II, n° 335, 5.
conniuenter en fermant les yeux: ER., ASD I-1, 542, 38; 608, 12.
connotatiuus, *-a, -um* *connotatif: CAST. Haer., 154, 21.
connoto (*cogno-*), *-are* *connoter, signifier par connotation: ap. LEF., 372, 8 et 11; ER., Allen III, n° 734, 34.
conph-: v. *comph-*.
conquatio, *-ere* *secouer, agiter: ap. BULL., Gr., III, 171, 29.
conquestor, *-oris* *quelqu'un qui se plaint, qui réclame: PLANT. II, 306, 28.
conrector, *-oris* vice-recteur, sous-directeur: VLAD., 247, 12 (*scholae conrectorem, ut uocatis*).
consacrificus, *-i* confrère en prêtrise: BUC., Corr. I, n° 37, 10.
consarcinatio, *-onis* *réunion, rassemblement: ER., ASD II-5, 34, 330.
consarcinator, *-oris* A) compilateur, assembleur: ER., ASD I-1, 157, 1; ZAS. ap. AMERB. III, n° 1287, 37; BÈZE XI, 261, 8; etc. - B) raccommodeur: CALV. VII, 647, 46. - C) quelqu'un qui ourdit de mauvaises actions: BUDÉ II, 306, 23. - D) dans *litium consarcinator*, chicaneur, procédurier: BUDÉ I, 40, 17.
conscelerate de manière criminelle: BUDÉ I, 101, 47.
conscelerator, *-oris* quelqu'un qui fait commettre une action honteuse, criminelle: BUDÉ I, 184, 7.

conscientiosus, *-a, -um* A) *consciencieux: ap. PIGH., n° 15, 9. - B) relatif à la conscience: ap. AMERB. I, n° 436, 6.

+ **conscriptio**, (*-cio*), *-onis* enrôlement (de soldats): ap. BULL., Gr. I, 114, 16; 117, 25.

+ **consecratio**, *-onis* A) **consécration comme évêque: ap. PFLUG III, n° 486, 12. - B) **consécration du pain et du vin: POGG. I, 303, 3; PIC 1, 121, 41; ER., Allen VIII, n° 2284, 100; fréq.

consecratorius, *-a, -um* qui concerne la consécration du pain et du vin: CATH. Disput., 364 A, 47; 364 B, 25 et 27.

+ **consecro**, *-are* A) **consacrer comme évêque: ap. PFLUG III, n° 524, 17. - B) **consacrer le pain et le vin: PIC 1, 153, 30; ER., Allen VIII, n° 2136, 226; LUTH., WA X/2, 211, 14; fréq. - C) dédier (un livre): OBSOPOEUS in *Praef.*, 398, 3; ap. ER., Allen II, n° 559, 26; CUEVA, 3 v°, 1; etc.

consecutiue (*consequu-*) *avec valeur consécutive: ap. CALV. XX, 564, 31.

consecutiuus, *-a, -um* *qui est la conséquence de . . . : BOV. Opp., 52, 23.

+ **consequens**, *-ntis* dans *per consequens*, *par conséquent: POMP., 9, 23; 21, 28; 23, 21; etc.

consequutiue: v. *consecutiue.*

consertor, *-oris* un adversaire: ap. ER., Allen VI, n° 1763, 76.

conseruatiuus, *-a, -um* **qui concerne la conservation, qui permet de conserver: ARGYR. in *Reden*, 5, 24.

conseruatoria, *-ae* acte conservatoire: ap. AL. Paquier, 157, 3 et 4; 158, 3; etc.

considerabilis, *-is, -e* *digne de considération, d'attention: CATH. Assert., 104, 13.

+ **consignatio**, *-onis* dans *crucis consignatio*, *signe de la croix: BÈZE VII, 156, 6; 158, 39; 225, 40.

+ **consigno**, *-are* **confier: ap. ER., Allen VII, n° 1849, 22.

consiliaria, *-ae* *conseillère: ER., Allen VII, n° 2034, 66.

consiliariatus, *-us* fonction de conseiller: ap. PIGH., n° 2, 23.

consiliariolus, *-i* un modeste conseiller: ER., Allen V, n° 1275, 70. - dim. de *consiliarius.*

consiliaris, *-is, -e* **de conseil, de consultation: BUDÉ III B, 30, 41.

consiliolum, *-i* petite consultation, petit conseil: ZAS. V, 180 B, 8. - dim. de *consilium.*

+ **consilium**, *-ii* A) dans *a consilio*, conseiller: RHEN., 60, 15; BUC., Corr. I, n° 18, 33; HUTT. II, 44, 11. - B) dans *a consiliis*, même sens: ER., ASD I-4, 172, 160; MORE, CW IV, 56, 12; CRAN., n° 25, 31; fréq. - v. *a/ab.*

consistentia, *-ae* immobilité: BUDÉ I, 518, 38.

consistorialis, *-is*, *-e* *de consistoire: ap. PFLUG II, n° 226, 7; ap. CALV. XI, 659, 15; BULL. ap. CALV. XIV, 697, 17; etc.

+ **consistorium**, *-ii* *consistoire: PETR. I, 474, 1; VALLA I, 629, 27; ap. ER., Allen V, n° 1519, 4; fréq.

consolatiuncula, *-ae* *brève consolation: BUDÉ I, 336, 29. - dim. de *consolatio.*

consolatrix, *-icis* (empl. adj. F.) **de consolation: ER., Allen VIII, n° 2205, 14.

consopesco, *-ere* s'endormir, s'assoupir: BOV. Sap., 60, 27.

consopitio, *-onis* assoupissement: BOV. in *Pros.*, 106, 30.

consoror, *-oris* A) *consoeur en religion: TORR. II, n° 543, 17. - B) membre féminin d'une confrérie: ap. CELT., n° 147, 53.

+ **consors**, *-ortis* ***le conjoint (déjà OV. *M.* VI, 94): POLIT., 39, 30 (époux); ap. AMERB. V, n° 2460, 3 (épouse); VI, n° 2681, 32 (épouse).

+ **conspicilla** (*-lia*), *-orum* lunettes: ER., Allen III, n° 715, 10; CLEN., n° 58, 72; VALER. C. Ep., n° 27, 19; etc. - v. *ocularia, perspicilla, specilla,* et *uitrei oculi.*

conspicue visiblement, nettement: BUDÉ I, 343, 30.

conspiratiue en conspirant: REU., 271, 32.

conspirator, *-oris* *conspirateur: VALLA II, 289, 30; GUAR. 2, Inaug., 135, 7; ap. BULL., Gr. II, 292, 17; etc.

conspurcatio, *-onis* fait de salir, de détériorer: ap. ER., Allen VI, n° 1733, 49.

conspurcator, *-oris* quelqu'un qui salit, qui souille: HUTT. I, 166, 21; BÈZE VIII, 235, 11.

consputor, *-oris* cracheur: ER., Allen VIII, n° 2277, 7 (fig.).

const-: v. aussi *conest-*.

constercoro, *-are* couvrir de saletés: LUTH., WA Br. II, n° 385, 12.

consternabilis, *-is*, *-e* A) craintif, effrayé: BUDÉ I, 74, 24; 214, 12; 332, 38; etc. - B) effrayant: BUDÉ I, 333, 18. - C) bouleversé: BUDÉ I, 116, 15; 334, 8.

consternabundus, *-a*, *-um* craintif: ALDE in *Praef.*, 270, 19.

constipulatio, *-onis* union: ZW. VIII, 275, 2.

+ **constitutio**, *-onis* tradition, coutume: ER., LB VI, 81 E (trad. de παράδοσις).

constitutiuncula, *-ae* « petite » règle, « petite » obligation: ER., Allen IV, n° 1167, 139; ap. ER., Allen II, n° 459, 92; ap. ZW. VII, 387, 3; etc. - dim. de *constitutio.*

constitutrix, *-icis* (empl. adj. F.) qui crée, qui constitue: BUDÉ I, 519, 17.

constudens, *-ntis* *condisciple: LUTH., WA Br. I, n° 28, 44 (*ut illi dicunt*).

consubstantiatio, *-onis* consubstantiation: BÈZE VI, 115, 10; ap.

CALV. XVI, 408, 52; XVIII, 767, 22; etc.

consubstantiator, *-oris* partisan de la consubstantiation: BÈZE VII, 115, 40; 117, 9; XIII, 28, 23.

+ **consul**, *-ulis* *maire, bourgmestre: ER., ASD I-1, 41, 28; BÈZE I, 119, 41; APH., 37 v°, 1; fréq. - v. aussi *protoconsul.*

+ **consularis**, *-is* ancien maire, ancien bourgmestre: ap. AMERB. V, n° 2162, 42.

+ **consulatus**, *-us* *fonction de maire, de bourgmestre: STURM ap. RHEN., 1, 14; TORR. III, n° 926, 33.

consultabundus, *-a, -um* réfléchi (à propos de personnes): ER., ASD I-2, 143, 14.

consultatiuncula, *-ae* « petite » réflexion, « petit » avis: ap. PFLUG II, n° 336, 41. - dim. de *consultatio.*

consultatiuus, *-a, -um* qui délibère: BRUNI, 38, 17.

consultorius, *-a, -um* *de conseil, de consultation: BUDÉ III B, 30, 42; VIVES Conscr., 24, 22; 38, 2; etc.

+ **consultrix**, *-icis* *une conseillère: PETR. I, 295, 10; RHEN., 384, 38; CALV. VIII, 341, 53; etc.

consummatistae (*consuma-*), *-arum* (M.Pl.) désigne les membres d'une tendance ou secte protestante: ap. PFLUG III, n° 464, 31; ap. CALV. XV, 100, 3.

+ **consuo**, *-ere* relier (des livres): APH., 40 v°, 8.

consusurratio, *-onis* murmure, chuchotement: ER., ASD I-2, 518, 26.

consusurro, *-onis*: quelqu'un qui chuchote avec . . . , qui murmure avec . . . : ER., Allen X, n° 2906, 104.

consutor, *-oris* relieur (de livres): PLANT. V, 293, 3.

consymmysta (*-ista*), *-ae* (M.) quelqu'un qui participe de la même foi: ap. BULL., Gr. I, 420, 12; 422, 16; ap. CALV. XV, 769, 29. - ← *cum* (*con-*) + συμμύστης (*symmystes*), avec préfixes *cum* et συν de même valeur!.

contabulatura, *-ae* plancher: ER., Allen XI, n° 3059, 11.

+ **contaminator**, *-oris* quelqu'un qui modifie, qui altère: ER., Allen VI, n° 1659, 43 (*operis alieni contaminator*).

contatiuncula, *-ae* petite hésitation, petite interruption: ER., ASD I-4, 98, 862; IV-1 A, 153, 205. - dim. de *contatio* (*cunct-*).

contemperantia, (*-cia*), *-ae* *mélange bien dosé: SERRA, 39, 5.

contemplatrix, *-icis* (empl. adj. F.) A) *contemplative, qui contemple: BUDÉ I, 212, 18 (*contemplatrix uita*); ap. AMERB. IV, n° 2089, 62; BOV. Sap., 280, 19. - B) spéculative: PIC 1, 285, 16 (*philosophiam contemplatricem*).

contempte **avec mépris: POGG. I, 229, 12. - cf. *contemptim* (G.).

contentim de manière pressante, instamment: ZAS. ap. AMERB. II, n° 838, 20.

+ **contentiosus**, *-a*, *-um* discuté, mis en doute: ER., ASD V-1, 148, 921.
contentor, *-ari* *se contenter de . . . , être content de . . . : PETR. II, 1138, 5; POMP., 115, 32. - condamné par CROC. Farr., 173, 12 (*prorsus barbarum est*).
contentrix, *-icis* (empl. adj. F.) qui contient: FIC., Theol. III, 23, 13.
contentum, *-i* le contenu: VALLA I, 141, 30; BUDÉ I, 518, 21; BÈZE II, 87, 21; etc.
contepesco, *-ere* *s'attiédir, se refroidir: BUDÉ I, 36, 46 (fig.).
conterranea, *-ae* une compatriote, une concitoyenne: ap. CALV. XVII, 634, 26.
contestabunde de manière solennelle, sous serment: BUDÉ I, 262, 12; 390, 27.
contestanter de manière solennelle: CATH. Disput., 367 B, 3.
contestator, *-oris* *quelqu'un qui atteste: BUDÉ IV, 137, 34.
contestis, *-is* qui témoigne avec . . . , garant: PETR. I, 401, 6.
+ **contextus**, *-us* A) *texte: ER., Allen IV, n° 1216, 56; MOS. Paed., 45, 26; NANN., 282, 29. - B) contexte: PIC 2, O.O., 19, 21; ER., ASD I-6, 78, 112; BUDÉ II, 215, 4; fréq.
conthoralis: v. *contoralis* I et II.
conticentia, *-ae* fait de se taire: VOLZ ap. RHEN., 486, 31.
+ **contignatio**, *-onis* fig., structure d'un texte: VLAD., 275, 8.
contiguitas, *-atis* **contiguïté: ER., ASD I-4, 320, 137.
+ **continens** I, *-ntis* (subst. N.) le contenant: VALLA I, 141, 29; BUDÉ I, 518, 20; BÈZE II, 87, 21 (*ut grammatici loquuntur*); fréq.
+ **continens** II, *-ntis* (adj.) **continent, qui respecte la continence, la chasteté: PFLUG III, n° 466, 196.
+ **continenter** **en respectant la continence: HAZ., 23, 36; PFLUG III, n° 466, 201.
+ **continentia**, *-ae* **continence: HAZ., 23, 26; BUDÉ I, 541, 1; AGRIPPA, 73, 14; etc.
+ **contineo**, *-ēre* **être continent: PFLUG III, n° 466, 202.
contingens, I, *-ntis* (subst. N.) **ce qui est contingent (philos.): FIC., Theol. III, 67, 11; SAL. III, ch. 8, 5; POLIT., 521, 38; fréq.
contingens II, *-ntis* (adj.) **contingent (philos.): SAL. III, ch. 5, 21; VALLA I, 716, 38; FIC., Theol. I, 118, 11; fréq.
continuum, *-ii* *le continu: FIC., Theol. I, 103, 18; BOV. Opp., 38, 19.
contio et dérivés: v. *-concio* et dérivés.
contoralis I (*contho-*), *-is* *l'épouse: ap. AMERB. I, n° 35, 23; ap. CELT., n° 147, 22; ap. REU., 55, 8; etc.
contoralis II (*contho-*), *-is*, *-e* qui partage le même lit ou la même

chambre: AMERB. Bon. III, n° 1083, 21 (*puellas conthorales*).
contortilis, *-is, -e* tordu: BUDÉ IV, 938, 44.
contracte A) brièvement: ER., Allen III, n° 861, 2; VIVES Conscr., 44, 17. - B) étroitement: VALER. C. Ep., n° 118, 15.
contractilis, *-is, -e* qui concerne les contrats: BUDÉ ap. MORE, CW IV, 8, 10.
contradictorie **avec une valeur opposée: PIC 1, 112, 35; ER., ASD I-6, 72, 961; CATH., Opusc. I, 11, 5; etc.
contraimpressa, *-ae* retiration: ap. AMERB. I, n° 325, 14.
contrarotulator, *-oris* *contrôleur: CALV. V, 127, 11.
contrasigillum, *-i* *contreseing: GAG. II, 271, 14.
contrauerto, *-ere* A) opposer à . . . (sens juridique): ZAS. ap. AMERB. III, n° 1145, 26. - B) discuter, contester: BULL., Gr. III, 213, 35.
contrectatus, *-us* attouchement, enlacement: ER., ASD I-5, 276, 890.
contribulus, *-i* **compatriote, concitoyen: POGG. I, 177, 18; 319, 24; 424, 35; etc. - cf. *contribulis, -is* (G.).
+ **contributio**, *-onis* **impôt: TORR. II, n° 533, 9; n° 546, 19; LIPSE, O.O. IV, 414 B, 38; etc.
+ **contritio**, *-onis* *contrition, repentir: ER., Allen V, n° 1300, 41; ap. MEL., O.O. II, 377, 23; ap. CALV. XIX, 626, 41; etc.
+ **controuersiosus**, *-a, -um* qui aime les litiges, les procès: BUDÉ III B, 61, 38 (*cum homine controuersioso*).
controuerto, *-ere* contester, discuter: MEL., O.O. I, 111, 37; CALV. VI, 295, 30; BUC., Corr. II, n° 135, 194; fréq.
contrucidatio, *-onis* massacre: ap. BÈZE XIV, 9, 32.
contrusio, *-onis* action de presser, de serrer: BUDÉ IV, 483, 14.
conturbabilis, *-is, -e* qui peut être troublé: POMP., 115, 17.
conturbamentum, *-i* trouble, désordre: BUDÉ II, 287, 28; HUTT. I, 201, 25.
conturbatrix, *-icis* (empl. adj. F.) qui trouble: BUDÉ I, 189, 2; 380, 6.
contusilis, *-is, -e* qui peut être brisé: BUDÉ I, 513, 40.
conuasator, *-oris* le complice d'un vol: MORE Corr., n° 15, 829.
+ **conuenio**, *-ire* **citer en justice: VALLA I, 42, 26.
conuenticula, *-ae* *petit groupe, petite réunion: POGG. I, 156, 13; 161, 20. - dim. de *conuentio* (cf. *conuentiuncula*, G.) ou de *conuentus* (cf. *conuenticulum*, G.).
conuenticulariter en petits groupes: REU., 271, 32.
conuentualis I, *-is* *un moine: ap. AMERB. I, n° 93, 13; n° 436, 37; VOLZ ap. RHEN., 363, 24.
conuentualis II, *-is, -e* *de couvent: LUTH., WA Br. I, n° 28, 6.

conuentualiter *conformément aux règles conventuelles: LUTH., WA Br. I, n° 35, 8; TORR. III, n° 1097, 13.
+ **conuentus**, *-us* A) *couvent: POGG. I, 480, 20; GAG. II, 263, 12; ap. AMERB. I, n° 336, 20; etc. - B) dans *conuentus scholasticus* ou *conuentus studiosorum*, école, université: BUDÉ I, 48, 11 et 16; 65, 28; etc.
conuersionalis, *-is, -e* « qui tourne avec . . . » : BUDÉ I, 447, 14 (trad. de τροπικός).
conuersiuus, *-a, -um* de conversion (philos. platonicienne): FIC., Theol. III, 157, 31.
conuerso A) inversement, réciproquement: FIC., Theol. I, 58, 19; 64, 8; 72, 11; etc. - B) dans *e conuerso*, *même sens: FIC., Theol. I, 154, 6; PIC 1, 123, 51; POMP., 8, 2; fréq.; cf. CROC. Farr., 175, 23: *grammatici certant.*
conuersor, *-oris* un traducteur: BRUNI, 102, 30; 103, 3; ANDREAS in *Praef.*, 87, 11; etc.
conuersus, *-i* un convers (frère convers): ap. AMERB. I, n° 426, 14.
+ **conuertibilis**, *-is, -e* *interchangeable: ap. CALV. XVI, 458, 15.
+ **conuerto**, -ere **convertir (sens relig.): FIC., O.O. I, 14 B, 16; ER., ASD V-2, 67, 36.
conuiciatio, (*-tiatio*), *-onis* *injure, insulte: POGG. I, 170, 33.
conuiciatorius (*-tiatorius*), *-a, -um* qui insulte, qui injurie: MORE, CW, V/1, 60, 21.
conuiciatrix, *-icis* (empl. adj. F.) qui insulte, qui injurie: ER., ASD IV-1 A, 100, 450; Allen I, n° 102, 6; BUDÉ I, 478, 17; etc.
conuicinus, *-a, -um* *voisin, proche: SERRA, 122, 12.
conuictrix, *-icis* une compagne: ER., ASD II-5, 94, 819.
conuitia-: v. *conuicia-*.
conuiuatorius, *-a, -um* qui concerne l'hospitalité: ER., ASD I-3, 564, 103 (*ars conuiuatoria*).
conuolutio, *-onis* tourbillon: BUDÉ IV, 941, 48; 942, 2.
conuotio, *-onis* volonté commune: BOV. Sap., 150, 13.
+ **conuulsio**, *-onis* agitation: CALV. I, 615, 14.
cooperatrix I, *-icis* (subst.) **celle qui coopère: CATH., Opusc. III, 76, 10.
cooperatrix II, *-icis* (empl. adj. F.) qui coopère: CALV. I, 344, 12; VI, 398, 14; IX, 432, 15.
coordino, *-are* *coordonner, mettre en ordre: SAL. III, ch. 6, 52; FIC., Theol. III, 177, 18; ap. ER., Allen VI, n° 1766, 39.
+ **copia**, *-ae* *une copie: AMERB. J. I, no 234, 25; ap. CELT., n° 142, 52; TORR. I, n° 77, 49; etc.
copio, *-are* *copier: ap. PETR. II, 1090, 38.

copiola, *-ae* petite quantité: ap. LIPSE, Ep. I, n° 21, 27 (*qualemcumque copiolam ingenii*). - dim. de *copia*.

copista, *-ae* (M.) *copiste: POGG. I, 485, 15; ER., ASD IV-3, 172, 780.

coprus (*-os*), *-i* **excrément: ER., ASD I-3, 589, 140. - ← κόπρος.

+ **copula**, *-ae* *copule (verbe copule): VALLA I, 695, ll. 13, 15 et 32.

copullus, *-i* désigne un aliment (une sauce?): VALLA I, 367, 23.

coquinaria, *-ae* *art culinaire: POGG. I, 463, 17; POLIT., 469, 23; 470, 11.

+ **cor**, *-cordis* coeur (dans un jeu de cartes): APH., 46 r°, 18 et 19.

coracula, *-ae* « petit » corbeau: AMERB. Bon. VII, n° 3141, 87. - ← κόραξ, -ακος (*corax, -acis*) + suff. lat. de dim. (F.).

corallus, *-i* *corail: FIC., Theol. I, 148, 24. - ← grec: cf. κοράλλιον.

corbio, *-onis* *vannier: APH., 75 v°, 7.

cordialis, *-is, -e* A) *cordial: ap. AMERB. I, n° 436, 51. - B) dans *aqua cordialis*, un cordial: ap. AMERB. III, n° 1115, 250.

cordialiter cordialement, de tout coeur: ap. PETR. II, 1077, 46; ap. AMERB. I, n° 120, 8.

Cordiger: v. *Chordiger*.

corinthior, *-ari* s'adonner au vice, comme à Corinthe: ER., LB II, 1018 F; ap. CRAN., n° 53, 23.

corneola, *-ae* cornaline: FIC., Theol. I, 148, 23.

cornettum, (*-etum*), *-i* cornet (instrument de musique): S.J. I, 449, 1.

cornicularis, *-is, -e* A) en forme de croissant (à propos de la lune): PIC 1, 404, 35 et 39; 489, 40. - B) de cor ou de bois de cerf: BUDÉ I, 72, 22.

corniculosus, *-i* (adj. M.) pourvu de bois (à propos du cerf): BUDÉ I, 81, 25.

+ **corniculum**, *-i* cor (d'un bois de cerf), andouiller: BUDÉ I, 70, 15; 80, 54.

+ **cornix**, *-icis* marteau de porte: ER., ASD I-3, 453, 6.

cornutus I, *-i* étudiant nouveau, naïf et ignorant: ap. VALER. C. Ep., n° 5, 77 et 90.

cornutus II, *-i* *un cornu (monnaie): APH., 65 r°, 20.

corollarie *par corollaire: SAL. IV, l. 62.

+ **corollarium**, *-ii* complément, supplément: AL., Jovy III, 292, 10; BUDÉ IV, 1198, 13; HUTT. V, 79, 5.

corollarius, *-a, -um* superflu: ER., ASD IX-1, 70, 134 (*conclusionibus corollariis*).

+ **corona**, *-ae* *couronne (monnaie): AMERB. J. I, n° 225, 14; n° 246, 17; AL. Paquier, 103, 28; etc.

coronatulus, *-i* couronne (monnaie): ER., Allen VIII, nº 2196, 191; IX, nº 2379, 87; ap. AMERB. II, nº 843, 5. - dim. de *coronatus.*

coronatus, *-i* *couronne (monnaie): ER., Allen I, nº 82, 3; BUDÉ II, 64, 2; CLEN., nº 5, 13; fréq.

+ **coronis**, *-idis* A) couronnement, complément: ER., ASD IV-1, 78, 702; RHEN., 59, 23; ZW. VII, 324, 17; etc. - B) résultat, issue d'un projet: CLEN., nº 52, 54. - C) traîne de vêtement: ER., ASD I-3, 399, 375.

corporeitas, *-atis* *caractère corporel, matériel: FIC., Theol. II, 66, 25 (*ut ita dixerim*); PIC 1, 122, 47; 123, 36.

+ **corpus**, *-oris* dans *a corpore*, garde du corps: ER., ASD I-6, 174, 637. - v. *a/ab.*

correcte **correctement: ap. AMERB. I, nº 72, 17; ap. ER., Allen XI, nº 3105, 14; HAL., 116, 32; etc.

correctiuus, *-a, -um* **qui apporte un correctif: ARGYR. in *Reden*, 28, 14; BUDÉ III A, 21, 21.

+ **corrector**, *-oris* correcteur d'imprimerie: ap. CALV. XIII, 492, 17; HOTM. ap. CALV. XVI, 714, 6; ap. AMERB. IX/1, nº 3718, 116; etc.

correctrix, *-icis* (empl. adj. F.) qui inflige une correction, une punition: BUDÉ I, 4, 17; ap. MERC., 63, 8.

+ **correctus**, *-a, -um* correct: ap. AMERB. II, nº 540, 7.

correlarie en corollaire: PIC 1, 148, 43.

correlarium, *-ii* un corollaire: PIC 1, 148, 46 et 48; LEF., 43, 21.

correlarius, *-a, -um* qui constitue un corollaire: PIC 1, 145, 6; 149, 10 et 31.

correlatiue *par relation, corrélativement: SAL. III, ch. 4, 371; MEL., O.O. XXI, 750, 6; 786, 33; etc.

correlatiuus, *-a, -um* *corrélatif, qui est en relations avec . . . : MEL., W. IV, 207, 20; V, 41, 14; 65, 17; etc.

correspondens I, *-ntis* (subst.) un correspondant: ap. AL. Paquier, 148, 1; PLANT. III, 176, 6.

correspondens II, *-ntis* (adj.) correspondant: SAL. II, ch. 10, 248; PIC 1, 106, 31.

correspondentia, *-ae* *correspondance, rapport avec quelque chose: ap. CELT., 34, 15.

correspondeo, *-ēre* *correspondre à quelque chose: GUAR. 2, Inaug., 131, 31; XIMENES in *Praef.*, 43, 30; AMERB. Bon. III, nº 1306, 97; fréq.

corrigibilis, *-is, -e* *qui peut être corrigé, qui peut être amélioré: VALLA I, 1006, 30; RHEN., 124, 15.

+ **corriuo**, *- are* tirer, extraire (fig.): CRUC., nº 7, 59 (*fontes unde istaec adagia corriuata sunt*).

corroborator, *-oris* **celui qui fortifie (moralement): ER., ASD V-3, 402, 942 (*in Deo corroboratore*).

corrosio, *-onis* *« corrosion » : POLIT., 425, 10 (sens médical); CATH., Opusc. III, 146, 41 (sens moral).

corrosiuus, *-a, -um* *qui ronge: ap. FIC., O.O. I, 585 A, 29 et 53; PLANT. III, 306, 14; etc.

corrosor, *-oris* *un rongeur (fig.): PETR. I, 261, 5; BRIÇ, 123, 10.

corrugatio, *-onis* *froncement: ER., ASD I-2, 705, 2.

corruptiuncula, *-ae* petit mensonge, petite tromperie: ap. LIPSE, Ep. III, n° 717, 25. - dim. de *corruptio.*

corrusticor, *-ari* vivre ensemble à la campagne: FIC., O.O. I, 828 A, 35 et 39.

cortisanus: v. *curtisanus.*

corycaeus, *-i* rapporteur, délateur: POLIT., 161, 23; ER., LB II, 87 A; MOS. Paed., 23, 19; fréq. - ← κορυκαῖος; cf. CIC. *Att.* X, 18, 1, où le terme est en grec.

corydus, *-i* alouette huppée: ER., ASD II-5, 224, 403 et 407. - ← κορυδός.

coryphaea, *-ae* celle qui est en tête; la première: BUDÉ I, 4, 9. - ← κορυφαῖος, -α, -ον.

coscinomantia, *-ae* divination au moyen d'un crible: POLIT., 473, 39. - ← κοσκινομαντεία.

cosmographicus, *-a, -um* cosmographique: BUDÉ IV, 749, 52; RING., 426, 16; MUNST., 71, 19; etc. - ← grec: cf. κοσμογραφία (*cosmographia*).

+ **costa**, *-ae* *côté d'une figure géométrique: BOV. Opp. 66, 33 et 35; 68, 6; etc.

cothon, *-onis* coupe → homme ivre: ER., ASD II-5, 272, 720 et 722. - ← κώθων.

cothonizo, (*-isso*), *-are* s'enivrer: ER., ASD II-5, 272, 717 et 718. - ← κωθωνίζω.

coticularius, *-a, -um* dans *aurum coticularium,* or au titre: BUDÉ II, 105, 5 (*uulgo*) et 8.

cotta, *-ae* *petit surplis, rochet: POGG. I, 428, ll. 11, 15 et 17.

coturnisso, *-are* se nourrir de cailles ou de grives: ER., ASD II-5, 118, 335.

couterinus, *-i* **frère utérin, demi-frère: AMERB. Br. et Bas. 1, I, n° 89, 17; n° 99, 8; AMERB. J. I, n° 127, 13; etc.

crada, *-ae* branche, crochet: ER., LB II, 979 E-F. ← κράδη.

cramesinum, *-i* le cramoisi: BUDÉ II, 72, 40. - ← arabe.

cranium, *-ii* *crâne: ER., ASD I-3, 282, 197; 460, 260; NANCEL, 270, 2; etc. - ← κρανίον.

crapulator, *-oris* un ivrogne: POGG. I, 249, 9.

crasis, *-is* A) *constitution, complexion: ap. AMERB. IV, n° 1747, 16. - B) mélange, alliance: BULL. ap. CALV. XVI, 572, 43. - ← κρᾶσις.

crassiusculus, *-a, -um* assez épais, de qualité médiocre: BUDÉ II, 292, 16; APH., 44 r°, 27. - dim. du compar. *crassior, -ius.*

crassulus, *-a, -um* A) grossier, simple: ER., LB V, 141 A. - B) profane: ER., LB IX, 1224 D. - C) ignorant: ER., Allen II, n° 480, 74; n° 535, 28; ASD I-3, 74, 26. - dim. de *crassus* ; déjà VALLA I, 653, 32, mais sans précision de sens.

creatus, *-i* créature: ER., Allen VIII, n° 2175, 18.

crebriusculus, *-a, -um* assez fréquent: VALER. C. Ep., n° 5, 11. - dim. du compar. *crebrior, -ius.*

credentia, *-ae* *créance: TORR. III, n° 699, 63 (*litteras credentiae*).

credentialis, *-is -e* dans *litterae credentiales,* lettre de créance A) *sens propre: ER., Allen V, n° 1437, 177; ap. PFLUG V/1, doc. 44, 26. - B) fig.: ap. CALV. XVIII, 486, 40.

credentiarius, *-ii* crédencier: S.J. I, 409, 27.

credititius, *-a, -um* dans *litterae credititiae* A) lettre de crédit: ap. ER., Allen II, n° 425, 14. - B) lettre de créance: ap. PFLUG II, n° 178, 8.

+ **credulitas**, *-atis* **croyance, foi: PIC 1, 132, 12; ER., Allen V, n° 1390, 67; LEF., 438, 19.

cremaster, *-eris* désigne une pièce de harnais: BUDÉ IV, 599, 8. - ← κρεμαστήρ.

crena, *-ae* fente, coupure: APH., 39 r°, 17; 39 v°, 2.

crenulosus, *-a, -um* crénelé: BUDÉ I, 480, 17.

crepidarius, *-ii* fabricant de sandales: APH., 20 r°, 33.

+ **crepitaculum**, *-i* bruissement: POLIT., 473, 32 (*foliorum crepitacula*).

crepuscularis, *-is, -e* du crépuscule: BUDÉ III B, 180, 35.

cretisso (*-izo*), *-are* imiter les Crétois (connot. péjor.): ER., ASD II-4, 132, 67; ASD I-6, 66, 835; ap. AMERB. I, n° 463, 9. - ← κρητίζω.

cribratio, *-onis* une mise à l'épreuve: BULL. ap BÈZE IX, 22, 25.

criminabundus, *-a, -um* accusateur: ZAS. V, 187 A, 73 (*criminabunda epistola*).

criminatorius, *-a, -um* *d'accusation: ER., ASD I-2, 320, 10.

crinomenon, *-i* ***le point à juger (déjà HER. I, 26: *iudicii quaestio . . . , quam nos iudicationem, Graeci crinomenon appellant*): BRUNI, 11, 23. - ← τό κρινόμενον.

crispatio, *-onis* tremblement (d'une lumière . . .): APH., 34 v°, 30.

crithomantia, *-ae* divination au moyen de grains d'orge: POLIT., 473, 38. - ← κριθομαντεία.

criticulus, *-i* un médiocre critique, un critiqueur: BUDÉ III A, 207, 33. -dim. de *criticus*, avec connot. péjor.

+ **criticus**, *-a, -um* de jugement: BUDÉ III B, 30, 43 (*dies critici*: jours où l'on juge).

cruciatus, *-i* kreuzer (monnaie): ER., Allen VIII, n° 2183, 9; RHEN., 448, 20; BUDÉ II, 49, 17; fréq.

+ **crucifer**, *-eri* *un porte-croix (à propos des membres de certains Ordres monastiques, comme les Croisiers): ER., Allen VIII, n° 2285, 21; ASD V-3, 68, 737.

crucifixus, *-i* *crucifix: POGG. I, 425, 31; POLIT., 48, 47; ER., ASD IV-3, 184, 40; fréq.

cruciger I, *-era, -erum* muni d'une croix: BÈZE I, 52, 30.

cruciger II, *-eri* kreuzer (monnaie): ap. ZW. VII, 357, 16.

+ **crucio**, *-are* dans *cruciata expeditio*, croisade: ER., ASD V-3, 65, 702; Allen VIII, n° 2285, 78.

+ **cruditas**, *-atis* **dureté, cruauté: ap. CALV. XV, 561, 18.

crumeniseca (*-ex*), *-ae* (*-icis*) coupeur de bourses: BUDÉ III A, 247, 24 (*crumeniseca latine dici potest et crumenisex*).

crumenisecium (*-icium*), *-ii* fait de couper les bourses: BUDÉ III A, 247, 26 (*crumenisecium uel crumenisicium potius*).

crumenisex: v. *crumeniseca.*

crumenisicium: v. *crumenisecium.*

crumenula, *-ae* *petite bourse: ER., Allen III, n° 807, 1; ap. ER., Allen IV, n° 1045, 119; ap. RHEN., 248, 5. - dim. de *crumena.*

crustaceus, *-a, -um* A) croûteux, dur: ER., ASD II-6, 412, 426. - B) de pâte, dans *Deus crustaceus*, hostie: BÈZE III, 111, 33.

+ **crustulum**, *-i* pain (consacré), hostie: BUDÉ II, 279, 49.

+ **crustum**, *-i* pain (consacré), hostie: BUDÉ I, 179, 7.

+ **crux**, *-ucis* A) **signe de croix: SERRA, 75, 23. - B) dans *crucis consignatio*: v. *consignatio.*

+ **crystallinum** (*chris-*), *-i* cristallin (astronomie anc.): FIC., O.O. I. 476 A, 4.

crystallizo, *-are* briller comme le cristal: VALLA I, 895 B, 22. - ← κρυσταλλίζω.

cubiculariatus, *-us* fonction de camérier ou de chambellan: VALLA II, 426, 19.

+ **cubicularius**, *-ii* **camérier, chambellan: VALLA I, 1, 3; ER., Allen IX, n° 2587, 67; MORE, CW II, 10, 25; fréq.

+ **cubiculum**, *-i* A) dans *a cubiculo*, **camérier, chambellan: ER., Allen VII, n° 1934, 106. - B) dans *a cubiculis*, même sens: ER., Allen IX, n° 2583, 32; ASD I-2, 287, 12. - v. *a/ab.*

cubitus, *-a, -um* cubique: BOD. I, 197 A, 24.

cucullaris, *-is, -e* de moine: ap. RHEN., 78, 16.

cucullata, *-ae* une moniale: AMERB. Bas. 1, II, n° 935, 7.
cucullatus, *-i* *un moine: VALLA I, 799 a, 31; ER., Allen III, n° 625, 13; BUC., Corr. I, n° 11, 24; fréq.
cucullinus, *-a, -um* qui concerne les moines: LUTH., WA Br. II, n° 549, 7.
+ **cucullio**, *-onis* un moine: ALCIAT ap. AMERB. III, n° 1336, 66; HUTT. I, 168, 26; BÈZE III, 162, 20.
+ **cucurbitula**, *-ae* **coloquinte: ER., ASD II-5, 83, 558.
+ **cudo**, *-ere* imprimer: ALDE in *Praef.*, 229, 10; ER., Allen II, n° 421, 58; RHEN., 94, 17; fréq.
culinaria, *-ae* art culinaire: ER., ASD I-1, 98, 10.
culpa dans *culpa originalis* : v. *originalis.*
culpabilitas, *-atis* *culpabilité: CATH., Opusc. I, 183, 18.
cultellarius, *-a, -um* à couteaux, pour des couteaux: FIC., O.O. I, 937 A, 13 (*theca cultellaria*).
cultrifex, *-icis* *fabricant de couteaux: APH., 74 v°, 9.
cunctabunde **avec hésitation, avec précaution: BUDÉ ap. ER., Allen III, n° 896, 90; VIVES Conscr., 126, 14.
cuniculina, *-ae* viande de lapin: APH., 26 v°, 4.
cunnus, *-i* ***vulve (déjà MART. I, 77, 6 et II, 34, 3): POGG. I, 423, 8; 451, 33; ER., ASD I-6, 48, 430; etc.
cupediuora, *-ae* (subst. M.) un gourmand, un vorace: ap. POLIT., 200, 29; BOV. Sap., 134, 23; 136, 2.
cuppatim par tonneau: BUDÉ III A, 114, 18.
+ **cura**, *-ae* *une cure (sens eccl.): PETR. I, 296, 17; ER., ASD I-4, 26, 417; BRIÇ., 98, 28; etc.
curatus I, *-a, -um* qui concerne une cure, qui se rapporte à une cure (sens eccl.): LÉON X ap. ER., Allen II, n° 517, 42 et 45.
curatus II, *-i* *un curé: ap. AMERB. I, n° 179, 1; BRIÇ., 94, 8; ap. ZW. VII, 41, 19; etc. - Critiqué par CROC. Farr., 209, 13.
+ **curia**, *-ae* A) **Cour de justice, tribunal: BUDÉ I, 61, 53; 62, 5; ap. CALV., XIX, 691, 18; etc. - B) Cour (royale, princière . . .): GAG. I, 310, 12; CELT., n° 39, 3; HAL., 28, 33; fréq. - C) *Curie romaine (sens eccl.): VALLA I, 345, 7; ER. Ferg., 89, 410; MORE, CW V/1, 332, 21; etc. - D) classe (groupe d'élèves): STURM, 20, 7; 22, 12; 24, 18; etc; v. *classis, gradus* B, *locus, ordo* D et *tribus.*
+ **curialis** I, *-is* A) *membre de la Curie romaine (sens eccl.): VALLA I, 352, 22. - B) paroissien: BUDÉ III A, 366, 50.
+ **curialis** II, *-is, -e* A) de la Cour (royale, princière . . .): GAG. I, 218, 1; ap. REU., 63, 17. - B) *des tribunaux: BUDÉ III B, 42, 36; 67, 52; AMERB. Bon II, n° 687, 20; etc.
+ **curio**, *-onis* A) *courtisan, homme de Cour: BUDÉ II, 288, 24; 296, 38; 297, 5; etc. - B) curé: BUDÉ III A, 366, 49; CRUC., n° 7, adr.; VIVES Conscr., 56, 32; etc.

+ **curionatus**, *-us* charge de curé: BUDÉ III B, 119, 19.
+ **curiosulus**, *-a, -um* assez soigneux: ap. MURET, O.O. II, 55, 7.
currulus, *-i* chariot: MORE, CW V/1, 180, 1. - dim. de *currus*.
cursiua, *-ae* la cursive (écriture): AMERB. Bon. II, n° 766, 28 et 35; ap. AMERB. VII, n° 3383, 16.
cursiuilla, *-ae* la cursive (écriture): AMERB. Bon. II, n° 766, 23. - dim. de *cursiua*.
cursiuus, *-a, -um* *cursif, italique: ap. ER., Allen XI, n° 2945, 33; ALCIAT ap. AMERB. III, n° 1330, 11.
cursorie *rapidement, en lecture cursive: ap. PFLUG IV, n° 786, 39.
+ **cursorius** I, *-a, -um* de messager: BUDÉ I, 296, 35.
cursorius II, *-ii* copiste qui adopte l'écriture cursive: CLAM., 138, 3 et 19.
curtatio, *-onis* voie courte (alchimie): ER., ASD I-3, 425, ll. 38, 42 et 47. - A rapprocher: *longatio*.
curtim brièvement: ap. CALV. XVII, 369, 6.
curtisanicus, *-a, -um* de courtisan: ap. ER., Allen V, n° 1406, 275. - ← ital.
curtisanus (*cor-*), *-i* *un courtisan: LUTH., WA Br. I, n° 118, 11; ER., ASD IX-1, 148, 676; HUTT. I, 124, 22; fréq. - ← ital.
curtitudo, *-dinis* brièveté, concision: BRUNI, 128, 25.
cuscuta, *-ae* *cuscute: FIC., O.O. I, 493 B, 12; ap. FIC., O.O. I, 582 B, 6. - ← arabe.
cusim par la frappe (concerne les monnaies): BUDÉ II, 61, 25.
+ **cusor**, *-oris* graveur: CLUS. ap. LIPSE, Ep. II, n° 525, 41.
custuma, *-ae* *taxe, droit à payer: ap. MORE Corr., n° 10, 22.
cuticularis, *-is, -e* de la peau: BUDÉ IV, 567, 25.
cyathulus, *-i* petit récipient, petit compartiment d'un vase cultuel (κέρνος): ER., LB II, 1094 A. - ← κύαθος (*cyathus*) + suff. lat. de dim.
+ **cyathus**, *-i* dans *a cyathis*, échanson: ER., ASD I-6, 174, 639; BUDÉ III A, 97, 30; APH., 26 r°, 5; etc. - v. *a/ab*.
cyclopaedia (*cic-*), *-ae* formation générale: ER., ASD I-6, 198, 29; MORE ap. ER., Allen IV, n° 1106, 26; MEL., O.O. XI, 8, 38; etc. - ← grec: cf. κύκλος + παιδεία; v. *encyclopaedia*.
cyclopicus, *-a, -um* de Cyclope: CALV. VIII, 629, 19; IX, 145, 5; ap. CALV. XVIII, 210, 22. - ← grec: cf. Κύκλωψ, -ωπος.
cylindricus, *-a, -um* cylindrique: DORP, 37, 26. - ← κυλινδρικός.
cyminopristes, *-ae* (M.) quelqu'un qui scie un grain de cumin → un ladre: ER., ASD IX-1, 380, 184. - ← κυμινοπρίστης.
cynagogus, *-i* un piqueur: BUDÉ I, 77, 3. - ← κυναγωγός.
cynamyia, (*cyno-*), *-ae* *mouche à chien: ER., ASD II-6, 524, 199; ap. ER., Allen VII, n° 2063, 12. - ← κυνάμυια ou κυνόμυια.

cynomyia: v. *cynamyia.*
cypho, *-onis* carcan: ER., ASD I-1, 437, 11. - ← κύφων.
+ **cyriologia**, *-ae* emploi des mots au sens propre (sens attesté pour κυριολογία): MOS. Tab., 22, 2.
cyrurgicus (graphie aberrante): v. *chirurgicus.*
Cysterciensis (graphie aberrante): v. *Cisterciensis* I.

D

daedalogia, *-ae* langage qui est comme un fil d'Ariane dans un labyrinthe: BOV. Opp., 34, 2; 172, 1. - ← grec: cf. Δαίδαλος + λογός.

daemogorgon: v. *demogorgon*.

daemonarches, *-ae* (M.) chef des démons: BUDÉ I, 110, 36; 358, 48; II, 300, 32. - ← δαιμονιάρχης (*daemoniarches*: BLAISE I).

Daemonicanus, *-i* terme moqueur et méprisant formé par jeu de mots et employé pour *Dominicanus*, un Dominicain: ap. BULL., Gr. III, 156, 13.

daemonidae, *-arum* (M.Pl.) les « fils du démon » : BUDÉ I, 181, 16. - ← grec: cf. δαίμων (*daemon*).

daemoniosus, (*de-*), *-a*, *-um* **démoniaque, diabolique: GAG. II, 221, 26. - ← δαίμων (*daemon*) + suff. lat.

+ **daemonius**, *-a*, *-um* **démoniaque, diabolique: BUDÉ I, 239, 32.

dalerus (*dalle-*): v. *talerus*.

dalopus, *-podis* chenet: APH., 23 r°, 24. - ← grec: cf. δαλός + πούς, ποδός.

dama, *-ae* dans *lusus damarum*, jeu de dames: S.J. I, 402, 19.

damascena, *-ae* tissu de Damas: ER., ASD I-3, 269, 86; Allen V, n° 1512, 17; X, n° 2758, 73.

damascenum, *-i* tissu de Damas: RHEN., 558, 4.

damnificatio, *-onis* indemnisation: ap. AMERB. VII, n° 3275, 12.

Danteus, *-a*, *-um* de Dante: SAL. III, ch. 11, 232; ch. 12, 20.

daricus, *-i* darique (monnaie): ER., ASD I-1, 446, 3. - ← δαρεικός.

dasypodium, *-ii* violette double: APH., 49 r°, 12. - ← δασυπόδιον.

data, *-ae* *une date: CLEN., n° 29, 90.

datarius, *-ii* dataire: GAG. I, 239, 8; ER. Allen II, n° 552, 3; AL. Paquier, 173, 4; fréq.

Dauidiani, *-orum* disciples de David Georges: CALV. IX, 61, 17. - cf. *Dict. Théol. Cath.*, IV, 152.

deacceptatio, *-onis* rejet: PIC 1, 101, 4 et 6; 102, 33.

deacumino, *-are* élaguer, étêter: APH., 51 r°, 17.

deambulatiuncula, *-ae* petite promenade: PIC 1, 166, 28; ER., Allen VI, n° 1756, 8; ap. ER., Allen VI, n° 1552, 4; etc. - dim. de *deambulatio*.

deambulator, *-oris* *promeneur, voyageur: ER., ASD II-6, 408, 316.
dearo, *-are* cultiver: ap. CELT., n° 114, 8 (fig.: *Romanas litteras dearare*).
debacchator (*debacha-*), *-oris* quelqu'un qui s'emporte contre . . . : MUNST., 46, 3.
decanalis, *-is, -e* *décanal, de doyen (sens eccl.): TORR. III, n° 1048, 20; n° 1073, 6.
decanatus, *-us* fonction de doyen A) *fonction eccl.: ER., Allen V, n° 1345, 18; PFLUG I, n° 122, 21; VALER . C. Ep., n° 19, 54; fréq. - B) dans une université: LIPSE, Ep. I, n° 25, 48; n° 26, 8 et 22; etc.
decantator, *-oris* celui qui « chante » = qui loue quelqu'un ou quelque chose: ap. CELT., n° 40, 3; n° 284, 17; BÈZE X, 92, 37.
+ **decanus**, *-i* A) *doyen, dignité eccl.: AGRIPPA, 46, 10; ER., Allen I, n° 171, 13; BUDÉ I, 509, 21; fréq. - B) *doyen d'une corporation: TORR. I, n° 219, 17. - C) doyen dans une université: ER., Allen II, n° 305, 196; ap. REU., 146, 3; ap. AMERB. VIII, n° 2901 b, 9; fréq. - D) décurion (élève): S.J. I, 161, 8; 162, 9; 166, 39; v. *decurio.*
decapito, *-are* **décapiter: ap. AMERB. I, n° 240, 20.
decarchia, *-ae* décemvirat: BUDÉ II, 123, 2. - ← δεκαρχία.
decarchus, *-i* chef de dix soldats: ER., ASD I-4, 245, 48. - ← δέκαρχος.
decastichon, *-i* dizain: BOV. Sap., 314, 29. - ← δεκάστιχος, -ος, -ον.
decemcubitalis, *-is, -e* long de dix coudées: ER., ASD I-1, 490, 14.
decemdium, *-ii* *décade, espace de dix jours: ap. ER., Allen VI, n° 1691, 9.
decempes, *-pedis* **long de dix pieds: ER., ASD II-5, 274, 772.
+ **deceptio**, *-onis* la prise d'une ville: TORR. II, n° 344, 24.
decidentia, *-ae* ce qui manque: BOV Nih., 88, 8.
decimalis, *-is, -e* *qui concerne la dîme: BULL., Gr. III, 455, 31.
decimarius, *-ii* *celui qui est chargé de prélever la dîme: AGR. G., 115, 38.
decimestris, *-is, -e* de dix mois: BUDÉ I, 536, 17 et 39.
+ **decimo**, *-are* A) **payer la dîme: ER., Allen I, n° 288, 14. - B) diminuer d'un dixième: ER., Allen IV, n° 1205, 6. - C) choisir une personne sur dix: BUDÉ I, 10, 37.
decisiue de manière décisive, de manière tranchante: CATH. Assert., 171, 54.
decisiuus, *-a, -um* décisif: CALV. X A, 176 (colonne chiffrée 167), 46.
decisorius I, *-a, -um* définitif, décisif: BOD. I, 79 B, 56.
decisorius II, *-ii* celui qui décide: ZAS. ap. AMERB. III, n° 1166, 17.
+ **declamito**, *-are* prêcher: RHEN., 32, 18.

+ **declamo**, *-are* prêcher: RHEN., 32, 4; 33, 16.

+ **declaratio**, *-onis* A) **explication, scholie: VICTORIUS in *Praef.*, 503, 24; 504, 14 et 29; etc. - B) déclaration, décision: PFLUG III, n° 387, 19; BÈZE II, 253, 10; TORR. II, n° 594, 21; etc.

declaratiuncula, *-ae* A) petite explication, scholie: VICTORIUS in *Praef.*, 503, 33. - B) petit mémoire: BUDÉ III B, 168, 25. - dim. de *declaratio.*

declaratorius, *-a, -um* qui consiste en une proclamation, en une affirmation: CLICHT. ap. LEF., 444, 17.

declaratrix, *-icis* (empl. adj. F.) qui prouve, qui proclame: BUDÉ I, 379, 19.

+ **declinatio**, *-onis* *déclin, diminution: ap. CALV. XVI, 185, 19.

declinatorius, *-a, -um* déclinatoire (droit): BUDÉ III A, 44, 9; IV, 62, 23.

declinatrix, *-icis* (empl. adj. F.) qui détourne, qui écarte: BUDÉ IV, 62, 17.

decoctorius, *-a, -um* de banqueroute: BUDÉ III B, 47, 52.

decoctrix, *-icis* (empl. adj. F.) A) qui dilapide: BUDÉ I, 176, 29. - B) coûteuse, ruineuse: BUDÉ III B, 110, 40; 186, 14.

decretista, *-ae* (M.) *un canoniste: CALV. VII, 429, 12.

decretor, *-oris* un auteur de décrets: LUTH., WA XVIII, 604, 38.

+ **decretorius**, *-a, -um* dans *annus decretorius*, année climatérique: FIC., O.O. I, 575 B, 35. - v. *annus gradarius* et *annus scalaris.*

decubitorius, *-a, -um* de malade, d'alité: ZAS. ap. AMERB. IV, n° 1836, 19.

decubitus, *-us* fait de garder le lit, de se coucher: ap. PLANT. V, 289, 13; NANCEL, 236, 13.

decuplex, *-icis* *décuple: BUDÉ II, 109, 38; 153, 33 et 49. - cf. *decemplex* (G.).

+ **decuria**, *-ae* décurie (groupe de dix élèves): ap. CALV. X A, 74, 13; STURM, 36, 30; CORD. I, n° 11; etc. - A rapprocher: *octuria.*

+ **decuriatim** par décurie d'élèves: ap. CALV. X A, 74, 12; 76, 12; 84, 17.

+ **decurio**, *-onis* décurion (élève): ap. CALV. X A, 71, 14; STURM, 46, 29; CORD. II, n° 14; etc. - v. *decanus* D.

decurso, *-are* parcourir: VALLA II, 18, 28.

+ **decurtatio**, *-onis* dévaluation: ap. ER., Allen IX, n° 2527, 55.

decurtator, *-oris* quelqu'un qui mutile, qui raccourcit (un mot): ER., ASD I-4, 50, 204.

+ **decurto**, *-are* dévaluer: ap. ER., Allen IX, n° 2527, 49; ap. CALV. XVIII, 146, 26.

+ **decus**, *-oris* terme de tendresse, d'affection: ER., ASD I-3, 126, 35 (*meum decus*).

decusculum, *-i* A) mince honneur, faible gloire: AL., Jovy II, 105,

3. - B) terme d'amitié, d'affection: AL. Paquier, 19, 26 (*meum decusculum*). - dim. de *decus*.

+ **dedicatio**, *-onis* **dédicace d'un livre: ER., Allen II n° 333, 98; TYRRHENUS in *Praef.*, 319, 31; ap. BULL., Corr. I, 181, 12; fréq.

+ **dedicatiuus**, *-a, -um* négatif: BOV. Nih., 62, 20 (opp. à *dicatiuus*).

dedicatoria, *-ae* lettre dédicatoire: BULL., Gr. III, 234, 24; PLANT. VII, 249, 4; VIII, 204, 21; etc.

dedicatorius, *-a, -um* dédicatoire: FIC., O.O. I, 482, 5; ER., Allen I, p. 39, 27; AMERB. Bon. III, n° 1055, 22; fréq.

deductitius, *-a, -um* dérivé: ER., ASD I-6, 58, 656.

deductrix, *-icis* (empl. adj. F.) qui conduit, qui guide: ER., ASD V-3, 385, 530; 386, 542; BUDÉ I, 383, 41.

defaecatrix: v. *defecatrix*.

defalco, *-are* *défalquer: AMERB. J. I, n° 364, 18; n° 491 a, 89. - Critiqué par CROC. Farr., 201, 8 (*negotiatorum quorundam uerbum*).

defecatrix, (*defae-*), *-icis* la purificatrice: PETR. I, 201, 44.

defectuosus, *-a, -um* A) *incomplet, défectueux: BUDÉ III A, 200, 53; IV, 1363, 47; PLANT. Suppl., 200, 40; etc. - B) malade, affaibli: AMERB. J. I, n° 283, 10.

+ **defectus**, *-us* A) *défaut: PIC 1, 109, 20; HAL., 73, 33. - B) manque, pénurie: VALLA I, 665, 44; AL., Jovy II, 93, 13; FIC., O.O. I, 948 B, 40; etc. - C) dans *defectus natalium*, naissance illégitime: ap. ER., Allen II, n° 517, 7 et 21. - D) dans *defectus aetatis*, trop jeune âge: TORR. I, n° 124, 16.

defensiue défensivement: HUTT. V, 106, 7.

defensiuncula, *-ae* réponse défensive: POGG. I, 357, 30. - dim. de *defensio*.

defensiuus, *-a, -um* défensif: ap. ER., Allen III, n° 685, 13.

+ **definitiuus**, *-a, -um* **définitif: CLEN., n° 54, 270.

deflaccesco, *-ere* diminuer, perdre de son énergie: ZAS. ap. AMERB. II, n° 691, 49.

+ **deflexio**, *-onis* modification, changement: ER., ASD V-1, 162, 416.

+ **defluxus**, *-us* flux, marée montante: PIC 1, 329, 43 (opp. à *refluxus*).

deformator, *-oris* quelqu'un qui enlaidit: PETR. II, 899, 30.

defossio, *-onis* **action de creuser: SAL. III, ch. 7, 153 et 188.

defrondesco, *-ere* perdre son feuillage: BUDÉ I, 538, 18.

degrandinatio, *-onis* grêle: NANN., 300, 35 (fig., *degrandinatio lapidum*: une grêle de pierres).

degustamentum, *-i* échantillon, avant-goût: ER., Allen I, n° 117, 44; n° 125, 39; BUSL. Ep., n° 22, 34; etc.

degustatiuncula, *-ae* petit avant-goût: ER., ASD IV-3, 194, 267; Allen

XI, n° 3131, 26. - dim. de *degustatio*.

dehortamentum, *-i* fait de détourner, de dissuader: MORE Corr., n° 143, 1104.

dehortatrix, *-icis* celle qui détourne de . . . , qui déconseille: PETR. I, 127, 38.

deiculus, *-i* *« petit » dieu: [ER.], Ferg., 218, 322; 219, 337. - dim. de *deus*.

deiectiuus, *-a, -um* de déjection, d'évacuation: POLIT., 424, 32.

deificator, *-oris* **quelqu'un qui déifie: BUC. Corr. I, n° 3, 290; CALV. IX, 382, 36.

deiformis, *-is, -e* **conforme à la volonté de Dieu: BUC., Op. lat. II, 434, 5 (*uitam deiformem*).

deiloquus, *-a, -um* **inspiré par Dieu: CLICHT., 2 r°, 28; CLICHT. ap. LEF., 350, 22; 359, 31. - v. *diuiniloquus*.

deista, *-ae* (M.) un déiste: BÈZE VIII, 21, 11.

deitus (adv.) de la part de Dieu, par inspiration divine: PIC 1, 82, 8.

delapsio, *-onis* une chute: BUDÉ IV, 571, 38.

delassatio, *-onis* fatigue, travail épuisant: ER., ASD IV-2, 205, 493.

+ **delatio**, *-onis* **annonce, déclaration: BUSL., Or. B, 18 (*obedientiae delatio*).

+ **delator**, *-oris* un porteur de lettres: ap. ER., Allen X, n° 2824, 20.

delatrix, *-icis* (empl. adj. F.) *dénonciatrice, accusatrice: ER., ASD IV-1 A, 86, 11; 109, 741; IX-1, 134, 279; etc.

delectabilitas, *-atis* *caractère de ce qui est délectable; plaisir: PETR. I, 372, 5.

delectanter agréablement: ZAS. V, 187 B, 22.

delectitius, *-a, -um* choisi, élu: BUDÉ I, 222, 43.

+ **delegatio**, *-onis* **mandat, mission: ER., Allen V, n° 1432, 79.

+ **delagatorius**, *-a, -um* *de délégation: ap. BULL., Gr., III, 18, 6.

delegatus, *-i* **un délégué: ER., Allen VI, n° 1692, 2; ER., Allen VI, n° 1717, 23; PFLUG I, n° 92, 4; etc.

+ **deletio**, *-onis* élision: MOS. Tab., 8, 8.

deletor, *-oris* **un destructeur: BUDÉ I, 217, 25.

+ **deliberatiuus**, *-a, -um* délibéré, volontaire: PETR. I, 227, 29.

deliberatrix, *-icis* (empl. adj. F.) qui délibère, qui discute: BUDÉ I, 172, 28.

delibero, *-are* enlever d'un arbre l'écorce (*liber*) malade: APH., 51 r°, 13.

delicatulus, *-a, -um* A) assez voluptueux: HUTT. I, 424, 31; ap. AMERB. II, n° 635, 7. - B) assez délicat: CALV. V 173, 3; IX, 262, 48. - dim. de *delicatus*.

deliciarius, (*deliti-*), *-ii* un voluptueux: HUTT. IV, 105, 2.

delinitio, *-onis* douceur, charme: PETR. I, 30, 35.

+ **deliquium**, *-ii* évanouissement: ER., ASD II-5, 139, 821; BUDÉ IV, 1256, 43; CALV. XI, 84, 20; etc.

delire **de manière extravagante: BUDÉ III A, 256, 36.

deliteo, *-ēre* **se cacher: BOV. Sap., 52, 14; CHANS. ap. AMERB. VI, n° 2935, 6; ap. LIPSE, Ep. II, n° 487, 38.

delitero, *-are* effacer: ap. AMERB. II, n° 835, 30.

delitescentia, *-ae* fait d'être caché: ap. CALV. XVI, 157, 19 et 24; 164, 56.

delitiarius: v. *deliciarius*.

delitigatio, *-onis* débat, querelle: ER., Allen III, n° 906, 233.

deloricatus, *-a, -um* qui a enlevé sa cuirasse, qui n'a plus de cuirasse: ap. POLIT., 159, 24; REU., 166, 33.

Delphinas, *-atis* Dauphin (fils aîné du roi de France): BUDÉ I, 33, 11.

+ **Delphinus**, *-i* *Dauphin (fils aîné du roi de France): VALLA I, 499, 33; MOHY, f. D 2 r°, 8.

dem-: v. aussi *daem-*.

demembro, *-are* *amputer, mutiler: CALV. II, 837, 28 (fig.).

demergino, *-are* couper les bords (d'une feuille de papier): APH., 38 v°, 29.

demeritorie à cause d'une faute, d'un péché: PIC 1, 101, 10; 157, 37 et 46.

demeritorius, *-a, -um* qui constitue une faute, un péché: PIC 1, 149, 25; 150, 55.

demero, *-are* indiquer: PIC 1, 293, 21 et 23.

deminor, *-ari* menacer: HUTT. II, 33, 21; 44, 19.

deminute: v. *diminute*.

+ **demissio**, *-onis* modestie, humilité: ap. CALV. XIII, 96, 43.

democraticus I, *-a, -um* A) *démocratique (sens politique): BUDÉ III A, 21, 38. - B) « démocratique » (sens organisation eccl.; v. *democraticus* II, B): BÈZE VII, 142, 10; XII, 233, 20; 253, 23; etc. - ← δημοκρατικός.

democraticus II, *-i* A) un démocrate (sens politique): BUDÉ III A, 19, 54. - B) « démocrate » (tendance d'organisation eccl. chez certains protestants): BÈZE XIII, 135, 34; 154, 34. - ← δημοκρατικός.

demogorgon (*dae-*), *-onis* « démogorgon (e) » : ER., ASD I-2, 69, 15. - On rencontre ce mot dans une variante - considérée aujourd'hui comme erronée et abandonnée au profit de *demiurgon* - de ps. - Lactantius Placidus, Scholie à Stace, *Th.* IV, 516; la notion même de « démogorgon(e) » est ainsi mise en question.

demogorgoneus, *-a, -um* « démogorgon(e) » : MEL., O.O. I, 303,

34 (*ex chao demogorgoneo*). - Formé sur *demogorgon*: v. *supra*.
demolitorius, *-a, -um* de démolition: LIPSE, O.O. III, 358 B, 16.
demorsor, *-oris* (empl. adj. M.) qui mord: ap. POLIT., 40, 3.
demurmuratio, *-onis* un murmure: ap. CALV. XVIII, 144, 18.
demutilator, *-oris* un mutilateur: BUDÉ I, 175, 6.
denariolus, *-i* *un « petit » denier (monnaie): BUDÉ II, 63, 20 et 33; CORD. II, n° 41; etc. - dim. de *denarius*.
denarius dans *denarii proiectiles*; v. *proiectilis, -is, -e*.
denarratio, *-onis* récit: CLICHT. ap. LEF., 424, 9.
denobilito, *-are* faire connaître, mettre en évidence: ER., Allen I, n° 70, 26; III, n° 919, 35; n° 979, 8; etc.
\+ **denominatio**, *-onis* **dénomination: ER., ASD II-4, 196, 988.
dens dans *uocales dentes*: v. *uocalis, -is, -e*.
densim en masse compacte: ER., Allen IX, n° 2379, 140. - cf. *dense* (G.).
dentatulus, *-a, -um* assez mordant: ER., Allen III, n° 936, 18. - dim. de *dentatus*.
dento, *-are* mordre (fig.): ZAS. ap. AMERB. II, n° 666, 24
deordinatio, *-onis* **désordre (moral): CATH., Opusc. I, 168, 22; 192, 18.
deornamentum, *-i* une chose qui dépare: VALLA I, 3, 43; 297, 6.
depallio, *-are* faire connaître: ap. CELT., n° 97, 19.
\+ **depalmo**, *-are* couvrir de lauriers: ap. ER., Allen VII, n° 1899, 52.
depanator, *-oris* un sacramentaire: ap. BUC., Corr., II, n° 139, 53.
depaupero, *-are* *appauvrir: BUC., Corr. I, n° 50, 30.
dependentia, *-ae* *dépendance: PIC 1, 109, 33 et 34; 359, 25.
depictor, *-oris* quelqu'un qui dépeint → quelqu'un qui décrit: ER., ASD I-3, 464, 389.
depilatio, *-onis* pillage: HUTT. I, 373, 2.
deplumesco, *-ere* A) déplumer: BUDÉ I, 291, 47. - B) se déplumer: BUDÉ III A, 227, 39.
deponentale avec une valeur déponente: ER., ASD I-4, 290, 304.
deponentaliter *avec une valeur déponente: ER., ASD I-4, 254, 290; 268, 680; APH., 64 v°, 16; etc.
deportator, *-oris* **un porteur, un messager: BUDÉ IV, 321, 24.
depositarius, *-a, -um* **relatif à un dépôt, qui constitue un dépôt: ap. LEF., 214, 36; BUDÉ III A, 33, 11.
depositītius (*-cius*), *-a, -um* mis en dépôt: BUDÉ ap. ER., Allen II, n° 481, 5. - cf. *depositiuus* (G.).
deposito, *-are* déposer: BUDÉ I, 330, 15; III A, 349, 15.
depotatio, *-onis* beuverie: MORING. in *Mon.*, 262, 116.
depraedico (*depre-*), *-are* **raconter, proclamer, vanter: ER., Allen

III, n° 831, 33; BUDÉ I, 375, 33; BUC., Corr. I, n° 11, 25; fréq.

deprauabilis, *-is, -e* A) tordu: BUDÉ IV, 938, 44. - B) qui peut être corrompu, qui peut être gâté: BUDÉ I, 481, 12.

deprauatrix, *-icis* (empl. adj. F.) A) qui contrefait, qui déforme: VALLA I, 673, 10. - B) qui corrompt: BUDÉ I, 24, 16.

deprecabunde en suppliant: BUDÉ III B, 136, 45.

depredico, *-are* : v. *depraedico, -are.*

+ **depulsor**, *-oris* un défenseur (en justice): BUDÉ III B, 111, 2.

depultrix I, *-icis* (subst.) celle qui chasse, qui écarte: BUDÉ I, 220, 26.

depultrix II, *-icis* (empl. adj. F.) qui chasse, qui écarte: BUDÉ I, 122, 18; III B, 103, 27.

deputatus, *-i* *un délégué, un député: ap. MORE Corr., n° 10, 5; n° 14, 11; n° 42, 46; etc.

dequeror, *-i* ***se plaindre (déjà V. - FLACC. V, 448): ap. POLIT., 180, 38.

deridicule ridiculement: ER., ASD I-1, 458, 34; Allen I, n° 143, 211; ap. ER., Allen V, n° 1406, 16.

derisibilis, *-is, -e* **risible: AMERB. J. I, n° 184, 53.

deriuaticius (*-titius*), *-a, -um* dérivé: BOV. Sap., 196, 23; 226, 29; Opp., 116, 16.

deriuatiuum, *-i* un dérivé (mot): VALLA I, 704, 47.

+ **derogatio**, *-onis* A) **dénigrement: ap. RHEN., 547, 15. - B) **diminution: FIC., O.O. I, 649 B, 19.

derudo, *-ere* braire: ER., ASD IV-3, 160, 532.

descensim en descendant: ER., ASD I-1, 564, 37.

descriptibilis, *-is, -e* *qui peut être décrit: BÈZE II, 100, 9.

+ **descriptor**, *-oris* copiste: ZW. VII, 146, 11.

+ **desertor**, *-oris* **un apostat: BOD. I, 15 A, 26.

deseruitor, *-oris* *desservant (d'une église ou chapelle): TORR. II, n° 338, 11 et 26; n° 448, 12; etc.

desidaemonia, *-ae* superstition: BUDÉ III A, 253, 23. - ← δεισιδαιμονία.

desideriose *avec un désir ardent: PETR. I, 372, 2.

desideriosus, *-a, -um* *de désir ardent: PETR. I, 371, 37.

designabunde clairement, nominalement (?): BUDÉ I, 349, 48.

designate en bon ordre, selon une bonne disposition: RAUDENSIS in *Reden*, 171, 33; BUDÉ III A, 50, 35; III B, 18, 48.

+ **designator**, *-oris* un promoteur: BUDÉ I, 173, 1 (*nouitatis designator*).

designatrix, *-icis* (empl. adj. F.) A) qui assigne les places: BUDÉ I, 176, 8; 197, 28. - B) qui fait connaître: BUDÉ I, 177, 4; IV, 156, 9; 1431, 11.

desipienter follement: ER., ASD I-1, 462, 33.

despectim avec mépris: ER., ASD II-5, 292, 102; 296, 207; MORE Cw III/1, 39, 15.
desperabundus, *-a, -um* désespéré: BUC., Op. lat. I, 89, 8; BÈZE I, 109, 21; MEL., W. IV, 151, 5; etc.
despoliabulum, *-i* ***« dépouille », « ombre » (déjà PL. *Bac.* 376, var.): BUDÉ I, 112, 1 (*hisce despoliabulis hominum*).
desponsito, *-are* fiancer → promettre: BUDÉ I, 384, 42.
despotes, *-ae* (M.) maître absolu: BUDÉ II, 142, 18. - ← δεσπότης.
despuibilis (*dis-*), *-is, -e* méprisable: MORE Corr., n° 63, 105; n° 86, 570; MORE ap. ER., Allen II, n° 499, 47.
desputo, *-are* *rejeter avec mépris: BUDÉ I, 64, 8.
destillatorius (*dis-*), *-a, -um* qui sert à distiller: PETR. I, 113, 13; ER., ASD I-3, 460, 273.
destinatrix, *-icis* (empl. adj. F.) qui fixe les destins: BUDÉ I, 159, 41; 204, 14; 235, 41; etc.
\+ **destino**, *-are* dédier (un livre): GUAR. 2, Ord., 32, 14; BRUNI, 120, 18.
destomachatio, *-onis* dépit, irritation: ER., Allen VII, n° 2047, 23; IX, n° 2465, 406; ap. ER., Allen IX, n° 2513, 472.
\+ **destructiuus**, *-a, -um* négatif: BOV. Nih., 66, 17; 100, 17; 110, 19.
\+ **desuetudo**, *-dinis* manque d'habitude: GUAR. 1, Doc., 173, 27; 195, 26.
\+ **desuetus**, *-a, -um* A) inhabituel: HAL., 1, 9. - B) désuet: HAL., 73, 8; 103, 27 et 29; etc.
\+ **desultorius**, *-a, -um* cavalier → léger, inconstant: ER., Allen V, n° 1342, 616; BUDÉ I, 9, 27; CALV. VIII, 264, 17; etc.
\+ **detectio**, *-onis* fait de découvrir, de se découvrir: CALV. II, 660, 35 (*capitis detectio*).
determinantia, *-ae* A) déterminance (à l'université): ap. AMERB. I, n° 250, 43; n° 374, 8. - B) décret (d'un Concile): ap. PFLUG, n° 347, 30.
determinate *de manière déterminée: PIC 1, 87, 46; POMP., 21, 25; CATH., Opusc. I, 9, 15; etc.
\+ **determinatio**, *-onis* A) *décision: PIC 1, 87, 10; 131, 54; CALV. I, 294, 2; etc. - B) manière de désigner, de qualifier: SAL. III, ch. 11, 1.
determinatiuus, *-a, -um* *qui détermine: POMP., 93, 24.
\+ **detexo**, *-ere* **défaire, dénouer: LIPSE, Ep. III, n° 816, 17 (fig.: *Magni belli filum non sic detexetur*).
detorsio, *-onis* déformation (d'une idée): ER., Allen VII, n° 1879, 98; ap. PFLUG IV, n° 637, 26.
detorte de manière déformée: MORE, Cw V/1, 510, 24.
detractatorius (*detrec-*), *-a, -um* **détracteur, dénigreur: MORE Corr., n° 83, 936; BUDÉ III B, 185, 39.

detractiuncula, *-ae* fait de retrancher, d'enlever quelque chose: BUDÉ III A, 164, 43. - dim. de *detractio*.

detractrix, *-icis* (empl. adj. F.) détractrice: POGG. I, 234, 1.

detrectatorius: v. *detractatorius*.

detritura, *-ae* satiété → dégoût: ZAS. V, 180 A, 8 (*usque ad detrituram*).

deturbator, *-oris* *un perturbateur: ap. CALV. XI, 668, 5.

deturpatio, *-onis* *fait de salir, de déshonorer: BULL., Corr. I, 49, 16 (*famae deturpatio*).

deturpator, *-oris* quelqu'un qui défigure, qui abîme: BRUNI, 83, 8.

deuento, *-are* dans *in manus deuentare*, tomber aux mains de quelqu'un: LEF., 46, 26; 138, 16.

deuentus, *-us* avenir, délai: AMERB. Br. I, n° 197, 14.

deuinctorius, *-a, -um* qui sert à attacher: APH., 19 v°, 32.

+ **deuoluo**, *-ere* Au passif, **être transféré, être dévolu: ER., ASD I-3, 509, 518; MORE, CW II, 39, 23; TORR. II, n° 484, 23.

+ **deuolutio**, *-onis* *dévolution: GAG. II, 133, 13; 134, 24.

deuotiuncula, *-ae* *petite prière, petite dévotion: PETR. II, 1139, 4; ap. ZW. VII, 265, 10. - dim. de *deuotio*.

deuotulus, *-i* un « petit » dévot: CLICHT. ap. LEF., 405, 6. - dim. de *deuotus*, avec connot. péjor.

+ **deuoueo**, *-ēre* dédier (un livre): CRUC., n° 11, 3.

Deus A) dans *Deus crustraceus*: v. *crustaceus*. - B) dans *panaceus Deus*: v. *panaceus*.

deuterosis, *-is* (*-eos*) interprétation déformante, abusive: MEL., O.O. I, 140, 31; 142, 17; 307, 9; etc. - ← δευτέρωσις.

diabolitus (adv.) par l'action du démon: CAST. Haer., 110, 16.

+ **diaconium**, *-ii* **assemblée de diacres: BUC., Op. lat. XV, 149, 19.

diacosii, *-iorum* les « deux cents » (dans les villes de Suisse): BUC., Op. lat. I, 177, 17 (*A senatu maiore et minore, hoc est a diacosiis urbis Tigurinae*); BULL. ap. CALV. XIV, 139, 40; BÈZE XII, 218, 39; etc. - ← διακόσιοι.

diadematicus, *-a, -um* A) **de diadème, qui consiste en un diadème: BUDÉ I, 214, 15. - B) de la couronne: BUDÉ II, 166, 4 (*patrimonium regium ac diadematicum*); III A, 346, 35. - ← grec: cf. διάδημα.

dialecticor, *-ari* faire de la dialectique: ER., LB X, 1264 F; LUTH., WA XVIII, 606, 11; ap. CALV. XI, 787, 20; etc. - ← grec: cf. διαλεκτεύομαι.

dialexis, *-is* **la dialectique: MEL., O.O. XI, 9, 1. - ← διάλεξις.

dialogicus, *-a, -um* *de dialogue, qui concerne le dialogue: CLEN., n° 40, 526 et 557; ap. AMERB. VIII, n° 3479, 26. - ← διαλογικός.

dialogismus, *-i* A) **dialogisme (rhét.): ER., Ferg., 282, 1109; 288, 1266; CALV. V, 73, 15. - B) dialogue, conversation: ER., ASD I-3, 421, 146; VIP. Hist., 41, 5; LIPSE, O.O. III, 283, 6; etc. - ← διαλογισμός.

dialogulus, *-i* petit dialogue: CLEN., n° 40, 319. - ← διάλογος (*dialogus*) + suff. lat. de dim.

dialysis, *-is* **parenthèse: MOS. Tab., 28, 15. - ← διάλυσις.

diambra, *-ae* désigne un remède: FIC., O.O. I, 492 A, 43; 496 B, 24.

+ **diameter**, *-tri* A) *diagonale: ER., ASD I-5, 318, 575. - B) dans *e(x) diametro*, diamétralement, complètement: PIC 1, 459, 27; ER., Allen III, n° 916, 69; VIVES, E.W. I, 76, 15; fréq. - C) dans *per diametrum*, même sens: BUDÉ I, 7, 15; 109, 49; ap. ZW. VIII, 324, 8; etc. - v. aussi *diametrus.*

diametraliter *diamétralement: MERC., 28, 8.

+ **diametrus**, *-i* (F.) diagonale: BOV. Opp., 66, 33; 70, 2 et 17; etc. - v. aussi *diameter.*

dianoea, *-ae* **réflexion, pensée: POLIT., 463, 36. - ← διάνοια.

diaphanus, *-a, -um* *diaphane, transparent: FIC., Theol. I, 150, 3; III, 371, 27; ER., LB I, 892 C; etc. - ← διαφανής.

diaphonus, *-a, -um* discordant, dissonant: POLIT., 464, 40 et 45. - ← διάφωνος.

diarius, *-a, -um* journalier: ARL., 112, 25.

+ **diastole**, *-es* **diastole: LAGUNA in *Pros.*, 592, 25 (*de systole pulsus ac diastole*); SERVET in *Pros.*, 646, 27.

dicaciter **avec causticité, en raillant: VALLA I, 399, 38.

dicasterium, *-ii* tribunal: RHEN., 494, 18. - ← δικαστήριον.

dicastes, *-ae* (M.) un juge: BUDÉ III A, 21, ll. 23 et 27; 24, 52; etc. - ← δικαστής.

+ **dicatio**, *-onis* **dédicace (fait de dédier un livre): BUDÉ I, 364, 51; CLÉMENT VII ap. ER., Allen V, n° 1438, 18; DORP ap. BUSL. Ep., n° 72, 37; etc.

dicatiuus, *-a, -um* affirmatif: BOV. Nih., 62, 3 et 19.

dicatura, *-ae* dédicace (fait de dédier un livre): PIC 1, 246, 11; ap. POLIT., 202, 1; ap. ER., Allen III, n° 953, 52; etc.

dichotomia, *-ae* dichotomie: RAMUS in *Pros.*, 560, 16. - ← διχοτομία.

diciuncula (*diti-*), *-ae* petit territoire, autorité aur un petit territoire: ER., ASD V-3, 48, 313. - dim. de *dicio.*

+ **dico**, *-are* ***dédier [un livre] (déjà PLIN. 1. XIX, 57, 177 et QUINT. I, pr. 6): VALLA I, 1, 16; PIC 1, 76, 17; FIC. Conv., 265, 21; fréq.

+ **dictamen**, *-minis* *style: SAL. III, ch. 11, 232.

dictamentum, *i* ce qui est prescrit, ordonné: BUDÉ III B, 182, 39.

dicteriolum, *-i* A) petit brocard, petit sarcasme: ap. POLIT., 174, 45. B) petite devise: ap. CRAN., n° 211, 17. - dim. de *dicterium.*

+ **dicterium**, *-ii* inscription (sur une monnaie): BUDÉ II, 97, 45.

+ **dictio**, *-onis* ***mot (déjà QUINT. I, 5,2): CRESTON in *Praef.*, 167, 27; ALDE in *Praef.*, 248, 28; ER., ASD II-4, 298, 396; fréq.

dictionariolum, *-i* petit dictionnaire: VALER. C. Ep. n° 36, 20; Coll. 1 a, 1. - dim. de *dictionarium.*

dictionarium (*-ius*), *-ii* dictionnaire: ALDE in *Praef.*, 211, 20; MORE, CW IV, 182, 1; ER., Allen V, n° 1460, 44; fréq.

didacticus, *-a, -um* didactique: RING., 251, 12; CALV. I, 509, 8; BULL. ap. BÈZE IV, 172, 17. - ← διδακτικός.

didascalus (*dyd-*), *-i* **maître d'école: ER., Allen I, n° 149, 67; CRUC., n° 21, 27; APH., 36 r°, 11; etc. - ← διδάσκαλος.

diecularis, *-is, -e* d'une petite journée: BUDÉ I, 367, 47.

dies A) dans *dies Iouis* : v. *Iuppiter, Iouis.* - B) dans *dies Lunae* : v. *Luna.* - C) dans *dies Martis* : v. *Mars.* - D) dans *piscarius dies* : v. *piscarius.* - E) dans *dies pisculentus* : v. *pisculentus.* - F) dans *dies Sabbatinus* : v. *Sabbatinus.* - G) dans *dies Veneris,* v. *Venus.* - *N.B.* Pour *dies Mercuri,* cf. G., art. *Mercurius* ; pour *dies dominicus* (*-a*), cf. G., art. *dominicus.*

+ **dieta**, *-ae* *Diète (réunion): ap. AMERB. I, n° 259, 29; ap. ER., Allen IX, n° 2592, 19; ap. MORE Corr., n° 94, 3; etc.

dietim journellement: GAG. II, 283, 19; ap. CELT., n° 55, 9; ZW. VII, 22, 2; etc.

diffamator, *-oris* *un diffamateur: REU., 135, 34; ap. BULL., Gr. I, 179, 11; AMERB. Bon. IX/1, n° 3687, 4; etc.

diffamatorius, *-a, -um* *diffamatoire: REU., 144, 1; 175, 27; ap. BULL., Gr. I, 379, 30.

differitudo, *-dinis* différence, différenciation: BOV. Sap., 66, 19.

diffidatio, *-onis* *méfiance: REU., 166, 25; ZAS. ap. AMERB. III, n° 1246, 15.

diffiducia, *-ae* *manque de confiance: PETR. I, 441, 37.

difflabilis, *-is, -e* qui peut se dégonfler, qui peut diminuer: PIC 1, 330, 13.

difformis, *-is, -e* laid: PETR. II, 899, 23; 918, 17. - cf. *deformis* (G.).

difformitas, *-atis* *difformité, anomalie: VALLA I, 988, 16; CLICHT. ap. LEF., 331, 12. - cf. *deformitas* (G.).

diffortunium, *-ii* A) *infortune: POMP., 96, 19. - B) pénurie: ap. AMERB. I n° 1, 16.

diffractio, *-onis* fracture, fait de se briser: ap. AMERB. I, n° 425, 15 (à propos d'un bateau); n° 426, 20 (*tibiae diffractio*).

diffusiuus, *-a, -um* *qui se répand, qui se propage: PIC 1, 312, 32; MOHY, f. K 4 r°, 29.

+ **digamus**, *-a* **bigame: AGRIPPA, 72, 2 et 9; CATH. Enarr., 170, 46.
digitarius, *-a, -um* d'un doigt (mesure): BUDÉ III A, 160, 48.
digitus A) dans *micatio digitorum* : v. *micatio*. - B) dans *micare digitis* : v. *mico, -are*.
digladiatio, *-onis* controverse, discussion: ER., ASD I-1, 491, 35; BUDÉ I, 172, 46; MORE Corr., n° 5, 37; fréq.
digladiatiuncula, *-ae* petite controverse, petite discussion: BUDÉ III A, 91, 37. - dim. de *digladiatio*.
digladiatorius, *-a, -um* de controverse, de discussion: ER., ASD I-1, 60, 6; ap. ER., Allen VIII, n° 2169, 66.
+ **dignatio**, *-onis* dans *tua Dignatio*, **« Ton/Votre Honneur » : GAG. I, 359, 1; AL. Paquier, 12, 29; REU., 15, 10; fréq. - v. *tua*.
+ **dignitas**, *-atis* A) dans *tua Dignitas*, **« Ton/Votre Honneur » : GAG. I, 340, 6; ap. CELT., n° 28, 6; ER., Allen III, n° 968, 15; fréq.; v. *tua*. - B) dans *Dignitas uestra*, **même sens: MEL., O.O. I, 650, 20; ap. MEL., O.O. II, 472, 17; 473, 26; etc.; v. *uestra*.
dignotio, *-onis* fait de discerner, de trouver: BUDÉ I, 114, 49 (*erroris dignotio*); ap. AMERB. III, n° 1115, 16 (*causae dignotio*).
digressiuncula, *-ae* brève digression: BUDÉ I, 54, 38; III B, 171, 4. - dim. de *digressio*.
diiaculor, *-ari* lancer, jeter (des traits): ER., ASD IX-1, 478, 976.
dilargitrix, *-icis* celle qui distribue: BUDÉ I, 234, 29.
dilasso, *-are* **lasser, fatiguer: ap. PFLUG V/1, n° 459 bis, 28.
dilatilis, *-is, -e* qui peut s'étendre, se dilater: BUDÉ I, 522, 52.
dilaudatio, *-onis* éloge: RHEN., 22, 20.
+ **dilectio**, *-onis* A) dans *Dilectio tua*, **« Ta/Votre Bonté » : ap. ER., Allen III, n° 984, 12; ap. CRAN., n° 240, 1; TORR. II, n° 605, 4; v. *tua*. - B) dans *Dilectio uestra*, **même sens: TORR. II, n° 604, 7; III, n° 674, 4; v. *uestra*.
dilucularis, *-is, -e* matinal: MOS. Paed., 21, 5.
dilucularius, *-a, -um* matinal: ER., ASD I-1, 504, 1.
diluuianus, *-a, -um* qui concerne le déluge: CAST., De arte I, ch. 9, 39.
dimaculo, *-are* tacher, souiller: ZAS. ap. AMERB. II, n° 713, 3.
+ **dimensio**, *-onis* concession minière: AGR. G., 25, 9; 27, 12; 69, 12; etc.
dimensus, *-us* dimension: PIC 1, 9, 12; 10, 11.
+ **dimetiens**, *-ntis* une diagonale: ER., ASD I-5, 318, 375.
dimicatiuncula, *-ae* petite bataille: ER., ASD I-1, 72, 7. - dim. de *dimicatio*.
dimicator, *-oris* **un combattant: PETR. I, 400, 46; II, 849, 6.
dimidiatim à moitié: CALV. I, 459, 54.
diminute (*de-*) A) *de manière réduite: POMP., 63, 24. - B) en

employant un diminutif: ap ER., Allen III, n° 922, 25.

dimissorialis, *-is, -e* dans *litterae dimissoriales*, *lettre de démission ou de congé: TORR. III, n° 1035, 8; n° 1188, 51; n° 1196, 10; etc.

dimoro, *-are* s'attarder, séjourner: ap. RHEN., 496, 2.

dinastia, *-ae* principauté: BOD. I, 169 B, 6. - On attendrait *dynastia* ← δυναστεία; mais cf. prononc. byz.

dinosis, *-eos* enflure poétique: ER., ASD I-2, 638, 7; IV-1, 86, 955; MOHY, f. I 1 r°, 16; etc. - ← δείνωσις.

dintrio, *-ire* crier (pour la belette): APH., 57 r°, 19.

dinundatio, *-onis* transaction, marchandage: BUDÉ II, 47, 35; III A, 20, 37; ap. HUTT. I, 142, 32; etc.

diobolarius, *-a, -um* de deux oboles: VIVES Pseud., 83, 16. - cf. *diobolaris* (G.).

dioecesanicus, *-a, -um* diocésain: ap. PFLUG V/1, n° 459 bis, 29. - ← grec: cf. διοίκησις (*dioecesis*).

dioptica, *-ae* dioptrique: POLIT., 466, 48; BUDÉ II, 10, 31. - On attendrait *dioptrica* ← διοπτρική.

dioptrica: v. *dioptica*.

dioscureus, *-a, -um* digne des Dioscures → fraternel: BUDÉ I, 185, 35; 191, 38. - ← grec: cf. Διόσκουροι (*Dioscuri*).

diplomaticus, *-a, -um* officiel, authentique: BUDÉ III B, 6, 42; 12, 8; 50, 36; etc. - ← grec: cf. δίπλωμα (*diploma*).

diplomatophorus, *-i* porteur de documents officiels: ER., Allen VIII, n° 2285, 103; IX, n° 2565, 14; ASD V-3, 66, 723. - ← grec: cf. δίπλωμα + φέρω.

dipondialis, *-is, -e* de deux as: BUDÉ III B, 129, 24. - cf. *dipondiarius* (G.).

+ **directio**, *-onis* fait de s'adresser à quelqu'un: SERRA, 62, 11 (*directio ad Papam*).

directrix, *-icis* (empl. adj. F.) *qui dirige, qui guide: SERRA, 63, 35; LEF., 34, 27; CALV. II, 142, 47; etc.

+ **directus**, *-a, -um* dans *directa oratio*, **discours en style direct: VIP. Hist., 40, 24 et 27.

diremptilis, *-is, -e* qui peut être rompu: BUDÉ I, 387, 39 (*diremptilis amicitia*).

diremptor, *-oris* **quelqu'un qui sépare: ER., Allen IX, n° 2522, 177.

diremptrix, *-icis* (empl. adj. F.) qui rompt, qui détruit: ER., ASD IV-1 A, 130, 439; BUDÉ I, 186, 36; III B, 35, 25.

+ **diriuo**, *-are* transmettre: ER., Allen II, n° 384, 101.

disaggrauo (*-adgrauo*), *-are* décharger de . . . : ap. ER., Allen IX, n° 2527, 12.

disburso, *-are* débourser, dépenser: AMERB. J. I, n° 491 a, ll. 85, 87 et 92.

discapedo, *-dinis* A) distance, éloignement: ap. CELT., n° 317, 11. - B) séparation, distinction: LEF., 298, 31.

disceptabilis, *-is, -e* qui peut être discuté, qui peut être tranché: BUDÉ III B, 137, 40 et 41; 138, 33.

disceptatiuncula, *-ae* argutie: PIC 2, O.O., 827, 27; ER., Allen II, n° 337, 86; BUDÉ III B, 89, 19; etc. - dim. de *disceptatio,* avec connot. péjor.

disceptatiuus, *-a, -um* dans lequel on discute, dans lequel on débat: POGG. I, 1, 2; 2, 12.

disceptatorius, *-a, -um* de jugement: BUDÉ III B, 30, 43; 158, 50.

+ **discerniculum**, *-i* fait de discerner, d'observer: POLIT., 463, 21 (*praesentium discerniculum, futurorum praesagium*).

discerptor, *-oris* un adversaire: PETR. II, 1203, 37.

discessor, *-oris* quelqu'un qui s'en va: LUTH., WA Br. I, n° 139, 19.

disciplinabilitas, *-atis* respect de la discipline: BARON, 58, 12.

+ **disciplinaris**, *-is, -e* disciplinaire, qui concerne la discipline: BULL. ap. BÈZE X, 141, 5; BÈZE X, 152, 3.

disciturio, *-ire* désirer apprendre: LEF., 96, 11.

discolitas, *-atis* humeur difficile, chagrine: GAG. II, 105, 13. - On attendrait *dyscolitas* ← δύσκολος (*dyscolus*) + suff. lat.; mais cf. prononc. byz.

discolus: v. *dyscolus.*

discomputus, *-us* un décompte: TORR, III, n° 897, 7.

discontinuatio (*-cio*), *-onis* *interruption, discontinuité: SERRA, 101, 36.

discorditer en désaccord: PETR. II, 1034, 49.

+ **discrete** **discrètement: ap. AL. Paquier, 273, 8.

+ **discretio**, *-onis* **discrétion: TORR. III, n° 1101, 62.

discretrix, *-icis* (empl. adj. F.) capable de discerner: FIC., Theol. III, 105, 24.

discubitor, *-oris* (empl. adj. M.) qui se met à table: ZAS. V, 172 B, 51(*discubitor alienae mensae*).

discubitorius, *-a, -um* qui sert de salle à manger: VALLA I, 133, 31.

+ **discursio**, *-onis* A) raisonnement , discussion: FIC., Theol. I, 68, 31; II, 169, 31; 188, 28; etc. - B) déduction: FIC., Theol. II, 210, 9 et 10; 214, 25.

discussiuus, *-a, -um* qui distingue: BUDÉ IV, 1095, 46.

+ **discutio**, *-ere* **discuter, rechercher: ER., ASD V-1, 177, 342; ap. ER., ASD V-1 109, 432; CATH., Opusc. I, 175, 23; etc

disertio, *-onis* **éloquence: GAG. ap. ER., Allen I, n° 43, 17.

disertulus I, -a, *-um* assez bien rédigé: BUDÉ I, 322, 40. - dim. de *disertus.*

disertulus II, *-i* **« petit » rhéteur (avec connot. ironique): BÈZE III, 48, 15. - dim. (v. *disertulus* I).

disgratia, *-ae* *disgrâce: ap. AMERB. I, n° 436, 44; IV, n° 1797, 32; AMERB. Bon. IV, n° 1898, 8.

+ **disgregatio**, *-onis* séparation, division de personnes en deux ou plusieurs groupes opposés: ap. ER., Allen VIII, n° 2102, 7 (*propter fidem disgregatio*).

disiectrix, *-icis* (empl. adj. F.) qui renverse, qui détruit: BUDÉ I, 189, 2.

disiunctiua, *-ae* *l'alternative: ap. MERC., 45, 3; 48, 9.

disobligo, *-are* désengager: ap. ER., Allen VI, n° 1658, 19.

disparitas, *-atis* **disparité, diversité: PETR. I, 124, 46; BARL., n° 67, 50; CALV. IX, 176, 32; etc.

disparitio, *-onis* disparition: BÈZE II, 101, 17.

dispectoratus, *-a, -um* qui a la poitrine découverte: VALLA II, 34, 39.

dispendiolum, *-i* petite dépense: ER., Allen I, n° 111, 195; VII, n° 1832, 70; ap. AMERB. VII, n° 3373, 43. - dim. de *dispendium.*

dispendiose à grands frais, coûteusement: PIC 2, O.O., 850, 4; ER., ASD V-2, 164, 50; BUDÉ I, 17, 8; etc.

+ **dispendiosus**, *-a, -um* coûteux: BUDÉ III B, 130, 37.

dispenetro, *-are* pénétrer dans . . . : DORP, 47, 3.

dispensabilis, *-is, -e* *qui donne lieu à dispense, à annulation: ER., Allen VIII, n° 2256, 56.

+ **dispensatio**, *-onis* **dispense (eccl.): POGG. I, 220, 29; ER., Allen III, n° 655, 4; CLEN., n° 22, 8; fréq.

dispensationarius, *-ii* ecclésiastique chargé de s'occuper des dispenses (ironique): ER., ASD IX-1, 174, 223.

+ **dispensator**, *-oris* **quelqu'un qui fait connaître, qui propage: ap. LUTH., WA Br. II, n° 532, 13; ZW. VIII, 151, 17; ap. ZW. VIII, 806, 17.

+ **dispenso**, *-are* *dispenser (accorder une dispense eccl.): ER., Ferg., 105, 770; ap. PFLUG II, n° 322, 60; CATH. Disput., 237, 20; fréq. - Critiqué par CROC. Farr., 203, 1.

disperditio, *-onis* perte, ruine: ap. ZW. VIII, 590, 17; MURET, O.O. I, 356, 31; 391, 41.

dispicientia, *-ae* circonspection: VALLA I, 182, 43; ER., ASD I-4, 246, 83.

dispositiuus, *-a, -um* dans *dispositiua qualitas,* *qualité dispositive: LUTH., WA XVIII, 636, 19.

disproportio, *-onis* *disproportion, différence: BOV. Sap., 132, 29; Opp., 128, 23; 152, 30.

dispuibilis: v. *despuibilis.*
disquisitor, *-oris* *un enquêteur: ap. ER., Allen VII, n° 1814, 257.
+ **disseco**, *-are* disséquer: SYLVIUS in *Pros.*, 620, 6.
dissectaneus, *-i* quelqu'un qui appartient à une autre secte: ZAS. ap. AMERB. IV, n° 1892, 24.
dissector, *-oris* quelqu'un qui découpe: ER., ASD V-3, 418, 381 (fig.: *Arius dissector... sacrae Triadis*).
dissensiuus, *-a, -um* désapprobateur: ap. AMERB. III, n° 1445, 5.
dissentanee de manière discordante: BUDÉ IV, 1015, 1.
dissentiuncula, *-ae* petite dissension, petit différend: CALV. II, 756, 24; BUC. Corr., II, n° 137, 49; BUC. ap. CALV. X B, 67, 20. - dim. de *dissensio.*
dissertatiuncula, *-ae* petite dissertation, petite discussion: LIPSE, Ep. I, n° 282, 19; III, n° 737, 32. - dim. de *dissertatio.*
dissidiolum, *-i* petite discussion, petite dispute: ER., ASD II-5, 92, 787; Allen III, n° 643, 13. - dim. de *dissidium.*
dissimulatim de façon cachée: VALLA I, 207, 17; ER., ASD I-4, 246, 84.
dissipate de manière dispersée: VALLA I, 258, 7; 632, 18.
dissipatiuus, *-a -um* qui distingue: BUDÉ IV, 1095, 46.
dissociatiuus, *-a, -um* qui dissocie, qui sépare: BUDÉ I, 513, 46.
+ **dissolutio**, *-onis* **relâchement moral: TORR. II, n° 517, 59 (*uitae dissolutio*).
dissone *en discordance, en désaccord: PIC 1, 18, 4.
dissuasorius, *-a, -um* *dissuasif, qui cherche à dissuader: ER., ASD I-2, 133, 4; ap. PFLUG III, n° 381, 14; HEG. Meth., 16, 7; etc.
distemperies, *-ei* mauvaise répartition: ap. CELT., n° 213, 16.
distillatorius: v. *destillatorius.*
distinctiuncula, *-ae* *petite distinction, fait de marquer une légère différence: ER., Allen II, n° 337, 744; CALV. I, 61, 21; DORP, 82, 33; etc. - dim. de *distinctio,* souvent avec connot. péjor.
distinguibilis, *-is, -e* *qui peut être séparé, qui peut être divisé: AMERB. J. I, n° 293, 30.
distorte **de manière tordue, de manière difforme: APH., 39 v°, 13.
+ **distractio**, *-onis* **distraction: MORE, CW XIV/1, 141, 7; 315, 7.
districtim rigoureusement: BULL., Stud., 18, 68. - cf. *districte* (G.).
disturbium, *-ii* **bouleversement, trouble, désordre: ap. AMERB. I, n° 310, 8; ap. CALV. XI, 710, 21; ZW. VIII, 6, 15; etc.
ditheita, *-ae* (M.) un dithéiste: ap. BÈZE VII, 107, 24; 108, 23. - ← διθεΐτης; cf. *Lex. f. Theol. u. K.*, III, 428 (art. *Ditheismus*).
dithyrambice de manière dithyrambique: ESTIENNE in *Praef.*, 150, 34. - ← διθυραμβικῶς.
ditiuncula: v. *diciuncula.*

+ **diua**, *-ae* une sainte: VALLA II, 15, 29; FIC., O.O. I, 15 B, 6; ER., Allen I, n° 50, 5; fréq. - A rapprocher: *diuus.*
diuario, *-are* s'écarter de . . . : ER., ASD IV-1, 212, 449.
diuentilo, *-are* disperser (sous l'effet du vent): BUDÉ I, 468, 19.
diuersificor, *-ari* *être diversifié, être différent: SAL. III, ch. 1, 313.
diuersim *en divers sens: MORE, CW IV, 118, 26.
+ **diuersio**, *-onis* séparation: BUC., Op. lat. XV, 200, 8 (*uxoris a uiro diuersio*).
diuidue isolément, séparément: BOV. Sap., 256, 1; Nih., 130, 12; LEF., 95, 36; etc.
diuinabundus *-a, -um* qui joue au devin: BUDÉ III A, 317, 46.
diuinaciter à la manière d'un (prétendu) devin: BUDÉ III A, 160, 50.
diuinaculus I, *-a, -um* qui joue au devin: BUDÉ III A, 210, 7. - dim. de *diuinax.*
diuinaculus II, *-i* un prétendu devin: POLIT., 452, 40; PIC 1, 409, 9; DORP, 38, 38; etc. - dim. (v. *diuinaculus* I).
diuinax, *-acis* A) de prétendu devin: BUDÉ III A, 166, 35 (*diuinaci coniectura*). - B) qui joue au devin: BUDÉ III A, 252, 32.
diuinifer, *-era, -erum* porteur de quelque chose de divin, qui a un certain caractère divin: BOV. Sap., 296, 9.
diuiniloquus, *-a, -um* inspiré par Dieu: LEF., 195, 32; BOV. Sap., 296, 34; DORP, 50, 4; etc. - v. *deiloquus.*
diuiniter divinement → merveilleusement: REU., 73, 31.
diuinus, *-a, -um* A) dans *diuinum brachium* : v. *brachium.* - B) dans *diuinum eloquium* : v. *eloquium.* - C) dans *diuina pagina* : v. *pagina.*
diuisior, *-oris* une incisive: APH., 8 r°, 25.
diurnale, *-is* *diurnal (livre liturgique); ap. CALV. XX, 335, 36 (*uulgo*); PLANT. II, 36, 17; 199, 30; etc.
diurnitas, *-atis* durée: PETR. I, 513, 32.
diuticule pendant un certain temps: PETR. I, 604, 18; II, 946, 38; 1019, 32; etc. - dim. de *diu* ; cf. *diuscule* (G.) et *diutule* (G.).
diutiuscule *assez longtemps: ER., ASD I-3, 186, 2008; ap. PIGH., n° 55, 43; ap. LIPSE, Ep. II, n° 296, 11; etc. - dim. du compar. adv. *diutius.*
+ **diuus**, *-i* un saint: VALLA I, 522, 26; ER., ASD I-3, 134, 283; BUDÉ I, 111, 40; fréq. - A rapprocher: *diua.*
doblo (*du-*), *-onis* doublon (monnaie): CLEN., n° 29, 33; n° 30, 10.
doccia, *-ae* douche: ap. FIC., O.O. I, 587 B, 53. - ← ital.
doctiloquentia, *-ae* langage savant: BUC. Corr., I, n° 1, 4.
doctiloquium, *-ii* **langage savant: ap. CELT., n° 21, 56.
+ **doctor**, *-oris* *docteur(titre univ.): POGG. I, 50, 10; VALLA I, 630, 31; POLENTONUS in *Reden*, 163, 22; fréq.

doctoralis, *-is, -e* *de docteur (titre univ.): RHEN., 31, 37; ER., Allen IX, n° 2418, 13; AMERB. Bon. II, n° 687, 9; fréq.

doctoratus, *-us* *doctorat, titre de docteur (univ.): POGG. I, 50, 17; VALLA I, 630, 36; HAZ., 19, 5; fréq.

doctorculus, *-i* docteur (titre univ.): PETR. II, 880, 36; VALLA I, 319, 44; ap. RHEN., 173, 29. - dim. de *doctor*, avec connot. péjor.

doctorellus, *-i* docteur (titre univ.): ap. AMERB. VIII, n° 3579, 77. - dim. de *doctor*, avec connot. péjor.; condamné par VALLA I, 319, 43, au profit de *doctorculus*.

doctorius (*-eus*), *-a, -um* de docteur (titre univ.): ap. AL., Jovy III, 265, 21; ap. ER., Allen XI, n° 3022, 55; MOS. ap. PFLUG I, n° 7, 30.

doctoror, *-ari* être fait docteur (titre univ.): ZAS. ap. AMERB. II, n° 985, 77.

doctrinaliter *théologiquement: ER., Allen IV, n° 1153, 150.

doctrinula, *-ae* modeste connaissance, modeste science: ER., Allen I, n° 145, 106; ap. RHEN., 277, 43. - dim. de *doctrina*.

doctulus, *-a, -um* assez instruit, assez savant: ER., Allen IV, n° 1053, 309; LB II, 1002 E. - dim. de *doctus*.

doctura, *-ae* doctorat (titre univ.): BUDÉ I, 47, 28 et 31; III A, 351, 8.

dodecaedrum, *-i* *dodécaèdre: POLIT., 465, 48. - ← δωδεκάεδρος, -ος, -ον.

dogmatice **dogmatiquement: PIC 1, 132, 6; 140, 30. - ← δογματικῶς.

dogmation, *-ii* « petit » dogme, « petite » croyance: ER., Allen VII, n° 1891, 207. - doit être calqué sur δογμάτιον (non attesté?), dim. de δόγμα (*dogma*).

doliarius, *-ii* **tonnelier: VALER. C. Coll., 157 a, 2.

dolifodina, *-ae* une mine: BUDÉ I, 355, 7 (*dolifodinas . . . argentarias*).

domanium, *-ii* *domaine: HOTM., 254, 7; 256, 3; 472, 1; etc.

domatim A) *de maison en maison: ap. REU., 234, 8; BUC., Op. lat. II, 397, 9; VLAD., 246, 14. - B) à la maison: BUC., Op. lat. XV, 40, 29; 51, 26.

domatio, *-onis* fait de dompter, de dominer: VALLA I, 6, 1.

domatrix, *-icis* (empl. adj. F.) dominatrice: ER. ASD IV-2, 278, 332.

+ **domesticatim** A) par maison: BUDÉ II, 266, 6. - B) de maison en maison: RHEN., 163, 8.

domicula, *-ae* *petite maison: CARBO in *Reden*, 87, 27. - dim. de *domus*.

domificator, *-oris* *quelqu'un qui construit des maisons: POMP., 111, 3 et 4; 112, 14; etc.

dominabiliter à la manière d'un maître (vis-à-vis d'un inférieur): AGNOLELLI, 12, 16.

\+ **dominatio**, *-onis* A) dans *Dominatio tua*, *« Ta/Votre Grandeur », « Ta/Votre Seigneurie » : CRESTON in *Praef.*, 16, 17; ER., Allen II, n° 334, 2; LIPSE, Ep. III, n° 680, 10; etc.; v. *tua*. - B) dans *Dominatio uestra*, *même sens: GAG. I, 305, 6; ap. REU., 136, 29; PLANT. I, 289, 26; etc.; v. *uestra*.

Dominicalis I, *-is* (subst.) un Dominicain: BUDÉ I, 376, 5; ER., Allen IV, n° 1111, 45; BUC., Corr. I, n° 9, 16; etc.

Dominicalis II, *-is, -e* (de) Dominicain: ER., Allen IV, n° 1144, 34; Ferg., 291, 1375; BUC., Corr. I, n° 35, 31; etc.

Dominicanus I, *-a, -um* (de) Dominicain: ER., Allen II, n° 447, 506; V, n° 1309, 43; BUC., Corr. I, n° 1, 33.

Dominicanus II, *-i* un Dominicain: ER., Allen II, n° 447, 108; ap. PFLUG I, n° 53, 13; CALV. XIV, 32, 38; fréq.

Dominicaster, *-tri* un Dominicain (avec connot. péjor.): MEL., O.O. I, 291, 15 et 31; ap. RHEN., 228, 32.

Dominicista, *-ae* (M.) un Dominicain (avec connot. péjor.): ap. LUTH., WA Br. I, n° 213, 13 et 60.

\+ **domus**, *-us* *maison, en astrologie: PIC 1, 394, 1 et 47; 395, 6; etc.

donariolum, *-i* petite offrande: ER., ASD I-3, 480, 349. - dim. de *donarium*.

donatarius, *-ii* *donataire: BOD. I, 75 B, 1.

donaticius, *-a, -um* **qui provient d'un don: ER., ASD I-3, 445, 243.

Donatisticus, *-a, -um* Donatiste: ap. CALV. XVII, 602, 2.

doriphorema, *-atis* personnage de théâtre figurant un garde: RHEN., 104, 7. - On attendrait *doryphorema* ← δορυφόρημα; mais cf. prononc. byz.

dormitabundus, *-a, -um* prêt à dormir: ER., ASD I-2, 297, 13; IV-1, 170, 90; BUDÉ I, 505, 48; etc.

dormitanter avec négligence: ER., ASD I-2, 700, 26; ap. ER., Allen IV, n° 1061, 245; MORE Corr., n° 83, 1530; etc.

dormitantia, *-ae* assoupissement → négligence: ER., Allen XI, n° 2951, 38; MORE, CW XIV/1, 261, 1; ap. CRAN., n° 127, 11; etc.

\+ **dormitorium**, *-ii* **dortoir: GAG. II, 103, 12.

dormiturio, *-ire* *avoir envie de dormir: ER., ASD I-6, 68, 870; ap. CRAN., n° 150, 25; DORP, 10, 12; etc.

doronicus, *-i* le doronic (plante): FIC., O.O. I, 505 A, 55; 514 B, 4 et 37; etc.

\+ **dorsum**, *-i* dos (fig.): PLANT. IV, 45, 7 (*in dorso litterarum tuarum*).

doryphorema: v. *doriphorema*.

dosis, *-is* **une dose (médecine): ER., Allen IV, n° 1202, 130. - ← δόσις.

doso (*-on*), *-onis* quelqu'un qui promet toujours, qui promet beaucoup: ER. ASD I-6, 158, 274; LB II, 1074 E. - ← Δώσων; cf. δώσω, futur de δίδωμι.

dotatio, *-onis* *dotation: PFLUG II, n° 249, 33; S.J. I, 75, 15.

doxicus, *-a, -um* croyant: ap. AMERB. VI, n° 2853, 26 (*uota piorum et doxicorum hominum*). - ← grec: cf. δόξα.

doxologia, *-ae* doxologie: ER., ASD V-3, 307, 749; CATH., Opusc. II, 85, 5. - ← δοξολογία.

doxosophus, *-i* quelqu'un qui se croit sage, qui se prétend sage: BUDÉ I, 6, 52. - ← δοξόσοφος.

draconinus, *-a, -um* *de dragon, de serpent: VALLA I, 255, 10; MORE, CW III/1, 63, 34.

drosopachne, *-es* gelée blanche: BUDÉ I, 449, 31. - ← δροσοπάχνη.

drossardus, *-i* drossard: TORR. II, n° 499, 3; n° 530, 13; LIPSE, Ep. III, n° 747, 9; etc. - ← néerl.

+ **druidae**, *-arum* employé pour désigner des moines: ap. CELT., n° 315, 19; n° 353, 2. - v. *druidicus.*

druidicus, *-a, -um* de monastère: ap. CELT., n° 72, 20 (*fratri Ioanni, druidico contionatori*). - v. *druidae.*

duana, *-ae* *douane: ap. PFLUG I, n° 53, 55. - ← arabe, par ital.

dubiolum, *-i* *léger doute: CLEN., n° 61, 92. -dim. de *dubium.*

dubitabundus, *-a, -um* **qui hésite: POLIT., 328, 37; AMERB. Bon. ap. ER., Allen X, n° 2649, 17; ap. AMERB. IX/2, n° 3819, 16.

dubiusculus, *-a, -um* qui éprouve quelque doute, quelque hésitation: LUTH., WA Br I, n° 3, 43. - dim. de *dubius.*

dublo: v. *doblo.*

+ **ducalis**, *-is, -e* A) *ducal, de duc: SERRA, 131, 15; ACCURSIUS in *Praef*, 156, 26; PUTEOLANUS in *Praef.*, 158, 28; fréq. - B) de doge (Venise): PETR. II, 866, 47.

ducatus I, *-i* ducat (monnaie): GUAR. 1, Doc., 206, 11; BUDÉ II, 63, 29; ER., ASD I-3, 153, 909; fréq.

+ **ducatus** II, *-us* **duché: PETR. I, 300, 21; GAG. I, 369, 2; RHEN., 31, 16; fréq.

ducissa (*-chissa*), *-ae* *duchesse: ap. HUTT. I, 100, 34; ap. ER., Allen IX, n° 2413, 39; BÈZE I, 137, 10; fréq.

ductibilis, *-is, -e* qui peut être conduit, qui se laisse conduire: ap. AMERB. I, n° 336, 8.

ducturio, *-ire* avoir envie de prendre femme: LIPSE , Ep. I, n° 184, 15.

duernicatim en cahiers de deux feuilles doubles: AMERB. Bon. III, n° 1092, 9.

duernio, *-onis* cahier de deux feuilles doubles (= 8 pages): AMERB. Bon. III, n° 1044, 3; ZAS. V, 180 A, 35; ap. JON. I, 17, 34; etc. - A rapprocher: *binio* (ou *bino?*), *octernio*, *quaternio* (G.), *quinternio*, *senio*, *sexternio* et *ternio*.

dulcamarus, *-a*, *-um* aigre-doux: ap. LIPSE, Ep. II, n° 487, 6.

dulciloquium, *-ii* *manière doucereuse de parler: PETR. I, 15, 36; POLIT., 304, 10.

dulciusculus, *-a*, *-um* assez doux: FIC., O.O. I, 765 A, 34. - dim. du compar. *dulcior*. *-ius*.

dulcoratio, *-onis* adoucissement: VIVES Conscr., 52, 31.

dulia, *-ae* **dulie: CALV. II, 82, 51; 86, 35; 88, 1; etc. - ← δουλεία.

duodecuplex, *-icis* duodécuple: BUDÉ II, 109, 36. - cf. *duodecuplus* (FUCHS).

duplica, *-ae* *duplique (droit): ZAS. ap. AMERB. III, n° 1206, 14; v. toutefois *duplicatio* ZAS. V, 181, B, 30 (même lettre).

+ **duplicatio**, *-onis* *duplique (droit): ZAS. V, 181 B, 30; v. toutefois *duplica*.

duratio, *-onis* A) *durée, temps: SAL. III, ch. 4, 94; FIC., Theol. I, 85, 7; PIC 1, 100, 33; fréq. - B) dureté: ZAS. ap. AMERB. III, n° 1113, 24; toutefois *induratio* (G.), ZAS. V, 180 B, 70 (même lettre).

duriuscule A) *assez durement: ap. PIC 1, 274, 19; ER., Allen I, n° 81, 67; BUDÉ I, 274, 45; fréq. - B) assez mal: VENATORIUS in *Praef.*, 418, 20; ROBORTELLUS in *Praef.*, 468, 10; ARL., 70, 15; etc. - dim. du compar. adv. *durius*.

+ **dux**, *-ducis* A) ** duc: PETR. II, 972, 39; VALLA II, 41, 33; POGG. I, 335, 18; fréq. - B) *doge (Venise): PETR. II, 866, 22; ap. AMERB. V, n° 2332, 18; BOD. I, 121 A, 44; etc. - C) *duchesse: BUDÉ II, 84, 21; TORR. I, n° 12, 75; VALER. C. Coll., 165 a, 8; etc.

dydascalus (graphie aberrante): v. *didascalus*.

dynastia: v. *dinastia*.

dysangelus, *-i* terme moqueur et méprisant formé par jeu de mots et employé pour *euangelicus*, un « évangélique », un protestant: ER., Allen IX, n° 2483, 48 (*pro euangelicis dysangelos*).

dyscolia, *-ae* humeur morose, humeur chagrine: ER. ASD IV-1 A, 106, 661. - ← δυσκολία.

dyscolitas: v. *discolitas*.

dyscolus (*dis-*), *-i* écolier vagabond et débauché: ARL., 185, 23; 196, 26. - ← δύσκολος.

dysnomia, *-ae* mauvaise législation: BUDÉ III A, 63, 39. - ← δυσνομία.

E

e-: v. aussi *ae-*.
ebacchans, *-ntis* de débauché: POLIT., 381, 44.
ebalbutio, *-ire* dire en balbutiant: ER., ASD IV-1, 91, 140; DORP, 9, 34; MEL., O.O. I, 687, 39.
eberbis, *-is*, *-e* imberbe: VIVES, H.L., 94, 9.
Ebionita (*He-*), *-ae* (M.) *un Ébionite: PIC 1, 2, 11; MORING., 219, 22; BULL. ap. CALV. XV, 158, 15. - cf. *D.H.G.E.*, XIV, 1314-19.
eblatero, *-are* proclamer, dire (connot. péjor): MORE, CW V/1, 248, 2; CRUC., n° 21, 61.
ebraismus: v. *hebraismus*.
ebuccinator, *-oris* un panégyriste: JON. I, 27, 32.
ebuccino, *-are* célébrer, glorifier: ER., Allen III, n° 916, 345; BUC., Op. lat. I, 190, 6; JON. I, 254, 15; etc.
ecbolium, *-ii* potion abortive: BUDÉ III A, 319, 15. - ← ἐκβόλιον.
ecceitas, *-atis* *eccéité (philos.): ER., Allen III, n° 667, 12; LB V, 82 E; Ferg., 180, 1228; etc. - Condamné par VALLA I, 652, 35 et 653, 28; à rapprocher: *hicceitas* et *isticceitas*.
eccentricitas (*exc-*), *-atis* *excentricité (sens propre): MERC., 192, ll. 6 (*solis excentricitas*), 19 et 25; etc. - ← ἔκκεντρος (*eccentros*) + suff. lat.
eccentricus (*exc-*), *-a*, *-um* *excentrique (sens propre): POLIT., 466, 9; PIC 1, 317, 27; BUDÉ III A, 393, 42; etc. - ← grec: cf. ἔκκεντρος (*eccentros*).
ecclesia A) dans *collegiata ecclesia*: v. *collegiatus, -a, -um*. - B) dans *fabrica ecclesiae*: v. *fabrica*. - C) dans *Ecclesia reformata*: v. *reformatus, -a, -um* - D) dans *secundaria ecclesia*: v. *secundarius, -a, -um*.
ecclesiastes (*-a*), *-ae* (M.) A) prédicateur: ER. Allen IV, n° 1229, 13; n° 1233, 135; ASD II-5, 190, 643; etc. - B) pasteur protestant: ER., ASD IX-1, 130, 60; Allen VIII, n° 2324, 1; n° 2341, 13; etc. - ← ἐκκλησιαστής.
+ **ecclesiasticus**, *-i* **un prêtre chrétien, un ecclésiastique: BUC., Op. lat. I, 105, 31; 109, 9; 120, 23; etc.
ecclesiatim *d'église en église: ap. BULL., Gr. I, 43, 9. - ← ἐκκλησία (*ecclesia*) + suff. lat.
ecclesiuncula, *-ae* *petite église: FIC., O.O. I, 927, B, 7. - ← ἐκκλησία (*ecclesia*) + suff. lat. de dim.
echemythia, *-ae* habitude du silence, discrétion: BUDÉ III A, 204,

35 et 41; III B, 117, 49; etc. - ← ἐχεμυθία.

echemythus, *-a, -um* silencieux, discret: BUDÉ I, 67, 24; III A, 204, 31 et 33. - ← ἐχέμυθος.

echetismus, *-i* cruauté digne d'Echetos (cf. HOMÈRE, *Odyssée*, XVIII, 85): BUDÉ I, 137, 1.

echinosus, *-a, -um* hérissé, épineux: ANDREAS in *Praef.*, 87, 3 (fig.: *echinosa facies*).

+ **echinus** *-i* récipient dans lequel on plaçait les pièces d'un procès, puis que l'on scellait (sens attesté pour ἐχῖνος): BUDÉ IV, 148, 27 et 40.

eclipsatur (*eclyp-*) il y a une éclipse: PETR. II, 1190, 20; SAL III, ch. 9, 50 (*quo tempore Luna soleat eclipsari*).

ecliptica: v. *eclyptica.*

eclypsatur (graphie aberrante): v. *eclipsatur.*

eclyptica, *-ae* *écliptique: FIC., O.O. I, 993 A, 34; BOV. Sap., 110, 13. - On attendrait *ecliptica* (BAXTER) ← ἐκλειπτικός, -ή, -όν.

ecphrasis, *-is* description: POLIT., 265, 2 et 14. - ← ἔκφρατις.

ecstaticus: v. *exstaticus.*

ectragodismus, *-i* exagération, emphase tragique: ER., ASD IX-1, 477, 955. - ← grec: cf. ἐκτραγῳδέω.

ectypum, *-i* image, gravure: BUDÉ I, 137, 32; TORR. III, n° 777, 8. - ← τὸ ἔκτυπον.

ecucullatus (participe-adj. M.) qui a quitté l'habit (et la vie) de moine: LUTH., WA Br. II, n° 535, 34. - A rapprocher: *excucullatus, -i.*

edictulum, *-i* « petit » édit: HUTT. II, 13, 7. - dim. de *edictum.*

editrix, *-icis* (empl. adj. F.) qui fait connaître: BUDÉ III B, 72, 42.

eductiuus, *-a, -um* qui écarte, qui éloigne: FIC., O.O. I, 492 A, 1.

effascinator, *-oris* quelqu'un qui fascine: BUDÉ I, 211, 12.

effectiue **effectivement, réellement: MEL., O.O. XXI, 618, 13; W. V, 266, 32; S.J. II, 55, 32; etc.

effectualis, *-is, -e* *effectif, efficace: ap. AL. Paquier, 228, 16.

effectualiter *effectivement, efficacement: PIC 1, 93, 6; AMERB. J. I, n° 491 a, 136; ap. CELT., n° 224, 18; etc.

efferuescentia, *-ae* *bouillonnement, agitation: MORING. in *Mon.*, 549, 238.

+ **effictio**, *-onis* création: RHEN., 43, 24.

effictor, *-oris* peintre, portraitiste: ER., ASD I-2, 283, 14 (fig., à propos d'un écrivain).

effictrix, *-icis* (empl. adj. F.) A) conçue grâce au dessin, à la représentation figurée: LEF., 113, 17. - B) qui dépeint, qui décrit: BUDÉ III B, 181, 4.

effigiabilis, *-is, -e* qui peut être représenté (peint, sculpté . . .): CATH., Opusc. II, 64, 6.

effigiatio, *-onis* *représentation, peinture: ap. LEF., 330, 27.
effigiator, *-oris* portraitiste: ap. CALV. XIV, 164, 14.
effigiuncula, *-ae* statuette, petit portrait: LUTH., WA Br. II, n° 359, 7. - dim. de *effigies* (ou de *effigia*).
efflaccesco, *-ere* languir, dépérir: AMERB. Bon. III, n° 994, 7.
efflagitator, *-oris* quelqu'un qui demande avec insistance: ER., Allen II, n° 396, 261; AMERB. Bon. II, n° 766, 4; BUDÉ I, 257, 39; etc.
+ **effloresco**, *-ere* se flétrir, disparaître: APH., 19 r°, 24.
effluxus, *-us* A) flux, écoulement: FIC., Theol. II, 136, 9. - B) part. marée montante: VIVES, E. W. I, 22, 15. - C) écoulement du temps: AGRIPPA, 46, 22.
efformator, *-oris* compositeur d'imprimerie: LEF., 16, 14.
efformo, *-are* A) **former, préparer: CLICHT. ap. LEF., 367, 25. - B) dessiner, peindre: CLICHT. ap. LEF., 330, 25; 392, 18. - C) composer en vue de l'impression: ap. LEF., 272, 20.
effossor, *-oris* terrassier: PETR. I, 547, 19.
effrene *sans retenue: ap. ER., Allen V, n° 1351, 25.
effulmino, *-are* lancer l'anathème contre . . . , condamner: ER. Allen III, n° 808, 18.
+ **egestio**, *-onis* détente, délassement: BRIÇ., 94, 4 (*egestionis et recreationis causa*).
eiaculatio, *-onis* A) fait de projeter, de lancer: CLICHT., 24 r°, 25. - B) éclair allongé: BUDÉ I, 450, 52.
eidolatra: v. *idolatra.*
eiecticius, *-a, - um* mis au monde avant terme, prématuré: BUDÉ I, 10, 28.
elaborate avec application, avec soin: VALER. C. Ep., n° 36, 34; ap. PIGH., n° 29, 23; TORR. I, n° 112, 31.
elargitio, *-onis* *fait de donner largement, don généreux: ap. LEF., 364, 12; BUC., Corr. I, n° 3, 323; ER., Allen VII, n° 1925, 7.
+ **electio**, *-onis* **élection (sens relig.): MORE Corr., n° 143, 613; BUC., Op. lat. II, 347, 14; BÈZE I, 72, 26; fréq.
+ **Elector**, *-oris* *Électeur (Prince-Électeur, dans l'Empire): ER., Allen III, n° 939, 134; RHEN., 257, 3; BUC., Op. lat. I, 196, 5; fréq.
electoratus, *-us* titre ou fonction d'Électeur (dans l'Empire): BUC. ap. CALV. XII, 163, 2.
electorius, *-a, -um* d'Électeur (dans l'Empire): AL. Jovy III, 254, 7.
electreus, *-a, -um* d'ambre, d'electrum: VALLA I, 146, 20. - cf. *electrinus* (G.) ← ἠλέκτρινος.
electura, *-ae* titre ou fonction d'Électeur (dans l'Empire): ap. PFLUG III, n° 397, 10.
electus, *-i* **un élu (sens relig.): ER., Allen VIII, n° 2136, 31; BUDÉ I, 143, 4; BÈZE I, 72, 17; fréq.

+ **eleemosyna**, *-ae* dans *ab eleemosynis*, aumônier: PLANT. VII, 30, 2; VIII, 220, 11; 228, 15. - v. *a/ab.*

eleemosynarius (*elem-*), *-ii* **aumônier, chapelain: ER., Allen I, n° 284, adr. ; ap. CRAN., n° 229, 24; NANN., 284, 34; fréq. - ← ἐλεημοσύνη (*eleemosyna*) + suff. lat.

eleemosynula, *-ae* petite aumône: ER., Allen VIII, n° 2126, 93. - ← ἐλεημοσύνη (*eleemosyna*) + suff. lat. de dim.

elegiographus, *-i* auteur d'élégies: NANN., 197, 12. - ← ἐλεγειογράφος.

elegiola, *-ae* petite élégie: BUDÉ I, 384, 15; CLEN., n° 36, 65. - ← ἐλεγεία (*elegia*) + suff. lat. de dim.

elementalis, *-is, -e* *élémentaire, qui concerne les quatre éléments, matériel: PETR. I, 372, 31; VALLA I, 671, 18; FIC., Theol. I, 119, 31; etc.

elementaliter matériellement: PLANT. VI, 304, 12.

elementaris, *-is, -e* A) élémentaire, matériel: PIC 1, 4, 45; BOV. Sap., 194, 9; PLANT. VI, 309, 30; etc. - B) élémentaire, rudimentaire: ap. AL., Jovy III, 265, 3.

elementarius, *-ii* maître qui enseigne les éléments, les rudiments: CUEVA, 70 v°, 25.

elementatio, *-onis* genèse des quatre éléments: BOV. Sap., 82, 1.

elementor, *-ari* enseigner les éléments, les rudiments: CLEN., n° 7, 14.

elementulum, *-i* lettre (de l'alphabet): ZAS. ap. AMERB. II, n° 923, 78; BUC., Op. lat. XV, 175, 2. - dim. de *elementum.*

elemosynarius: v. *eleemosynarius.*

elemus, *-i* élémi: ap. FIC., O.O. I, 578 B, ll. 22, 24 et 31. - ← arabe, par esp.

eleuabilis, *-is, -e* qui peut être élevé, qui peut s'élever (jusqu'à Dieu): PIC 1, 106, 31; 107, 41; 108, 43.

+ **eleuatio**, *-onis* A) **instruction, apprentissage: ap. CELT., n° 88, 11. - B) **élévation (à la messe): BUC., Corr. I, n° 81, 27; BÈZE II, 115, 24; ap. CALV. XIII, 113, 17; etc. - C) *élévation à l'état surnaturel: PIC 1, 109, 12.

+ **eleuator**, *-oris* quelqu'un qui affaiblit, qui amoindrit: BUDÉ I, 144, 28.

elimator, *-oris* A) quelqu'un qui donne pleine valeur à . . . : SAL. II, ch. 6, 24 (*Seneca . . . uirtutum diligentissimus elimator*). - B) quelqu'un qui revoit, qui met au point: ap. AMERB.I, n° 29, 2.

elocatio, *-onis* fait de donner en mariage: AMERB. Bon VIII, n° 3399, 66.

elocator, *-oris* collateur (d'un bénéfice eccl.): ap. RHEN., 215, 27 (*ut uocant*).

+ **eloco**, *-are* *donner en mariage: ER., ASD I-3, 140, 509; BÈZE VII, 93, 6; MUNST., 139, 12; etc.

elocutor, *-oris* **celui qui parle: GAG. II, 197, 15. - cf. *locutor* (G.).

+ **elogium**, *-ii* A) **éloge: PETR. II, 872, 17; ER., Allen I, n° 134, 42; BUDÉ I, 133, 33; fréq. - B) **blâme, critique: ER., Allen III, n° 778, 257; LB II, 959 E; BUDÉ III A, 106, 1; etc.

eloquibilis, *-is, -e* exprimable: BARL., n° 33, 36.

+ **eloquium**, *-ii* A) **langue (latin, grec, etc): PETR. I, 600, 26; ap. ER., Allen VI, n° 1579, 177; PIC 2, O.O., 859, 8 (*e Graeco eloquio*); etc. - B) dans *diuinum/ sacrum eloquium* (souvent Pl.), **Sainte Écriture: BOV. Sap., 118, 15; 124, 35; AGRIPPA, 54, 3; etc.

elucidarium, *-ii* *explication: PIC 1, 381, 17 et 36.

elucidatio, *-onis* A) *explication: PIC 1, 401, 33; CLICHT. ap. LEF., 281, 18; ap. ER., Allen I, n° 291, 32; etc. - B) luminosité: BOV. Opp., 76, 9.

elucidatorium, *-ii* explication: CLICHT. ap. LEF., 363, 4; ap. ER., Allen VII, n° 1814, 364.

+ **elucido**, *-are* **expliquer: CLICHT. ap. LEF., 363, 6; 367, 30; ZAS. ap. ER., Allen X, n° 2857, 13.

elucror, *-ari* gagner de l'argent: HUTT. IV, 390, 26.

elucubratio, *-onis* **oeuvre, traité: CLICHT. ap. LEF., 363, 4; ap. ER., Allen VII, n° 1912, 1.

Eluidianus: v. *Heluidianus.*

elusorius, *-a, -um* trompeur: LUTH., WA XVIII, 716, 10.

emaculate correctement: AMERB. Bon. II, n° 766, 65.

emaculatio, *-onis* correction (d'un texte): ap. CELT., n° 238, 6.

emaculator, *-oris* A) correcteur d'imprimerie: RHEN., 96, 6 (*formarum emaculator*). - B) correcteur de textes: BUSL. Ep., n° 63, 16.

emaculatorius, *-a, -um* qui nettoie, qui purifie: BUDÉ II, 292, 53.

+ **emaculo**, *-are* corriger un texte: POLIT., 246, 41; RHEN., 50, 21; ER., Allen VI, n° 1544, 54; fréq.

emando, *-are* envoyer en mission: ER., ASD I-3, 617, 135; IV-1, 87, 5; Allen I, n° 135, 32; etc.

emansitatio, *-onis* absence, éloignement: ap. MERC., 43, 7.

emansito, *-are* se tenir éloigné: BUDÉ I, 98, 22; 280, 7; II, 177, 7; etc.

emarceo, *-ēre* *être faible, languissant: DORP, 60, 10.

emarcidus, *-a, -um* affaibli, languissant: BOV. Sap. 94, 5; 120, 25; CALV. II, 527, 1.

emblica, *-ae* emblique (variété de myrobolan): FIC., O.O. I, 493, A, 3; 493 B, 53; 494 A, 6; etc.

embryon, (*-ion*) *onis* *embryon: ap. PFLUG IV, n° 730, 10; SYLVIUS in *Pros*, 630, 19; SERVET in *Pros.*, 648, 4. - ← ἔμβρυον.

emenda, *-ae* A) *amende: BUDÉ III A, 112, 23. - B) dans *emenda honorabilis*, « amende honorable » : AL. Paquier, 80, 16; LAT. ap. ER., Allen XI, n° 3029, 95 (*ut uocant*); BUDÉ III B, 28, 37; etc.

emendatiuncula, *-ae* une petite correction (de texte): ap. MURET, O.O. II, 114, 35; LIPSE, Ep. III, n° 606, 1. - dim. de *emendatio.*

emendatiuus, *-a*, *-um* qui apporte un correctif, qui corrige: BUDÉ III A, 21, ll. 7, 21 et 52.

emendicatio, *-onis* fait de mendier → demande: BOV. Sap., 106, 18.

+ **eminentia**, *-ae* dans *tua Eminentia*, « Ton/Votre Éminence », « Ton/ Votre Excellence » : CHANS., 30, 10 et 17; ap. ZW. VII, 140, 1. - v. *tua.*

emissarius, *-a*, *-um* envoyé: BUDÉ I, 175, 30.

+ **emissio**, *-onis* sortie, publication (d'un livre): LEF., 27, 19; LÉON X in *Praef.*, 329, 31; CRUC., n° 6, 71; etc.

emmelia, *-ae* désigne une sorte de danse: POLIT., 515, 39; BUDÉ III A, 132, 31 et 34; etc. - ← ἐμμέλεια.

emodulate mélodieusement: BUDÉ II, 13, 34.

emolitio, *-onis* construction, élaboration: PLANT. VII, 101, 17.

emordeo, *-ēre* adoucir, calmer: ER., Allen VIII, n° 2136, 39.

emphatice *emphatiquement: MEL., W. IV, 26, 26; CALV. IX, 471, 28. - ← ἐμφατικῶς.

emphaticus, *-a*, *-um* **emphatique: FIC., O.O. I, 459 A, 12; BUDÉ III A, 57, 25. - ← ἐμφατικός.

emporiandus, *-i* un commerçant, un marchand: ap. CELT., n° 212, 2. - ← ἐμπόριον (*emporium*) + finale *-andus*, dont l'emploi ici paraît étrange.

empyreum, *-i* *empyrée: FIC., O.O. I, 476 A, 6; 477 A, 58. - ← ἐμπύριος, -ος, -ον.

emulsio, *-onis* émulsion: ap. PLANT. V, 289, 25.

emuncte finement, subtilement: ARL., 76, 22.

emunctrix, *-icis* (empl. adj. F.) qui soutire de l'argent: BUDÉ III B, 186, 28.

emurmuro, *-are* murmurer: ap. ER., Allen IV, n° 1061, 407; LUTH., WA Br. I, n° 195, 11.

enabilis, *-is*, *-e* que l'on peut traverser (à propos de cours d'eau): GAG. I, 206, 17.

enarratiuncula, *-ae* bref récit: ALDE in *Praef.*, 258, 15. - dim. de *enarratio.*

enarratrix, *-icis* (empl. adj. F.) qui explique: BUDÉ I, 13, 34; II, 106, 3; III B, 72, 42.

encomiastes, *-ae* (M.). **quelqu'un qui fait l'éloge de . . . : ER.,

Allen III, n° 950, 3; ap. ZW. VII, 422, 6; MORE Corr., n° 180, 23; fréq. - ← ἐγκωμιαστής.

encomiasticus, *-a*, *-um* élogieux, louangeur: POLIT., 465, 13; ER., Allen II, n° 531, 256; RING., 239, 15; etc. - ← ἐγκωμιαστικός.

encomium (*-ion*), *-ii* **éloge: AL., Jovy III, 244, 23; ER., Allen I, n° 211, 115; MORE Corr., n° 83, 1325; fréq. - ← ἐγκώμιον.

encyclopaedia, *-ae* formation générale: NIGER in *Praef.*, 237, 5; RHEN., 53, 31; BUDÉ I, 16, 19; fréq. - ← grec: cf. ἐγκύκλιος παιδεία; v. *cyclopaedia*.

endiadis *hendiadys: MOS. Tab., 9, 20; 12, 25. - On attendrait *hendiadys* ← ἓν διὰ δυοῖν.

endiuia, *-ae* **endive: FIC., O.O. I, 490, B, 12; 493 B, 12; APH., 49 r°, 28. - v. *indiuia*.

endoxus, *-a*, *-um* **renommé, célèbre: ER., ASD I-1, 63, 19. - ← ἔνδοξος.

enecator, *-oris* (empl. adj. M.) qui provoque la mort: BUDÉ I, 400, 31.

eneruator, *-oris* quelqu'un qui affaiblit, qui s'en prend à . . . : MOS. ap. JON. I, 44, 33; BUC., Op. lat. II, 311, 6.

eneruatrix, *-icis* (empl. adj. F.) qui affaiblit, qui épuise: PETR. I, 32, 24.

engastrimythos, *-i* un ventriloque: POLIT., 473, 36. - ← ἐγγαστρίμυθος.

enigmatizor, *-ari* parler par énigmes: ap. BULL., Gr. I, 427, 31. - On attendrait *aenigmatizor* ← αἰνιγματίζομαι; mais cf. prononc. byz.

entheasticus, *-a*, *-um* inspiré par la divinité: BUDÉ III A, 252, 30 et 38; 255, 21. - ← ἐνθεαστικός.

enthusiasmus, *-i* A) enthousiasme (sens relig.): MEL., O.O. XXI, 1020, 33; W. VI, 333, 20; BÈZE VIII, 240, 8. - B) **enthousiasme, inspiration littéraire: ESTIENNE in *Praef.*, 541, 21; BUDÉ II, 33, 36. - ← ἐνθουσιασμός.

enthusiasta, *-ae* (M.) un enthousiaste (sens relig.); BÈZE VII, 54, 28; CALV. IX, 491, 40; BULL. ap. CALV., XII, 290, 1. - ← ἐνθουσιαστής; cf. *Dict. Théol. Cath.*, V, 129-130.

enthusiasticus I, *-a*, *-um* enthousiaste (sens relig.): MEL., W. VI, 308, 14; BÈZE XI, 263, 7. - ← ἐνθουσιαστικός.

enthusiasticus II, *-i* un enthousiaste (sens relig.): MEL., W. VI, 320, 26; 323, 9. - ← ἐνθουσιαστικός.

entitas, *-atis* *entité, être (philos.): ARGYR. in *Reden*, 23, 11; PIC 1, 100, 50; BOV. Nih., 80, 18; etc. - Condamné par VALLA I, 652, 33 et 46; II, 350, 32.

enubis, *-is*, *-e* qui est sans nuages: BOV. Sap., 76, 15 et 21.

enucleatio, *-onis* *explication (de textes): GAG. I, 344, 4; MAIORANUS in *Praef.*, 449, 18; CLICHT. ap. LEF., 99, 34.

enucleator, *-oris* **un enquêteur: BUDÉ III B, 35, 19; 36, 25; 43, 29.

enummis, *-is*, *-e* qui est sans argent, qui est à court d'argent: ap. AMERB. II, n° 840, 18 (*is nunc est enummis*).

enuntiatiue **d'une manière affirmative: CATH. Assert., 171, 53; Disput., 365 A, 17.

epagogicus, *-a*, *-um* qui procède par induction: BUDÉ III B, 103, 38. - ← ἐπαγωγικός.

epagogus, *-i* surveillant des marchés: BOD. I, 184 B, 12. - ← ἐπαγωγός.

ephectice en suspendant son jugement: BUDÉ I, 125, 3. - ← ἐφεκτικῶς.

ephecticus I, *-a*, *-um* qui suspend son jugement: BUDÉ I, 161, 14 et 15. - ← ἐφεκτικός.

ephecticus II, *-i* quelqu'un qui suspend son jugement: BUDÉ I, 183, 6; 221, 50; II, 12, 8. - ← ἐφεκτικός.

ephectus, *-a*, *-um* qui contient un entier et un sixième: BUDÉ II, 143, 35; 144, 6; 267, 34. - ← ἔφεκτος.

ephedrus, *-i* **athlète de réserve: BUDÉ I, 359, 30. - ← ἔφεδρος.

ephemerus, *-a*, *-um* **qui ne dure qu'un jour, qui ne dure guère: ER., Allen VIII, n° 2241, 31; ASD V-2, 110, 433; CALV. II, 77, 23. - ← ἐφήμερος.

epheta, *-ae* (M.) éphète (juge, Athènes anc.): BOD. I, 184 A, 16 et 18. - ← ἐφέτης.

ephippiarius, *-a*, *-um* A) de cavalier: BUDÉ IV, 599, 8 (*subices ephippiarii*: marchepieds pour aider les cavaliers à monter en selle). - B) de sellerie, de sellier: CLEN., n° 43, 34. - ← ἐφίππιος + suff. lat.

epialus, *-i* **fièvre épiale ou fièvre algide: ER., ASD I-3, 230, 99; I-5, 210, 814. - ← ἠπίαλος.

epichaerecacia, *-ae* joie qu'on éprouve du malheur d'autrui: ER., ASD IV-2, 296, 165. - ← ἐπιχαιρεκακία.

Epicuree à la manière d'Épicure, en épicurien: VALLA I, 342, 39.

epicureismus (*-rismus*), *-i* épicurisme (en tant qu'attitude morale): BULL., Gr. I, 301, 22; BÈZE II, 72, 27; CALV. V, 483, 10; etc.

epicureolus, *-a*, *-um* épicurien: POGG. I, 218, 39. - dim. de *epicureus.*

epicurismus: v. *epicureismus.*

epidemia (*-imia*), *-ae* *épidémie: FIC., Conv., 249, 22; Theol. III, 346, 5; ER., Allen VIII, n° 2249, 37; etc. - ← ἐπιδημία.

epidemicus, *-a, -um* *épidémique: VLAD., 243, 32. - ← grec: cf. ἐπιδήμιος.
epidimia: v. *epidemia.*
epiglottis, *-idis* **épiglote: ER., ASD I-3, 459, 214; IV-1 A, 31, 175; NANN., 204, 264. - ← ἐπιγλωττίς.
epigrammatographus, *-i* auteur d'épigrammes: RHEN., 103, 21; VIP. Poet., 24, 17. - ← ἐπιγραμματογράφος; v. aussi *epigrammographus.*
epigrammographus, *-i* auteur d'épigrammes: BULL., Stud., 36, 15. - erreur pour *epigrammatographus?*
epigrapha, *-ae* adresse (dans une lettre): MEL., W. IV, 213, 6; V, 57, 3; 61, 14. - ← ἐπιγραφή.
epigraphus, *-i* censeur des biens des citoyens (Athènes anc.): BOD. I, 184 B, 38. - ← ἐπιγραφεύς.
epilogo, *-are* *conclure: POMP., 26, 8. - ← grec: cf. ἐπιλογίζομαι.
epimastidium, *ii* soutien-gorge: APH, 17 v° 31. - ← ἐπιμαστίδιος, -ος, -ον.
epimythium, *ii* morale (d'une fable, d'un récit): ESTIENNE in *Praef.*, 554, 20; BUDÉ I, 120, 32. - ← ἐπιμύθιον.
epinomis, *-idis* addition, appendice aux lois: ap. ER., Allen XI, n° 3031 a, 262. - ← ἐπινομίς.
epirrhema, *-atis* partie de la parabase (dans une comédie): VIP. Poet., 125, 27. - ← ἐπίρρημα.
episcope, *(-a)*, *-es* *(-ae)* évêché: ER., Allen II, n° 475, 4; ap. ER., Allen II, n° 478, 11; ap. PFLUG I, n° 123, 29; etc. - ← ἐπισκοπή.
episcopulus, *-i* « petit » évêque (connot. péjor.): ap. BULL., Gr. I, 44, 22; BULL. ap. CALV. XIV, 87, 27; ap. CALV. XIV, 165, 37. - ← ἐπίσκοπος (*episcopus*) + suff. lat. de dim.
episodium, *-ii* épisode, digression: VIP. Poet., 34, 22 et 27; 35, 5; etc. - ← ἐπεισόδιον.
epistolula, *-ae* courte lettre: ap. ER., Allen II, n° 503, 7; CLUS., 13, 19. - dim. de *epistola.*
epistomium, *-ii* A) bouchon: BUDÉ I, 55, 40. - B) robinet: BUDÉ III A, 230, 47; III B, 116, 42; APH., 30 v°, 32; etc. - ← grec: cf. ἐπιστομίζω.
epithalamicus, *-a, -um* *qui concerne le chant nuptial: NANN., 268, 23 et 27. - ← grec: cf. ἐπιθαλάμιος; v. aussi *epithalamus.*
epithalamiographus, *-i* auteur d'épithalames: POLIT., 473, 2; VIP. Poet., 24, 19 - ← ἐπιθαλαμιογράφος.
epithalamius: v. *epithalamus.*
epithalamus, *-a -um* qui concerne le chant nuptial: POLIT., 465, 13. - On attendrait plutôt *epithalamius* ← ἐπιθαλάμιος; v. aussi *epithalamicus.*

epithoma (graphie aberrante): v. *epitoma.*
epitimesis, *-is* châtiment, punition: BULL., Corr. I, 214, 8. - ← ἐπιτίμησις.
epitoma (*-tho-*), *-atis* *résumé: ALDE in *Praef.*, 303, 22; CELT., n° 25, 54; ap. ZW. VIII, 545, 9 ; etc. - Le recours erroné à cette déclinaison [au lieu de *epitome, -es* (G.) ← ἐπιτομή, -ῆς] est critiqué par BUDÉ III A, 189, 23-26.
epitomicus, *-i* auteur d'abrégés: STURM, 78, 11. - ← ἐπιτομικός.
epitomographus, *-i* auteur d'abrégés: ER., ASD I-2, 658, 13. - ← grec: cf. ἐπιτομή (*epitome*) + γράφω.
epixenium, *-ii* billot: APH., 23 v°, 7. - ← ἐπίξηνον.
epobelia, *-ae* amende d'une obole par drachme (Athènes anc.): BUDÉ II, 209, 10 et 14. - ← ἐπωβελία.
epoche (*-a*), *-es* (*-ae*) A) suspension du jugement; ER., ASD I-1, 659, ll. 4, 5 et 7; cf. CIC. *Ac.* II, 18, 59, où le terme est en grec. - B) arrêt, fait de s'arrêter: PIC 1, 451, 8 (*epochan solis*). - ← ἐποχή.
epomis, *-idis* bonnet de docteur (univ.): ER., ASD I-3, 397, 288; I-5, 300, 273; Allen I, n° 95, 3; etc. - cf. CROC. Farr., 200, 7.
eponymus, *-i* éponyme: MURET, Scr. Sel. II, 162, 14 (archonte éponyme, Athènes anc.). - ← ἐπώνυμος.
epopoeia, *-ae* épopée: VIP. Hist., 13, 16; Poet., 49, 19; 70, 6; etc. - ← ἐποποιία.
+ **epotus**, *-a, -um* abreuvé: ap. CELT., n° 208, 10 (fig.).
epyllium, *-ii* petit vers: ER., ASD II-6, 368, 474. - ← ἐπύλλιον.
equeriatus, *-us* chevalerie: VALLA I, 529, 37.
equerius, *-ii* chevalier: VALLA I, 529, 36; 562, 46; II, 54, 10.
+ **equitatio**, *-onis* cavalerie: ANDREAS in *Praef.*, 76, 19.
equitatiuncula, *-ae* petit voyage à cheval: ER., Allen X, n° 2818, 23. - dim. de *equitatio.*
erasio, *-onis* fait de racler, d'effacer (des lettres): APH., 40 r°, 7.
Erasmeus, *-i* admirateur ou partisan d'Érasme: ap. ER., Allen IV, n° 1061, 727.
Erasmianus I, *-a, -um* d'Érasme, érasmien; ap. ER., Allen XI, n° 3060, 29; DORP ap. CRAN., n° 123, 8.
Erasmianus II, *-i* admirateur ou partisan d'Érasme: ap. ER., Allen IX, n° 2632, 143.
Erasmice à la manière d'Érasme: HUTT. II, 239, 3; DOLET, 155, 2; LUTH., WA Br. I, n° 50, 5.
Erasmicus I, *-a, -um* d'Érasme, érasmien: ap. ER., Allen IV, n° 1061, 346; MORE Corr., n° 15, 205; RHEN., 193, 14; fréq.
Erasmicus II, *-i* admirateur ou partisan d'Érasme: ap. LUTH., WA Br. II, n° 266, 88 et 90.

Erasmiomastix: v. *Erasmomastix.*

Erasmista, *-ae* (M.) admirateur ou partisan d'Érasme: ER., Allen IV, n° 1041, 15.

Erasmomastix (*-mio-*), *-igis* quelqu'un qui fustige Érasme: ER., Allen III, n° 974, 9; IV, n° 1053, 308; ap. ER., Allen VI, n° 1658, 26; etc. - v. *mastix.*

+ **Erebus** (*He-*), *-i* **enfer (contexte chrét.): BUDÉ I, 187, 28; 217, 12; 221, 45; etc. - v. *inferi, Orcus* A et *tartarus.*

erectrix, *-icis* *celle qui érige, qui construit: BRENTA in *Reden*, 79, 3.

erem-: v. aussi *herem-.*

eremia, *-ae* **désert, solitude: LIPSE, Ep. II, n° 491, 9. - ← ἐρημία.

Eremitanus, *-a, -um* des Ermites (Ordre relig.): ap. LEF., 160, 25; LUTH., WA Br. I, n° 167, 2.

eremitorium, *-ii* monastère: LUTH., WA Br. I. n° 33, 61. - ← ἐρημία. (*eremia*) + suff. lat.; v. aussi *heremus.*

eremodicialis, *-is, -e* fait par défaut, par contumace: BUDÉ III B, 140, 40 et 50; 154, 51. - ← ἐρημοδίκιον (*eremodicium*) + suff. lat.

errabunde en errant: BUDÉ I, 293, 7.

erratito, *-are* errer beaucoup: VALLA I, 13, 48.

erratiuncula, *-ae* petite erreur: BUDÉ I, 235, 5. - dim. de *erratio.*

erratulum, *-i* petite erreur: ap. AMERB. I, n° 482, 13; ZW. VIII, 153, 9; MORE Corr., n° 83, 1521; etc. - dim. de *erratum.*

erronee *erronément: PIC 1, 145, 2.

eruditiuncula, *-ae* modeste savoir: AL. Jovy II, 97, 9; Paquier, 196, 23; BUDÉ I, 485, 13. - dim. de *eruditio.*

esotericus, *-a, -um* **ésotérique, intérieur: BUDÉ II, 311, 6. - ← ἐσωτερικός.

essentiatio, *-onis* « essentiation », « essence déifiée » : CALV. IX, 366, 12; BÈZE VII, 182, 16; VIII, 145, 4 ; etc. - Selon Valentino Gentile, transmission de l'essence (ou nature) divine de Dieu le Père au Fils; sur Gentile, cf. *Lex. f. Theol. u. K.*, IV, 682.

essentiator, *-oris* désigne Dieu le Père, selon Gentile (v. *essentiatio*): CALV. II, 110, 39; ap. CALV. IX, 382, 10; BÈZE VIII, 139, 10; etc.

essentiatus, *-i* désigne Dieu le Fils, selon Gentile (v. *essentiatio*): BÈZE VIII, 139, 10.

essentio, *-are* « essencier », transmettre l'essence divine (v. *essentiatio*): CALV. II, 110, 32; IX, 365, 35; BÈZE X, 52, 35; etc.

estor, *-oris* un mangeur: PETR. II, 1005, 33.

esurius, *-a, -um* affamé: BRIÇ., 121, 7 (fig.).

ethelodulia, *-ae* esclavage volontaire: BUDÉ II, 295, 34. - ← ἐθελοδουλεία.

ethice (adv.) **moralement: BUDÉ I, 253, 48. - ← ἠθικῶς (cf. *ethicos*, G.).

ethnarchia, *-ae* gouvernement d'un peuple, d'une région: BUDÉ I, 234, 31. - ← ἐθναρχία.

ethnicismus, *-i* emploi de termes païens à propos de notions chrétiennes: ap. BÈZE VI, 69, 9. - ← grec: cf. ἐθνικός.

ethographus, *-i* moraliste: ALDE in *Praef.*, 193, 7. - ← ἠθογράφος.

etrusce (*ethr-*) en langue italienne (toscane): ER., Allen VIII, n° 2165, 47. - v. *italice* et *tuscice*.

etymographus, *-i* auteur d'étymologies: SYLVIUS in *Pros.*, 314, 26. - ← grec: cf. τὸ ἔτυμον + γράφω.

euangelice **conformément à l'esprit évangélique: ER., Allen III, n° 660, 19; LUTH., WA Br. II, n° 465, 29; BUDÉ I, 155, 40 etc. cf. εὐαγγελικός (*euangelicus*).

+ **euangelicus** I, *-a*, *-um* « évangélique » = protestant: ER., Allen VIII, n° 2236, 3.

euangelicus II, *-i* un « évangélique » = un protestant: ER., Allen VI, n° 1536, 7; ap. MEL., O.O. II, 296, 36; PFLUG IV, n° 745, 21; fréq. - ← εὐαγγελικός.

euangelismus, *-i* esprit évangélique → christianisme: BUDÉ I, 168, 32. - cf. εὐαγγέλιον.

+ **euangelista**, *-ae* (M.). A) **quelqu'un qui prêche l'Évangile: ER., Allen VI, n° 1672, ll. 122, 127 et 147. - B) un protestant: ER., Allen VI, n° 1670, 81; ap. AMERB. IV, n° 1857, 25; BUC., Op. lat. I, 197, 1; etc.

euario, *-are* varier, différer: BUDÉ I, 28, 41; MORE, CW XIV/1, 619, 9; BÈZE XI, 172, 40; etc.

euasiuncula, *-ae* échappatoire: PETR. I, 523, 23. - dim. de *euasio*.

eucharisticus, *-a*, *-um* eucharistique: MEL., O.O. XXI, 873, 3; ap. CALV. XVI, 34, 39; ap. BÈZE IV, 128, 13; etc. - ← εὐχαριστικός.

eucolpus, *-a*, *-um* bien rond, potelé: ap. JON. I, 11, 26. - ← εὔκολπος.

eucrasia, *-ae* *bonne température (opp. à fièvre): ER., ASD IX-1, 262, 699. - ← εὐκρασία.

euectio, *-onis* A) exportation: BOD. I, 121 A, 8; 242 A, 13. - B) transfert: LIPSE, Ep. III, n° 661, 4.

euector, *-oris* un éducateur: CLEN., n° 36, 454.

euectrix, *-icis* une éducatrice: ap. ER., Allen II, n° 340, 36.

euento, *-are* aérer: ap. AMERB. III, n° 1115, 243.

euerriculo, *-are* prendre comme dans un filet: VALLA ap. BUDÉ III A, 294, 40 et 46.

euerticulum, *-i* ce qui écarte, ce qui empêche: BUDÉ ap. MORE, CW IV, 10, 9 (*ut ita dicam*).

eufrasia, *-ae* euphraise ou euphrasie (plante): FIC., O.O. I, 492 B, 26; MERC., 184, 4 et 16.

euibratio, *-onis* émission (de rayons): BOV. in *Pros.*, 154, 1.

euitabilitas, *-atis* *le fait qu'une chose peut être évitée: CATH., Opusc. I, 26, 18 et 19.

eunomia, *-ae* bonne législation: BUDÉ III A, 63, 14; 64, 13; 65, 14. - ← εὐνομία.

euocatrix, *-icis* (empl. adj. F.) qui appelle: BUDÉ I, 29, 13; AMERB. Bon. IV, n° 1709, 10.

Europicus, *-a, -um* Européen: VIVES, E.W. I, 118, 21.

eustochia, *-ae* *sagacité, perspicacité: BUDÉ II, 257, 44. - ← εὐστοχία.

euthanasia, *-ae* une « bonne mort » (pour un chrétien): BUDÉ I, 206, 10; II, 299, 35. - ← εὐθανασία.

euthymia, *-ae* bon courage, joie (philos.): BRUNI, 25, 17; BUDÉ I, 139, 29; 157, 39; etc. - ← εὐθυμία.

Eutychianus, *-i* *sectateur d'Eutyches: BULL. ap. CALV. XII, 289, 56. - cf. *D.H.G.E.*, XVI, 87-91.

Eutychista, *-ae* (M.) sectateur d'Eutyches: ap. CALV. XVII, 623, 41. - v. *Eutychianus.*

euulgatio, *-onis* A) publication (d'un ouvrage): ER., Allen I, n° 269, 55; ap. ER., Allen IV, n° 1061, 645; ap. AMERB. V, n° 2509, 53. - B) divulgation (d'une attitude): AMERB. Bon. VII, n° 3059, 50.

exabbas, *-atis* *ex-abbé: ER., Allen V, n° 1518, 46; VOLZ ap. ER., Allen V, n° 1525, 22; VOLZ ap. RHEN., 338, 10.

+ **exaggerator**, *-oris* quelqu'un qui accumule, qui rassemble: ap. ER., Allen IX, n° 2633, 37.

exagogicus, *-a, -um* qui concerne la sortie, l'exportation: BUDÉ II, 115, 1. - ← ἐξαγωγικός.

exagonus: v. *hexagonus.*

examinalis, *-is, -e* qui concerne la pesée: BUDÉ II, 100, 10.

examussatim avec précision, avec exactitude: ER., ASD I-6, 156, 213. - v. *amussatim.*

+ **exanimatio**, *-onis* *la mort: ap. BÈZE XI, 317, 18.

exanimatrix, *-icis* (empl. adj. F.) qui épouvante: ER., ASD II-6, 402, 133.

exarator, *-oris* *scribe: ap. ER., Allen VIII, n° 1739 a, 31.

+ **exaudibilis**, *-is, -e* audible: BUDÉ I, 159, 2; 221, 17; 266, 14; etc.

exaudibiliter de manière audible, à voix haute: BUDÉ II, 293, 22; III A, 220, 45.

exaugesco, *- ere* s'accroître, augmenter: VALLA I, 346, 11; BRUNI, 127, 21.

exauro, *-are* faire perdre de l'or, faire perdre des richesses: ER., Allen II, n° 480, 162.
exbalistatio, *-onis* lancement de traits: ap. CELT., n° 334, 28.
exbannio, *-ire* *bannir: ap. AMERB. V, n° 2164, 47 (*ut uocant*). ← *ex* + *bannio, -ire* (NIERMEYER; ← germ.).
exbursatio, *-onis* paiement: ap. AL. Paquier, 228, 16.
exburso, *-are* *payer: ap. AL. Paquier, 228, ll. 19, 24 et 25.
excambium, *ii* *change (monétaire): ap. ER., Allen VI, n° 1726, 10 (*permutationum litterae, quas uulgus excambium uocat*). - v. *cambium.* (← ital.).
excantamentum, *-i* fait de mettre fin aux « enchantements », aux illusions: BUDÉ I, 188, 4.
excantatio, *-onis* ensorcellement: BOD. I, 76 A, 50.
+ **excanto**, *-are* ***faire sortir par des incantations, par des exorcismes (déjà LUC. IX, 931): ER., Allen VII, n° 1906, 44; LB II, 954 E; BUDÉ I, 227, 11. - Opp. à *incanto, -are.*
excauillor, *-ari* dire en usant de sophismes: PETR. II, 832, 30.
+ **excellentia**, *-ae* A) dans *Excellentia tua*, **« Ton/Votre Excellence » : BRUNI, 19, 29; REU., 138, 6; ER., Allen I, n° 192, 6; fréq.; v. *tua.* - B) dans *Excellentia uestra*, **même sens: ap. LUTH., WA Br. I, n° 110 a, 2 et 83; v. *uestra.*
Excelsus, *-i* **le Très-Haut, Dieu: ER., Allen VIII, n° 2136, 35.
excentr-: v. *eccentr-.*
+ **exceptio**, *-onis* fait de recevoir quelque chose: BOV. Sap., 106, 19.
+ **excerpo**, *-ere* mettre en évidence, amplifier, fortifier: ER., LB V, 845 A; 879 E.
excerptor, *-oris* quelqu'un qui rassemble des extraits de textes: ER., Allen II, n° 396, 82.
+ **excessus**, *-us* **l'excès, le trop: FIC., O.O. I, 948 B, 41; Theol. I, 278, 20; BOV. Sap., 134, 13.
exchartabulum, *-i* Pl., papiers, manuscrits: ap. POLIT., 181, 4. - cf. RIZZO, p. 40, n. 1.
excipulosus, *-a, -um* qui tient, qui retient: BUDÉ II, 295, 52.
+ **excisor**, *-oris* graveur: PLANT. III, 34, 21.
excitabulum, *-i* réveil: BUDÉ I, 356, 12 (fig.).
+ **excitatorius**, *-a, -um* qui réveille: APH., 70 v°, 10 (*horologium excitatorium*: réveille-matin).
+ **excito**, *-are* **ressusciter quelqu'un: ER., ASD V-1, 153, 118.
exclamatiuus, *-a, -um* exclamatif: SERRA, 65, 8.
exclamator, *-oris* quelqu'un qui hurle: POGG. I, 210, 16.
exclusiua, *-ae* une exclusive: MEL., O.O. XXI, 753, 18 et 31; 754, 14; etc.
exclusiue *exclusivement, de manière exclusive: MEL., W. V, 179, 17; CALV. II, 72, 9; JON. II, 9, 16; etc.

exclusiuus, *-a, -um* *exclusif: MEL., O.O. XXI, 753, 16; 757, 46; ap. BULL., Gr. II, 8, 28; etc.

excoctor, *-oris* un fondeur de métaux: AGR. G., 115, 28.

excogitatrix, *-icis* celle qui invente, qui découvre: RHEN., 411, 26.

excolibilis, *-is, -e* qui peut être orné, qui peut être embelli: ap. AMERB. I, n° 375, 6.

excommunio, *-onis* **excommunication: BULL., ap. BÈZE X, 140, 41.

exconsiliarius, *ii* ex-conseiller: ER., Allen V, n° 1518, 50.

excopio, *-are* *copier (un texte): AMERB. J. I, n° 234, 16; n° 246, 73; ap. AMERB. I, n° 498, 14; etc.

excoriatio, *-onis* A) *écorchement (d'un animal ou d'un homme): ER., ASD II-5, 131, 633; BOD. I, 146 B, 24. - B) douleur provoquée par une maladie: ER., Allen V, n° 1347, 163; VI, n° 1759, 69.

excorporatio, *-onis* fait de quitter un groupe organisé (université . . .): LUTH., WA Br. I, n° 8, 43.

excrementitius, *-a, -um* qui provient d'excrétions: BUDÉ I, 524, 14.

excrementosus, *-a, -um* dont la sueur est abondante: POLIT., 411, ll. 7, 12 et 15.

excubitorius, *-a, -um* de garde: ap. LIPSE, Ep. II, n° 349, 8 (*naues excubitoriae*).

excucullatus, *-i* quelqu'un qui a quitté l'habit (et la vie) de moine: CATH. Enarr., 254, 8; Disput., 308, 6. - A rapprocher: *ecucullatus.*

+ **excudo**, *-ere* imprimer (des livres): POLIT., 112, 45; LASCARIS in *Praef.*, 186, 3; ER., Allen I, n° 51, 12; fréq. - Pour *formis excudere,* même sens, v. *forma*; pour *formulis excudere,* même sens, v. *formula.*

excupio, *-ere* désirer: ap. AMERB. VI, n° 3014, 51.

+ **excurio**, *-are* exclure de la Cour: BUDÉ II, 36, 7; III A, 145, 24 (*ut ita dicam*).

excursorius, *-a, -um* qui poursuit: BUDÉ I, 71, 27; 75, 53; 78, 14.

excusio (*-ussio*), *-onis* impression (de livres): XIMENES in *Praef.*, 42, 20 ; ap. ER., Allen III, n° 610, 24; BUC., Corr. I, n° 32, 4; etc.

+ **excusor**, *-oris* imprimeur: POLIT., 59, 28; LASCARIS in *Praef.*, 186, 6; ER., Allen I, n° 95, 9; fréq.

excusorius, (*-usso-*), *-a, -um* d'imprimerie: ap. ER., Allen V, n° 1530, 4; ap. AMERB. II, n° 825, 18; LUTH., WA Br. I, n° 171, 5. - cf. WIDMANN, 182-3.

excussio: v. *excusio.*

excussorius: v. *excusorius.*

excusura, *-ae* impression, édition: ZAS. ap. AMERB. II, n° 966, 48; III, n° 1045, 10.

exe-: v. aussi *exse-*.

exegematicus, *-a, -um* A) *narratif: ER., ASD I-1, 149, 22; BUDÉ II, 8, ll. 11 et 14. - B) explicatif, interprétatif: ap. PFLUG I, n° 131, 105. - ← ἐξηγηματικός.

exegesis, *-is* exégèse, explication: HEG. Chr., f. A 5 v°, 25; CALV. VII, 332, 26. - ← ἐξήγησις.

exegetes, *-ae* (M.) interprète des choses sacrées: BUDÉ II, 149, 20. - ← ἐξηγητής.

exegetice (adv.) par exégèse, à titre d'explication: CALV. I, 89, 38; II, 137, 40; V, 182, 7; etc. - ← ἐξηγητικῶς.

exegeticus, *-a, -um* **explicatif: POLIT., 473, 6. - ← ἐξηγητικός.

exeiulo, *-are* déplorer: ZW. VII, 36, 20.

exemplariter *de façon exemplaire: PETR. II, 701, 30; 1122, 27.

exemplificatio, *-onis* *recours à un exemple: FICHET, 166, 22.

exemplifico, *-are* *trouver un exemple: SERRA, 88, 30; 92, 1.

exemptibilis, *-is, -e* qui peut être ôté: BUDÉ I, 482, 6; III A, 168, 35. - cf. *exemptilis* (G.).

+ **exemptio**, *-onis* *exemption (droit canon): ap. ER., Allen VI, n° 1639, 144; ER., Allen VII, n° 1891, 166; TORR. I, n° 12 bis, 25; etc.

exenteratio, *-onis* *fait de vider → de verser (du vin . . .): ap. ER., Allen X, n° 2895, 35.

exenterator, *-oris* quelqu'un qui dépouille, qui vole: BUDÉ II, 295, 22 (*exenteratores reipublicae*).

exercitatiuncula, *-ae* petit exercice: ER., ASD IV-2, 207, 557; ap. AMERB. I, n° 290, 8. - dim. de *exercitatio*.

exhaustor, *-oris* quelqu'un qui épuise, qui ruine: LUTH., WA Br. I, n° 157, 58.

exhaustus, *-us* fait de vider: BUDÉ I, 533, 14.

exhebeto, *-are* émousser, affaiblir: ap. ER., Allen VIII, n° 2186, 66.

+ **exhibitio**, *-onis* réception d'une lettre: ZAS. V, 175 B, 15.

exhibitiuus, *-a, -um* que l'on montre: CALV. IX, 485, 51; XVI, 678, 12; BULL., ap. CALV. XII, 290, 17.

+ **exhibitor**, *-oris* *porteur de lettres: ZAS. V, 177 B, 11; ap. RHEN., 145, 27; AMERB. ap. ER., Allen XI, n° 2978, 12; etc.

exhibitrix, *-icis* A) celle qui apporte une lettre: ap. AMERB. I, n° 60, 9. - B) celle qui (se) montre: BUDÉ I, 147, 25 (*Dei placabilitas . . . blanda sui . . . benignaque exhibitrix*).

exhilarator, *-oris* quelqu'un qui réjouit, qui égaie: ER., ASD I-3, 241, 307; BUDÉ ap. ER., Allen III, n° 810, 383.

exhilaratorius, *-a, -um* qui réjouit, qui égaie: ap. AMERB. III, n° 1255, 14.

exhilaresco, *-ere* A) *se réjouir: GAG. II, 76, 5. - B) réjouir (quelqu'un): ap. ER., Allen VIII, n° 2115, 28.

exhortatiuncula, *-ae* **petite exhortation: BUDÉ III A, 16, 14; ap. AMERB. IV, n° 1566, 6; ap. CALV. XVIII, 422, 24. - dim. de *exhortatio.*

exhortatrix, *-icis* (empl. adj. F.) qui exhorte: ER., ASD IV-1 A, 171, 831.

exhumo, *-are* *exhumer: TORR. II, n° 389, 5.

exi: v. aussi *exsi-*.

exiscitor, *-ari* s'informer, demander: MORE, CW IV, 252, 3. - erreur typogr.? : on attendrait *exsciscitor* (*ex* + *sciscitor*).

exoche, *-es* **supériorité: BUDÉ II, 132, 19. - ← ἐξοχή.

exoculatio, *-onis* *fait d'arracher les yeux: SAL. II, ch. 9, 139; BUDÉ I, 502, 37; BUC., Op. lat. XV, 189, 30; etc.

exodus, *-i* dénouement (d'une tragédie): VIP. Poet., 103, 2. - ← ἔξοδος.

exorbitans, *-ntis* (adj.) exorbitant: ap. AL. Paquier, 148, 22; 155, 34.

exorbitantia, *-ae* fait de s'écarter (d'une règle): REU., 72, 1.

exordialis, *-is*, *-e* **de début, initial: BUDÉ III B, 38, 27; 39, 53.

exordiolum, *i* bref exorde: ER., ASD I-6, 270, 860; 274, 947; VIVES Conscr., 30, 2. - dim. de *exordium.*

exornatiuus, *-a*, *-um* d'apparat, d'ornement: VIP. Poet., 35, 10.

exornatrix, *-icis* (empl. adj. F.) qui orne: BUDÉ I, 13, 35.

exp-: v. aussi *exsp-*.

expatrator, *-oris* un dissipateur: CATH., Opusc. I, 186, 21.

expediens I, *-ntis* (empl. adj.) **avantageux: PETR. II, 702, 30.

expediens II, *-ntis* (empl. subst. N.) un avantage: AL. Paquier, 204, 17; 205, 4.

+ **expeditio**, *-onis* A) **rapidité: GUAR. 2, Ord., 62, 7. - B) **règlement, arrangement (d'une affaire): TORR. I, n° 199, 19. - C) dans *cruciata expeditio*: v. *crucio*, *-are.*

expenditor, *-oris* *quelqu'un qui dépense: AMERB. J. I, n° 265, 48.

+ **expenso**, *-are* peser: BUDÉ II, 99, 2.

expensor, *-oris* juge, critique: ER., ASD I-1, 482, 36; Allen IX, n° 2443, 57; ap. ER., Allen XI, n° 3112, 73.

expergiscentia, *-ae* réveil: BUDÉ I, 537, 40.

experimentalis, *-is*, *-e* *expérimental: CATH., Opusc. I, 158, 18; Assert., 39, 5; 59, 45.

experimentaliter *par expérience: PETR. I, 372, 12; CATH., Assert., 71, 55.

expiatrix, *-icis* (empl. adj. F.) *expiatrice, d'expiation; BUDÉ I, 188, 11; BUC., Op. lat. I, 106, 15; CALV. I, 527, 27; etc.

expiscator, *-oris* pêcheur (fig.): BUDÉ I, 294, 52; 353, 22.

explanatiuncula, *-ae* *brève explication: CLICHT. ap. LEF., 232, 17. - dim. de *explanatio.*

explausus, *-us* huée, désapprobation: CHANS., 69, 23.
explebilis, *-is*, *-e* qui peut être satisfait, qui peut être rassasié: BUDÉ II, 55, 22.
expletus, *-us* fait de remplir: BUDÉ I, 533, 14.
explicatim en détail, en développant: ER., ASD I-6, 279, 70.
explicite *explicitement, clairement: PETR. I, 347, 50; PIC 1, 83, 51; CATH. Assert., 29, 51; etc.
+ **explicitus**, *-a*, *-um* **explicite: PIC 1, 106, ll. 2, 5 et 18.
explorabundus, *-a*, *-um* poussé par la curiosité: POLIT., 52, 34.
explosor, *-oris* *quelqu'un qui rejette, qui désapprouve: BUDÉ I, 349, 33; II, 301, 33.
expolitrix, *-icis* (empl. adj. F.) qui polit: BUDÉ I, 66, 8; 325, 19.
exponibile, *-is* *ce qui peut être expliqué, ce qui peut être interprété: LEF., 39, 15; DORP, 99, 24; CALV. XI, 652, 33.
expostulatiuncula, *-ae* petite demande: ER., Allen IX, n° 2529, 1; MEL., O.O. II, 699, 36. - dim. de *expostulatio*.
expostulator, *-oris* quelqu'un qui demande, qui réclame, qui se plaint: ER., ASD IV-1 A, 66, 318; IX-1, 258, 601; BUDÉ ap. ER., Allen III, n° 810, 432; etc.
expostulatorius, *-a*, *-um* de demande, de réclamation, de plainte: ER., ASD I-2, 133, 4; VIVES Conscr., 38, 19; ap. PFLUG I, n° 78, 71; etc.
expostulatrix, *-icis* (empl. adj. F.) de demande, de réclamation, de plainte: ER., Allen II, n° 528, 2; BUDÉ I, 315, 25; CHANS., 92, 18; etc.
exprecor, *-ari* demander, souhaiter: ap. ER., Allen II, n° 573, 23.
+ **expressio**, *-onis* impression (de livres): FIC., O.O. I, 955 B, 38.
+ **exprimo**, *-ere* imprimer (des livres): ANDREAS in *Praef.*, 100, 14; FIC., O.O. I, 934 B, 52; AMERB. J. I, n° 293, 6; etc.
exprobramentum, *-i* reproche, blâme: ER., ASD IV-1, 146, 313.
expromissio, *-onis* caution, garantie: BUDÉ IV, 3, 14; 848, 25; BOD. I, 75 A, 49.
expuncto, *-are* effacer, supprimer: ap. POLIT., 195, 9.
+ **expungo**, *-ere* expurger: BÈZE IX, 66, 6.
+ **expurgatio**, *-onis* A) fait de corriger (un texte): PLANT. IV, 162, 1. - B) fait d'expurger: S.J. II, 178, 31; 179, 19.
+ **expurgo**, *-are* expurger: S.J. II, 410, 7; 414, 17.
exquaestor, *-oris* ancien trésorier: CLICHT. ap. LEF., 101, 22; LEF., 379, 26.
exquammo (*exsqu-*), *-are* *enlever la taie (des yeux): BOV. Sap., 310, 8.
exsciscitor, *-ari* : v. *exiscitor*, *-ari*.
exscriptio, *-onis* A) portrait: PIC 1, 246, 27. - B) copie, transcription: BUDÉ ap. ER., Allen III, n° 819, 24; ap. AMERB. II, n° 631, 17.

exscriptor, *-oris* *copiste: POMPONIUS in *Praef.*, 110, 5; FIC., O.O. I, 984 A, 45; NANCEL, 192, 31.

exsecratrix (*exe-*), *-icis* (empl. adj. F.) qui maudit, qui exècre: ER., ASD V-3, 145, 946.

+ **exsecutio** (*exe-*) *-onis* exécution (d'un condamné à mort): MORE, CW IV, 80, 10.

exsecutorialis (*exe-*), *-is, -e* *exécutoire: REU., 222, 7; ap. ER., Allen IV n° 1021, 139; TORR. III, n° 806, 20; etc.

+ **exsecutorius** (*exe-*), *-a, -um* *exécutoire: PETR. II, 945, 41, BOD. I, 80 A, 27.

exsibilatio, *-onis* sifflement → critique: VIVES, E.W. I, 142, 13; ap. ER., Allen VII, n° 2021, 104.

exsibilator (*exi-*), *-oris* quelqu'un qui siffle → quelqu'un qui critique: GAG. I, 223, 7; ER., Allen VI, n° 1672, 58.

exsiccatorius (*exi-*), *-a, -um* de dessication: HUTT. V, 473, 13.

exsiccatrix (*exi-*), *-icis* (empl. adj. F.) desséchante: PIC 1, 348, 35.

exspatiatio (*exp-*), *-onis* digression: ER., Allen IV, n° 1000, 95; ap. CRAN., n° 77, 57.

exspatiator I (*exp-*), *-oris* (subst.) quelqu'un qui erre, qui se promène: BUDÉ I, 114, 12.

exspatiator II (*exp-*), *-oris* (empl. adj. M.) qui erre, qui se promène: BUDÉ I, 160, 38; 186, 46; III A, 228, 10.

exspectabundus (*exp-*), *-a, -um* plein de l'attente de . . ., très désireux de . . . : HUTT. I, 207, 31; V, 40, 17; AGRIPPA ap. ER., Allen X, n° 2737, 5.

exspectatiua (*exp-*), *-ae* attente, espoir: AL. Paquier, 257, 11; ap. AL. Paquier, 275, 9; ap. CRAN., 141, 25; etc.

exspectatiuus (*exp-*), *-a, -um* dans *gratiae exspectatiuae*: *grâces d'attente: HUTT. IV, 206, 6 (*gratiae quae uocantur expectatiuae*).

exspirabundus (*exp-*), *-a, -um* qui s'exhale, qui s'échappe: BUDÉ I, 456, 37.

exspiramentum (*exp-*), *-i* exhalaison: BUDÉ I, 512, 10.

+ **exspiratio** (*exp-*), *-onis* **dernier soupir, mort: ER., ASD V-3, 158, 429.

exspiratus (*exp-*), *-us* exhalaison: BUDÉ I, 523, 7.

exsplendeo (*exp-*), *-ēre* **resplendir, briller: BUDÉ I, 244, 11.

exsquammo *-are*: v. *exquammo, -are.*

exstaticus (*ecst-, ext-*), *-a, -um* *extatique: BUDÉ I, 110, 28; 157, 30; CALV. VII, 394, 25; etc. - ← ἐκστατικός.

exstimulatio, *-onis* instigation, stimulation: BUDÉ I, 184, 6; ap. BÈZE II, 53, 22.

exstirpabilis (*ext-*), *-is, -e* extirpable: PETR. II, 934, 51; 978, 15.

exsudabilis (*exu-*), *-is, -e* dont on vient à bout: BUDÉ I, 475, 3.

+ **exsuperantia** (*exu-*), *ae* A) débordement, inondation: BUDÉ I,

528, 26 et 27. - B) l'excès, le trop: BOV. Sap., 130, 4; 138, 2.

exsuscitatrix (*exu-*), *-icis* (empl. adj. F.) qui réveille: BUDÉ I, 180, 36.

+ **exsuscito** (*exu-*), *-are* **ressusciter quelqu'un: BUDÉ I, 44, 21 et 27.

ext-: v. aussi *exst-*.

extemporarius, *-a*, *-um* improvisé: ER., ASD IV-3, 74, 50; RHEN., 33, 17; BUC., Corr. I, n° 7, 69; etc.

extenuatiue avec idée de diminution, d'atténuation: MEL., W. V, 239, 19.

+ **exterebro**, *-are* percer, traverser: BOV. Sap., 224, 25; 228, 34; 282, 28; etc.

+ **exterminatio** *-onis* **envoi en exil: BUDÉ III A, 348, 46.

externe *extérieurement: BUC., Op. lat. II, 37, 10; 300, 12; CATH. Enarr., 209, 33; etc.

+ **externus**, *-a*, *-um* **profane: BUDÉ I, 140, 13 (*studia quae dicuntur externa*); ap. BÈZE IX, 41, 22.

extractio, *-onis* A) dans *sanguinis extractio*, **saignée: ap. FIC., O.O. I, 574 B, 22; 577 A, 10. - B) dans *radicum extractio*, extraction de racines (mathématique): RING., 514, 1.

extractus (ou *-um*), *-us* (ou *-i*) *un extrait: TORR. III, n° 1201, 23 (acc. *-um*).

extraiudicialis, *-is*, *-e* *extrajudiciaire: BOD. I, 78 A, 18 et 19; 79 B, 48.

extralimitaneus, *-a* *-um* extérieur à . . . , étranger à . . . : ZAS. ap. AMERB. III, n° 1470, 10 (*hominibus a fide nostra extralimitaneis*).

+ **extramundanus**, *-a*, *-um* **extérieur au monde: LEF., 276, 24; ER., Allen II, n° 447, 648; ASD V-3, 278, 712.

extreme *extrêmement, très: HUTT. II, 33, 4; ap. BÈZE VI, 302, 14; VIII, 204, 15.

extremiter vers l'extérieur: BOV. Sap., 310, 5.

extrinsece *extrinsèquement, extérieurement: PIC 1, 100, 28.

extrinsecus, *-a*, *-um* **extrinsèque, extérieur: FIC., Theol. I, 90, 1; PIC 1, 29, 53; BRIÇ., 100, 23; etc.

exu-: v. aussi *exsu-*.

exuitio, *-onis* fait de dépouiller, de débarrasser: MEL., W. IV, 248, 8.

exungulatio, *-onis* fait (pour un cheval) de perdre ses soles: POLIT., 463, 29.

exustibilis, *-is*, *-e* *qui peut être détruit par le feu: ER., ASD I-5, 190, 496.

exustor, *-oris* quelqu'un qui détruit par le feu: ER., Allen V, n° 1342, 901.

F

f-: v. aussi *ph-*.

fabellula, *-ae* petite fable: DORP, 23, 15. - dim. de *fabella*, déjà dim. de *fabula*.

faber A) dans *faber murarius* : v. *murarius*. - B) dans *faber serarius* : v. *serarius*.

fabilis, *-is*, *-e* qui peut être dit: PETR. I, 369, 42.

+ **fabrica**, *-ae* dans *fabrica ecclesiae/ basilicae* : *fabrique d'église: CLÉMENT VII in *Praef.*, 368, 7; TORR. II, n° 565, 40.

fabrifico, *-are* fabriquer, composer: POGG. I, 243, 36.

fabulabundus, *-a*, *-um* qui raconte une fable, une fiction: BUDÉ I, 12, 5.

fabulamentum, *-i* fable, invention: GUAR. 2, Inaug., 136, 36; PIC 1, 451, 5; ER., ASD I-1, 480, 25; fréq.

fabulatrix, *-icis* une narratrice: BUDÉ I, 19, 26.

faceties, *-ei* esprit, enjouement: PETR. II, 1219, 34.

facetiola, *-ae* petite plaisanterie: ER., Allen VI, n° 1688, 4. - dim. de *facetia*.

facetosus, *-a*, *-um* ***facétieux (déjà CIC. *Fin.* II, 31, 103, var.): BUDÉ I, 541, 34; IV, 1022, 45.

facetulus, *-a*, *-um* assez facétieux, assez spirituel: PETR. II, 1191, 20; 1206, 10; MORE Corr., n° 83, 369; etc. - dim. de *facetus*.

+ **facies**, *-ei* une page: VALLA I, 785, 4 (*ut dicunt*); VALER. C. Ep., n° 111, 35; n° 117, 4; etc. - cf. RIZZO, p. 40.

facilito, *-are* faciliter: PETR. II, 1051, 27 (*tuis utor uerbis*).

factibilis, *-is*, *-e* *faisable: PIC 1, 152, 30; CATH. Enarr., 115, 10.

+ **facticius**, *-a*, *-um* faux: MOS. Paed., 28, 2.

+ **factiose** tendancieusement, avec un esprit partisan: ER., Allen III, n° 980, 48; LB X, 1256 F.

factiuus, *-a*, *-um* qui concerne les « arts mécaniques », les travaux manuels (cf. ποιητικός): VALERIUS Aug. in *Reden*, 287, 8 (*ut ita dicam*); POMP., 107, 31; 109, 9; etc.

+ **factor**, *-oris* *un agent: ap. CRAN., n° 230, 9 (*ut dicunt*).

facturio, *-ire* **désirer faire, s'apprêter à faire: MORE Corr., n° 143, 1374; LIPSE, Ep. I, n° 232, 5.

+ **Facultas**, *-atis* *Faculté (univ.): GAG. II, 91, 26; ER., Allen II, n° 305, 197; DORP, 28, 10; fréq.

fagottum, *-i* basson: S.J. I, 449, 2. - ← ital.

fallaciloquenter en usant de paroles trompeuses: REU., 183, 16.
fallibilis, *-is*, *-e* A) *faillible: CATH., Opusc. I, 26, 18; II, 20, 33; 23, 33. - B) qui peut être évité: CATH., Opusc. I, 44, 33 et 37.
fallibiliter d'une manière qui peut être évitée: CATH., Opusc. I, 44, 34 et 36.
falsificatio, *-onis* *tromperie, falsification: BARON, 50, 9.
falsifico, *-are* *prouver la fausseté de . . . : PIC 1, 106, 21.
+ **falso**, *-are* tromper: REU., 97, 22.
fama dans *tristiloqua fama* : v. *tristiloquus, -a, -um.*
+ **famatus**, *-a*, *-um* **bien connu, réputé: LEF., 73, 33; ap. LEF., 167, 13; ap. AMERB. I, n° 250, 2; etc.
fameo, *-ēre* *avoir faim: BUC., Op. lat. XV, 127, 28; LIPSE, Ep. II, n° 498, 23.
famicida, *-ae* (M.) quelqu'un qui s'en prend à la réputation de . . . : ap. HUTT. I, 155, 7.
familiariusculus, *-a*, *-um* assez familier, assez intime; BUDÉ I, 329, 45. - dim. du compar. *familiarior, -ius.*
famor, *-ari* être critiqué, avoir mauvaise réputation: LUTH., WA Br. I, n° 161, 50.
+ **famulatus**, *-us* **aide, service: PERNA in *Praef.*, 598, 3.
famulicida, *-ae* (M.) meurtrier d'un serviteur: ap. ER., Allen XI, n° 3002, 676.
fanatismus, *-i* délire religieux (?): ap. CALV. XV, 184, 47.
fantasta, *-ae* (M.) un rêveur, quelqu'un qui imagine des choses fausses: CELT., n° 46, 25. - On attendrait *phantasta* ← φανταστής.
fantasticalis, *-is*, *-e* qui concerne l'imagination: SERRA, 41, 29. - On attendrait *phantasticalis* ← φανταστικός (*phantasticus*) + suff. lat.
+ **fanum** (*pha-*), *-i* église chrétienne (édifice): ER., Allen I, n° 199, 20; BUDÉ I, 133, 3; ap. AMERB. III, n° 1314, 12; etc.
farctor, *-oris* un gourmand, un glouton: BUDÉ II, 274, 24.
Farellista, *-ae* (M.) un partisan de Farel: CALV. VII, 310, 2. - cf. *D.H.G.E*, XVI, 531-4.
farsitium, *-ii* désigne un vêtement masculin: POGG. I, 427, ll. 2, 8 et 13.
fasciculatim par petits paquets: ER., Allen VII, n° 1875, 13; IX, n° 2481, 2.
fascinatrix I, *-icis* (subst.) une « sorcière » : ER., Allen I, n° 58, 139.
fascinatrix II, *-icis* (empl. adj. F.) A) trompeuse, ensorceleuse: ER., ASD II-4, 158, 191; DORP, 99, 13. - B) dans *lingua fascinatrix*, « mauvaise langue », méchante langue: ER., Allen VI, n° 1683, 10; n° 1701, 36; n° 1796. 1.
fasticen, *-inis* chantre des Fastes, auteur des Fastes: SAL. III, ch. 11, 104 (*fasticen Sulmonensis* = Ovide).

fastidiosulus, *-a, -um* assez dédaigneux: ER., Allen II, n° 480, 231; ap. ER., Allen VII, n° 1816, 48. - Emploi subst.: BUDÉ ap. ER., Allen III, n° 810, 370. - dim. de *fastidiosus*.

fastigiolum, *-i* petit sommet, petite hauteur (fig.): BUDÉ I, 246, 18; 380, 27. - dim. de *fastigium*.

fastum, *-i* gros bois: TORR. II, n° 284, 14.

fastuose *superbement, orgueilleusement: ER., ASD I-1, 491, 24; CALV. I, 350, 56; 448, 3; etc.

fatoscopus, *-i* quelqu'un qui scrute les destins: NIGER in *Praef.*, 237, 26. - ← *fatum* + σκοπός.

fatuelus (*-ellus*), *-i* un « petit » fou, un insensé: ER., Allen IV, n° 1074, 96; LIPSE, Ep. II, n° 353, 53 - dim. de *fatuus*.

\+ **fauentia**, *-ae* **faveur, sympathie: ap. LIPSE, Ep. II, n° 516, 8.

fautoria, *-ae* *attitude favorable, bienveillance: ap. REU., 146, 26; REU., 156, 21.

fe-: v. aussi *foe-*.

febrifer, *-era, -erum* qui apporte la fièvre, qui provoque la fièvre: FIC., Theol. II, 233, 33 et 34.

febris dans *causonica febris*: v. *causonicus, -a, -um*.

\+ **fecialis** (*foe-*), *-is* un messager (en temps de guerre): GOES in *Mon.*, 649, 116; 650, 136; 653, 267; etc.

felicitabilis, *-is, -e* *qui peut être heureux: POMP., 96, 13 et 17.

fellatio, *-onis* fait de sucer: ER., ASD II-6, 463, 762.

felonia, *-ae* *félonie: AMERB. Bon VII, n° 3200, 9; n° 3276, 14. - ← francique.

femineitas, *-atis* féminité: CATH. Disput., 58, 45 et 48.

\+ **fenestella**, *-ae* **petite ouverture, petit trou: ER., ASD I-3, 688, 69.

fenestrella, *-ae* **petite ouverture, petit trou: POGG. I, 298, 36. - dim. de *fenestra*.

feniceus (*foe-*), *-a, -um* de foin: VALLA I, 141, 41; ER., ASD I-4, 290, 300.

fenisecius (*foe-*), *-a, -um* qui sert à couper le foin: BUC., Op. lat. I, 181, 5.

feriatio, *-onis* oisiveté, inaction: BOV., Nih., 58, 32.

ferocule assez hardiment, assez vivement: BUDÉ I, 179, 16; 361, 50; III A, 13, 44. - adv. formé sur *feroculus* (G.), dim. de *ferox*.

\+ **ferramentum**, *-i* fig., « instrument » de l'art d'écrire: VIVES Conscr., 104, 6.

ferrater, *-tris* terme moqueur et méprisant formé par jeu de mots et employé pour *frater*, frère, moine: ap. ZW. VII, 183, 9; ZW. VII, 231, 14.

ferreitas, *-atis* fait d'être en fer: VALLA I, 653, 38.

ferruminator, *-oris* A) soudeur: CATH. Enarr., 53, 27 (à propos de Dieu!). - B) fig. (avec connot. ironique), quelqu'un qui utilise des mots rares: POLIT., 58, 33 et 36; ap. POLIT., 60, 37; etc.
feruide **avec ferveur, avec ardeur: MORE, CW XIV/1, 311, 10.
festa dans *cinericia festa*: v. *cinericius, -a, -um.*
festinantiusculus, *-a, -um* assez impatient, assez pressé: ap. ER., Allen I, n° 34, 10. - dim. du compar. *festinantior, -ius.*
feudalis I, *-is* *un feudataire: AL. Paquier, 98, 15. - ← francique.
feudalis II, *-is, -e,* *féodal: ZAS. V, 173 B, 70; PFLUG II, n° 356, 59; BOD. I, 79 A, 14; etc. - ← francique.
feudarius, *-ii* un feudataire: AL. Paquier, 100, 15. - ← francique.
feudastrum, *-i* un « quasi-fief » : HOTM., 274, 17. - ← francique.
feudatarius I, *-a, -um* *feudataire: PETR. II, 852, 36; ap. CALV. XVI, 115, 30. - ← francique.
feudatarius II, *-ii* *un feudataire: AL. Paquier, 157, 36. - ← francique.
feudista, *-ae* (M.) spécialiste du droit féodal: AMERB. Bon., IX/2, ann. 2. l. 144. - ← francique.
feudum, *-i* *fief, bénéfice: PETR. II, 852, 36; ER., ASD I-3, 595, 120; PFLUG II, n° 249, 63; fréq. - ← francique.
+ **fibra**, *-ae* diverticule (dans un filon de métal): AGR. G., 35, 26; 73, 16; 75, 1; etc.
ficticium, *-ii* simulacre: POGG. I, 244, 21.
fictorius, *-a, -um* A) fictif, inventé: ER., ASD I-2, 389, 17. - B) dans *fictoria ars,* art de l'imprimerie: ANDREAS in *Praef.*, 64, 20.
ficulnus, *-i* figuier: PETR. II, 1215, 51.
fidefragus I (*fidi-*), *-a, -um* A) **qui ne respecte pas sa promesse: PETR. II, 643, 10; 1100, 29; 1117, 4. - B) non respecté: PETR. II, 779, 31 (*fidifragae indutiae*).
fidefragus II, *-i* quelqu'un qui ne respecte pas sa promesse: PETR. I, 174, 7.
+ **fidelis**, *-is* **un fidèle (sens chrét.): BULL., Gr. I, 84, 5; ap. BULL., Gr. I, 129, 22; CALV. I, 87, 32; etc.
fides dans *iustifica fides*: v. *iustificus, -a, -um.*
fidifragus: v. *fidefragus* I.
fiducialis, *-is, -e* **plein de foi: LUTH., WA Br. I, n° 11, 34.
+ **figura**, *-ae* format d'un livre: BUC., Corr. I, n° 2, 78 et 88.
filatrix, *-icis* (empl. adj. F.) qui file (la laine . . .): ap. LEF., 247, 38.
filialiter *filialement: PETR. II, 788, 25; 939, 6; v. aussi 1062, 21, où on lit *filiariter,* probabl. par erreur typogr.
filiariter: v. *filialiter.*
filobarbarus: v. *philobarbarus.*
financiarius (*fy-*, *-tiarius*), *-ii* trésorier: ER., Allen X, n° 2762, 19; ap. ER., Allen V, n° 1458, 59; X, n° 2785, 87.

finibilis, *-is, -e* limité: PETR. I, 370, 45.
finitas, *-atis* *caractère limité: PIC 1, 85, 35; 87, 19; 90, 41.
finitatio, *-onis* limitation: PIC 1, 92, 17 et 28.
+ **finitor**, *-oris* quelqu'un qui donne une définition: MOS. Tab., 21, 8.
finitrix, *-icis* (empl. adj. F.) qui délimite, qui définit: BUDÉ II, 244, 5.
firmiusculus, *-a, -um* assez solide, assez bon: ER., Allen I, n° 159, 29; V, n° 1267, 9; IX, n° 2362, 7; etc. - dim. du compar. *firmior, -ius.*
fiscalis (*ui-*), *-is* *un fiscal ou procureur fiscal: ap. AMERB. I, n° 175, 10; MEL., O.O. II, 228, 32; MUNST., 25, 1; etc.
fissibilis, *-is, -e* ***qui peut être fendu, facile à fendre (déjà PLIN. 1, XVI, 73, 184; var.): VALLA I, 12, 33 (qui renvoie à PLIN. 1, *loc. cit.*). - cf. *fissilis* (G.).
flaccide négligemment: GAG. I, 290, 1.
flagellifer, *-eri* (adj. M.) qui porte un fouet: ER., ASD II-5, 84, 569 (trad. de μαστιγοφόρος, épithète d'Ajax).
+ **flagellum**, *-i* **fléau, calamité: ER., ASD V-3, 34, 89.
flagitatorius, *-a, -um* de demande instante: BUDÉ I, 501, 9.
flagrasco, *-ere* s'enflammer: ap. MORE Corr., n° 157, 34 (fig.).
flammigantia, *-ae* action d'enflammer, d'allumer: BUDÉ I, 525, 2 (trad. de ἔξαψις).
flandrice en langue flamande (néerlandaise):ER., Allen III, n° 351, 3; CLEN., n° 53, 58; ap. BÈZE III, 96, 38; etc. - v. *belgice, cimbrice, germanice* B, *hollandice, teutonice* B.
flapardus (*flapp-*), *-i* désigne une monnaie (blappart ou plappart): ap. ER., Allen VI, n° 1671, 36; X, n° 2768, 16. - ← germ.; v. *blappardus* et *plapardus.*
flasculum, *-i* petite bouteille: ap. CELT., n° 128, 22. - dim. que l'on peut rattacher à *flasca* ou à *flasco.*
flatulentus, *-a, -um* flatulent: ap. AMERB. III, n° 1115, 49; BOD. I, 148 B, 4.
flatuosus, *-a, -um* plein de souffle, plein de vent: ap. AMERB. III, n° 1115, 59; LIPSE, Ep. II, n° 395, 5.
flauedo, *-dinis* *teinte jaune, teinte dorée: AGR. G., 43, 31; APH., 47 v°, 5.
flauor, *-oris* *blondeur: ER., Allen IV, n° 999, 40.
flauttum (*-autum*), *-i* flûte: S.J. I, 449, 2. - ← provençal.
+ **flecto**, *-ere* décliner (gramm.): DORP, 3, 5.
flexamen, *-inis* une courbe: ZAS. V, 175 B, 13; 191 A, 12.
+ **flexibilis**, *-is, -e* qui peut être décliné (ou conjugué): STURM, 26, 29.
+ **flexilis**, *-is, -e* qui peut être décliné: DORP, 3, 5.

flexiloquentia, *-ae* manière ambiguë de parler: ap. AL. Paquier, 304, 5; CALV. XI, 217, 25.

flexim *en courbe: ZAS. V, 175 B, 8.

florentulus, *-a, -um* assez florissant, assez heureux: ER., Allen IV, n° 1141, 2. - dim. de *florens.*

florenulus, *-i* florin: ap. AMERB. II, n° 840, 19. - dim. de *florenus* (v. *infra*).

florenus, *-i* *florin: PETR. III, 1374, 45; POGG. I, 312, 12; ER., Allen I, n° 77, 15; fréq. - ← ital. par franç.

florilegium, *-ii* florilège: ER., Allen V, n° 1294, 6; ALCIAT ap. AMERB. III, n° 1312, 41; VLAD., 277, 9.

florulentia, *-ae* floraison: ER., ASD V-2, 70, 122.

florulentulus, *-a, -um* **émaillé de fleurs: RHEN., 60, 1. - dim. de *florulentus.*

fluctuabilis, *-is, -e* variable, changeant: CATH., Opusc. III, 128, 25.

fluiditas, *-atis* fluidité: CATH. Enarr., 27, 45; 28, 46.

fluminosus, *-a, -um* abondant: ZAS. ap. ER., Allen II, n° 344, 26 (*fluminosas disserendi undas*).

fluxibilis, *-is, -e* **fluide: PIC 1, 476, 19.

focillatrix, *-icis* (empl. adj. F.) qui réconforte, qui rend des forces: BUDÉ IV, 366, 20.

foe-: v. aussi *fe-.*

foedatio, *-onis* enlaidissement: STURM ap. RHEN., 5, 5.

foedifragium, *-ii* violation des traités: MORE ap. ER., Allen IX, n° 1087, 67.

+ **foedus**, *-eris* dans *Vetus/Nouum Foedus,* Ancien/Nouveau Testament: CAST., De arte I, ch. 9, 23 et 25; II, ch. 23, 11.

foeneratoria (*fe-*), *-ae* prêt à intérêts: BUDÉ I, 252, 39.

foeneratorius (*fe-*), *-a, -um* *qui concerne le prêt à intérêts: BUDÉ II, 274, 38.

foetositas, *-atis* saleté, infection: POGG. I, 180, 16.

foliaria, *-ae* marchande de légumes: VALLA I, 349, 29.

foliatim feuillet par feuillet (à propos d'un livre): ap. AMERB. I, n° 325, 23.

+ **foliatus**, *-a, -um* qui compte de nombreux feuillets: ap. AMERB. V, n° 2471, 5.

+ **foliolum**, *-i* *feuillet (recto-verso): PLANT. II, 197, 1 et 3; 198, 9. - v. *semifolium* B.

+ **folium**, *-ii* A) carte à jouer: BÈZE VIII, 239, 12; APH., 45 v°, 27; 46 r°, 33. - B) grande feuille formant un cahier de livre imprimé: PIGH., n° 119, 24; VALER. C. Ep., n° 122, 3; PLANT. II, 197, 3 (*folia integra*); etc.

+ **follis**, *-is* dans *a follibus* ou *ab ipsis follibus,* sortant du soufflet de la forge → tout frais, tout récent: ER., LB II, 997 B; Allen II, n° 337, 831 (*quod aiunt*); RHEN., 89, 29 (*quod aiunt*).

fontiuagus, *-a, -um* qui se promène près des sources: PETR. II, 738, 27.

foraminulentum, *-i* petit trou: SYLVIUS in *Pros.*, 632, 13. - dim. de *foramen.*

foraneus, *-a, -um* *étranger, « forain » : POGG. I, 197, 20; ap. AL. Paquier, 135, 4 et 5.

forarius, *-ii* fourrier: ap. ER., Allen IX, n° 2570, 9 et 13.

forinsecus, *-a, -um* **extérieur: ap. CELT., n° 146, 53.

+ **forma**, *-ae* A) format d'un livre: ALDE in *Praef.*, 261, 19; AMERB. J. I, n° 491 a, 101; BUC., Corr. I, n° 2, 46; fréq. - B) forme d'imprimerie: ap. ER., Allen IV, n° 1061, 537; le plus souvent dans *formis excudere*, imprimer: POLIT., 57, 45; ALDE in *Praef.*, 199, 34; ER., Allen II, n° 456, 56; fréq.

+ **formalis**, *-is, -e* *formel: FIC., Theol. I, 110, 13; ARGYR. in *Reden*, 11, 12; BOV. ap. LEF., 211, 25; fréq.

formalitas, *-atis* *formalité (logique scolast.); ER., LB V, 82 E; Ferg., 180, 1228; MEL., O.O. I, 320, 2; etc.

formaliter *formellement: SAL. I, ch. 3, 59; FIC., O.O. I, 962 B, 37; PIC 1, 110, 19; etc.

formatiuus, *-a, -um* *formatif, formateur: SAL. III, ch. 8, 95; FIC., Theol. II, 81, 22; CATH., Opusc. I, 29, 24; etc.

formidolositas, *-atis* *tendance à la peur, à la crainte: HUTT. V, 74, 32.

+ **formo**, *-are* dans *typis formare* ou *sub typis formare*, imprimer: LEF., 121, 4; LUTH., WA Br. I, n° 182, 15.

+ **formula**, *-ae* A) format d'un livre: ap. AMERB. III, n° 1330, 10. - B) forme d'imprimerie, dans *formulis excudere*, imprimer: ER., Allen II, n° 307, 34; n° 311, 1; BARL., n° 53, 56; etc. - C) caractère d'imprimerie: ER., Allen IV, n° 1175, 8; RHEN., 93, 14; MORE, CW IV, 182, 4; etc.

formularis, *-is, -e* conforme aux règles, aux formules (juridiques): BUDÉ I, 112, 16.

+ **formularius** I, *-a, -um* dans *ars formularia*, art de l'imprimerie: BUDÉ I, 87, 48 (*artem librariorum formulariam*). - cf. SHAW.

+ **formularius** II, *-ii* compositeur d'imprimerie: ap. LEF., 408, 9.

formulator, *-oris* un imprimeur: ER., Allen I, n° 129, 44.

fornicatorius, *-a, -um* fornicateur: PETR. II, 807, 28.

fortalicium (*-tium*), *-ii* *fortification: VALER. C. Ep., n° 23, 22 (*ut uulgus loquitur*); ap. CALV. XV, 585, 18 (fig.).

+ **fortiter** de manière trop tranchante, trop affirmative: ER., Allen III, n° 844, 137 et 165.

fortunator I, *-oris* (subst.) A) quelqu'un qui apporte la «fortune», qui préside à la « fortune » : ER., ASD IV-1, 38, 397; V-2, 70, 139; 76, 354. - B) quelqu'un qui favorise, qui fait du bien à . . . : BUDÉ I, 52, 13; 144, 33; ER., ASD IX-1, 209, 97; etc.
fortunator II, *-oris* (empl. adj. M.) qui favorise, qui fait du bien à . . . : PIC 1, 477, 3 et 4.
fortunatorius, *-a, -um* qui apporte la « fortune » : BUDÉ I, 185, 23.
fortunatrix I, *-icis* (subst.) celle qui apporte la « fortune », qui préside à la « fortune » : ER., ASD IV- 3, 176, 862; BUDÉ I, 123, 33; 138, 34; etc.
fortunatrix II, *-icis* (empl. adj. F.) qui apporte la « fortune », qui préside à la « fortune » : BUDÉ I, 202, 23; 209, 37.
fortuniolum, *-i* petite fortune, maigres biens: ap. ER., Allen VIII, n° 2166, 19. - dim. de *fortunium* (NIERMEYER).
fortunula, *-ae* petite fortune, maigres biens: ER., Allen I, n° 132, 50; ap. CRAN., n° 222, 17; JON. II, 257, 34; fréq. - dim. de *fortuna.*
fotrix,. *-icis* (empl. adj. F.) *qui entretient, qui maintient: BUC., Op. lat. II, 65, 4.
fragmentatus, *-a, -um* fragmenté: ALDE in *Praef.*, 208, 31; FIC., O.O. I, 924 B, 30.
france en langue française: GAG. II, 277, 3. - v. *gallice.*
francicus, *-i* franc (monnaie): BUDÉ II, 19, 11; 63, 20; BÈZE X, 18, 22; etc.
Franciscanus I, *-a, -um* de Franciscain; ER., Allen II, n° 447, 508; III, n° 858, 502; Ferg., 81, 302; etc.
Franciscanus II, *-i* un Franciscain: ER., Allen II, n° 337, 677; MORE Corr., n° 83, 1221; BUC., Corr. I, n° 18, 25; fréq.
francolinus, *-i* francolin (oiseau): VALLA I, 396, 43. - ← ital.
Francomastix, *-igis* quelqu'un qui fustige les Français: BUDÉ II, 226, 26. - v. *Gallomastix* et *mastix.*
francus I, *-a, -um* franc, sincère: BUDÉ I, 65, 7.
francus II, *-i* *franc (monnaie): GAG. I, 309, 12; ER., Allen I, n° 119, 247; AMERB. J. I, n° 330, 68; fréq.
\+ **frater**, *-tris* A) surtout Pl., **frère(s) en Jésus-Christ → chrétien(s): ER., ASD V-2, 193, 2; 209, 527; V-3, 52, 392; etc. - B) part. entre protestants → un (des) protestant(s): BÈZE XII, 33, 22; 52, 35; 54, 28; etc. - C) *frère, dans une congrégation relig.: POGG. I, 171, 16; VALLA I, 357, 7; LAMOLA in *Reden*, 242, 14; fréq.; pour *Fratres Collationarii*, v. *Collationarius.*
\+ **fraterculus**, *-i* « petit » frère, humble frère (dans une congrégation relig.): PETR. II, 1194, 14; VALLA I, 361, 18; GAG. I, 319, 18; fréq.
\+ **fraternitas**, *-atis* A) *confrérie: ap. CELT., n° 147, 46; BUC.,

Op. lat. I, 99, 17; 203, 7; etc. - B) *Ordre religieux: MORE, CW V/1, 82, 4; 288, 8; CUEVA, 3 v°, 11. - C) dans *tua fraternitas*, expression équivalant à « toi/vous, bien cher frère » : LÉON X ap. AL. Paquier, 174, 26; ap. PFLUG II, n° 230, 9; LUTH., WA Br. I, n° 12, 5; etc; v. *tua.*

fratralis I, *-is* (subst.) « prétendu frère », avec connot. ironique: MORE, CW V/1, 470, 26 et 29 (à propos de Luther).

fratralis II, *-is, -e* de frère (membre d'une congrégation relig.): [ER.] Ferg., 323, 60 (*Stilus est fratralis*).

fratralitas, *-atis* état de frère (membre d'une congrégation relig.), avec connot. ironique: ap. ZW. VII, 382, 1 (*ad monachatum siue fratralitatem*).

fratricellus, *-i* « petit » frère, humble frère (dans une congrégation relig.): GAG. II, 159, 8; RHEN., 248, 20; AMERB. Bon II, n° 747, 17; etc.

fratrisso, *-are* imiter les frères, agir comme les frères (membres d'une congrégation relig.; connot ironique): MORE Corr., n° 83, 1059.

fratromimus, *-i* imitateur des frères (membres d'une congrégation relig.; connot. ironique): MORE Corr., n° 83, 1058 (*Fratromimi, qui contra fratres fratrissarent*).

fraudula, *-ae* petite fraude, petite tromperie: VALLA I, 27, 8. - dim. de *fraus.*

fremebunde avec un frémissement de rage: BUDÉ II, 26, 12; III B, 188, 11.

frigefactio, *-onis* *refroidissement: VIVES, E.W. I, 86, 24.

frigentia, *-ae* le froid; ap. ER., Allen I, n° 108, 78.

frigidiuscule d'une manière assez froide: RHEN., 13, 30 (fig.). - dim. du compar. adv. *frigidius.*

fritillo, *-are* gazouiller: LIPSE, Ep. I, n° 58, 85.

friuolarius, *-ii* quincailler: BUDÉ III A, 184, 47.

frons dans *frontis panegyricae* : v. *panegyricus, -a, -um.*

frontalis, *-is, -e* placé en tête: ap. HUTT. I, 154, 8 (*De frontali epistola* : à propos de la lettre-préface).

frontisterium: v. *phrontisterium.*

frontiuagus, *-a, -um* effronté: PIC 2, Vita, 60, 21.

fructificus, *-a, -um* **fécond, productif: BUDÉ IV, 1498, 48.

+ **fructuaria**, *-ae* marchande de fruits: ER., ASD I-3, 442, 124.

frugifere avec fruit, utilement: MORING. in *Mon.*, 522, 141.

frugiperdus, *-a, -um* qui perd ses fruits, qui ne donne pas de fruits: BUDÉ II, 304, 18.

+ **frumentatio** *-onis* moisson, fait de moissonner: MORE, CW IV, 116, 18.

+ **frumentator**, *-oris* moissonneur: MORE, CW IV, 116, 17.
frustraneus, *-a*, *-um* *trompeur, vain, inutile: ER., ASD I-1, 662, 30; BULL., Corr. I, 104, 7; BUC., Op. lat. II, 284, 20; etc.
frustratrix, *-icis* (empl. adj. F.) trompeuse, injuste: BUDÉ I, 67, 3; 141, 8; III B, 184, 49.
frustrulatim (*-tu-*) par petits morceaux, en petits morceaux: ER., ASD I-3, 257, 814; ap. ER., Allen II, n° 391, 63; BÈZE XIII, 137, 7; etc.
frustulamentum, *-i* petit morceau: CLICHT. ap. LEF., 231, 26. - dim. de *frustum*.
frustulatim: v. *frustrulatim*.
fucamentum, *-i* fard, artifice: ZAS. V, 181 B, 45.
fucatulus, *-a*, *-um* assez faux, assez peu sincère: ER., Allen II, n° 1088, 7. - dim. de *fucatus*.
fugitabundus, *-a*, *-um* qui veut fuir: CRUC., n° 11, 158.
fulcrarius, *-ii* tourneur d'objets en bois: BUDÉ III A, 249, 1.
fullonia, *-ae* métier de foulon: ER., ASD I-1, 98, 9.
fulminalis, *-is*, *-e* incendiaire: LIPSE, O.O. III, 362 A, 11.
fulminatrix, *-icis* (empl. adj. F.) qui lance la foudre → qui punit: FIC. Conv., 263, 1; LIPSE, O.O. IV, 388 A, 46.
fulminifer, *-eri* celui qui porte la foudre (trad. de κεραυνοφόρος; = Jupiter): BUDÉ I, 501, 19 et 50.
fumarius, *-a*, *-um* qui concerne la cheminée: APH., 23 r°, 19.
fumiuenditor, *-oris* « marchand de fumée » → beau parleur, trompeur: ap. BULL., Gr. II, 376, 1.
fumulus, *-i* *petite fumée: ER., Allen VII, n° 1992, 40; ZAS. V, 182 B, 16; ZW. VIII, 264, 8. - dim. de *fumus*.
funarius, *-ii* fabricant de cordes: APH., 75 v°, 1.
+ **functio**, *-onis* A) **fonction, emploi: ANDREAS in *Praef.*, 57, 9; ER., Allen II, n° 334, 77; BUDÉ II, 287, 25; fréq. - B) fonctionnement, organisation: ap. BÈZE VI, 302, 10.
functito, *-are* être chargé d'un fonction, s'acquitter d'une fonction: BUDE III A, 346, 25.
functiuncula, *-ae* petite fonction, petite action: BUDÉ I, 286, 47; 321, 19; ap. ZW. VIII, 42, 6. - dim. de *functio*.
fundate **solidement: ZAS. V, 174 B, 11.
fundiarius, *-a*, *-um* foncier, qui concerne les biens-fonds: BOD. I, 74 A, 46; 77 A, 49.
funditator, *-oris* dans *uerborum funditator*, créateur de mots: POLIT., 225, 1; BUDÉ III A, 20, 13; DORP, 19, 20; etc.
funditatrix, *-icis* dans *uerborum funditatrix*, créatrice de mots: DORP, 36, 3.
fungibilis, *-is*, *-e* *fongible: ZAS. V, 178 A, 38.

fungositas, *-atis* aspect spongieux, poreux: BUDÉ I, 531, 45.
funicularius, *-i* fabricant de cordes: POLIT., 471, 2.
Funiger, *-eri* un Cordelier ou Franciscain: ER., ASD I-2, 542, 12; IV-3, 160, 553; Allen VIII, n° 1985, 11; etc.
furcinula, *-ae* instrument pour moucher les chandelles: APH., 35 r°, 2. - dim. de *furca*.
furiosulus, *-i* un « petit fou » : MORE, CW V/1 444, 25. - dim. de *furiosus*, empl. subst.
+ **furtiuus**, *-a*, *-um* dans *furtiua nota*, ligature (typogr.): AL., Jovy III, 248, 20; 249, 8.
fuscedo, *-dinis* **couleur sombre: LEF., 226, 35; CALV. I, 280, 31; II, 32, 35.
fusim A) par la fonte, par fusion (concerne les monnaies): BUDÉ II, 61, 25. - B) ensemble: BUDÉ III A, 155, 34.
fusta, *-ae* désigne une sorte de bateau de pirates: ap. AMERB. VII, n° 3076, 19 (*uulgo*). - ← ital.
fustanius (*-eus*), *-a*, *-um* *de futaine: ER., ASD I-3, 613, 29; VALER. C. Coll., 106 a, 21.
fusteus, *-a*, *-um* *qui est en bois: ap. AMERB. III, n° 1133, ll. 62, 79 et 114.
fututulus, *-a*, *-um* à peine pubère: [ER.], Ferg., 319, 15. - dim. de *fututus* (cf. *futuo*, *-ere*, G.).
fynanciarius (graphie aberrante): v. *financiarius*.

G

gabella, *-ae* *gabelle: ap. MORE Corr., n° 10, 22. - ← arabe.
Gabrielista, *-ae* (M.) sectateur de Gabriel Biel: LUTH., WA Br. I, n° 26, 19. - cf. *D.H.G.E.*, VIII, 1429-35 et XIV, 549-50.
galbisso, *-are* imiter Galba: ER., ASD II-4, 132, 68.
+ **galea**, *-ae* A) *bateau, galère: ER., ASD II-4, 276, 260 (*uulgo*). - B) hune: ER., ASD I-3, 325, 13.
galeazza, *-ae* galion: LIPSE, Ep. III, n° 640, 11 (*quas uocant*). - ← esp.
galeo, *-onis* *galion TORR. II n° 327, 62 (*quas . . .uocant*). - ← esp.
+ **galericulum**, *-i* chapeau (→ titre) de cardinal: HUTT. II, 14, 31.
galeripeta, *-ae* (M.) quelqu'un qui cherche à obtenir le chapeau (→ le titre) de cardinal: BUDÉ II, 167, 45.
+ **galeritus**, *-i* un cardinal (connot. péjor.): HUTT. II, 16, 20; 82, 32.
+ **galerus**, *-i* *chapeau de cardinal → titre de cardinal: POLIT., 106, 46; AL. Paquier, 15, 2; ER., ASD V-2, 255, 8; fréq.
+ **gallice** *en langue française: VALLA I, 519, 42; GAG. I, 234, 17; ER., Allen I, n° 124, 50; fréq. - v. *france.*
Gallicitas, *-atis* la manière des Français: MORE Corr., n° 86, 139.
Gallicus, *-a, -um* A) dans *lues Gallica* : v. *lues* - B) dans *morbus Gallicus* : v. *morbus.* - C) dans *scabies Gallica* : v. *scabies.*
gallinago, *-ginis* coq de bruyère: NANCEL, 232, 24.
gallizo, *-are* être partisan de la France, favoriser la France: ap. BULL., Gr. I, 290, 32; BULL., Gr. III, 471, 26.
Gallomastix, *-igis* quelqu'un qui fustige les Français: BUDÉ II, 32, 6. - v. *Francomastix* et *mastix.*
gamia, *-ae* mariage: ap. PFLUG III, n° 397, 9. - ← γάμιος, -α, -ον.
ganeatus, *-a, -um* somptueux: ap. POLIT., 51, 21 (*ganeatas dapes*).
+ **gannitus**, *-us* voix de fausset: ER., LB II, 96 C.
garba, *-ae* *gerbe: SERRA, 64, 6 et 10. - ← germ.
gardianus: v. *guardianus.*
gargalismus, *-i* chatouillement: ER., ASD I-4, 50, 206. - ← γαργαλισμός.
gargara, *-um* (N. Pl.) foule grouillante: ER., Allen X, n° 2892, 34. - ← τὰ γάργαρα, -ων.
garrulator, *-oris* un bavard: POGG. I, 175, 14; 192, 13; ap. REU., 11, 29; etc.
gaudiosus, *-a, -um* *joyeux, qui provoque de la joie: PETR. I, 370,

30; 371, 11; BRUNI, 28, 14; etc.

+ **gelasinus**, *-i* une incisive: APH., 8 r°, 25.

gemebunde *en gémissant, d'une manière gémissante: BUDÉ I, 346, 42; III B, 97, 22.

gemmeolus, *-a, -um* qui a l'éclat des pierres précieuses: ap. LIPSE, Ep. III, n° 620, 76 (fig.). - dim. de *gemmeus*.

genealogicus, *-a, -um* qui concerne la généalogie: MERC., 207, 17 (N. Pl. empl. subst.). - ← γενεαλογικός.

generalatus, *-us* *fonction de « général » (dans un Ordre relig.): S.J. II, 36, 19.

+ **generalis**, *-is* (subst.) ou *-is, -is, -e* (adj.) *père général, ministre général, «général» (dans un Ordre relig.): FIC., O.O. I, 936 B, 39; GAG. I, 180, 1; ANDREAS in *Praef.*, 50, 3; fréq.

generatiuus, *-a, -um* **génératif: CALV. II, 351, 25; X A, 170, 28; CATH., Opusc. I, 193, 10. - cf. *generatorius* (G.).

genericus, *-a, -um* *générique: FIC., Theol. II, 76, 26.

+ **genero**, *-are* dans *generandi casus*, génitif: GUAR. 2, Ord., 56, 22.

+ **generositas**, *-atis* dans *Generositas tua*, « Ta/Votre Bonté », « Ta/ Votre Grandeur » : MERC., 191, 35. - v. *tua*.

genethliologus, *-i* tireur d'horoscopes: BUDÉ I, 210, 25; II, 10, 42; IV, 320, 50. - ← γενεθλιολόγος.

+ **genialis**, *-is, -e* dans *geniale peccatum*, péché originel: HEG. Christ., f. A 2 v°, 25. - v. *originalis*, *primigenius* A et *primordialis*.

geniturio, *-ire* s'apprêter à engendrer: BÈZE VIII, 240, 25.

+ **genius**, *-ii* **ange ou démon (sens chrét.): ER., ASD I-3, 175, 1627 (*malus genius*); MOS. Paed., 5, 19 (*bono genio quem angelum dicimus*); BUDÉ II, 301, 11; etc.

gentilicus, *-a, -um* **païen: BOV. Opp., 114, 36.

gentilismus, *-i* paganisme: BÈZE XI, 175, 32.

+ **gentilitius**, *-a, -um* **païen: ap. LEF., 213, 6; BUDÉ I, 163, 29.

genuflexio, *-onis* **génuflexion: CALV. I, 860, 11; BÈZE VII, 156, 7; S.J. I, 428, 6; etc.

geodesia, *-ae* géodésie: POLIT., 462, 45; 466, 24. - ← γεωδαισία.

geodeta, *-ae* (M.) un géodésien: BUDÉ II, 6, 43. - ← γεωδαίτης.

geographice au point de vue géographique: MERC., 197, 19. - ← γεωγραφικῶς.

geomanticus I, *-a, -um* *qui concerne la géomancie: SAL. III, ch. 2, 51; ch. 3, 12; PIC 1, 303, 44. - ← grec: cf. γεωμαντεία.

geomanticus II, *-i* *un géomancien: SAL. III, ch. 2, 7; ch. 4, 5; HAL., 69, 29; etc. - ← grec: cf. γεωμαντεία.

geometralis, *-is, -e* géométrique: SERRA, 50, 8. - ← γεωμετρία (*geometria*) + suff. lat.

geomoria, *-ae* géodésie: POLIT., 466, 24. - ← γεωμορία.

germanice A) en langue allemande: GAG. I, 361, 11; ER., Allen II, n° 334, 188; BUC., Corr. I, n° 45, 42; fréq. - B) en langue néerlandaise: PLANT. VII, 274, 12; VIII, 285, 17; v. *belgice, cimbrice, flandrice, hollandice, teutonice.*
germanismus, *-i* germanisme (en linguistique): ap. CALV. XIX, 685, 15.
germiculum, *-i* petit germe: VALLA I, 8, 3. - dim. de *germen.*
gerocomicon, *-i* gériatrie: POLIT., 463, 25. - ← γηροκομικός, -ή, -όν.
gerontagogos, *-i* guide du vieillard: BUDÉ I, 29, 10. - ← γεροντάγωγός.
gerontotrophium, *-ii* hospice de vieillards: ER., ASD IV-1, 198, 956. - ← grec: cf. γέρων, -οντος + τροφεῖον.
Gersonista, *-ae* (M.) partisan de Gerson: LUTH., WA Br. I, n° 110, 175.
gestatoriolum, *-i* objet qui sert à porter, not. porte-reliques: BUDÉ III A, 233, 24. - dim. de *gestatorium* (BLAISE I).
gestibundus, *-a, -um* accompagné de nombreux gestes: ER., ASD IV-1, 90, 104.
gesticulamentum, *-i* gesticulation: ap. CALV. XIII, 113, 18.
gesticulatrix, *-icis* (empl. adj. F.) qui gesticule beaucoup, qui s'agite: ap. VALLA I, 627, 26; POLIT., 458, 32; BUDÉ II, 295, 42; etc.
gesticulosus, *-a, -um* qui gesticule beaucoup, qui s'agite: ER., ASD I-3, 161, 1174.
gestienter avec joie, avec des mouvements de joie: DORP, 15, 2; DORP ap. ER., Allen III, n° 852, 2; BUDÉ I, 116, 16.
+ **gestor**, *-oris* auteur d'un acte, d'une action: ER., ASD I-4, 212, 99.
Geusii (*Goe-*), *-orum* les « Gueux » : VER., n° 5, § 35; ap. VER., n° 6, § 4; BULL. ap. BÈZE XIV, 164, 20.
Geusismus, *-i* mouvement des « Gueux », gueuserie: VER., n° 5, § 31.
giratio: v. *gyratio.*
glebaceus, *-a, -um* formé de terre: BUDÉ I, 524, 12.
globose de manière sphérique: BUDÉ I, 448, 13; 532, 13.
globularis, *-is, -e* sphérique: MOS. Paed., 22, 7; APH., 41 v°, 21.
+ **globulus**,*-i* balle (projectile): BÈZE XIII, 181, 1 et 2; ap. CALV. XVII, 349, 34.
+ **globus**, *-i* boulet (projectile): ZAS. V, 190 A, 53 et 55; ap. CALV. XII, 539, 35.
glocito, *-are* bramer: APH., 57 r°, 5.
+ **glomeratio**, *-onis* recueillement, réflexion: BOV. Sap., 170, 8; 284, 16.
gloriabunde fièrement: BUDÉ II, 282, 14.

gloriaceus, *-a, -um* vantard: LUTH., WA Br. I, n° 205, 69.
glorianus, *-a, -um* vantard: LUTH., WA Br. I, n° 205, 69.
gloriensis, *-is, -e* vantard: LUTH., WA Br. I, n° 205, 69.
gloriosulus, *-a, -um* A) assez digne de gloire: ER., Allen I, n° 26, 30. - B) assez avide de gloire, assez présomptueux: ER., Allen II, n° 412, 26; ZAS. ap. ER., Allen II, n° 406, 25; MORE ap. ER., Allen X, n° 2831, 36; fréq. - dim. de *gloriosus.*
+ **glossa**, *-ae* **note, explication, glose: VALLA I, 80, 21; AMERB. Bon. II, n° 766, 22; ZAS. V, 173 B, 84; fréq.
glossagra, *-ae* « paralysie » de la langue, incapacité de parler: [ER.], Ferg., 215, 269. - Terme forgé par jeu de mots sur *chiragra* (χειράγρα) et *podagra* (ποδάγρα); cf. γλῶσσα (*glossa*).
glossator, *-oris* *glossateur: VALLA I, 404, 28; AMERB. Bon. II, n° 743, 28; HUTT. I, 179, 16; etc. - ← γλῶσσα (*glossa*) + suff. lat.
+ **glossema**, *-atis* (abl. Pl. *-atis*) A) **note, explication, glose: MORE Corr., n° 15, 695; BUDÉ II, 142, 45; BUSL. Ep., n° 74, 63; fréq. - B) proverbe, adage: MORE, CW V/1, 268, 19.
glosso, *-are* *gloser, commenter: LUTH., WA XVIII, 745, 26; ap. RHEN., 304, 15. - ← grec: cf. γλῶσσα (*glossa*).
glossocharitia, *-ae* art de rendre grâces par de belles paroles: BUDÉ I, 195, 26. - ← grec: cf. γλωσσοχαριτέω.
glossographus, *-i* glossateur: ER., ASD II-4, 42, 554. - ← γλωσσογράφος.
glossularius, *-ii* auteur de petites gloses (cf. *glossula*, G.); « petit » glossateur: BUDÉ II, 7, 31; 19, 44; AMERB. Bon. VI, n° 2845, 213; etc.
glossulo *-are* *gloser, commenter (cf. *glossula*, G.): ap. ZW. VIII, 362, 19.
glumeus, *-a, -um* d'écale: ER., ASD I-1, 152, 2.
+ **glutino**, *-are* relier (des livres): MEL., O.O. I, 804, 39.
gnaritudo, *-dinis* connaissance; BOV. Sap., 100, 13; 122, 26; 182, 5; etc.
gnathonismus, *-i* imitation de Gnathon → maniérisme: VALER. C. Ep., n° 81, 61.
gnesius (*gni-*), *-a, -um* véritable: ER., Allen IV, n° 1001, 91; RHEN., 357, 32; MORE Corr., n° 143, 375. - ← γνήσιος.
gnisius: v. *gnesius.*
gnomaticus, *-a, -um* qui contient des règles: LIPSE, Ep. II, n° 481, 23. - ← grec: cf. γνωματεύω.
gnomologicus, *-i* auteur d'un recueil de sentences: STURM, 78, 11. - ← γνωμολογικός.
+ **gnomon**, *-onis* point de vue, règle de conduite: ER., ASD IV-1 A, 20, 50; V-1, 210, 134; LB II, 429 C-D; etc.

Goesiani, *-orum* les « Gueux » : BULL. ap. BÈZE XIV, 53, 23.
Goesii: v. *Geusii.*
gordianus, *-a, -um* dans *nodus gordianus,* noeud gordien: CALV. I, 146, 39; II, 1074, 25; IX, 381, 5. - cf. *nodus gordius* (G., art. *gordius*).
gracculatim (*gracu-*) comme des choucas → en bandes: POMPONIUS ap. POLIT., 12, 9; AL. ap. ER., Allen I, n° 256, 136.
+ **gradarius**, *-a, -um* dans *annus gradarius,* année climatérique: FIC., O.O. I, 515 B, 35. - v. *annus decretorius* et *annus scalaris.*
+ **gradatio**, *-onis* grade universitaire: BUDÉ I, 48, 12.
graduale, *-is* *un graduel (livre liturgique): PLANT. IV, 210, 19; VII, 228, 4; 349, 31; etc.
gradualis, *-is, -e* fondé sur la hiérarchie: ap. ER., Allen VI, n° 1639, 214.
graduandus, *-i* quelqu'un qui va obtenir un grade universitaire: S.J. I, 186, 6. - A rapprocher: *baccalaureandus, doctorandus* (BLAISE II), *licentiandus* et *magistrandus.*
graduatus, *-i* un gradué (univ.): MUNST., 53, 22; S.J. I, 186, 15; TORR. II, n° 407, 36 (*ut uocant*); etc.
graduor, *-ari* se présenter pour obtenir un grade universitaire: ap. AMERB. VI, n° 2603, 9.
gradus, *-us* A) *grade (univ.): AMERB. Br. I, n° 238, 22; ap. CRAN., n° 186, 14; BUDÉ I, 48, 20; fréq. - B) classe (groupe d'élèves): STURM, 32, 20; 44, 17; 48, 13; etc; v. *classis, curia* D, *locus, ordo* D et *tribus.*
+ **Graecanicus**, *-a, -um* dans *ignis Graecanicus,* feu grégeois: ER., ASD II-5, 26, 71.
graecanitas, *-atis* A) connaissance du grec: ER., Allen I, n° 149, 66; ASD I-1, 128, 11. - B) publication d'ouvrages grecs: ER., Allen I, n° 158, 23; n° 160, 6.
graecismus, *-i* connaissance du grec, fait de s'exprimer en grec: ER., Allen I, n° 149, 18; IV, n° 1147, 49 (*nonnihil graecismi*: un peu de grec).
+ **graecisso**, *-are* A) **s'exprimer en grec, connaître le grec: VALLA I, 267, 48; ap. ER., Allen V, n° 1525, 16; BULL. Stud., 108, 21; etc. - B) apprendre le grec: BUC., Corr. I, n° 4, 49; ER., Ferg., 242, 93; CLEN., n° 48, 21; etc.
graecista, *-ae* (M.) un partisan du grec, de l'étude du grec: MORE Corr., n° 15, 1249.
graecophilos, *-i* ami du grec: ap. ER., Allen III, n° 612, 35. - ← *graecus* + φιλός.
+ **graecor**, *-ari* A) apprendre le grec, lire du grec: ER., Allen I, n° 149, 11; ZW. VII, 55, 3; CLEN., n° 5, 24; fréq. - B) s'exprimer en grec: CLEN., n° 28, 46.

+ **Graecus**, *-a, -um* dans *ignis Graecus*, *feu grégeois: ER., ASD I-1, 62, 8; I-3, 675, 299 et 301.

grafarius (*graph-*), *-ii* greffier, secrétaire: ap. CRAN., n° 244, 21; PLANT. VI, 111, 16.

grammatellus, *-i* « petit » maître de grammaire: AMERB. Bon. II, n° 675, 46; n° 693, 32; ap. RHEN., 531, 8. - dim. que l'on peut rattacher à *grammaticus*; connot. péjor.

grammaticulus, *-i* « petit » maître de grammaire: VALLA I, 392, 45; POGG. I, 194, 22; MERULA in *Praef.*, 142, 30; fréq. - dim. de *grammaticus*, avec connot. péjor.

+ **grammaticus**, *-i* élève d'une classe de grammaire: S.J. I, 161, 5; 254, 33; 257, 26.

grammatocipho, *-onis* « misérable grammairien » : ap. HAL., 8, 31; 84, 19. - On attendrait *grammatocypho* ← γραμματοκύφων; mais cf. prononc. byz.

grammatographia, *-ae* grammaire: ap. LEF., 501, 20 (formé sur le modèle de *cosmographia*).

grammatophorus, *-i* messager, porteur de lettres: ER., Allen III, n° 695, 48; AMERB. Bas. 1, II, n° 877, 24; ap. CRUC., n° 5, 1; fréq. - ← γραμματοφόρος.

grandebalae, *-arum* poils sous le bras: APH., 9 v°, 32.

grandiloquenter avec grandiloquence: LUTH., WA Br. I, n° 238, 15.

grandiloquentia, *-ae* grandiloquence: PETR. II, 1186, 50; ER., ASD I-1, 218, 21; BUDÉ I, 119, 18; fréq.

grandiloquium, *-ii* **grandiloquence: ER., LB I, 891 E.

grandistrepus, *-a, -um* qui fait beaucoup de bruit: BUC., Corr. I, n° 5, 13.

+ **granulum**, *-i* grain (poids): BUDÉ II, 97, 48; 99, 30; 102, 9; etc.

+ **granum**, *-i* *grain (poids): FIC., O.O. I, 493 B, 46; 495 B, 19; BUDE II, 97, 31; etc.

graphaeus, *-i* secrétaire: VALERIUS C. Ep., n° 21, 8. - ← γραφεύς.

grapharius: v. *grafarius.*

graphiarius, *-ii* *greffier, secrétaire: BUDÉ III A, 45, 7; TORR. I, n° 277, 66; LIPSE, Ep. II, n° 402, 32; etc.

graphio: v. *gravio.*

grassabundus, *-a, -um* A) qui avance, qui se déplace: BUDÉ I, 456, 39. - B) qui attaque, qui assaille: RHEN., 387, 6.

+ **grassatio**, *-onis* **assauts, ravages: ap. AMERB. I, n° 412, 6.

grassatorius, *-a, -um* de brigand: BUDÉ III A, 266, 12; III B, 98, 27.

gratia dans *gratiae exspectatiuae*: v. *exspectatiuus, -a, -um.*

gratificatorius, *-a, -um* de félicitations: ap. AMERB. III, n° 1255, 13; VIVES Conscr., 38, 14.

gratiola, *-ae* un certain charme, un certain agrément: POLIT., 214, 3; 217, 19. - dim. de *gratia.*

gratito, *-are* criailler: APH., 56 v°, 9 (à propos de l'oie).
gratitudo, *-dinis* **gratitude: PETR. I, 155, 39; VALLA I, 940, 46; POGG. I, 261, 7; fréq.
+ **gratulabundus**, *-a, -um* **joyeux: BOV. Opp., 34, 6; CLEN., n° 63, 82 et 1210.
gratulatrix, *-icis* (empl. adj. F.) de félicitations: ER., ASD IX-1, 206, 7.
graueolenter avec une mauvaise odeur: BUDÉ I, 64, 31.
grauicors, *-rdis* endurci, insensible: ER., ASD V-2, 245, 676; 248, 762.
grauio (*-phio*), *-onis* **comte: RHEN., 499, 26; VOLZ ap. RHEN., 472, 11; ap. RHEN., 478, 4. - ← all.
+ **grauitas**, *-atis* dans *tua Grauitas*, **« Ta/Votre Grandeur », « Ta/ Votre Dignité » : ap. AMERB. VI, n° 2806, ll. 21, 39 et 67. - v. *tua*.
greffiarius, *-ii* greffier, secrétaire: TORR. III, n° 991, 2.
gressilia, *-ium* *animaux qui marchent → quadrupèdes: BOV. Sap., 136, 1.
griseus (*griz-*), *-a, -um* *gris, grisâtre: ap. BUC., Corr. I, n° 19, 30. - ← all.; condamné par CROC. Farr., 176, 6 et 212, 28.
grizeus: v. *griseus*.
grossarius, *-ii* un grossiste: BUDÉ III A, 114, 19 (*solidariis negotiatoribus, quos grossarios appellant*).
grosso, *-onis* un gros ou groschen (monnaie): POGG. I, 346, 15.
grossulus, *-i* A) un gros (poids): BUDÉ II, 97, 29; 99, 26 et 27. - B) un gros ou groschen (monnaie): ap. LUTH., WA Br. I, n° 122, 41. - dim. de *grossus*.
grossus, *-i* A) un gros (poids): BUDÉ II, 62, ll. 29, 35 et 36; etc. - B) un gros ou groschen (monnaie): POGG. I, 346, 32; AGNELIUS, 136, 12; ER., Allen III, n° 669, 2; fréq.
gry (invar.) dans *ne gry quidem*, absolument pas: MORE Corr., n° 15, 1337; ap. ER., Allen X, n° 2716, 69; BULL. ap. BÈZE XIV, 2, 27; etc. - ← γρῦ, généralement employé dans οὐδέ (μηδέ) γρῦ.
guaiacanus (*-inus*), *-a, -um* de gaïac: ap HUTT. I, 222, 23; FERNEL in *Pros.*, 662, 12. - ← esp.
guaiacum, *-i* gaïac: HUTT. I, 223, 18; 225, 4; 226, 23; etc. - ← esp.
guantus, *-i* *gant: AGNELIUS, 131, 9 (*ut uulgo dicitur*). - ← germ.
guardia, *-ae* une garde: BUC., Corr. I, n° 24, 17; BULL. ap. BÈZE IX, 79, 11. - ← germ.
guardianus (*gar-*), *-i* *gardien: ap. AMERB. I, n° 300, 20; ER., Allen III, n° 749, adr.; DORP, 91, 7; etc. - ← germ.; critiqué par VALLA II, 291, 31.
+ **gubernator**, *-oris* *gouverneur (d'un pays, d'une région): ap. PFLUG III, n° 402, 13; BÈZE IV, 18, 13; TORR. III, n° 902, 5; etc.

gubernatorius, *-a, -um* **qui concerne le pilotage: FIC., Theol. III, 34, 14; BUDÉ I, 482, 15.

+ **gubernatrix**, *-icis* gouvernante (d'un pays, d'une région): ER., Allen IX, n° 2583, adr.; BULL., Gr. III, 22, 26; ap. BÈZE XIII, 283, 2; etc.

guerra, *-ae* *guerre: BARON, 30, 17; 52, 12. - ← germ.

guida, *-ae* (M.) un guide (homme): ap. BUC., Corr. II, n° 139, 72. - ← ital. ou provençal.

gundula, *-ae* une gondole: AMERB. Bas. 2, IX/2, n° 3787, 108. - ← ital.

gustabiliter d'une manière qu'on peut goûter: PETR. I, 370, 41.

gustatrix, *-icis* (empl. adj. F.) qui concerne le goût: BUDÉ I, 529, 16.

guttulus, *-i* petite burette: BUDÉ I, 198, 10. - dim. de *guttus.*

gutturalis, *-is, -e* de la gorge: ap. CELT., n° 251, 45.

gymnasiarcha, *-ae* (M.) *recteur ou directeur d'une école (*gymnasium*): AMERB. Br., I, n° 217, 20; ER., Allen II, n° 298, adr.; VIVES Pseud., 93, 27; fréq. - ← γυμνασιάρχης.

+ **gymnasiarchus**, *-i* recteur ou directeur d'une école (*gymnasium*): NANCEL, 182, 17; 186, 26; 242, 17.

gymnasiolum, *-i* école: BUDÉ I, 347, 23 (école latine); NANCEL, 180, 5 (Collège univ., Paris). - ← γυμνάσιον (*gymnasium*) + suff. lat. de dim.

+ **gymnasium**, *-ii* école, en général A) *université: GUAR. 1, Inaug., 299, 18; BRENTA in *Reden*, 72, 8; AMERB. Br. I, n° 161, 24; fréq.; v. *academia* B, *academiola* A, *archigymnasium, Athenaeum, lycaeum, studium* A et *uniuersitas.* - B) collège ou «pédagogie» univ.: ER., Allen III, n° 666, 5; DORP, 26, 38; VIVES Pseud., 65, 15; fréq. - C) collège royal (Paris): LAT., 19, 30; 55, 5; 59, 8. - D) école latine: ER., LB I, 891 E; CLEN., n° 31, 17; BÈZE III, 112, 2; fréq.

gymnasma, *-atis* gymnase (pour exercices physiques): ER., ASD I-4, 182, 336. - ← γύμνασμα.

gymnastes, *-ae* (M.) maître de gymnastique: LIPSE, O.O. IV, 402 A, 34 (fig.). - ← γυμναστής.

gymnastica, *-ae* la gymnastique: PIC 1, 78, 2; ER., Allen III, n° 957, 116; FIC., O.O. I, 738 A, 13; etc. - ← γυμναστικός, -ή, -όν.

gymnopaedica, *-ae* danse des gymnopédies: VIP. Poet., 25, 8. - ← γυμνοπαιδική.

+ **gynaeceum**, *-i* couvent de femmes: ap. ER., Allen XI, n° 3061, 46.

gynaecobaptista, *-ae* (M.) celui qui veut permettre aux femmes de baptiser: CALV. VII, 686, 11. - ← grec: cf. γυνή,γυναικός + βαπτιστής.

gynaecocosmus, *-i* inspecteur de la parure féminine (Athènes anc.): BOD. I, 184 B, 55. - ← γυναικόκοσμος.

gynaecocraticus, *-a, -um* qui accorde du pouvoir aux femmes; BUDÉ III A, 22, 37. - ← grec: cf. γυναικοκρατία.

gypsaceus, *-a, -um* plâtreux, qui ressemble à du plâtre: ER., Allen VI, n° 1735, 9; n° 1759, 30.

gyratio (*gi-*), *-onis* **mouvement giratoire, rotation: SAL. I, ch. 3, 30; CLICHT. ap. LEF., 393, 1; BOV. Sap., 186, 33. - ← γῦρος (*gyrus*) + suff. lat.

gyrgathus, *-i* A) lit sur lequel on attache certains malades: ER., LB II, 993 E. - B) corbeille: ER., LB II, 994 A. - ← γύργαθος.

gyromantia, *-ae* divination au moyen de fleur de farine: POLIT., 473, 39. - ← grec: cf. γυρόμαντις.

H

\+ **habenula**, *-ae* *petite courroie, petite chaîne (cf. *habena*, G.): BUDÉ III A, 170, 9.

habitalis, *-is, -e* habité: MUNST., 160, 32.

habitualiter *habituellement: CATH. Enarr., 219, 40.

haereticulus, *-i* un « petit » hérétique: ER., LB II, 967 D. - dim. de *haereticus.*

haesio, *-onis* fait de rester fixé, d'être arrêté: ap. LIPSE, Ep. II, n° 432, 15.

haesitabunde en hésitant: BUDÉ I, 146, 27.

haesitamentum (*he-*), *-i* hésitation: ap. ER., Allen VIII, n° 1739 a, 19.

haesitatiuncula, *-ae* *légère hésitation, léger doute: BUDÉ II, 108, 17. - dim. de *haesitatio.*

halabarda, *-ae* hallebarde: APH., 77 v°, 22. - ← germ.; v. *halabardacha* et *bipennis.*

halabardacha (*halb-*), *-ae* hallebarde: ER., Allen VIII, n° 2263, 6; ASD I-3, 604, 23; 608, 172. - ← germ.; v. *halabarda* et *bipennis.*

halbardacha: v. *halabardacha.*

hallucinabundus, *-a, -um* plein d'illusions, qui se trompe: CELT., n° 275, 208; BUDÉ I, 16, 13; 303, 7; etc.

hallucinanter de façon hallucinante, de façon effrayante: ap. ER., Allen VI, n° 1650, 13.

hallucinatiuncula, *-ae* petite rêverie, petite distraction: BUDÉ I, 55, 9. - dim. de *hallucinatio.*

hallucinatrix, *-icis* (empl. adj. F.) sujette à des hallucinations; qui provoque des hallucinations → trompeuse: BUDÉ I, 148, 32; 217, 42; 233, 34; etc.

hamaxiaeus, *-a, -um* énorme: ER., ASD I-3, 484, 501. - ← ἁμαξιαῖος.

hariol-: v. *ariol-*.

harmonice (adv.) *harmonieusement: FIC., Theol. III, 153, 15; 158, 2; BUDÉ I, 528, 47; etc. - ← ἁρμονικῶς.

harmostes, *-ae* (M.) *harmoste, chef: BUDÉ I, 209, 46; III A, 120, 34; BOD. I, 188 A, 41; etc. - ← ἁρμοστής.

harpagatio, *-onis* un vol: HUTT. IV, 353, 13. - ← ἁρπαγή + suff. lat.

harpocraticus, *-a, -um* silencieux comme Harpocrates: BUDÉ I, 70, 37.

hastiludium, *-ii* *tournoi: VALLA I, 326, 3 (*quod uocant*) et 8 (*ut sic dicam*); ap. BÈZE XI, 164, 6. - Critiqué par CROC. Farr., 105, 14.
hauso, *-onis* esturgeon: CLUS. ap. LIPSE, Ep. III, n° 714, 36. - ← all.
haustilium, *-ii* une coupe: CELT., n° 179, 27 (fig.).
haustim dans *haustim bibere*, boire jusqu'au fond, vider: ER., LB II, 997 E; ASD I-1, 441, 13.
haustorius, *-a, -um* qui sert à puiser: BUDÉ III A, 228, 53; 230, 41; 241, 47; etc.
haustulus, *-i* *petite gorgée: ap. BULL., Gr. I, 173, 1. - dim. de *haustus.*
hebdomadarius, *-a, -um* *hebdomadaire: S.J. I, 319, 21; II, 101, 32; 132, 20; etc. - ← ἑβδομάς, -άδος (*hebdomas, -adis*) + suff. lat.
hebdomadatim *une fois par semaine: AMERB. Bon. VI, n° 2981, 4; S.J. I, 236, 23. - ← ἑβδομάς, -άδος (*hebdomas, -adis*) + suff. lat.; v. *hebdomatim.*
+ **hebdomadicus**, *-a, -um* hebdomadaire: ap. POLIT., 17, 8.
+ **hebdomas**, *-adis* ***période de sept ans (déjà VARR. ap. GELL. III, 10, 17): NEBR., 61, 19.
hebdomatim *une fois par semaine: ap. CELT., n° 55, 9. - ← ἑβδομάς (*hebdomas*) + suff. lat.; v. *hebdomadatim.*
hebete de manière émoussée, sans pénétration: ap. BÈZE VI, 36, 45.
Hebionita: v. *Ebionita.*
hebraicaster, *-tri* un hébraïsant, un amoureux de l'hébreu: CLEN., n° 63, 349. - suff. *-aster*, sans connot. péjor. (de même *arabicaster*).
hebraicor, *-ari* apprendre l'hébreu: ZW. VII, 55, 3; CLEN., n° 5, 24; n° 54, 41.
hebraismus (*eb-*), *-i* A) **hébraïsme: ER., Allen III, n° 710, 28; BUDÉ I, 168, 32; BUC., Op. lat. I, 41, 2; fréq. - B) langue hébraïque: ER., Allen II, n° 337, 674; MUNST., 36, 3; 89, 5; etc.
hebraissans (*-aizans*), *-ntis* un hébraïsant: ER., ASD V-2, 226, 65.
hebraisso (*-aizo*), *-are* apprendre l'hébreu, parler hébreu: ER., Allen III, n° 912, 8; ap. AMERB. II, n° 605, 8; BULL., Stud., 70, 17; etc.
hebreitas, *-atis* connaissance de l'hébreu: LUTH., WA Br. I, n° 39, 25.
hecas une centaine: BOV. Sap., 196, 12. - ← grec: cf. ἑκατόν.
hegira, *-ae* hégire: BOD. I, 116 B, 34; 238 A, 16. - ← arabe.
hellanodices, *-ae* (M.) hellanodice, juge: BUDÉ II, 304, 11. - ← Ἑλλανοδίκης.
hellenismus, *-i* A) hellénisme: BUDÉ I, 19, 1; 130, 4; 132, 30; etc. - B) « grécisme » (théol.): BÉZE X, 34, 20; 36, 10; 38, 3. - ← ἑλληνισμός.

Hellenotamiae, *-arum* (M. Pl.) Hellénotames (Athènes anc.): BOD. I, 184 B, 34. - ← οἱ Ἑλληνοταμίαι.

helluanter gloutonnement: BUDÉ IV, 1435, 29 (fig.).

heluetice en Helvète, comme un Helvète: MEL., O.O. II, 193, 32.

Heluetiomastix, *-igis* quelqu'un qui fustige les Helvètes: ap. ZW. VII, 64, 5. - v. *mastix.*

Heluidianus (*El-*), *-i* *sectateur d'Helvidius: MORING., 210, 22; BULL. ap. CALV. XV, 158, 16. - cf. *Dict. Théol. Cath.*, VI, 2141-4.

hemidrachmium, *-ii* demi-drachme (poids):BUDÉ II, 62, 28. - ← ἡμίδραχμον.

hemimedimnum, *-i* demi-médimne: BUDÉ II, 228, 45. - ← ἡμιμέδιμνον.

heminarius, *-a*, *-um* d'une hémine, qui concerne l'hémine: BUDÉ II, 258, 47. - ← ἡμίνα (*hemina*) + suff. lat.

heminatim hémine par hémine: BUDÉ II, 210, 22; III A, 114, 18. - ← ἡμίνα (*hemina*) + suff. lat.

hemiobolium, *-ii* **demi-obole: BUDÉ II, 184, 9. - ← ἡμιωβόλιον.

hemiplexia, *-ae* hémiplégie: APH., 15 r°, 18. - ← ἡμιπληγία.

hemisphaericus, *-a*, *-um* hémisphérique: NANCEL, 228, 32. - ← grec: cf. ἡμισφαίριον (*hemisphaerion*).

henas, *-adis* unité: ER., ASD I-3, 590, 148 et 149. - ← ἑνάς, -άδος.

hendiadys: v. *endiadis.*

heptaboeus, *-a*, *-um* garni de sept peaux de boeuf: AL., Jovy III, 244, 19. - ← ἑπταβόειος.

heptatechnus, *-a*, *-um* qui pratique sept arts (c-à-d. les sept arts libéraux): ER., ASD I-3, 382, 239. - ← grec: cf. ἑπτά + τέχνη.

heraldus (*-oldus*), *-i* *héraut: ER., ASD IV-1 A, 121, 121; JON. I, 181, 4; BULL., Gr. II, 18, 2; etc. - ← germ.

herbarius, *-a*, *-um* A) dans *medicina herbaria*, médecine par les plantes: VIVES, E.W. I, 24, 20. - B) dans *res herbaria*, la botanique: CLUS., 16, 19; 30, 2; ap. PIGH., n° 13, 1; etc.

herbifico, *-are* produire de l'herbe: CATH. Enarr., 51, 9.

herbiuagus, *-a*, *-um* qui se promène dans les prés: PETR. II, 738, 27.

Herebus: v. *Erebus.*

hereditatula, *-ae* **petit héritage: ap. ER., Allen VI, n° 1720, 35; n° 1768, 89. - dim. de *hereditas.*

herem-: v. aussi *erem-*.

heremicola (*er-*), *-ae* (M.) A) habitant du désert, ermite: PETR. I, 287, 12; 299, 29; II, 1066, 25; etc. - B) moine: MEL., O.O. I, 345, 13. - ← ἐρημία (*eremia*) + *-cola* (cf. *monticola*, etc).

+ **heremus** (*er-*), *-i* monastère: ap. AMERB. VII, n° 3154, 12. - v. *eremitorium.*

heriliter *en maître: ER., Allen X, n° 2879, 61.

herniola, *-ae* petite hernie: TORR. II, n° 649, 9. - dim. de *hernia*.
+ **heroicus**, *-a*, *-um* célèbre, fameux: ER., ASD I-3, 413, 64.
+ **heroina**, *-ae* femme noble: ER., ASD I-2, 709, 1; BÈZE IX, 38, 9; ap. CALV. XVII, 634, 26; etc.
heroldus: v. *heraldus*.
herpeta, *-ae* **herpès: APH., 15 r°, 7. - ← grec: cf. ἕρπης.
hesitamentum: v. *haesitamentum*.
hestiasis, *-is* repas offert par un citoyen à ceux de sa « tribu » (Athènes anc.): BUDÉ II, 206, 8. - ← ἑστίασις.
hetaeriarcha (*hete-*), *-ae* (M.) supérieur d'un couvent: BUDÉ III A, 299, 41; III B, 12, 30; 120, 11. - ← ἑταιριάρχης.
heterogeneus (*-ius*), *-a*, *-um* *hétérogène: BOV. Nih., 40, 9; BOD. I, 233 B, 33; RAMUS in *Pros.*, 564, 7; etc. - ← ἑτερογενής.
heteromallus, *-a*, *-um* de velours: APH., 18 r°, 25; NANCEL, 238, 13; VALER. C. Coll., 106 a, 7; etc. - ← ἑτερόμαλλος.
heteromolius, *-a*, *-um* dans *causa heteromolia* (ἑτερομόλιος δίκη), procès où n'apparaît qu'une des deux parties: ER., ASD II-4, 333, 134 et 135.
heteroplus valable pour un seul voyage en mer: BUDÉ II, 43, 54. - ← ἑτερόπλους.
heteroscii, *-iorum* habitants des zones tempérées: RING., 20, 6; 425, 17; 430, 7; etc. - ← ἑτερόσκιος.
heterosis, *-eos* A) énallage, changement: ER., ASD I-2, 269, 12; I-6, 32, 116; 76, 94; etc. - B) sens restreint, maintien du même mot mais changement de forme par déclinaison ou conjugaison: CLEN., n° 64, ll. 3, 21 et 72. - ← ἑτέρωσις.
hexagonus (*ex-*), *-a*, *-um* **hexagonal: PIC 1, 403, 1; 404, 5; FIC., O.O. I, 939 B, 13; etc. - ← ἑξάγωνος.
hexapeda, *-ae* mesure de six pieds: BUDÉ II, 201, ll. 2 (*ut ita loquar*), 3 et 4. - ← ἕξ + *pes*; v. *hexapus* et peut-être *hexempeda*.
+ **hexaphorum** *-i* dais à six porteurs: BUDÉ I, 133, 15.
hexapus, *-podis* mesure de six pieds; BUDÉ II, 201, 3 et 7; 265, 25. - ← ἑξάπους; v. *hexapeda* et peut-être *hexempeda*.
hexempeda, *-ae* mesure de six pieds (?): POLIT., 470, 4. - v. peut-être *hexapeda* et *hexapus*.
hicceitas, *-atis* « hiccéité » (philos.): ap. ER., Allen V, n° 1260, 225. - A rapprocher *ecceitas* et *isticceitas*.
hierrarchia, *-ae* A) *hiérarchie: FIC., Theol. II, 204, 12; PIC 1, 18, 37; ER., ASD IV-1, 151, 470; fréq. - B) Ordre religieux: ER., Allen IV, n° 1196, 182. - ← ἱεραρχία.
hierarchicus, *-a*, *-um* *hiérarchique: BUDÉ II, 280, 29; ap. LUTH., WA Br. I, n° 230, 238; CALV. I, 607, 14; etc. - ← ἱεραρχικός.
hieroglyphum, *-i* hiéroglyphe: MEL., O.O. I, 141, 39. - ← grec: cf. ἱερογλυφικός.

hierogrammates (Pl.) scribes sacrés: ER., ASD I-1, 623, 23. - ← ἱερογραμματεῖς.

hierographia, *-ae* description de la sainteté, hagiographie: BUDÉ I, 27, 26. - ← ἱερογραφία.

hieromenia, *-ae* mois sacré: ER., ASD I-1, 422, 5. - ← ἱερομηνία.

hieronomus, *-i* celui qui veille au respect du sacré: BUDÉ II, 282, 25. - ← ἱερονόμος.

Hieronymianus I, *-a, -um* de Jéromite: VALER. C. Ep., n° 25, 26 (*Hieronymiana schola*).

Hieronymianus II, *-i* un Jéromite: ap. ER., Allen VII, n° 1814, 380; VALER. C. Ep., n° 12, 54; n° 49, 6.

hieropsaltes, *-ae* (M.) chantre sacré, psalmiste: BUDÉ I, 173, 34. - ← ἱεροψάλτης.

hierotheca, *-ae* châsse: APH., 69 r°, 5. - ← ἱεροθηκή.

hilariuscule assez gaiement: MEL., O.O. I, 802, 2; peut-être LIPSE, Ep. I, n° 159, 1 (var. *hilariusculi* : v. *infra*). - dim. du compar. adv. *hilarius*.

hilariusculus, *-a, -um* assez gai: peut-être LIPSE, Ep. I, n° 159, 1 (var. *hilariuscule* : v. *supra*). - dim. du compar. *hilarior, -ius*.

hipostatizo: v. *hypostatizo*.

hipparchia, *-ae* fonction d'hipparque: BUDÉ III A, 378, 51; IV, 1171, 14. - ← ἱππαρχία.

hipparchus, *-i* hipparque: ER., ASD II-4, 332, 127 et 128; BOD. I, 185 A, 4; etc. - ← ἵππαρχος.

hippiatrus, *-i* vétérinaire: POLIT., 463, 27. - ← ἱππιατρός.

hippodromia, *-ae* course de chevaux: AL., Jovy III, 244, 23. - ← ἱπποδρομία.

hippotrophium, *-ii* haras: BUDÉ II, 183, 49. - ← ἱπποτροφεῖον.

hippotyphia, *-ae* faste excessif: VIP. Hist., 50, 4 (*utar uerbo graeco*). - ← ἱπποτυφία.

hirmus: v. *irmus*.

hirquio, *-ire* entrer dans l'âge de la puberté: POLIT., 431, 3 et 23.

hispanice en langue espagnole: ER., Allen III, n° 917, 35; VIVES Conscr., 104, 23; CLEN., n° 53, 57; fréq.

Hispanicus, *-a, -um* dans *scabies Hispanica* : v. *scabies*.

hispaniso (*-izo*), *-are* A) « parler espagnol » : ap. ER., Allen VIII, n° 2083, 14 (à propos d'oeuvres d'ER. traduites en esp.). - B) être du parti de l'Espagne, être favorable à l'Espagne: BULL., Gr. I, 358, 3; III, 328, 15; ap. BULL., Gr. III, 260, 16; etc.

\+ **historia**, *-ae* dans *ab historiis*, historiographe: ap. ER., Allen VII, n° 1935, 71. - v. *a/ab*.

histrionice *à la manière d'un comédien: ap. CALV. X B, 98, 15.

hodoeporicum: v. *odeporicum*.

holagra, *-ae* goutte qui affecte tout le corps: ER., Allen XI, n°

2965, 4; n° 3000, 20; n° 3005, 3. - Terme forgé par jeu de mots sur *podagra* (ποδάγρα) et *chiragra* (χειράγρα); cf. ὅλος.

holagricus, *-a, -um* qui concerne une goutte affectant tout le corps: ER., Allen X, n° 2961, 8. - Terme forgé par jeu de mots sur *podagricus* (ποδαγρικός): v. *holagra.*

holcas, *-adis* bateau de transport: APH., 60 v°, 29. - ← ὁλκάς.

hollandice en langue néerlandaise: ER., Allen V, n° 1469, 4 et 140; VI, n° 1699, 2. - v. *belgice, cimbrice, flandrice, germanice* B, *teutonice* B.

holmus, *-i* trépied de la Pythie: ER., ASD II-4, ll. 762, 765 et 766. - ← ὅλμος.

holochrysius: v. *olochrysius.*

hololampus: v. *ololampus.*

homagium, *-ii* *hommage, inféodation: PFLUG II, n° 249, 12; ap. PFLUG V/1, doc. 15, l. 32; BOD. I, 74 A, 42; etc.

Homerice à la manière d'Homère: ER., ASD I-6, 87, 455. - ← Ὁμηρικῶς.

homoeologia, *-ae* uniformité de style: MOS. Tab., 16, 5. - ← ὁμοιολογία.

homogeneus (*omo-, -ius*), *-a, -um* *homogène: SAL. I, ch. 1, 104; BOV. Sap., 66, 19; RING., 428, 15; etc. - ← ὁμογενής.

homologo, *-are* *approuver, reconnaître: ap. VALLA I, 446, 46. - ← ὁμολογέω.

homophonus, *-a, -um* de même son: POLIT., 464, 40. - ← ὁμόφωνος.

homotechnus, *-a, -um* qui a le même métier, les mêmes capacités: ER., ASD II-6, 408, 298. - ← ὁμότεχνος.

homotimi, *-orum* les Pairs: BÈZE III, 90, 41. - ← οἱ ὁμότιμοι.

honorabilis dans *emenda honorabilis*: v. *emenda.*

honoratrix, *-icis* celle qui honore: PETR. I, 295, 9.

hoplomachia, *-ae* combat avec des armes lourdes: BUDÉ I, 67, 33. - ← ὁπλομαχία.

horarius, *-a, -um* A) horaire; qui concerne ou indique l'heure: ER., ASD II-6, 460, 691; MERC., 27, 35; 28, 15. - B) dans *horarium officium* ou *horariae preces*, les heures (prières): POLIT., 26, 39; MORE Corr., n° 83, 1180; ER., ASD I-3, 427, 110; etc.

horatim à toute heure, constamment: GAG. II, 70, 12; ap. AMERB. I, n° 426, 17.

horocrator, *-oris* le maître de l'heure (astrologie): PIC 1, 451, 13. - ← ὡροκράτωρ.

horologiographicus, *-a, -um* qui indique l'heure: AMERB. Bon. IX/2, n° 3869, 4. - ← ὡρολόγιον + γραφικός.

horologium dans *horologium excitatorium*: v. *excitatorius, -a, -um.*

horonomium: v. *oronomium*.

horridule assez négligemment: ANDREAS in *Praef.*, 75, 24. - dim. de *horride*, formé sur *horridulus*.

+ **horridulus**, *-a*, *-um* assez âcre, assez désagréable: PETR. I, 232 (p. chiffrée 132), 24.

hortatiuncula, *-ae* petite exhortation, petit encouragement: CALV. XI, 647, 41. - dim. de *hortatio*.

horula, *-ae* *une « petite » heure: ER., Allen III, n° 959, 137; VIVES Pseud., 39, 4; DORP, 5, 11; fréq. - dim. de *hora*.

hospitale, *-is* A) **hospice: POGG. I, 422, 35; 471, 2 et 5; etc. - B) hôpital: ap. CELT., 12, 30; ap. AMERB. VIII, n° 3465, 10.

hospitatim de maison en maison: BOV. ap. LEF., 212, 3.

+ **hospitium**, *-ii* hôpital: MORE, Cw IV, 138, 27; 140, 5 et 19.

hospito, *-are* **accorder l'hospitalité: LUTH., WA Br. I, n° 42, 20 et 21.

+ **hostia**, *-ae* A) **hostie: POGG. I, 479, 18; PIC 1, 127, 5; ER., ASD IX-1, 396, 470 (*uulgo*); etc. - B) **offrande faite à Dieu: ER., ASD V-3, 37, 171.

Hugenothus (*-ttus*): v. *Huguenotus*.

Hugonisticus (*-nothicus*), *-a*, *-um* huguenot: BULL., Gr. III, 451, 26; ap. PIGH., n° 44, 34. - ← franç.

Hugonothus (*-tus*): v. *Huguenotus*.

Huguenotus (*-thus* ; *Hugenothus*, *-ttus* ; *Hugonothus*, *-tus*), *-i* un Huguenot: BÈZE III, 111, 39 (*ut nunc loquuntur*); BULL., Gr. III, 168, 8; PLANT. III, 197, 15; etc. - ← franç.

humanista, *-ae* (M.) élève de la classe d'« humanités » (ou poésie): ap. LIPSE, Ep. I, n° 1, 53; S.J. I, 161, 5; 165, 28; etc.

+ **humanitas**, *-atis* A) dans *Humanitas tua*, **« Ta/Votre Bonté », « Ta/Votre Bienveillance » : ap. CELT., n° 226, 4; LUTH., WA Br. I, n° 3, 18; ER., Allen VIII, n° 2122, 13; fréq.; v. *tua*. - B) dans *classis humanitatis*, classe d'« humanités » (ou poésie): S.J. I, 160, 20; 195, 27; 210, 1; etc.

humectatrix, *-icis* (empl. adj. F.) humidifiante: PIC 1, 348, 35.

humipeta (adj. M.-F.) qui cherche le sol, qui se dirige vers le sol (à propos d'oiseaux): BUDÉ III A, 227, 27.

humirepus, *-a*, *-um* qui rampe à terre → humble: MORE, Cw IV, 198, 11.

hungarice en langue hongroise: ER., Allen VII, n° 1967, 126.

hussernus, *-i* hussard: ap. PFLUG V/1, doc. 44 ll. 36 et 39. - ← germ.

Hussita, *-ae* (M.) *un Hussite: ZW. VII, 328, 24; LUTH., WA Br. II, n° 254, 25; MEL., O.O. I, 94, 11; etc.

Hussitanus, *-a*, *-um* Hussite: ap. MEL., O.O. I, 226, 48.

Hussiticus, *-a, -um* Hussite: MEL., O.O. I, 324, 48.

Huttenicus, *-a, -um* de Hutten: ap. ZW. VII, 313, 5; MEL., O.O. I, 263, 13; 455, 15.

Huttenomastix, *-igis* (*-ygis*) quelqu'un qui fustige Hutten: ap. HUTT. II, 427, 4. - v. *mastix*.

hydrographia, *-ae* hydrographie: BOD. I, 118 A, 35; 160 B, 9. - ← grec: cf. ὑδρο- (ὕδωρ) + γράφω.

hydrographus, *-i* un hydrographe: MERC., 16, 9 et 10; 32, 33; etc. - ← grec: cf. ὑδρο- (ὕδωρ) + γράφω.

hydrophorus, *-i* porteur d'eau: ER., Allen VIII, n° 2236, 12. - ← ὑδροφόρος.

hydropotes, *-ae* (M.) quelqu'un qui ne boit que de l'eau: BOV. in *Pros.*, 118, 14. - ← ὑδροπότης.

hydropotium, *-ii* le fait de ne boire que de l'eau: ER., ASD IX-1, 88, 662. - ← grec: cf. ὑδροπότης.

hygiinon, *-i* hygiène: POLIT., 463, 23. - ← ὑγιεινόν.

hylax (?), *-actis* aboyeur: ap. CALV. XII, 432, 43 (nom. Pl. *hylactes*). - ← grec: cf. ὑλάκτης, -ου.

hymnodia, *-ae* **hymne, psaume: BUDÉ I, 151, 34. - ← ὑμνῳδία.

hymnographus, *-i* **auteur d'hymnes, de psaumes: RHEN., 26, 34; ap. HUTT. I, 32, 13; BULL. Stud., 36, 15; etc. - ← ὑμνογράφος.

hymnologia, *-ae* recueil d'hymnes, de psaumes: LEF., 472, 1. - ← ὑμνολογία.

hyparxis, *-is* substance: VALLA I, 655, 25. - ← ὕπαρξις.

hypera, *-ae* cordage fixé au bout de l'antenne d'un bateau pour la faire mouvoir: ER., ASD II-5, 265, ll. 570, 571 et 573. - ← ὑπέρα.

hyperaspistes, *-ae* (M.) **protecteur, défenseur: LUTH., WA Br. I, n° 50, 1; ER, Allen IV, n° 1234, 10; ap. CALV. XV., 100, 16; etc. - ← ὑπερασπιστής.

hypercriticus, *-i* un hypercritique: LIPSE, Ep. I, n° 204, 9. - ← ὑπέρ + κριτικός (*criticus*).

hyperdulia, *-ae* *hyperdulie: PIC 1, 104, 39; CALV. VI, 463, 12; BÈZE VII, 158, 45. - ← ὑπέρ + δουλεία.

hyperphysicus, *-a, -um* surnaturel: CATH. Enarr., 13, 25. - ← ὑπερφυσικός.

hypnologus, *-i* quelqu'un qui croit au « sommeil de l'âme » après la mort: CALV. V, 211, 52. - ← ὕπνος + λόγος.

hypnosophista, *-ae* (M.) quelqu'un qui croit au « sommeil de l'âme » après la mort: CALV. X B, 260, 25; ap. CALV. X B, 374, 4. - ← ὕπνος + σοφιστής.

hypocaustulum, *-i* petite pièce où se trouve un poêle: ap. ZW. VIII, 757, 13. - ← ὑπόκαυστον (*hypocaustum*) + suff. lat. de dim.

+ **hypocaustum**, *-i* un poêle A) l'appareil lui-même: ER., ASD I-3, 334, 56; Allen IV, n° 1248, 10; n° 1249, 19; etc. - B) la pièce où il se trouve: ER., ASD I-3, 334, 51; CALV. X B, 424, 9; MUNST., 99, 9; fréq.

hypochondriacus, *-a, -um* **hypocondriaque: LIPSE, Ep. II, n° 395, 5; n° 445, 15. - ← ὑποχονδριακός.

hypocritice hypocritement: MEL., W. IV, 109, 10. - ← ὑποκριτικῶς.

hypocriticus, *-a, -um* *hypocrite: BUDÉ I, 196, 11; DORP ap. CRAN., n° 85, 176; MEL., O.O. I, 324, 49; fréq. - ← ὑποκριτικός.

hypodiastole, *-es* **division de la phrase en petits membres: MURET, O.O. II, 48, 32. - ← ὑποδιαστολή.

hypologus, *-i* fraction dont le numérateur est plus petit que le dénominateur: POLIT., 464, 5. - ← ὑπόλογος.

hypopheta (*-es*), *-ae* (M.) porte-parole, commentateur: BUDÉ I, 162, 21; II, 293, 16; MURET. O.O., I, 324, 24; etc. - ← ὑποφήτης.

hyposarca, *-ae* **anasarque (maladie): APH., 15 v°, 16. - ← ὑπόσαρκα; v. *anasarca.*

hypostaseus (*yp-*), *-a, -um* hypostatique: BOV. Nih., 40, 30; Opp., 88, 9; 94, 18. - ← grec: cf. ὑπόστασις.

hypostatice *hypostatiquement, personnellement: PIC 1, 129, 7; CALV. VIII, 571, 25; BÈZE VII, 55, 30; etc. - ← ὑποστατικῶς.

hypostaticus, *-a, -um* *hypostatique, personnel: PIC 1, 129, 4; MEL., W. VI, 262, 29; CALV. VIII, 571, 19; fréq. - ← ὑποστατικός.

hypostatizatio, *-onis* tranformation en hypostase, en personne: PIC 1, 126, 42. - ← grec (cf. ὑπόστασις, ὑποστατικός) + suff. lat.

hypostatizo (*hi-*), *-are* transformer en hypostase, en personne: PIC 1, 121, 45; 122, 25; 158, 2. - ← grec: cf. ὑπόστασις, ὑποστατικός.

hypostigma, *-ae* **virgule: ER., LB VI, f. **3 r°, l. 32. - ← ὑποστιγμή.

hypotheco, *-are* *hypothéquer: ap. MORE Corr., n° 153, 74. - ← grec: cf. ὑποθήκη.

hypothesis, *-is* (*-eos*) A) **supposition, hypothèse: ER., Allen VI, n° 1571, 39; BUDÉ III B, 183, 6; MORE Corr., n° 15, 570; fréq. - B) **thème, canevas (d'une rédaction . . .): BÈZE II, 126, 23; III, 162, 12; STURM, 42, 14; etc. - ← ὑπόθεσις.

hypotyposis, *-is* *hypotypose: ER., Allen II, n° 337, 43; CRUC., n° 20, 56; MEL., O.O. XXI, 84, 17; etc. - ← ὑποτύπωσις; cf. QUINT. IX, 2, 40, où le terme est en grec.

I

Pour rappel (v. introduction, p. xi)
Contrairement à G., nous ne distinguons pas en latin *i* et *j*: nous écrivons partout *i*. Le lecteur trouvera donc ici en une suite alphabétique unique des mots comme *iactor* et *iambographus*, *iturio* et *iubileum*.

Iacobianus, *-i* un Jacobite, sectateur de Jacques Baradé ou Bar Adai: FIC., O.O. I, 71 B, 39. - cf. *Dict. Théol. Cath.*, X, 2230 (art. *Monophysisme*) et 2254-5 (art. *Monophysite*).

Iacobita, *-ae* (M.) *un Jacobin, Jacobite ou Dominicain: REU., 18, 9; AMERB. J. I, n° 246, 81; ER., Allen IV, n° 1153, 113; etc.

iactabunde *avec jactance: VALLA I, 423, 32; BUDÉ I, 371, 13; IV, 1311, 50.

iactantiuncula, *-ae* une certaine vantardise, une certaine ostentation: BUDÉ I, 300, 5. - dim. de *iactantia*.

iactatrix, *-icis* (empl. adj. F.) qui vante: PETR. I, 14, 42.

iactor, *-oris* quelqu'un qui jette, qui lance: FIC., O.O. I, 616 B, 44; Theol. II, 233, 19.

iambographus, *-i* **auteur d'iambes, poète iambique: ER., ASD II-6, 350, 75; VIP. Poet., 24, 15. - ← ἰαμβογράφος.

+ **ianitor**, *-oris* fig., un initiateur, quelqu'un qui ouvre l'accès à . . . : LAT., 35, 34.

+ **Ianuarius**, *-a*, *-um* de Janus: VALLA I, 901, 48.

iatrica, *-ae* médecine: MEL., O.O. XI, 100, 30. - ← ἰατρική.

ichthyopola, *-ae* (M.) marchand de poissons: APH., 27 r°, 26. - ← ἰχθυοπώλης.

ichthyopolium, *-ii* marché aux poissons, magasin de poissons: APH., 27 r°, 28. - ← ἰχθυοπώλιον.

ichthyotrophium, *-ii* vivier: APH., 27 r°, 31. - ← ἰχθυοτροφεῖον.

iconice A) en image: BUDÉ I, 253, 48; BÈZE I, 50, 7. - B) en effigie: BUDÉ II, 98, 9. - ← εἰκονικῶς (*iconicos*).

iconicos en effigie: BUDÉ II, 255, 49. - ← εἰκονικῶς.

iconoclasta, *-ae* (M.) un iconoclaste: CATH., Opusc. II, 61, 23; Disput., 141, 3. - ← εἰκονοκλάστης.

iconomachus, *-i* *un iconoclaste: BULL. ap. BÈZE VII, 244, 17; NANCEL, 262, 14. - εἰκονομάχος.

+ **icterus** (*-is?*), *-i* **jaunisse (sens premier de ἴκτερος): ER., ASD I-2, 606, 15; APH., 15 v°, 30.

identicus, *-a, um* *identique: BÈZE III, 164, 44.
identifico, *-are* *identifier, considérer comme identique: POMP., 51, 20 et 27; 68, 25.
+ **identitas**, *-atis* monotonie: PETR. II, 772, 11.
ideocia, *-ae* aliénation, folie: ap. MORE Corr., n° 149, 20 et 26.
idiochirum, *-i* **un autographe: BUDÉ I, 369, 7; IV, 250, 40. - ← ἰδιόχειρον.
+ **idioma**, *-atis* **langue, dialecte: PETR. I, 459, 12; SAL. III, ch. 11, 228; ALDE in *Praef.*, 208, 19; fréq.
idiosystasis, *-is* substance propre à quelqu'un, constitution physique propre à quelqu'un: VALLA I, 655, 26. - ← grec: cf. ἰδιοσυστασία.
+ **idiota**, *-ae* A) un particulier (sens premier de ἰδιώτης): ER., ASD IV-1, 217, 574; IV-1 A, 22, 99; IX-1, 209, 109. - B) un aliéné, un fou: ap. MORE Corr., n° 149, ll. 10, 21 et 27.
idolatra (*ei-*), *-ae* (M.) **un idolâtre: ER., ASD V-2, 335, 208; BULL., Corr. I, 72, 15. - ← grec: cf. εἰδωλολάτρης (*idololatra*, G.).
idolatratio: v. *ydolatratio.*
idolicola, *-ae* (M.) un idolâtre: SAL. III, ch. 11, 113. - ← εἴδωλον (*idolum*) + *-cola* (cf. *Christicola,* etc).
idolodulia, *-ae* idolâtrie: CALV. VI, 476, 33. - ← grec: cf. εἰδωλόδουλος.
idolomachia, *-ae* querelle relative au « culte des images » : ER., Allen VIII, n° 2133, 64. - ← grec: cf. εἴδωλον + μάχη.
idolomachus, *-i* quelqu'un qui combat le « culte des images » : ER., ASD V-3, 381, 417. - ← grec: cf. εἴδωλον + μάχη.
idolomania, *-ae* *«folie idolâtre», idolâtrie: MEL., O.O. XXI, 1096, 27; CALV. VI, 476, 48; ap. BULL., Gr. I, 199, 6; fréq. - ← εἰδωλομανία.
idolomanicus, *-a, -um* plein de « folie idolâtre », follement idolâtre: JON. II, 193, 4; 339, 23. - ← grec: cf. εἰδωλομανία (*idolomania*).
idolomastix, *-igis* quelqu'un qui fustige les idoles: BUDÉ I, 198, 35. - ← grec: cf. εἴδωλον + μάστιξ; v. *mastix.*
Iesuita, *-ae* (M.) un Jésuite: LIPSE, Ep. I, n° 26, 43; ap. BULL., Gr. I, 328, 15; BÈZE III, 157, 3; fréq.
Iesuitanus, *-a, -um* de Jésuite: STURM, 16, 8.
Iesuiticus, *-a, -um* de Jésuite: ap. BULL., Gr. II, 301, 11; 323, 5; PLANT. VII, 326, 16.
ignarulus, *-a, -um* assez ignorant: ap. ZW. VII, 6, 20. - dim. de *ignarus.*
ignis A) dans *ignis Graecanicus* : v. *Graecanicus.* - B) dans *ignis Graecus* : v. *Graecus.*
ignitio, *-onis* A) éclair: POLIT., 416, 39. - B) échauffement, fait d'avoir de la fièvre: POLIT., 426, 18 et 23.

ignoratiue en signe d'ignorance: VALLA I, 56, 32.
ignoscibiliter de manière pardonnable, de manière excusable: ap. ER., Allen XI, n° 3112, 175.
illabefactabilis, *-is, -e* A) qu'on ne peut pas faire tomber → indestructible: ER., ASD V-2, 297, 356; BUDÉ I, 448, 11; 467, 35; etc. - B) incorruptible (moralement): BUDÉ III B, 86, 50.
illamentabilis, *-is, -e* **non déplorable: BUDÉ I, 505, 51.
illaqueator, *-oris* quelqu'un qui tend des pièges: PETR. I, 455, 6.
illatinus, *-a, -um* A) écrit en mauvais latin: CUEVA, 7 r°, 6; APH., 37 r°, 32; BUC., Corr. I, n° 8, 14; etc. - B) qui écrit en mauvais latin: ZAS. ap. ER., Allen II, n° 310, 4; ZW. VII, 146, 13.
illegibilis, *-is, -e* illisible: ap. BUC., Corr., II, ann. III, l. 54; CLEN., n° 43, 92; ap. CALV. X B, 45, 18.
illibenter *à contre-coeur: ER., Allen III, n° 844, 277; MORE, CW IV, 82, 22; CLEN., n° 61, 57; fréq.
illiber, *-era, -erum* **non libre: ZW. VIII, 194, 8.
illigabilis, *-is, -e* qui ne doit pas être pourvu d'une ligature: ap. PLANT. Suppl. 111, 32 (à propos de certaines lettres en syriaque).
+ **illigatio** (*inl-*), *-onis* reliure (fait de relier des livres): ZAS. ap. AMERB. IV, n° 1963, 14; AMERB. Bon VI, n° 2980, 19.
illigator (*inl-*), *-oris* un relieur: AMERB. Bon III, n° 1081, 6 et 10.
illigatura (*inl-*), *-ae* lien, assemblage: VALLA I, 71, 7.
+ **illigo**, *-are* relier (des livres): ap. RHEN., 243, 2; ZAS. ap. AMERB. III, n° 1077, 29; BUC., Corr. I, n° 2, 122; fréq.
illiquidus, *-a, -um* trouble: BOV. Opp., 94, 16.
illiterate: v. *illitterate.*
illitrix, *-icis* (empl. adj. F.) qui oint, qui enduit: BUDÉ IV, 1089, 6.
illitterate (*illite-*) en illettré, comme un illettré: VALLA I, 419, 15; II, 284, 28.
illoquentia, *-ae* manque d'éloquence: LUTH., WA Br. I, n° 14, 11 (*ut ita dixerim*).
illucidus, *-a, -um* non clair, confus: BOV. Sap., 180, 10.
illuminatorius, *-a, -um* qui éclaire, qui « illumine » : LEF., 439, 32.
illustratrix, *-icis* (subst.) celle qui illustre, qui apporte de l'éclat à . . . : ap. REU., 277, 22.
illutilo, *-are* souiller: ap. CRUC., n° 1, 24. - Il faudrait peut-être lire *illutulo, -are* : v. *collutulo, -are* et *lutulo, -are.*
illutulo, *-are* : v. *illutilo, -are.*
imaginamentum, *-i* « image », vision: BUDÉ I, 533, 34 (*somniorum imaginamenta*).
imaginatiue en image, au figuré: BULL., Gr. III, 141, 26; ap. CALV. XX, 342, 23.

imaginatiuncula, *-ae* petite image: BUC., Op. lat. I, 111, 28. - dim. de *imaginatio.*

imaginatiuus, *-a, -um* *imaginatif: PIC 1, 88, 49; BOV. Sap., 202, 12; BULL. ap. CALV. XII, 417, 50; etc.

imbricarius, *-ii* un couvreur: POLIT., 470, 42.

imbursatus (*inb-*), *-a, -um* mis dans la bourse → reçu: AMERB. J. I, n° 335, 13; ap. AMERB. VI, 2480 a, 19.

imitatitius, *-a, -um* artificiel: ER., ASD I-5, 304, 324; II-6, 469, 922; IV-2, 94, 791.

imitatricula, *-ae* une petite imitatrice: BUDÉ III A, 235, 44. - dim. de *imitatrix.*

immanens, *-ntis* *immanent (philos.): POMP., 17, 4 et 7; 58, 27.

immano, *-are* découler: POGG. I, 418, 25.

immansuetudo, *-dinis* **méchanceté, cruauté: GUAR. 1, Inaug., 304, 15; HUTT. V, 12, 2.

immaterialitas, *-atis* *immatérialité: POMP., 5, 22; 24, 7; 43, 22; etc.

immaterialiter *de manière immatérielle: SAL. II, ch. 9, 243.

immatriculo, *-are* *immatriculer, inscrire: BÈZE VII, 223, 23.

immeabilis, *-is, -e* *impraticable, où l'on ne peut pas voyager: ER., Allen III, n° 756, 12.

immediate A) *sans intermédiaire, directement: PETR. II, 986, 44; SERRA, 35, 29; SAL. II, ch. 7, 61; fréq. - B) *immédiatement, aussitôt: PIC 1, 85, 22; XIMENES in *Praef.*, 47, 35; AMERB. J. I, n° 348, 11; etc.

immedicabiliter **de manière incurable: ap. AMERB III, n° 1348, 5.

immediocriter non modérément → grandement: ARGYR. in *Reden*, 35, 22.

+ **immeditatus**, *-a, -um* qui n'a pas réfléchi: BUDÉ III A, 97, 1.

+ **immersio**, *-onis* *baptême: BUDÉ I, 209, 2; 212, 41; 237, 29.

immigratio, *-onis* transmigration des âmes: VALLA I, 959, 3.

immingo, *-ere* *uriner: ER., ASD IX-1, 206, 3.

immititas, *-atis* dureté: ap. ER., Allen VIII, n° 2115, 32.

immixtio, *-onis* **mélange: TORR. III, n° 829, 16.

+ **immobilis**, *-is, -e* dans *res immobiles* ou *bona immobilia,* *biens immeubles: PETR. III, 1375, 6; CLÉMENT VII ap. ER., Allen VI, n° 1588, 6; AMERB. J. I, n° 491 a, 127; etc.

immodulate sans harmonie: ER., ASD V-3, 184, 522.

immolatrix, *-icis* (empl. adj. F.) qui concerne les sacrifices: BUDÉ I, 533, 37.

immorigerus, *-a, -um* non complaisant, désobéissant: ER., ASD I-1, 399, 27; BUC., Op. lat. I, 171, 4; CALV. II, 293, 13; etc.

+ **immortales**, *-ium* *les saints: ER., ASD I-3, 270, 105.

immultiplex, *-icis* non multiple, unique: BOV. Sap., 262, 27.

immultiplicabilis, *-is, -e* *qui ne peut pas être multiplié: PETR. I, 372, 27; BOV. Opp., 94, 20; 114, 16; etc.

immultiplicabilitas, *-atis* fait de ne pas pouvoir être multiplié: PETR. I, 372, 28.

immultiplicatus, *-a, -um* non multiplié: BOV. Opp., 114, 20.

immungo, *-ere* *se moucher, éternuer: ER., ASD IX-1, 206, 3.

immurmuratio, *-onis* **un murmure: POLIT., 434, 8.

immusso, *-are* chuchoter, murmurer: ER., ASD I-3, 422, 167; Allen X, n° 2726, 32.

immutabundus, *-a, -um* qui change: BUDÉ I, 474, 7.

immutatrix, *-icis* (empl. adj. F.) qui provoque un changement: BUC., Op. lat. II, 129, 7 (*energia immutatrix*).

impanatio, *-onis* *impanation: ap. BUC., Corr. II, n° 139, 36; CALV. XII, 232, 20; ap. CALV. XII, 215, 10; etc. - cf. *Dict. Théol. Cath.*, VII, 1265.

impanatus (*-nea-*), *-a, -um* contenu dans le pain, enfermé dans le pain (v. *impanatio*): PIC 1, 127, 33; ER., Allen VIII, n° 2284, 19; CALV. XI, 217, 39; etc.

impanor, *-ari* *être contenu dans le pain (v. *impanatio* et *impanatus*): BUC., Corr. II, n° 109, 46.

imparabilis, *-is, -e* A) qu'il est difficile ou impossible de se procurer: ZAS. ap. AMERB. III, n° 1235, 10. - B) difficile: ZAS. ap. AMERB. II, n° 503 b, 8; AMERB. Bon. IV, n° 1884, 25.

impartialis, *-is, -e* impartial: BULL., Gr. I, 24, 37; ap. BULL., Gr. III, 331, 6.

\+ **imparticipabilis**, *-is, -e* **auquel on ne peut pas participer, non susceptible d'être partagé: BOV. Nih., 62, 30; 64, 1 et 24.

impatibilitas, *-atis* impassibilité: BUDÉ III A, 396, 52. - cf. *impassibilitas* (G.).

impatibiliter de manière insupportable: HUTT. V, 484, 8.

impauiditas, *-atis* *fait d'être impavide: POLIT., 464, 20.

impeccabilitas, *-atis* *fait de ne pas pécher, innocence: CATH., Opusc. I, 135, 21; Disput., 49, 6.

impeccans, *-ntis* innocent: BOV. Sap., 294, 3; LIPSE, Ep. II, n° 330, 23; O.O. IV, 408 B, 7.

impedite de manière embarrassante, dans une situation embarrassante: BUDÉ IV, 963, 14.

impensio, *-onis* **emploi, utilisation: BRUNI, 13, 2.

imperceptibilis, *-is, -e* *imperceptible: SAL. II, ch. 5, 130; III, ch. 1, 88; HAL., 69, 15; etc.

imperceptio, *-onis* non-perception, fait de ne pas percevoir; SAL. III, ch. 11, 59.

imperdibilis, *-is, -e* *impérissable: FIC., Theol. I, 211, ll. 11, 13 et 14.

imperiolum, *-i* petite autorité, petit pouvoir: BUDÉ I, 42, 42. - dim. de *imperium.*

imperiositas, *-atis* *fait d'être dominateur, d'être tyrannique: PETR. I, 440, 16; VIVES Conscr., 40, 21.

imperitulus, *-a*, *-um* assez ignorant: ER., Allen I, n° 31, 46. - dim. de *imperitus.*

impermixtio, *-onis* absence de mélange: BOV. Opp., 66, 12; 68, 8.

imperpetuum (adv.) *à perpétuité, pour toujours: PFLUG II, n° 209, 50; n° 243, 68; n° 258, 27; etc.

impers, *-rtis* *indivis, insécable: BOV. Sap., 102, 9; 114, 1; 150, 2; etc.

imperspectus, *-a*, *-um* non considéré: ap. ER., Allen II, n° 459, 138 (*animo Prophetarum . . . imperspecto* : sans tenir compte de l'esprit des Prophètes).

imperterrite sans effroi: HUTT. I, 50, 25.

impertinenter *sans pertinence, sans raison: PETR. II, 1052, 27; ZAS. V, 178 A, 51; ap. REU., 148, 10; etc.

impertinentia, *-ae* *non-pertinence: ZAS. ap. AMERB. III, n° 1196, 31.

impertransibilis, *-is*, *-e* *qui ne peut pas être traversé, infranchissable: BOV. Sap., 246, 23; Opp., 132, 23.

imperturbate *sans trouble: BOV. Sap., 120, 15.

imperuestigabilis, *-is*, *-e* **impossible à scruter, à percer: ER., Allen V, n° 1334, 427; LUTH., WA XVIII, 718, 5; CALV. II, 95, 16; etc.

impetitio, *-onis* A) **demande, réclamation: PETR. II, 1087, 44. - B) accusation: PETR. I, 492, 8; ZAS. ap. AMERB. III, 1113, 6; ap. ARL., 220, 21.

\+ **impetratio**, *-onis* demande, exigence: ap. AL. Paquier, 148, 22; 150, 12; 155, 34; etc.

impignoro, *-are* *donner en gage: ap. AMERB. I, n° 437, 39.

impingibilis, *-is*, *-e* que l'on ne peut pas peindre ou dessiner: BOV. Sap., 268, 2.

implacabiliter **implacablement: PETR. II, 897, 19; ER., ASD I-5, 324, 30; LUTH., WA Br. I, n° 26, 29; etc. - cf. *implacabilius* (G.).

implacendus, *-a*, *-um* qui ne plaît pas: ZAS. ap. AMERB. II, n° 973, 66.

implacidus, *-a*, *-um* ***non calme, non pacifique (déjà HOR. *O.*, IV, 14, 10 et PROP. IV, 9, 14): BUDÉ I, 474, 2; BUDÉ ap. ER., Allen III, n° 915, 105; AL. Paquier, 286, 15.

implantatio, *-onis* *implantation: ap. AMERB. IX/1, n° 3698, 21 (fig.: *amicitiae . . . implantatio*).

\+ **implementum**, *-i* *accomplissement, réalisation: CALV. II, 257, 15.

+ **impletio**, *-onis* **accomplissement, réalisation: CALV. VII, 33, 16; ap. BÈZE XI, 317, 37; 318, 4.
implicate de manière confuse, de manière embrouillée: BUC., Op. lat. XV, 106, 4.
implorator, *-oris* **quelqu'un qui implore, qui demande de l'aide: AL. Paquier, 117, 22 et 24.
imploratrix, *-icis* (empl. adj. F.) qui implore: AMERB. Bon VII, n° 3043, 24.
imploratus, *-us* **imploration, demande: AMERB. Bon. III, n° 1092, 105.
impolities, *-ei* manque de culture: ap. ER., Allen IX, n° 2632, 87 (*impolitie barbarieque*).
imponderabilis, *-is, -e* **impossible à peser: PETR. I, 370, 29.
importantia, *-ae* *importance: ap. AL. Paquier, 301, 15; ap. MORE Corr., n° 140, 58; n° 169, 45.
importatio, *-onis* importation: ER., ASD IV-1, 200, 51; Allen VI, n° 1800, 37; LB II, 1084 D.
importator, *-oris* A) **un importateur (sens propre): ER., Allen VI, n° 1539, 72; BUDÉ II, 259, 22. - B) fig.: BUDÉ I, 140, 22; 220, 31.
importatrix, *-icis* (empl. adj. F.) importatrice: BUDÉ I, 180, 13 (fig.).
impositorius, *-a, -um* relatif à l'impôt: BOD. I, 74 A, 46.
impostergum (adv.) derrière, à la traîne: BOV. Sap., 82, 8.
impostorius, *-a, -um* *trompeur: BUDÉ I, 79, 45; III A, 267, 11.
impostrice par imposture: BULL., Corr. I, 72, 6.
impostricula, *-ae* (adj. F.) assez trompeuse: BUDÉ I, 317, 10; 344, 4; II, 178, 51. - dim. de *impostrix.*
impostrix, *-icis* (empl. adj. F.) **trompeuse: BUDÉ I, 34, 42; 399, 8; 400, 47; etc.
impraemeditate *de façon non préméditée, à l'improviste: ER., ASD I-4, 251, 212; BUDÉ III A, 278, 28; ap. HUTT. I, 443, 25.
impraemeditatio, *-onis* manque de réflexion préalable, manque de prévision: PETR. I, 234, 25; II, 754, 35.
+ **imprecatio**, *-onis* **voeu, souhait (favorable): MOS. Paed., 31, 28.
+ **impressio**, *-onis* impression, édition: FIC., O.O. I, 955 B, 32; LASCARIS in *Praef.*, 186, 2; GAG. II, 42, 5; fréq.
impressor, *-oris* imprimeur: ANDREAS in *Praef.*, 70, 18; GAG. I, 176, 16; CELT., n° 5, 47; fréq.
impressorius, *-a, -um* qui concerne l'imprimerie: ANDREAS in *Praef.*, 52, 6; GAG. I, 175, 2; ER., Allen I, n° 32, 32; fréq. - cf. WIDMANN, 182-4.
impressura, *-ae* A) impression, édition: ap. CELT., n° 88, 48; GAG.

II, 42, 9; BULL. ap. CALV., XIII, 405, 31. - B) imprimerie (art): AMERB. J. I, nº 491 a, 99; ap. ER., Allen VI, nº 1638, 69.

+ **imprimo**, *-ere* imprimer (des livres . . .): ANDREAS in *Praef.*, 65, 5; POLIT., 112, 47; GAG. I, 174, 10; fréq. - cf. WIDMANN, 179-181.

improbabilitas, *-atis* invraisemblance: VIP. Poet., 43, 27.

+ **improbitas**, *-atis* dans *improbitas laboris*, acharnement au travail: ER., ASD I-3, 204, 2587; CLEN., nº 63, 724. - cf. VERG. G. I, 145-6: *labor . . .improbus.*

improhibitus, *-a, -um* *non empêché, toléré: MORE, CW IV, 222, 14; Corr., nº 143, 1451.

impromptitudo (*-mti-*), *-dinis* lenteur: ap. CELT., nº 61, 27.

impropitius, *-a, -um* défavorable, malveillant: LUTH., WA X/2, 216, 13; AMERB. Bon. III, nº 1390, 42; VOLZ ap. RHEN., 337, 31; etc.

improportionabilis, *-is, -e* *qui est sans proportion avec . . . : PETR. I, 370, 3; BOV. Nih., 80, 19.

improuidens, *-ntis* **imprévoyant, négligent: MORE, CW XIV/1, 585, 3.

impudicus, *-i* médius ou majeur: APH., 10 vº, 16.

impulsiuus, *-a, -um* **qui pousse à . . . , qui incite à . . . : MEL., W. V, 290, 32; VI, 444, 36; ap. BULL., Gr. III, 315, 29; etc.

imputabilis, *-is, -e* *imputable: CATH., Opusc. I, 172, 13; 173, 7; 177, 7; etc.

imputabilitas, *-atis* *imputabilité: CATH., Opusc. I, 183, 18.

+ **imputatio**, *-onis* *prise en charge, imputation: CAST., De arte II, ch. 7, 32; ch. 11, 23; BULL. ap. CALV. XIV, 209, 35; etc.

+ **imputatiue** *par prise en compte, par prise en charge: MEL., W. V, 149, 10; 231, 18; CAST., De arte II, ch. 7, 52; etc.

+ **imputatiuus**, *-a, -um* qui repose sur la prise en charge, sur l'imputation: CAST., De arte II, ch. 8, 1; ch. 9, 122; ch. 12, 33; etc.

inabsolubilis, *-is, -e* qui ne peut pas être supprimé: BOV. Nih., 88, 15.

+ **inabsolutus**, *-a, -um* inachevé: ER., Allen VIII, nº 2112, 16 (*domus . . . inabsoluta*).

inaccersitus, *-a, -um* non recherché, naturel: MORE Corr., nº 83, 315.

inaccurate sans soin: VALLA I, 998, 44.

inacquisitus, *-a, -um* non acquis → naturel, inné: BOV. Sap., 212, 16.

inadfabilis: v. *inaffabilis.*

inaditus, *-a, -um* inaccessible: MEL., O.O. I, 87, 46; 303, 44.

inadsistentia, *-ae* non-intervention: SAL. III, ch. 5, 46.

inadspectabilis (*inas-*), *-is, -e* invisible: BUDÉ I, 461, 35; ap. BÈZE

VI, 154, 24; CAST., De arte I, ch. 20, 10; etc.

inadspectus (*inas-*), *-us* fait de ne pas regarder, de ne pas voir: BOV. Sap., 222, 13; 246, 31.

inadsumptus (*inass-*), *-a, -um* non absorbé: BOV. Sap., 106, 27.

inaduertenter A) *par inadvertance: SAL. II, ch. 6, 61. - B) sans précaution: PETR. II, 677, 40.

inaduertentia, *-ae* *manque d'attention: PETR. II, 1067, 27; ap. REU., 49, 18; AMERB. J. I, n° 184, 40; etc.

inaduerto, *-ere* ne pas remarquer: PETR. I, 484, 42; II, 1009, 11; 1017, 3.

inaequidistans (*ine-*), *-ntis* non parallèle: BOV. Opp., 64, 28.

inaestimandus (*ine-*), *-a, -um* inestimable: ap. ER., Allen VIII, n° 2000, 24.

inaffabilis (*-adf-*), *-is, -e* *non affable: ER., ASD IV-2, 256, 160.

inaffectate simplement, naturellement: VIVES Pseud., 85, 30.

inaffectatio, *-onis* le naturel: VIVES ap. ER., Allen VII, n° 1847, 30 (*simplicitatem dictionis et inaffectationem*).

inaffirmabilis, *-is, -e* qui ne peut pas être affirmé: PETR. I, 370, 6.

inalterabilis, *-is, -e* *qui ne peut pas être modifié, être altéré: BOV. Sap., 96, 31.

inambulatrix, *-icis* (empl. adj. F.) qui fait marcher sur . . . : BUDÉ I, 210, 42 (*fides apostolica, undarum inambulatrix*).

inamice de manière inamicale: ap. AMERB. V, n° 2496, 2.

inamoene désagréablement: ER., ASD I-3, 234, 103; ap. ER., Allen X, n° 2894, 53.

inamoenitas, *-atis* attitude désagréable: ER., ASD IV-2, 151, 907.

inamotus, *-a, -um* non éloigné, non écarté: BOV. Sap., 66, 26.

inanimaduertentia, *-ae* *manque d'attention: AMERB. Br. I, n° 197, 7; ap. AMERB. II, n° 819, 3; n° 827, 8.

inapposite d'une manière inappropriée: SAL. III, ch. 11, 126.

inardens, *-ntis* brûlant: BUDÉ III A, 172, 45.

inartificiose *sans art, sans habileté: POMP., 144, 30.

inas-: v. aussi *inads-*.

inasper, *-era, -erum* non raide, plat: BOV. Sap., 138, 35.

inassecutus (*-quutus*), *-a, -um* qui n'est pas bien compris: ANDREAS in *Praef.*, 80, 30.

inattentus, *-a, -um* non vigilant: ER., Allen IX, n° 2513, 96.

inattingibiliter d'une manière qu'on ne peut pas toucher, qu'on ne peut pas atteindre: PETR. I, 369, 35.

inauctoratio, *-onis* fait de se vouer à . . . , de se consacrer à . . . : ER., ASD V-1, 62, 614.

inauctoro, *-are*: v. *inautoro, -are*.

+ **inauguratio**, *-onis* couronnement, Joyeuse Entrée (d'un roi, d'un prince): ER., Allen III, n° 645, 2; MORE, CW II, 44, 8; ap. CALV. XVII, 144, 23; etc.

inauguratrix, *-icis* (empl. adj. F.) consacrée (sens relig.): BUDÉ II, 168, 17.

+ **inauguratus**, *-a, -um* mauvais, funeste: ap. ER., Allen VI, n° 1733, 52.

inauspicabilis, *-is, -e* de mauvais augure → insupportable: ap. CELT., n° 261, 21.

inautoro (*-auct-*), *-are* A) recruter, réunir (une armée): APH., 77 r°, 23. - B) au passif, être offert, être consacré (au Christ): ER., ASD I-1, 79, 10; MORING., 208, 33. - C) dans *sacerdotio inautorari*, être pourvu d'une charge ecclésiastique: ER., ASD I-2, 273, 3.

inbursatus: v. *imbursatus*.

incaco, *-are* aller à selle: ER., ASD IX-1, 206, 3; MORE, CW V/1, 220, 18.

incalceatus, *-a, -um* *non chaussé: ER., ASD I-1, 389, 1; 654, 9.

+ **incanto**, *-are* faire entrer par des incantations: ER., LB II, 954 E. - opp. à *excanto, -are*.

incarceratio (*-cio*), *-onis* **emprisonnement: ap. MORE Corr., n° 42, 52 et 86; ap. AMERB. VI, n° 2780, 11.

incarcero, *-are* **emprisonner, incarcérer: ap. ER., Allen VI, n° 1782, 27; AGRIPPA, 86, 1; ap. BULL., Gr. I, 458, 5; etc.

+ **incastigatus**, *-a, -um* non corrigé, non revu → incorrect: ALDE in *Praef.*, 193, 20; ER., ASD I-6, 24, 57; ap. AMERB. I, n° 34, 4; etc.

+ **incessanter** **sans cesse: ANDREAS in *Praef.*, 59, 2; ER., ASD V-3, 123, 64; MORE, CW XIV/1, 171, 7; etc.

incessio, *-onis* une attaque: BUDÉ I, 218, 17.

incibatus, *-a, -um* **non nourri, qui ne prend pas de nourriture: BOV. in *Pros.*, 118, 17 et 25.

incidentaliter *incidemment: ap. AMERB. I, n° 189, 34.

incidenter *incidemment: PETR. I, 20, 26; SCHIF., 152, 1087; ER., ASD I-4, 284, 155; etc.

incidentia, *-ae* épanchement: ER., ASD IV-2, 238, 88 (trad. du terme médical παρέμπτωσις).

incineratio, *-onis* *réduction en cendres, en poussière: ap. CALV. XV, 89, 8.

incircumscripte **sans limites: ap. LUTH., WA Br. I, n° 230, 572.

incircumspectio, *-onis* *irréflexion: CATH., Opusc. II, 4, 2.

+ **incisor**, *-oris* *graveur: AMERB. J. I, n° 270, 31; ap. PLANT. V, 291, 8.

incisorius, *-a, -um* **qui sert à couper: ap. AMERB. I, n° 406, 28.

incitamen, *-inis* *un stimulant, une aide: ap. AMERB. I, n° 391, 25. - cf. *incitamentum* (G.).

incitatorius, *-a, -um* d'incitation: VIVES Conscr., 38, 16.
+ **inciuilis**, *-is, -e* incorrect., inconvenant: ER., ASD I-3, 234, 93; ap. AMERB. VI, n° 2764, 1; BOD. I, 188 A, 4; etc.
+ **inciuilitas**, *-atis* A) incorrection, inconvenance, incivilité: ER., ASD IX-1, 172, 152; ZAS. ap. ER., Allen III, n° 857, 6; TORR. III, n° 1073, 14; etc. - B) manque de culture: ER., Allen V, n° 1334, 918.
+ **inciuiliter** A) impoliment: ER., ASD I-3, 233, 50. - B) de manière incorrecte, inconvenante: ER., Allen III, n° 734, 38; IV, n° 1041, 2; CLUS., 28, 26; etc.
inclamabunde en proclamant, en criant: BUDÉ III B, 180, 12.
+ **inclamatio**, *-onis* annonce, proclamation: BUDÉ III B, 170, 25.
inclamator, *-oris* quelqu'un qui est chargé de faire des annonces publiques: BUDÉ III B, 142, 42.
inclamatus, *-us* un cri: BUDÉ I, 79, 19.
inclementiuscule assez durement, avec une certaine rigueur: BUDÉ I, 475, 48. - dim. du compar. adv. *inclementius.*
+ **inclinabilis**, *-is, -e* *déclinable: CUEVA, 13 r°, 6.
inclinatum, *-i* un enclitique: ALDE in *Praef.*, 208, 12.
+ **inclinatus**, *-us* penchant, tendance: BUC., Op. lat. I, 91, 30 (*uoluntatis inclinatu*).
inclite: v. *inclyte.*
+ **inclusio**, *-onis* fait de tenir caché: ap. PFLUG II, n° 332, 40.
inclusiue A) **inclusivement: MEL., W. V, 180, 1 et 4. - B) implicitement: ap. BÈZE VI, 37, 4.
inclyte (*-ite*) de manière remarquable: BUSL., Or. A, 7.
incoercibilis: v. *incohercibilis.*
incogibilis, *-is, -e* qui ne peut pas être contraint: SAL. II, ch. 11, 232.
incogitanter de manière irréfléchie, sans réfléchir: ER., Allen II n° 447, 53; MURET, O.O. I, 118, 1; BÈZE X, 104, 32; etc.
incognibilis, *-is, -e* qu'on ne peut pas reconnaître, qu'on ne peut pas distinguer: MORE, CW III/1, 37, 19.
incohercibilis (*-coer-*), *-is, -e* qui ne peut pas être tenu, qui ne peut pas être dompté: ER., ASD IV-1, 162, 814.
incombustus, *-a, -um* *qui ne se consume pas: PETR. II, 746, 9.
incommeabilis, *-is, -e* où l'on passe difficilement: BUDÉ I, 494, 12 (*amnes incommeabiles*: cours d'eau difficiles à franchir).
incommensurabilitas, *-atis* *incommensurabilité: BUDÉ I, 534, 51.
incommodito, *-are* gêner, faire du tort: BUDÉ I, 229, 15; 248, 5.
incommunicabiliter **d'une manière incommunicable → sans possibilité de partage: LEF., 436, 7 (*ut sic dicam*).
incommunicans, *-ntis* qui est sans relation, sans rapport avec . . . : BOV. Opp., 112, 7.

+ **incommunicatus**, *-a, -um* **qui n'est pas mis en commun, qui n'est pas partagé: BOV. Opp., 68, 11.

incompactilis, *-is, -e* non assemblé, non joint: BUDÉ IV, 1015, 46.

incompactio, *-onis* absence de compacité: CATH. Enarr., 27, 46; 28, 46.

incompactus, *-a, -um* A) non relié (à propos de livres): ap. CRAN., n° 234, 11; PIGH., n° 116, 30; PLANT. II, 17, 13; etc. - B) non regroupé, dispersé: ap. AGR. G., 5, 38.

incomparandus, *-a, -um* *incomparable: MORE CW V/1, 20, 23.

+ **incompassibilis**, *-is, -e* *incompatible: PETR. I, 88, 5.

incompatibilis, *-is, -e* *incompatible: CATH. Enarr., 174, 38; TORR. III, n° 1158, 24.

incompensabilis, *-is, -e* non compensable: MORE Corr., n° 83, 982.

incomplexe *de façon incomplexe, séparément (logique scolast.): CLEN., n° 18, 19.

incomponibilis, *-is, -e* qui ne peut pas être calmé, être apaisé: LUTH., WA Br. II, n° 310, 49; n° 351, 38.

+ **incomposite** sans avoir recours à la composition (à la formation de mots composés): ER., ASD I-6, 168, 470 et 473.

incomprehensibilitas, *-atis* **fait d'être insaisissable: PETR. I, 370, 27 et 30; LEF., 345, 28.

inconceptibilis, *-is, -e* **qui ne peut pas être conçu, être imaginé: CATH., Opusc. II, 64, 24.

inconcinnatus, *-a, -um* non relié (à propos de livres): ap. ER., Allen V, n° 1361, 20.

inconculco, *-are* faire pénétrer: PETR. II, 967, 10; AMERB. Bon. ap. ER., Allen IX, n° 2420, 10 (fig.).

incondonabilis, *-is, -e* impardonnable: ER., ASD V-1, 270, 915.

inconductibilis, *-is, -e* inutile: ap. LEF., 186, 32.

inconfidentia, *-ae* manque de confiance: SERRA, 110, 33.

inconfutabilis, *-is, -e* irréfutable: CAST., De arte II, ch. 18, 20; CATH. Disput., 312, 8.

inconiugatus, *-i* *un célibataire: AMERB. Bon V, n° 2128, 25 (ἀγάμοις *siue inconiugatis*).

inconiunctim sans liaison: PIC 1, 104, 51 et 54.

inconniuenter A) sans fermer les yeux: ER., ASD IV-1 A, 72, 529; BUDÉ IV, 1155, 44. - B) avec attention: ZW. VII, 36, 2.

+ **inconsideratio** (*-sy-*), *-onis* *fait de ne pas tenir compte de . . . : BUC., Op. lat. XV, 180, 1.

inconsistens, *-ntis* inconsistant (fig.): ER., ASD I-1, 529, 24; V-3, 122, 12; Allen V, n° 1381, 378.

inconsolabiliter **de manière inconsolable: PETR. II, 664, 10; ER., ASD I-6, 242, 107; ap. MORE Corr., n° 67, 18; etc.

inconspecte de manière inconsidérée: LIPSE, O.O. IV, 390 A, 39.
inconspicabilis, *-is, -e* **invisible: BUDÉ I, 455, 47.
inconstabilis, *-is, -e* instable: PIC 1, 461, 3.
inconsubstantialis, *-is, -e* **non consubstantiel: CLICHT. ap. LEF., 334, 29; BOV. Sap., 212, 8 et 13; etc.
inconsuetudo, *-dinis* manque d'habitude: PIC 1, 107, 53.
inconsummabilis, *-is, -e* *qui n'a pas de fin, inépuisable: BOV. Sap., 120, 5; Nih., 88, 15.
inconsutilista, *-ae* (M.) partisan de l'unité de l'Église: LUTH., WA Br. I, n° 174, 59. - Mot forgé par dérision au départ de l'expression *tunica inconsutilis* (Évangile selon saint Jean, XIX, 23); v. *tunicaster.*
inconsyderatio: v. *inconsideratio.*
+ **incontinentia**, *-ae* *incapacité de tenir sa langue, de garder un secret: ER., ASD IV-1 A, 65, 265; 68, 379; 74, 585; etc.
incontinue sans retenue: CELT., n° 32, 5.
incontrouersus, *-a, -um* non controversé, non douteux: ap. MORE Corr., n° 196, 192.
inconueniens, *-ntis* (empl. subst. N.) *un inconvénient: AL. Paquier, 245, 20; 256, 28.
inconuenit (impers.) il ne convient pas: POMP., 44, 30; 82, 1; 89, 19; etc.
incoquibilis, *-is, -e* difficile à digérer: ap. ER., Allen I, n° 224, 34.
incorrecte incorrectement: ap. AMERB. I, n° 195, 17; ap. CALV. XIV, 127, 35; LIPSE, Ep. III, n° 766, 10.
incorrigibilitas, *-atis* *incorrigibilité: ap. AL. Paquier, 305, 7; LUTH., WA Br. II, n° 429, 18.
+ **incrudesco**, *-ere* devenir plus vif: ap. CELT., n° 285, 15; ER., Allen IV, n° 1225, 124.
incrustamentum, *-i* revêtement: ER., ASD I-3, 235, 131.
incrustura, *-ae* revêtement: ER., Allen VIII, n° 2158, 30.
inculcatoria, *-ae* une immigrée (fig.): LEF., 226, 4.
inculpabilitas, *-atis* **non-culpabilité, innocence: ap. ER., Allen VI, n° 1639, 69.
incurius, *-a, -um* *qui ne se soucie pas de . . . : CLICHT. ap. LEF., 405, 19.
incusabunde à titre d'accusation: BUDÉ III B, 78, 45.
incusatorius, *-a, -um* accusateur (adj.): FICHET, 154, 8.
incustodite sans méfiance: ER., ASD I-1, 187, 9; II-6, 484, 54.
indamnabilis, *-is, -e* qui ne peut pas être damné: SAL. II, ch. 10, 64.
indecerptus, *-a, -um* qui n'a pas été cueilli, qui n'a pas été enlevé: PETR. I, 8, 8; 255, 40; II, 823, 47; etc.
indecisus (*-issus*), *-a, -um* incessant, interminable: PETR. I, 148, 25; 455, 3; II, 1000, 4; etc.

indefaecatus: v. *indefecatus.*
indefatigabiliter *inlassablement: ap. CALV. XVII, 430, 15.
indefatigate inlassablement: ap. BÈZE VI, 69, 31.
indefecatus (*-fae-*), *-a*, *-um* A) non souillé, pur: BOV. Sap., 164, 28. - B) souillé, impur: BOV. Opp., 94, 15; BOV. in *Pros.*, 138, 28.
indefectibilis, *-is*, *-e* *qui ne peut pas être pris en défaut: LUTH., WA Br. II, n° 301, 6; CATH., Opusc. II, 28, 39.
+ **indefessus**, *-a*, *-um* ***infatigable, inlassable (déjà TAC. *Ann.* I, 64 et XVI, 22; trad. G. divergente): FIC., Theol. II, 43, 29; ER., ASD IX-1, 330, 21; RHEN., 334, 23; etc.
indefinitum, *-i* l'aoriste: ER., Allen VIII, n° 2263, 58.
indelecto, *-are* déplaire: LIPSE, Ep. II, n° 423, 13.
indeliberate de manière non délibérée: PETR. II, 735, 23.
indeminutus: v. *indiminutus.*
indentatus, *-a*, *-um* édenté: MORE, CW II, 7, 22; BUC., Op. lat. I, 170, 7.
indentura, *-ae* *endenture, chirographe: ap. MORE Corr., n° 42, 12. - ← angl.
independens, *-ntis* *indépendant: SAL. II, ch. 6, 222; ch. 10, 145; POMP., 11, 30; etc.
independenter *de manière indépendante: PIC 1, 154, 4.
indesitus, *-a*, *-um* incessant, ininterrompu: ap. RHEN., 240, 17.
indesolabilis, *-is*, *-e* qui ne peut pas être ravagé, être détruit: ap. LEF., 241, 1 (fig.).
indesolatus, *-a*, *-um* non abandonné: BOV. Sap. 224, 19.
+ **indeterminatus**, *-a*, *-um* **indéterminé: SAL. III, ch. 5, 69; ch. 7, 1 et 182; etc.
indeuictus, *-a*, *-um* invincible, inébranlable: ap. ZW. VIII, 7, 5.
indeuius, *-a*, *-um* **qui ne s'écarte pas, qui ne dévie pas: BOV. Sap., 110, 12.
+ **indeuote** *sans piété: CATH. Assert., 117, 2.
+ **index**, *-icis* un guide (personne): ER., LB II, 960 E.
indexteritas, *-atis* maladresse: ap. ER., Allen V, n° 1351, 6.
indicatrix, *-icis* (empl. adj. F.) **qui indique, qui renseigne: PIC 2, O.O., 860, 33.
indiciarius, *-a*, *-um* qui cite, qui appelle: BUDÉ III B, 67, 51.
indicibilis, *-is*, *-e* **indicible: PETR. I, 372, 46; AMERB. Bon. V, n° 2113, 70; RHEN., 424, 36; etc.
indicibiliter *de manière indicible: BUC., Op. lat. II, 494, 11.
indictura, *-ae* prix, estimation: VALER. C. Coll., 111 a, 14.
+ **indifferens**, *-ntis* **non différent, semblable: AGRIPPA, 49, 8.
+ **indifferentia**, *-ae* dans *per indifferentiam*, *indifféremment: PIC 1, 87, 39.
indiffinibilis, *-is*, *-e* *qui ne peut pas être défini: BOV. Opp., 160, 27.

indignabunde avec une grande indignation: BUDÉ I, 358, 35.
indilutus, *-a, -um* A) non atténué, non diminué: ER., ASD IV-2, 158, 117. - B) non coupé d'eau (à propos de vin): ER., ASD II-4, 153, 75; IV-1 A, 37, 379; ap. PFLUG III, n° 404, 35; etc.
+ **indimensus**, *-a, -um* infini: BOV. Opp., 130, 34.
indiminutus (*-de-*). *-a, -um* **non diminué, intact: GOES in *Mon.*, 663, 587.
indirecte *indirectement: CATH. Enarr., 414, 30; MERC., 28, 1; TORR. II, n° 517, 76. - cf. *indirecto* (G.).
indisclusus, *-a, -um* non séparé: BOV. Opp., 124, 2.
indiscontinuus, *-a, -um* où il n'y a pas de discontinuité → continu: BOV. Sap., 184, 7.
indiscriminate sans distinction: CALV. VIII, 294, 50. - cf. *indiscriminatim* (G.).
indiscriminatus, *-a, -um* non distingué, non séparé: LEF., 311, 23.
+ **indiscussus**, *-a, -um* inébranlable: GAG. II, 237, 18.
indisiunctus, *-a, -um* **non disjoint, non séparé: BOV. Opp., 124, 2.
indispar, *-aris* non différent → semblable: BOV. Sap., 72, 14.
indispensabilis, *-is, -e* *qui ne peut pas donner lieu à dispense, à annulation: CATH. Disput., 237, 17.
indispositio, *-onis* *résistance, mauvaise volonté: SAL. I, ch. 3, 47 et 73.
indispunctus, *-a, -um* non séparé, entier: AMERB. Bon. ap. ER., Allen X, app. XXIII A 12, l. 35.
indissectus, *-a, -um* non découpé, non divisé: BOV. Sap., 184, 1.
indissidens, *-ntis* qui ne connaît pas de divergence: BOV. Sap., 296, 5.
indissimulatus, *-a, -um* **non dissimulé: ap. POLIT., 44, 8.
+ **indissolubilis**, *-is, -e* **insoluble, auquel on ne peut pas donner de réponse: ap. CALV. XVIII, 537, 32.
indissolubilitas, *-atis* indissolubilité: CATH. Disput., 237, 18; 239, 16; Enarr., 168, 39; etc.
+ **indissolutus**, *-a, -um* non payé: ER., ASD I-3, 549, 411.
indistans, *-ntis* *non distant: PIC 1, 87, 40; BOV. Opp., 90, 23; 92, 2.
indistantia, *-ae* *absence de distance, proximité: PIC 1, 87, 40.
indistracte sans partage → entièrement: CALV. I, 103, 53; II, 340, 30.
indistractus, *-a, -um* non partagé, non divisé: BOV. Sap., 100, 17; 102, 13; ap. ER., Allen IX, n° 2554, 40.
indiuia, *-ae* endive: ap. AMERB. III, n° 1067, 59; AMERB. Bon. III, n° 1131, 21. - v. *endiuia.*
indiuiduatus, *-a, -um* individuel: SCHIF., 122, 176 et 177.
+ **indiuiduum**, *-i* **individu: PETR. I, 124, 68; VALLA I, 657, 14; BÈZE III, 164, 46; etc.

indiuisibilitas, *-atis* **indivisibilité: PIC 1, 88, 37.

indormisco, *-ere* **s'endormir: ER., Allen I, n° 133, 74; BUDÉ I, 169, 34; DORP, 80, 37; etc.

indubitans, *-ntis* *indubitable, incontestable: ap. POLIT., 82, 33 (*indubitans . . . testis*).

+ **indubitatus**, *-a, -um* soumis au doute, hésitant: PIC 1, 291, 29.

indubitus, *-a, -um* **indubitable, incontestable: BOV. Opp., 116, 2.

+ **indubius**, *-a, -um* *qui ne doute pas: FIC., Theol. II, 146, 14.

+ **inductorius**, *-a, -um* qui ferme, qui bouche: BUDÉ IV, 1088, 47.

inductrix, *-icis* (empl. adj. F.) qui ferme, qui bouche: BUDÉ IV, 1089, 7.

+ **indulgentiae**, *-arum* *indulgences (sens chrét.): VALLA I, 898, 21; ER., ASD I-3, 149, 790; RHEN., 482, 1; fréq.

indulgentiarius I, *-a, -um* qui concerne les indulgences: ER., Allen IV, n° 1132, 26; VIII, n° 2191, 101.

indulgentiarius II, *-ii* *ecclésiastique chargé de s'occuper des indulgences: ER., ASD IX-1, 174, 222; AL. Paquier, 98, 12; CALV. I, 165, 56.

indulgentiatus, *-a, -um* bien pourvu d'indulgences: JON. I, 318, 30 (ironique).

indusiolum, *-i* petite chemise: ER., Allen II, n° 396, 66. - dim. de *indusium.*

industriola, *-ae* petite activité, petite action: ER., Allen II, n° 512, 14; n° 541, 75. - dim. de *industria.*

ineducatio, *-onis* manque d'éducation: VIVES Conscr., 96, 16.

inelaborate simplement, sans complications: VIVES Pseud., 85, 30.

+ **inelegantia**, *-ae* manque d'élégance: ZW. VII, 55, 21: ER., Allen V, n° 1332, 8. - Condamné par VALLA I, 537, 46.

ineluctabiliter de manière inéluctable: LEF., 379, 35.

inemedullatus, *-a, -um* qui est sans moelle → qui est sans consistance: BOV. Nih., 38, 7. - cf. *emedullatus* (G.).

inemendate incorrectement: VALLA I, 368, 3; ER., ASD I-4, 50, 202; MORE Corr., n° 83, 1530; etc.

+ **inemendatus**, *-a, -um* **non corrigé (moralement): CATH., Opusc. I, 25, 6.

ineptiter sottement: ER. Ferg., 188, 1483.

+ **ineptitudo**, *-dinis* A) non-convenance: FIC. Conv., 206, 14 (*propter materiae ineptitudinem*). - B) maladresse: PLANT. Suppl., 136, 28 (*meam . . . ineptitudinem scribendi*).

ineptule assez sottement: BUDÉ III A, 277, 42. - adv. formé sur *ineptulus,* dim. de *ineptus.*

ineptulus, *-a, -um* assez maladroit, assez incapable: BUDÉ I, 344, 46; 391, 17; ap. CRAN., n° 240, 26. - dim. de *ineptus.*

inequidistans: v. *inaequidistans.*

inerrabiliter sans erreur: BARON, 96, 9.
+ **inerrans**, *-ntis* qui ne se trompe pas: LIPSE, Ep. II, n° 330, 23.
inerraticus, *-a, -um* qui n'erre pas, fixe: FIC., Theol. III, 154, 9.
inerubescentia, *-ae* *fait de ne pas rougir (de honte): CATH. Enarr., 89, 54; 174, 39.
inescator, *-oris* quelqu'un qui appâte, qui attire: BUDÉ I, 290, 15.
inestimandus: v. *inaestimandus.*
ineuitabilitas, *-atis* *inéluctabilité: CATH., Opusc. I, 26, 17 et 34; 27, 17; etc.
ineuitatus, *-a, -um* inévitable, inéluctable: ZAS. V, 177 A, 71; 185 B, 9.
inexcogitate de manière irréfléchie: ap. RHEN., 267, 26.
inexcusabilitas, *-atis* *fait d'être inexcusable: ap. CALV. IX, 281, 39.
inexemplebilis, *-is, -e* qui ne peut pas être satisfait, insatiable: VALER. C. Ep., n° 18, 7. - On attendrait *ineximplebilis* (cf. *implebilis*, G.).
inexercitatio, *-onis* *manque d'expérience: ARL., 85, 16.
inexhauribilis, *-is, -e* *inépuisable: BOV. Nih., 90, 1.
ineximplebilis: v. *inexemplebilis.*
inexistibilis (*-exsi-*), *-is, -e* qui ne peut pas exister: PIC 1, 107, 31.
inexp-: v. aussi *inexsp-.*
inexpensus, *-a, -um* inconsidéré: MORE, CW XIV/1, 513, 9 (*inexpenso zelo*).
inexplebilitas, *-atis* fait d'être insatiable: BUDÉ I, 479, 31.
inexplicabilitas, *-atis* chose incompréhensible, inexplicable: CAST., De arte II, ch. 2, 120.
inexplicate sans explication, sans développements: CAST., De arte I, ch. 17, 50.
inexpolitus, *-a, -um* qui n'a pas été « poli », auquel on n'a pas mis la dernière main: PIC 2 ap. PIC 1, 191, 8.
inexpositus, *-a, -um* **non exposé, non expliqué: VALLA I, 329, 1; AMERB. J. I, n° 83, 20.
inexpressibilis, *-is, -e* qu'on ne peut pas exprimer: PETR. I, 370, 7 et 32.
inexpunctus, *-a, -um* non biffé: AMERB. Bon. IV, n° 1516, 10.
inexpurgabilis, *-is, -e* ineffaçable: PETR. I, 476, 48.
inexsecrabilis, *-is, -e* exécrable, abominable: PETR. I, 412, 12.
inexsistibilis: v. *inexistibilis.*
inexspectans (*-exp-*), *-ntis* quelqu'un qui ne s'y attend pas, qui est pris au dépourvu: ER., Allen V, n° 1378, 20.
inexstirpabiliter (*-ext-*) d'une manière qu'on ne peut pas enlever: PETR. I, 155, 18.
inextirpabiliter: v. *inexstirpabiliter.*

+ **infallibilis**, *-is*, *-e* *inévitable, inéluctable: SAL. II, ch. 9, 123; CATH., Opusc. I, 44, 32 et 35.

infallibilitas, *-atis* A) *infaillibilité: CATH., Opusc. I, 26, 37; 44, 37. - B) inéluctabilité: SAL. II, ch. 7, 60; ch. 9, 116; CATH., Opusc. I, 48, 15; etc.

+ **infallibiliter** *inéluctablement: SAL. II, ch. 6, 225; ch. 7, 10; CATH., Opusc. I, 44, 30; etc.

infamatorius, *-a*, *-um* *diffamatoire: ap. ER., Allen IV, n° 1061, 505; ap. CALV. XV, 319, 33.

infamatrix, *-icis* (empl. adj. F.) infamante, diffamatoire: ER., Allen VI, n° 1576, 15; ASD IV-1A, 116, 971; MORE Corr., n° 83, 936.

infamis, *-is* médius ou majeur: APH., 10 v°, 16.

+ **infans** *-ntis* A) (subst. M.) *Infant: VALLA I, 499, 35; ap. ER., Allen V, n° 1505, adr.; MUNST., 160, 28; etc. - B) (subst. F.) Infante: MOHY, f. C 1 v°, 31; E 1 v°, 7; F 1 r°, 21; etc.

infarctus, *-us* obstruction: LIPSE, Ep. II, n° 380, 5.

infensio, *-onis* *animosité, hostilité: HUTT. I, 294, 27; 407, 1; V, 66, 34.

+ **inferi**, *-orum* **enfer (contexte chrét.): PETR. II, 250, 44; PIC 1, 82, 39; ER., Allen II, n° 447, 264; fréq. - v. *Erebus*, *Orcus* A et *tartarus*.

inferioritas, *-atis* *infériorité: VALLA I, 677, 23 et 26.

Infernales, *-ium* les « Infernaux » (secte protestante): ap. PFLUG III, n° 464, 31; ap. CALV. XV, 100, 2.

infestarius, *-a*, *-um* qui ravage, qui détruit: VALLA I, 542, 36.

inficialiter: v. *infitialiter*.

infinities (adv.) *infiniment, sans fin: BOV. Nih., 78, 8; VIVES, E.W. I, 54, 24; POMP., 57, 28; etc.

infinitudo, *-dinis* A) l'infini: BRIÇ., 113, 28 (*infinitudinem finitate non metimur*). - B) absence de limites: ap. LEF., 217, 17.

infirmarius, *-ii* *un infirmier: S.J. I, 410, 22.

infirmiusculus, *-a*, *-um* A) assez faible: PIC 2, O.O., 845, 11; ap. CALV. VIII, 866, 21. - B) empl. subst. M. Pl., des gens assez faibles: BUC., Op. lat. I, 219, 18; XV, 51, 28. - dim. du compar. *infirmior*, *-ius*.

infitialiter (*-cia-*) négativement: BUDÉ III A, 47, 32; III B, 33, 39; 109, 28.

inflammesco, *-ere* inciter à, pousser à . . . : ER., ASD I-2, 329, 21.

+ **inflatio**, *-onis* **orgueil: CALV. I, 905, 54.

+ **inflecto**, *-ere* **décliner ou conjuguer: ER., ASD I-2, 68, 12; CUEVA, 13 v°, 3; APH., 37 r°, 14; etc.

+ **inflexibilis**, *-is*, *-e* **qui ne peut pas être décliné ou conjugué: STURM, 26, 29.

inflexibilitas, *-atis* *inflexibilité: CATH. Disput., 65, 27.

influentia, *-ae* A) *influence: SAL. I, ch. 3, 6; GUAR. 2, Inaug., 132, 26; SERRA, 129, 15; fréq. - B) souffle, inspiration: PETR. I, 164, 4; GAG. II, 33, 3; ap. ER., Allen VI, n° 1783, 32.

+ **influxus**, *-us* *influx: SAL. III, ch. 10, 8; FIC., Theol. I, 144, 26; TIPHERNAS in *Reden*, 176, 19; etc.

+ **informatio**, *-onis* A) **information, renseignement: PETR. II, 654, 10; ap. REU., 149, 31; ap. AMERB. IV, n° 1492, 87. - B) **formation, enseignement: BUDÉ I, 141, 50. - C) enquête: ap. ER., Allen VII, n° 1931, 28; PLANT. VIII, 399, 31; 426, 19; etc. - D) impression (de livres . . .): ZAS. V, 180 A, 14.

informatiuncula, *-ae* A) petite recherche: ZAS. V, 177 A, 86. - B) *petite information, petit renseignement: PIGH., n° 245, 13. - dim. de *informatio.*

+ **informator**, *-oris* imprimeur: ap. POLIT., 61, 37; 172, 9; ZAS. V, 172 B, 59; etc.

informatrix I, *-icis* (subst.) celle qui forme: BUDÉ I, 86, 5.

informatrix II, *-icis* (empl. adj. F.) qui forme: BUDÉ I, 45, 23.

informatura, *-ae* imprimerie (art): ap. POLIT., 61, 48.

+ **informo**, *-are* imprimer (des livres . . .): ap. POLIT., 61, 46; LEF., 412, 7; RHEN., 413, 21; fréq.

informosus, *-a, -um* laid: ap. AMERB. II, n° 650, 12.

infortuitus, *-a, -um* *fortuit: BUDÉ I, 337, 50.

infortunate A) *malheureusement, sans succès: VALLA I, 669, 32. - B) malencontreusement: ap. CRAN., n° 26, 6.

infortunator, *-oris* (empl. adj. M.) qui défavorise, qui fait du tort: PIC 1, 477, 3 et 4.

infrangibilis, *-is, -e* **qui ne peut pas être brisé, inébranlable: ap. LEF., 239, 9; BUDÉ I, 513, 40.

infrascriptus, *-a, -um* *écrit plus bas, indiqué ci-dessous: ALCIAT ap. AMERB. VI, n° 2781, 16; BUC., Corr. I, n° 2, 4.

infrigescibilis, *-is, -e* inaccessible au froid, qui ne peut pas se refroidir: FIC., Theol. I, 211, ll. 5 (*ut ita loquar*), 10 et 11.

infugio, *-ere* fuir quelque chose, échapper à quelque chose: ap. CELT., n° 240, 30.

+ **infulatus**, *-a, -um* **mitré: ap. CALV. XVI, 598, 22 (*ut uocant*).

+ **infusio**, *-onis* souffle, inspiration: FIC., O.O. I, 600 B, 31 (*diuina infusio*).

ingeminatio, *-onis* *répétition (d'un mot): MORE, CW XIV/1, 153, 5.

ingenerabilis, *-is, -e* **non engendré, non engendrable: BOV. Sap., 124, 17; Nih. 46, 22; 70, 21.

ingenerosus, *-a, -um* A) non noble, non magnanime, laid moralement: ER., Allen I, n° 182, 5; ASD I-5, 118, 326; IV-1 A, 116, 949; etc. - B) (à propos d'un chien) qui n'est pas de bonne race: ER., ASD IV-1A, 56, 987.

inglomeratio, *-onis* amoncellement, entassement: BOV. Opp., 32, 27.

ingloria, *-ae* **manque de gloire, absence de gloire: ap. REU., 162, 4.

inglorie **sans gloire: PETR. II, 1201, 7.

ingruesco, *-ere* commencer: ZW. VII, 35, 4.

ingrunnio, *-ire* grogner: VALLA I, 527, 41.

ingustabiliter d'une manière qu'on ne peut pas goûter: PETR. I, 370, ll. 17, 18 et 39.

inhabilitas, *-atis* *incapacité (droit canon): LÉON X ap. ER., Allen II, n° 517, 48; ap. PFLUG III, doc. 72, 83.

inhaerentia, (*-he-*), *-ae* *inhérence: SAL. II, ch. 3, 58; CATH. Assert., 155, 35.

inhaesitanter (*-he-*) *sans hésitation: SAL. II, ch. 6, 178.

inhe-: v. *inhae-*.

+ **inhibitio**, *-onis* **interdiction, empêchement: REU., 240, 29; ap. AMERB. IV, n° 1749, 37; HAL., 105, 4; etc.

+ **inhumaniter** ***de manière inhumaine (déjà GELL. XX, 1, 11): BULL., Gr. III, 177, 19.

inidoneus, *-a, -um* *incapable, qui ne convient pas: ER., ASD I-1, 434, 17; ap. LUTH., WA Br. II, n° 357, 70; PLANT. I, 298, 4; etc.

iniector, *-oris* celui qui cite quelqu'un en justice: BUDÉ III B, 169, 35.

inimaginabilis, *-is, -e* A) *inimaginable: POMP., 9, 3. - B) qui ne peut pas être représenté en image: ER., ASD V-1, 306, 984.

inimitatus, *-a, -um* non imité: ER., ASD IV-2, 126, 126; 130, 231.

inimpedite sans empêchement, sans entraves: BOV. Sap., 120, 15.

inimpeditus, *-a, -um* non entravé: BOV. Sap. 146, 24.

ininceptus, *-a, -um* qui n'a pas eu de commencement: BOV. Nih., 58, 6 (*Primum euum est ininceptum*).

inintermissus, *-a, -um* ininterrompu: BOV. Sap., 70, 2.

iniquitatus, *-a, -um* accablé de, chargé de . . . : POGG. I, 71, 6.

iniquiter **honteusement, injustement: MEL., O.O. I, 60, 3.

+ **iniquus**, *-a, -um* écrasant, accablant: ER., Allen I, n° 72, 7; V, n° 1469, 227; LB X, 1675 D-E; etc.

inirascentia, *-ae* fait de ne pas être irascible, de ne pas se mettre en colère: BRUNI, 33, 26 et 36; 34, 20.

+ **initialis**, *-is, -e* A) *premier, initial: VALLA I, 621, 22; ap. AMERB. I, n° 189, 23; MORE, CW IV, 230, 23; etc. - B) d'initation → de baptême: BUDÉ I, 140, 43; 203, 16; 210, 17; etc.

initiatorius, *-a, -um* d'initiation: LEF., 439, 32.

initiatus, *-i* prêtre: BUDÉ III B, 107, 34 (opp. à *profanus*).
iniuriola, *-ae* petit tort, petit dommage: ER., ASD II-6, 491, 223; IV-2, 74, 309; LB V, 63 E. - dim. de *iniuria*.
inl-: v. *ill-*.
innascibilitas, *-atis* **fait d'être incréé (concerne Dieu): ap. CALV. XX, 344, 5 et 9.
innatabundus, *-a, -um* qui flotte: BUDÉ I, 448, 8.
innegabilis, *-is, -e* *qu'on ne peut pas nier: PETR. I, 370, 6; LUTH., WA XVIII, 658, 29.
+ **innouatio**, *-onis* **innovation, nouveauté: AMERB. Bon. III, n° 1424, 8; ap. RHEN., 339, 26; BULL. ap. BÈZE XII, 247, 46; etc.
innouatrix, *-icis* (empl. adj. F.) qui renouvelle: PETR. I, 290, 46; BUDÉ I, 143, 16.
+ **innouo**, *-are* **innover: ap. RHEN., 342, 2.
innumere en quantité innombrable: FIC., Theol. I, 54, 9; 80, 9; 81, 28; etc.
inobscuro, *-are* obscurcir: DOLET, 159, 25; MURET, Scr. Sel. I, 200, 12.
inobscurus, *-a, -um* clair, net: BOV. Sap., 192, 10.
inobseruanter **sans faire attention, sans méfiance: ER., ASD I-1, 187, 9.
inobseruatio, *-onis* inobservation: SAL. II, ch. 9, 325 (*inobseruatio legis*).
inofficiose **de manière désobligeante, contrairement aux devoirs: BUDÉ I, 329, 8; III A, 305, 26; JON. II, 197, 22.
inoperabilis, *-is, -e* qui ne peut pas agir: PIC 1, 107, 30.
inopine inopinément: SAL. III, ch. 7, 45.
inoppugnatus, *-a, -um* non attaqué: MORE, CW II, 69, 18.
inquantus, *-a, -um* non mesurable, sans quantité: BOV. Nih., 62, 35; 66, 29; Opp., 86, 25.
inquinator, *-oris* un interpolateur: ER., Allen VI, n° 1725, 15.
+ **inquisitio**, *-onis* *inquisition: ER., Allen VI, n° 1719, 28; RHEN., 198, 29; CLEN., n° 54, 34; fréq.
inquisitiue à titre de recherche, sous forme de recherche: PIC 1, 132, 6; 139, 8; 140, 31.
+ **inquisitor**, *-oris* *un inquisiteur: ER., Allen IV, n° 1006, 127; RHEN., 198, 30; CLEN., n° 43, 79; fréq.
inquisitorius, *-a, -um* A) *qui concerne les enquêtes, qui s'occupe d'enquêtes: LEF., 30, 4. - B) de recherche, d'examen: LIPSE, Ep. I, n° 90, 42.
inr-: v. *irr-*.
insalubritas, *-atis* insalubrité: ER., ASD IV-2, 196, 230.
insanatio, *-onis* déraison: VALLA I, 627, 33.

insanctificabilis, *-is, -e* qui ne peut pas être sanctifié: CATH. Disput., 235, 8.

inscibilis, *-is, -e* *que l'on ne peut pas connaître: PETR. I, 370, 1.

inscisorium, *-ii* couteau: POGG. I, 484, 34. - cf. *incisorium* (BAXTER et FUCHS).

inscissilis, *-is, -e* *qui ne peut pas être coupé, être séparé: BOV. Sap., 120, 21.

inscititas, *-atis* ignorance: ap. CELT., n° 99, 11.

+ **inscribo**, *-ere* dédier (un livre): PETR. I, 255, 11; POGG. I, 391, 27; VALLA I, 391, 6; fréq.

+ **inscriptio**, *-onis* dédicace (d'un livre): MORE ap. ER., Allen II, n° 388, 180; ER., Allen III, n° 860, 71; RHEN., 375, 31; etc.

insectatrix, *-icis* (empl. adj. F.) ennemie, qui poursuit: VIVES, E.W. I, 42, 19.

insectile (adv.) indivisiblement: BOV. Opp., 38, 24.

insectilis, *-is, -e* *indivisible: BOV. Sap., 114, 5; VIVES E.W. I, 40, 24; Conscr., 100, 7; etc.

insectulus, *-i* petit insecte: ap. POLIT., 172, 20; ZAS. ap. ER., Allen II, n° 344, 28. - dim. de *insectum.*

+ **insensatus**, *-a, -um* **insensible: ap. ZW. VII, 277, 15.

insertilis, *-is, -e* que l'on peut insérer: RHEN., 502, 3.

+ **insigne**, *-is* enseigne de maison, d'atelier . . . : ap. PIGH., n° 39, 52; BB², I, 142 (*ad insigne uiri uiridis,* Anvers, 1519); VI, 45 (*sub Fontis insigni,* Paris, 1541); etc. - v. *intersigne, intersignium* et *signum.*

insignimentum, *-i* ornement: BUDÉ I, 112, 30.

insignitio, *-onis* message: LÉON X ap. CRAN., n° 3, 106.

insignium, *-ii* *un insigne, une marque: POGG. I, 50, 15.

insincere *non sincèrement, malhonnêtement: ER., ASD IV-1 A, 84, 918; IX-1, 304, 600; ap. ER., Allen X, n° 2715, 33; etc.

insinceritas, *-atis* **manque de sincérité, malhonnêteté: ER., LB X, 1253 D.

insinuanter de manière insinuante: ZAS. ap. AMERB. II, n° 504 a, 12.

insistentia, *-ae* dépôt, obstruction: ER., ASD IV-2, 238, 88. - trad. de ἔνστασις.

insociabiliter d'une manière qu'on ne peut pas associer: ap. MORE Corr., n° 196, 198.

insolentiusculus, *-a, -um* quelque peu insolite, quelque peu étrange: RHEN., 251, 3. - dim. du compar. *insolentior, -ius.*

insolescens, *-ntis* insolent, arrogant: MUNST., 106, 14.

insolescentia, *-ae* *insolence, arrogance: MUNST., 106, 13.

insolutilis, *-is, -e* indissoluble: BUDÉ I, 524, 17.

+ **insolutus**, *-a*, *-um* *non payé: TORR. III, n° 1097, 17.

insomnolentia, *-ae* somnolence: LEF., 142, 6.

insonoris, *-is*, *-e* morne, sans relief: PETR. II, 779, 13.

insperanter **de manière inattendue: ap. AMERB. I, n° 424, 8.

inspiratus, *-a*, *-um* inspiré: BUDÉ I, 16, 21; 102, 30; 139, 47.

inspontaneus, *-a*, *-um* non spontané: ARGYR. in *Reden*, 27, 14.

instans, *-ntis* (empl. subst.) *un instant: BOV. Nih., 54, 17; 58, 6; 66, 20; etc.

instantaneus, *-a*, *-um* *qui ne dure pas, qui ne dure qu'un instant: SAL. III, ch. 1, 312; MORE, CW XIV/1, 555, 9.

+ **instauratio**, *-onis* **résurrection (sens chrétien de résurrection finale): PETR. I, 200, 32; BOV. Sap., 124, 1.

instauratrix I, *-icis* (subst.) celle qui restaure, qui rétablit: BUDÉ I, 5, 6; 83, 34; 172, 10; etc.

instauratrix II, *-icis* (empl. adj. F.) qui restaure, qui rétablit: PETR. I, 290, 47; BUDÉ I, 347, 3.

institrix, *-icis* A) *une marchande: BUDÉ I, 131, 1. - B) fig., celle qui colporte, qui introduit . . . : BUDÉ I, 5, 7; 43, 41; 127, 24.

+ **institutio**, *-onis* **fondation, établissement: ER., Allen III, n° 836, 3 (*institutio noui collegii*).

institutiuncula, *-ae* « petite » institution: BUC., Op. lat. I, 93, 3. - dim. de *institutio.*

+ **institutor**, *-oris* **fondateur: ap. ER., Allen VII, n° 1814, 459.

institutrix, *-icis* *celle qui enseigne: RHEN., 411, 26.

+ **institutum**, *-i* Ordre religieux: ER., Allen II, n° 447, 127; ASD I-3, 268, 42; CLEN., n° 63, 346; etc.

+ **instrenue** (*-ennue*) nonchalamment: ap. ER., Allen VII, n° 1857, 12.

+ **instructio**, *-onis* instruction, ordre: ap. PFLUG II, n° 333, 4.

instructiuncula, *-ae* instruction, ordre: PLANT. III, 206, 10. - dim. de *instructio.*

instructorius, *-a*, *-um* qui comporte des instructions, des ordres: LUTH., WA Br. I, n° 105, 25.

instrumentalis, *-is*, *-e* A) *instrumental (philos.): CALV. I, 766, 33; VII, 449, 15; 494, 6. - B) instrumental (gramm.: abl. instrumental): ER., ASD I-4, 132, 308. - C) qui contient des documents, des pièces de procès: BUDÉ III B, 105, 28 (*sacculi instrumentales*); 119, 2. - D) qui sert d'instrument (trad. d'ὀργανικός): ER., ASD I-1, 668, 8.

instrumentaliter *à titre d'instrument, de moyen: CALV. IX, 185, 42.

instrumentarius, *-a*, *-um* qui sert d'instrument: BUDÉ I, 529, 49; 532, 40; BOV. Sap., 60, 5.

instrumentosus, *-a, -um* qui comporte de nombreux documents, de nombreuses pièces (à propos d'un procès): BUDÉ III B, 157, 1.

+ **instrumentum**, *-i* A) dans *Vetus/Nouum Instrumentum*, **Ancien/Nouveau Testament: SAL. I, ch. 3, 13; REU., 16, 26; ER., Allen II, n° 322, 25; fréq. - B) fig., instrument (saint Paul, « instrument » de Dieu): LEF. 296, 32; 297, 34; 298, 3.

+ **instudiosus**, *-a, -um* indifférent, non attaché à . . . : ER., Allen V, n° 1356, 1.

instupesco, *-ere* *être frappé de stupeur: ER., LB V, 32 F; MORE, CW V/1, 410, 14.

insubactus, *-a -um* non cultivé: BUDÉ II, 279, 15 (*scamna . . . insubacta*).

+ **insultus**, *-us* A) *assaut, attaque: ER., ASD II-4, 142, 290; BÈZE X, 15, 28; 63, 33. - B) saut → changement: PETR. I, 239, 6.

insulula, *-ae* îlot: ER., Allen V, n° 1389, 74; ap. LIPSE, Ep. II, n° 349, 6. - dim. de *insula.*

intaxatus, *-a, -um* non blâmé, non critiqué: ER., ASD IX-1, 236, 69.

intecula, *-ae* manteau: RHEN., 193, 15.

+ **integritas**, *-atis* dans *tua Integritas,* « Ton/Votre honorable Personne » : ap. AMERB. V, n° 2600, 7. - v. *tua.*

+ **intellectio**, *-onis* **intellection, compréhension: ANDREAS in *Praef.*, 85, 18; BOV. Sap., 168, 22.

intelligibilitas, *-atis* *intelligibilité: SCALIGER in *Pros.*, 290, 7.

intempero, *-are* mêler à . . . : LIPSE, O.O. IV, 401 B, 7.

intentionalis, *-is, -e* *intentionnel: POMP., 84, 21; SCALIGER in *Pros.*, 294, 17.

intentorius, *-a, -um* accusatoire: AMERB. Bon. VII, n° 3094, 24.

+ **intentus**, *-us* **intention, projet: ap. CELT., n° 303, 34.

intercolumniatim dans l'intervalle entre les colonnes (d'un texte): ap. AMERB. I, n° 406, 22.

interconcatenati, *-ae, -a* liés entre eux: AMERB. Bon. IX/1, n° 3591, 21 (*disciplinae . . . interconcatenatae*).

+ **intercursus**, *-us* *échanges commerciaux: ap. MORE Corr., n° 10, 7; n° 14, 8; n° 94, 44; etc.

+ **interdictum**, *-i* *un interdit ecclésiastique: ap. ER., Allen III, n° 187 A, 7.

interemineo, *-ēre* se dresser, s'élever sur le parcours: PETR. II, 694, 21 (*multi colles intereminent*).

interfatiuncula, *-ae* brève interruption de parole: BUDÉ III B, 112, 13. - dim. de *interfatio.*

Interimista, *-ae* (M.) Intérimiste, partisan de l'Intérim (Augsbourg, 1548): ap. CALV. XV, 100, 1; XVI, 456, 34.

interimisticus, *-a, -um* qui concerne l'Intérim (v. *Interimista*): MUNST., 142, 14; ap. CALV. XIII, 182, 33; HOTM. ap. CALV. XVI, 384, 7.
interlapsus, *-us* intervalle, passage: BUDÉ II, 309, 40.
interlinea, *-ae* interligne: SAL. II, ch. 6, 63.
interlinearis, *-is, -e* *interlinéaire: XIMENES in *Praef.*, 43, 34; ZW. VIII, 702, 16 (*ut uocant*); PLANT. VI, 142, 17; etc.
interlocutor (*-quu-*), *-oris* un interlocuteur: PETR. I, 7, 11; GAG. ap. ER., Allen I, n° 46, 33; ER., ASD I-1, 425, 2; etc.
interlocutorius (*-quu-*), *-a, -um* *interlocutoire: ZAS. V, 180 B, 54; AMERB. Bon. III, n° 1205, 20; ap. PFLUG II, n° 301, 3; etc.
interloquu-: v. *interlocu-*.
intermedium, *-ii* A) intervalle de temps: GAG. II, 267, 1. - B) un intermédiaire, un moyen: POMP., 53, 19; ap. AMERB. VI, n° 2722, 24.
+ **intermedius**, *-a, -um* **intermédiaire: ap. LEF., 184, 10; POMP., 48, 29; HOTM., 294, 1; etc.
interminandus, *-a, -um* interminable: MORE, CW XIV/1, 21, 3.
intermissim en interrompant: BUDÉ I, 54, 30.
intermissiuncula, *-ae* brève interruption: ER., ASD II-5, 35, 345; ap. JON. I, 6, 13. - dim. de *intermissio*.
internoscito, *-are* discerner, examiner: BOV. Sap., 226, 21.
+ **internuntius** (*-cius*), *-ii* **porteur de lettres: MORE, CW V/1, 26, 23; ap. MORE Corr., n° 158, 18; ap. AMERB. V, n° 2391, 4; etc.
interobliuiscor, *-i* oublier entre-temps: RHEN., 41, 8.
interornatus, *-a, -um* parsemé de . . . (en guise d'ornements): LUTH., WA Br. I, n° 133, 6 (*orationem latinam hebraicis interornatam*).
interoscito, *-are* bâiller, s'endormir: ER., Allen IV, n° 1024, 9 (fig.).
interpellabilis, *-is, -e* qui peut être interrompu: BUDÉ I, 481, 1.
+ **interpellatio**, *-onis* *appel, invitation: AMERB. V, n° 2113, 80.
+ **interpellatrix** I, *-icis* (subst.) celle qui interrompt: GUAR. 1, Doc., 209, 11.
interpellatrix II, *-icis* (empl. adj. F.) qui interrompt: BUDÉ I, 306, 46.
interpolabilis, *-is, -e* qui peut être modifié: BUDÉ III A, 12, 22.
+ **interpolator**, *-oris* celui qui refait, qui restaure: BUDÉ I, 94, 46.
+ **interpolatrix**, *-icis* celle qui refait, qui répare: BUDÉ I, 83, 34.
+ **interpretamentum**, *-i* ***traduction (déjà GELL. V, 18, 7; G. dit « interprétation »): ANDREAS in *Praef*, 75, 22; ap. RHEN., 46, 26; CRUC., n° 21, 45; etc.
interpretatiue *par le recours à un intermédiaire: CATH. Enarr., 406, 23; 408, 22 et 29.

interpunctim avec des intervalles, avec des séparations: VIP. Hist., 35, 12.

interquies, *-etis* relâche: ap. LIPSE, Ep. II, n° 432, 30.

interrogatorium, *-ii* *un interrogatoire: ZAS. ap. AMERB. III, n° 1148, 20 et 21; 1149, 6.

intersecte en intersection: BOV. Opp., 122, 9.

+ **intersectio**, *-onis* *intersection: BOV. Opp., 64, 13; AGR. G., 115, 8; MERC., 33, 15; etc.

intersigne, *-is* enseigne de maison, d'atelier . . . : GOES in *Mon.*, 648, 76; VALER. C. Coll., 118 a, 23; BB[2], I, 158 (*ad intersigne Diamantis*, Louvain, 1566). - v. *insigne*, *intersignium* et *signum.*

intersignium, *-ii* *enseigne de maison, d'atelier: BB[2] II, 134 (*sub aurei Lilii intersignio*, Paris, 1512); 149 (*sub intersignio Rosae rubeae*, Paris, 1517); VI, 108 (*ad intersignium Monocerotis*, Cologne, 1565); etc. - v. *insigne*, *intersigne* et *signum.*

intersilesco, *-ere* commencer à se taire: ap. AMERB. V, n° 2357, 2.

interspergo (*-spar-*), *-ere* parsemer: ER., Allen I, n° 126, 64; VIVES ap. ER., Allen V, n° 1271, 37; MEL., W. IV, 116, 13.

interspiratiuncula, *-ae* petite pause pour respirer: ER., ASD I-4, 95, 742; 96, 781. - dim. de *interspiratio.*

interspiratus, *-us* pause, intervalle: BUDÉ II, 55, 11.

interteneo, *-ēre* A) tenir, garder, laisser: ap. ER., Allen XI, n° 3047, 24; ap. RHEN., 531, 6. - B) entretenir (une maison): AL. Paquier, 283, 29.

intertentio, *-onis* entretien, fait de pourvoir à l'entretien de quelqu'un: ap. ER., Allen V, n° 1457, 10.

intertextus, *-us* mosaïque de textes: ap. POLIT., 77, 17.

+ **intertritura**, *-ae* dans *negotiorum intertritura*, fait de consacrer beaucoup de temps aux affaires → manque de temps: ZAS. ap. AMERB. II, n° 923, 26.

interturbatio, *-onis* **empêchement: PLANT. V, 79, 17.

interturbator, *-oris* quelqu'un qui jette le trouble, qui conteste: BUDÉ I, 101, 42; ap. ER., Allen IX, n° 2570, 77; ap. CALV. XIII, 678, 2; etc.

+ **intinctus**, *-a*, *-um* non teint: ER., Allen X, n° 2700, 43.

intitulor, *-ari* rapporter, raconter: ap. ER., Allen VI, n° 1590, 10.

intornatus, *-a*, *-um* « mal tourné », peu soigné: MORING. in *Mon.*, 261, 100 (à propos d'un texte).

intoxicatio, *-onis* *empoisonnement: ap. CALV. XII, 60, 43.

intoxico, *-are* *empoisonner: ap. ER., Allen VIII, n° 2120, 72.

intractabilitas, *atis* A) caractère intraitable: ER., ASD V-3, 78, 46; HEG. Christ., f. A. 2 v°, 9. - B) impossibilité de soigner: ER., Allen VII, n° 2029, 26.

intranquillitas, *-atis* manque de tranquillité: ap. ER., Allen VI, n° 1590, 21.
intranquillus, *-a, -um* agité, inquiet: BOV. Sap., 58, 1; 126, 24; ap. CALV. XIII, 358, 19.
intransparens, *-ntis* non transparent, opaque: BOV. Sap., 242, 6; 246, 22; 260, 2; etc.
intricate *de manière embarrassée, de manière compliquée: LIPSE, Ep. II, n° 426, 49; BULL. Stud., 146, 59.
intricatio, *-onis* *embarras, complication: SERRA, 32, 14; ZAS. V, 185 B, 8; LIPSE, O.O. III, 281 A, 34.
intrinsece *intrinsèquement: PIC 1, 100, 26.
intrinsecus, *-a, -um* **intrinsèque, intérieur: PETR. I, 273, 5; PIC 1, 29, 50; FIC., Theol. I, 90, 4; fréq.
intritio, *-onis* **broyage → perte, destruction: LIPSE, Ep. II, n° 460, 10.
introductiuncula, *-ae* petite introduction: LEF., 35, 5; 38, 38; BOV. Opp., 32, 3; etc. - dim. de *introductio.*
introductorium, *-ii* *introduction: ap. LEF., 244, 18; MUNST., 16, 33.
introspecte en regardant à l'intérieur → en considérant le fait lui-même: BUDÉ I, 337, 23.
introuoco, *-are* ***appeler à l'intérieur (déjà CIC. *2e Verr.*, I, 26, 66; var.): BUDÉ III B, 123, 31.
intrudo, *-ere* **introduire: PFLUG II, n° 249, 2; ap. PFLUG V/1, doc. 15, l. 32; LIPSE, Ep. I, n° 223, 19; etc.
intrusio, *-onis* *intrusion: ap. ER., Allen XI, n° 3047, 24; ap. PFLUG II, n° 226, 31; IV, n° 712, 32.
intrusus, *-i* *un intrus: ap. ER., Allen XI, n° 3034, 13; PFLUG II, n° 243, 62; PIGH., n° 171, 8; etc.
intuitiuus, *-a, -um* A) *intuitif: PIC 1, 149, 45. - B) qui observe: BOV. Sap., 162, 1.
+ **intumesco**, *-ere* s'agiter: LIPSE, Ep. I, n° 101, 30.
inualescentia, *-ae* mauvaise santé, affaiblissement: ap. AMERB. I, n° 316, 9.
inuariabilis, *-is, -e* **invariable: FIC., Theol. II, 14, 7; BÈZE IX, 209, 31; XIV, 267, 10.
inuectiua, *-ae* **une invective: FIC., O.O. I, 559 B, 24; ER., Allen III, n° 838, 3; ap. BÈZE VIII, 280, 17; etc.
inuersor, *-oris* quelqu'un qui renverse, qui bouleverse: HUTT. I, 166, 20.
inuestitura, *-ae* *investiture: ap. CELT., n° 224, 16; AMERB. Bon. VII, n° 3044, 5; PFLUG II, n° 304, 3; etc.
inuidiolus, *-i* un « petit » envieux: ap. AMERB. VI, n° 2785, 29. - dim. que l'on peut rattacher à *inuidus*, avec peut-être influence de *inuidia.*

inuidulus, *-i* un « petit » envieux: ap. ER., Allen II, n° 580, 17; ap. LEF., 420, 3; ap. PFLUG I, n° 123, 23. - dim. de *inuidus*.

inuinatus, *-a, -um* contenu dans le vin: ER., Allen VIII, n° 2284, 19 (*Alii Christum faciunt impanatum et inuinatum*). - v. *impanatio*.

inuitabulum, *-i* lieu de réunion, club: ER., Allen IV, n° 1211, 485.

+ **inungo**, *-ere* *administrer l'extrême-onction: LUTH., WA Br. I, n° 18, 15; II, n° 270, 15.

inuolatrix, *-icis* (empl. adj. F.) voleuse: BUDÉ III B, 157, 51.

inuoltorium, *-ii* paquet, rouleau: ap. ER., Allen VI, n° 1750, 16.

inuolubilitas, *-atis* inconstance: VIP. Hist., 17, 5.

inurbanitas, *-atis* *manque d'urbanité: LAPUS in *Reden*, 257, 30; ap. AMERB. VIII, n° 2886 a, 41. - v. aussi ap. ZW. VII, 262, 4, où on lit *inurbinitatem*, probabl. par erreur typogr.

inurbinitas: v. *inurbanitas*.

inusus, *-us* fait de ne pas se servir de . . . : LIPSE, Ep. I, n° 102, 12 (*ut sic dicam*).

inuulgatio, *-onis* fait de divulguer, de répandre: BUC., Op. lat. II, 62, 18.

iocabunde en plaisantant, en badinant: BUDÉ I, 327, 12; 372, 51.

iocalia, *-ium* *joyaux, bijoux: AMERB. J. I, n° 491 a, 97.

iocator, *-oris* un facétieux: PETR. I, 470, 23; 475, 35.

Iouis: v. *Iuppiter, Iouis*.

iracundulus, *-a, -um* assez irrité: BUDÉ ap. ER., Allen III, n° 810, 63. - dim. de *iracundus*.

irascibilitas, *-atis* **irascibilité, tendance à rejeter, à repousser: SERRA, 36, 22; 87, 5; 88, 5; etc.

irene, *-es* **paix: LIPSE, Ep. III, n° 603, 25; n° 646, 6; n° 652, 5. - ← εἰρήνη.

+ **iris**, *-is* iris de l'oeil (sens attesté pour ἶρις): APH., 6 r°, 24.

irmus, *-i* enchaînement (figure de syle): MOS. Tab., 9, 20; 12, 20. - On attendrait *hirmus* ou *-os* (*Thesaurus*, SOUTER) ← εἱρμός.

irradicatus, *-a, -um* enraciné, profond: HUTT. V, 39, 12.

irrationalitas, *-atis* **absence de raison: BUDÉ I, 529, 13.

irreconciliabiliter sans possibilité de réconciliation: HUTT. V, 62, 23.

irreconciliatus, *-a, -um* *non réconcilié (avec Dieu): ER., ASD V-1, 378, 961.

irrecreabilis, *-is, -e* irrécupérable: BUDÉ I, 498, 53.

irrediturus, *-a, -um* *qui ne reviendra pas, qui est sans esprit de retour: PETR. I, 172, 46; 199, 1; 354, 47; etc.

irrediuiuus, *-a, -um* qui ne revit pas, qui ne se revivifie pas: BUDÉ I, 19, 36; III B, 115, 50.

irrefixus, *-a, -um* non aboli, inébranlable: CALV. XI, 336, 49.

irrefragabiliter **d'une manière irréfutable: LUTH., WA XVIII,

615, 31; GRYNAEUS in *Praef.*, 384, 31; CATH., Opusc. I, 64, 17; etc.

irrefrenatus, *-a, -um* *non réfréné, effréné: MORE Corr., n° 143, 939.

irregularis, *-is, -e* **irrégulier: HAL., 40, 3; CUEVA, 41 r°, 2; CATH. Disput., 241, 21; etc.

irregularitas, *-atis* **violation des règles, irrégularité; ER., Allen II, n° 447, 603; REU, 291, 12; ap. PFLUG III, doc. 72, l. 66; etc.

irremigo, *-are* ramer: BOV. Sap., 178, 16; 238, 28 (fig.).

irrenatus, *-a, -um* qui ne renaît pas, non régénéré: CAST., De arte II, ch. 28, ll. 3, 4 et 7.

irreplicabiliter d'une manière qui ne peut pas être répétée: BUDÉ I, 63, 20.

irrepressibilis, *-is, -e* irrépressible: BOV. Sap., 134, 18.

irrepressus, *-a, -um* non réprimé, irrépressible: BOV. Sap., 60, 17; 72, 15.

irreprobabiliter *d'une manière qu'on ne peut pas rejeter → dont on ne peut pas prouver l'erreur: SAL. III, ch. 1, 538.

irrequiete non calmement: ER., ASD I-3, 364, 13.

irrequietudo, *-dinis* agitation: RHEN., 479, 24; CALV. II, 635, 4.

+ **irresolubilis**, *-is, -e* qui n'est pas sujet à décomposition: BOV. Nih., 72, 14.

irrestinguibilis, *-is, -e* qu'on ne peut pas arrêter, qu'on ne peut pas calmer: HUTT. V, 484, 7.

irretimentum, *-i* filet, piège: BUDÉ IV, 485, 47.

irretractatus, *-a, -um* non remanié, non corrigé: BUDÉ III B, 140, 34.

irreuerberatus, *-a, -um* **non diminué → non refermé: ap. RHEN., 305, 22 (*irreuerberatis oculis*: sans cligner des yeux).

irreuerentialis, *-is, -e* irrévérencieux, irrespectueux: ER., Allen II, n° 337, 591; V, n° 1334, 109; LB II, 967 C.

irreuerentialiter *irrévérencieusement, irrespectueusement: ER., Allen VI, n° 1581, 454.

irreuise sans avoir relu, sans avoir revu: HUTT. I, 248, 27 (toutefois *irreuisae* ap. ER., Allen III, n° 923, 28, même texte; v. *infra*).

irreuisus, *-a, -um* non revu, non relu: HUTT. ap. ER., Allen III, n° 923, 28 (*irreuisae*; toutefois *irreuise* éd. HUTT.; v. *supra*).

irreuulsibiliter de manière à ne pas pouvoir être arraché: ap. ZW. VIII, 122, 5.

irrisiuus, *-a, -um* risible: PETR. I, 161, 6.

+ **irritatio**, *-onis* *annulation: ER., Allen VI, n° 1717, 16.

irroboro, *-are* **renforcer, fortifier: BUDÉ I, 490, 14.

irrodo, *-ere* ne pas ronger, ne pas enlever une partie: ap. ER., Allen VI, n° 1764, 8; n° 1772, 13; IX, n° 2364, 10.

irruptor, *-oris* quelqu'un qui fait irruption: BÈZE VI, 73, 40.

+ **isagogicus**, *-a, -um* qui concerne l'importation: BUDÉ II, 115, 1.
isocelius: v. *ysochelius.*
isocolum, *-i* **période oratoire composée de membres égaux: BUDÉ II, 1421, 43; 1441, 25. - ← ἰσόκωλον; cf. QUINT. IX, 3, 80, où le terme est en grec.
isodynamia, *-ae* équivalence: ER., ASD I-6, 32, 117; RING., 206, 8 et 9. - ← ἰσοδυναμία.
isonomia, *-ae* égalité devant la loi: BUDÉ I, 198, 52; 201, 15; II, 176, 4; etc. - ← ἰσονομία.
isotheus, *-a, -um* égal à Dieu: BUDÉ I, 217, 20. - ← ἰσόθεος.
isticceitas (*isthic-*), *-atis* « isticcéité » (philos.): ap. ER., Allen V, n° 1260, 226. - A rapprocher *ecceitas* et *hicceitas.*
italice en langue italienne: VALLA I, 386, 11; ap. ER., Allen VII, n° 2071, 7; AMERB. Bon. IV, n° 1972, 20; fréq. - v. *etrusce* et *tuscice.*
italismus, *-i* italisme, imitation des manières italiennes (en poésie amoureuse): BUDÉ I, 203, 3.
italitas, *-atis* comportement à l'italienne (connot. péjor.): LUTH., WA Br. I, n° 152, 21; n° 167, 53.
iteratim *à nouveau: ap. PLANT. VI, 47, 26.
itineratio, *-onis* *voyage: ap. CLEN., ann. IV, l. 6.
iturio, *-ire* s'apprêter à partir, avoir l'intention de partir: ER., Allen IV, n° 1038, 1; CHANS., 94, 5; LIPSE, Ep. I, n° 84, 23; etc.
iubileum, *-ei* jubilé: ER., Allen VIII, n° 2285, 89; ASD V-3, 66, 710. - cf. *iubilaeus* (G.).
iugatim ensemble, conjointement: ER., Allen VII, n° 2046, 121.
iugularia, *-ae* jugulaire (veine): BUDÉ I, 93, 14.
iugulator, *-oris* **assassin (fig.): ER., ASD IV-1 A, 43, 553; ap. BULL., Gr. III, 479, 4.
+ **iugulo**, *-are* **fig., supprimer, écarter (des passages de textes): ER., Allen I, n° 283, 60; n° 296, 154.
iulep (indécl.) julep, potion: FIC., O.O. I, 494 A, 43 et 54; 506 A, 28. - ← arabe.
iungibilis, *-is, -e* *qui peut être uni à . . . : FIC., Theol. III, 287, 7.
Iuppiter, *-Iouis* dans *dies Iouis,* **jeudi: ER., ASD I-3, 190, 2103; ap. PFLUG II, n° 324, 19; APH., 67 r°, 13; fréq.
iurgabundus, *-a, -um* querelleur: BUDÉ I, 358, 15.
iurgator, *-oris* *un querelleur: PETR. II, 1199, 26; 1212, 53; 1230, 36.
iurgiolum, *-i* petite querelle, petite dispute: VIVES ap. CRAN., n° 248, 21. - dim. de *iurgium.*
+ **iurgium**, *-ii* dans *a iurgiis,* celui qui est chargé des contestations: ER., ASD I-3, 160, 1138 (ironique). - v. *a/ab.*
iuridice *en justice: ER., ASD I-4, 290, 320; AL. Paquier, 100, 30; ap. BULL., Gr. II, 292, 9.

iuridicialiter *juridiquement, conformément au droit: BUDÉ III A, 47, 33; III B, 16, 17; 33, 39; etc.

iurista, *-ae* (M.) *juriste, jurisconsulte: ZAS. V, 177 A, 84; AMERB. Bon II, n° 743, 21; LUTH., WA Br. I, n° 58, 29; etc. - Condamné par CROC. Farr., 206, 25.

ius A) dans *ius pontificale*: v. *pontificalis, -is, -e*, - B) dans *ius pontificium*: v. *pontificius, -a, -um*. - C) dans *ius primigenium*: v. *primigenius, -a, -um*.

+ **iustificus**, *-a, -um* dans *iustifica fides*, foi justifiante: BUDÉ I, 169, 17; 173, 8 et 16.

iustitia dans *iustitia commutatiua*: v. *commutatiuus, -a, -um*.

iustitiarius, *-ii* *officier de justice: BÈZE VII, 223, 38.

iuuatio, *-onis* aide, secours: VALLA I, 6, 13.

iuuito, *-are* aider: LÉON X ap. CRAN., n° 3, 54.

iuxtapositio, *-onis* *juxtaposition: ap. ER., Allen IX, n° 2417, 117.

K

katabaptismus: v. *catabaptismus.*

L

labefactabilis, *-is, -e* qui risque de s'écrouler, de tomber: BUDÉ I, 274, 5.
labefactator, *-oris* un destructeur, quelqu'un qui ébranle: ER., Allen III, n° 778, 95; BUDÉ I, 101, 42; 116, 24; etc.
labefactatrix, *-icis* celle qui détruit, qui ébranle: BUDÉ I, 43, 41.
labes dans *labes originalis*: v. *originalis.*
labilitas, *-atis* A) *risque de chute, faiblesse: AMERB. Bon. II, n° 706, 41. - B) un lapsus: ap. AMERB. I, n° 327 a, 12.
labor dans *improbitas laboris*: v. *improbitas.*
laborculus, *-i* petit travail: ZAS. V, 180 A, 11 et 81; ZAS. ap. AMERB. IV, n° 1920, 6; etc. - dim. de *labor.*
labyrinthosus, *-a, -um* qui ressemble à un labyrinthe, sinueux, embrouillé: BUDÉ I, 75, 46; III A, 62, 41; III B, 189, 52. - ← λαβύρινθος (*labyrinthus*) + suff. lat.
laccia, *-ae* alose: APH., 28 r°, 3; VALER. C. Coll., 160 a, 16.
lacessite de manière exaspérante, de manière harcelante: LEF., 5, 1.
lacessitudo, *-dinis* harcèlement: POGG. I, 260, 8.
laconice laconiquement: ap. CELT., n° 59, 16; AL. Paquier, 51, 6; ER., ASD II-5, 301, 320; fréq. - ← λακωνικῶς.
+ **laconicus**, *-a, -um* laconique: AL., Jovy II, 108, 9; RHEN., 52, 24; ER., Allen III, n° 945, 2; fréq.
laconismus, *-i* *laconisme: BOV. Sap., 118, 8; ER., Allen II, n° 312, 34; AMERB. Bon. III, n° 1366, 13. - ← λακωνισμός; cf. CIC. *Fam.* XI, 25, 2, où le mot est en grec.
lacrimabunde v. *lacrymabunde.*
lacrymabunde (*lacri-*) en pleurant: BUDÉ I, 474, 19; 477, 18.
lactator, *-oris* quelqu'un qui nourrit: BUDÉ I, 315, 5 (fig.).
lactifluus, *-a, -um* d'où coule le lait → doux comme le lait (cf. *mellifluus*, G.): ER., ASD I-3, 482, 431.
lactiphagus, *-a, -um* qui se nourrit de lait: BOV. Sap., 70, 3; 200, 18. ← *lac, lactis* + -φαγος.
lacunula, *-ae* *petit étang, mare: ER., ASD I-2, 320, 6; Allen I, n° 149, 19. - dim. de *lacuna.*
laedoria, *-ae* offense, « blessure » : POGG. I, 303, 1; ZW. VIII, 216, 3.
laemargia: v. *lemargia.*

laesulus, *-a, -um* un peu blessé: ER., Allen IV, n° 1111, 1 (fig.). - dim. de *laesus.*

laetificatio, *-onis* **joie apportée à . . . : ER., ASD V-3, 393, 750 (*laetificatio animae*).

laica, *-ae* **une laïque: ER., ASD I-3, 543, 211.

+ **laicus**, *-a, -um* *lai, convers: MORE, CW IV, 82, 12; ap. LIPSE, Ep. I, 1, 8.

lamentabiliter **plaintivement, avec des lamentations: MORE Corr., n° 83, 321.

lamentabundus, *-a, -um* qui se plaint, qui se lamente: BUDÉ I, 477, 25; 483, 42; III A, 333, 28.

lamentatorius, *-a, -um* de lamentation: ER., ASD I-2, 311, 12; 555, 1; 556, 22; etc.

laminula, *-ae* lamelle: NANCEL, 202, 1. - dim. de *lamina.*

lampadephoria, *-ae* fait de porter des flambeaux: BUDÉ I, 133, 2. - ← λαμπαδηφορία.

lampadula, *-ae* petite lampe: RHEN., 434, 27. - ← λαμπάς (*lampas*) + suff. lat. de dim.

lampreta, *-ae* *lamproie: CALV. V, 120, 51 (*uulgo*).

landgrauia, *-ae* *une landgrave: LUTH., WA Br. II, n° 422, 11. - ← germ.

landgrauius (*landt-, lant-*), *-ii* *un landgrave: ER., Allen V, n° 1283, 26; MEL., O.O. I, 129, 11; CALV. X B, 431, 8; fréq. - ← germ.

languenter avec nonchalance, avec indolence: ap. LIPSE, Ep. III, n° 605, 9.

languidiusculus, *-a, -um* assez faible, assez languissant: BUDÉ I, 345, 16. - dim. du compar. *languidior, -ius.*

languidule avec une certaine nonchalance, avec une certaine mollesse: MORE, CW III/1, 49, 26; MORE ap. ER., Allen IV, n° 1106, 44. - adv. formé sur l'adj. *languidulus,* dim. de *languidus.*

+ **languidulus**, *-a, -um* quelque peu affaibli, quelque peu languissant: TORR. III, n° 792, 3.

lanifex, *-icis* **lainier: MEL., O.O. I, 513, 40; APH., 74 r°, 3.

lanionice en termes de boucherie: CALV. IX, 485, 56.

lanquinetus, *-i* lansquenet: AL. Paquier, 16, 3 (*germanorum peditum quos lanquinetos uocant*). - ← germ.

lantgrauius: v. *landgrauius.*

lanzknechtus, *-i* lansquenet: BULL. Gr. II, 82, 7; BULL. ap. CALV. XIX, 478, 32. - ← germ.

laquelli *-orum* petits filets, petits pièges: CORD. IV, n° 14. - dim. de *laquei.*

laqueoli, *-orum* **petits filets, petits pièges: ap. MORE Corr., n° 134, 45 (fig.: *iuris laqueoli*). - dim. de *laquei.*

largiloquentia, *-ae* bavardage, abondance verbale: ap. LIPSE, Ep. II, n° 442, 7.

largiloquium, *-ii* bavardage, abondance verbale: ap. LIPSE, Ep. II, n° 442, 52.

largitrix I, *-icis* (subst.) celle qui procure, qui garantit: ER., ASD IV-3, 74, 63; DORP, 47, 28.

largitrix II, *-icis* (empl. adj. F.) A) qui procure, qui produit: ER., ASD II-6, 574, 608; IV-1 A, 133, 525; BUDÉ I, 195, 18; etc. - B) *qui distribue largement: PIGH., n° 256, 28; n° 257, 49.

lasciuiusculus, *-a, -um* A) assez lascif: RHEN., 17, 26; GYR., 37, 31. - B) assez enjoué, assez badin: ap. AMERB. II, n° 586, 15. - dim. du compar. *lasciuior, -ius.*

lassescentia, *-ae* fatigue, lassitude: BUDÉ I, 498, 52; 534, 26.

lasurius (*laz-*), *-ii* l'azur (couleur): ER., ASD I-3, 603, 9; ap. AMERB. I, n° 10, 17; CROC. Coll., B 7 r°, 20. - ← arabe ou persan?; cf. *lazur* (*Novum Glossarium*).

laterifer, *-eri* porteur de briques, manoeuvre: ER., ASD II-5, 323, 883.

laternula, *-ae* *petite lanterne: VLAD., 277, 3. - dim. de *laterna.*

latero, *-onis* *garde du corps, domestique qui accompagne son maître: ER., ASD I-3, 633, 135; I-6, 174, 638.

latinicor, *-ari* apprendre le latin: ZW. VII, 55, 3.

latinitor, *-oris* un latiniste: POGG. I, 173, 23.

latitator, *-oris* quelqu'un qui se cache (pour ne pas comparaître en justice): BUDÉ III B, 58, 47.

latitudinalis, *-is, -e* qui concerne la latitude: MERC., 32, 15.

+ **latitudo**, *-dinis* *latitude (d'un lieu): ap. ZW. VII, 3, 4; BOD. I, 118 B, 14; MERC., 32, 17; etc.

latiuscule assez longuement, assez sensiblement: PETR. I, 436, 49; ER., Allen I, n° 167, 9; ap. REU., 258, 3; etc. - dim. du compar. adv. *latius.*

+ **lator**, *-oris* **un porteur, part. un porteur de lettres: ap. CELT., n° 72, 5; ER., Allen III, n° 763, 4; AMERB. Br. I, n° 277, 17; fréq.

latratura, *-ae* fait d'aboyer: VALLA I, 711, 42.

latrinarius, *-a, -um* relatif aux latrines: MORE, CW V/1, 682, 28; APH., 22 r°, 11.

latrix: v. *legum latrix.*

latrociniolum, *-i* petit forfait: ER., Allen I, n° 240, 33. - dim. de *latrocinium.*

lauandula, *-ae* *lavande: APH., 49 r°, 17.

laudanter de manière élogieuse: ZAS. V, 187, B, 25.

laudatiuncula, *-ae* petit éloge: VALLA I, 953, 10; POLIT., 90, 11; ER., Allen I, n° 45, 60; etc. - dim. de *laudatio.*

laudulentus, *-a, -um* laudatif: ER., Allen I, n° 21, 70.
lauendulaeus, *-a, -um* de lavande: VALER. C. Ep., n° 33, 36 (*tunica coloris lauendulaei*).
laureatio, *-onis* « couronnement » (comme *poeta laureatus*): ap. CELT., n° 147, 13.
lazurius: v. *lasurius*.
leberis, *-idis* peau dont un serpent se débarrasse lors de la mue: ER, LB II, 36 D; ASD I-3, 147, 724; ARL., 78, 20; etc. - ← λεβηρίς; v. aussi *syphar*.
+ **lectio**, *-onis* chaire (d'un professeur d'université): ap. CELT., n° 207, 5; AMERB. Bas. 1, II, n° 942, 3; ZAS. V, 176 A, 51; etc.
lectitatio, *-onis* *lecture assidue: PETR. I, 365, 3; ap. ER., Allen III, n° 854, 24; ap. PIGH., n° 8, 117.
lectura, *-ae* A) *lecture (d'un cours): ap. AMERB. I, n° 399, 1. - B) chaire (d'un professeur d'université): ap. CELT., n° 61, 5; n° 190, 16; ZAS. ap. AMERB. II, n° 968, 24; etc.
legalitas, *-atis* *loyauté: ap. AMERB. I, n° 92, 1; ap. MORE Corr., n° 89, 15; n° 140, 2; etc.
+ **legatio**, *-onis* dans *a legationibus*, un délégué: ER., ASD I-3, 160, 1138 (ironique). - v. *a/ab*.
legibiliter *lisiblement: ap. AMERB. I, n° 72, 18; ER., Allen III, n° 667, 3; n° 669, 17; etc.
legislatrix, *-icis* (empl. adj. F.) qui fait des lois: BUDÉ III B, 182, 28.
legista, *-ae* (M.) *un légiste: VALLA II, 89, 6; ap. REU., 161, 17.
legitimatio, *-onis* *légitimation (d'un enfant naturel): VALLA II, 34, 1 et 9; ap. AMERB. IV, n° 1749, 43.
legitimo, *-are* *légitimer (un enfant naturel): VALLA I, 363, 14; AMERB. Bon. IV, n° 1709, 62; ap. AMERB. IV, n° 1749, 42; etc.
legum latrix, *-icis* celle qui fait les lois: VIP. Hist., 64, 16.
leipsanus, *-a, -um* qui concerne les reliques: BUC., Op. lat. IV, 37, 26. - ← grec: cf. λείψανον.
lemargia (*lae-*), *-ae* *gloutonnerie: BOV. Sap., 64, 21. - ← λαιμαργία.
lenitiuum, *-i* un adoucissement, un lénitif: PETR. II, 736, 12.
lenitor, *-oris* quelqu'un qui calme, qui adoucit: PETR. II, 788, 13; ER., ASD II-4, 41, 515; VIVES Conscr., 64, 13.
lenociniosus, *-a, -um* attirant, séduisant: BUDÉ I, 485, 19.
lepiditas, *-atis* *charme, agrément: ap. ER., Allen IV, n° 995, 74.
+ **leporarius**, *-ii* *lévrier: BUDÉ I, 77, 8.
leprosarium, *-ii* *léproserie: ap. AL Paquier, 153, 12.
leprosus, *-i* **un lépreux: TORR. III, n° 1161, 2.
leptoleschia, *-ae* conversation subtile, chicane: MORING., 208, 28. - ← λεπτολεσχία.

leptologema, *-atis* discussion subtile, chicane: CALV. V, 175, 16. - ← λεπτολόγημα.

leptologia, *-ae* **discussion subtile, chicane: ER., Allen IV, n° 1111, 12. - ← λεπτολογία.

lerodia, *-ae* bavardage, radotage: BUDÉ I, 151, 34. - ← ληρῳδία.

+ **letaliter** dans *letaliter peccare*, **commettre un péché mortel: ap. LUTH., WA Br. II, n° 244, 254. - v. *mortaliter*.

leuca, *-ae* **maladie blanche (maladie de la peau): POLIT., 422, 46; 434, 17. - ← ἡ λεύκη.

leuigatorium, *-ii* polissoir: DORP in *Mon.*, 364, 17 (fig.).

leuimen, *-inis* allègement, consolation: PETR. I, 132, 16.

leuiuscule assez légèrement, à la légère: ap. AMERB. I, n° 216, 5; n° 304, 19; ap. HUTT. I, 129, 6. - dim. du compar. adv. *leuius*.

leuiusculus, *-a, -um* assez léger: POGG. I, 308, 10; LEF., 149, 9; ER., Allen I, n° 42, 2; fréq. - dim. du compar. *leuior, -ius*.

lexicon (*-um*), *-i* lexique: AL., Jovy III, 251, 10; ER., Allen IV, n° 1053, 281; BUDÉ I, 378, 47; fréq. - ← λεξικόν.

liardus, *-i* liard (monnaie): ER., ASD I-3, 213, 2880. - ← franç.

+ **libella**, *-ae* A) **une livre (poids): VALLA I, 374, 11 et 12. - B) une livre (monnaie): HOTM., 424, 1.

+ **libellaris**, *-is, -e* assignatoire: BOD. I, 78 B, 5 et 6.

libello, *-are* assigner (en justice): REU., 220, 11 et 17.

libellus dans *libellus supplex* : v. *supplex*.

liber dans *liber rationalis* : v. *rationalis*.

liberatorius, *-a, -um* libératoire: CHANS., 93, 8 (*scheda liberatoria*); BOD. I, 74 B, 43; ap. LIPSE, Ep. III, n° 755, 18.

libertinizo, *-are* se comporter en « libertin » (sens relig.): CALV. VIII, 640, 35.

+ **libertinus**, *-i* un « libertin » (sens relig.): CALV. IX, 108, 9; 144, 29; BÈZE II, 115, 8; etc.

+ **libra**, *-ae* *une livre (monnaie): PETR. III, 1374, 1; ER., Allen I, n° 279, 12; MORE ap. ER., Allen II, n° 388, 41; fréq.

librariatus, *-us* fonction de bibliothécaire: ER., Allen X, n° 2868, 13.

libratus, *-a, -um* pourvu de livres: GUAR. 1, Doc., 193, 6 (*ut ita dicam*).

+**licentia**, *ae* A) *licence (titre univ.): ER., Allen, X, n° 2934, 7; ap. CRAN., n° 188, 12; DORP, 1, 22; fréq. - B) dans *a licentia*, un licencié (univ.): ER., ASD I-4, 25, 386; v. *a/ab*.

licentiandus, *-i* quelqu'un qui va obtenir le grade le licencié (univ.): ER., ASD I-3, 540, 104; S.J. I, 186, 10 et 12. - A rapprocher: *baccalaureandus*, *doctorandus* (BLAISE II), *graduandus* et *magistrandus*.

licentiatura, *-ae* *admission à la licence (univ.): LUTH., WA Br. I, n° 24, 15 (*ut dicitur*).

licentiatus, *-i* *un licencié (univ.): ER., Allen I, n° 147, 50; BARL., n° 53, 220; MUNST., 106, 20 ; fréq.

lictio, *-onis* fait de perdre: VIVES ap. CRAN., n° 221, 23 (*lictio animi* : fait de perdre connaissance).

licuster, *-tris, -tre* lacustre, d'étang: APH., 27 v°, 3.

lieutenantus, *-i* lieutenant: ER., Allen IX, n° 2587, 16. - ← franç.; v. *locumtenens*.

liga (*gua*), *-ae* A) *ligue, alliance: ap. CELT., n° 102, 32; ap. MORE Corr., n° 153, 34; BULL. Gr. III, 381, 11; etc. - B) *lien, cordon: AMERB. J. I, n° 283, 70.

ligaculum, *-i* cordon: POGG. I, 463, 36.

ligator, *-oris* A) *relieur (de livres): MUNST., 175, 1. - B) Ligueur (en France): LIPSE, Ep. III, n° 680, 15 (*Ligatores, ut uulgo uocantur*).

+ **ligatura**, *-ae* *reliure (de livres): ap. AMERB. V, n° 2114 b, 4.

ligius, *-a, -um* *lige: ap. CALV. XVI, 115, 33 (*ut uocant*); BOD. I, 74 A, 42 et 43. - ← germ.

ligneitas, *-atis* fait d'être en bois: VALLA I, 653, 38.

lignesco, *-ere* durcir, devenir comme du bois: ER., ASD I-1, 166, 9; APH., 50 r°, 10.

lignifaber, *-bri* **quelqu'un qui travaille le bois (charpentier, menuisier . . .): GAG. II, 29, 2.

lignile, *-is* endroit pour entreposer le bois (de chauffage): APH., 22 v°, 27.

lignipes, *-edis* chaussé de sabots (à propos des Franciscains): HUTT. IV, 393, 6; ap. ER., Allen VII, n° 1852, 27. - A rapprocher: *calopodiatus*.

ligniseca, *-ae* (M.) un scieur: APH., 75 r°, 7.

+ **ligo** I, *-are* relier (des livres): PETR. II, 1021, 4; ap. AMERB. I, n° 207, 15; ZW. VII, 197, 4; fréq.

+ **ligo** II, *-onis* pique (dans un jeu de cartes): APH., 46 r°, 21.

ligua: v. *liga*.

+ **ligula**, *-ae* Pl., jeu de lacets: APH., 42 r°, 27.

Lilianus I, *-a, -um* du Lis (de la Pédagogie du Lis, à Louvain): MORING. in *Mon.*, 263, 155.

Lilianus II, *-i* membre de la Pédagogie du Lis (à Louvain): DORP, 26, 38; DORP in *Mon.*, 120, 98; 364, 38; etc.

liliatus, *-a, -um* *de lis, orné de lis: BUDÉ I, 33, 10; 60, 35; 132, 45; etc.

Liliensis, *-is, -e* du Lis (de la Pédagogie du Lis, à Louvain): ER., Allen III, n° 722, 6; n° 839, 8.

limaca, *-ae* *limace : MOHY, f. M 3 v°, 3.

limacia, *-ae* limace: ap. FIC., O.O. I, 587 B, 20.

limatrix, *-icis* celle qui lime, qui affine: PETR. I, 51, 12 (fig.).

+ **limbus** (*ly-*), *-i* *limbes: PIC 1, 93, 40; FIC., O.O. I, 25 A, 5; ap. CALV. XIV, 236, 20; etc. - v. *Orcus* B.

limentinus, *-a, -um* des seuils, des portes: BOV. Opp., 94, 17.

+ **limitatio**, *-onis* caractère limité: PIC 1, 85, 35; 87, 19.

limo, *-onis* citron: FIC., O.O. I, 493 A, 6; 495 B, 20; ap. FIC., O.O. I, 579 B, 11; etc.

limpitudo, *-dinis* **clarté, limpidité: AMERB. I, n° 47, 37.

lineum, *-i* *lin, toile: ER., Allen VI, n° 1654; 25; ap. ER., Allen VI, n° 1671, 29 et 32; etc.

lingua A) dans *lingua fascinatrix* : v. *fascinatrix.* - B) dans *lingua naturalis* : v. *naturalis* - C) dans *linguae praecipitantia* : v. *praecipitantia.*

linguaciter en parlant beaucoup: ap. ER., Allen VIII, n° 1994 a, 86.

linguaculus, *-a, -um* assez bavard: CRUC., n° 15, 73. - dim. de *linguax.*

linteaceus, *-a, -um* fait de toile: ER., ASD I-1, 455, 21; 459, 8.

lipopsychia, *-ae* évanouissement: ap. AMERB. V, n° 2257, 62; APH., 16 v°, 18. - ← λιποψυχία.

lipothymia, *-ae* **évanouissement: LEF., 317, 22. - ← λιποθυμία.

+ **liquefacio**, *-ere* réduire, diminuer → dévaluer: ap. ER., Allen VII, n° 1849, 11.

liquefactio, *-onis* **fait de se liquéfier: FIC. Conv., 171, 20; Theol. II, 90, 2; SCALIGER in *Pros.*, 290, 25.

lis, *litis* dans *litium consarcinator* : v. *consarcinator.*

lite-: v. *litte-.*

lithianicus: v. *lythianicus.*

lithiasis (*ly-*), *-eos* **lithiase, gravelle: ER., Allen VI, n° 1558, 108; APH., 16 v°, 24. - ← λιθίασις.

lithositatus, *-a, -um* accablé de gravelle: JON. I, 426, 5. - ← grec: cf. λιθίασις et λιθόω.

liticula, *-ae* petit litige, petit procès: BUDÉ III A, 47, 16; III B, 7, 52; LIPSE, Ep. I, n° 15, 5; etc. - dim. de *lis, litis.*

liticulosus, *-a, -um* de petit litige, de petit procès: BUDÉ III B, 152, 20. - adj. formé sur *liticula,* dim. de *lis.*

litigatorie en recourant à la contestation: POLIT., 528, 3.

litigatorius, *-a, -um* qui concerne les affaires litigieuses, les plaidoiries: HOTM., 496, 17; 514, 4.

litigatrix, *-icis* (empl. adj. F.) *de contestation, de litige: ER., Allen III, n° 853, 1; VIII, n° 2196, 192.

litigiarius, *-a, -um* qui concerne les litiges, les procès: BUDÉ III B, 188, 33.

+ **littera** (*lite-*), *-ae* **la lettre (opp. à l'esprit): PIC 1, 243, 28; LEF., 194, 2; ER., ASD V-3, 35, 113; fréq.

+ **litterae** (*lite-*), *-arum* A) **l'Écriture sainte (*diuinae/ mysticae/*

sacrae litterae): PETR. I, 18, 3; POGG. I, 268, 36; VALLA I, 2, 4; fréq. - B) dans *compulsoriales litterae* : v. *compulsorialis*. - C) dans *litterae credentiales* : v. *credentialis*. - D) dans *litterae credititiae* : v. *credititius, -a, -um*. - E) dans *litterae mutuales* : v. *mutualis*. - F) dans *litterae patentes* : v. *patens*. - G) dans *litterae quietantiales* : v. *quietantialis*.

+ **litteralis** (*lite-*), *-is, -e* **littéral: ER., Allen I, n° 149, 25; LEF., 193, 26; MORE Corr., n° 15, 762; fréq.

litteraliter (*lite-*) *littéralement: PIC 1, 118, 38; MORE Corr., n° 83, 639; CALV. IX, 442, 34.

+ **litterarius**, *-a, -um* alphabétique: ER., ASD I-4, 208, 18.

litteratim lettre par lettre: ER., Allen IX, n° 2465, 180.

+ **litteratio**, *-onis* graphie, orthographe: GAG. II, 278, 7.

+ **litterator**, *-oris* écrivain, auteur: ER., ASD V-1, 51, 320.

litteratorium (*lite-*), *-ii* cabinet de travail, bureau: ap. RHEN., 245, 37; 253, 20. - v. *academiola* C, *museolum, museum, phrontisterium* et *studiolum*.

+ **litteratus** (*lite-*), *-i* un intellectuel: FIC., O.O. I, 484 B, 1; 485 A, 38; 495 A, 1; etc.

liturgia, *-ae* A) messe: ER., ASD I-3, 654, 32; V-1, 87, 2; ap. ER., ASD V-1, 109, 436; etc. - B) liturgie (chrét.): ap. CALV. XV, 340, 11; BÈZE VIII, 237, 39; XII, 222, 44; etc. - C) liturgie (Athènes anc.): BUDÉ II, 206, 6. - ← λειτουργία.

+ **liturgus**, *-i* celui qui s'occupe des liturgies (Athènes anc.): BOD. I, 184 B, 57.

+ **lituus**, *-i* crosse (d'un évêque): CALV. VIII, 79, 42.

locabilis, *-is, -e* *que l'on peut trouver, que l'on peut localiser: BUDÉ I, 74, 42; II, 255, 39.

locabilitas, *-atis* *possibilité de localiser: PIC 1, 90, 3; 91, 9; 92, 28; etc.

locale, *-is* un local: ap. AL., Paquier, 135, 23.

locatrix, *-icis* celle qui loue, qui donne en location: ER., Allen IX, n° 2470, 19.

locomotiua, *-ae* ce qui met en mouvement: MEL., W. VI, 313, 24; 314, 34; 315, 3.

locamotiuus, *-a, -um* qui met en mouvement, qui fait changer de lieu: MEL., O.O. XXI, 1102, 20.

locularius, *-a, -um* financier: ZAS. V, 179 B, 12; BUDÉ II, 305, 9 et 12.

locumtenens, *-ntis* *lieutenant, remplaçant: MINUTIANUS in *Praef.*, 223, 6; REU., 358, 17; ER., Allen VII, n° 2005, adr.; fréq. - v. *lieutenantus*.

locupletatrix I, *-icis* (subst.) celle qui enrichit: BUDÉ I, 360, 13 (fig.).

locupletatrix II, *-icis* (empl. adj. F.): qui enrichit: BUDÉ II, 75, 50.

+ **locus**, *-i* *une classe (groupe d'élèves): STURM, 34, 6; 46, 7; 48, 13; etc. - v. *classis, curia* D, *gradus* B, *ordo* D et *tribus.*

locusticus, *-a, -um* de sauterelle: CLEN., n° 54, 385.

locutrix, *-icis* (empl. adj. F.) qui concerne la parole: BUDÉ I, 529, 16.

lodus (*-um?*), *-i* chemise: APH., 18 r°, 16 (abl. *lodo*).

loedorium, *-ii* un reproche: ER., Allen I, n° 173, 66. - ← grec: cf. λοιδορία (*loedoria*).

logicalis, *-is, -e* *qui concerne la logique: VALLA II, 351, 39. - ← λογική (*logica*) + suff. lat.

logicus, *-i* A) **dialecticien: CUEVA, 31 v°, 16 et 26. - B) étudiant de la classe de logique: ap. LIPSE, Ep. I, n° 1, 54. - ← λογικός.

+ **logista**, *-ae* (M.) un dialecticien (avec connot. péjor.): MORE Corr., n° 15, 376.

+ **logodaedalia**, *-ae* langage qui est comme un fil d'Ariane: BOV. Opp., 34, 1.

logodaedalus I, *-a, -um* A) au langage recherché, artificieux, trompeur: ER., Allen I, n° 138, 78. - B) au langage qui est comme un fil d'Ariane: BOV. Opp., 32, 22. - ← λογοδαίδαλος.

logodaedalus II, *-i* un homme au langage recherché, un habile parleur → un hypocrite: ER., ASD IV-3, 110, 717; BUDÉ I, 360, 3; DORP, 36, 5; fréq. - ← λογοδαίδαλος.

logomachia, *-ae* logomachie: ER., Allen II, n° 337, 388; CALV. V, 178, 17; JON. I, 440, 22; etc. - ← λογομαχία.

logotheca, *-ae* « magasin de mots », « réserve de mots » : BUDÉ I, 359, 46. - ← grec: cf. λόγος + θήκη.

longatio, *-onis* voie longue (alchimie): ER., ASD I-3, 425. ll. 38, 39 et 46. - A rapprocher: *curtatio.*

+ **longitudo**, *-dinis* *longitude: ap. ZW. VII, 3, 4; BOD. I, 118 B, 15; MERC., 32, 24; etc.

+ **longule** assez longtemps: ER., Allen II, n° 480, 256.

lorifragus, *-a, -um* brisé, abattu: PETR. I, 402, 17 (fig.).

lotaria, *-ae* loterie: VALER. C. Ep., n° 92, 2. - ← ital.

lotio dans *lotio lustralis*: v. *lustralis.*

lotrix I, *-icis* (subst.) *une blanchisseuse: ER., ASD I-3, 600, 303; AMERB. Bon. VIII, n° 3556, 91; VALER. C. Ep., n° 78, 8; etc.

lotrix II, *-icis* (empl. adj. F.) qui lave: PETR. I, 290, 46.

loxodoxia, *-ae* opinion ambiguë, douteuse (opp. à orthodoxie): BUDÉ I, 183, 15. - ← grec: cf. λοξός + δόξα.

lucernarius, *-a, -um* **qui travaille à la lueur d'une lampe, qui concerne le travail à la lueur d'une lampe: ER., ASD IV-3, 96, 477; LB II, 1036, C.

Lucianicus I, *-a, -um* de Lucien (de Samosate): MEL., O.O. I, 110,

2; CALV. VIII, 43, 35; SINNING, 56, 7; etc.

Lucianicus II, *-i* un « lucianiste » (partisan des idées de Lucien de Samosate): CALV. VI, 268, 46.

Lucianismus, *-i* « lucianisme » (v. *Lucianicus* II): CALV. V, 506, 20.

Luciferianus, *-a*, *-um* *luciférien, démoniaque: CATH. Enarr., 229, 32.

lucrax, *-acis* avide de gain: ER., Allen VIII, n° 2223, 2.

Lucretianus, *-i* partisan des idées de Lucrèce: FIC., O.O. I, 913 B, 12.

lucrifactio, *-onis* *gain, bénéfice: ap. LEF., 240, 1.

luctatorius, *-a*, *-um* de lutteur, de lutte: ER., ASD V-3, 214, 623; NEBR., 60, 41.

lucubramentum, *-i* **travail, oeuvre: ER., Allen I, n° 201, 10; ASD II-5, 40, 490.

+ **lucubratio**, *-onis* travail, oeuvre: MOS. Paed., 49, 19.

lucubrator, *-oris* quelqu'un qui travaille beaucoup: PETR. I, 276, 6; II, 1144, 26.

Luderinus (*Luthe-*), *-a*, *-um* de Luther: ap. LUTH., WA Br. I, n° 47, 15. - Lettre adressée *ad Martinum Luderum.*

ludibunde en se jouant, de manière non sérieuse: BUDÉ I, 108, 12; 115, 15.

ludificamentum, *-i* tromperie, mystification: LEF., 118, 13; BUDÉ I, 197, 43. - cf. *ludificatio* (G.).

ludificatricula (adj. F.) trompeuse: BUDÉ I, 158, 43; 178, 15; II, 275, 1. - dim. de *ludificatrix.*

ludificatrix, *-icis* (empl. adj. F.) *trompeuse: BUDÉ I, 15, 2; 302, 53; IV, 854, 8.

ludificus, *-a*, *-um* moqueur: ap. CELT., n° 249, 23.

ludimagisterculus, *-i* « petit » maître d'école: ap. ZW. VII, 312, 11. - dim. de *ludimagister* (*ludi magister*).

ludus dans *sphaerularis ludus*: v. *sphaerularis.*

+ **lues**, *-is* A) dans *lues Britannica*, suette: ER., Allen VIII, n° 2223, 11; v. *malum Britannicum.* - B) dans *lues Gallica*, syphilis: ap. HUTT. I, 226, 3; v. *morbus Gallicus* et *scabies Gallica.*

+ **luna**, *-ae* dans *dies Lunae*, **lundi: ER., Allen II, n° 451, 5; ap. AMERB. I, n° 205, 36; RHEN., 144, 17; fréq.

lupipeta, *-ae* (M.) chien qui traque les loups: BUDÉ I, 77, 10.

lupulus, *-i* *houblon: APH., 30 v°, 12. - dim. de *lupus.*

lusitabundus, *-a*, *-um* qui aime à folâtrer: BUDÉ III A, 320, 24.

lusitanice en langue portugaise: CLEN., n° 25, 17 et 28.

lusiuncula, *-ae* un petit divertissement: BUDÉ I, 344, 8; IV, 1249, 48; MURET, O.O. I, 377, 12. - dim. de *lusio.*

+ **lustralis**, *-is*, *-e* A) *bénit: BUC., Op. lat. I, 106, 18 (*aqua lustralis*);

ZW. VIII, 760, 21; APH., 69 v°, 30. - B) de baptême: BUDÉ I, 41, 36 (*aqua lustralis*); 205, 4 (*lotio lustralis*); ap. ZW. VIII, 163, 15; etc.

+ **lustricus**, *-a, -um* de baptême: BUDÉ I, 99, 37; 140, 43; 201, 49; etc.

lusus dans *lusus damarum*: v. *dama*.

Luter-: v. *Luther-*.

Lutheranice à la manière de Luther: ap. AMERB. II, n° 991, 47 et 52.

Lutheranicus, *-a, -um* de Luther: MUNST., 78, 7.

Lutheranismus (*Lute-*), *-i* luthéranisme: ER, Allen VII, n° 1934, 376; AMERB. Bon. IV, n° 1766, 19; RHEN., 482, 4; fréq.

Lutheranus I, *-a, -um* de Luther, luthérien: MEL., O.O. I, 290, 32; HUTT. II, 82, 18; ER., Allen IV, n° 1144, 64; fréq.

Lutheranus II, *-i* un luthérien: ap. ZW. VII, 268, 6; ER., Allen IV, n° 1143, 51; BUC., Op. lat. I, 162, 20; fréq.

Lutherianus I, *-a, -um* de Luther, luthérien: ER., Allen III, n° 939, 119; RHEN., 160, 9; BUC., Corr. I, n° 7, 104; fréq.

Lutherianus II *-i* un luthérien: ap. HUTT. II, 64, 11; VIVES ap. ER., Allen V, n° 1256, 56; ap. ER., Allen V, n° 1367, 10; etc.

Luthericus I, *-a, -um* de Luther, luthérien: MORE, CW V/1, 468, 7; ZW. VII, 429, 31.

Luthericus II, *-i* un luthérien: HUTT. IV, 318, 19; 337, 11.

Lutherinus: v. *Luderinus*.

Lutherismus (*Lute-*), *-i* luthéranisme: ap. PFLUG II, n° 354, 28; III, n° 397, 10; ap. CALV. XI, 208, 31; etc.

lutherisso (*lute-*), *-are* être partisan de Luther, défendre les idées de Luther: ER., Allen VI, n° 1716, 49; VIII, n° 2315, 281.

Lutherista (*Lute-*), *-ae* (M.) un Luthérien: MORE, CW V/1, 158, 21; 586, 21; ap. PFLUG III, n° 402, 32.

Lutherolatra, *-ae* (M.) un « adorateur » de Luther: ap. CALV. XV, 191, 32. - cf. λατρεία.

Lutheromastix, *-igis* quelqu'un qui fustige Luther: ap. LUTH., WA Br. II, n° 281, 136; ap. HUTT. II, 98, 40. - v. *mastix*.

Lutherozelator, *-oris* un partisan de Luther, un défenseur de Luther: ap. CALV. XV, 191, 31.

lutulo, *-are* ***souiller (déjà PL. *Trin.*, 292, conjecture): LIPSE, Ep. I, n° 218 b, 35.

+ **lux**, *-lucis* A) dans *mea lux*, « ma lumière » (terme de tendresse): ER., ASD I-3, 126, 27; 291, 87; 339, 18; etc. - B) dans *in lucem prodire*: v. *prodeo, -ire*. - C) dans *in lucem prodigere*: v. *prodigo, -ere*.

+ **lyceum** (*-aeum*), *-i* université: ap. ER., Allen II, n° 386, 47; ap. ZW. VII, 65, 8; ap. LIPSE, Ep. I, n° 123, 115; etc. - v. *academia* B, *academiola* A, *archigymnasium*, *Athenaeum*, *gymnasium* A, *studium* A et *uniuersitas*.

lymbus: v. *limbus.*

lymphatice en délire: BUDÉ III A, 252, 31.

lytae, *-arum* (M. Pl.) **élèves de la quatrième année de droit: AMERB. Bon. IX/2, n° 3810, 132. - ← οἱ λύται.

lythianicus, *-a, -um* atteint de lithiase, de gravelle: APH., 16 v°, 25. - Graphie aberrante; on attendrait *lithianicus*: cf. λιθίασις (*lithiasis*).

lythiasis (graphie aberrante): v. *lithiasis.*

lytierses, *-is* chant des moissonneurs: POLIT., 473, 4. - ← λυτιέρσης.

M

macheropoeus (*machae-*), *-i* fabricant de coutelas; de sabres: APH., 74 v°, 10. - ← μαχαιροποιός.

Machom- (*Machum-*): v. *Mahum-*.

macilentia, *-ae* *maigreur: POGG. I, 260, 1; GAG. I, 322, 1; ap. PLANT. V, 289, 21.

macrologus, *-a, -um* qui parle beaucoup: LUTH., WA Br. I, n° 59, 92. - ← μακρολόγος.

+ **macula**, *-ae* faute, erreur (dans un texte): BARL., n° 21, 2; MURET, Scr. Sel. II, 191, 12; LIPSE, O.O. IV, 398 A, 56.

maculator, *-oris* quelqu'un qui tache, qui souille: POGG. I, 167, 31.

maculatura, *-ae* maculature (première feuille d'une impression): BULL. ap. BÈZE IX, 102, 3 (*quam uocant*); PLANT. I, 308, 27(*quod aiunt*).

+ **maculosus**, *-a, -um* qui contient des erreurs: CRUC., n° 13, 15; NANN., 312, 10.

madauricus I, *-a, -um* de maroquin: ER., Allen VI, app. XIX, l. 16.

madauricus II, *-i* maroquin: ER., ASD I-3, 632, 117.

madefactio, *-onis* **fait de mouiller, d'humecter: LIPSE, O.O. III, 359 B, 22.

maestificus (*moe-*), *-a, -um* **attristant, affligeant: BUDÉ I, 476, 13.

magadas désigne une sorte de harpe: VIP. Poet., 12, 7. Il faudrait peut-être lire *magadis* ← μάγαδις (cf. aussi μαγάδη).

magdalia, *-ae* pâtée: ER., LB II, 975 D. - ← μαγδαλιά.

magistellulus, *-i* « tout petit » Maître (univ.): ap. AL., Jovy II, 100, 11. - dim. de *magistellus*, déjà dim. de *magister*; connot. péjor.

+ **magister**, *-tri* A) *Maître (titre univ.): PETR. I, 57, 19; PIC 1, 99, 54; ER., Allen I, n° 145, 113; fréq. - B) dans *magister postarum*: v. *posta*.

magisterculus, *-i* *« petit » Maître (univ.): HUTT. I, 187, 13; LUTH., WA Br. I, n° 135, 8; MEL., O.O. I, 157, 5. - dim. de *magister*, avec connot. péjor.

magisteriolum, *-i* titre (univ.) de Maître: ap. CELT., n° 153, 36. - dim. de *magisterium*.

+ **magisterium**, *-ii* A) *titre (univ.) de Maître: PETR. I, 57, 17; GAG. II, 132, 8; BUDÉ I, 47, 29; fréq. - B) *autorité: BRIÇ., 95, 1.

+ **magistralis**, *-is, -e* *de Maître (univ.): ap. AMERB. I, n° 305, 10; ALCIAT ap. AMERB. VII, n° 3162, 3.

magistralitas, *-atis* *titre (univ.) de Maître, caractère magistral: MORE, CW V/1 416, 1; CATH. Assert., 4, 24 (*ut ita loquar*).

magistraliter *à la manière d'un Maître (univ.): ER., ASD IV-3, 154, 458; VIVES Pseud., 77, 7; ap. ZW. VIII, 361, 1; etc.

magistrandus, *-i* quelqu'un qui va obtenir le titre de Maître (univ.): ap. CELT., n° 149, 24; LUTH., WA Br. I, n° 90, 31; S. J. I, 280, 27; etc. - A rapprocher: *baccalaureandus, doctorandus* (BLAISE II), *graduandus* et *licentiandus*.

magistrellus, *-i* « petit » Maître (univ.): ap. ER., Allen IX , n° 2572, 15. - dim. de *magister* ; avec connot. péjor.

+ **magnanimitas**, *-atis* dans *tua Magnanimitas,* « Ta/Votre Grandeur » : AGRIPPA, 47, 11. - v. *tua.*

+ **magnes**, *-etis* aiguille magnétique, boussole: MORE, CW IV, 52, 19; MERC., 32, 21 et 34; etc.

+ **magnificentia**, *-ae* dans *tua Magnificentia,* **« Ta/Votre Grandeur » : GUAR. 1, Doc., 209, 18; GAG. I, 294, 3; ER., Allen V, n° 1299, 107; fréq. - v. *tua.*

magnificule avec une certaine grandeur; BUDÉ I, 246, 16; 343, 33. -adv. formé sur *magnificulus* (non attesté?), dim. de *magnificus.*

+ **magnitudo**, *-dinis* dans *tua Magnitudo,* **« Ta/Votre Grandeur » : OBSOPOEUS in *Praef.*, 374, 3; ER., Allen IV, n° 1112, 2; LUTH., WA Br. II, n° 248, 4. - v. *tua.*

Mahom-: v. *Mahum-.*

Mahumetaeus, *-i* un musulman: ER., LB V, 142, F. - ← arabe.

Mahumetanicus, *-a, -um* musulman: CATH. Disput., 267, 6.- ← arabe.

Mahumetanus I *-a, -um* musulman: LEF., 205, 36; CLICHT., 28 v°, 32. - ← arabe.

Mahumetanus II, (*Machom-, Machum-, Mahom-*), *-i* un musulman: VALLA I, 501, 42; ER., ASD V-3, 424, 554; BUC., Op. lat. II, 7, 21; etc. - ← arabe.

Mahumetensis I (*Mahom-*), *-is* un musulman:FIC., O.O. I, 11 B, 52; PIC 1, 150, 24; ER., Allen VI, n° 1670, 37; etc. - ← arabe.

Mahumetensis II, *-is, -e* musulman: FIC., O.O. I, 51 A, 9. - ← arabe.

Mahumeticus (*Machom-, Mahom-*), *-a, -um* *musulman: POLIT., 137, 32; CLICHT., 27 r°, 16; ER., ASD IX-1, 408, 757; fréq. - ← arabe.

Mahumetismus (*Machom-, Mahom-*), *-i* religion musulmane: CLEN., n° 48, 36; BÈZE XI, 180, 31; ap. RHEN., 484, 32; etc. - ← arabe.

Mahumetista (*Machom-, Mahom-*), *-ae* (M.) *un musulman: PIC 1, 150, 40; REU., 270, 37; CLEN., n° 47, 271; fréq. - ← arabe.

+ **maiestas**, *-atis* A) dans *Maiestas tua,* « Ta/Votre Majesté » : ER., ASD I-6, 76, 93; MEL., O.O. II, 929, 4; CALV. XIII, 669, 33; etc; v. *tua.* - B) dans *Maiestas uestra,* *même sens: CALV. XV, 329,

18; 335, 3; HAL., 144, 10; etc.; v. *uestra*. - C) dans *scelus oblaesae maiestatis*: v. *oblaesus, -a, -um.*

maiestuosus, *-a, -um* majestueux: BULL. ap. BÈZE V, 50, 10.

maior, *-oris* (subst.) A) *majeure d'un syllogisme: POLIT., 521, 38; PIC 1, 92, 10; BOV. Sap., 234, 16; fréq. - B) *maire: ER., Allen VII, n° 1858, 288 (Londres).

maiorana, *-ae* *marjolaine: FIC., O.O. I, 492 A, 34 et 47; 528 B, 59; etc.

Maiorista, *-ae* (M.) un « Majoriste » : ap. CALV. XVIII, 188, 34. - cf. *Lex. f. Theol. u. K.*, VI, 1308 (art. *Majorismus*).

maioritas, *-atis* A) fait d'être plus grand: VALLA I, 677, 29; FIC., Theol. II, 110, 15. - B) *fonction de maire: ER. Allen IV, n° 1211, 256 (Londres).

maiuscula, *-ae* une majuscule: ER., ASD I-3, 483, 473; I-4, 36, 730; ap. PLANT. Suppl., 111, 30; etc. - empl. subst. F. (*littera* sous-entendu) de *maiusculus*, dim. de *maior, -ius.*

maiuscule avec une majuscule: VALLA I, 610, 33. - adv. formé sur *maiusculus*, dim. de *maior, -ius.*

+ **maiusculus**, *-a, -um* majuscule: VALLA I, 475, 16; ER., ASD I-4, 36, 753; BUDÉ I, 367, 13; fréq.

+ **mala**, *-ae* rotule: APH., 11 v°, 30.

male-: v. aussi *mali-*.

+ **maledictio**, *-onis* **malédiction: SAL. III, ch. 2, 62.

+ **malefactio**, *-onis* méfait: ap. CELT., n° 334, 48.

maleferiatus, *-a, -um* querelleur, méchant: BULL. ap. BÈZE IX, 72, 2.

malesanus, *-a, -um* **malsain, mauvais: FIC., O.O. I, 904 B, 2; CELT., n° 275, 179; DORP, 24, 3; fréq.

malesonantia, *-ae* cacophonie: ALDE in *Praef.*, 208, 4.

maleuole (*mali-*) **avec malveillance: POLIT., 41, 37; MORE, CW III/1, 106, 9.

Malignus, *-i* **le démon (contexte chrét.): ap. PFLUG I, n° 115, 42.

maliloquela (*male-*), *-ae* médisance: ap. AMERB. I, n° 155, 9.

maliloquentia (*male-*), *-ae* **médisance: GAG. I, 285, 25.

maliuole: v. *maleuole.*

malla, *-ae* malle: PLANT. III, 175, 6. - cf. *mala* (*Novum Glossarium*).

malleatio, *-onis* *travail au marteau: HUGO in *Reden*, 112, 10.

+ **malum**, *-i* A) dans *malum Britannicum*, suette: AMERB. Bon. III, n° 1382, 10; n° 1386, 22; v. *lues Britannica.* - B) dans *originale malum*: v. *originalis, -is, -e.*

mammonista, *-ae* (M.) « adorateur de Mammon » → quelqu'un qui ne recherche que la richesse: ap. PFLUG II, n° 368, 12.

mancipiolum, *-i* **un « humble » esclave: AL., Jovy II, 111, 20. - dim. de *mancipium.*

mandatarius, *-ii* **un mandataire: ap. CELT., n° 212, 78; LUTH.,

WA Br. I, n° 30, 17; ER., ASD I-4, 34, 686; etc.

mandatio, *-onis* **mandat, mission: CELT., n° 42, 33.

mandatulum, *-i* « petit » mandement: BUC., Corr. I, n° 31, 8. - dim. de *mandatum.*

mandatum dans *mandatum procuratorium* : v. *procuratorius, -a, -um.*

manducatio, *-onis* **manducation, fait de manger le pain eucharistique: ER., ASD IX-1, 350, 523; MEL., O.O. XXI, 863, 26; BUC., Op. lat. I, 25, 9; fréq.

manerium, *-ii* *manoir: ap. MORE Corr., n° 89, 60; n° 149, 7 et 13; etc.

manerus, *-i* chant funèbre égyptien: POLIT., 473, 4. - ← μανέρως.

manganaria, *-ae* art de soulever de lourdes charges: POLIT., 468, 1 (*manganaria, per quam pondera immania minima ui tolluntur in altum*). - ← μάγγανον (*manganum*) + suff. lat.

maniacus, *-a, -um* **atteint de folie: ER., ASD I-4, 170, 131; Allen IV, n° 1188, 27. - ← grec: cf. μανικός.

manichaeus, *-a, -um* **manichéen: MOHY, f. M 3 v°, 1.

manichaicus, *-a, -um* manichéen: ap. CALV. XVII, 602, 2.

manifestarie manifestement, clairement: ap. ER., Allen II, n° 485, 59.

\+ **manipulus**, *-i* **manipule (vêtement ou ornement eccl.): S. J. I, 274, 16.

maniuorus, *-a, -um* « qui dévore les mains » → qui use ou déforme les mains: ER., ASD II-4, 294, 312 et 313.

mansionatim de maison en maison, d'étape en étape: BUDÉ I, 309, 36; 336, 13; 472, 11; etc.

mansorium, *-ii* **une demeure: ap. CELT., n° 222, 24.

mansuefactarius, *-ii* quelqu'un qui apprivoise: POLIT., 471, 10; BUDÉ III A, 227, 33.

manualiter *de la main à la main: AMERB. J. I, n° 491 a, ll. 52, 59 et 69.

manuartifex, *-icis* *un artisan: AMERB. J. I, n° 246, 51.

manuduco, *-ere* *amener, conduire: CALV. II, 254, 19; 261, 17.

manuductio, *-onis* *introduction, guide: ap. RHEN., 137, 15; LEF., 310, 19; BUC., Op. lat. II, 134, 21; etc.

manula *-ae* petite main: ap. AMERB. V, n° 2153, 16. - dim. de *manus.*

\+ **manus**, *-us* dans *a manibus*, secrétaire, copiste: ap. ZW. VII, 24, 5; v. aussi ER., ASD I-3, 160, 1137, où le sens est douteux et de toute façon ironique: - v. *a/ab.*

manuscripta, *ae* un manuscrit: ANDREAS in *Praef.*, 118, 8.

manuscriptum, *-i* *un manuscrit: LIPSE, Ep. III, n° 647, 16; ap. PLANT. Suppl., 134, 29.

manuscriptus I, *-a, -um* *manuscrit: ER., Allen II, n° 1744, 10; RHEN., 356, 16; BUDÉ II, 47, 43; fréq.

manuscriptus II, *-i* un manuscrit: ROBORTELLUS in *Praef.*, 461, 14; LIPSE, Ep. II, n° 437, 13; ap. LIPSE, Ep. III, n° 620, 220.
manuscula, *-ae* petite main: ER., ASD I-2, 47, 4. -dim. de *manus.*
manutenentia, *-ae* *aide, appui: ap. AL. Paquier, 148, 21; TORR. II, n° 626, 30.
manuteneo, *-ēre* *appuyer, maintenir: ap. MORE Corr., n° 10, 102; n° 140, 69.
+ **mappa**, *-ae* *carte (géographique): ap. AMERB. II, n° 510, 13.
marca I (*-cha*), *-ae* A) *marc (poids): BUDÉ II, 62, 22 et 26; ap. AMERB. VII, n° 3337, 9; etc. - B) *marc (monnaie): ER., Allen V, n° 1491, 9; ap. CALV. XIV, 410, 23; S. J. I, 239, 23; etc. - ← germ.
marca II (*-cha*), *-ae* **marche (région): ap. BULL., Gr. II, 15, 12. - ← germ.
marcassita (*marcha-*), *-ae* marcassite: FIC. O.O. I, 522 A, 8; AGR. G., 47, 22; 53, 6; etc. - ← arabe.
marcha: v. *marca* I et II.
marchassita: v. *marcassita.*
marchio (*-cio*), *-onis* *marquis, margrave: PETR. I, 301, 24; VALLA I, 311, 18; GUAR. 1, Inaug., 298, 3; fréq. - ← ital.
marchionatus, *-us* *marquisat: ER., Allen IV, n° 1039, 82; ap. ZW. VIII, 722, 14; ap. AMERB. VI, n° 2969, 5; etc. - ← ital. + suff. lat.
marchionissa, *-ae* *marquise: ap. ER., Allen XI, n° 3111, 100; CALV. XVII, 228, 8; BÈZE III, 195, 2; etc. - ← ital.
marchissa, *-ae* *marquise: BÈZE II, 162, 40. - ← ital.
marcio: v. *marchio.*
mardurinus, *-a, -um* *de martre: ap. CALV. XVIII, 558, 46. - ← germ.
+ **mare**, *-is* **fig., grande quantité, masse: ER., ASD IV-1, 148, 40 (*mare malorum*).
marescalcus (*mari-, -scallus, -scalus, -schalchus*), *-i* *maréchal: FIC., O.O. I, 627 B, 43; BUDÉ IIIA, 55, 3; ER., ASD V-3, 71, 831; fréq. - ← germ.
marggrauius: v. *margrauius.*
marginalis, *-is, -e* *marginal: LEF., 65, 11; ER., Allen IV, n° 1216, 55; MORE, CW V/1, 28, 23; etc.
marginarius, *-a, -um* marginal: RHEN., 16, 21 (*ut dicitur*); ZAS. V, 186 B, 77; ER., Allen VII, n° 1992, 84; etc.
+ **margo**, *-inis* ***marge (déjà JUV. I, 5; trad. G. divergente): SAL. II, ch. 6, 63; VALLA I, 275, 18 (*annotationes in marginibus legamus*); POLIT., 312, 26; fréq.
margrauianus, *-a, -um* de margrave, de marquis: ap. BÈZE XI, 128, 10. - ← germ.

margrauius (*marggr-*), *-ii* *margrave, marquis: ap. BÈZE VIII, 129, 39; BULL., Gr. II, 58, 20; LIPSE, Ep. I, n° 26, 112; fréq. - ← germ.

mariscalcus: v. *marescalcus.*

maritaliter **en mari: ZAS. V, 176 B, 61.

maritellus, *-i* *mari: ap. AMERB. II, n° 967, 47. - dim. de *maritus*, avec connot. péjor.

mariticida, *-ae* (F.) meurtrière de son mari: NANN., 207, 367.

marmelatum (*marmella-*, *-us?*), *-i* marmelade: TORR. II, n° 387, 6 (abl. - *to*); n° 434, 29 (gén. *-ti*); n° 563, 30 (gén. *-ti*). - ← portugais, par franç.?

marmoreitas, *-atis* le fait d'être en marbre: VALLA I, 653, 38.

+ **Mars**, *Martis* dans *dies Martis*, **mardi: ER., Allen IX, n° 2541, 3; ap. PFLUG II, n° 324, 53; CALV. XIII, 228, 39; etc.

marsupiarius, *-ii* trésorier: MUNST., 146, 21.

martes, *-is* *martre: AL., Jovy III, 249, 19. - ← germ.

Martinianus, *-a*, *-um* A) de la Saint-Martin: ap. BULL., Gr. I, 9, 17; 58, 24; ap. CALV. XVII, 372, 24; etc. - B) de Martin Luther: BUC., Corr. I, n° 5, 5 et 27; ap. MEL., O.O. I, 224, 37; etc.

Martinista, *-ae* (M.) un partisan de Martin Luther, un luthérien; BÈZE VIII, 119, 19.

mastigonomus, *-i* inspecteur de police armé d'un fouet: BUDÉ III A, 136, 54; 137, 52. - ← μαστιγονόμος.

mastix (*-yx*), *-igis* fouet → fouetteur, quelqu'un qui fustige: CRUC., n° 7, 27; AMERB. Bon. IV, n° 2064, 9. - ← μάστιξ; v. *Bezamastix, Capniomastix, Erasmomastix, Francomastix, Gallomastix, Heluetiomastix, Huttenomastix, idolomastix, Lutheromastix, Priscianomastix, Reuchlinomastix, stauromastix*; cf. déjà dans G.: *Ciceromastix, grammaticomastix* et *Homeromastix.*

mataeologia (*mate-*), *-ae* vain propos, vain bavardage: ER., ASD I-3, 90, 406 (app. crit.); AMERB. Bon. II, n° 757, 6; ap. BÈZE XIII, 243, 36. - ← ματαιολογία.

mataeologus, *-i* quelqu'un qui dit des choses vaines, des choses insensées: ER., Allen III, n° 939, 63; ZW. VII, 35, 10; RHEN., 125, 24; fréq. - ← ματαιολόγος.

mateologia: v. *mataeologia.*

+ **mater**, *-tris* A) **mère abbesse: LEF., 309, 6; ER., ASD IX-1, 82, 488; ARL., 114, 23; etc. - B) dans *bella mater*: v. *bellus, -a, -um.*

materialitas, *-atis* *caractère matériel, matérialité: POMP., 24, 1 et 5; 90, 19.

maternitas, *-atis* *maternité: GAG. II, 231, 23; 234, 9.

mathemata, *-um* mathématiques: VENATORIUS in *Praef.*, 415, 6; ESTIENNE in *Praef.*, 551, 30; SINNING, 36, 19. - ← τά μαθήματα.

+ **matula**, *-ae* dans *a matula*, celui qui s'occupe du pot de chambre: ER., ASD I-3, 160, 1137 (ironique). - v. *a/ab.*

maturatiuus, *-a, -um* qui fait mûrir: ap. FIC., O.O. I, 586 B, 48; 587 A, 4; 587 B, 29.
matutinae, *-arum* **matines: CLEN., n° 40, 64.
Maximianista: v. *Maximinianista.*
Maximinianista, *-ae* (M.) « Maximinianiste » ou plutôt Maximianiste: ap. BÈZE XIV, 45, 15, où il faudrait peut-être lire *Maximianista.* - cf. *Dict. Théol. Cath.*, IV, 1710-2 (art. *Donatisme*).
mazapanis, *-is* galette: ap. POLIT., 188, 33 et 38. - ← μᾶζα (*maza*) + *panis.*
mechanopoetice, *-es* art de fabriquer des machines (pompes . . .): POLIT., 468, 2. - ← μηχανοποιητική.
mediastinus, *-a, -um* **intermédiaire: LEF., 225, 7.
mediate *indirectement: ER., ASD I-3, 518, 850; MEL, O.O. XXI, 1087, 41 et 45.
mediatus, *-a, -um* **médiat: BOV. Sap., 290, 16 et 18; MEL., O.O. XXI, 1086, 8.
medice A) à la manière d'un médecin: ER., Allen I, n° 268, 22. - B) en respectant les prescriptions du médecin: ER., ASD I-4, 184, 382; Allen VIII, n° 2145, 16.
+ **medicina**, *-ae* A) dans *a medicina*, un médecin: HUTT. I, 223, 16; v. *a/ab.* - B) dans *a medicinis*, même sens: HUTT. I, 167, 35; 230, 4; v. *a/ab.* - C) dans *medicina herbaria*: v. *herbarius, -a, -um.*
medicinabilis, *-is, -e* médical: POLIT., 468, 11. - cf. *medicinalis* (G.).
mediiurius, *-ii* un juge: BUDÉ III A, 21, 24. - Formé d'après μεσόδικος (v. *mesodicus*).
+ **meditatiuncula**, *-ae* petite réflexion, petit avis: ap. PFLUG II, n° 336, 47.
+ **medium**, *-ii* A) *un intermédiaire: FIC., Theol. II, 83, 21 (*absque medio*); ARGYR. in *Reden*, 11, 25; ap. AMERB. I, n° 408, 11; etc. - B) *un moyen (de faire quelque chose): ap. LEF., 251, 1; AMERB. Bon III, n° 1000, 10; HAL., 98, 35; etc.
medius, *-ii* médius ou majeur: APH., 10 v°, 15.
medo, *-onis* **hydromel: ER., ASD IX-1, 76, 327; JON. I, 226, 5.
meissimus, *-a, -um* qui est tout à fait « mien », qui m'est tout à fait favorable: ER., Allen VII, n° 2033, 29. - A rapprocher: *tuissimus.*
meitas, *-atis* « ma personne » : ZAS. ap. AMERB. II, n° 788, 10. - A rapprocher: *suitas* et *tuitas.*
melissa, *-ae* *mélisse: FIC., O.O. I, 490 B. 11.
melliculus, *-a, -um* mielleux: PETR. II, 914, 17. - dim. de *melleus.*
melliticus, *-a, -um* doux comme le miel: ZAS. V, 191 A, 23.
mellodidascalia, *ae* fait d'être sur le point de devenir « maître » (=*magister*, titre univ.): BUDÉ I, 47, 32. - ← grec: cf. μέλλω + διδασκαλία.

mellodidascalus, *-i* celui qui est sur le point de devenir « maître » (=*magister*, titre univ.); BUDÉ I, 47, 26. - ← grec: cf. μέλλω + διδάσκαλος.

mellonymphius, *-a*, *-um* fiancé: BUDÉ III A, 340, 13. - ← μελλονύμφιος.

mellothanatus, *-a*, *-um* proche de la mort: BUDÉ III A, 340, 14; ap. CUEVA, 5 v°, 24. - ← μελλοθάνατος.

+ **membranaceus**, *-a*, *-um* **en parchemin: BUDÉ II, 54, 12 et 18.

+ **memoriale**, *-is* A) *aide-mémoire: ap. AMERB. I, n° 42, 14. - B) *un mémoire: AL. Paquier, 93, 27; 120, 29; ap. AL. Paquier, 226, 25.

mendaciolum, *-i* *petit mensonge: ER., ASD IV-3, 148, 416; MORE ap. ER., Allen II, n° 388, 5; RHEN., 582, 35; etc. - dim. de *mendacium.*

mendicatum, *-i* mendicité: ER., LB II, 967 B.

+ **mensa**, *-ae* *mense (eccl.): TORR. II, n° 283, 39; III, n° 1049, 35.

+**mensarius**, *-a*, *-um* qui concerne la table, les repas: BUDÉ II, 273, 42; CORD. IV, n° 34.

mensibilis, *-is*, *-e* mesurable: VALLA I, 649, 16.

mensuratrix *-icis* ce qui sert de mesure, « unité de mesure » : ap. SERRA, 35, 2.

mentalis, *-is*, *-e* **mental: PETR. I, 273, 25; BOV. Sap., 310, 20; CATH., Enarr., 290, 44.

mentiuncula, *-ae* **petite mention: ER., Allen I, n° 218, 11. - dim. de *mentio.*

mercandisa, *-ae* *marchandise: ap. MORE Corr., n° 10, ll. 8, 23 et 61.

mercantia, *-ae* **commerce: S.J. I, 186, 19 et 25.

mercatorculus, *-i* « misérable » commerçant: MARN. I, n° 64, 69. - dim. de *mercator*, avec connot. péjor.

mercimonia, *-ae* magasin: ER., ASD IV-1, 92, 168.

mercimonialis, *-is*, *-e* *qui concerne le commerce: BUDÉ II, 80, 39.

+ **mercurialis**, *-is*, *-e* A) commercial, de marchand: ap. CELT., n° 212, 21; ER., Allen II, n° 474, 4; TORR. III, n° 833, 11. - B) de marché: VALER. C. Ep., n° 27, 2 (*die mercuriali*).

merdosus, *-a*, *-um* *merdeux: POGG. I, 443, 19; ER., ASD IX-1, 136, 337.

meretricanus, *-a*, *-um* impudique: POGG. I, 165, 35.

meridianus, *-i* *un méridien: RING., 338, 21; BOD. I, 118 B, 2; MERC., 27, 36; etc.

meritorie, *méritoirement: PIC 1, 101, 10; MEL., O.O. XXI, 103, 20; CATH., Opusc. I, 174, 4; etc.

+ **meritorius**, *-a*, *-um* *méritoire (théol.): SAL. II, ch. 10, 44; PIC 1, 101, 16; MEL., O.O. XXI, 103, 21; etc.

mesenterium, *-ii* **mésentère: BUDÉ II, 16, 43; LIPSE, Ep. II, n°

429, 6; ap. LIPSE, Ep. II, n° 432, 15; etc. - ← μεσεντέριον.

mesodicus, *-i* un juge: BUDÉ III A, 21, 24. - ← μεσόδικος; v. *mediiurius*.

mespiletum, *-i* *endroit planté de néfliers: APH., 49 v°, 19.

Messalianus, *-i* un Messalien ou Euchète: CALV. IX, 491, 40. - cf. *Dict. Théol. Cath.* V, 1454-65 et X, 792-5.

mesuranisma, *-atis* **milieu du ciel: TIPHERNAS in *Reden*, 178, 29. - ← μεσουράνισμα.

+ **meta**, *-ae* dans *meta sacchari*, pain de sucre: ER., Allen VIII, n° 2151, 13.

metamorphoseus, *-a, -um* qui transforme: FIC., O.O. I, 777 A, 24. - ← grec: cf. μεταμόρφωσις.

metaphoricus, *-a, -um* *métaphorique: SAL. I, ch. 2, 75; ER., ASD IX-1, 452, 267; CALV. V, 37, 17; etc. - ← μεταφορικός.

metaphysica (*-e*), *-ae* (*-es*) *la métaphysique: VALLA I, 732, 11; PIC 1, 82, 27; GUAR. 2, Inaug., 130, 15; fréq. - ← grec: cf. μετὰ τὰ φυσικά.

metaphysicalis, *-is, -e* *qui concerne la métaphysique: VALLA II, 351, 39. - ← grec: cf. μετὰ τὰ φυσικά + suff. lat.

metaphysicaliter de manière métaphysique: CATH., Opusc. II, 11, 12. - ← grec: cf. μετὰ τὰ φυσικά + suff. lat.

metaphysice I (adv.) de manière métaphysique: CLICHT. ap. LEF., 8, 23. - ← grec: cf. μετὰ τὰ φυσικά.

metaphysice II, *-es*: v. *metaphysica, -ae.*

metaphysicus I, *-a, -um* *métaphysique: VALLA I, 650, 2; PIC 1, 80, 7; FIC., Theol. I, 48, 17; fréq. - ← grec: cf. μετὰ τὰ φυσικά.

metaphysicus II, *-i* *un métaphysicien: VALLA II, 349, 43; FIC., Theol. I, 76, 16; LAPUS in *Reden*, 134, 21; fréq. - ← grec: cf. μετὰ τὰ φυσικά.

+ **metator**, *-oris* **fourrier: PFLUG II, n° 330, 12.

meteora, *-um* corps célestes, phénomènes célestes: ARGYR. in *Reden*, 55, 3; BRENTA in *Reden*, 80, 9; LANDINO in *Reden*, 123, 17. - ← τὰ μετέωρα.

+ **meteoria**, *-ae* connaissance des corps célestes, des phénomènes célestes: MORING. in *Mon.*, 263, 171.

meteoricus, *-a, -um* qui se perd dans les nuages → vain: CALV. I, 304, 4; II, 73, 9. - ← grec: cf. μετεωρία (*meteoria*).

meteorologicus, *-a, -um* qui concerne l'étude des corps célestes, des phénomènes célestes: ER., ASD V-1, 236, 929; VIVES, H.L., 93, 6. - ← μετεωρολογικός.

meteoroscopice, *-es* étude des phénomènes célestes: POLIT., 466, 47. - ← μετεωροσκοπική.

methodice (adv.) méthodiquement: MEL., W. V, 33, 12; BÈZE I, 82, 10; SINNING, 30, 15; etc. - ← μεθοδικῶς.

meticulose *timidement, avec une certaine crainte: GUAR. 2 ap. POLIT., 14, 42; BUDÉ I, 9, 23; HUTT. I, 347, 7; etc.

meticulus, *-i* légère crainte: VALLA I, 27, 10; ER., ASD IV-1, 88, 52; BUDÉ I, 116, 15; etc. - dim. de *metus.*

metonymice *par métonymie: CALV. I, 105, 6; II, 654, 46; BÈZE II, 86, 36; etc. - ← μετωνυμικῶς (cf. *metonymicos,* G.).

metrista, *-ae* (M.) *poète, versificateur: AMERB. J. I, n° 184, 22.

metronomus, *-i* inspecteur des poids et mesures (Athènes anc.): BOD. I, 184 B, 45. - ← μετρονόμος.

metropoliticus, *-a, -um* A) **de métropole; BUDÉ I, 50, 39; MUNST., 131, 23. - B) provincial: ap. PFLUG V/1, n° 459 bis, 29. - ← μητροπολιτικός.

\+ **micatio**, *-onis* dans *micatio digitorum,* fait de compter sur ses doigts: ER., ASD I-3, 348, 126.

\+ **mico**, *-are* dans *micare digitis,* compter sur ses doigts: ER., ASD I-3, 348, ll. 120, 127 et 135; etc.

micrologia, *-ae* esprit de chicane: ER., ASD IV-1 A, 106, 661. - ← μικρολογία.

micropsychosis: v. *mycropsycosis.*

microschola, *-ae* petite école, c-à-d. école ne comptant qu'un petit nombre d'élèves: ap. PFLUG IV, n° 727, 36. - ← grec: cf. μικρός + σχολή.

migratio dans *migratio ac remigratio*: v. *remigratio.*

migraturio, *-ire* avoir envie de partir: ALCIAT ap. AMERB. IV, n° 1923, 8.

migratus, *-us* émigration: ANDREAS in *Praef.*, 91, 21.

miliare (*milli-*), *-is* *un mille ou une lieue: CELT., n° 73, 8; ap. ER., Allen XI, n° 2957, 30; CLEN., n° 38, 10; fréq.

militans, *-ntis* (adj.) militant: CALV. VIII, 24, 2 (*militantis ecclesiae nomen*).

\+ **militia**, *-ae* fig., dans *litteraria militia,* pour désigner les élèves d'une école latine:MOS. Paed., 11, 4. - A rapprocher: *commilito* B.

millecuplus, *-a, -um* *multiplé par mille: AMERB. Bon. III, n° 1301, 8.

millefariam en mille morceaux: HUTT. I, 166, 21.

millenarius, *-ii* un millénaire: PIC 1, 35, 39; 36, 3 et 33 (*quartus millenarius*); etc.

millesies *mille fois → beaucoup de fois: ap. CELT., n° 100, 22; n° 142, 50.

milliare: v. *miliare.*

millio, *-onis* un million: BUDÉ II, 155, 11; CALV. V, 111, 36; BÈZE III, 194, 26; etc. - ← franç.

milordus, *-i* un lord: BÈZE VIII, 135, 21. - ← angl.

mimitice en mimant: CALV. I, 143, 27. - ← μιμητικῶς.

minabundus, *-a, -um* menaçant: VALLA I, 274, 7; MORE, CW II, 47, 18; BUDÉ IV, 391, 7.
minacitas, *-atis* **une menace: ap. ER., Allen VI, n° 1650, 30.
minalis, *-is, -e* d'une mine, qui concerne la mine (poids): BUDÉ II, 214, 54.
minarual: v. *minerual.*
minatorie *sur un ton menaçant: PETR. I, 384, 25.
minatrix, *-icis* (empl. adj. F.) menaçante, de menaces: ap. PFLUG., V/1, doc. 44, l. 26.
minera, *-ae* *une mine (gisement): MUNST., 96, 3; 113, 2; 115, 12.
mineralia, *-ium* A) des minéraux: AGRIPPA, 53, 1. - B) des mines (gisements): ZAS. ap. ER., Allen IX, n° 2602, 13.
+ **minueral** (*mina-*), *-alis* minerval, montant des leçons d'un précepteur (peut-être déjà ce sens dans VARR. *R.* 3, 2, 18, cité par G.; l'acception précise du mot dans ce passage est mal établie): VALER. C. Ep., n° 58, 4; ap. VALER. C. Ep., n° 187, 1.
miniator, *-oris* quelqu'un qui enduit de rouge: BUDÉ II, 26, 11.
+ **minister**, *-tri* administrateur (de couvent . . .): GAG. I, 246, 16; II, 262, 17; 263, 6; etc.
ministerialis, *-is, -e* dans *caput ministeriale*, le Pape selon les catholiques: CALV. II, 818, 20 et 52; 819, 15.
ministra, *-ae* potage, bouillon (Venise): ER., ASD I-3, 681, 188. - ← ital.
ministratus, *-us* **fonction, service: GAG. I, 246, 19; II, 82, 4; 99, 21; etc.
minor I, *-oris* *mineure d'un syllogisme: POLIT., 521, 39; PIC 1, 92, 10; BOV. Sap., 234, 16; fréq.
Minor II, *-oris* un frère Mineur, un Franciscain: ER., LB V, 45 E; presque toujours Pl.: VALLA I, 343, 2; ANDREAS in *Praef.*, 50, 3; GAG. I, 321, 7; etc.
Minorita, *-ae* (M.) un frère Mineur, un Franciscain: ER., Allen III, n° 867, 11; MORE Corr., n° 83, 1358; BUC., Corr. I, n° 16, 1; fréq.
Minoritanus I, *-a, -um* de frère Mineur, de Franciscain: MUNST., 45, 33; 54, 10; JON. I, 116, 33; etc.
Minoritanus II, *-i* un frère Mineur, un Franciscain; ap. LUTH., WA Br. II, n° 266, 4.
minoritas, *-atis* *fait d'être plus petit → infériorité: VALLA I, 677, 29; FIC., Theol. II, 110, 15; ap. CALV. XIX, 559, 32; etc.
Minoriticus, *-a, -um* de frère Mineur, de Franciscain: ap. ER., Allen XI, n° 3072, 19.
minulae, *-arum* petites menaces: ap. HUTT. II, 63, 9. - dim. de *minae.*
minunthadius, (*-os*), *-a, -um* qui vit peu de temps: ap. ER., Allen

X, n° 2716, 125. - ← μινυνθάδιος.

minuscula, *-ae* une minuscule: ER., ASD I-4, 36, 730 et 745; ap. PLANT. Suppl., 111, 33; etc. - empl. subst. F. (*littera* sous-entendu) de *minusculus*, dim. de *minor, -us.*

+ **minusculus**, *-a, -um* minuscule (à propos d'une lettre): ER., ASD I-4, 36, 757 (*Alpha minusculum*); 37, 778.

minuta, *-ae* une minute (texte): ap. PFLUG II, n° 215, 5; n° 226, 2; n° 232, 13; etc.

minutarius, *-ii* un détaillant: BUDÉ III A, 114, 20; APH., 61 v°, 32.

minutum, *-i* A) **une minute (soixantième de degré): SAL. III, ch. 1, 529; RING., 335, 22; 336, 21. - B) une minute (soixantième d'heure): ap. CRAN., n° 132, 3; CROC. Coll., f. C 1 r°, 16; MERC., 27, 35; etc.

mirabunde étonnamment, fortement: BUDÉ I, 242, 22.

miraculificus, *-a, -um* qui fait des miracles: ap. ZW. VII, 421, 11.

miraculosus, *-a, -um* A) *miraculeux: CAST., De arte I, ch. 31, 108; BUC., Corr. II, n° 134, 38; n° 135, 458; etc. - B) merveilleux, étonnant: PETR. II, 772, 7; ZAS. V, 176 A, 64; ap. BULL., Gr. III, 327, 35; etc.

mirande étonnament: ap. RHEN., 306, 15.

miristicus: v. *myristicus.*

misanthropia, *-ae* *misanthropie: BUDÉ III A, 27, 8. - ← μισανθρωπία.

misaulos (adj. M.) qui déteste la Cour, qui déteste la vie de Cour: ER., Allen IV, n° 999, 285. - ← grec: cf. μισέω + αὐλή.

miscellanee pêle-mêle: ZAS. V, 179 B, 30.

miserabunde avec pitié: BUDÉ III B, 106, 11.

miserabundus, *-a, -um* pathétique: LUTH., WA Br. II, n° 489, 5.

misobarbarus, *-i* quelqu'un qui déteste la « barbarie » : ER., Allen III, n° 919, adr. - ← μισοβάρβαρος.

misocalos (adj. M.) ennemi du beau: VIVES, H.L., 94, 31 (= ennemi des belles-lettres). - ← μισόκαλος.

misoglotta, *-ae* (M.) quelqu'un qui déteste les langues (classiques): ER., Allen III, n° 918, 6. - ← grec: cf. μισέω + γλῶττα.

misologicus, *-a, -um* qui déteste les belles-lettres: BUDÉ I, 65, 34. - ← grec: cf. μισολόγος.

misologus, *-i* quelqu'un qui déteste les belles-lettres: BUDÉ I, 7, 1. - ← μισολόγος.

misopatris, *-idis* quelqu'un qui hait sa patrie: BUDÉ II, 270, 20. - ← μισόπατρις.

+ **missa**, *-ae* foire: ap. AMERB. I, n° 61, 52.

missale, *-is* *missel: ap. CALV. XX, 335, 35; CATH. Disput., 105, 23; TORR. II, n° 628, 72; etc.

missalicus, *-a, -um* de la messe: ap. CALV. XIX, 74, 8.

missalis, *-is, -e* *de la messe: ap. CALV. XIX, 398, 42.
missarius I, *-a, -um* de la messe, qui concerne la messe: LUTH., WA X/2, 214, 25; MEL., O.O. I, 709, 41; CALV. I, 1031, 32; etc.
missarius II, *-ii* un partisan de la messe → un catholique: BULL., Gr. I, 347, 27; ap. PFLUG IV, n° 712, 36; CALV. I, 1028, 51.
missaticus, *-a, -um* *de la messe, relatif à la messe: ap. MEL., O.O. II, 357, 22; CALV. VII, 647, 47; ap. CALV. XIV, 124, 16.
missatio, *-onis* fait de célébrer la messe: CALV. I, 1029, 35; II, 1063, 51.
missator, *-oris* A) l'expert au sujet de la messe (empl. ironique, à propos de Luther): MORE, CW V/1, 590, 28; 594, 5. - B) un partisan de la messe → un catholique: BUC., Op. lat. I, 202, 27; ap. AMERB. IV, n° 2010, 7; ap. BULL., Gr. I, 288, 19; etc.
missatorius, *-a, -um* qui est partisan de la messe → catholique: HOTM. ap. CALV. XIV, 397, 44 (*sacrificulos missatorios*).
missifex, *-icis* prêtre qui célèbre la messe: BULL., Gr. II, 162, ll. 16, 19 et 21.
missifico, *-are* célébrer la messe: BÈZE III, 245, 11; ap. BULL., Gr. II, 205, 30.
missiua, *-ae* une missive: ZAS. V, 178 B, 58 (*ut ita loquar*).
misso, *-are* célébrer la messe: ER., Allen X, n° 2853, 12; BUC., Op. lat. I, 48, 1; MUNST., 121, 1; fréq.
missoria, *-ae* une missive: VIVES Conscr., 22, 22 (*uocabulo non recepto*).
missula, *-ae* messe: ZW. VIII, 778, 9. - dim. de *missa*.
mititas, *-atis* *douceur, bonté: GAG. II, 99, 6; BRIÇ., 112, 10; LUTH., WA Br. I, n° 40, 17.
\+ **mitra**, *-ae* *mitre (d'un évêque ou d'un abbé mitré): PETR. II, 1181, 21; POGG. I, 397, 2; VALLA I, 352, 1; fréq.
mitratus, *-i* *évêque ou abbé mitré: HUTT. II, 16, 20.
mixobarbarus, *-a, -um* **à demi barbare: BUDÉ III A, 339, 15; MURET, O.O. I, 234, 19. - ← μιξοβάρβαρος.
mixte **de manière mélangée: ap. LEF., 372, 8.
\+ **mobilis**, *-is, -e* dans *bona mobilia*, **biens meubles: PETR. III, 1375, 6; AMERB. J. I, n° 491 a, 126; PFLUG II, n° 356, 25; etc.
modalis, *-is, -e* *modal: VALLA I, 717, 21; ap. ER., Allen V, n° 1420, 26.
\+ **moderator**, *-oris* A) éducateur, maître, directeur d'école: ER., ASD IV-1, 140, 129; ap. CRAN., n° 186, 13; MOS. Paed., 11, 3; fréq. - B) magistrat d'une ville: ER., Allen V, n° 1477, adr. - C) gouverneur de province: ARL., 122, 25.
modernitas, *-atis* *l'époque récente, actuelle: SAL. II, ch. 6, 138.
modiculus, *-a, -um* **modique: BUC., Corr. II, n° 125, 16; LUTH., WA XVIII, 633, 4; POMP., 117, 4; etc. - dim. de *modicus*.

modificate au sens figuré: RAMUS in *Pros.*, 552, ll. 8, 9 et 10.
modulabiliter **harmonieusement: PIC 1, 241, 11.
modularius, *-a, -um* qui sert de mesure: BUDÉ II, 236, 42.
moestificus: v. *maestificus.*
molestator, *-oris* *celui qui importune quelqu'un, qui s'en prend à quelqu'un: REU., 240, 30.
molitorius, *-a, -um* de meunier: ER., ASD II-4, 288, 175.
mollefio, *-fieri* être amolli: BULL., Gr. II, 544, 28.
molliusculus, *-a, -um* assez mou, assez tendre, assez agréable: ap. CELT., n° 263, 19; HUTT. V, 425, 11. - dim. du compar. *mollior, -ius.*
+ **momentosus**, *-a, -um* important: VALLA I, 57, 27.
+ **momentum**, *-i* grain (poids): BUDÉ II, 97, 31; 99, 28 et 30.
momicus, *-a, -um* railleur: BUDÉ I, 172, 42; 178, 3; 201, 5. - ← grec: cf. μῶμος.
monachaster, *-tri* moine (connot. péjor.): ap. RHEN., 496, 19. - ← μοναχός (*monachus*) + suff. lat.
monachismus, *-i* *monachisme, vie monastique: ER., Allen III, n° 858, 549; VOLZ ap. RHEN., 476, 2; CALV. I, 441, 50; fréq. - ← grec: cf. μοναχός (*monachus*).
monachomachia, *-ae* lutte entre moines: ER., Allen VIII, n° 2134, 113. - ← grec: cf. μοναχός + μάχη.
monachulus, *-i* **« petit » moine: MORE Corr., n° 83, 1016. - ← μοναχός (*monachus*) + suff. lat. de dim., avec connot. péjor.
monangulus, *-i* angle unique: LASCARIS in *Praef.*, 190, 3 (Λάμβδα ... *forma* ... *a monangulo*). - ← μόνος + *angulus.*
monarcha, *-ae* (M.) **monarque, roi: PETR. II, 733, 38; ER., Allen II, n° 327, 28; CLEN., n° 47, 172; fréq. - ← μόναρχος ou -ης.
monarchicus, *-a, -um* *de monarque, monarchique: ER., ASD I-3, 557, 69; BUDÉ I, 92, 44; BÈZE XII, 253, 24; etc. - ← μοναρχικός.
monastice, *-es* vie monastique: CALV. I, 447, 23; II, 932, 18. - ← μοναστικός, -ή, -όν.
monialis, *-is* *une moniale: POGG. I, 476, 36; GAG. I, 331, 6; CELT., n° 71, 1; fréq. - cf. *sanctimonialis* (G.).
monitiuncula, *-ae* petit avertissement, petite remarque: ap. ER., Allen X, n° 2641, 33; ap. PFLUG I, n° 97, 61. - dim. de *monitio.*
monitorium, *-ii* un monitoire (droit canon): AL. Paquier, 76, 22; ap. AL. Paquier, 217, 6; TORR. III, n° 716, 3; etc.
monitrix I, *-icis* (subst.) *celle qui avertit, qui conseille: CALV. I, 371, 43.
monitrix II, *-icis* (empl. adj. F.) qui avertit, qui conseille: MEL., O.O. XXI, 714, 34 (*monitricem rationem*).
monocentricus, *-a, -um* qui n'a qu'un centre: SAL. II, ch. 7, 91. - ← grec: cf. μόνος + κέντρον.

monodus, *-i* auteur de monodies: VIP. Poet., 24, 19. - ← μονῳδός.
monoglossus (*-os*), *-a, -um* qui ne connaît qu'une langue: LUTH., WA Br. I, n° 35, 24. - , μονόγλωσσος.
monomeria (*-iria*), *-ae* lot particulier, sort particulier (astrologie): PIC 1, 399, 7; 400, 2; 415, 13; etc. - ← μονομοιρία.
monophthalmia, *-ae* fait d'être borgne: ER., Allen II, n° 447, 714. - ← grec: cf. μονόφθαλμος.
monophthalmus, *-i* **un borgne: ER., Allen II, n° 412, 55. - ← μονόφθαλμος.
monophysita, *-ae* (M.) *un monophysite: BÈZE XI, 322, 12; 323, 4. - ← μονοφυσίτης.
monoscelus, *-a, -um* qui n'a qu'une jambe: SYLVIUS in *Pros.*, 624, 23. - ← μονοσκελής.
monosophus, *-i* celui qui est (ou prétend être) le seul sage: DORP, 22, 10; ap. ER., Allen X, n° 2715, 51. - ← grec: cf. μόνος + σοφός.
monosyllaba, *ae* *un monosyllabe: VALLA I, 75, 9. - ← grec: cf. μονοσυλλαβία.
monotechnus, *-a, -um* qui pratique un seul art, un seul métier: ER., ASD I-3, 382, 240. - ← grec: cf. μόνος + τέχνη.
monotesseron (*-aron*), *-i* *un hors de quatre (à propos des quatre Évangiles): CLICHT. ap. LEF., 426, 16 (*quasi monotesseron siue unum euangelium ex quattuor*); S.J. II, 71, 28. - ← grec: cf. μόνος + τέσσαρες, -ων.
monothelita, *-ae* *un monothélite: CALV. II, 379, 40. - ← μονοθελήτης.
+ **mons**, *-montis* dans *mons pietatis*, mont-de-piété: TORR. I, n° 163, 49.
monstrabiliter de manière distinguée, remarquablement: ap. RHEN., 332, 7.
monstratrix I, *-icis* (subst.) **celle qui montre: ER., ASD II-5, 320, 808; MEL., O.O. III, 257, 13.
monstratrix II, *-icis* (empl. adj. F.) *qui montre: ER., ASD I-1, 116, 9.
monstrulum, *-i* petit monstre: FIC., O.O. I, 644 A, 52. - dim. de *monstrum*.
Montanicus, *-a, -um* de Montanus, de montaniste: RHEN., 285, 11.
Montanista (*-e*), *-ae* (*-es*), un montaniste: RHEN., 285, 2.
moralis, *-is* A) un moraliste: SAL., ch. 3, 14 et 15; ch. 12, 207. - B) la morale (philos.): DORP, 43, 1.
+ **moralitas**, *-atis* A) *moralité, conclusion: SERRA, 30, 5; 33, 5; 34, 21; etc. - B) *la morale (philos.): SAL. II, ch. 2, 26. - C) moralité (pièce de théâtre): BUDÉ II, 175, 3 (*uulgo*).
+ **moraliter** **moralement, selon la morale: SAL. II, ch. 9, 339;

POMP., 112, 2; MEL. O.O. I, 332, 31; etc.

moratrix, *-icis* (empl. adj. F.) qui prend la défense de . . . : PETR. I, 14, 42.

+ **morbus**, *-i* A) dans *morbus Gallicus*, syphilis: ap. CELT., n° 227, 28; ap. AMERB. I, n° 253, 17; HUTT. V, 399, 3; etc.; v. aussi *lues Gallica* et *scabies Gallica*. - B) dans *morbus calcularis*, v. *calcularis*. - C) dans *originalis morbus*, v. *originalis*. - D) dans *sudarius morbus*, v. *sudarius*. - E) dans *morbus sudatorius*, v. *sudatorius*.

mordaculus, *-a, -um* assez mordant (fig.): LEF., 15, 33; ER., Allen I, n° 182, 95; MORE ap. ER., Allen IV, n° 1087, 116; etc. - dim. de *mordax*.

moria, *-ae* folie: ER., ASD IV-3, 67, 10; 70, 66; 72, 32; etc. - ← μωρία.

Moricus, *-a, -um* de More (Thomas More): ER., ASD I-6, 86, 405; 88, 478; Allen X, n° 2780, 48.

Morinus, *-a, -um* de More (Thomas More): LUTH., WA Br. I, n° 60, 10.

morionor, *-ari* faire le fou: LUTH., WA Br. VII, n° 2093, 414. - ← grec: cf. μωραίνω.

morologia, *-ae* **langage insensé, extravagance: POGG. I, 242, 23. - ← μωρολογία.

morosiuscule A) avec minutie: BUDÉ III A, 56, 24. - B) avec un certain dédain: BUDÉ IV, 1520, 12. - dim. du compar. adv. *morosius*.

morosophia, *-ae* « folle sagesse » : ap. ER., Allen V, n° 1367, 72 (*Stoica morosophia*). - ← grec: cf. μωρόσοφος.

morosophus, *-i* quelqu'un qui est « follement sage », qui est un « demi-fou » : ER., Allen III, n° 916, 229; MORE, CW IV, 64, 2. - ← μωρόσοφος.

morosulus, *-a, -um* assez maussade, assez exigeant: ER., Allen IX, n° 2611, 65; ap. RING., 677, 11; ap. PFLUG IV, n° 637, 95; etc. - dim. de *morosus*.

morsellus, *-i* *petit morceau, bouchée: ER., ASD II-5, 318, 750 (*uulgata uoce magis quam Latina*); AMERB. J. I, n° 265, 60. - ← franç.

morsiculus, *-i* petite morsure: ap. LEF., 420, 4 (fig.). - dim. de *morsus*.

morsio, *-onis* morsure: LUTH., WA Br. III, n° 729, 54.

morsor, *-oris* quelqu'un qui « mord », qui critique: GAG. II, 191, 13.

+ **mortaliter** dans *peccare mortaliter*, commettre un péché mortel: PIC 1, 101, 12; BUC., Corr. I, n° 3, 262; LUTH., WA Br. I, n° 26, 43; fréq. - v. *letaliter*.

mortificator, *-oris* (empl. adj. M.) mortificateur: ER., ASD V-2, 224, 30.

Mosaicus, *-a, -um* *mosaïque, de Moïse: FIC., O.O. I, 64 B, 5; PIC

1, 1, 24; ER., ASD V-3, 105, 375; fréq.

mostorium, *-ii* racloire: APH., 48 r°, 24.

motiuum, *-i* *motif, raison: PIC 1, 110, 20; ap. AMERB. I, n° 303, 6; n° 423, 7.

+ **motor**, *-oris* *le « moteur », ce qui met en mouvement (philos.): FIC., Theol. I, 63, 23; PIC 1, 16, 13; POMP., 28, 1; etc.

motrix, *-icis* (empl. adj. F.) motrice, qui met en mouvement: FIC., Theol. I, 50, 28; PIC 1, 22, 54; BUDÉ I, 534, 10; etc.

muginatio, *-onis* réflexion: LIPSE, O.O. IV, 398 B, 26.

Muhamedicus, *-i* un musulman: BOD. I, 127 A, 13; 153 A, 24. - ← arabe.

mulctarius, *-a, -um* relatif aux amendes, qui s'occupe des amendes: BUDÉ III A, 112, 29.

mulotriba, *-ae* (M.) quelqu'un qui prend soin des mulets (des mules) ER., ASD IV-3, 172, 781.

multiceps, *-cipitis* **à plusieurs têtes: PETR. I, 183, 16; VIVES, E. W. I, 72, 4; HUTT. I, 399, 3; etc.

multicornis, *-is, -e* *qui a de nombreuses cornes: HUTT. I, 387, 11.

multicubus (adj. M.) qui a de nombreuses maîtresses: AGRIPPA, 72, 10.

multilinguis, *-is, -e* qui connaît plusieurs langues: DORP ap. ER., Allen III, n° 852, 15; VIVES Conscr., 104, 33.

multiparus, *-a, -um* qui met au monde beaucoup de petits: BUDÉ III A, 151, 43.

multiuarius, *-a, -um* **très varié, très abondant: ap. CELT., n° 13, 6; ap. AMERB. V, n° 1680 a, 20; ap. BULL., Gr. III, 16, 16; etc.

mundanicus, *-a, -um* du monde, de l'univers: VIVES, E.W. I, 118, 22.

+ **mundanus**, *-a, -um* **du monde, du siècle (sens péjor. donné à ces mots par le christianisme): GUAR. 1, Doc., 187, 10; GAG. II, 104, 22; ER., ASD I-5, 248, 440; fréq.

mundificatio, *-onis* *nettoiement: HUTT. V, 494, 13.

mundificatiuus, *-a, -um* *qui désinfecte, qui nettoie: ap. FIC., O.O. I, 585 B, 30; 587 A, 14; 587 B, 47.

municae, *-arum* menottes: APH., 72 r°, 14.

Munzeriani, *-orum* sectateurs de Thomas Muntzer: CALV. IX, 465, 42. - cf. *Lex. f. Theol. u. K.*, VII, 689-90.

murarius, *-a, -um* dans *faber murarius*, maçon: APH., 74 v°, 17; ap. PLANT. VII, 205, 21.

muratorius, *-a, -um* qui concerne un mur: GUAR. 1, Doc., 198, 5.

murifractrix, *-icis* (empl. adj. F.) qui perce des murailles: ap. CALV. XII, 539, 32.

murulus, *-i* *petit mur, petit rempart: LIPSE, O.O. III, 263 B, 54; 288 A, 6 et 9. - dim. de *murus*.

musaeolum: v. *museolum.*

musaeum: v. *museum.*

musaicus, *-a, -um* dans *musaicum opus,* *une mosaïque: ER., ASD IV-2, 264, 43; V-1, 162, 409. - ← ital.

muscatus, *-a, -um* dans *muscata nux,* *noix de muscade: FIC., O.O. I, 489 B, 39; 490 B, 43; ap. ER., Allen X, n° 2937, 83; etc.

muscinus, *-a, -um* semblable à un rat, à une souris: VALLA I, 338, 11.

museion: v. *museum.*

museolum (*musaeo-*), *-i* petit bureau, petit cabinet de travail: CORD. I, n° 23; BÈZE X, 94, 46; PLANT. VIII, 206, 11; etc. - ← μουσεῖον (*museum*) + suff. lat. de dim.; v. aussi *academiola* C, *litteratorium, phrontisterium* et *studiolum.*

+ **museum** (*-aeum, -eion*), *-i* bureau, cabinet de travail: ER., ASD I-3, 264, 1041; BULL., Stud., 136, 18; ap. CALV. XII, 714, 27; fréq. - v. *academiola* C, *litteratorium, museolum, phrontisterium* et *studiolum.*

musicalis, *-is, -e* **musical, de musique: LEF., 30, 3; ap. ER., Allen IV, n° 1094, 51; HAL., 116, 34; etc. - ← μουσική (*musica*) + suff. lat.

musicor, *-ari* jouer de la musique: ER., ASD II-4, 158, 196; IV-2, 134, 388. - cf. μουσικεύομαι.

mussitabunde en murmurant, en grognant: ap. ER., Allen IV, n° 1213, 85; BUDÉ I, 174, 33; 505, 10.

mustaceus, *-a, -um* couronné de lauriers → récent: CALV. IX, 56, 19; XV, 738, 10.

mutilate de manière incomplète: ER., Allen VI, n° 1558, 220; BUDÉ III A, 19, 4.

mutilatim de manière incomplète: CLICHT. ap. LEF., 252, 1; ER., Allen IX, n° 2432, 58.

mutile de manière incomplète: BULL., Corr. I, 201, 1.

mutualis, *-is, -e* dans *litterae mutuales,* lettres d'emprunt/de prêt: AMERB. J. I, n° 283, ll. 29, 31 et 40.

mutularis, *-is, -e* qui sert de mutule: BUDÉ II, 276, 53 (*mutulares statuae*).

mycropsycosis, *-eos* pusillanimité: BOV. Sap., 148, 17. - La graphie *mycro-* est aberrante: on attendrait *micropsychosis* : cf. μικροψυχία.

mycterismus (*-os*), *-i* ***raillerie, moquerie (déjà QUINT. VIII, 6, 59; toutefois, en grec dans certaines éd.): MOS. Tab., 26, 18; 27, 20; JON. I, 136, 26. - ← μυκτηρισμός.

myopia, *-ae* myopie: BUDÉ III A, 257, 37. - ← μυωπία.

myristicus (*mi-*), *-a, -um* odorant, dans *nux myristica,* noix de muscade: ap. ER., Allen XI, n° 2947, 92; APH., 33 v°, 15. - μυριστικός.

myroma, *-atis* huile parfumée: HUTT. V, 461, 10. - ← μύρωμα.

myrothecium, *-ii* ***boîte à parfums (déjà CIC. *Att.* II, 1, 1): POLIT., 31, 7; ER., Allen V, n° 1332, 9; NANN., 198, 28; fréq. - ← μυροθήκιον.

mystagogicus, *-a, -um* relatif aux initiations; initiatique: BUDÉ I, 159, 3; 226, 25. - ← μυσταγωγικός.

mystax, *-acos* moustache: APH., 9 r°, 4. - ← μύσταξ.

+ **mysteria**, *-orum* **messe: ER., LB, V, 954 A et 966 E (*peragebat mysteria*).

+ **mystice** **allégoriquement: ALCIAT in *Pros.*, 694, 7.

mythologus, *-i* *un mythologue: BUDÉ I, 88, 44. - ← μυθολόγος.

N

nadir (indécl.) *nadir: MERC., 27, ll. 6, 17 et 28. - ← arabe.
naeniola, *-ae* futilité, bagatelle: ap. ER., Allen II, n° 485, 11. - dim. di *naenia.*
naeuosus, *-a, -um* qui contient des erreurs: CRUC., n° 13, 15.
narratrix, *-icis* (empl. adj. F.) qui raconte: ER., Allen X, n° 2748, 5.
nasitergium, *-ii* mouchoir: ap. PIGH., n° 83, 19 et 31.
naso, *-onis* qui a un grand nez: NEBR., 60, 7.
nasosus, *-i* quelqu'un qui a un grand nez: ap. JON. I, 11, 3.
nasutulus, *-a, -um* un peu dédaigneux, un peu moqueur: ER., ASD I-6, 58, 658; AMERB. Bas. 1, II, n° 897, 22; CRUC., n° 2, 17; etc. - dim. de *nasutus.*
natales, *-ium* A) dans *defectus natalium*: v. *defectus.* - B) dans *natalium uitium*: v. *uitium.*
+ **natalis**, *-is, -e* dans *lingua natalis,* langue maternelle: HAL., 18, 24; 23, 12; 27, 1; etc.
nationalis, *-is, -e* national: BULL., Gr., I, 24, 4; CALV. XI, 262, 28; ap. AMERB. V, n° 2471, 13; etc.
+ **natiuus**, *-a, -um* d'origine: CLEN., n° 63, 71 (*natiua lingua*).
+ **naturalis**, *-is, -e* dans *lingua naturalis,* langue maternelle: GUAR. 2, Ord., 58, 11.
+ **naturalitas**, *-atis* naturalisation: PLANT. III, 189, 25 (*quam uocant*).
nauiculator, *-oris* un marin: ER. Ferg., 71, 150.
nauigatoria, *-ae* art de la navigation: PIC 1, 340, 33.
nauigatorius, *-a, -um* qui concerne la navigation: MERC., 32, 13.
+ **nauis**, *-is* *nef d'église: TORR. III, n° 1178, 7.
Neacademia, *-ae* « Nouvelle Académie » = Académie aldine: ALDE in *Praef.*, 253, 29; 273, 32. - ← grec: cf. νέος + Ἀκαδημία (*Academia*).
Neacademicus, *-i* membre de la «Nouvelle Académie» = de l'Académie aldine: ALDE in *Praef.*, 261, 8. - ← grec: cf. νέος + Ἀκαδημικός (*Academicus*).
Neapolitanus, *-a, -um* dans *scabies Neapolitana*: v. *scabies.*
neas, *-neadis* désigne un animal fabuleux: ER., LB II, 1020 C. - ← νηάς, -άδος.
nebulonice comme un vaurien: MORE, CW V/1, 20, 4; 400, 16; 422, 22.

nebulonicus, *-a, -um* de vaurien, de garnement: MORE, CW IV, 62, 17.
nebulunculus, *-i* un « petit » vaurien, un « petit » charlatan: BUDÉ I, 152, 35; HOTM. ap. CALV. XVI, 133, 15. - dim. de *nebulo.*
necessito, *-are* *nécessiter, rendre nécessaire: SAL. I, ch. 3, 4. - Au passif, être nécessaire: PIC 1, 149, 30; 151, 28.
necromantis, *-is* quelqu'un qui pratique la nécromantie: PIC 1, 113, 34; 120, 12 et 14. - ← νεκρόμαντις.
negabundus, *-a, -um* négateur: BOV. Nih., 106, 13.
+ **negator**, *-oris* **quelqu'un qui nie: VALLA I, 712, 16.
neglectrix, *-icis* (empl. adj. F.) qui néglige: BUDÉ I, 195, 22; NANN., 203, 213.
negligentiuscule avec une certaine négligence: ap. POLIT., 202, 20. - dim. du compar. adv. *negligentius.*
negotiatiuncula (*negoc-*), *-ae,* petite affaire, petite entreprise: ZW. VIII, 295, 10. - dim. de *negotiatio.*
negotiator dans *solidarius negotiator*: v. *solidarius.*
negotium dans *negotiorum intertritura*: v. *intertritura.*
nemophylax, *-acis* garde-forestier: APH., 80 v°, 5. - ← grec: cf. νέμος + φύλαξ.
nemusculum, *-i* *petit bois: DORP, 53, 18. - dim. de *nemus.*
+ **neophytus** (*-itus*), *-i* *un novice (dans un Ordre relig.): LEF., 141, 1.
neopropheta, *-ae* (M.) un « nouveau prophète » : JON. I, 442, 12 (connot. péjor). - ← grec: cf. νέος + προφήτης.
nephalius, *-a, -um* sobre: ER., ASD II-4, 274, ll. 201, 202 et 203. - ← νηφάλιος.
+ **nepotulus**, *-i* *jeune neveu: ANDREAS in *Praef.*, 131, 25; ap. ER, Allen II, n° 320, 15; BUSL. Ep., n° 30, 2; fréq.
nequio, *-onis* homme de rien, homme sans valeur: AMERB. Bon. III, n° 1101, 65.
nequitiosus, *-a, -um* *mauvais, qui ne vaut rien: LUTH., WA X/2, 203, 30.
neronisso, (*-izo*), *-are* *imiter Néron: ER, ASD II-4, 132, 68; BARON, 94, 19.
neruaceus, *-a, -um* nerveux: ER., ASD I-3, 466. 486.
nerueus, *-a, um* de boyau: VALLA I, 8, 39.
netrix, *-icis* une couturière: S. J. I, 448, 21.
neulcus, *-i* quelqu'un qui tire les bateaux à sec: POLIT., 471, 8. - ← νεωλκός.
neutralitas, *-atis* *caractère neutre, fait d'être neutre: VALLA I, 892 A, 22; BULL. ap. CALV. XII, 289, 52.
nictatiuncula, *-ae* petit clignement d'yeux: BUDÉ IV, 1155, 45. - dim. de *nictatio.*
nidulamentum, *-i* nichée: BUDÉ I, 490, 1.

nigricantia, *-ae* aspect nolrâtre: BUDÉ I, 525, 24.
nigritas, *-atis* le noir, la couleur noire: BOV. Sap. 250, 12; 266, 31; 268, 4; etc.
nihilitas, *-atis* *le néant: BRIÇ., 94, 23.
+ **nobilis**, *-is* un noble (monnaie): ER., Allen I, n° 139, 13; BUDÉ II, 100, 8; APH., 65 r°, 26; etc.
+ **nobilitas**, *-atis* A) dans *tua Nobilitas*, **« Ta/Votre Noblesse », « Ton/Votre Excellence » : ER., Allen III, n° 966, 48; n° 979, 9; ap. CRAN., n° 84, 24; v. *tua*. - B) dans *uestra Nobilitas*, *même sens: GAG. II, 133, 1; v. *uestra*. - C) dans *nobilitatis pars* : v. *pars*.
nobilitatio, *-onis* *anoblissement: ap. AMERB. VII, n° 3037, 11.
nobilitator, *-oris* quelqu'un qui fait connaître, qui assure la renommée de . . . : BUDÉ I, 93, 44.
noema, *-atis* ***un sous-entendu (déjà QUINT. VIII, 5, 12): ER., ASD I-6, 252, 354; Allen X, app. XXII, l. 219. - ← νόημα.
nomadicus, *-a*, *-um* errant, de nomade: BUDÉ I, 309, 38 (*uita . . . nomadica*).
nomarcha, *-ae* (M.) « nomarque », gouverneur de province: BUDÉ III A, 121, 23; APH., 80 r°, 4. - ← νομάρχης.
nomarchia, *-ae* « nomarchie », province: BUDÉ III A, 121, 12 et 25; APH., 80 r°, 5. - ← νομαρχία.
+ **nomenclatura**, *-ae* A) mention du nom: ER., Allen II, n° 531, 551; n° 549, 13; IX, n° 2379, 278; etc. - B) nom: ER., Allen III, n° 658, 14. - C) énumération: BUDÉ I, 359, 44; ZAS. V, 185 B, 80; CATH. Disput., 60, 28.
Nominalis, *-is* *un Nominaliste: PIC 1, 90, 2; ER., LB V, 1024 D; CATH. Disput., 60, 19; etc.
+ **nominaliter** *substantivement: VALLA I, 654, 17.
nomismatium, *-ii* petite pièce de monnaie: POLIT., 262, 7. - ← νομισμάτιον, dim. de νόμισμα (*nomisma*).
nomophylacia, *-ae* la garde des lois: BUDÉ III A, 99, 14; III B, 177, 45. - ← νομοφυλακία.
nomophylacium, *-ii* maison du gardien des lois: BUDÉ II, 312, 14 et 23 (maison du Chancelier de France). - ← νομοφυλάκιον.
nomophylax, *-acis* gardien des lois: BUDÉ II, 171, 53; 312, 21; BOD. I, 184 B, 54; etc. - ← νομοφύλαξ.
nomos (*-us*), *-i* ***air, chant (déjà SUET. *Ner.* XX, 3): BUDÉ I, 501, 15; VIVES, E. W. I, 20, 3. - ← νόμος.
nomothetes, *-ae* (M.) A) législateur: ER., ASD I-3, 229, 95; ap. ER., Allen XI, n° 3031 a, 261; BUDÉ III A, 10, 32. - B) juge (fig.): ap. ER., Allen VII, n° 1817, 34. - ← νομοθέτης.
nomothetica (*-e*), *-ae* art du législateur: BUDÉ III A, 178, 37 et 39. - ← νομοθετική.
nonnullibi quelque part: LIPSE, Ep. I, n° 58, 16.

nonobstante, *-ibus* nonobstant: TORR. II, n° 351, 43 (*nonobstante aetate*): n° 363, 21; n° 481, 7 (*nonobstantibus priuilegiis*); etc.
nonsolutio, *-onis* *absence de paiement: ap. CELT., n° 172, 4.
+ **normalis**, *-is, -e* **conforme à une règle: BUDÉ I, 14, 6.
nosodocheum, (*-ium*), *-i* hôpital: BUC., Op. lat. XV, 219, 35; ap. PFLUG IV, n° 840, 24; STURM, 8, 17; etc. - ← grec: cf. νόσος + δοχεῖον.
nosognomica, *-ae* diagnostic: GUAR. 2, Inaug., 138, 19. - ← νοσογνωμική.
nosuntotrophium, *-ii* hôpital: ER., ASD IV-1, 198, 957. - ← grec: cf. νοσοτροφία.
nota dans *furtiua nota*: v. *furtiuus, -a, -um.*
notabilitas, *-atis* noblesse, valeur: PETR. II, 1203, 50.
notanter explicitement, expressément: CATH., Opusc. III, 137, 16.
notariatus, *-us* *fonction de notaire ou de secrétaire: ap. AMERB. VIII, ann. 9, l. 78; TORR. I, n° 80, 18 et 21.
notatiuncula, *-ae* petite description: ER., LB X, 1321 D. - dim. de *notatio.*
notator *-oris* auteur de notes, de remarques: VALLA I, 275, 37.
notificatio, *-onis* A) *fait de faire connaître: ZAS. ap. AMERB. III, n° 1108, 22. - B) description: POMP., 41, 17.
notorie *notoirement: REU, 167, 4; ap. ER., Allen V, n° 1351, 15; TORR. II, n° 525, 56.
+ **notorius**, *-a, -um* A) *notoire, connu: LÉON X ap. CRAN., n° 3, 42; PFLUG II, n° 249, 2; n° 257, 61. - B) dans *ars notoria,* art d'apprendre: ER., ASD I-3, 647, 1; 649, 82; I-4, 31, 372.
+ **notula**, *-ae* A) *petite note, petite remarque: ER., Allen VII, n° 2049, 18; ZAS. V, 175 B, 6; LIPSE, Ep. II, n° 422, 17; etc. - B) *petite critique: ZAS. V, 173 A, 73.
notularius, *-a, -um* qui utilise des abréviations: BUDÉ II, 95, 9.
+ **nouatio**, *-onis* la Réforme (relig.): BUDÉ I, 173, 3. - v. *nouitas.*
+ **nouator**, *-oris* un novateur: MORE Corr., n° 83, 668; BULL., Gr. I, 300, 27.
nouendium, *-ii* période de neuf jours: ap. AMERB. III, n° 1133, 60.
+ **nouennis**, *-is, -e* qui dure neuf ans: ER., ASD II-5, 38, 412.
nouennium, *-ii* *durée de neuf ans, période de neuf ans: ER., ASD II-5, 34, 321; MORE Corr., n° 86, 589.
nouicium (*-tium*), *-ii* noviciat: TORR. III, n° 784, 3.
+ **nouicius** (*-tius*), *-ii* **un novice (dans un Ordre relig.): GAG. II, 268, 18; ap. LIPSE, Ep. I, n° 1, 52.
nouilunium, *-ii* **nouvelle lune: SAL. III, ch. 8, 18; PIC 1, 299, 26; FIC., O.O. I, 14 A, 29; fréq.
nouit-: v. aussi *nouic-.*

\+ **nouitas**, *-atis* la Réforme (relig.): BUDÉ I, 171, 39; 173, 1. - v. *nouatio.*

nouus, *-a, -um* A) dans *Nouum Foedus*: v. *Foedus.* - B) dans *Nouum Instrumentum*: v. *Instrumentum.* - C) dans *Nouus Orbis*: v. *Orbis.* - D) dans *Noua pagina*: v. *pagina.*

noxa dans *primigenia noxa*: v. *primigenius, -a, -um*

nubeculaceus, *-a, -um* « nébuleux » : BUDÉ I, 524, 42 (trad. de νεφελοειδής, à propos de la voie lactée).

nuca, *-ae* nuque: FIC., Theol. I, 121, 28. - ← arabe.

\+ **nudus**, *-a, -um* non relié (livre): ER., Allen III, n° 961, 66; BUC., Corr. I, n° 2, 78; ZW. VII, 146, 4; etc.

nugaciter de manière étourdie, frivole: BUC., Op. lat. I, 38, 14 (*ostendam ut nugaciter nugeris*).

nugaculae, *-arum* bagatelles, balivernes: ap. ZW, VII, 3, 22. - dim. de *nugae.*

\+ **nugax**, *-acis* **sans valeur, insensé: MORE, CW XIV/1, 227, 1 (*argumenta nugacia*); 329, 4; Corr., n° 83, 460.

nugella, *-ae* *bagatelle: PETR. II, 1187, 49. - Pl.: PETR. II, 1020, 34; ap. ER., Allen II, n° 444, 14; CRUC., n° 11, 7. - dim. de *nugae.*

nugigerula, *-ae* celle qui apporte des choses inutiles: HUTT. IV, 324, 1.

nugiuendulus, *-i* vendeur d'objets inutiles: VALER. C. Coll., 98 a, 22. - dim. de *nugiuendus.*

nugo, *-are* écrire des bagatelles: TORR. I, n° 88, 25. - cf. *nugor, -ari* (G.).

nullitas, *-atis* inexistence: PETR. I, 227, 20 (*raritas nullitati proxima*); II, 1057, 7.

nulliter nullement: ap. ER., Allen II, n° 517, 54.

numellarius, *-a, -um* de carcan: BUDÉ III B, 90, 37.

numeratim un à un: BOV. Nih., 120, 33; Opp., 86, 27.

nummatio, *-onis* paiement: HUTT. II, 27, 34.

nunciatorius: v. *nuntiatorius.*

\+ **nuncupatiuus**, *-a, -um* *oral, verbal (à propos d'un testament): BUC., Op. lat. I, 42, 14.

nuncupatorius, *-a, -um* A) *dédicatoire: ER., Allen III, n° 976, 18; VIVES, E.W. I, 6, 7; RHEN., 83, 5; etc. - B) oral, verbal (à propos d'un testament): BUC., Op. lat. I, 41, 22 et 23; 42, 17.

nuncupatura, *-ae* dédicace (d'un livre): AL., Jovy II, 105, 13; Jovy III, 251, 13; ap. AL., Jovy III, 240, 4.

\+ **nuncupo**, *-are* dédier (un livre): PIC 1, 246, 4; LEF., 88, 6; ALDE in *Praef.*, 273, 32; fréq.

nuntiatorius (*nunci-*), *-a, -um* qui annonce, qui informe: ER., ASD I-2, 311, 10; VIVES Conscr., 24, 22.

+ **nuntius**, *-ii* *nonce (apostolique): ER., Allen I, n° 287, 7; ap. PFLUG III, n° 403, 7; TORR. I, n° 5, 17; fréq.

nuptiarius, *-a, -um* **relatif aux mariages: BUDÉ I, 478, 53.

nuspiam, *nulle part: ap. BÈZE XI, 255, 5.

nutritiuus, *-a, -um* *nutritif, végétarif: SAL. III, ch. 2, 287; FIC., Theol. I, 239, 11; 277, 17; etc.

nux A) dans *muscata nux*: v. *muscatus, -a, -um.* - B) dans *nux myristica*: v. *myristicus, -a, -um.*

O

obambulatrix, *-icis* (empl. adj. F.) qui aime à se promener: BUDÉ II, 194, 15 (*obambulatrix philosophia* : philosophie péripatéticienne).
+ **obambulo**, *-are* fig., se tromper: ER., ASD V-2, 41, 236.
obarieto, *-are* « jouer des cornes » : BUDÉ III A, 163, 13 (fig.).
obaudienter **avec obéissance: BUDÉ I, 233, 11. - cf. *oboedienter* (G.).
obauditor, *-oris* *un auditeur: BUDÉ I, 226, 27.
obblactero, *-are* **dire quelque chose contre quelqu'un: VALLA I, 593, 2.
obblactio, *-ire* blatérer: ER., ASD I-3, 413, 54 (*obblactiunt cameli*).
obc-: v. *occ-*.
+ **obduco**, *-ere* supprimer: LIPSE, Ep. I, n° 9, 24.
obesulus, *-a, -um* A) assez maigre: ER., ASD I-3, 431, 31. - B) assez gras, assez replet: ap. ER., Allen IV, n° 1240, 18; ap. ER., Allen VIII, n° 2146, 22; VALER. C. Ep., n° 8, 13. - dim. de *obesus*.
obgannitus (*ogg-*), *-us* bavardage assommant, criaillerie: VIVES ap. ER., Allen IV, n° 1108, 70.
obgarrio, *-ire* jaser: ER., ASD I-3, 413, 54 (*obgarriunt picae*).
obgrunnio, *-ire* *grogner: ER., ASD I-3, 413, 53; MORE, CW V/1, 590, 11; JON. II, 108, 14; etc.
+ **obiaceo**, *-ēre* être exposé à . . . , être soumis à . . . : MORE, CW IV, 186, 29 (*magnae obiacent infamiae*).
obiectatiuncula, *-ae* petit reproche, petite accusation: ER., ASD I-1, 132, 5. - dim. de *obiectatio*.
obiectitius, *-a, -um* qui offre, qui présente: BOV. Sap., 202, 22.
obiectiualis, *-is, -e* objectif: ap. ER., Allen VII, n° 1814, 376.
obiectiue A) par rapport à l'objet (philos.): POMP., 55, 19 et 20. - B) par objection, pour introduire une objection: BUDÉ III A, 228, 32.
obiectiuncula, *-ae* **petite objection: SCHIF., 138, 647; ap. CALV. XVII, 248, 11. - dim. de *obiectio*.
obiectum, *-i* A) **objection: VALLA I, 572, 9; MORE Corr., n° 15, 910; BUDÉ I, 306, 29; fréq. - B) objet, chose: VALLA I, 686, 46; FIC., Theol. III, 58, 19; SCALIGER in *Pros.*, 290, 7; etc. - C) objet, but: PETR. I, 372, 37; FIC., Theol. I, 117, 9; BOV. ap. LEF., 92, 2; fréq.

obiurgatiuncula, *-ae* léger blâme, léger reproche: ER., Allen I, n° 108, 11; ap. ER., Allen V, n° 1463, 12. - dim. de *obiurgatio.*

obiurgatorie avec des reproches, avec des blâmes: CALV. V, 243, 30.

obiurgatrix, *-icis* (empl. adj. F.) de reproche, de blâme: ER., Allen II, n° 528, 3; BUDÉ I, 257, 21; HUTT. II, 115, 24; etc.

oblaedo, *-ere* A) blesser: BUC., Op. lat. XV, 219, 1. - B) faire du tort à . . . : BUC., Op. lat. XV, 24, 25; 192, 4; 267, 27; etc.

oblaesio, *-onis* A) **lésion, blessure: BUC., Op. lat. XV, 219, 18, - B) tort, dommage: BUC., Op. lat. XV, 117, 11; 292, 6; ap. CALV. XI, 111, 14; etc.

oblaesus, *-a, -um* A) réprimé: BUDÉ I, 142, 1 (*naturae oblaesae*). - B) dans *scelus oblaesae maiestatis*, crime de lèse-majesté: BUC., Op. lat. XV, 121, 26.

oblectatiuncula, *-ae* petit plaisir: ER., ASD IV-1, 170, 113. - dim. de *oblectatio.*

oblectatrix, *-icis* celle qui charme, qui divertit: BUDÉ III A, 169, 49.

obligatiuncula, *-ae* petite obligation, petite dette de reconnaissance: ap. PIGH., n° 8, 126. - dim. de *obligatio.*

obliteratrix, *-icis* (empl. adj. F.) qui efface le souvenir: BUDÉ I, 282, 36.

obliuiscentia, *-ae* oubli: ER., ASD I-6, 86, 396 et 431.

oblocuteius, *-a, -um* qui parle contre quelqu'un, qui adresse des reproches à quelqu'un: ap. ER., Allen IX, n° 2424, 178.

oblongitas, *-atis* forme oblongue, allongée: VALLA I, 674, 12.

obloquax, *-acis* qui aime contredire, qui aime critiquer: FICHET, 154, 5.

obloquentia, *-ae* fait de parler en critiquant, en adressant des reproches: BUDÉ I, 45, 50.

obluctamentum: v. *oblucteramentum.*

obluctator, *-oris* **quelqu'un qui lutte, qui combat: BUDÉ I, 101, 13.

obluctatorius, *-a, -um* qui concerne la lutte, le combat: ap. LEF., 432, 11.

oblucteramentum, *-i* une attaque: ap. RHEN., 305, 36. - Il faudrait peut-être lire *obluctamentum.*

obmano, *-are* se répandre: ap. ER., Allen III, n° 850, 29.

obmodulor, *-ari* chanter: ER., ASD V-3, 178, 285.

obnuntiator (*-ciator*), *-oris* quelqu'un qui annonce une mauvaise nouvelle, un « oiseau de mauvais augure » : BUDÉ I, 59, 38; 186, 40; 217, 12; etc.

obolaris, *-is, -e* qui ne vaut qu'une obole → de peu de valeur: ER., ASD II-5, 325, 937.

obreptor, *-oris* quelqu'un qui rampe, qui se glisse furtivement: BUDÉ IV, 494, 32.

obrudo, *-ere* braire: ER., ASD I-3, 413, 53; 658, 186.
obrumpo, *-ere* interrompre: POGG. I, 111, 38.
obscoeniloquium (*obsce-*), *-ii* langage obscène: ER., ASD IV-1 A, 134, 543; 158, 399.
obscurator, *-oris* quelqu'un qui obscurcit, qui noircit: ER., ASD IX-2, 178, 268 (*alienae laudis maliciosus obscurator*).
obscuriter de manière obscure: NANN., 282, 34.
obscuriusculus, *-a, -um* assez obscur → assez difficile à comprendre: PETR. I, 164, 43; ap. ER., Allen I, n° 34, 14; LUTH., WA Br. I, n° 76, 5. - dim. du compar. *obscurior, -ius.*
obsecrabunde en suppliant, avec une allure de suppliant: BUDÉ III B, 98, 33.
obsecrabundus, *-a, -um* suppliant: RHEN., 60, 10; BUDÉ I, 257, 7; 400, 12.
obsecratiuus, *-a, -um* de supplication: LEF., 235, 23.
obsecratrix, *-icis* (empl. adj. F.) de supplication: ER., ASD IV-1 A, 171, 831; BUDÉ I, 283, 21.
obsequentulus, *-a, -um* assez obéissant: BUDÉ I, 115, 11. - dim. de *obsequens.*
obsequiose avec déférence, avec soumission: BUDÉ II, 23, 36; 311, 4; III A, 272, 8; etc.
obseruantes, *-ium* les observants (sens chrét.): ER., Allen VII, n° 1968, 38; VIII, n° 2094, 5; TORR. I, n° 33, 81; etc.
+ **obseruantia**, *-ae* *observance (sens chrét.): POGG. I, 451, 37; LEF., 141, 24; ER., Allen VII, n° 1967, 133; etc. - Critiqué par VALLA I, 123, 12; II, 291, 31 (*obseruantia por obseruatione*).
obseruantiola, *-ae* « petite » observance: MORE Corr., n°83, 1195. -dim. de *obseruantia.*
obseruatiuncula, *-ae* A) observance, règle (relig.): ER., ASD I-3, 207, 2686; CALV. I, 283, 48; BUC., Op. lat. I, 192, 5; etc. - B) observation, respect des règles linguistiques: ER., ASD I-2, 629, 7; IX-2, 206, 715. - C) petite remarque: CLUS., 58, 16. - dim. de *obseruatio.*
obseruio, *-ire* **obéir: ER., Allen II, n° 475, 14; III, n° 858, 478.
obsignaculum, *-i* sceau, marque: ap. CALV., XIII, 579, 44.
obsignatorius, *-a, -um* qui constitue un signe, une marque: CALV. IX, 684, 40 et 41.
obsonatrix, *-icis* celle qui achète la nourriture, les provisions: BUDÉ IV, 367, 53.
obstetricator, *-oris* un accoucheur: PERNA in *Praef.*, 600, 10 (fig.).
obstetricatus, *-us* obstétrique: BUDÉ I, 10, 3 (fig.).
obstinacia, *-ae* *obstination, entêtement: ap. BULL., Gr., III 334, 21.
obstinax, *-acis* *obstiné, entêté: BULL, Gr. I, 25, 4; ap. BULL., Gr. III, 40, 16; ap. PFLUG IV, n° 788, 61.

+ **obstrictio**, *-onis* **lien, chaîne (fig.): ER., Allen VII, n° 1805, 137.
obstrideo, *-ēre* produire un grand bruit, gronder: ER., ASD I-1, 489, 24.
+ **obstructio**, *-onis* obstruction (maladie): ap. PLANT. III, 186, 22.
obstructiuncula, *-ae* petite obstruction (maladie): LIPSE, Ep. I, n° 84, 4. - dim. de *obstructio.*
obstructiuus, *-a, -um* qui ferme, qui bouche: BUDÉ IV, 1088, 47.
obtecte **de manière cachée: BULL., Corr., I, 114, 4.
obtextus, *-us,* prétexte: ER., ASD II-5, 270, 693; Allen II, n° 541, 134.
obtrectatiuncula, *-ae* petite critique, petit dénigrement: POLIT., 45, 12. - dim. de *obtrectatio.*
obtrectatorius, *-a, -um* **qui dénigre: ER., ASD IV-1 A, 121, 119; Allen III, n° 715, 40.
obtrectatrix, *-icis* (empl. adj. F.) détractrice: ER., Allen IV, n° 1033, 20; n° 1042, 6; BUDÉ I, 396, 17; etc.
obtrectito, *-are* dénigrer: ER., Allen IV, n° 1053, 233.
obtruncator, *-oris* un meurtrier: BUDÉ II, 284, 31 et 32.
obturbatio, *-onis* **perturbation: BUDÉ I, 107, 25; 295, 30.
+ **obtusus**, *-a, -um* *obtus, à propos d'un angle: BOV. Sap., 198, 3; 208, 23; 212, 1; etc.
obuersarius, *-a, -um* opposé, contraire: BUDÉ I, 480, 34 et 53.
obuestio, *-ire* garnir de . . . , orner de . . . : MORE Corr., n° 86, 239; MORE ap. ER., Allen IV, n° 1087, 98.
obuiatio, *-onis* **une rencontre: ap. AMERB. VII, n° 1115, 19.
obuibro, *-are* agiter, brandir: ER., ASD I-1, 383, 1; 489, 24.
obuincio, *-ire* entourer, envelopper: ER., ASD I-1, 152, 2; I-3, 453, 6; IV-3, 158, 512.
+ **obuio**, *-are* répondre à . . . , donner en échange: ap. ER., Allen VII, n° 1964, 10.
obumbrator, *-oris* un protecteur: ap. CRAN., n° 15, 16.
obungo, *-ere* frotter de, imprégner de . . . : ER., ASD V-2, 38, 148.
obuolutim en entourant, en enveloppant: BUDÉ IV, 600, 11.
occalcitro (*obc-*), *-are* ruer (contre quelqu'un): ER., Allen V, n° 1488, 47.
Occamicus, *-i* un Occamiste: MEL., O.O. I, 113, 19.
Occamisticus, *-a, -um* occamiste: ER., Ferg., 179, 1194 (*theologia . . . Occamistica*).
Occanista, *-ae* (M.) un Occamiste: ER., ASD IV-1 A, 174, 915; MEL., O.O. I, 303, 33; ap. HUTT. I, 29, 21; etc. - On trouve partout *-nista* et non *-mista,* que l'on attendrait logiquement.
+ **occasio**, *-onis* chute, ruine: LIPSE, O.O. IV, 404 B, 48.
occasionaliter **occasionnellement: CATH., Opusc. I, 121, 11.
occentor, *-oris* *un chanteur, un ténor: APH., 70 r°, 5.

occlamator, *-oris* quelqu'un qui crie (qui prie)?: ER., ASD V-2, 273, 602.

occlamo, *-are* *crier, notamment « crier une prière » : ER., ASD I-3, 473, 90; MARN. I, n° 2, 20; TORR. III, n° 896, 107; etc.

+ **occubitus**, *-us* **la mort: ER., Allen V, n° 1400, 242; ap. ER., Allen V, n° 1406, 17.

occularia: v. *ocularia.*

occupatiuncula, *-ae* A) fait de prévenir une objection: MEL., W. IV, 94, 27. - B) petite occupation, petit travail: POLIT., 26, 23; ap. PIGH., n° 21, 4; LIPSE, Ep. II, n° 459, 7; etc. - dim. de *occupatio.*

occupator, *-oris* **accapareur, usurpateur: ER., ASD I-1, 476, 26; V-2, 45, 350; RHEN., 413, 10; etc.

+ **occursaculum**, *-i* objection, difficulté: BUDÉ II, 104, 12.

ochlocratia, *-ae* ochlocratie → démagogie: BUDÉ III A, 22, 36; BÈZE VII, 265, 20; BOD. I, 177 A, 57; etc. - ← ὀχλοκρατία.

ocrearius, *-ii* fabricant de jambières: APH., 20 r°, 32.

octaua, *-ae* une octave (musique): ap. LEF., 372, 18.

octernio, *-onis* cahier de huit feuilles doubles (= 32 pages): MUNST., 16, 26. - A rapprocher: *binio* (ou *bino?*), *duernio, quaternio* (G.), *quinternio, senio, sexternio* et *ternio.*

octiduanus, *-a, -um* de huit jours: ZW. VIII, 271, 9 (*infantibus octiduanis*).

octiduum, *-i* *période du huit jours, huitaine: ap. HUTT. I, 142, 9; ap. AMERB. II, n° 586, 12; ZW. VIII, 296, 4; fréq.

octimestris, *-is, -e* de huit mois, qui dure huit mois: PIC 1, 338, 41; LEF., 343, 30; BUDÉ I, 536, 24; etc.

octolibris, *-is, -e* qui pèse huit livres: ZAS. V, 190 A, 53.

octonariolus, *-i* « petit » octonaire: ap. POLIT., 187, 22. - dim. de *octonarius.*

octouiratus, *-us* collège de huit personnes: BUDÉ I, 37, 24 et 30; 39, 47; etc.

octuria, *-ae* octurie (groupe de huit élèves): APH., 37 r°, 9; S. J. I, 143, 9; 153, 25. - A rapprocher: *decuria.*

ocularia (*occu-*), *-orum* *lunettes: VALLA I, 383, 34; ap. AMERB. I, n° 352, 6. - v. *conspicilla, perspicilla, specilla* et *uitrei oculi.*

oculate de ses propres yeux: MORING, 222, 22.

+ **oculatus**, *-a, -um* dans *oculatus testis*, ***témoin oculaire (déjà PL. *Truc.* 489. trad. G. divergente): ER., ASD II-4, 60, 393 (avec cit. de PL., *loc. cit.*); BÈZE I, 74, 28; CAST., De arte I, ch. 19, 74; etc.

oculus dans *uitrei oculi*: v. *uitreus.*

odeporicum, *-i* A) guide de voyage: AMERB. Bon. IV, n° 1848, 17. - B) marche à suivre, méthode: AMERB. Bon. III, n° 1092, 20. - On attendrait *hodoeporicum* (G.). ← ὁδοιπορικόν.

odontalgia, *-ae* un mal de dents: APH., 16 r°, 33, - ← ὀδονταλγία.
odoratrix, *-icis* (empl. adj. F.) qui concerne l'odorat: BUDÉ I, 529, 16.
Oecolampadianismus, *-i* adhésion aux idées d'Oecolampade: AMERB. Bon. III, n° 1448, 27.
Oecolampadianus I, *-a*, *-um* d'Oecolampade: ER., Allen VII, n° 1977, 23; ZAS. ap. AMERB. III, n° 1477, 6; ap. CALV. XII, 41, 7; etc.
Oecolampadianus II, *-i* un partisan d'Oecolampade: ER., Allen VIII, n° 2149, 14; AMERB. Bon. III, n° 1210, 13; ap. AMERB. III, n° 1125, 25; etc.
+ **oeconomicus**, *-a*, *-um* de la maison: BUDÉ I, 368, 3 (*oeconomicae curae*: soucis domestiques).
oecumenicus, *-a*, *-um* **oecuménique: ER., ASD IX-1, 80, 434; MEL., O.O. I, 93, 10; PFLUG I, n° 124, 35; fréq. - ← οἰκουμενικός.
oedema, *-atis* **oedème: BOD. I, 149 A, 4. - ← οἴδημα.
oenoclepta, *-ae* (M.) voleur de vin: ER., Allen I, n° 1342, 490. - ← grec: cf. οἶνος + κλέπτης.
oenopola, *-ae* (M.) **marchand de vin: ER., ASD I-3, 397, 10; APH., 31 r°, 10; MURET, O.O. II, 244, 1; etc, - ← οἰνοπώλης.
oenopta, *-ae* (M.) inspecteur des repas publics (Athènes anc.): BOD. I, 184 B, 56. - ← οἰνόπτης.
offendiculosus, *-a*, *-um* choquant, scandaleux: ap. ER., Allen VIII, n° 2115, 37.
+ **offendiculum**, *-i* **action scandaleuse, faute: BÈZE XIV, 15, 12.
offensatrix, *-icis* (empl. adj. F.) A) qui trompe: BUDÉ II, 301, 5. - B) qui se trompe: BUDÉ I, 169, 35. - C) qui offense: ap. LIPSE, Ep. II, n° 566, 78.
offensiue offensivement: HUTT. V, 106, 7.
offensiuus, *-a*, *-um* blessant, choquant: PIC 1, 109, 55; REU., 207, 17; ER., Allen IX, n° 2445, 143; etc.
officialatus, *-us* *fonction d'official: ap. ER., Allen XI, n° 2957, 16; TORR. III, n° 1047, 8.
+ **officialis**, *-is* *official: ER., Allen I, n°, 143, 153 (*quem uocant*); AL. Paquier, 86, 13; CALV. I, 652, 1; fréq.
officiarius, *-ii* *un officier: ER., ASD IV-1, 204, 162; ap. MORE Corr., n° 10, 27; ARL., 91, 26; fréq.
officinarius I, *-a*, *-um* d'ouvrier, d'artisan: BUDÉ I, 23, 6; 62, 22.
officinarius II, *-ii* un ouvrier, un artisan: BUDÉ I, 142, 3; III B, 110, 5.
officiolum, *-i* petit service, petite aide: ER., Allen I, n° 153, 7; BUC., Op. lat. II, 13, 18; CLEN., n° 32, 38; fréq. - dim. de *officium*.
+ **officium**, *-ii* A) **office (cérémonie relig.): TORR. I, n° 24, 13; n° 188, 73. - B) dans *horarium officium*: v. *horarius, -a, -um.*

officiuncula, *-ae* petit service: CLEN., n° 27, 10. - dim.: v. *officiolum*.
ogganitus: v. *obgannitus*.
oligarcha, *-ae* (M.) un « seigneur » : BUC., Op. lat. I, 168, 1; BÈZE III, 195, 11. - ← ὀλιγάρχης.
oligarchia, *-ae* **oligarchie: ER., ASD IV-1, 159, 722; BUDÉ II, 237, 1; BÈZE XII, 219, 16; fréq. - ← ὀλιγαρχία.
oligarchicus I, (*oly-*), *-a*, *-um* *oligarchique: BÈZE X, 107, 14; XII, 254, 45; XIII, 31, 20. - ← ὀλιγαρχικός.
oligarchicus II, *-i* un partisan de l'oligarchie: BUDÉ III A, 20, 1. - ← ὀλιγαρχικός.
oligopolium, *-ii* vente réservée à quelques-uns: MORE, CW IV, 68, 7. - ← grec: cf. ὀλίγοι + πωλέω.
ollula, *-ae* ***petite marmite (déjà APUL *M.* II, 7): CLEN., n° 42, 75; n° 63, 1026. - var. graphique de *aulula* (G.); dim. de *olla* (*aula*).
ollularia, *-ae* art de la poterie, métier de potier: CLEN., n° 47, 46.
olochrysius, *-a*, *-um* tout doré: JON. I, 158, 12. - On attendrait *holochrysius*: cf. ὁλόχρυσος.
ololampus, *-a*, *-um* **qui brille dans toutes ses parties: BOV. Sap., 310, 10. - On attendrait *hololampus* (BLAISE I) ←ὁλολαμπής.
oluscularius, *-a*, *-um* qui concerne les légumes: APH., 30 r°, 7.
olygarchicus (graphie aberrante): v. *oligarchicus* I.
olympifer, *-eri* « qui porte le ciel » : CRUC., n° 11, 140 (*Atlas olympifer*). - ←Ὄλυμπος (*Olympus*) + *-fer*.
oma, *-ae* désigne une mesure de capacité: ap. AMERB. VII, n° 3127, 16 (*quas uocant*); VIII, n° 3491, 7. - ← all.
omnifarie **en tous points, en tous domaines: BUC., Corr. I, n° 34, 1.
omniiugus, *-a*, *-um* A) de toutes sortes: ER., Allen I, n° 116, 79; II, n° 334, 143; ASD I-6, 141, 864; etc. - B) part. dans *omniiuga eruditio*, érudition encyclopédique: ap. ER., Allen II, n° 304, 4; ap. AMERB. II, n° 639, 74; CRUC., n° 7, 19; etc.
omniiustus, *-a*, *-um* juste en tout: ap. BÈZE XII, 67, 16.
omnipraesens, *-ntis* *omniprésent: BULL. ap. BÈZE V, 65, 26; ap. BÈZE XII, 67, 17.
omnipraesentia, *-ae* *omniprésence, ubiquité: BULL. ap. BÈZE V, 108, 10; BÈZE VI, 44, 10; XII, 70, 23; etc.
omnipraesentialis I, *-is* un ubiquitaire: BÈZE V, 69, 38; 101, 10; BULL. ap. BÈZE V, 121, 11; etc.
omnipraesentialis II, *-is*, *-e* ubiquitaire (adj.): BÈZE XIII, 174, 41.
omnisapiens, *-ntis* (adj.) *qui est toute sagesse: ap. BÈZE VI, 132, 3; XII, 67, 16.
omnisciens, *-ntis* (adj.) *omniscient: ap. BÈZE XII, 67, 16; 71, 22. cf. *omniscius* (G.).

omniscientia, *-ae* *omniscience: PETR. I, 370, I; BÈZE XII, 70, 23; ER., LB X, 1307 F.

omnisufficiens, *-ntis* qui suffit en tout: BULL., Stud., 74, 7; 104, 78.

omnisufficientia, *-ae* fait de suffire en tout: BULL. Stud., 76, 34; 96, 11.

omniuarius, *-a, -um* de toutes sortes: ap. BULL., Gr. III, 96, 35.

omogenius: v. *homogeneus.*

omophorium, *-ii* scapulaire: RHEN. ap. ER., Allen I, p. 60, 124. - ← ὠμοφόριον.

oneropolus: v. *oniropolus.*

oniropolus (*one-*), *-i* un interprète des songes: LEF., 16, 21; ER., ASD I-3, 259, 872. - ← ὀνειροπόλος.

onocephalus, *-i* homme à tête d'âne: BUDÉ II, 178, 19. - ← ὀνοκέφαλος.

onusculum, *-i* *petit fardeau: ap. RHEN., 196, 31. - dim. de *onus.*

opecula, *-ae* petite oeuvre, petit travail: ap. POLIT., 201, 44. - dim. de *opera* ou de *opus.*

opellula, *-ae* petit travail: ap. LIPSE, Ep. II, n° 442, 3. - dim. de *opella*, déjà dim. de *opera.*

opellum, *-i* **petite oeuvre: ap. LEF., 150, 24. - dim. de *opera* ou de *opus.*

+ **operatio**, *-onis* **acte, action (philos.): ARGYR. in *Reden*, 7, 35; 8, 1; 10, 33; etc.

operatiuus, *-a, -um* qui concerne l'action morale et sociale: POMP., 109, 1; 110, 23 (*operatiuus . . . intellectus*).

+ **operor**, *-ari* **agir (philos.): ARGYR. in *Reden*, 8, 3; 9, 3; 10, 20; etc.

opificius, *-a, -um* créateur: FIC., Theol. III, 157, 30.

opinatiue de manière conjecturale: CATH. Assert., 101, 52; 168, 50; 171, 54; etc.

opinatiuncula, *-ae* **petite conception, petite idée: MEL., O.O. XXI, 168, 40. - dim. de *opinatio*, avec connot. péjor.

opinatum, *-i* opinion: AMERB. Bon. III, n° 1055, 32.

+ **opiniosus**, *-a, -um* fameux, célèbre: BUDÉ ap. ER., Allen III, n° 810, 301; BUDÉ II, 283, 43.

opisthographia, *-ae* un écrit sur le revers d'une lettre (nom de l'expéditeur): ER., Allen IV, n° 1001, 13. - ← grec: cf. ὀπισθόγραφος (*opisthographus*).

opitulamen, *-inis* *aide, secours: BOV. Sap., 306, 21; BUC., Corr. I, n° 3, 263.

opitulamentum, *-i* aide, secours: POGG. I, 83, 10.

opitulatrix, *-icis* (empl. adj. F.) *qui porte secours, qui vient en aide: ER., Allen VII, n° 1874, 7; LB X, 1267, C; BUDÉ I, 88, 38.

oporapolis, *-idis* marchande de fruits: ER., ASD I-3, 442, 124. - ← grec: cf. ὀπώρα + πωλέω.

oppigneratio, *-onis* **hypothèque: MEL., W. V, 313, 24; 314, 1; TORR. II, n° 557, 16; etc.

opploratio, *-onis* supplications mêlées de pleurs: MORE, CW IV, 82, 2; ER., ASD I-3, 473, 82.

+ **oppositus**, *-a, -um* dans *ex opposito* A) en face: PETR. I, 369, 9; BOV. Sap., 102, 24. Emploi critiqué par CROC. Farr., 175, 16-21. - B) à l'opposé, contrairement à . . . : BOV. Sap., 108, 20; OPP., 40, 31.

oppugnaculum, *-i* assaut, siège: ZAS. ap. ER., Allen II, n° 344, 22.

oppugnatiuncula, *-ae* petit attaque, petit assaut: ZAS. ap. RHEN., 230, 21. - dim. de *oppugnatio.*

opsodaedalicus, *-a, -um* culinaire: BUDÉ I, 291, 43. - ← grec: cf. ὀψοδαίδαλος.

opsodaedalus, *-i* un « expert en cuisine » : BUDÉ I, 290, 44; 291, 30; 352, 1. - ← ὀψοδαίδαλος.

optabundus, *-a, -um* plein du désir de . . . : BUDÉ II, 167, 31.

opticum, *-i* instrument d'optique: NANCEL, 202, 5. - ← ὀπτικός, -ή, -όν.

opus dans *musaicum opus*: v. *musaicus, -a, -um.*

ocularis, *-is, -e* révélé, relatif, à la révélation (sens chrét.): BUDÉ I, 9, 5; 16, 21; 17, 17; etc.

oralis, *-is, -e* oral: BULL. ap. BÈZE VII, 172, 6.

Orangianus (*Oranige-*), *-i* un Orangiste (partisan de Guillaume d'Orange): TORR. I, n° 73, 24; n° 105, 17.

oratio A) dans *oratio concionatoria*: v. *concionatorius, -a, -um.* - B) dans *directa oratio*: v. *directus, -a, -um.*

+ **oratiuncula**, *-ae* **petite prière: ER., ASD I-3, 478, 309.

oratorculus, *-i* médiocre orateur: ER., Allen VIII, n° 2126, 134; HUTT. II, 43, 16; ap. RING., 676, 2; etc. - dim. de *orator,* avec connot. péjor.

+ **Oratorium**, *-ii* l'Oratoire (congrégation relig.): PLANT., VIII, 354, 23.

+ **oratorius**, *-a, -um* de prière, où l'on prie: ap. ER., Allen II, 422, 28.

orbela, *-ae* (M.) désigne une catégorie de gladiateurs: POLIT., 470, 20.

orbicolae, *-arum* (M. Pl.) les habitants du monde: LEF., 480, 8.

orbicularis, *-is, -e* A) *arrondi, circulaire: FIC., Theol. I, 328, 17; BOV. Sap., 186, 23; BUDÉ I, 49, 50; fréq. - B) universel, général, encyclopédique: BUDÉ I, 10, 14; 16, 44; 25, 51; etc.

orbiculariter *en cercle: BOV. Sap., 96, 31; BUDÉ I, 523, 25; 532, 13; etc.

+ **orbis**, *-is* dans *Nouus Orbis,* le Nouveau-Monde, l'Amérique: CATH. Assert., 101, 48.

orcicola, *-ae* (M.) un habitant de l'enfer: BUDÉ I ,238, 53. - v. *Orcus.*

+ **Orcus**, *-i* A) *enfer (contexte chrét.): ER., ASD I-3, 546, 305; BUDÉ I, 164, 5; MORE Corr., n° 83, 1176; etc.; v. *Erebus, inferi* et *Tartarus*. - B) limbes (contexte chrét.): BUDÉ I, 165, 4; v. *limbus*.

ordinamentum, *-i* disposition, arrangement: SERRA, 118, 3.

+ **ordinarie**, à titre de professeur ordinaire: ap. CELT., n° 88, 3.

+ **ordinarius**, *-ii* A) l'ordinaire (dignitaire eccl.): ER., Allen II, n° 456, 147; ap. BÈZE II, 60, 1; TORR. I, n° 272, 28; etc. - B) professeur d'université, professeur ordinaire: ap. CELT., n° 92, 2; n° 139, 3; ap. AMERB. II, n° 914, 21; etc.

+ **ordo**, *-inis* A) Pl. **les ordres (diaconat, prêtrise . . .): FIC., O.O. I, 626 B, 34; LAPUS in *Reden*, 133, 19; ap. ER., Allen II, n° 443, 6; etc. - B) *l'ordre (sacrement): PFLUG IV, n° 676, 7; CALV. I, 180, 3; TORR. II, n° 397, 17; etc. - C) *Ordre religieux: PETR. II, 982, 4; VALLA I, 343, 2; POGG. I, 171, 17; fréq. - D) classe (groupe d'élèves): APH., 36 r°, 13; STURM, 42, 35; 52, 16; etc.; v. *classis, curia D, gradus* B, *locus* et *tribus*. - E) Pl. les autorités, part. les États-Généraux ou les États-Provinciaux: ap. AMERB. V, n° 2471, 29; ap. BÈZE XI, 93, 1; LIPSE, Ep. I, n° 89, 5; fréq.

orfana: v. *orphana*.

organista, *-ae* (M.) *organiste: AMERB. Bon. I, n° 350, 10; ZAS. ap. AMERB. III, n° 1123, 7; JON. I, 83, 22; etc. - ← ὀργανιστής.

organizo, *-are* *organiser, disposer: CATH. Disput., 65, 55. - ← ὀργανίζω.

organopoetice, *-es* art de fabriquer des machines de guerre: POLIT., 468, 3. - ← ὀργανοποιητική.

organopsalticus, *-a, -um* d'orgue: VLAD., 261, 20. - ← grec: cf. ὄργανον + ψαλτικός.

orgelerus, *-i* organiste: JON. I, 83, 22. - ← all.

orgyia (*-ya*), *-ae* **brasse (mesure de longueur): AGR. G., 25, 33; 33, 8; BUDÉ III A, 176, 5; etc. - ← ὄργυια.

orichalceus: v. *aurichalceus*.

oricularius: v. *auricularius* II.

Origenicus, *-a, -um* d'Origène: MEL., W. VI, 95, 15; 324, 31; ap.ZW. VIII, 726, 16; etc.

origenisso, *-are* imiter Origène: LUTH., WA Br. I, n° 57, 45 (*origenissare, id est allegorissare*).

originale, *-is* *l'original (texte): ap. AMERB. I, n° 333, 10; ap. LUTH., WA Br. I, n° 230, 20; ap. ER., Allen X, app. XXIII A 1, l. 35; etc.

+ **originalis**, *-is, -e* A) dans *peccatum originale*, **péché originel: VALLA I, 1008, 31; PIC 1, 82, 38; GAG. II, 235, 16; fréq. - B) dans *culpa originalis*, *même sens: CATH. Enarr., 221, 23. - C) dans *labes originalis*, même sens: PFLUG III, doc. 51. l. 595. - D) dans *originale malum*, *même sens: RHEN., 479, 16. - E) dans *originalis morbus*, même sens: ZW. VIII, 234, 37. - v. *genialis*, *primigenius* A et *primordialis*.

\+ **originaliter** dans *originaliter peccare*, **être soumis au péché originel: CATH. Disput., 34, 55; 40, 8, et 25.

oronomium, *-ii* horloge: POLIT., 425, 42. - On attendrait *horonomium* ← ὡρονομεῖον.

orphana, (*orf-*), *-ae* *une orpheline: TORR. III, n° 677, 49. ← ὀρφανός, -ή, -όν.

orthodoxe **de manière orthodoxe: ap. CALV. XVI, 587, 1. - ← ὀρθοδόξως.

orthodoxia, *-ae* **orthodoxie: BUDÉ I, 18, 49; 140, 4; ap. ER., Allen X, n° 2715, 57; etc. - ← ὀρθοδοξία.

orthodoxicus, *-a*, *-um* orthodoxe: BUDÉ I, 355, 17. - ← grec: cf. ὀρθόδοξος (*orthodoxus*).

orthogonaliter *perpendiculairement: SAL. III, ch. 1, 253; ch. 10, 75. - ← ὀρθογώνιος (*orthogonius*) + suff. lat.

oscitabunde négligemment: RHEN., 413, 31.

\+ **oscitantia**, *-ae* négligence, nonchalance: ER., ASD V-2, 152, 784; LUTH., WA XVIII, 771, 14; CALV. VI, 311, 12; etc.

oscitatiuncula, *-ae* bref bâillement: ap. POLIT., 197, 10. - ← dim. de *oscitatio*.

oscitator, *-oris* (empl. adj. M.) négligent: BUDÉ III A, 56, 48.

osculabilis, *-is*, *-e* à qui on peut donner des baisers: ER., Allen III, n° 803, 6.

osculator, *-oris* **quelqu'un qui donne un baiser: BUC., Op. lat. I, 202, 6.

osculatorius, *-a*, *-um* dans *tabella osculatoria*, patène: APH., 69 v°, 28.

Osiandricus, *-i* sectateur d'Osiander: ap. CALV. XVI, 456, 37. - cf. *Dict. Théol. Cath.*, XI, 1652-5.

Osiandrinus, *-i* sectateur d'Osiander: ap. CALV. XVI, 641, 6. - v. *Osiandricus*.

Osiandrista, *-ae* (M.) sectateur d'Osiander: ap. CALV. XV, 99, 34; XVIII, 188, 30. - v. *Osiandricus*.

\+ **ostensor**, *-oris* *un porteur de lettres: ap. CELT., n° 282, 63; ZW. VII, 16, 4.

ostentabunde avec ostentation: BUDÉ IV, 956, 28.

ostentamentum, *-i* ostentation, éloge ostentatoire: POLIT., 8, 28. - cf. *ostentamen* (G.).

ostentatiuus, *-a*, *-um* démonstratif, d'apparat (genre d'éloquence): MURET, O.O. I, 350, 32 et 34; 351, 21.

ostentosus, *-a*, *-um* ostentatoire: ap. ZW. VII, 24, 28.

ostracismus, *-i* ***ostracisme (déjà NEP. *Cim.* 3, 1; toutefois, en grec dans certaines éd.): ER., ASD I-2, 439, 9; BUDÉ III A, 67,

51; BOD. I, 183 A, 25; etc. - ← ὀστρακισμός.

ostracum, *-i* *coquille: MEL., O.O. XI, 7, 26. - ← ὄστρακον.

otalgia, *-ae* **douleur à l'oreille, maladie d'oreille: APH., 16 r°, 16. - ← ὠταλγία.

Othomanicus, *-a*, *-um* ottoman: CLICHT., 27 r°, 33. - ← turc.

othonium, *-ii* linge, drap: APH., 34, r°, 17. - ← ὀθόνιον.

oualis, *-is*, *-e* ovale: DORP, 37, 25.

oxymoria, *-ae* habileté sous une apparence de niaiserie: BUDÉ I, 206, 49; 231, 27. - ← grec: cf. ὀξύμωρος (*oxymorus*).

oxytocum, *-i* potion pour faciliter l'accouchement: BUDÉ III A, 319, 12. - ← ὀξυτόκιον.

P

pacificatrix, *-icis* (empl. adj. F.) qui pacifie: BUDÉ III B, 82, 30.

pacius, *-ii* désigne une monnaie: ap. AMERB. V, n° 2110, 25 et 27; n° 2140, 4; etc.

paeanisso, *-are* chanter un péan: POLIT., 430, 9. - ← παιανίζω.

paedagogia, *-ae* A) éducation, enseignement: MEL., W. IV, 314, 30; 398, 18; CALV. I, 100, 36; etc. - B) autorité, prescriptions: BUC., Op. lat. II, 48, 20; XV, 81, 37; CALV. II, 465, 40; etc. - C) « pédagogie » (pension pour étudiants): BULL. ap. BÈZE IV, 224, 2; v. *tutela*. - ← παιδαγωγία.

paedagogialis, *-is, -e* qui concerne une « pédagogie » (collège univ.: v. *paedagogium*): ap. LEF., 354, 4; ER., Allen III, n° 698, 10. - ← παιδαγωγία (*paedagogia*) + suff. lat.

paedagogicus, *-a, -um* pédagogique: VALLA I, 551, 46; ap. ER., Allen II, n° 370, 32; ap. PLANT. I, 111, 10; etc. - ← παιδαγωγικός.

+ **paedagogium**, *-ii* « pédagogie » (collège univ.): ap. CRAN., n° 110, 9; ER., Allen III, n° 698, 9; BARL., n° 53, 182; etc.

paedagogulus, *-i* « petit » maître d'école: POGG. I, 194, 22; 220, 4; 242, 6. - ← παιδαγωγός (*paedagogus*) + suff. lat. de dim., avec connot. péjor.

paederastes, *-ae* (M.) **un pédéraste: BRUNI, 40, 14; ER., ASD I-1, 559, 2; V-2, 357, 944; etc. - ← παιδεραστής.

+ **paedia**, *-ae* **éducation, formation intellectuelle: BUDÉ I, 24, 1; 41, 51; 42, 11.

paedobaptismus (*pe-*), *-i* baptême des enfants: BUC., Op. lat. II, 80, 1; CALV. I, 117, 20; VII, 148, 9; fréq. - ← grec: cf. παῖς, παιδός + βαπτισμός (*baptismus*).

paedobaptizatus, *-i* quelqu'un qui a été baptisé dès son enfance: SERVET ap. CALV. VIII, 677, 11. - v. *paedobaptismus*.

paedologia, *-ae* conversations d'enfants, d'élèves; colloques scolaires: MOS. Paed., titre. - ← grec: cf. παῖς, παιδός + λόγος.

paedonomus, *-i* A) éducateur, maître d'école: VIVES, E.W. I, 112, 10; BUC., Op. lat. XV, 249, 29; PFLUG III, doc. 51, 546; etc. - B) pédonome (Sparte anc.): BOD. I, 218 A, 20. - ← παιδονομός.

paedotriba, *-ae* (M.) maître de gymnastique → maître, en général: BUDÉ I, 359, 37. - ← παιδοτρίβης.

paedotribatus (*pe-*), *-us* fonction de maître, d'enseignant: BOV. Sap., 216, 2. - ← παιδοτρίβης (*paedotriba*) + suff. lat.

paedotribicus: v. *paedotriuicus.*
paedotriuicus (*pe-*), *-a, -um* qui concerne l'art du maître de gymnastique: NEBR., 60, 40. - On attendrait *paedotribicus* ← παιδοτριβικός; mais cf. prononc. byz.
paenitebundus, *-a, -um* plein de regrets: ap. AMERB. I, n° 117, 29.
+ **paenitentia**, *-ae* **pénitence (après la confession): POGG. I, 482, 31.
paenitentialis (*poe-*), *-is, -e* **pénitentiel: ER., ASD V-3, 188, 661; BUC., Op. lat. XV, 74, 29; MEL., W. VI, 75, 9; etc.
paenitentiarius (*poe-*), *-ii* *un pénitencier (prêtre): POGG. I, 267, 37; ER., Allen V, n° 1347, 141; RHEN., 93, 12; etc.
paepalema, *-atis* homme changeant, instable: ER., ASD II-4, 110, ll. 523, 524 et 531. - ← παιπάλημα.
paganice à la manière païenne: ER., ASD I-2, 701, 12; V-3, 146, 956; Allen VIII, n° 2091, 222.
+ **paganicus**, *-a, -um* **païen: ER., ASD I-2, 702, 21; V-3, 115, 764.
pagicus, *-i* habitant d'un canton (Suisse): BULL. ap. BÈZE IV, 210, 30; V, 159, 10.
+ **pagina**, *-ae* A) dans *Sacra pagina*, **la Sainte Écriture: CLAM., 118, 14; LEF., 374, 33; ap. PFLUG II, n° 368, 7; etc. - B) dans *Diuina pagina*, **même sens: CLICHT. ap. LEF., 423, 26; 425, 29. - C) dans *Vetus/Noua pagina*, Ancien/Nouveau Testament: CLICHT. ap. LEF., 425, 11.
paginatim page par page: NANCEL, 194, 7.
palabunde en ordre dispersé: BUDÉ I, 174, 34.
palaceus: v. *paleaceus.*
palaeotericus, *-a, -um* ancien: ap. ER., Allen X, n° 2715, 20; ap. PFLUG I, n° 131, 117; ap. CALV. XV, n° 619, 34. ← grec: cf. παλαιός.
palaesta, *-ae* petite paume (= quatre doigts): ER., ASD V-3, 214, ll. 609, 615 et 623; etc. - ← παλαιστή.
+ **palatinus** I, *-a, -um* du palais de justice: BUDÉ III B, 74, 7; 77, 48.
+ **palatinus** II, *-i* voïvode: MUNST., 168, 13 et 16.
paleaceus, *-a, -um* *de paille: VALLA I, 141, 41 (*pala-*, très probablement par erreur typogr.); ER., ASD I-4, 290, 300.
palefredus, *-i* *palefroi: ap. ER., Allen I, n° 21, 34. - ← anc. franç.
palimbolus, *-a, -um* changeant, instable: ER., ASD II-4, 110, 523 et 524. - ← παλίμβολος.
+ **palingenesia**, *-ae* renaissance (fig.): BUDÉ I, 58, 29 (*palingenesia litterarum*).
palinor, *-ari* recommencer: POGG. I, 210, 29. - ← grec: cf. πάλιν.
+ **palmarius**, *-a, -um* dans *pila palmaria*, jeu de paume: ER., ASD I-3, 164, 1270; ap. CALV. XIX, 533, 5; CORD. II, n° 30; etc.

+ **palmula**, *-ae* palme de la victoire: POGG. I, 386, 10.
palpabiliter *de manière tangible, de manière évidente: BÈZE VI, 107, 36.
palpitabundus, *-a, -um* plein d'agitation: PETR. II, 644, 13; BUDÉ I, 494, 38.
palpitator, *-oris* quelqu'un qui applaudit: CRUC., n° 2, 13.
paludesco, *-ere* devenir (être) marécageux: POLIT., 350, 15.
paludinosus, *-a, -um* *marécageux: ap. RHEN., 383, 29.
panacea, *-ae* **panacée: ER., Allen V, n° 1381, 124 et 139; ASD V-2, 253, 942. - ← πανάκεια.
panaceus, *-a, -um* dans *panaceus Deus* (ou expressions analogues) « Dieu de pâte », hostie: ap. ZW. VIII, 725, 12; CALV. VII, 327, 24; BÈZE III, 252, 25; etc.
panaegiris: v. *panegyris*.
panarius, *-a, -um* relatif au pain: ER., LB II, 984 F; APH., 22 r°, 20.
pancraticus, *-a, -um* dans *pancratica ualetudo*, santé d'athlète: ER., ASD I-3, 131, 201; ap. AMERB. IV, n° 1857, 40. - ← grec: cf. παγκράτιον.
pancratiste, *-es* (M.) quelqu'un qui pratique le pancrace: ER., ASD V-3, 240, 610. - ← grec: cf. παγκρατιαστής (*pancratiastes*, G.).
pandaesia, *-ae* repas complet, plantureux: ER., ASD II-4, 30, 247. - ← πανδαισία.
pandiculatio, *-onis* fait de s'étirer (en bâillant): ap. AMERB. III, n° 1115, 66.
pandocheum (*-aeum*), *-i* **auberge: ER., Allen V, n° 1342, 105; ap. PFLUG III, n° 401, 94; APH., 71 r°, 31; etc. - ← πανδοχεῖον.
pandocheus, *-i* un aubergiste: ER., ASD I-3, 337, 137; 390, 28; 493, 853; etc. - ← πανδοχεύς.
+ **panegyricus**, *-a, -um* A) public, qui recherche la foule: BUDÉ I, 185, 35; III B, 90, 2 et 3. - B) vantard, sûr de soi (dans *frontis panegyricae*): BUDÉ III B, 93, 28; 129, 33.
panegyris (*-aegiris*), *-eos* (*-is*) A) **réunion, assemblée: ER., Allen II, n° 531, 276; cf. CIC. *Att.* I, 14, 1, où le terme est en grec. - B) *un panégryrique: ap. ZW. VII, 24, 4. - ← πανήγυρις.
panegyrismus, *-i* réunion pour une fête solennelle: BUDÉ I, 376, 8. - ← πανηγυρισμός.
paneitas, *-atis* la « qualité » de pain, la «nature» de pain: PIC 1, 121, ll. 5, 35 et 42; etc (à propos du pain eucharistique).
panicus, *-a, -um* panique (adj.) ER., ASD II-6, 425, 847; 426, 856; ap. PLANT. VI, 47, 28; etc. - ← πανικός.
pannarius, *-ii* *drapier: BUDÉ III A, 241, 39.
pannicida, *-ae* (M.) *marchand de drap au détail: ap. BULL., Gr. I, 250, 16.

panolethria, *-ae* destruction générale, massacre général: ER., ASD I-6, 184, 854; OBSOPOEUS in *Praef.*, 378, 13; ap. PFLUG I, n° 131, 14; etc. - ← πανωλεθρία.

panoplia, *-ae* panoplie (fig.): ER., ASD I-1, 36, 6; MORING., 210, 3; ap. CALV. XIX, 696, 11; etc. - ← πανοπλία.

pantachusiasta, *-ae* (M.) un ubiquitaire: BÈZE IV, 161, 30. - ← grec: cf. πανταχοῦ.

papaeus: v. *papeus* I.

papalis, *-is*, *-e* *papal, du pape: PETR. I, 303, 9; VALLA I, 335, 34; MORE, CW IV, 84, 16; fréq.

papaliter *à la manière du pape: JON. II, 97, 32.

papanus, *-i* un papiste: ap. BULL., Gr. III, 214, 19; ap. BÈZE XIII, 241, 13; 242, 10.

papatus, *-us* *la papauté: PETR. I, 302, 23; LUTH., WA X/2, 186, 6; ER., ASD IX-1, 236, 67; fréq.

papeus I, (*-aeus*), *-a*, *-um* de papiste: ap. BÈZE XIII, 244, 39; 246, 27.

papeus II, *-i*: v. *pappeus*.

papillula, *-ae* petit sein: DORP, 11, 10. - dim. de *papilla*.

papimania, *-ae* « papimanie », c-à-d. abaissement des « grands » devant l'autorité, notamment temporelle, du Pape (avec connot. péjor. sous la plume d'un protestant): HOTM., 432, 4 (*ut ita dicam*). - cf. *papa* + μανία.

papismus, *-i* papisme: CALV. I, 590, 29: BÈZE I, 58, 23; ap. AMERB. VIII, n° 3441, 5; fréq.

papista, *-ae* (M.) un papiste: ER., Allen III, n° 983, 6; MEL. O.O. I, 328, 18; LUTH., WA XVIII, 610, 8; fréq.

papistice à la manière des papistes: BULL. ap. BÈZE XII, 245, 38; ap. CALV. XI, 183, 26.

papisticus, *-a*, *-um* de papiste: LUTH., WA X/2, 180, 9; ER., Allen V, n° 1332, 26; BUC., Corr. I, n° 45, 77; fréq.

pappeus, *-i* un papiste: ap. BÈZE XIII, 241, 6; 242, 3. - On attendrait *papeus*.

\+ **papyraceus**, *-a*, *-um* de papier: VIVES Conscr., 108, 3. - v. *bapiraceus*.

\+ **par**, *paris* (subst. M.) Pl. *les Pairs: BUDÉ III A, 97, ll. 6, 23 et 37.

parabasis: v. *parauasis*.

\+ **parabilis**, *-is*, *-e* accessible, facile: ZAS. ap. AMERB. II, n° 504 a, 8 (à propos du style).

parabolicus, *-a*, *-um* **allégorique: SERVET ap. CALVIN VIII, 666, 19 et 20. - ← παραβολικός.

paracimenon, *-i* le parfait (gramm.): ACCURSIUS in *Praef.*, 169, 16 et 24. - ← παρακείμενος.

paraclesis, *-eos* **appel, exhortation: ER., LB V, 138 C. - ← παράκλησις.

paracleticus, *-a, -um* *qui concerne le Paraclet, le Saint-Esprit: BUDÉ I, 131, 51; 148, 30; 152, 5; etc. - ← παρακλητικός.
paradoxologia, *-ae* amour du paradoxe: BUDÉ I, 199, 26. - ← παραδοξολογία.
paraeneticus, *-a, -um* **d'exhortation: ER., Allen I, p. 20, 17; ap. CELT., n° 309, 3; MEL., O.O. XXI, 101, 5; etc. - ← παραινετικός.
parafrenarius, *-ii* *palefrenier: AL., Paquier, 257, 27.
paraliticus, *-a, -um* **paralytique: ap. BULL., Gr. I, 10, 2. - On attendrait *paralyticus* ← παραλυτικός; mais cf. prononc. byz.
paralogismus, *-i* **paralogisme: ap. POLIT., 119, 47; ap. ER., Allen VI, n° 1587, 81; CALV. I, 679, 40; fréq. - ← παραλογισμός.
paralogizo, *-are* **faire un faux raisonnement: CATH., Opusc. III, 22, 7; Enarr., 196, 45; Assert., 89, 31. - ← grec: cf. παραλογίζομαι.
paralogus, *-a, -um* absurde: BUDÉ I, 199, 40. - ← παράλογος.
paralyticus: v. *paraliticus*.
paranomus, *-a, -um* qui ne respecte pas la loi → mauvais: ER., ASD V-3, 404, 26. - ← παράνομος.
paraphrastice en paraphrasant, par paraphrases: BUDÉ II, 15, 37; ap. ER., Allen V, n° 1372, 46; S.J. I, 165, 8. - ← grec: cf. παραφραστικός.
paraphrasticus, *-a, -um* *paraphrastique: ap. ER., Allen IV, n° 995, 16; VI, n° 1651, 29; HEG. Chr., f. A 5 v°, 25. - ← παραφραστικός.
paraphronesis, *-is* délire, folie: ER., ASD V-3, 174, 119. - ← παραφρόνησις.
+ **parasceue**, *-es* préparatif, prélude (sens premier de παρασκευή): ap. PFLUG IV, n° 709, 19.
paratitlum, *-i* énumération sommaire: BUDÉ III A, 106, 20; AMERB. Bon. IV, n° 2064, 24; IX/1, n° 3591, 33. - ← παράτιτλον.
parauasis, *-is* parabase (dans une comédie): VIP. Poet., 125, 27. - On attendrait *parabasis* ← παράβασις; mais cf. prononc. byz.
+ **parcitas**, *-atis* mauvaises dispositions, maigre rendement: MORE, CW IV, 242, 13.
parculus, *-a, -um* économe, regardant: ER., ASD V-1, 58, 521. - dim. de *parcus*, avec connot. péjor.
pardinus, *-a, -um* de léopard: VALLA I, 367, 42.
+ **parentalia**, *-ium* funérailles chrétiennes: ER., ASD I-3, 255, 745; Allen VII, n° 1923, 16.
pariformis, *-is, -e* semblable, pareil: AGRIPPA, 52, 7.
pariformiter pareillement: SERRA, 88, 5; 91, 30; ap. RHEN., 461, 30; etc.
paritudo, *-dinis* accouchement: POLIT., 426, 11.
parlamentalis, *-is, -e* de Parlement: ap. CALV. XIX, 691, 18.
parlamentaris, *-is, -e* de Parlement: ER., Allen VII, n° 1962, 11;

BUDÉ I, 509, 20; III A, 39, 52; etc.

parlamentarius, *-a, -um* de Parlement: BUDÉ I, 509, 35; HOTM., 514, 8; ap. CALV. XIX, 552, 40.

parlamentum, *-i* A) *Parlement, Cour de justice: PETR. II, 1182, 13; BUDÉ I, 484, 27; BÈZE III, 39, 33; etc. - B) *Parlement, assemblée: VALLA II, 36, 20; MORE, CW II, 6, 13; ap. CALV. XIII, 629, 31; fréq.

Parnassicus, *-a, -um* du Parnasse: ap. CELT., n° 118, 2; n° 149, 1.

parochialis, *-is, -e* **paroissial, de paroisse: LÉON X ap. ER., Allen II, n° 518, 14; ap. AMERB. I, n° 179, 2; ap. PFLUG II, n° 368, 48; etc.

parochianus (*paroeci-*), *-i* A) **paroissien: POGG. I, 446, 18; AMERB. Bas. 1, II, n° 877, 28; ap. CALV. XII, 467, 29; - B) *prêtre de paroisse, curé: POGG. I, 462, 8; ap. RHEN., 454, 4; ap. LUTH., WA Br. I, n° 203, 171; etc.

+ **parochus**, *-i* *prêtre de paroisse, curé: OBSOPOEUS in *Praef.*, 378, 19; ER., Allen II, n° 530, 19; RHEN., 159, 17; fréq.

parodicus, *-a, -um* parodique: CURTERIUS in *Praef.*, 606, 25. - ← παροδικός.

paroemiographus, *-i* auteur de proverbes: ER., ASD I-4, 13, 11; II-5, 35, 335; 190, 642; etc. - ← παροιμιογράφος.

paroemiologia, *-ae* recueil de proverbes: ER., Allen IV, n° 1175, 79; VII, n° 2305, 32; X, n° 2773, 18. - ← grec: cf. παροιμία + λόγος.

paroemiologus, *-i* proverbe, adage: BUDÉ ap. ER., Allen III, n° 915, 22. - ← grec: cf. παροιμία + λόγος.

paroenia, *-ae* ivresse: ER., ASD I-3, 486, 581. - ← παροινία.

paroxysmus, *-i* A) paroxysme: ER., ASD I-2, 656, 31; Allen V, n° 1347, 10; ap. LIPSE, Ep. II, n° 487, 90; etc. - B) folie: ER., Allen IX, n° 2581, 12. - C) douleur violente: JON. I, 223, 26. - ← παροξυσμός.

parrhesiastes, *-ae* (M.) quelqu'un qui s'exprime franchement: ap. ER., Allen IV, n° 1213, 86. - ← παρρησιαστής.

+ **pars**, *partis* dans *nobilitatis pars*, quartier de noblesse: ER., ASD I-3, 631, 84; 633, 155.

parsimonizo, *-are* vivre de peu: PETR. I, 222, 42.

parthenius, *-ii* enfant illégitime, né d'une « jeune fille » : APH., 76 v°, 3. - ← παρθένιος.

+ **partialis**, *-is, -e* *partial: ap. REU., 149, 26; REU, 229, 19.

partibiliter partie par partie: PIC 1, 13, 24.

+ **participabilis**, *-is, -e* **auquel on peut participer, susceptible d'être partagé: BOV. Nih., 64, ll. 2, 8 et 17.

particularitas, *-atis* **valeur particulière, caractère particulier: VALLA I, 696, 34; PIC 1, 164, 9; MEL., O.O. XXI, 890, 3; etc.

partitiue *avec une valeur partitive: CUEVA, 62 v°, 19.
partiuncula, *-ae* **petite partie: ap. CELT, n° 139, 83 (= strophe). - dim. dérivé de *pars*.
paruificentia, *-ae* le fait de faire peu, le peu d'efficacité: PETR. II, 1186, 50.
paruificus, *-i* quelqu'un qui fait peu: PETR. II, 1036, 33.
paruunculus, *-a*, *-um* **très petit: SERRA, 129, 18. - dim. de *paruus*.
pascuarius, *-a*, *-um* qui concerne le pâturage: BRIÇ., 89, 12.
paspala, *-ae* une petite chose, un rien: ER., ASD II-6, 448, 384 (*Graeci uocant*); 468, 893; ap. RHEN., 585, 18. - ← πασπάλη.
pasportus, *-us* passeport: TORR. III, n° 589, 12 (*ut uocant*). - ← franç.
pasquillianus, *-a*, *-um* semblable à une pasquille; bouffon: ap. BULL., Gr. I, 293, 33. - ← ital.
pasquillus, *-i* pasquille, pasquinade: RHEN., 570, 28, ap. PFLUG II, n° 276, 14; ap. BULL., Gr. III, 104, 35; etc. - ← ital.
passeportus, *-us* passeport: LIPSE, Ep. III, n° 769, 8. - ← franç.
passionatus, *-a*, *-um* *passionné: PETR., I, 46, 14; 439, 24; ap. CELT., n° 122, 25.
passula, *-ae* raisin sec: FIC., O.O. I, 493 B, 15; HUTT. V, 425, 10; LIPSE, Ep. II, n° 498, 23; etc.
passulus, *-a*, *-um* sec, séché: FIC., O.O. I, 490 B, 12; 491 A, 7; BUSL. Ep., n° 24, 7.
+ **passus**, *-us* *passage de texte: MORE, CW, V/1, 602, 27. - Emploi dans ce sens critiqué par CROC. Farr., 207, 8.
pastisserius, *-ii* pâtissier: ap. AMERB. III, n° 1067, 84.
+ **pastor**, *-oris* **prêtre (chrét.): ER., ASD V-1, 95, 8; CLEN., n° 63, 406; BÈZE I, 66, 34; fréq.
+ **pastoralis**, *-is*, *-e* **de prêtre (chrét.): PETR. I, 296, 17; ANDREAS in *Praef.*, 63, 28; SERRA, 29, 16; fréq.
pastoratus, *-us* une cure (sens chrét.): TORR. II, n° 448, 16.
pastorculus, *-i* « petit » prêtre (chrét.): ap. JON. II, 303, 25. - dim. de *pastor*, avec connot. péjor.
pastoreus, *-a*, *-um* de prêtre (chrét.): CRUC., n° 16, 40.
+ **pastoricius** (*-tius*), *-a*, *-um* pastoral (sen chrét.): CALV. V, 300, 14.
patefacte clairement, ouvertement: PETR. I, 334, 20 (*patefactius*).
+ **patens**, *-ntis* (adj.) dans *litterae patentes*, *lettre patente: ap. MORE, Corr., n° 10, 103; n° 132, 27; TORR. II, n° 401, 3; etc.
+ **pater**, *-tris* A) **Père (dans un Ordre relig.): ER., Allen I, n° 48, adr.; CLEN., n° 43, 61; TORR. I, n° 31, 11; etc. Pour *Pater Prouincialis*, v. *Prouincialis*. - B) dans *purpurati Patres* : v. *purpuratus*.
+ **paternitas**, *-atis* A) dans *tua Paternitas*, **« Ta/Votre Paternité », « Révérend Père » : AL. Paquier, 283, 17; ap. LEF., 270, 1; LUTH., WA Br. I, n° 13, 5; fréq.; v. *tua*. - B) dans *Paternitas uestra*, même

sens: JON. II, 39, 13; PLANT. II, 208, 15; III, 211, 23; etc; v. *uestra.* - C) « patronage », fait de patronner un futur docteur (univ.): ZAS. ap. AMERB. III, n° 993, 24 (*ut nominant*).

+ **paternus**, *-a, -um* dans *paternus sermo*, langue latine: ARL., 178, 13 (*non materno at paterno, hoc est Latino sermone*).

patiens, *-ntis* (subst. N.) le patient (opp. à l'agent; philos.): FIC., Theol. I, 86, 26.

+ **patina**, *-ae* *patène: ER., ASD I-3, 527, 1173.

+ **patriarcha**, *-ae* (M.) A) supérieur d'un couvent: ER., Allen II, n° 447, 582. - B) confesseur d'un couvent de moniales: ER., Allen II, n° 447, 385.

patriarchatus, *-us* *patriarcat (dignité chrét.): PETR. II, 1054, 48; ARL., 78, 15; ap. ER., Allen XI, n° 3061, 46. - ← πατριάρχης + suff. lat.

patriarchia, *-ae* *patriarcat (dignité chrét.): CALV. II, 835, 2. - ← πατριαρχία.

patricialis, *-is, -e* de patricien: BUDÉ III A, 97, 15 et 32.

patriciaster, *-tri* un prétendu patricien: BUDÉ III A, 97, 36.

patrinus, *-i* **parrain: ap. CALV. XIV, 235, 25.

patrista, *ae* (M.) quelqu'un qui suit l'opinion des Pères de l'Église: BUC., Op. lat. I, 34, 16.

patrocinatio, *-onis* défense, protection: ap. MORE Corr., n° 167, 5.

patrocinator, *-oris* *un défenseur, un protecteur: ap. ER., Allen X, ann. XXIII A 11, l. 21.

patrocinatrix, *-icis* (empl. adj. F.) qui défend, qui protège: ap. MORE Corr., n° 177, 7.

pauciloquus I, *-a, -um* qui parle peu; laconique: ER., ASD I-3, 193, 2202; II-6, 508, 649; Allen III, n° 867, 79; etc.

pauciloquus II, *-i* quelqu'un qui parle peu: ER., ASD II-4, 308, 594.

pauciparus, *-a, -um* qui met au monde peu de petits: BUDÉ III A, 151, 43 (*pauciparum . . . animal*).

pauciusculi, *-ae, -a* assez peu nombreux: RHEN., 59, 31. - dim. dérivé de *pauci.*

pauidulus, *-a, -um* assez craintif: MORE ap. ER., Allen IV, n° 1087, 578. - dim. de *pauidus.*

peccabilis, *-is, -e* A) capable de pécher: CATH., Opusc. I, 135, 26. - B) qui risque de se tromper: BUDÉ I, 67, 20.

peccatorculus, *-i* « pauvre » pécheur: ER., Allen VI, n° 1687, 137. - dim. de *peccator.*

peccatulum, *-i* A) petit péché: CLEN., n° 54, 162. - B) petite erreur: ap. LIPSE, Ep. II, n° 559, 8. - dim. de *peccatum.*

peccatum, *-i* A) dans *geniale peccatum*: v. *genialis, -is, -e.* - B) dans *peccatum originale*: v. *originalis, -is, -e.*

pecco, *-are* A) dans *actualiter peccare*: v. *actualiter*. - B) dans *letaliter peccare*: v. *letaliter*. - C) dans *peccare mortaliter*: v. *mortaliter*. - D) dans *originaliter peccare*: v. *originaliter*.

pecuniola, *-ae* **petite somme d'argent: PETR. II, 1038, 20; POLIT., 452, 36; ER., ASD I-1, 438, 11; fréq. - dim. de *pecunia*.

ped-: v. aussi *paed-*.

pedellum, *-i* A) bâton de docteur (univ.): ZAS. ap. AMERB. II, n° 985, 68. - B) crosse: BÈZE I, 52, 30. - dim. de *pedum*.

pedellus, *-i* *bedeau, appariteur: ap. AMERB. VII, n° 3040, 13; S.J. I, 176, 10; LIPSE, Ep. II, n° 285 A, 4; etc. - v. *bidellus*.

+ **pedum**, *-i* crosse: ER., Allen III, n° 800, 11; VOLZ ap. RHEN., 336, 33; TORR. II, n° 326, 35; etc.

pegasarius, *-a, -um* rapide comme Pégase: BUDÉ III A, 176, 23.

peierator, *-oris* un parjure (homme): CATH. Enarr., 194, 27.

peieratrix, *-icis* (empl. adj. F.) parjure: ER., ASD IV-1 A, 171, 828.

peiuscule assez mal: MURET, O.O. II, 244, 11. - dim. du compar. adv. *peius*.

pelagianismus, *-i* *pélagianisme: CALV. II, 547, 3; BÈZE IV, 232, 1; ap. CALV. XIX, 674, 26; etc.

pelagizo, *-are* suivre l'hérésie de Pélage: LUTH., WA Br. I, n° 26, 34.

pelargicum: v. *pelargycum*.

pelargus, *-i* cigogne: APH., 55 v°, 3. - ← πελαργός.

pelargycum, *-i* attitude semblable à celle de la cigogne: CHANS. ap. AMERB. II, n° 944, 8; III, n° 1371, 69. - On attendrait *pelargicum* ← πελαργικός, -ή, -όν; v. aussi *antipelargosis* et *reciconiatio*. D'autre part, la forme *pelargyrum*, donnée pour les mêmes lettres, éd. CHANS., p. 34, 1 et p. 49, 1 (cf. déjà p. 30, 8), n'offre aucun sens satisfaisant; il faut adopter *pelargycum*.

pelargyrum?: v. *pelargycum*.

pellicibilis, *-is, -e* attirant, séduisant: ER., Allen III, n° 606, 26.

pellifex, *-icis* *un pelletier: LUTH., WA Br. II, n° 422, 12.

pellitarius, *-ii* *un pelletier: AMERB. Bas. 1, II, n° 877, 25.

pellucide: v. *perlucide*.

penarium, *-ii* garde-manger: VALLA I, 9, 49.

penia, *-ae* indigence, besoin: BUDÉ I, 367, 54; 368, 4; ap. AMERB. VI, n° 2841, 4; etc. - ← πενία.

+ **penna**, *-ae* dans *a pennis*, secrétaire: ap. AMERB. VII, n° 3040, 13. - v. *a/ab*.

pennarius, *-a, -um* dans *theca pennaria*, plumier, écritoire: VALLA I, 9, 49; APH., 38 v°, 31; VALER. C. Coll., 183 a, 23.

pensatrix, *-icis* (empl. adj. F.) qui pèse: PETR. I, 377, 36.

pensiculatio, *-onis* examen attentif: BOV. Sap., 150, 20; CLEN., n° 2, 40.

+ **pensio**, *-onis* *pension (somme d'argent): ER., Allen II, n° 483, 7; MORE, CW II, 88, 10; BUSL. Ep., n° 57, 9; fréq.

pensionarius I, *-a, -um* de pension, qui concerne une pension: ER., Allen III, n° 794, 4; n° 913, 2; ap. ER., Allen IX, n° 2407, 14; etc.

pensionarius II, *-ii* un « pensionnaire », c-à-d. A) *quelqu'un qui jouit d'une pension: ER., Allen, n° 1013, adr.; BULL. ap. BÈZE IX, 124, 18; TORR. I, n° 255, 7; etc. - B) quelqu'un qui doit payer une pension: ER., Allen VI, n° 1769, 5; PIGH., n° 248, 17; TORR. II, n° 375, 7; etc. - C) conseiller juridique d'une ville: ap. ER., Allen IX, n° 2389, 15 (*ut uulgo uocant*); DORP, 91, 37; NANN., 313, 24; etc. - Mot condamné par VALLA, I, 415, 6.

pensitabundus, *-a, -um* qui « pèse » (examine) longuement → très inquiet au sujet de . . . : GAG. II, 243, 17.

+ **pensiuncula**, *-ae* petite pension: ER., Allen VIII, n° 2192, 102; AL. Paquier, 120, 31; CRUC., n° 16, 45; etc.

+ **pensum**, *-i* salaire PLANT. IV, 202, 17; VII, 350, 1; 352, 1; etc.

pentaglottus (*-os*) qui connaît cinq langues: CHANS., 48, 31; VLAD., 277, 6. - ← grec: cf. πέντε + γλῶττα.

pentastega, *-ae* cinquième étage: NANCEL, 268, 35. - ← grec: cf. πεντάστεγος.

pentecostanus, *-a, -um* de la Pentecôte: ap. AMERB. I, n° 313, 14. - ← πεντηκοστή (*pentecoste*) + suff. lat.

penuriosus, *-a, -um* de pénurie: AL., Paquier, 256, 12 (*hoc tempore . . . penurioso*).

perabsurde de manière tout à fait absurde: BRUNI, 79, 23; MORE Corr., n° 86, 219.

peracerbe très aigrement: ap. PFLUG III, n° 576, 63; TORR. II, n° 344, 11.

peractor, *-oris* celui qui accomplit (une action): ER., ASD V-3, 410, 171; BUDÉ III B, 97, 41.

peraegre très péniblement, très difficilement: RHEN., 33, 28.

peragrator, *-oris* celui qui parcourt, un voyageur: BUDÉ I, 359, 40; II, 32, 11; MERC., 77, 27; etc.

peramabilis, *-is, -e* *très digne d'être aimé: PETR. I, 291, 9.

peranimosus, *-a, -um* très hardi, très ardent: VALLA I, 154, 5.

peranxius, *-a, -um* très anxieux, très inquiet: BUC., Corr., II, n° 125, 28.

perargutulus, *-a, -um* fin, subtil: PETR. II, 645, 30. - dim. de *perargutus.* Pour la formation, v. *perbellule, perobesulus, perplusculi, persciolus* et *peruetulus* ; cf. déjà dans G.: *peradulescentulus, perastutulus* et *perparuulus.*

perarrogans, *-ntis* très présomptueux: LAMOLA in *Reden.*, 243, 25.

perastutus, *-a, -um* *très rusé: BUDÉ III A, 27, 39.

perauide très avidement: PLANT. VII, 282, 29.

perbellule assez joliment: MEL., O.O. I, 687, 39. - dim. de *perbelle* ; pour la formation, v. *perargutulus.*

perbeneuole avec une grande bienveillance: ap. AMERB. VIII, n° 3435, 2.

perbenigniter avec beaucoup de bonté: REU., 170, 23. - cf. *perbenigne* (G.).

perbenignus, *-a, -um* très bon, très bienveillant: ER., ASD I-3, 548, 395; Allen I, n° 157, 35; ap. CELT., n° 212, 16.

percaco, *-are* aller à selle: HUTT. II, 213, 5.

percalceatus, *-a, -um* qui porte une chaussure bien fermée: ER., ASD I-3, 523, 1038.

percalleo, *-ēre* connaître à fond: PIC 2, O.O., 13, 6; 24, 29.

percallide très adroitement: BUDÉ III B, 121, 8.

percare (*-chare*) très chèrement, à un prix très élevé: ER., ASD I-4, 123, 68; I-6, 134, 702.

\+ **percelebro**, *-are* **célébrer solennellement, fêter solennellement: VOLZ ap. RHEN., 447, 7.

percelere très rapidement: CHANS., 53, 8; 57, 20.

\+ **percenseo**, *-ēre* réciter, répéter: MORE, CW IV, 236, 11.

perceptiuus, *-a, -um* capable de percevoir: POMP. 77, ll. 22, 25 et 28.

perchare: v. *percare.*

perclarus, *-a, -um* très distingué, très brillant: AL. Jovy II, 96, 6.

percogito, *-are* *réfléchir beaucoup: REU., 45, 28.

percommendatus, *-a, -um* très recommandé: ap. CELT., n° 222, 17; ap. RHEN., 506, 37.

percontabundus (*-cunct-*), *-a, -um* qui pose des questions: BUDÉ I, 465, 13.

percontatiuncula, *-ae* petite question: ER., ASD IV-1 A, 153, 215; Allen VI, n° 1801, 5. - dim. de *percontatio.*

percontatorius, *-a, -um* qui consiste à questionner, à s'informer: ER., ASD I-2, 547, 1

percontorius (*-cunct-*), *-a, -um* qui consiste à questionner, à s'informer: BUDÉ IV, 639, 22.

percreber, *-bra, -brum* très fréquent: MURET, O.O. II, 156, 27.

perculsio, *-onis* choc, heurt: BUDÉ III A, 237, 42; 240, 23; BÈZE, III, 58, 41.

percunct-: v. *percont-.*

percupide **avec un grand désir, avec un grand empressement: ANDREAS in *Praef.*, 117, 28; BUDÉ II, 23, 53; ap. ER., Allen XI, n° 2401 a, 9; etc.

perdecens, *-ntis* très convenable: FICHET, 141, 19.

perdeditus, *-a, -um* très dévoué, très adonné à . . . : GAG. I, 177, 14.

perdelecto, *-are* charmer fortement: ap. PIC 2, O.O., 838, 48.

perdibilis, *-is, -e* **périssable: FIC., Theol. II, 173, 31.
perdicula, *-ae* jeune perdrix: ER., ASD II-5, 45, 592. - dim. de *perdix*.
perdifficile très difficilement: MURET, O.O. I, 238, 34.
perdilectus, *-a, -um* *très cher, très aimé: ap. CALV. XIII, 115, 11.
perduellionatus, *-us* haute trahison: BÈZE VI, 111, 6.
+ **peregre** *en pèlerin: MORE, CW XIV/1, 317, 8.
peregregie très remarquablement, très bien: ARGYR. in *Reden*, 32, 21; LEF., 190, 24; TORR. I, n° 32, 3; etc.
+ **peregrinatio**, *-onis* A) dans *peregrinatio religionis ergo*, pèlerinage: ER., ASD I-3, 470, 1; 747, 210. - B) *peregrinatio*, seul, **même sens: MORE, CW XIV/1, 319, 2; CALV. I, 14, 9; CATH., Opusc. II, 79, 1; etc.
peregrinatiuncula, *-ae* A) petit voyage: GUAR. 1, Doc., 187, 1; 188, 20; LIPSE, Ep. II, n° 484, 2; etc. - B) petit pèlerinage: ER., LB V, 38 B. - dim. de *peregrinatio*.
+ **peregrinus**, *-i* **un pèlerin: MORE, CW XIV/1, 323, 2.
peremptiuus, *-a, -um* de destruction: BUDÉ I, 465, 52.
perendino, *-are* remettre à plus tard: ER., ASD I-4, 241, 925.
pererudite de façon très érudite: TORR. I, n° 174, 2.
pereximius, *-a, -um* tout à fait remarquable, excellent: FICHET, 161, 7.
perfamiliariter **très intimement, très familièrement: PETR. I, 200, 11; HOTM., 288, 9.
perfauste très heureusement, très bien: AMERB. Br. I, n° 286, 35.
perfectibilis, *-is, -e* *perfectible: PIC 1, 108, 2.
perfectitudo, *-dinis* perfectionnement: HUTT. II, 25, 5.
perfectorius, *-a, -um* qui achève, qui parfait: LEF., 439, 33.
perfestiuus, *-a, -um* très agréable: GAG. II, 113, 2.
perfides, *-ei* perfidie, mauvaise foi: POGG. I, 251, 10. - cf. *perfidia* (G.).
perfrequenter très souvent: ap. AMERB. IX/1, n° 3764, 5.
perfricte avec audace, sans pudeur: CRUC., n° 21, 59.
perfulgeo, *-ēre* **briller, resplendir: FIC., Theol. II, 296, 2.
pergamenicus, *-a, -um* en parchemin: PLANT. II, 99, 5.
pergamenum (*pi-*), *-i* **parchemin: ap. AMERB. I, ann. 2, l. 8; PLANT. II, 98, 23; 101, 16; etc.
pergloriosus, *-a, -um* qui apporte beaucoup de gloire: ap. PIGH., n° 220, 8.
pergraecatio, *-onis* manière de vivre à la grecque → bombance: HUTT. I, 54, 21.
pergrassor, *-ari* rôder, courir çà et là: ap. PFLUG IV, n° 727, 18.
pergratanter très volontiers, avec grand plaisir: ap. ER., Allen VI, n° 1671, 46.

pergratiosus, *-a, -um* qui est en grande faveur, qui jouit d'un grand crédit: BUDÉ I, 21, 52.

pergularis, *-is, -e* en berceau, en tonnelle: BUDÉ II, 265, 8 (*de uite pergulari*).

pergusto, *-are* goûter complèment: BUDÉ I, 237, 7.

perhebes, *-etis* très émoussé, très alangui: BUDÉ I, 114, 5.

perhoneste très honnêtement: BÈZE IV, 174, 25.

perhumane très obligeamment: ARL., 190, 24; ap. BULL., Gr I, 3, 29; ap. CALV. XV, 51, 16; etc.

periclitator, *-oris* (empl. adj. M.) qui essaie, qui risque: BUDÉ III B, 118, 19.

pericoma, *-atis* ceinture de feuillages: PIC 2, O.O., 831, 34. - ← grec: cf. περίκομος.

periergia, *-ae* ***superfluité (déjà QUINT. VIII, 3, 55; toutefois, en grec dans certaines éd.): MOS. Tab., 16, 8; 17, 13. - ← περιεργία.

periergus, *-a, um* superflu: LEF., 311, 24. - ← περίεργος.

perimbutus, *-a, -um* très imprégné: BUDÉ I, 24, 35; 76, 37; 88, 15; etc.

perimitator, *-oris* un « grand » imitateur: PIC 2, O.O., 882, 26.

perinesco, *-ere* attirer, prendre au piège: BUDÉ I, 156, 22.

peringenue très franchement, très naïvement: POLYDORUS in *Praef.*, 343, 19.

peringenuus, *-a, -um* très franc, très simple: BUDÉ I, 272, 14 et 36; 384, 28.

perinique très injustement, à grand tort: VALER. C. Coll., 84 a, 18.

perinstruo, *-ere* achever l'instruction d'une affaire: BUDÉ III B, 18, 14.

perintegre entièrement, complètement: ap. ER., Allen VIII, n° 2115, 5.

periocor, *-ari* plaisanter, badiner: ap. ER., Allen V, n° 1406, 266.

+ **periodus**, *-i* cycle, suite: ER., ASD I-3, 191, 2157; 413, 57.

perioeci, *-orum* ceux qui habitent sous le même parallèle, mais des méridiens opposés: POLIT., 466, 13; RING., 20, 5; 425, 17; etc. - ←οἱ περίοικοι.

peripatetice à la manière des Péripatéticiens: FIC., Theol. III, 86, 3; ap. PFLUG III, n° 370, 9; CAST. Haer., 155, 14; etc.

+ **peripateticus**, *-a, -um* de promenade: BUDÉ III B, 99, 51.

peripetia, *-ae* A) passage subit d'un état à un état contraire → événement imprévu, extraordinaire: BUDÉ I, 113, 3 (*Graeci appellant*). - B) péripétie (en littérature): VIP. Poet., 34, 17; 38, 19 (*ut uerbo Graeco utar*) et 22. - ← περιπέτεια.

periphrastice par périphrase: CALV. V, 143, 3. - ← περιφραστικῶς (*periphrasticos*).

periphrasticos **par périphrase: POLIT., 288, 26. - ← περιφραστικῶς.

periscii, *-iorum* habitants des zones polaires: RING., 20, 6; 339, 20; 359, 26; etc. - ← περίσκιοι.

perissologus, *-a, -um* qui parle trop: LUTH., WA Br. I, n° 59, 93. - ← περισσολόγος.

peristaticus, *-a, -um* occasionnel: ZAS. V, 178, B, 67. - ← περιστατικός.

perlectamentum, *-i* le charme: BUDÉ I, 205, 30.

perlectito, *-are* lire souvent: ap. ER., Allen VI, n° 1595, 70.

perlecto, *-are* ***charmer (déjà CIC. *Flac.* 8, 18; var.): BUDÉ I, 118, 15.

perlepidus, *-a, -um* A) très joli, très charmant: BUDÉ IV, 653, 42. - B) très facétieux, très spirituel: BUDÉ II, 276, 51.

perlucide (*pellu-*) très clairement: ap. ER., Allen IX, n° 2511, 20.

perlustratio, *-onis* *fait de parcourir, de visiter (une région, un pays . . .): LAT., 43, 29; RHEN., 434, 7; ESTIENNE in *Praef.*, 524, 4; etc.

perlustrator, *-oris* (empl. adj. M.) qui parcourt, qui explore: BUDÉ I, 186, 47.

permaligne très mal, très chichement: ER., Allen I, n° 62, 5.

permanentia, *-ae* *permanence, persistance: SAL. II, ch. 3, 40; REU., 154, 10; BOV. Nih., 46, 25; etc.

permanifeste très clairement: PIC 1, 482, 27.

permansiuus, *-a, -um* durable: SERRA, 93, 24.

permeatio, *-onis* passage d'un endroit à l'autre: BUDÉ I, 454, 52.

permemor, *-oris* (adj. M.) qui se souvient bien: BUDÉ I, 164, 40.

permetuo, *-ere* craindre fortement: PETR. I, 268, 40; II, 707, 19; 848, 1; etc.

permissibilis, *-is, -e* *que l'on peut permettre: CATH. Disput., 239, 43 et 44.

permissiue avec une valeur concessive: VALLA I, 63, 39.

permollio, *-ire* adoucir: ER., ASD I-2, 333, 9; MORE Corr., n° 83, 60.

permurmuro, *-are* murmurer d'un bout à l'autre (à propos de prières): ER., ASD IV-3, 176, 838; MORE, CW XIV/1, 119, 7; JON. I, 31, 12; etc.

pernato, *-are* *parcourir à la nage: AMERB. Bon. III, n° 1084, 47 (fig.).

pernecessario **par grande nécessité: DOLET, 135, 8.

perobesulus (*-aesulus*), *-a, -um* assez replet: ER., ASD I-3, 278, 34. - dim. de *perobesus* (non attesté?); v. *obesulus,* Pour la formation, v. *perargutulus.*

perobscure de manière très obscure: VALLA I, 505, 31.

perobseruandus, *-a, -um* très respectable: ap. PFLUG II, n° 238, 1.

perofficiosus, *-a, -um* plein d'égards: ap. CALV. XII, 625, 15.
peromnes, *-ium* vraiment tous: BÈZE XI, 335, 13.
peroportet (impers.) il faut, il convient tout à fait: SERRA, 111, 2.
peroptabilis, *-is, -e* très souhaitable: PETR. I, 348, 49.
peroptime *excellemment, très bien: POGG. I, 34, 34; ARGYR. in *Reden*, 32, 21; 33, 11; etc.
peropto, *-are* **souhaiter vivement: ARGYR. in *Reden*, 33, 30; ANDREAS in *Praef.*, 84, 13; SERRA, 128, 34; etc.
peroratiuncula, *-ae* brève péroraison: RHEN., 255, 37. - dim. de *peroratio.*
perornatio, *-onis* *ornement: FICHET, 140, 5; 141, 22; 142, 1; etc.
perparcus, *-a, -um* très économe, très parcimonieux: ER., ASD I-3, 174, 1604; II-4, 180, 694; IX-2, 108, 980; etc.
perpendiculariter *perpendiculairement: SAL. III, ch. 10, 73; LASCARIS in *Praef.*, 189, 31; ap. BULL., Gr. III, 125, 3.
perpensor, *-oris* quelqu'un qui examine, qui apprécie: POGG. I, 273, 21; BUDÉ I, 343, 12.
perpetuatio, *-onis* perpétuation, continuation: PIC 1, 101, 26.
perpiget dans *perpiget me*, je regrette beaucoup: BUDÉ III A, 13, 39.
perplacidus, *-a, -um* très calme: ap. MORE Corr., n° 196, 215.
perplaco, *-are* apaiser, calmer: ZAS. ap. AMERB. II, n° 713, 8.
+ **perplexitas**, *-atis* **embarras, difficulté: TORR. I, n° 37, 74.
perplusculi, *-orum* un assez grand nombre de . . . : ap. CELT., n° 146, 23; ap. AMERB. V, n° 2295, 7. - Réserves de VALLA I, 416, 15: *nescio an liceat dicere perplusculos.* Dim. de *perplures* ; pour la formation, v. *perargutulus.*
perpolitrix, *-icis* (empl. adj. F.) qui polit, qui affine (fig.): BUDÉ I, 321, 34; 384, 45.
perpotator, *-oris* un grand buveur, un ivrogne: BUDÉ II, 218, 44.
perpotens, *-ntis* très puissant: ap. ER., Allen VIII, n° 2115, 63.
perprecor, *-ari* demander avec insistance: ZAS. ap. ER., Allen II, n° 357, 17.
perprompte très facilement: ap. LEF., 501, 21.
perpropere ***en toute hâte, très rapidement (déjà PL. *Mil.* 363; var.): POGG. I, 452, 11; GAG. II, 84, 1; ap. CALV. XII, 358, 42.
perproprie de façon très appropriée, avec raison: PETR. I, 27, 41; 32, 15; CLAM., 122, 2; etc.
perpudeo, *-ēre* empl. impers., *aliquem perpudet,* cela fait grandement honte à quelqu'un: GAG. I, 255, 1; BUDÉ I, 278, 24.
perpulchre *très bien: VALLA I, 22, 24; BOV. Sap., 298, 7; ARGYR. in *Reden*, 39, 3; etc.
+ **perpurgo**, *-are* A) bien nettoyer: BUDÉ I, 239, 9. - B) corriger (un texte): DORP, 89, 35.
perpuro, *-are* purifier, nettoyer: ZAS. V, 186 A, 53.

perquamdiu pendant très longtemps: HOTM., 334, 27; 422, 18.
perrideo, *-ēre* rire très fort: PETR. II, 1155, 48; BUDE I, 54, 16.
perscateo, *-ēre* fourmiller de, regorger de . . . : ap. CLEN., n° 1, 50.
persciolus, *-a, -um* à demi savant: LEF., 89, 1; CRUC., n° 15, 29. - dim. de *perscius* (non attesté?); pour la formation, v. *perargutulus.*
persecutorius, *-a, -um* qui poursuit (terme de droit): BUDÉ I, 276, 43; III A, 326, 43; BOD. I, 80 A, 2; etc.
persensio, *-onis* fait de ressentir: FIC., Theol. I, 271, 29.
persincerus, *-a, -um* très sincère: ap. ER., Allen VIII, n° 2243, 45.
+ **persisto**, *-ere* s'en tenir à . . . , ne pas dépasser . . . : POMP., 4, 14.
persolus, *-a, -um* tout à fait seul: CRUC., n° 6, 10.
persolutio, *-onis* **paiement complet: AMERB. Br. I, n° 376, 9; ap. ER., Allen III, n° 621, 34; ap. PFLUG IV, n° 715, 24; etc.
personate de manière déguisée, faussement: ap. RHEN., 326, 16 (*non a palam malis . . . , sed a personate bonis*).
personatio, *-onis* une personne: ap. BÈZE VI, 129, 25.
personatus, *-us* *personnat (eccl.): LÉON X ap. ER., Allen II, n° 517, 41; AL. Paquier, 284, 9; CALV. I, 187, 7; fréq.
perspectilis, *-is, -e* qui peut être connu: BUDÉ I, 516, 52; 525, 51.
perspectiua, *-ae* *perspective (géométrie): GUAR. 2, Inaug., 131, 20; ap. LEF., 370, 36; POMP., 108, 26; etc.
perspicacia, *-ae* **perspicacité: FIC., Theol. I, 70, 10; ER., Allen III, n° 657, 6; BUDÉ II, 257, 46; fréq.
perspicillum, *-i* A) longue-vue: ER., ASD I-3, 233, 74. - B) Pl. lunettes: PIGH., n° 272, 48; CAST., De arte I, ch. 29, ll. 39 et 40. - v. *conspicilla, ocularia, specilla* et *uitrei oculi.*
perspicitas, *-atis* perspicacité: AMERB. Bon. VI, n° 2845, 7 et 142.
perspirabilis, *-is, -e* qui laisse passer la sueur: BUDÉ IV, 567, 11 (*perspirabili cute*).
persplendeo, *-ēre* briller à travers: BUDÉ I, 526, 19 (*Cum trans nubem sol persplenduerit*).
perspuo, *-ere* cracher sur . . . : MORE Corr., n° 86, 213.
perstillatio, *-onis* suintement, action de tomber goutte à goutte: ER., ASD I-1, 494, 21.
perstrenue très diligemment, très activement: ap. ER., Allen XI, n° 3123, 27.
perstupeo, *-ēre* rester immobile, rester engourdi: ER., ASD V-1, 53, 365.
persuasiuncula, *-ae* conviction, croyance: ER., ASD IV-3, 132, 134; ap. ER., Allen V, n° 1272, 14. - dim. de *persuasio.*
persultim en sautant, en bondissant: BUDÉ III A, 204, 26.
pertentator, *-oris* quelqu'un qui éprouve, qui contrôle: BUDÉ I, 158, 51.

pertextus *-us* tissu, contexture: BUDÉ I, 248, 21 (fig.).
pertinacitas, *-atis* obstination, entêtement: POGG. I, 200, 22.
pertolerantia, *-ae* endurance: BUDÉ I, 220, 6.
+ **pertranseo**, *-ire* *passer quelque chose sous silence: POGG. I, 255, 3.
pertuisana, *-ae* pertuisane: BÈZE III, 251, 37. - ← ital. par franç.
+ **peruagatio**, *-onis* voyage, déplacement: LAPUS in *Reden*, 135, 36.
peruanus, *-a, -um* tout à fait vain, tout à fait faux: ER., Allen V., n° 1353, 216.
peruehementer très fortement, très vivement: PIC 1, 290, 25.
peruenerabilis, *-is, -e* **très respectable: ap. AMERB. I, n° 428, 3.
peruenerandus, *-a, -um* très respectable: ap. CALV. XIII, 539, 3.
peruenuste très bien, très exactement: BOV. Sap., 70, 18.
peruetulus, *-a, -um* assez vieux: POGG. I, 445, 12. - dim. de *peruetus*; pour la formation, v. *perargutulus.*
peruicacitas, *-atis* *obstination: POGG. I, 233, 8; GAG. II, 282, 5; PLANT. VI, 50, 28; etc.
peruicinus, *-a, -um* très proche: ap. CELT., n° 122, 20.
peruietas, *-atis* accessibilité: LEF., 73, 6.
+ **perunctio**, *-onis* dans *summa perunctio*, extrême-onction: POLIT., 48, 43; MORING. in *Mon.*, 277, 631.
perunctor, *-oris* quelqu'un qui oint, qui frictionne: HUTT. V, 410, 7; 420, 6.
peruolutatio, *-onis* fait de parcourir un livre: MURET, O.O. I, 342, 17.
perusitatus, *-a, -um* très employé, très utilisé: VIVES Conscr., 128, 24.
pessundator, *-oris* (empl. adj. M.) qui détruit, qui supprime: BUDÉ I, 353, 30.
pestilentialis, *-is, -e* *pestilentiel: ap. FIC., O.O. I, 564 B, 1; AMERB. Bon. IV, n° 1666, 12; ap. RHEN., 278, 11; etc.
pestilenticus, *-a, -um* pestilentiel: ap. ER., Allen VII, n° 1895, 17; BULL. ap. BÈZE V, 163, 28.
pestilentiola, *-ae* petite peste, petite épidémie: ER., Allen I, n° 134, 2. - dim. de *pestilentia.*
pestis A) dans *sudaria pestis*: v. *sudarius, -a, -um.* - B) dans *sudatoria pestis*: v. *sudatorius, -a, -um.*
petacitas, *-atis* manie de demander, avidité: ER., Allen X, n° 2846, 122; ASD IX-1, 294, 325; TORR. III, n° 1127, 10.
petenter de manière pressante: MORE Corr., n° 180, 14.
petia, *-ae* *pièce, morceau: AMERB., J. I, n° 283, 56; ap. AMERB. I, n° 379, 7; BUDÉ III B, 17, 2; etc.
+ **petitio**, *-onis* dans *petitio principii*, *pétition de principe: POLIT.,

523, 6; LUTH., WA X/2, 182, 31; POMP., 22, 20; etc.

petitum, *-i* désigne une unité de mesure de longueur: PETR. I, 369, ll. 17, 18 et 19; etc.

petium, *-ii* désigne une monnaie: AMERB. Bon. III, n° 1083, 83.

petricosus, *-a, -um* *pierreux, rocailleux: ER., ASD I-1, 162, 6; 408, 17; II-6, 543, 679; etc.

petulosus, *-a, -um* vif, impétueux: ap. PFLUG IV, n° 824, 101.

pfaffus, *-i* prêtre catholique (avec connot. péjor.): BULL. ap. CALV., XIX, 422, 39. - ← all.

Phalaricus, *-a, -um* de Phalaris: ap. ER., Allen XI, n° 3031 a, 268; CALV. IX, 147, 9; ap. CALV. XV, 796, 23. - cf. *phalarismus*.

phalarismus, *-i* cruauté digne de Phalaris: ER., ASD IX-1, 422, 95; BUDÉ I, 137, 1; JON. II, 39, 1; etc. - ← φαλαρισμός; cf. CIC. *Att.* VII, 12, 2, où le mot est en grec.

Phalarista, *-ae* (M.) un émule de Phalaris: BUDÉ I, 143, 53. - cf. *phalarismus*.

phallophorus, *-i* un porteur de phallus: ER., ASD II-4, 55, 867. - ← φαλλοφόρος.

phantasiola, *-ae* petite fantaisie, petit rêve: LEF., 225, 27. - ← φαντασία (*phantasia*) + suff. lat de dim.

phantasior, *-ari* rêver de, imaginer: AMERB. J. I, n° 191, 28; HAL., 11, 4. - ← grec: cf. φαντάζομαι.

phantasta: v. *fantasta*.

phantasticalis: v. *fantasticalis*.

phantastice de manière fantaisiste: CATH., Opusc. I, 26, 38. - ← φανταστικῶς.

phantaston, *-i* ce qui provoque la vision: BUDÉ I, 530, 35 et 43 (terme stoïcien). - ← τό φανταστόν.

phanum: v. *fanum*.

pharaonicus, *-a, -um* de pharaon: BÈZE IX, 90, 11.

pharisaismus, (*-eismus*), *-i* pharisaïsme: ER., Allen II, n° 447, 592; VIII, n° 2134, 94; JON. I, 439, 39; etc.

pharmacon: v. *pharmacum*.

pharmacopoeia, *-ae* confection de médicaments: BOD. I, 122 A, 2 - ← φαρμακοποιία.

pharmacopoeum, *-i* médicament, drogue: STURM, 90, 9. - ← φαρμακοποιός, -ός, -όν.

pharmacopoeus, *-i* pharmacien: ap. CALV. XV, 427, 47. - ← φαρμακοποιός.

pharmacopolium, *-ii* pharmacie: BUC., Corr. I, n° 21, 41; BUDÉ III B, 177, 21; fig.: BUDÉ I, 206, 28. - ← grec: cf. φαρμακοπωλέω.

pharmacotheca, *-ae* boîte à médicaments: ap. CELT., n° 146, 58. - ← φαρμακοθήκη.

pharmacum, (*-on*), *-i* A) **remède, médicament: PETR. II, 685,

22; POGG. I, 46, 6; GUAR. 1, Inaug., 287, 18; fréq. - B) **poison: ER., ASD IV-1, 64, 183; IV-2, 148, 822. - C) avec valeur ambivalente, remède/poison: PETR. II, 1224, 32 (*anceps pharmacum*). - ← φάρμακον.

phase (indécl.) **la Pâque: ER., ASD V-2, 360, 61; V-3, 100, 196; ap. BULL., Corr. I, 76, 10; etc. - ← hébreu.

pheronymus, *-a, -um* *qui porte bien son nom, bien nommé: ER., Allen XI, n° 3086, 5. - ← φερώνυμος.

philadelphia, *-ae* charité chrétienne: ap. ER., Allen X, n° 2641, 26; ap. BÈZE II, 158, 24. - ← φιλαδελφία.

philalethia (*-ithia*), *-ae* amour de la vérité: BUDÉ III A, 106, 49 et 54; ap. BULL., Gr. I, 62, 36. - ← φιλαλήθεια.

philanthropia, *-ae* **charité entre humains: BUDÉ III B, 121, 27. - ← φιλανθρωπία.

philanthropus (*-os*), *-a, -um* qui aime les hommes: BULL. ap. CALV. XIV, 210, 38. - ← φιλάνθρωπος.

philautia, *-ae* **amour de soi, égoïsme, égocentrisme: BOV. Sap. 54, 9 (sans connot. péjor.); ap. LEF., 447, 4; ER., Allen II, n° 337, 177; fréq. - ← φιλαυτία.

philautus, *-a, -um* égoïste, égocentrique: ap. ER., Allen XI, n° 3031 a, 358; CRUC., n° 15, 18; APH., 13 r°, 1; etc. - ← φίλαυτος.

phileleutherus, *-a, -um* ami de la liberté: BUDÉ II, 304, 43. - ← φιλελεύθερος.

philepiicia, *-ae* amour de la juste mesure: BUDÉ III A, 106, 49 et 53. - ← φιλεπιείκεια.

philerasmius, *-ii* un partisan ou admirateur d'Érasme: ap. ER., Allen VIII, n° 2101, 48. - ← φιλ- + *Erasmus.*

phileuangelus, *-i* un ami de l'Évangile: BUDÉ I, 192, 31. - cf. φιλ- + Εὐαγγέλιον.

philhomeria, *-ae* le fait d'aimer Homère: BUDÉ I, 205, 18. - ← grec: cf. φιλομήρος.

philiron, *-onis* qui aime l'ironie, au langage ironique: BUDÉ I, 192, 32. - ← φιλ- + εἴρων.

philobarbarus, (*fi-*), *-i* un ami de la «barbarie»: ER. Allen III, n° 974, 6; ap. ZW. VII, 279, 10; RHEN., 233, 3; etc. - ← φιλοβάρβαρος.

philobiblius, *-ii* un ami des livres: LUTH., WA Br. I, n° 31, 1. - ← φιλόβιβλος.

philochristus, *-i* **un ami du Christ: BUDÉ I, 155, 32. - ← φιλόχριστος.

philochrysus, *-i* un ami de l'or: BUDÉ I, 155, 33. - ← φιλόχρυσος.

philocolax, *-acis* un ami des flatteurs: BUDÉ I, 369, 51. - ← φιλοκόλαξ.

philodicus I, *-a, -um* qui aime les procès, chicanier: BUDÉ III B, 174, 44. - ← φιλόδικος.

philodicus II, *-i* quelqu'un qui aime les procès, un chicanier: AMERB. Bon. II, n° 970, 18; V, n° 2504, 3. - ← φιλόδικος.

philolipsius, *-ii* un admirateur de Lipse: ap. LIPSE, Ep. III, n° 692, 6. - ← φιλο- + *Lipsius.*

philomitos: v. *philomythos.*

philomoria, *-ae* amour de la « folie » : BUDÉ I, 227, 30 (*mundi iudicio philomoria*); 230, 30; 236, 52. - ← φιλο- + μωρία.

philomoror, *-ari* aimer la « folie » : BUDÉ I, 227, 28 (*philomorari . . . communis sensus interpretatione*). - ← grec: cf. φιλο- + μωραίνω.

philomorus, *-i* un ami de la « folie » : BUDÉ I, 238, 12 (*philomori . . . ciuili prudentiae . . . uidebuntur*). - ← φιλο- + μωρός.

philomusus, *-i* un ami des Muses, un ami des belles-lettres: ER., Allen III, n° 919, adr.; ap. AMERB. VII, n° 3210, 19; HAL., 150, 14; etc. - ← φιλόμουσος.

philomythos, *-a, -um* qui aime les récits, les fables: POLIT., 461, 24; VIVES, H.L., 95, 7 (*philomitos mendaxque poeta*) = VIVES ap. BARL., n° 11, 23, où E. Daxhelet traduit « ami des cordes de lyres » ! (cf. ὁ μιτός!). - ← φιλόμυθος; pour la graphie de VIVES, cf. prononc. byz.

philonisso, *-are* imiter Philon: ER., ASD II-4, 132, 51. - ← φιλωνίζω.

philoplutus, *-i* un ami des richesses: BUDÉ II, 283, 19. - ← φιλόπλουτος.

philopseudes qui aime à mentir: ap. PFLUG I, n° 97, 56. - ← φιλοψευδής.

philosomatus, *-i* quelqu'un qui aime son corps: VALLA I, 964, 26. - ← φιλοσώματος.

philosophatio, *-onis* réflexion philosophique, philosophie: ap. CELT., n° 124, 62; BUDÉ I, 254, 16; ap. ER., Allen II, n° 423, 36; etc. - ← φιλοσοφία (*philosophia*) + suff. lat.

philosophia dans *sermocinalis philosophia* : v. *sermocinalis.*

philosophistoricus, *-i* historien philosophe: BOD. I, 255 B, 8 (à propos de Philon). - ← φιλόσοφος + ἱστορικός.

philostauricus, *-a, -um* qui aime la croix (du Christ) → qui aime la souffrance: BUDÉ I, 199, 41; 207, 53. - ← grec: cf. φιλόσταυρος.

philostorgia, *-ae* tendresse envers les siens: ER., Allen X, n° 2687, 7. - ← φιλοστοργία.

philotesia, *-ae* toast d'amitié: BUDÉ I, 142, 29; ER., ASD IV-3, 92, 370; ap. ER., Allen X, n° 2817, 271. - ← φιλοτησία.

philotesius (*-thesius*), *-a, -um* d'amitié, qui concerne l'amitié: ER., ASD IV-2, 74, 304; LB II, 1023 F; BUDÉ I, 165, 27; etc. - ← φιλοτήσιος.

philotheoria, *-ae* amour de la contemplation, de la méditation: BUDÉ I, 14, 33; 25, 50; 155, 2; etc. - ← φιλο- + θεωρία.

philotheorus, *-i* quelqu'un qui aime la contemplation, la méditation: BUDÉ I, 25, 53; 155, 4; 207, 15; etc. - ← φιλοθέωρος.

philothesius: v. *philotesius*.

philotimia, *-ae* *amour des honneurs, ambition: BUDÉ I, 155, 32; III A, 204, 34; ap. CALV. XIX, 469, 6. - ← φιλοτιμία.

phloesbus, *-i* bruit sourd de la mer, des vagues: POLIT., 425, 29. - ← φλοῖσβος.

phratria, *-ae* « phratrie », au fig. = les moines: ALCIAT ap. AMERB. II, n° 810, 31. - ← φρατρία.

phratriarchus, *-i* chef d'une phratrie (Athènes anc.): BOD. I, 184 A, 55. - ← φρατρίαρχος.

phratrius, *-ii* un membre d'une « phratrie » → au fig., un moine: AMERB. Bon. II, n° 830, 6. - ← φράτριος.

phrenetice avec frénésie, comme un homme en délire: MORE, CW V/1, 20, 6. - ← grec: cf. φρενετικός (*phreneticus*).

phrontista, *-ae* (M.) un intendant: REU., 196, 10. - ← φροντιστής.

phrontisterium (*fr-*), *-ii* bureau, cabinet de travail: CELT., n° 306, 47; n° 328, 12; ap. ZW. VIII, 161, 16. - ← φροντιστήριον; v. *academiola* C, *litteratorium*, *museolum*, *museum* et *studiolum*.

physalus, *-i* crapaud venimeux: MORE, CW III/1, 53, 36. - ← φύσαλος.

physicalis, *-is*, *-e* *physique, matériel: ap. LEF., 372, 8. - ← φυσικός (*physicus*) + suff. lat.

+ **physicus**, *-i* A) *médecin: PETR. II, 991, 38; FIC., O.O. I, 628 B, 3; POGG. I, 485, 24; fréq.; v. aussi *protophysicus*. - B) étudiant de la classe de « physique » : ap. LIPSE I, n° 1, 54.

physiognomunta, *-ae* (M.) physionomiste: ER., ASD V-1, 364, 597. - ← grec: cf. φυσιογνώμων (*physiognomon*).

physiognomus: v. *physionomus*.

physionomia, *-ae* *art du physionomiste: FIC., O.O. I, 650 A, 47; 650 B, 7; CALV. I, 287, 2. - ← grec: cf. φυσιογνωμονία.

physionomus (*-gnomus*), *-i* physionomiste: FIC. Conv., 243, 30; Theol. II, 198, 8. - ← grec: cf. φυσιογνώμων (*physiognomon*).

+ **pica**, *-ae* envie de femme enceinte (cf. κίττα): POLIT., 502, 13.

picarius, *-a*, *-um* qui ressemble à une pie → bavard comme une pie: VALLA I, 450, 43.

picinus, *-a*, *-um* de pie: VALLA I, 708, 34 (*picina . . .uox*).

pico, *-are* être enceinte (cf. κιττάω): NEBR., 58, 35.

picte à la manière d'une peinture, en style figuré: CRUC., n° 20, 38.

picturo, *-are* A) **dépeindre: ER., ASD V-2, 67, 38. - B) orner: MORE, CW V/1, 466, 22.

pienter pieusement, aimablement: ZAS. ap. AMERB. II, n° 727, 74; toutefois, on lit *pie* (cf. G.) ZAS. V, 174 A, 69 (même lettre).

+ **pietas**, *-atis* A) dans *Pietas tua*, **« Ta/Votre Piété » : ap. PFLUG II, n° 366, 7; v. *tua*. - B) dans *mons pietatis*: v. *mons*.

pigellus, *-a, -um* assez paresseux, assez indolent: ER., Allen VII, n° 2040, 40; ap. CALV. XVI, 245, 38. - dim. de *piger*.

pignusculum, *-i* modeste gage: GAG. II, 206, 16. - dim. de *pignus*.

pigriculus, *-i* un petit paresseux, un petit indolent: ZW. VII, 146, 9; 325, 4. - dim. de *piger*, empl. subst.

pila A) dans *pila clauaria*: v. *clauarius, -a, -um*. - B) dans *pila palmaria*: v. *palmarius, -a, -um*.

pilearis, *-is, -e* qui concerne les bonnets: BULL. ap. BÈZE VI, 210, 23.

pilositas, *-atis* pilosité: POGG. I, 180, 16.

pilularis, *-is, -e* arrondi, rond: BUDÉ III A, 220, 18.

pilularius, *-a, -um* qui roule des boulettes: BÈZE I, 52, 11 (*pilularius scarabeus*; à rapprocher: PLIN. 1, XI, 34, 98; XXX, 30, 99: *scarabeus qui pilas uoluit*).

pinacium, *-ii* assiette: ER., ASD I-3, 336, 113; 337, 154 et 157. - ← πινάκιον.

+ **pingo**, *-ere* tracer des lettres, écrire: ER., Allen V, n° 1304, 316; IX, n° 2435, 43; Ferg., 274, 913.

+ **pinguiarius**, *-ii* fabricant de cierges: VALER. C. Coll., 197 a, 14.

pinnularis, *-is, -e* d'aile: BUDÉ III A, 174, 23.

pinta, *-ae* *pinte (mesure de capacité): BUDÉ II, 211, 37; SYLVIUS in *Pros.*, 632, 33; NANCEL, 184, 26; etc. - ← franç.?

pintula, *-ae* petite pinte (à boire): VIVES ap. ER., Allen IV, n° 1108, 208. - dim. de *pinta*.

pirgamenum: v. *pergamenum*.

+ **piscarius**, *-a, -um* dans *piscarius dies*, jour maigre: ER., ASD I-3, 684, 274; CALV. VIII, 70, 15.

+ **piscatrix**, *-icis* marchande de poissons: GAG. I, 268, 14.

+ **pisculentus**, *-a, -um* A) qui se nourrit de poissons, qui mange du poisson: ER., ASD I-3, 498, 118. - B) dans *dies pisculentus*, jour maigre: ER., Allen IV, n° 1184, 35; ASD I-3, 337, 126; VALER. C. Coll., 96 a, 20; etc.

pisito, *-are* **crier (pour l'étourneau): APH., 56 v°, 8.

pistoletarius, *-ii* pistolier: ap. CALV. XVII, 179, 36 (*quos uocant*).

pistoletus (*-ettus*), *-i* A) pistolet (arme): ap. CALV. XVII, 349, 31 (*ut uocant*); ap. BÈZE IV, 256, 11; BÈZE VIII, 126, 36. - B) pistole ou pistolet (monnaie): BÈZE V, 44, 27; XI, 146, 18; CORD. II, n° 30.

pistolicus, *-a, -um* porteur d'un pistolet: ap. CALV. XVII, 609, 18.

pistrinarius, *-a, -um* de meunier: BUDÉ I, 255, 21.

+ **pistrinum**, *-i* fig. A) imprimerie: ER., Allen VI, n° 1749, 9; AMERB. Br. II, n° 524, 8; ap. AMERB. VIII, n° 3532, 47; etc. -

B) tribunal: BUDÉ III B, 103, 31; 112, 35; 168, 27. - C) Cour, vie de Cour: BUDÉ I, 308, 35. - D) théologie: MORING. in *Mon.*, 567, 80. - E) école: ap. PFLUG V/1, n° 459 bis, 44.

pituitas, *-atis* **mucosité, humidité: POLIT., 410, 46; 411, 6; 415, 44; etc.

pituitula, *-ae* coryza, grippe: ER., Allen VI, n° 1610, 72. - dim. de *pituita.*

pixidula, *-ae* petit boîte: ER., Allen I, n° 143, 78. - On attendrait *pyxidula,* dim. de *pyxis* (πυξίς); mais cf. prononc. byz.

placator, *-oris* **le médiateur, celui qui apaise: BUC., Op. lat. XV, 253, 12; MEL., W. V, 155, 14; O.O. XXI, 617, 10.

placentula, *-ae* petit gâteau: ER., ASD I-1, 601, 29; BUDÉ I, 219, 7; MORE, CW V/1, 74, 7; etc. - dim. de *placenta.*

plagiarius, *-a, -um* qui concerne le plagiat: VALLA I, 42, 26.

\+ **plagula**, *-ae* filet, piège: BUDÉ I, 203, 48.

\+ **planeta**, *-ae* (M.) un vagabond (sens attesté pour πλανήτης): ER., Allen VI, n° 1536, 3.

planiloque en langage clair: BUDÉ III B, 111, 21.

plantabilis, *-is, -e* composé de plantes: ap. LEF., 229, 17.

plantanimum, *-i* un zoophyte: BUDÉ I, 460, 25.

plantula, *-ae* jeune plante, petite plante A) **sens propre: SAL. III, ch. 7, 160; VALLA I, 10, 19; ER., ASD I-3, 458, 181, etc. - B) fig.: ANDREAS in *Praef.*, 58, 10. - dim. de *planta.*

planum, *-i* **un plan (géométrie): FIC., Theol. I, 293, 27 et 28.

\+ **planus**, *-a, -um* dans *planus cantus,* plain-chant: ap. CALV. XV, 340, 18.

plapardus (*-phardus*), *-i* désigne une monnaie (blappart ou plappart): ap. AMERB. I, n° 237, 24; ER., Allen VI, n° 1536, 4; RHEN., 448, 21; etc. - ← germ.; v. *blappardus* et *flapardus.*

plateatim de rue en rue: APH., 46 v°, 22.

Platonice à la manière de Platon ou des Platoniciens: FIC., Theol. I, 69, 25; 212, 30; 309, 6; etc. - ← Πλατωνικῶς.

platonisso, *-are* imiter Platon: ER., ASD I-6, 68, 877; ASD II-4, 132, 51. - ← Πλατωνίζω.

Platonista, *-ae* (M.) un Platonicien: SAL. II, ch. 2, 20. - ← grec: cf. Πλατωνίζω.

plausibilitas, *-atis* recherche de faveur, d'approbation: ER., ASD IV-2, 144, 699.

\+ **plausibiliter** de façon plausible: MEL., O.O. XXIII, 635, 32; v. aussi BUDÉ I, 151, 9, où on lit *plausiliter,* très probablement par erreur typog.: l'éd. princeps du *De transitu* porte *plausibiliter.*

plausiliter?: v. *plausibiliter.*

\+ **plausito**, *-are* applaudir: BUDÉ I, 185, 17; 349, 37.

plaustralis, *-is, -e* de charretier: ER., Allen IX, n° 2577, 27.
Plautine à la manière de Plaute: MORING., 204, 15.
plebanatus, *-us* *fonction de pléban: ap. ZW. VII, 202, 2 (*liceat ita dicere*).
plebanus (*-eianus*), *-i* *pléban, prêtre de paroisse: PETR. II, 1140, 11; AMERB. J. I, n° 130, 8; LUTH., WA Br. I, n° 20, 9; fréq.
plebeianus: v. *plebanus.*
plenarie **pleinement, complètement: CELT., n° 187, 8; ap. MORE Corr., n° 10, 82; ap. PFLUG III, n° 460, 39; etc. - Condamné par CROC. Farr., 197, 30.
pleonexia, *-ae* avidité, esprit de convoitise: ap. BULL., Gr. III, 291, 5. - ← πλεονεξία.
plethoricus, *-a, -um* **pléthorique: ap. FIC., O.O. I, 576 B, 52 et 58. - ← πληθωρικός.
plicae, *-arum* *plis (d'un vêtement): APH., 19 r°, 19.
plicatio, *-onis* *fait de plier: VALLA I, 165, 46 (*plicatio genuum*).
Plotinice à la manière de Plotin: FIC., O.O. I, 523 A, 40.
pluratiue A) au pluriel: ap. ER., Allen VI, n° 680 a, 84. - B) en employant le pluriel pour le singulier → en vouvoyant: REU., 155, 4.
pluricolor, *-oris* de plusieurs couleurs: POLIT., 214, 40; GAG. II, 225, 1.
plurifarie de plusieurs façons: BOV. Nih., 116, 13; Opp. 84, 20; 110, 6. - cf. *plurifariam* (G.).
plurificabilis, *-is, -e* qui peut être multiplié: ap. LUTH., WA Br. II, n° 244, 479.
plurifico, *-are* A) *multiplier: CATH. Enarr., 157, 37. - B) augmenter, rendre plus important: ap. CELT., n° 247, 24.
pluriformiter différemment: PETR. II, 1111, 23.
pluriloquium, *-ii* fait de parler beaucoup, bavardage: PETR. II, 982, 2.
plurinomius, *-a, -um* qui porte plusieurs noms: PETR. II, 1155, 4 (*Deum unum plurinomium*).
plurisyllabus, *-a, -um* de plusieurs syllabes: HAL., 53, 32. - cf. *pluri-* + συλλαβή (*syllaba*).
pluritas, *-atis* A) **pluralité: BOV. Opp., 90, 4; 94, 30; 108, 3. - B) augmentation, surcroît: BOV. Nih., 120, 20.
pluriter de plusieurs manières: BOV. Nih., 120, 23.
plusminus plus ou moins, environ: AMERB. Bon. III, n° 1409, 51.
Plutacademia, *-ae* « Académie des riches » (ironique): BUDÉ I, 355, 6. - ← grec: cf. πλοῦτος + Ἀκαδημία.
plutacademicus, *-a, -um* qui concerne l'« Académie des riches » (ironique): BUDÉ II, 300, 42. - ← grec: cf. πλοῦτος + Ἀκαδημία.
pluteolus, *-i* petit pupitre: APH., 40 r°, 27. - dim. de *pluteus.*

pluuiale, *-is* *chape, cape (vêtement eccl.): S.J. I, 274, 16.
pluuiola, *-ae* *petite pluie: ER., Allen III, n° 867, 108. - dim. de *pluuia*.
+ **poculum**, *-i* dans *a poculis*, échanson: ER., ASD I-2, 287, 13; I-6, 174, 639; APH., 26 r°, 5; etc. - v. *a/ab*.
podagror, *-ari* souffrir de la goutte: VALLA I, 514, 20. - ← grec: cf. ποδαγράω.
poecilomorphus, *-a, -um* de couleurs variées: ap. CALV. XVI, 119, 22 (*ut loquuntur*). - ← ποικιλόμορφος.
poen-: v. *paen-*.
poetaster, *-tri* poète (connot. péjor): ER., Allen IV, n° 1195, 134; VIVES, E.W. I, 80, 6; ap. BÈZE V, 25, 29.
poetista, *-ae* (M.) poète (connot. péjor): VIVES, E.W. I, 80, 11.
+ **poetria**, *-ae* *poésie: PETR. I, 457, 12; GUAR. 1, Doc., 168, 22; ap. ZW. VII, 384, 2.
poetulus, *-i* « petit » poète: CLEN., n° 36, 55. - dim. de *poeta*.
polaris, *-is, -e* polaire: MORE Corr., n° 101, 14; BOD. I, 140 B, 58; 141 B, 17.
polemarchia, *-ae* fonction de polémarque: BUDÉ III A, 378, 47. - ← πολεμαρχία.
polemarchus, *-i* A) archonte polémarque (Athènes anc.); BUDÉ IV, 1165, 8; MURET, Scr. Sel. II, 162, 14. - B) chef de guerre, chef militaire: ap. PLANT. I, 189, 12. - ← πολέμαρχος.
poli-: v. aussi *poly-*.
policentricus, *-a, -um* qui a plusieurs centres: SAL. II, ch. 7, 92. - On attendrait *poly-* (πολυ-); mais cf. prononc. byz.
poligonia, *-ae* polygone: BOV. Nih., 78, ll. 17, 20 et 23; etc. - On attendrait *poly-* (πολύγωνον); mais cf. prononc. byz.
poliorcetica, *-um* (*-on*) machines de siège: POLIT., 468, 5; LIPSE, O.O. III, 261, 2. - ← πολιορκητικός, -ή, -όν.
politarcha: v. *polytarcha*.
Politianicus, *-a, -um* de Politien: MEL., O.O. I, 695, 27.
politice I (adv.) A) *en ce qui concerne l'État, au point de vue politique: MEL., W. V, 268, 11; TORR. II, n° 376, 27; MERC., 197, 19. - B) publiquement: CALV. XV, 487, 52; TORR. II, n° 374, 35. - ← πολιτικῶς.
politice II, *-es* la politique: ER., ASD I-2, 76, 23; AMERB. Bon. VI, n° 2625, 17. - ← πολιτική.
politicus, *-i* *un homme d'État: POMP., 123, 19; 124, 6; 125, 15; etc. - ← πολιτικός.
polities, *-ei* élégance verbale: ER., ASD I-2, 383, 14; BARL., n° 67, 35; CROC. Farr., 179, 3; etc.
polonice en langue polonaise: ER., Allen VII, n° 1967, 126.
polyarchia, *-ae* gouvernement confié à beaucoup de gens: LIPSE,

Ep. III, n° 634, 24. - ← πολυαρχία.
polycentricus: v. *policentricus.*
polygamus, *-i* un polygame: BUDÉ I, 210, 49. - ← πολύγαμος.
polygonia: v. *poligonia.*
polygraphia, *-ae* fait d'écrire beaucoup: ER., Allen VI, n° 1800, 126. - ← πολυγραφία.
polygraphus, *-i* un polygraphe: ER., ASD I-3, 577, 45; Allen V, n° 1451, 69. - ← πολυγράφος.
polylogia, *-ae* redondance: ER., Allen VI, n° 1644, 32. - ← πολυλογία.
polyphagia, *-ae* goinfrerie: ER., ASD I-3, 685, 315. - ← πολυφαγία.
polyphilia, *-ae* fait d'avoir beaucoup d'amis: ER., Allen III, n° 756, 36. - ← πολυφιλία.
polyposia, *-ae* fait de boire beaucoup: ER., ASD I-3, 685, 315. - ← πολυποσία.
polypragmonicus, *-a, -um* qui s'occupe de beaucoup de choses: MEL., O.O. XXI, 988, 22. - ← πολυπράγμων.
polypus, *-podis* *poulpe: GUAR. 2, Ord., 82, 16. - ← πολύπους.
polysyllabicus, *-a, um* polysyllabique: VLAD., 264, 6. - ← grec: cf. - ← πολυσύλλαβος (*polysyllabus*).
polysyndetum (*-on*), *-i* **polysyndète: ER., ASD I-6, 74, 16; MOS. Tab., 9, 23; 13, 25. - ← πολυσύνδετον.
polytarcha, *-ae* (M.) officier de police communal: ap. BULL., Gr. III, 193, 30 et 35; 197, 21. - On attendrait *politarcha* ← πολιτάρχης.
polytheia, *-ae* **polythéisme: BUDÉ I, 18, 33; 137, 25; 143, 20; etc. - ← πολυθεία.
polytheus, *-i* un polythéiste: BUDÉ I, 18, 53. - ← πολύθεος.
polytropus, *-a, -um* habile en beaucoup de choses: BUDÉ II, 291, 5 (à propos d'Ulysse). - ← πολύτροπος.
pomarantium, *ii* une orange: AMERB. Bon. V, n° 2238, 6 (*uulgo*). - ← all.
pomentum, *-i* un dessert: ER., Allen X, n° 2711, 35.
ponderalis, *-is, -e* qui concerne le poids: BUDÉ II, 101, 16; 241, 1.
ponduscus, *-i* un peseur: BUDÉ II, 101, 12.
+ **Pontifex**, *-icis* (*Pontifex* seul, *Romanus Pontifex, summus Pontifex, Pontifex maximus*) ** le Souverain Pontife, le Pape: PETR. I, 108, 17; VALLA I, 1, 20; POGG. I, 2, 16; fréq.
+ **pontificalis**, *-is, -e* A) **pontifical, papal: PETR. I, 296, 7; VALLA I, 768, 47; PIC 1, 289, 4; fréq. - B) **épiscopal: CLICHT. ap. LEF., 174, 9; 257, 17. - C) dans *ius pontificale*, droit canon: ap. LEF., 244, 22.
pontificaliter (*-cialiter*) à la manière d'un Pape: PETR. II, 1027, 45; ER., Allen II, n° 447, 521.
+ **pontificatus**, *-us* A) **pontificat, dignité de Pape, règne d'un

Pape: PETR. I, 108, 4; VALLA I, 1, 37; POGG. I, 161, 15; fréq. - B) **épiscopat, dignité d'évêque: GAG. I, 227, 12; BUDÉ I, 196, 19; ap. MORE Corr., n° 111, 38; etc.

pontificialiter: v. *pontificaliter*.

+ **pontificius** I, *-a, -um* A) pontifical, papal: POGG. I, 396, 30; AL. Paquier, 261, 27; GAG. II, 154, 7; fréq. - B) épiscopal: GAG. II, 125, 15; ap. AL., Jovy III, 311, 9. - C) dans *ius pontificium*, droit canon: VALLA I, 49, 13; POLIT., 467, 9; GAG. I, 344, 3; fréq.

pontificius II, *-ii* A) un interprète du droit canon, un canoniste: AMERB. Bon. III, n° 1409, 60. - B) un papiste: AMERB. Bon. III, n° 1198, 121; BUC., Op. lat. I, 124, 15; ap. ER., Allen V, n° 1308, 3; fréq.

pontificulus, *-i* « petit » évêque: MORE, CW II, 64, 8. - dim. de *pontifex* (le sens « évêque » est signalé par G.), avec connot. péjor.

popinarius, *-a, -um* de taverne, de cabaret: ER., ASD II-6, 472, 1.

popinatio, *-onis* beuverie: HUTT. II, 25, 33; LIPSE, Ep. II, n° 321, 43.

popinatrix, *-icis* (empl. adj. F.) qui concerne la boisson: BUDÉ I, 291, 44.

poppysso, *-are* faire claquer la langue: POLIT., 253, 12 et 13. - ← ποππύζω.

populabunde en dévastant, en ravageant: BUDÉ IV, 130, 3.

+ **populariter** *en foule, en groupe: RHEN., 498, 11; LIPSE, O.O. IV, 384 B, 48.

popularius, *-a, -um* du peuple, populaire: TORR. II, n° 634, 17. - cf. *popularis* (G.).

populiuorus, *-a, -um* cannibale: MORE, CW IV, 52, 32.

porcellana, *-ae* porcelaine: AL. Paquier, 287, 8. - ← ital.

+ **porrectio**, *-onis* présentation, distribution: MORE, CW V/1, 386, 3.

porrector, *-oris* quelqu'un qui présente, qui apporte: ER., ASD V-3, 330, 7.

porrophagus, *-i* celui qui utilise abusivement le mot *porro* ; surnom méprisant donné à Érasme par un adversaire (avec jeu de mots sur *porro/porrum, -i* + -φαγος): ER., Allen V, n° 1479, 125; LB IX, 1099 A.

+ **portabilis**, *-is, -e* portable, transportable: TORR. I, n° 84, 17 (*altar portabile*).

portatilis, *-is, -e* transportable, maniable: BARL., n° 20, 6; HUTT. I, 201, 10; ap. HUTT. I, 359, 3; etc.

portatura, *-ae* port d'une lettre: CRAN., n° 196, 2.

+ **portio**, *-onis* pension d'un étudiant: AMERB. J. I, n° 246, 12.

portugalensis, *-is* portuguez (monnaie): CLEN., n° 29, 23.

possessiue **avec valeur possessive (gramm.): VALLA I, 43, 13; 44, 28; 48, 17; etc.

posta, *-ae* A) messager du service postal: RHEN., 144, 16 (*uulgo*) ap. ER., Allen VI, n° 1540, 11 (*uulgus*); BÈZE III, 161, 31; etc. - B) dans *magister postarum*, maître des postes: ap. ER., Allen VIII, n° 2089, 9; AL. Paquier, 289, 33; ap. PFLUG II, n° 238, 9; etc. - C) chevaux de poste: ap. AMERB. VI, n° 2927, 102; n° 2961, 43. - ← ital.

postcoenium (*-cenium*), *-ii* dessert: ER., Allen X, n° 2711, 35.

postergatio, *-onis* fait de placer derrière → de faire disparaître: HUTT. IV, 180, 6 (*superstitionum postergatio*).

postergo, *-are* A) placer derrière → négliger: ap. CELT., n° 147, 30; BOV. Sap., 132, 33; ap. LUTH., WA Br. I, n° 57 a, 4. - B) placer derrière → perdre: PETR. II, 979, 35. - C) placer dos à dos: BOV. Sap., 222, 26.

posterioristicus, *-a*, *-um* qui se fait a posteriori: LUTH., WA VII, 720, 26.

posterioritas, *-atis* *postériorité: BOV. Sap., 210, 23 et 26.

postilla, *-ae* *apostille: ER., ASD IX-1, 184, 489; ZAS. ap. AMERB. III, n° 1148, 4; ap. JON. II, 58, 39. - v. *apostilla.*

postillo, *-are* *pourvoir de gloses, de commentaires: LUTH., WA Br. II, n° 366, 27.

postlinquo, *-ere* laisser derrière soi, quitter: ap. AMERB. II, n° 656, 11.

postsequor, *-i* suivre de près: SERRA, 42, 19.

+ **postulatum**, *-i* **postulat: MORE, CW V/1, 298, 25; BUDÉ III A, 16, 27; BOD. I, 230 A, 11 (*geometriae postulata*); etc.

postulatus, *-i* postulat (monnaie): ER., Allen I, n° 119, 52; AL. Paquier, 16, 19; 114, 18.

potabundus, *-a*, *-um* qui boit beaucoup: VALLA I, 367, 3.

potaticus, *-a*, *-um* dans *ars potatica*, art de boire: ER., ASD I-3, 604, 17.

potatiuncula, *-ae* « petite » beuverie: ER., Allen I, n° 61, 51. - dim. de *potatio.*

potentatiuus, *-i* mode potentiel: CUEVA, 43 v°, 5; 46 r°, 23 et 25; etc.

+ **potentatus**, *-us* *souverain, potentat: BUDÉ II, 120, 34; 122, 39.

potentialis, *-is*, *-e* *potentiel: ER., ASD I-6, 133, 663; CUEVA, 46 r°, 16; v°, 7; etc.

potentialitas, *-atis* *potentialité: POMP., 100, 15.

+ **potestas**, *-atis* *propriété, possession: LIPSE, Ep. I, n° 70, 2.

poticus, *-i* un grand buveur: ER., Allen X, n° 2880, 12.

potista, *-ae* (M.) un grand buveur: MORE, CW V/1, 196, 4; 214, 22; 376, 25; etc.

potisticus, *-a*, *-um* buveur, ivrogne: MORE, CW V/1, 484, 3.

practicans, *-ntis* praticien: AMERB. Bon. II, n° 909, 29 (praticien du droit). - ← grec: cf. πρακτικός (*practicus*).

practicatio, *-onis* la pratique, l'exercice: ap. AMERB. I, n° 408, 15 (*medicinae practicatio*). - ← πρακτικός (*practicus*) + suff. lat.

practice (adv.) *pratiquement, réellement: CATH., Enarr., 147, 37. - ← πρακτικῶς.

practico (*praticho*), *-are* A) *pratiquer (le droit...): ZAS. ap. AMERB. III, n° 1166, 9. - B) produire, provoquer: ap. ER., Allen IV, n° 1094, 43. - C) négocier: ap. PFLUG III, n° 452, 34 et 126. ← grec: cf. πρακτικός (*practicus*).

+ **practicus** I, *-a, -um* *pratique: BOV. Sap., 102, 2 (*practici intellectus*).

practicus II, *-i* un praticien A) du droit: BUDÉ III B, 7, 12: AMERB. Bon. III, n° 1147, 100; PIGH., n° 251, 10; etc. - B) de la musique: ap. LEF., 373, 3. - ← πρακτικός.

praeagnosco, *-ere* annoncer préalablement: PETR. II, 891, 33.

praeambulum, *-i* préambule: PETR. I, 513, 50; ZAS. V, 172 B, 64.

praeassigno, *-are* *indiquer à l'avance, prévoir: SAL. III, ch. 9, 154.

praeassumo, *-ere* dire au préalable, appeler au préalable: ap. ER., Allen I, n° 25, 23.

+ **praebenda**, *-ae* *prébende, bénéfice (eccl.): BRIÇ., 122, 15; 123, 5; TORR. I, n° 47, 4; etc.

praebendarius I, *-a, -um* *qui concerne les prébendes, les bénéfices (eccl.): ap. HUTT. I, 277, 13.

praebendarius II, *-ii* quelqu'un qui est pourvu d'une prébende, d'un bénéfice (eccl.): MUNST., 46, 5.

praebendatus, *-i* quelqu'un qui est pourvu d'une prébende, d'un bénéfice (eccl.): LUTH.,WA Br. I, n° 167, 22.

praebendula, *-ae* *petite prébende, petit bénéfice (eccl.): PETR. II, 945, 39. - dim. de *praebenda.*

praeblandior, *-iri* **charmer fortement: ER., ASD IV-2, 148, 806.

praecarus (*-charus*), *-a, -um* très cher (pour des personnes): ap. MORE Corr., n° 10, 18.

praecastigo, *-are* corriger préalablement: ER., Allen II, n° 417, 3; n° 421, 52.

praecellenter **excellemment, particulièrement: PIC 1, 319, 3; DORP, 13, 10.

+ **praecentor**, *-oris* quelqu'un qui « chante » à l'avance, qui annonce à l'avance: GAG. II, 234, 14 (*praecentoribus dominici aduentus, Hieremye et Iohanni*).

praeceptiuncula, *-ae* petit précepte: ER., ASD I-6, 28, 33; MORE Corr., n° 15, 370; DORP, 99, 19; fréq. - dim. de *praeceptio.*

praeceptorculus, *-i* modeste précepteur: ER., Allen V, n° 1286, 44. - dim. de *praeceptor.*

praeceptorie à la manière d'un précepteur, d'un maître: AL. Paquier, 46, 16.

praeceptorius, *-a, -um* A) de professeur, de maître: ap. CELT., n°

58, 5; ap. BUC., Corr. II, nº 104, 31. - B) qui informe, qui enseigne: VIVES, Conscr., 24, 25; 38, 13; 52, 28.

praecharus: v. *praecarus.*

praecipitabundus, *-a, -um* plein de précipitation, qui ne traîne pas: PETR. II, 891, 8.

+ **praecipitantia**, *-ae* A) dans *linguae praecipitantia*, hâte à parler, incapacité de tenir sa langue: ER., ASD IV-1 A, 150, 108. - B) précipitation: BULL., Corr. I, 49, 4; ap. BÈZE XII, 132, 23.

+ **praecipitatio**, *-onis* **précipitation: REU., 154, 18; ER., Ferg., 152, 516.

+ **praecise** *avec précision: TORR. III, nº 893, 22; nº 1201, 18.

+ **praecisus**, *-a, -um* *précis: POMP., 24, 4.

praecociter prématurément: VIVES, E.W. I, 94, 5.

praeconceptus, *-a, -um* A) conçu à l'avance, pressenti. PETR. I, 93, 37; 624, 28. - B) préparé: ap. ER., Allen II, nº 309, 3.

praeconcipio, *-ere* dans *praeconcipe uerba*, dis à l'avance (dis le premier) la formule: ER., ASD I-6, 186, 931.

praeconiolum, *-i* petit éloge: ap. AL., Jovy III, 267, 13. - dim. de *praeconium.*

praeconiso, *-are* A) *faire l'éloge de . . . : ap. CELT., nº 147, 41. - B) *annoncer, proclamer: ap. ER., Allen X, nº 2766, 106.

praeconspicio, *-ere* prévoir, pressentir: GUAR. 1 in *Reden*, 236, 36.

praecordialis, *-is, -e* A) *qui vient du coeur → sincère: BUDÉ I, 200, 14. - B) qui concerne le coeur: BUDÉ I, 200, 33, 221, 22.

praecordialiter *très cordialement: PETR. II, 1080, 13.

praedefinitio, *-onis* *prédestination: CATH., Opusc. I, 43, 5; BUC., Op. lat. I, 31, 15.

praedeliberatio, *-onis* réunion préliminaire, discussion préliminaire: ap. CALV. XVI, 507, 24.

praedelicatus, *-a, -um* très difficile, très exigeant: BUDÉ I, 290, 46.

praedepono, *-ere* déposer auparavant: ap. ER., Allen X, app. XXIII A 6, l. 35.

praedestinator, *-oris* **partisan de la doctrine de la prédestination: ap. CALV. XVII, 72, 24.

praedialis, *-is, -e* immobilier: ER., Allen III, nº 916, 168; LB V, 89 A.

praedicabilia, *-ium* *les prédicables: BOV. Opp., 158, 35.

praedicabiliter A) **par une déclaration publique: BUDÉ I, 231, 32 (*palam et praedicabiliter*). - B) de manière telle qu'on puisse s'en vanter: BUDÉ I, 279, 28 (*nec bene nec praedicabiliter*).

+ **Praedicator**, *-oris* *un Frère prêcheur, un Dominicain: BRUNI, 76, 14; VALLA I, 361, 6; PIC 1, 93, 9; fréq.

+ **praedicatorius**, *-a, -um* A) de prédicateur: ap. PFLUG I, nº 78, 21. - B) de Dominicain: ap. REU., 242, 20; ER., ASD IX-1, 148,

668; LUTH., WA Br. I, n° 30, 60; etc.

praedicatum, *-i* **prédicat, attribut: VALLA I, 695, 8; POLIT., 527, 16; BOV. Opp. 68, 16; etc.

praedicatura, *-ae* prédication: AMERB. Bas. 2, IX/1, n° 3623, 24 (*ut uocant*).

praedilectus, *-a, -um* *très cher, préféré: PETR. I, 241, 46; II, 1079, 32; 1140, 9.

praediligo, *-ere* préférer: PETR. II, 1049, 30.

praedispositio, *-onis* prédestination: CATH., Opusc. I, 43, 5.

praedoctus, *-a, -um* ***très savant (déjà STAT. *S.* V, 3, 3): ap. ER., Allen I, n° 174, adr.

praedominor, *-ari* A) *être prédominant: XIMENES in *Praef.*, 46, 34; ap. ER., Allen VIII, n° 2115, 21; POMP., 9, 10. - B) exercer le pouvoir sur un territoire: ap. ER., Allen VI, n° 1783, 30.

praedula, *-ae* petit butin, petit profit: ER., Allen VII, n° 1832, 43. - dim. de *praeda.*

praedulciter **très doucement, très agréablement: PETR. I, 30, 38; 124, 56; 256, 16; etc.

praeexercito, *-are* exercer d'abord: LEF., 381, 17.

praeexiguus, *-a, -um* très limité, très restreint: MORE, CW II, 56, 22.

praeexistentia, *-ae* **préexistence: GAG. II, 243, 13.

praefamiliaris, *-is, -e* très familier: PETR. I, 513, 17.

praefatorius, *-a, -um* qui sert de préface: ap. AMERB. II, n° 845, 7.

praefecta, *-ae* abbesse: ap. ARL., 244, 17 et 20; 245, 22.

+ **praefectura**, *-ae* bailliage: BÈZE VIII, 132, 17; BULL. ap. BÈZE X, 55, 24; DU MOULIN in *Pros.*, 710, 11; etc.

+ **praefectus**, *-i* A) maire: MORE, CW II, 58, 14 (*Londini praefectum*) et 18; 75, 17; etc. - B) bailli: BÈZE II, 196, 12 et 26; III, 43, 22. - C) dans *praefectus studiorum*, Préfet des études: S.J. I, 200, 16; 275, 9; 276, 36; etc.

praefestinus, *-a, -um* pressant, urgent: ap. CRAN., n° 264, 1.

+ **praefigo**, *-ere* **fixer à l'avance, déterminer à l'avance: PETR. I, 240, 46; TORR. II, n° 449, 20.

praefloramentum, *-i* début, avant-goût: ap. LIPSE, Ep. II, n° 566, 58.

praefractio, *-onis* obstination: ap. CALV., XI, 227, 23.

praefronticius, *-a, -um* qui sert de préface: AMERB. Bas. 1, II, n° 534, 2.

praegrauiter très gravement, très péniblement: PETR. I, 340, 17.

praegustamentum, *-i* avant-goût, début, introduction: CELT., n° 25, 53; ap. RHEN., 409, 23; CRUC., n° 21, 85; etc.

praegustatio, *-onis* *avant-goût: PETR. I, 370, 19; FIC. Conv., 201, 6; BRUNI, 35, 24; etc.

praegustus, *-us* avant-goût: LUTH., WA Br. II, n° 381, 7 n° 431, 25.

praehabeo, *-ēre* *préférer: ap. ER., Allen X, n° 2767, 18.
praeillino, *-ere* enduire préalablement: BUDÉ I, 313, 11.
praeillustris, *-is, -e* très illustre: PETR. II, 638, 10.
praeimbuo, *-ere* imprégner préalablement: BUDÉ I, 313, 17; II, 192, 30.
praeinsignis, *-is, -e* très remarquable, très distingué: ap. CELT., n° 38, 1.
praeitor, *-oris* le guide (personne): BUDÉ I, 29, 3; 118, 39; 142, 51; etc.
praeiunctio, *-onis* désigne une espèce de zeugma: MOS. Tab., 10, 8.
praelargiter beaucoup, très nettement: PETR. II, 830, 33 (*praelargiter differentes*).
praelatura, *-ae* *prélature: PETR. II, 975, 34; BUC., Op. lat. XV, 137, 24; CLEN., n° 52, 40; etc.
praelatus, *-i* *prélat: PETR. II, 808, 42; POGG. I, 302, 32; VALLA I, 345, 7; fréq.
praelaxus, *-a, -um* très large, très desserré: BUDÉ I, 541, 46.
praelenio, *-ire* adoucir: ER., ASD I-2, 322, 27.
praelibamen, *-inis* *avant-goût, introduction: LEF., 190, 38.
praelibamentum, *-i* **avant-goût, introduction: LEF., 24, 18; ap. LEF., 79, 23.
praelibator, *-oris* celui qui goûte le premier: ap. BULL., Gr. II, 289, 14.
praeliminaris, *-is, -e* préliminaire, qui sert de préface: CHANS., 40, 7; ZAS. V, 184 A, 65; ap. MORE Corr., n° 164, 77; etc.
praeludium, *-ii* A) *signe annonciateur, préliminaire: ER., ASD IV-2, 200, 341; BUDÉ I, 76, 44; ap. PFLUG II, n° 324, 21; etc. - B) début, premier essai: PETR. II, 888, 49; POLIT., 313, 14; ER., Allen I, n° 49, 115. etc.
praelum: v. *prelum*.
praelusor, *-oris* un précurseur: POLIT., 106, 35.
praemagnus, *-a, -um* **très grand: ap. ER., Allen II, n° 352, 35.
praemeditate avec préméditation: HUTT. V, 32, 21.
praemetator, *-oris* un précurseur: BUDÉ I, 237, 28.
praemetior, *-iri* **mesurer préalablement: POLIT., 477, 30.
praemiatio, *-onis* une récompense: BARON, 118, 14.
praemiolum, *-i* petite récompense: ER., Allen I, n° 227, 19; ap. ARL., 221, 3; CORD. IV, n° 15; etc. - dim. de *praemium*.
praemissae, *-arum* *prémisses (d'un syllogisme): BOV. Sap., 216, 22; 218, 28; CATH. Assert., 92, 13; etc.
praemitigo, *-are* adoucir à l'avance: ER., Allen IV, n° 1202, 88.
praemolitio, *-onis* précaution préliminaire: VIVES Conscr., 52, 31.
Praemonstratensis I, *-is* un Prémontré: ap. CELT., n° 118, 1; n° 141, 2.

Praemonstratensis II, *-is, -e* *de Prémontré: ap. CALV. XI, 480, 33; PLANT. I, 245, 1; 289, 23.

praemordaciter d'une façon très mordante: PETR. I, 287, 14; 313, 29; II, 936, 5.

praemordax, *-acis* très mordant: PETR. I, 103, 9; II, 634, 38.

praemorosus, *-a, -um* très morose, très maussade: BUDÉ I, 326, 11.

+ **praemoueo**, *-ēre* troubler: ER., ASD II-5, 303, 369.

praenimius, *-a, -um* vraiment excessif: BUDÉ III A, 45, 50; IV, 398, 14.

praenitidus, *-a, -um* très brillant, très éclatant: PETR. I, 244, 4.

+ **praenomino**, *-are* **mentionner plus haut, nommer auparavant: SERRA, 43, 20; PIC 1, 86, 29; AGRIPPA, 46, 10; fréq.

praenumero, *-are* payer préalablement: PLANT. III, 298, 22; IV, 40, 31; VIII, 12, 16.

praeoccurro, *-ere* *accourir à la rencontre: MEL., O.O. XXI, 658, 25.

praeolfacio, *-ere* sentir à l'avance: ER., ASD IV-1, 89, 80.

praeordinatio, *-onis* **décision préalable → prédestination: ap. CALV. XIV, 487, 18; XV, 715, 8; ap. PLANT. I, 189, 3.

praeparamentum, *-i* *préparatif, préparation: BUC., Corr. I, n° 3, 107; ap. AL. Paquier, 303, 29; ap. PFLUG II, n° 211, 11; etc.

praeparatiuus, *-a, -um* *qui prépare: HAL., 162, 23.

praeparatrix, *-icis* (empl. adj. F.) **qui prépare: FIC., Theol. III, 79, 13.

praeparce très parcimonieusement: BUDÉ I, 283, 39.

praepingo, *-ere* peindre: GAG. I, 225, 8.

praepositatus, *-us* prélature: ap. ER., Allen VI, n° 1588, 9.

+ **praepositura**, *-ae* *prévôté (eccl.): AL. Paquier, 88, 11; ER., ASD I-2, 469, 18; PFLUG III, n° 470, 7; fréq.

+ **praepositus**, *-i* *prévôt: ER., Allen I, n° 157, 20; AL. Paquier, 89, 21; CRUC., n° 18, 6; fréq.

praepulchre très bien: BOV. Opp., 40, 12.

praeridiculus, *-a, -um* très ridicule: POGG. I, 379, 31.

praerupte brusquement: BUC., Op. lat. II, 295, 21.

praesatis, « plus qu'assez », très: ap. CRUC., n° 5, 20 (*homini praesatis studioso*).

praescriptibilis, *-is, -e* *sujet à prescription (droit): AMERB. Bon. VI, n° 2845, 166 et 185.

praescriptor, *-oris* quelqu'un qui établit les règles, le programme . . . : BUDÉ I, 393, 5.

praesecurus, *-a, -um* tout à fait sûr, tout à fait tranquille: PIGH., n° 148, 4.

praesentatio, *-onis* A) **présentation: GAG. II, 249, 1; TORR. II, n°

565, 58; PIGH., n° 244, 16; etc. - B) présentification: BOV. Sap., 168, 7 et 10.

praesentatiuus, *-a, -um* qui présente, qui offre aux regards: BOV. Sap., 166, 35; 168, 6; 202, 21.

praesentator, *-oris* celui qui présente, qui remet (une lettre): ap. CELT., n° 72, 6; ap. BULL., Gr. I, 7, 3.

praesentatrix, *-icis* (empl. adj. F.) *qui présente: BOV. Sap., 100, 21.

praesenter clairement: BUDÉ I, 137, 5.

praesentes, *-ium* (F. Pl. subst.) *la présente (à propos d'une lettre), toujours au gén. (*praesentium lator/ ostensor/ praesentator/ exhibitrix*): ZW. VII, 16, 3; ap. BULL., Gr. I, 6, 22; ap. AMERB. I, n° 60, 9; etc. - cf. *praesentium literarum lator* : ap. MEL., O.O. II, 82, 15.

praesentialitas, *-atis* A) présence personnelle: PIC 1, 84, 47; 85, 47; 90, 3; etc. B) « présentialité », présent: SAL. II, ch. 6, 160; ch. 7, 25; CATH. Opusc. I, 20, 12; etc.

+ **praesentialiter** *dans le présent, présentement: SAL. II, ch. 8, 119 et 122; ch. 11, 159; etc.

praesentio, *-onis* pressentiment, prévision: PIC 1, 339, 52; 340, 37.

prasentisco, *-ere* *commencer à pressentir: GAG. II, 31, 19; ZW. VII, 324, 20; BUDÉ III A, 111, 1; etc.

praeseruatio, *-onis* préservation, protection: ap. FIC., O.O. I, 570 A, 8; GAG. II, 228, 3; ap. ER., Allen VIII, n° 2334, 23; etc.

praeseruatiuus, *-a, -um* *qui préserve, qui protège: ap. AMERB. III, n° 1115, 216; ap. ZW. VIII, 732, 12.

praeseruatrix, *-icis* (empl. adj. F.) préventive: ap. FIC., O.O. I, 569 A, 33.

praesidencium: v. *praesidentium.*

praesidenter avec assurance: PETR. I, 17, 25; BUDÉ I, 481, 3; 482, 43; etc.

praesidentia, *-ae* A) commandement: PETR. I, 196, 13; GAG. II, 108, 3; MORE, CW V/1, 130, 31. - B) premier rang, primauté: RAUDENSIS in *Reden*, 165, 11.

praesidentium, (*-cium*), *-ii* présidence: ap. PFLUG III, n° 524, 3.

+ **praesigno**, *-are* A) **préfigurer: BRIÇ., 90, 16. - B) *prédire: FIC., Theol. II, 10, 28.

praespeculor, *-ari* **regarder à l'avance: LIPSE, Ep. I, n° 90, 10 (*scopum praespeculantur*).

praestabilitas, *-atis* qualité, valeur: CLICHT. ap. LEF., 390, 22.

+ **praestantia**, *-ae* dans *Praestantia tua*, **« Ton/Votre Excellence » : ap. CELT., n° 118, 7; ap. ER., Allen II, n° 582, 38; LUTH., WA Br. I, n° 178, 4; etc. - v. *tua.*

+ **praestes**, *-itis* soldat qui se trouve devant un autre: APH., 78 r°, 13.

praestigiatorius, *-a, -um* d'illusionniste: ER., ASD I-3, 725, 179.

praestigiatura, *-ae* A) *imposture, tromperie: ER., ASD I-1, 456, 7; 458, 15; MORE Corr., n° 83, 175; etc. - B) magie, sorcellerie: MORE, CW III/1, 51, 23.

+ **praestigium**, *-ii* prestige: ER., ASD IV-1, 180, 461.

praestolator, *-oris* **quelqu'un qui attend: BUDÉ I, 282, 43.

praestrenuus (*-ennuus*), *-a, -um* A) très vif, très rapide: ER., ASD I-3, 430, 22. - B) très grand: ER., Allen I, n° 159, 61. - C) très actif: ER., Allen VI, n° 1395, 2.

+ **praesul**, *-ulis* *prélat: PETR. I, 293, 11; VALLA II, 443, 20; POLIT., 111, 44; fréq.

praesularis, *-is, -e* qui remplace un prélat: BUDÉ I, 196, 19.

+ **praesulatus**, *-us* *prélature: BUDÉ I, 379, 20.

praesultrix, *-icis* celle qui dirige les danseurs ou danseuses (fig.): BUDÉ I, 173, 31; 204, 50.

praesuppono, *-ere* *présupposer: PETR. I, 223, 16; SAL. I, ch. 1, 19; PIC 1, 85, 12; fréq.

praesuppositum, *-i* un présupposé: SAL. II, ch. 6, 224; ch. 8, 180.

+ **praetactus**, *-a, -um* *cité plus haut, susdit: HAL., 77, 14.

praetaxatus, *-a, -um* *fixé d'avance: PETR. I, 456, 4.

praetendiculum, *-i* petite excuse, petit prétexte: ZAS. V, 186, B, 75. - dim. que l'on peut rattacher à *praetendo, -ere.*

praetensio, (*-tio*), *-onis* prétention, demande: AMERB. Bon. IV, n° 1947, 23; PLANT. VII, 261, 2; TORR. II, n° 599, 19.

+ **praetercurro**, *-ere* omettre, passer sous silence: ER., ASD IV-3, 126, 29.

praetergrauo, *-are* accabler: ap. ER., Allen VI, n° 1594, 54.

praeterlapsus, *-a, -um* dernier, passé: PIGH., n° 119, 3 (*praeterlapsa hebdomada*); n° 129, 2; n° 244, 10; etc.

praeternaturalis, *-is, -e* *surnaturel: ap. AMERB. III, n° 1115, 39.

praetersilio, *-ire* passer outre, ne pas respecter: AMERB. Br. I, n° 299, 13.

praeterueho, *-ere* passer outre, omettre: PETR. II, 780, 20. - cf. *praeteruehor, -i* (G.).

praeteruolito, *-are* *voltiger: ap. ER., Allen VIII, n° 2124, 9; CROC. Coll., f. B 1 v°, 5.

praetraho, *-ere* attirer: BUDÉ III A, 58, 29.

praeturbo, *-are* troubler: ER., ASD II-5, 303, 370.

praeturgidus, *-a, -um* très gonflé: POLIT., 240, 6; ER., ASD II-5, 322, 866; BUDÉ I, 489, 38; etc.

praeuaricabunde A) avec prévarication: BUDÉ III B, 29, 42; IV, 388, 22. - B) négligemment: BUDÉ I, 76, 35.

praeuaricabundus, *-a, -um* prévaricateur: VIVES ap. ER., Allen VII, n° 1847, 113.

praeuaricanter avec prévarication: BUDÉ I, 197, 31.

+ **praeuaricatio**, *-onis* **transgression, violation: ap. ER., Allen X, nº 2912, 38.

praeuisor, *-oris* *un préposé: HUTT. I, 147, 8.

praeuulgatus, *-a, -um* très répandu: PETR. II, 885, 38.

prandialis, *-is, -e* qui concerne un repas, qui se fait au cours d'un repas: ap. AMERB. II, nº 597, 20 (*sermones prandiales*).

prasmus, *-i* brême: APH., 27 vº, 30.

praticho, *-are* : v. *practico, -are.*

pre-: v.aussi *prae-*.

precabunde en suppliant: BUDÉ III B, 140, 46.

precatorius, *-a, -um* dans *sphaerulae precatoriae* : v. *sphaerula.*

preciositas, *-atis* prix, valeur: JON. I, 34, 21.

precula, *-ae* petite prière: ER., ASD I-2, 312, 6; MORE Corr., nº 83, 1378; ZW. VIII, 232, 2; fréq. - dim. de *prex, precis.*

prehensatrix: v. *prensatrix*

prehensiuncula, *-ae* manière de prendre, de s'emparer de . . . : BUDÉ I, 288, 2. - dim. de *prehensio.*

+ **prelum** (*prae-*), *-i* presse d'imprimerie, imprimerie: ap. AMERB. I, nº 210, 26; MORE Corr., nº 86, 426; ER., Allen II, nº 311, 19; fréq.

+ **premo** (*pri-*), *-ere* A) imprimer (des livres): HUTT. I, 255, 13; ap. AMERB. I, nº 92, 8; ZW. VII, 147, 2; etc. - B) garder pour soi, ne pas publier: ER., Allen IV, nº 1165, 23; ASD IX-1, 136, 353; 142, 491; etc.

prensatrix, (*prehen-*), *-icis* (empl. adj. F.) qui cherche à charmer, à séduire: BUDÉ I, 195, 17.

prepon, *-ntis* **ce qui convient, bienséance: ap. AL., Jovy, II, 122, 35. - ← τὸ πρέπον.

presbyteralis (*presbi-*), *-is, -e* **de prêtre: TORR. II, nº 614, 40; III, nº 1121, 6.

+ **presbyterium**, *-ii* consistoire (chez les protestants): BÈZE XI, 85, 18; 101, 39; 150, 43; etc.

pressiuncula, *-ae* petite pression: LIPSE, Ep. II, nº 499, 13 (pression morale). - dim. de *pressio.*

pressor, *-oris* un imprimeur: ap. AMERB. I, nº 92, 2.

+ **pressura**, *-ae* presse d'imprimerie: ap. AMERB. I, nº 1, 6; nº 2, 5.

prex, *precis* dans *horariae preces* : v. *horarius, -a, -um.*

+ **priapus**, *-i* membre viril: POGG. I, 433, 29; 434, 13; 463, 35; etc.

+ **primarius** I, *-a, -um* A) dans *ciuis primarius*, maire, bourgmestre: ER., ASD I-1, 41, 16. - B) dans *uir primarius*, même sens: ER., ASD I-1, 41, 2.

primarius II, *-ii* le principal d'un Collège: ap. ER., Allen II, nº 444, 46; CLEN., nº 10, 22.

+ **primas**, *-atis* **primat (eccl.): ER., Allen III, n° 967, adr.; MORE Corr., n° 60, 233; BÈZE XI, 178, 3; etc.

+ **primigenia**, *-ae* droit de primogéniture: BUDÉ IV, 1002, 18.

primigenie primitivement, orginairement: BUDÉ I, 511, 31.

+ **primigenius**, *-a, -um* A) dans *primigenia noxa*, péché originel: BUDÉ I, 187, 8; 268, 51; II, 278, 24; v. *genialis, originalis* et *primordialis.* - B) dans *ius primigenium*, droit de primogéniture: BUDÉ IV, 1002, 18.

primitiolae, *-arum* prémices: RHEN., 52, 25; ER., ASD IV-2, 60, 29. - dim. de *primitiae.*

primo, *-ere*: v. *premo, -ere.*

primogenitura, *-ae* *primogéniture: MEL., W. IV, 387, 29; HOTM., 464, 22; CALV. I, 517, 14; etc.

+ **primordialis**, *-is, -e* **originel (à propos du péché originel): BUDÉ I, 11, 21; 144, 6; 153, 13; etc. - v. *genialis, originalis* et *primigenius* A.

+ **princeps**, *-ipis* (F.) princesse: AGRIPPA, 46, 7; 84, 10; MOHY, f. F 1 r°, 23; etc.

+ **principalis**, *-is* (subst.) le principal d'un Collège: AMERB. Br. I, n° 161, 16; AMERB. J. I, n° 225, 23; n° 234, 6; etc.

+ **principatus**, *-us* *principauté: ap. AMERB. III, n° 1188, 6; TORR. I, n° 91, 157.

principiabilis, *-is, -e* qui peut être au commencement: PETR. I, 369, 39.

principissa, *-ae* *princesse: ap. AMERB. VI, n° 3007, 50; BÈZE IV, 162, 23; JON. I, 260, 29; etc.

principium dans *petitio principii*: v. *petitio.*

+ **prior**, *-oris* *un prieur: PETR. II, 1060, 43; GAG. II, 266, 12; ER., Allen I, n° 52, 6; fréq.

+ **prioratus**, *-us* A) *titre ou fonction de prieur: LUTH., WA Br. I, n° 22, 27; ap. ER., Allen II, n° 517, 44; CALV. I, 187, 8; etc. - B) *prieuré: CLÉMENT VII ap. ER., Allen VI, n° 1588, 9; NANCEL, 242, 7; TORR. II, n° 559, 60; etc.

priorculus, *-i* « petit » prieur: ER., Allen IV, n° 1166, 47; LB IX, 1247 A. - dim. de *prior*, avec connot. péjor.

priorissa, *-ae* *prieure: ap. AMERB. I, n° 336, 24; TORR. II, n° 547, 17; III, n° 968, 25.

prioritas, *-atis* A) *antériorité: SAL. II, ch. 4, 6; BOV. Sap., 210, 23; ER., LB X, 1260 C. - B) *supériorité: ap. CALV. XIII, 214, 10.

Priscianomastix, *-igis* quelqu'un qui fustige Priscien: BUDÉ III A, 214, 47. - v. *mastix.*

priuilegiatus, *-i* quelqu'un qui jouit d'un privilège: TORR. II, n° 643, 34.

probacto, *-onis* désigne une catégorie de gladiateurs: POLIT., 470, 20.

+ **probator**, *-oris* **un examinateur: STURM, 46, 11.

probatorius, *-a, -um* d'approbation: BUDÉ I, 61, 52; AMERB. Bon. VII, n° 3331, 4; n° 3345, 4; etc.

procancellariatus, *-us* fonction de vice-chancelier: ap. AMERB. V, n° 2260, 7.

procancellarius, *-ii* vice-chancelier: ER., Allen XI, n° 2986, adr.; AMERB. Bon. IV, n° 1725, 46; LUTH., WA Br. I, n° 132, 2; etc.

+ **procedo**, *-ere* **procéder (théol): ER., Allen VII, n° 2045, 308 (*cur ausus est dicere quod Filius procedit a Patre?*).

+ **processio**, *-onis* **fait de procéder (théol.; v. *procedo, -ere*): ER., Allen VII, n° 2045, 308.

+ **processus**, *-us* A) *procès: REU., 206, 29; BUDÉ III B, 18, 41; CLEN., n° 21, 122; etc. - B) requête, rapport: ap. BULL., Gr. III, 17, 37; 18, 5; TORR. I, n° 195, 12; etc. - C) dans *processus uerbalis,* procès-verbal: BUDÉ III B, 4, 9; 29, 9.

+ **proclamatio**, *-onis* *proclamation, publication: AL. Paquier, 99, 7; BÈZE XIII, 181, 32.

proclamatorialis, *-is, -e* de proclamation, de publication: TORR. I, n° 139, 9.

proclamito, *-are* crier bien haut: ER., ASD I-1, 518, 13; MORE, CW III/1, 104, 12.

procleticum, *-i* appel: ap. ER., Allen XI, n° 3112, 89. - ← προκλητικός, -ή, -όν.

procognitor, *-oris* remplaçant du défenseur, du mandataire: BUDÉ III B, 180, 48.

procrastinator, *-oris* quelqu'un qui retarde, qui remet à plus tard: ap. AL. Paquier, 298, 29; ap. CRAN., n° 205, 19; BUDÉ I, 261, 16; etc.

procreatricula, *-ae* (adj. F.) procréatrice, qui produit: BUDÉ I, 512, 35. - dim. de *procreatrix.*

procreatrix, *-icis* (empl. adj. F.) procréatrice, qui produit: FIC., Theol. I, 46, 33; VIP. Hist., 60, 28.

+ **procudo**, *-ere* imprimer: LEF., 206, 2; RHEN., 51, 17; AMERB. Br. et Bas. 1, II, n° 551, 3; etc.

procurabilis, *-is, -e* que l'on peut obtenir: BUDÉ I, 340, 2.

+ **procuratio**, *-onis* procuration, mandat: ap. ER., Allen II, n° 371, 12 (*quam uocant*).

procuratorium, *-ii* *procuration, mandat: ER., Allen IV, n° 1245, 28; CLEN., n° 58, 166; ap. PIGH., n° 57, 17; etc.

+ **procuratorius**, *-a, -um* dans *mandatum procuratorium,* procuration, mandat: TORR. II, n° 536, 39; III, n° 678, 2; 679, 5; etc.

procuratura, *-ae* fonction de procurateur (dans une université): AL. ap. ER., Allen I, n° 256, 64.

+ **procuro**, *-are* provoquer, causer: MORE, CW IV, 164, 18.

prodeambulatio, *-onis* promenade: CROC. Coll., f. A 6 r°, 10.

+ **prodeo**, *-ire* seul ou dans *in lucem prodire*, paraître, être publié (pour un livre): TORR. I, n° 3, 18 et 38; MOHY, f. F 4 v°, 14; etc.

+ **prodigiose** avec prodigalité: AMERB. J. I, n° 225, 21.

+ **prodigo**, *-ere* dans *in lucem prodigere*, faire paraître, publier (un livre): ap. ER., Allen II, n° 352, 6.

proditorie *traîtreusement, en traître: ER., ASD I-1, 499, 4; ap. AMERB. I, n° 302, 29; BUC., Corr. II, n° 100, 47; etc.

+ **prodromus**, *-i* préambule: LIPSE, Ep. III, n° 631, 9.

+ **productio**, *-onis* A) *production, passage à l'acte (philos.): FIC., Theol. III, 150, 29. - B) création: AGRIPPA, 52, 18 et 25.

+ **productiuus**, *-a, -um* *productif, qui produit: FIC., Theol. I, 256, 27; PIC 1, 312, 24 et 32.

+ **productor**, *-oris* celui qui produit, l'auteur, le créateur: FIC., Theol. I, 132, 17; ARGYR. in *Reden*, 50, 15.

productrix, *-icis* (empl. adj. F.) qui produit, qui provoque: BUDÉ IV, 531, 51.

proedria, *-ae* droit de préséance (Athènes anc.): BOD. I, 183 A, 29. - ← προεδρία.

proedrus, (*prohe-*), *-i* proèdre (Athènes anc.): BUDÉ III A, 105, 13 et 15; BOD. I, 184 B, 1. - ← πρόεδρος.

proepiscopus, *-i* *évêque auxiliaire: ap. CALV. XIV, 124, ll. 33, 36 et 44.

profanesco, *-ere* devenir « profane », perdre son caractère sacré: CALV. I, 555, 13; XIV, 293, 4; ap. CALV. XVI, 155, 15.

+ **profanitas**, *-atis* profanation: BÈZE IV, 124, 42.

+ **profanus** I, *-a, -um* laïc: MUNST., 166, 16 (*principes profanos et ecclesiasticos*).

profanus II (*-phanus*), *-i* un laïc: RHEN., 160, 17; BUDÉ III A, 98, 27; 101, 33; etc.

+ **profectio**, *-onis* dans *religiosa profectio*, pèlerinage: ER., ASD I-3, 427, 103.

profectiuncula, *-ae* départ, voyage: ER., Allen VIII, n° 2151, 1; n° 2158, 83; ap. PIGH., n° 21, 4; etc. - dim. de *profectio*.

+ **professio**, *-onis* A) **foi, religion: ER., Allen V, n° 1400, 181; ASD I-3, 742, 31; TORR. I, n° 12 bis, 77; etc. - B) **engagement comme religieux: VALLA II, 287, 3; ER., Allen V, n° 1436, 22; MORE Corr., n° 83, 1314; etc. - C) fonction de professeur, chaire, enseignement: BRENTA in *Reden*, 72, 8; MOS. Paed., 48, 22; ER., Allen III, n° 722, 9; fréq.

professorculus, *-i* médiocre professeur: HUTT. I, 45, 18; MEL., O.O. XI, 52, 17. - dim. de *professor*, avec connot. péjor.

+ **profiteor**, *-eri* **s'engager comme religieux: VALLA II, 291, 7; 294, 4; 295, 1; etc.

+ **profligatio** *-onis* poursuite, destruction: ER., Allen III, n° 961, 15 (*haereseon profligatio*).

+ **profluuium**, *-ii* chute (des cheveux): APH., 16 r°, 21.

profugium, *-ii* ***refuge (déjà CIC. *Caec.* 34, 100; var.): POGG. I, 334, 22; BULL. ap. BÈZE IX, 101, 41.

profundatio, *-onis* *profondeur: ap. FIC., O.O. I, 587 B, 51 (*cum profundatione*: en profondeur).

+ **progenitor**, *-oris* le fondateur: ER, ASD I-3, 390, 47 (fondateur d'un Ordre relig.).

prognosta, *-ae* (M.) astrologue: ER., ASD IV-1, 177, 341. - ← προγνώστης.

programmaticus, *-a*, *-um* qui concerne les affiches, fait sur affiches: BUDÉ I, 179, 6. - ← grec: cf. πρόγραμμα.

+ **progressio**, *-onis* A) *marche, fait de marcher: BOV. Sap., 66, 11. - B) passage de classe (dans une école): STURM, 38, 30; 46, 9; v. *promotio*.

progressiuus, *-a*, *-um* *qui fait avancer: FIC., Theol. I, 126, 21.

progymanasma, *-atis* exercice: ap. CELT., n° 209, 14; ER., ASD I-1, 181, 9; MURET, O.O. I, 417, 11; etc. - ← προγύμνασμα.

prohedrus: v. *proedrus*.

prohemialiter: v. *prooemialiter*.

prohibitiuus, *-a*, *-um* **d'interdiction: CUEVA, 65 v°, 9.

proiectamentum, *-i* objet de rejet, de mépris → rebut: ER., ASD V-2, 129, 24; LB V, 10 D.

proiectilis, *-is*, *-e* dans *denarii proiectiles*, jetons (pour compter): ap. LEF., 171, 13.

prolapsus, *-us* *écoulement (du temps): HAL., 8, 13.

prolatator, *-oris* quelqu'un qui remet à plus tard: BUDÉ I, 375, 50.

prolatatrix, *-icis* (empl. adj. F.) qui remet à plus tard: BUDÉ I, 172, 25.

prolectatio, *-onis* attrait: BUC., Op. lat. XV, 252, 11 (*nefarii ocii prolectatio*).

prolectator, *-oris* quelqu'un qui allèche, qui attire: ALCIAT ap. ER., Allen VIII, n° 2276, 49.

+ **prolepsis**, *-is* prénotion: VALLA I, 530, 8 (*anticipationem quandam deorum, quam appellat prolepsin Epicurus*: d'après CIC. *Nat.* I, 16, 43, où le terme est en grec).

prolificus, *-a*, *-um* prolifique, fécond: PIC 1, 477, 52; BUDÉ I, 358, 30; ap. MORE Corr., n° 196, 94; etc.

prolixiuscule assez longuement: ap. ER., Allen XI, n° 3031 a, 26. - dim. du compar. adv. *prolixius.*

prolixiusculus, *-a, -um* assez long, assez prolixe: ZAS. V, 187 A, 78. - dim. du compar. *prolixior, -ius.*

+ **prologus**, *-i* fraction dont le numérateur est plus grand que le dénominateur (sens attesté pour πρόλογος): POLIT., 464, 5.

prolongatio, *-onis* *prolongation, délai: TORR. II, n° 535, 56; n° 588, 7.

prolotus, *-a, -um* lavé → purifié: ap. POLIT., 42, 32 (*prolotos digitos*).

prolusorius, *-a, -um* **préliminaire, préjudiciel: BUDÉ III A, 350, 10; III B, 20, 1; AMERB. Bon. VII, n° 3141, 36; etc.

proma, *-ae* celle qui distribue: VIVES, E.W. I, 90, 6 (*conda sum, non proma*).

promachus, *-i* un défenseur: BULL. ap. CALV. XVI, 489, 30. - ← πρόμαχος.

promeridianus, *-a, -um* de l'avant-midi, de la matinée: TORR. I, n° 77, 13.

promiscuo en commun: BUDÉ II, 270, 18. - cf. *promiscue* (G.).

promolior, *-iri* se déplacer, s'avancer: ER., ASD IV-1, 88, 16.

+ **promotio**, *-onis* passage de classe (dans une école): S.J. I, 200, 37; 202, 3; II, 176, 32. - v. *progressio* B.

promotionalis, *-is, -e* de recommandation: ap. AMERB. IX/2, n° 3955, 23.

+ **promotor**, *-oris* A) *promoteur: ZAS. ap. AMERB. II, n° 504 b, 11; AMERB. Bon. II, n° 755, 8 (*studiorum meorum promotor*); ap. PFLUG II, n° 232, 68; etc. - B) *enquêteur: ER., LB II, 965 F. - C) *justicier: [ER.], Ferg., 317, 2.

promotorialis, *-is, -e* de recommandation: ap. ER., Allen VIII, n° 1739 a, 15; ap. LIPSE, Ep. III, n° 601, 64.

promouenter d'une manière qui fait avancer: BUDÉ I, 527, 11.

+ **promoueo**, *-ēre* faire monter de classe (dans une école): S.J. I, 152, 26; 156, 3; 201, 53; etc.

promptitas, *-atis* *empressement: ap. BULL, Gr. I, 104, 2.

promptito, *-are* puiser souvent: BUDÉ I, 232, 2.

promptitudo, *-dinis* A) **rapidité: PETR. II, 1225, 7; GUAR. 2, Ord., 46, 5; ER., ASD I-4, 102, 994; etc. - B) **empressement: GUAR. 1, Doc., 197, 12; ANDREAS in *Praef.*, 82, 5; ER., Allen IV, n° 1005, 22; fréq.

pronepotulus, *-i* petit-neveu: ap. ER., Allen II, n° 561, 63. - dim. de *pronepos* (pour le sens, v. *nepotulus*).

pronitas, *-atis* *un penchant: ER., ASD I-2, 50, 21; POMP., 124, 22; 138, 9.

pronunc pour le moment: ap. ER., Allen XI, n° 3023, 1.

pronunciatorie (*-tiatorie*) de façon péremptoire: ER., Allen IV, n° 1126, 301.

pronunciatrix (*-tiatrix*), *-icis* celle qui déclame: BUDÉ I, 19, 27.

prooemialis, *-is*, *-e* de préface, introductif: HAL., 4, titre; 23, 22; 24, 18; etc. - ← προοίμιον (*prooemium*) + suff. lat.

prooemialiter (*prohe-*) en manière de préface: SAL. I, ch. 1, 4. - ← προοίμιον (*prooemium*) + suff. lat.

prooemiolum, *-i* petite préface: FIC., O.O. I, 711 B, 18. - ← προοίμιον (*prooemium*) + suff. lat. de dim.

propaedeuma, *-atis* étude préliminaire: BUDÉ II, 291, 15. - ← προπαίδευμα.

propagabilis, *-is*, *-e* qui peut se répandre, se propager: FIC., Theol. III, 177, 23; O.O. I, 474 B, 19.

+ **propagator**, *-oris* **un propagateur: PIC 1, 409, 12; RHEN., 54, 33; ap. ER., Allen XI, n°, 3041, 105; etc.

propagatrix I, *-icis* (subst. F.) celle qui propage: PETR. II, 817, 38; PLANT. VI, 38, 31.

propagatrix II, *-icis* (empl. adj. F.) propagatrice: PIC 1, 312, 11.

propagula, *-orum* barrière: PETR. 1, 608, 32.

propalatio, *-onis* publication (d'un livre): CLICHT. ap. LEF., 257, 5.

propastor, *-oris* vicaire: TORR. II, n° 334, 12.

propendor, *-i* avoir une propension . . . : ZAS. ap. AMERB. III, n° 1287, 26.

propensitas, *-atis* un penchant: ap. ER., Allen VIII, n° 2336, 10 et 45; XI, n° 3021, 11.

prophanus: v. *profanus* II.

prophylace, *-es* prophylaxie: ap. FIC., O.O. I, 562 B, 38. - ← προφυλακή.

prophylacticon, *-i* A) prophylaxie: POLIT., 463, 26. - B) Pl. moyens prophylactiques: AMERB. Bon III, n° 1386, 24; V, n° 2238, 11; IX/1, n° 3591, 8; etc. - ← προφυλακτικός, -ή, -όν.

prophylacticus, *-a*, *-um* prophylactique: ap. FIC., O.O. I, 566 B, 40. - ← προφυλακτικός, -ή, -όν.

propinator, *-oris* **celui qui boit le premier → celui qui boit à la santé de . . . : ER., ASD I-3, 210, 2773; Allen I, n° 111, 106; BUDÉ I, 208, 48.

propinquatio, *-onis* **approche, rapprochement: FIC., Theol. I, 212, 20; II, 171, 31; HOTM. ap. LIPSE, Ep. I, n° 99, 26; etc.

+ **propitiatorium**, *-ii* **le propitiatoire (dans le temple de Jérusalem): FIC., O.O. I, 60 A, 13; ER., ASD V-2, 289, 81; V-3, 64, 659.

propondero, *-are* peser plus: ER., Allen I, n° 119, 210.

propontifex, *-icis* A) légat pontifical: ap. AMERB. IV, n° 1576, 10.

- B) suffragant d'un évêque: BUDÉ I, 196, ll. 18, 22 et 25.

proportionabilis, *-is, -e* **proportionnel, analogue: BOV. Sap., 76, 1; 100, 4; 162, 23; etc.

proportionor, *-ari* *être proportionné à . . . : POLIT., 104, 21.

propositiuncula, *-ae* A) *petite phrase, petite formule: ER., ASD I-1, 149, 2. - B) petite thèse, petite affirmation: ER., ASD II-5, 176, 341; BUDÉ IV, 266, 46. - dim. de *propositio.*

proposito, *-are* présenter, proposer: BUDÉ III A, 255, 51.

proprinceps, *-ipis* remplaçant, lieutenant d'un prince: AMERB. Bon. IX/1, n° 3603, 1 (*proprinceps siue locumtenens . . . principis*).

propugnatorius, *-a, -um* de combat: BUDÉ II, 251, 4.

+ **propulsatio**, *-onis* réfutation: SYLVIUS in *Pros.*, 612, 17.

propulsatrix, *-icis* **celle qui repousse, qui préserve de . . . : BULL., Corr., I, 213, 11 (*criminum propulsatricem*).

propulsio, *-onis* action de repousser, d'écarter: CATH. Enarr., 326, 54; ap. AMERB. IX/2, n° 3900, 44.

prorector, *-oris* vice-recteur: STURM, 8, 20.

proregina, *-ae* vice-reine: CLEN., 24, 208.

prorex, *-regis* A) vice-roi: ARL., 187, 32; CLEN., n° 23, 36; ap. PFLUG IV, n° 708, 26; fréq. - B) gouverneur (d'un pays): PLANT. VIII, 344, 20; LIPSE, Ep. I, n° 101, 1; ap. PIGH., n° 199, 44; etc.

+ **proscriptio**, *-onis* excommunication: DOLET, 180, 26.

+ **proseminator**, *-oris* quelqu'un qui répand, qui propage: MURET, O.O. I, 387, 33.

proseminatrix, *-icis* (empl. adj. F.) qui concerne la reproduction, la procréation: BUDÉ I, 529, 16.

prosenescallus (*-alus*), *-i* lieutenant-sénéchal: ARL., 59, 11; 96, 19; ap. ARL., 223, 16; etc. - ← *pro-* + *senescallus* (← germ.).

proseruio, *-ire* obéir: ap. BÈZE XI, 159, 17.

prosodium, *-ii* **chant de cortège: VIP. Poet., 35, 1. - ← προσόδιον.

prosopographia, *-ae* personnification: CALV. V, 227, 15. - ← grec: cf. πρόσωπον + γράφω.

prosopolepsia, *-ae* fait de considérer les personnes: LUTH., WA XVIII, 628, 37; 629, 2. - ← προσωποληψία. A rapprocher: *chaerolepsia, topolepsia* et *tropolepsia.*

prospectiua, *-ae* perspective (en dessin): VALLA I, 551, 7.

prosperator, *-oris* *celui qui assure le succès, la réussite: ER., Allen VII, n° 1819, 168; IX, n° 2518, 51.

prostratim à la manière d'un prostré → sans réaction: PLANT. V, 235, 23.

prosynodus, *-i* réunion préparatoire à un synode: ap. CALV. XI, 811, 33 et 35; 812, 1.

+ **protectorius**, *-a, -um* *qui protège: PFLUG II, n° 257, 67.
protectrix, *-icis* **une protectrice: CATH. Disput., 114, 6; ap. PLANT. Suppl., 155, 21.
+ **protectus**, *-us* protection: ER., ASD V-2, 332, 85.
+ **protelatio**, *-onis* **retard, remise à plus tard: ZW. VII, 146, 6; ap. MORE Corr., n° 157, 27.
proteruulus, *-a, -um* assez audacieux, assez effronté: BUDÉ I, 203, 34. - dim. de *proteruus*.
protestans, *-ntis* un protestant: MUNST., 60, 2; PFLUG II, n° 309, 17; CALV. VII, 258, 32; fréq.
protho-: v. *proto-*.
protocollum (*-olum*), *-i* *protocole (document): ap. BÈZE VI, 128, 42; 131, 3; VALER. C. Ep., n° 97, 7; etc. - ← πρωτόκολλον.
protoconsul, *-ulis* maire, bourgmestre: LUTH., WA Br. II, n° 514, 16. - ← πρῶτος + *consul*.
protographeus, *-eos* premier secrétaire, protonotaire: ER., Allen IV, n° 1080, adr.; IX, n° 2619, adr. - ← grec: cf. πρῶτος + γραφεύς (v. *graphaeus*).
protomartyr (*protho-*), *-is* **premier martyr: PETR. I, 615, 2; ap. AL. Jovy, III, 240, 15; ER., Allen IV, n° 1185, 11. - ← πρωτομάρτυρ.
protonotarius (*protho-*), *-ii* **premier secrétaire, protonotaire: PETR. II, 1182, 12; POGG. I, 325, 36; VALLA I, 487, 23; fréq. - ← πρῶτος + *notarius*.
protoparens, *-ntis* **le premier parent (= Adam): BUSL., Or. A, 44. - ← πρῶτος + *parens*.
protophysicus, *-i* premier médecin: ap. CALV. XV, 86, 16. - ← grec: cf. πρῶτος + φυσικός (v. *physicus*).
protopirus, *-i* celui qui fait le premier essai: ER., ASD I-3, 383, 273. - ← πρωτόπειρος.
protoscriba (*protho-*), *-ae* (M.) premier secrétaire: CHANS., 53, 13; MUNST., 145, 3; ap. CALV. XVII, 501, 50; etc. - ← πρῶτος + *scriba* v. *archiscriba*.
prototypographus, *-i* prototypographe (désigne Plantin): PLANT. II, 143, 23; ap. PLANT. II, 142, 7; IV, 305, 16; etc. - ← grec: cf. πρῶτος + τυπός + γράφω; *architypographus* et *typographus*.
protrepticus, *-a, -um* **d'exhortation, d'encouragement: ap. ER., Allen XI, n° 3139, 73. - ← προτρεπτικός.
protrusio, *-onis* action de presser, de serrer: BUDÉ IV, 483, 41.
protueor, *-eri* remarquer, voir (devant soi): ANDREAS in *Praef.*, 57, 14.
prouector, *-oris* **un promoteur: ER., ASD I-2, 360, 24.
prouelitaris *-is, -e* qui se trouve en avant, au début: ZAS. ap. AMERB. III, n° 1054, 14.

prouerbiolum, *-i* petit proverbe: ER., Allen IV, n° 1175, 92. - dim. de *prouerbium.*

prouerbiosus, *-a, -um* riche en proverbes: ER., Allen I, n° 126, 157 et 261.

+ **prouincia**, *-ae* *province ecclésiastique: PLANT. VIII, 287, 19.

prouincialatus, *-us* *fonction (eccl.) de Provincial: GAG. I, 258, 6; II, 263, 16.

+ **prouincialis**, *-is* (seul ou dans *Pater prouincialis*) *le Provincial ou Père provincial (fonction eccl.): ANDREAS in *Praef.*, 59, 13; GAG. I, 263, 8; ER., Allen III, n° 811, 7; fréq.

prouincialiter par province (eccl.): ap. HUTT. I, 358, ll. 25, 27 et 31.

prouinciola, *-ae* petite charge, petite fonction: BUDÉ III A, 96, 9; ap. AMERB. III, n° 1395, 21; ap. CALV. XVIII, 107, 44; etc. - dim. de *prouincia.*

+ **prouisio**, *-onis* *collation (sens eccl.): ap. CRAN., n° 141, 24; TORR. III, n° 1038, 52; n° 1127, 39.

prouisionalis, *-is, -e* dans *sententia prouisionalis*, sentence provisionnelle: TORR. I, n° 279, 68.

prouisorius, *-a, -um* de prévision: RHEN., 27, 10 (*de prouisoria Dei uirtute*).

prouocabunde en recourant au droit d'appel: BUDÉ III B, 45, 24.

prouolito, *-are* s'envoler: CRUC., n° 11, 2.

proxeneticus, *-a, -um* intermédiaire: AMERB. Bon. II, n° 977, 16. - ← προξενητικός.

proxenetrius, *-a, -um* qui accueille, qui protège: BUDÉ I, 60, 32. - ← grec: cf. προξενήτρια.

prozeugma, *-atis* désigne une espèce de zeugma: MOS. Tab., 10, 7. - ← πρό + ζεῦγμα.

+ **prudentia**, *-ae* dans *tua Prudentia*, **« Ta/Votre Sagesse » : ER., Allen IV, n° 1054, 9; VI, n° 1747, 82; ap. AMERB. V, n° 2295, 1; etc. - v. *tua.*

pruniceps, *-ipis* pince pour le feu: APH., 23 r°, 17.

psalteriolum, *-i* psautier: LUTH., WA Br. I, n° 66, 6. - dim. de *psalterium.*

+ **psaltes**, *-ae* (M.) le Psalmiste: CLICHT., 9 v°, 25; CLICHT. ap. LEF., 359, 23; ER., LB IX, 1222 A; etc.

psecas, *-adis* petite pluie fine: APH., 81 v°, 5. - ← ψεκάς.

psellismus, *-i* psellisme (défaut de prononc.): ER., ASD II-6, 470, 928. - ← ψελλισμός.

pseudadelphus, *-i* un prétendu frère (en matière relig.): ap. CALV. XV, 99, 30. - ← ψευδάδελφος.

pseudepigraphus, *-a, -um* **qui porte une fausse signature, publié sous un faux nom: ER., Allen I, p. 29, 9; IV, n° 1000, 26. - ← ψευδεπίγραφος.

pseudeuangelicus, *-i* un prétendu « évangélique » : ER., ASD IX-1, 370, 951; Allen VII, n° 1956, 40; ap. AMERB. VII, n° 3274, 4; etc. - ← ψευδ- + εὐαγγελικός (*euangelicus*). A rapprocher: *pseudoeuangelicus, -a, -um.*

pseudeuangelista, *-ae* (M.) un prétendu « évangélique » : ap. PFLUG III, n° 381, 25 et 56. - ← ψευδ- + εὐαγγελιστής (*euangelista*).

pseudeuangelium, *-ii* *un Évangile apocryphe: MORE, CW V/1, 602, 36. - ← ψευδ- + Εὐαγγέλιον (*Euangelium*). A rapprocher: *pseudoeuangelista.*

pseudobaptista, *-ae* (M.) un anabaptiste (avec connot. péjor.): ap. ZW. VIII, 440, 3 et 16. - ← ψευδο- +βαπτιστής.

pseudocanonicus, *-i* *un prétendu chanoine: BUC., Op. lat. XV, 108, 6. - ← ψευδο- + κανονικός (*canonicus*).

pseudocatholicus, *-i* un prétendu catholique: ap. PFLUG I, n° 131, 29; II, n° 368, 51; BÈZE XI, 323, 38; etc. - ← ψευδο- + καθολικός (*catholicus*).

pseudochristianus I, *-a, -um* **prétendument chrétien: LAMOLA in *Reden*, 245, 25. - ← ψευδοχριστιανός.

pseudochristianus II, *-i* **un faux chrétien: ER., LB II, 962 B; BULL., Corr. I, 208, 2; BUDÉ III A, 181, 5; etc. - ← ψευδοχριστιανός.

pseudoclericus, *-i* *un prétendu prêtre: BUDÉ III B, 103, 2; BUC., Op. lat. XV, 141, 9; 247, 28. - ← ψευδο- + *clericus* (cf. κλῆρος).

pseudoclerus, *-i* prétendu clergé: BUC., Op. lat. XV, 92, 23; 141, 24; BÈZE X, 89, 2. - ← ψευδο- + *clerus* (κλῆρος).

pseudocoenobita, *-ae* (M.) un prétendu moine: BUC., Op. lat. XV, 146, 36. - ← ψευδο- + *coenobita* (cf. κοινόβιος).

pseudodialecticus, *-i* *un faux dialecticien: VIVES Pseud., titre; 69, 4; BÈZE XIII, 144, 40. - ← ψευδοδιαλεκτικός.

pseudodica, *-ae* fausse justice, prétendue justice: BUDÉ III B, 116, 37. - ← ψευδο- + δίκη (*dica*).

pseudodoctor, *-oris* *un faux savant, un prétendu docteur (univ.): GAG. II, 57, 8; ap. CALV. XVI, 246, 19. - ← ψευδο- + *doctor.*

pseudoecclesiasticus I, *-a, -um* prétendument ecclésiastique: CALV. I, 651, 52 (*pseudoecclesiastica iurisdictio*); II, 898, 18 (idem). - ← ψευδο- + ἐκκλησιαστικός (*ecclesiasticus*).

pseudoecclesiasticus II, *-i* un prétendu prêtre: BUC., Op. lat. I, 101, 2; 104, 33; 139, 29. - ← ψευδο- + ἐκκλησιαστικός (*ecclesiasticus*).

pseudoeuangelicus, *-a, -um* prétendument évangélique: CALV. V, 306, 43; ap. CALV. XVII, 135, 16. - ← ψευδο- + εὐαγγελικός (*euangelicus*). A rapprocher: *pseudeuangelicus, -i.*

pseudoeuangelista, *-ae* (M.) **auteur d'Évangile apocryphe: CATH. Enarr., lettre-préface (f. *ii r°, l. 29). - ← ψευδο- + Εὐαγγελιστής (*Euangelista*). A rapprocher: *pseudeuangelium*.

pseudofidelis, *-is* un prétendu fidèle (sens relig.): BULL., Gr. I, 301, 32. - ← ψευδο- + *fidelis*.

pseudogamia, *-ae* prétendu mariage: BUDÉ I, 181, 18. - ← ψευδο- + γάμος.

pseudoiudaeus, *-i* un faux juif: SERVET ap. CALV. VIII, 695, 1. - ← ψευδο- + Ἰουδαῖος (*Iudaeus*).

pseudolutheranicus, *-a, -um* pseudo-luthérien: ap. MERC., 92, 31. - ← ψευδο- + *Lutheranicus*.

pseudolutheranus, *-i* un pseudo-luthérien: ER., Allen V, n° 1498, 5; MEL., O.O. I, 710, 18. - ← ψευδο- + *Lutheranus*.

pseudoparacletus, *-i* faux Paraclet: ER., ASD V-3, 417, 379 (*Vbi Montanus pseudoparacletus?*). - ← ψευδο- + Παράκλητος (*Paracletus*).

pseudopastor, *-oris* **prétendu prêtre: CALV. I, 223, 4; PFLUG III, n° 572, 125. - ← ψευδο- + *pastor*.

pseudophilosophia, *-ae* prétendue philosophie: BUDÉ II, 293, 8. - ← ψευδο- + φιλοσοφία (*philosophia*).

pseudoplutus, *-i* un prétendu riche: ER., ASD I-6, 208, 306. - ← ψευδόπλουτος.

pseudopontifex, *-icis* *prétendu pape: HUTT. I, 159, 27. - ← ψευδο- + *pontifex*.

pseudopronoea, *-ae* prétendue providence: BUDÉ I, 101, 46; 190, 24. - ← ψευδο- + πρόνοια.

pseudoprosopus, *-i* masque → homme pourvu d'un masque: BUDÉ I, 185, 36. - ← ψευδο- + πρόσωπον (rarement - ος).

pseudosacerdos, *-otis* **prétendu prêtre: CALV. V, 254, 48; BULL., Gr., II, 302, 32. - ← ψευδο- + *sacerdos*.

pseudosophia, *-ae* fausse sagesse: BUDÉ I, 231, 27; 236, 53. - ← ψευδοσοφία.

pseudosyngrapha, *-ae* un faux reçu: ap. ER., Allen VIII, n° 2352, 89. - ← ψευδο- + συγγραφή (*syngrapha*).

pseudotheologus, *-i* *un prétendu théologien: ER., Allen VII, n° 1828, 3; MORE Corr., n° 83, 57; MEL. O.O. I, 308, 47; etc. - ← ψευδο- + θεολόγος (*theologus*).

pseudotrinitatrius, *-ii* un prétendu trinitaire: ap. CALV. XX, 330, 50. - ← ψευδο- + *trinitarius*.

psychagogos, *-i* un guide de l'âme: BUDÉ II, 306, 2. - ← ψυχαγωγός.

psylla, *-ae* puce: ap. ER., Allen IX, n° 2394, 137. - ← ψύλλα.

ptochodochium (*-eum*), *-i* hospice pour mendiants, pour indigents:

AMERB. Bon. II, n° 783, 8; ap. CALV. XI, 151, 34; STURM, 18, 10; etc. - ← πτωχοδοχεῖον.

ptochotrophia, *-ae* fait de nourrir les pauvres → hospice pour les pauvres: CALV. VI, 518, 17 et 20. - ← πτωχοτροφία.

ptochotyrannus, *-i* « mendiant tyrannique » (qualifie ironiquement certains moines, membres des Ordres mendiants): ER., ASD I-1, 53, 13; ap. RHEN., 264, 8; DORP ap. CRAN., n° 85, 166; etc. - ← πτωχός + τύραννος.

ptysis, *-is* **crachement: ER., ASD I-2, 606, 14. - ← πτύσις.

+ **publicatio**, *-onis* A) **publication (fait de rendre public): VALLA I, 515, 22; ap. CELT., n° 21, 55; BARL., n° 65, 42; fréq. - B) édit: ap. PLANT. II, 142, 17.

pudefactio, *-onis* honte, action honteuse: MEL., W. VI, 304, 17; ap. CALV. XIV, 555, 4.

pudibunde avec réserve, avec modération: VIVES Conscr., 38, 33.

pugiculus, *-a, -um* qui concerne le pugilat: BUDÉ I, 101, 49.

+ **pugillus**, *-i* moment, instant: ER., ASD V-3, 216, 687.

+ **pugio**, *-onis* poinçon (d'imprimerie): ALCIAT ap. AMERB. II, n° 908, 25. - v. *punsio.*

+ **pugiunculus**, *-i* poinçon: VALER. C. Coll., 96 a, 1.

pugnalis, *-is* poignard: VALLA I, 405, 50 (*Hispani uocant*). - ← esp.

pugnantia, *-ae* divergence, discordance: LEF., 95, 11; BOV., Opp. 36, 16; ER., Allen II, n° 337, 791; etc.

pugnatio, *-onis* **combat, bataille: VALLA I, 497, 6 et 7.

+ **pugnax**, *-acis* de combat, de guerre: BUDÉ II, 252, 20 (*naues pugnaces*).

pulchrifico, *-are* **rendre beau (ou bon): CATH., Opusc. I, 118, 39 (*ut ita dixerim*).

pulchrificus, *-a, -um* *qui rend beau (ou bon): BOV. Sap., 136, 15.

pullaster, *-tri* *poulet: ap. ER., Allen III, n°, 854, 65; APH., 55 r°, 23.

pulmonicus, *-a, -um* malade des poumons: BOD. I, 164 B, 7.

pulpitarius, *-a, -um* de la chaire à prêcher: POLIT., 216, 42 (*censores pulpitarii*).

+ **pulpitum**, *-i* A) chaire à prêcher: POLIT., 52, 45; RHEN., 32, 4; MORE Corr., n° 60, 83; etc. - B) chaire de professeur: AGRIPPA, 46, 5.

pulsatilis, *-is, -e* A) qui pousse: SERRA, 41, 8. - B) à percussion (à propos de musique): ER., Allen VI, n° 1756, 106; ASD V-3, 183, 470.

pulsito, *-are* A) secouer: BOV. Sap., 128, 20. - B) frapper vigoureusement: ap. ER., Allen III, n° 902, 5 (*pulsitat fores*).

puluerasco, *-ere* devenir poussière: BOV. Sap., 126, 27.

pulueresco, *-ere* être couvert de poussière: ER., ASD I-1, 654, 14.

+ **puluillus**, *-i* plate-bande: LIPSE, O.O. IV, 396 B, 8; 397 B, 15.
+ **puluis**, *-eris* A) poudre = médicament: PETR. II, 736, 12; AMERB. J. I, n° 265, 59; ER., Allen XI, n° 3106, 5; etc. - B) *poudre pour armes: ER., Allen VI, n° 1756, 48; AMERB. Bon. III, n° 1144, 102; HAL., 35, 18; fréq.
+ **puluisculus**, *-i* poudre = médicament: ER., Allen IV, n° 1223, 5.
punctabundus, *-a, -um* brodé: POLIT., 403, 4.
punctatorius, *-a, -um* qui se fait au moyen de points: SAL. III, ch. 2, 2.
punctito, *-are* piquer, harceler, faire souffrir: BUDÉ I, 316, 39; III A, 253, 7.
+ **punctulum**, *-i* A) petit point (marque): SAL. III, ch. 2, 11. - B) petit point, tout petit espace: SAL. III, ch. 1, 162. - C) moment, instant: AMERB. Br. I, n° 299, 15; ER., ASD V-3, 215, 663.
+ **punctum**, *-i* *une note (musique): ap. LEF., 372. ll. 15, 16 et 25; etc.
punsio (*-ntzo*), *-onis* poinçon (d'imprimerie): ap. AMERB. I, n° 7, 2; PLANT. V, 234, 27; VI, 21, 3. - v. *pugio.*
puntzo: v. *punsio.*
+ **purgatio**, *-onis* fait d'expurger: S.J. II, 179, 12.
purgatorium, *-ii* **purgatoire: PETR. II, 1139, 5; ER., ASD IV-3, 124, 971; BUC., Op. lat. I, 50, 10; fréq.
+ **purgatorius**, *-a, -um* **du purgatoire: FIC., Theol. III, 241, 19; ER., Allen III, n° 916, 120; ap. PFLUG III, n° 485, 3; etc.
purgatrix, *-icis* (empl. adj. F.) qui justifie, qui donne une excuse: CHANS., 55, 21.
+ **purgatus**, *-a, -um* (empl. adj.) corrigé, correct: ER., Allen IX, n° 2432, 299.
+ **purgo**, *-are* expurger: S.J. II, 179, 10; 262, 25; 426, 1.
purificator, *-oris* quelqu'un qui purifie: MEL., O.O. I, 310, 15.
+ **purpuratus**, *-a, -um* dans *Purpurati patres*, les Cardinaux: MOHY, f. F 2 r°, 1 et 4; F 2 v°, 14.
purpurisseus, *-a, -um* purpurin: BUDÉ I, 526, 7 et 10.
putatitius, *-a, -um* supposé, imaginaire: CAST., De arte II, ch. 8, 37. - cf. *putatiuus* (G.).
pute purement: MORE Corr., n° 86, 521; CW V/1, 684, 17.
+ **puteo**, *-ēre* être pénible, déplaire: ER., ASD IV-3, 94, 436; MOS. Paed., 2, 8; ap. RHEN., 318, 35.
puteolana, *-ae* porcelaine: AL. Paquier, 287, 8.
putiditas, *-atis* dégoût de soi-même: ER., ASD IV-3, 96, 440; NANN., 277, 19.
putidiuscule avec un certain dégoût: MEL., O.O. XI, 61, 34. - dim. du compar. adv. *putidius.*

+ **putidulus**, *-a, -um* trop réservé, trop modeste, honteux de soi-même: ER., Allen VI, n° 1565, 32; n° 1568, 6; ASD I-3 564, 101; etc.

+ **putidus**, *-a, -um* trop réservé, trop modeste, honteux de soi-même: ER., ASD I-2, 257, 1.

putrificus, *-a, -um* qui provoque la pourriture: BUDÉ I, 468, 15.

pyragra, *-ae* pince pour le feu: APH., 23 r°, 17. - ← πυράγρα.

pyramidula, *-ae* petite quille: ap. CALV. XIX, 533, 1. - ← πυραμίς (*pyramis*) + suff. lat. de dim.

+ **pyramis**, *-idis* quille: S.J. I, 402, 20 (*pyramides ligneae*).

pyrecbolus, *-a, -um* qui lance du feu: POLIT., 416, 39. - ← πυρεκβόλος.

pyrolabes, *-is* pince pour le feu: APH., 23 r°, 17. - ← πυρολαβίς.

pyromanticus, *-i* quelqu'un qui pratique la pyromancie: HAL., 69, 28. - ← grec: cf. πυρόμαντις.

Pyrrhonicus, *-a, -um* de Pyrrhon: CATH. Assert., 112, 15.

+ **pythagorisso** (*-izo*), *-are* imiter Pythagore → se taire: REU., 102, 16; ap. JON. I, 7, 13.

Pythagorista, *-ae* (M.) un Pythagoricien: BUDÉ I, 216, 21. - ← Πυθαγοριστής.

pyxidula: v. *pixidula*.

Q

+ **quadra**, *-ae* plat ou assiette de forme carrée: ER., Allen VI, app. XIX, l. 21; BUDÉ I, 290, 38; APH., 24 r°, 22; etc.

quadragesies quarante fois: PETR. I, 449, 2.

quadragesimalis, *-is*, *-e* **de carême: PETR. II, 951, 9; MORE Corr., n° 60, 84; ap. CELT., n° 238, 4; etc.

+ **quadrans**, *-ntis* un quart d'heure: S.J. I, 165, 16; 207, 27; 230, 15; etc.

quadranter harmonieusement, convenablement: RHEN., 17, 28.

+ **quadratio**, *-onis* fait de correspondre, de se rapporter à . . . : FIC., Theol. II, 158, 28; 160, 14.

quadratulus, *-i* petit carré: BOV. Opp., 170, 25. - dim. de *quadratus*.

quadriennalis, *-is*, *-e* de quatre ans, qui dure quatre ans: ap. LEF., 240, 5; PIGH., n° 229, 17; n° 249, 12; etc.

+ **quadriga**, *-ae* **groupe de quatre: ER., ASD I-2, 272, 9; I-3, 378, 88.

quadrilinguis I, *-is* (subst.) quelqu'un qui comprend quatre langues: ap. PLANT. III, 44, 13.

quadrilinguis II, *-is*, *-e* en quatre langues: PIGH., n° 150, 3 (*in quadrilingui uolumine*).

quadrimestre, *-is* période de quatre mois: ap. AMERB. III, n° 1199, 8; ap. LIPSE, Ep. II, n° 442, 7.

quadrirotus, *-a*, *-um* à quatre roues: BUDÉ III A, 233, 15.

+ **quadrula**, *-ae* petit plat ou petite assiette de forme carrée: ER., ASD I-1, 614, 28; I-3, 414, 111.

quadruplatura, *-ae* délation: BUDÉ IV, 284, 18.

quadrupliciter A) *de quatre manières: BUDÉ III A, 139, 17; IV, 236, 25. - B) en quatre parties: AMERB. J. I, 246, 78; BOD. I, 78 B, 27; 79 B, 24.

quaer-: v. *quer-*.

quaesitorius, *-a*, *-um* relatif aux enquêtes: BUDÉ III B, 184, 3 et 13.

quaesta (que-), *-ae* *quête d'argent: GAG. I, 341, 9 et 14.

quaesticularius, *-a*, *-um* A) qui recherche un gain: BUDÉ I, 91, 35. - B) qui procure un gain: BUDÉ I, 51, 40 (*disciplinis quaesticulariis*).

quaesticulosus, *-a*, *-um* qui procure un gain: BUDÉ I, 92, 11.

quaestionista (*que-*), *-ae* (M.) « inventeur de questions » (théol.): MORE Corr., n° 15, 809.

+ **quaestor** (*que-*), *-oris* *quêteur: GAG. II, 173, 5; 179, 20.

+ **quaestorius**, *-a, -um* qui concerne le gain, le profit: BUDÉ I, 7, 16; 31, 33; 185, 18; etc.
+ **quaestura** (*que-*), *-ae* quête d'argent: GAG. II, 179, 18 et 21.
qualificatio, *-onis* *qualification (théol.): ER., ASD V-3, 308, 791.
qualitas dans *dispositiua qualitas*: v. *dispositiuus, -a, -um.*
qualitatiue *qualitativement: BULL. ap. BÈZE XII, 246, 39.
quantificatus, *-a, -um* quantifié: CATH. Assert., 92, 45.
quantitatiue *quantitativement: ER., Allen XI, n° 3127, 31; BULL. ap. BÈZE XII, 246, 39.
quantitatiuus, *-a, -um* *quantitatif: BULL., Corr. I, 106, 10; POMP., 58, 14; BÈZE VI, 280, 8; etc.
+ **quarta**, *-ae* quarte (musique): ap. LEF., 372, 19.
quartale, *-is* *un quart: AMERB. J. I, n° 348, 20; JON. I, 325, 36.
quartana, *-ae* canon léger: BULL. ap. BÈZE XI, 250, 1.
+ **quartum**, *-i* quarte (soixantième partie d'une tierce): RING., 391, 18.
quarzum, *-i* quartz: AGRICOLA G., 79, 4 (*nostri uocant*); 115, 3. - ← all.
queribunde plaintivement: BUDÉ I, 96, 19; 115, 47; 144, 47; etc.
queritatio, *-onis* plainte: BUDÉ I, 115, 32.
querulatio, *-onis* *plainte: ap. AMERB. VI, n° 2805, 13; ap. JON. II, 99, 8.
querule (*quae-*) plaintivement: PETR. I, 42, 20.
querulor (*quae-*), *-ari* *se plaindre, gémir: ZAS. ap. AMERB. III, n° 1164, 18; LUTH., WA Br. I, n° 10, 34; ap. CELT., n° 284, 22; etc.
querulose de manière plaintive: LUTH., WA Br. I, n° 202, 23 (*querulosissime*).
quest-: v. *quaest-*.
quictantia: v. *quietantia.*
quidditas (*quidi-*), *-atis* *quiddité (logique): SCHIF., 136, 608; PIC 1, 176, 54 (*ut uerbis utamur recentiorum*); BOV. Opp., 160, 26; etc. - Condamné par VALLA I, 652, 34; II, 350, 32.
quietantia (*quict-, quit-, quitt-*), *-ae* *quittance: REU., 129, 3; ap. RHEN., 452, 2; ER., Allen VIII, n° 2126, 217 (*ut uocant*); fréq. - Critiqué par CROC. Farr., 198, 13; v. aussi *aquitantia.*
quietantialis, *-is, -e* dans *literae quietantiales*, quittance: ap. AMERB. VI, n° 2949, 5 (*ut uocant*).
quietantiarius, *-a, -um* dans *syngrapha quietantiaria*, quittance: ER., Allen VIII, n° 2126, 220; ap. ER., Allen VIII, n° 2153, 4 et 16.
quindecennis, *-is, -e* âgé de quinze ans: LIPSE, Ep. I, n° 239, 31.
quindecuplex, *-icis* qui vaut quinze fois: BUDÉ II, 153, 48.
quindena *-ae* *quinzaine (de jours): ap. CELT., n° 136, 9; n° 139, 27; ZAS. ap. AMERB. IV, n° 1943, 22.

quinqueminalis, *-is, -e* de cinq mines (poids): BUDÉ II, 267, 20.
quinquifariam en cinq parties: SCHIF., 136, 588.
quinta, *-ae* quinte (musique): ap. LEF., 372, 19.
quinternio, *-onis* cahier de cinq feuilles doubles (= 20 pages): POGG. I, 206, 34; VALLA I, 464, 14; FIC., O.O. I, 954 B, 39; etc. - A rapprocher: *binio* (ou *bino ?*), *duernio, octernio, quaternio* (G.), *senio, sexternio* et *ternio.*
quintupartitus, *-a, -um* divisé en cinq, composé de cinq parties: FICHET, 143, 1.
quiritabilis, *-is, -e* déplorable: BUDÉ I, 5, 48.
quiritabundus, *-a, -um* plein de détresse: AL. Paquier, 23, 8.
quiritator, *-oris* quelqu'un qui se plaint, qui crie sa détresse: BUDÉ III B, 105, 42.
+ **quisquiliae**, *-arum* bagatelles: PIC 2, Vita, 60, 26; ap. ER., Allen II, n° 422, 5; BÈZE VII, 142, 38; etc.
quisquiliosus, *-a, -um* qui s'occupe de bagatelles: BUDÉ I, 5, 46; 222, 26.
quitantia (*quitt-*): v. *quietantia.*
quocaluchio, *-onis* coqueluche: ap. AMERB. I, n° 447, 14 (*uulgo*).
quodlibeticus (*quot-*), *-a, -um* quodlibétique: DORP, 83, 18 (*in disputationibus quas uocant quotlibeticas*); ap. CRAN., n° 213, 30; NANN., 243, 27; etc.
quomodouis de quelque manière que l'on veuille: BOV. Opp., 36, 11.
quotitas, *-atis* quotité, nombre: VALLA I, 681, ll. 23, 26 et 40; etc.
quotlibeticus: v. *quodlibeticus.*
quotuplex (*quottu-*), *-icis* **combien de fois: AMERB. Bon. IV, n° 1487, 15; LIPSE, O.O. IV, 381 A, 30; 390 A, 5.

R

rabarbarum (*re-*, *rha-*), *-i* rhubarbe FIC., O.O. I, 492 A, 15; HUTT. IV, 136, 17; ER., Allen X, n° 2908, 4; etc. - cf. *rheubarbarum* (G.).
rabbinus: v. *rabinus.*
rabbinicus, *-a*, *-um* rabbinique: ER., LB II, 963 E. - ← araméen.
rabinulus, *-i* « petit » rabbin: JON. I, 322, 31. - dim. de *rabinus* (← araméen), avec connot. péjor.
rabinus (*rabbi-*), *-i* rabbin: ER., ASD I-3, 156, 1004; PFLUG III, n° 395, 82; CATH. Enarr., 45, 30; fréq. - ← araméen.
rabiosule avec une certaine rage, avec une certaine fureur: ap. AMERB. V, n° 2541, 11. - adv. formé sur *rabiosulus*, dim. de *rabiosus.*
rabularis, *-is*, *-e* criard: BUDÉ III B, 127, 45.
rabularius, *-a*, *-um* qui concerne la chicane: HOTM., 496, 12; 506, 4; 514, 2; etc.
racemulus, *-i* petite grappe: ER., LB II, 997 B. - dim. de *racemus.*
radicalis, *-is* le radical (d'un mot): BOD. I, 243 B, 44.
+ **radius**, *-ii* dent (d'un peigne): APH., 4 v°, 15.
+ **radix**, *-icis* *racine (mathématique): RING., 514, 1 et 4; 515, 6.
rama, *-ae* petit bois, branche: TORR. II, n° 284, 14.
ramentitius, *-a*, *-um* fait de rognures, de râclures: BUDÉ II, 142, 27; 144, 38.
ramentula, *-ae* petit morceau, paillette: BUDÉ II, 151, 10. - dim. de *ramenta.*
rampnus, *-i* *buisson épineux: GAG. II, 109, ll. 13, 16 et 19. - cf. *rhamnos* (G.).
ramulatim de branche en branche: BUDÉ III A, 227, 35.
rancedo, *-dinis* le rance: CALV. XIII, 43, 6 (fig.).
ranco, *-ere* bramer: BUDÉ I, 81, 18.
rancor, *-oris* bramement: BUDÉ I, 81, 20.
ranicula, *-ae* petite grenouille: MOHY, f. M 3 v°, 2. - dim. de *rana.*
ranunculinus, *-a*, *-um* de petite grenouille: VALLA I, 555, 4 (ironique: *ranunculinum ingenium*). - adj. formé sur *ranunculus* (G.), dim. de *rana.*
+ **rapacitas**, *-atis* *rapidité: FIC., Theol. II, 136, 8.
rapaculus, *-i* un « petit » voleur: ap. ER., Allen II, n° 563, 32. - dim. de *rapax*, empl. subst.
rapinatrix, *-icis* une voleuse: HUTT. IV, 324, 1.

rappa, *-ae* désigne une monnaie: MUNST., 179, 9. - ← all.; v. aussi *rapus.*

rapus, *-i* désigne une monnaie: ER., Allen IX, n° 2415, 3. - ← all.; v. aussi *rappa.*

rarefactio, *-onis* *raréfaction: FIC., Theol. I, 178, 28; 256, 14; 258, 29; etc.

+ **raritudo**, *-dinis* rareté, petit nombre: ap. CELT., n° 304, 34.

rariusculus, *-a, -um* assez rare: ap. AMERB. I, n° 474, 32; BUDÉ I, 523, 46. - dim. du compar. *rarior, -ius.*

rasibilis, *-is, -e* qu'on peut polir: VALLA I, 12, 7. - cf. *rasilis* (G.).

+ **rasor**, *-oris* *barbier: ap. AMERB. I, n° 392, 11; n° 410, 13; II, n° 986, 34.

rasorium, *-ii* *rasoir: POGG. I, 451, 33; ap. FIC., O.O. I, 586 B, 54; 587 B, 52.

+ **rasorius**, *-a, -um* de barbier: ap. PFLUG I, n° 53, 39 (*taberna rasoria*).

+ **rasura**, *-ae* *tonsure (eccl.): ER., ASD I-3, 315, 30; Allen VI, n° 1539, 84; CALV. I, 1083, 40; etc.

rasus, *-i* un tonsuré: MEL., O.O. I, 312, 38; ER., LB X, 1256 E.

ratificatio, *-onis* *ratification: ap. AMERB. VII, n° 3145, 1; ap. BÈZE VIII, 160, 20; BULL., Gr. II, 655, 14; etc.

ratificatorius, *-a, -um* *de ratification: ap. PIGH., n° 57, 16.

ratifico, *-are* *ratifier: LUTH., WA Br. I, n° 10, 47; ap. ER., Allen IV, n° 1021, 140; ap. ZW. VII, 33, 8; etc.

ratiocinarium (*racio-*), *-ii* compte, calcul: ap. ER., Allen VI, n° 1652, 28; CRAN., n° 287, 10.

+ **ratiocinator**, *-oris* **un raisonneur, un ergoteur: ER., ASD IX-1, 242, 216; CALV. I, 802, 18.

+ **rationalis**, *-is, -e* dans *liber rationalis,* livre de comptes: ER., ASD I-3, 322, 93.

+ **rationarium**, *-ii* registre: MOS. Paed., 12, 4.

rationarius, *-a, -um* A) du raisonnement, de la logique: PIC 1, 210, 6 (*artem sermocinalem siue rationariam*). - B) dans *codex rationarius,* livre de comptes: APH., 63 v°, 33; 64 r°, 1.

ratus, *-i* *un rat: APH., 54 v°, 5.

raucor, *-oris* criailleries: ap. RHEN., 522, 41.

reaccipio (*reda-*), *-ere* *recevoir ou reprendre à son tour, en retour: AMERB. J. I, n° 128, 15; ap. ER., Allen VI, n° 1671, 7; ap. PFLUG I, n° 115, 83; etc.

reads-: v. *reass-.*

+ **reago**, *-ere* réagir: SAL. I, ch. 2, 93.

Realis I, *-is* *un Réaliste (philos.): ER., LB V, 1024 D; CATH. Disput., 60, 20.

realis II, *-is, -e* **réel: PETR. II, 937, 36; FIC., Theol. I, 109, 16; PIC 1, 88, 7; fréq.

realitas, *-atis* réalité: ER., LB X, 1260 B; MEL., O.O. I, 303, 36; ap. CALV. XVIII, 150, 4; etc.

realiter *réellement: PETR. II, 1186, 6; SAL. III, ch. 5, 30; PIC 1, 84, 23; fréq.

reassumo (*reads-*), *-ere* ***reprendre (déjà PLIN. 2 *Ep.* V, 6, 12; var.): PETR. I, 171, 1; CHANS., 56, 7; ap. REU., 76, 12; etc.

reassumptio (*reads-*), *-onis* résurrection finale: PETR. II, 653, 19 (*longe iacentium corporum reassumptionem, in die nouissimo*).

reassurgo, *-ere* se relever, se redresser: PETR. II, 750, 37.

rebaptismum (*-us?*), *-i* deuxième baptême: BUC., Op. lat. II, 79, 4 (acc. *-um*); ap. ZW. VIII, 422, 17 (dat. *-o*).

rebaptizatus, *-i* un anabaptiste: ap. ER., Allen VII, n° 1928, 16 et 21; ap. ZW. VIII, 689, 16; etc.

rebarbarum: v. *rabarbarum.*

recaluaculus, *-a, -um* un peu chauve: VALLA I, 9, 32. - dim. de *recaluus.*

recalumnior, *-ari* calomnier à son tour, en riposte: ER., LB X, 1261 C.

recantatio, *-onis* rétractation: ER., ASD IX-1, 354, 631; BUC., Corr. I, n° 80, 17; HUTT. II, 214, 14; etc.

recensiteo, *-ēre* passer en revue, énumérer: ZAS. ap. AMERB. III, n° 1093, 20.

recensor, *-oris* un reviseur (de textes): SAL., II, ch. 6, 113.

receptiuus, *-a, -um* *capable de recevoir (philos.): POMP., 32, 6 et 15; 52, 12.

+ **receptor**, *-oris* *un receveur: AL. Paquier, 44, 6; BUDÉ III A, 42, 12; ap. ER., Allen III, n° 613, 7; etc.

receptoratus, *-us* fonction de receveur: TORR. I, n° 80, 20.

receptrix, *-icis* (empl. adj. F.) capable de recevoir: FIC., Theol. III, 149, 22; 150, 16.

+ **recessus**, *-us* recez ou recès: ap. BÈZE II, 149, 5.

recicomatio?: v. *reciconiatio.*

reciconiatio, *-onis* témoignage filial de reconnaissance (trad. de ἀντιπελάργωσις, v. *antipelargosis* ; v. aussi *pelargycum*): NEBR., 58, 24. Il faut corriger en *reciconiatio* (cf. *ciconia*) la forme *recicomatio* (*loc. cit.*), due soit à une erreur de lecture de l'éditeur soit à une erreur typogr.

recidiua, *-ae* **une récidive: ap. PLANT. III, 186, 20.

recidiuo, *-are* *recommencer, « retomber » : ap. AMERB. I, n° 273, 13 (retomber malade).

reciprocabilis, *-is, -e* qui revient au point de départ: BUDÉ I, 480, 29 (trad. de παλίντροπος).

recitatiue en récitant: PIC 1, 153, 35; 159, 14; CATH. Disput., 183, 21; etc.

recitatiuus, *-a, -um* de récitation: CATH. Disput., 366 A, 32.

recitatorius, *-a, -um* qui récite, qui lit à haute voix: PIC 1, 153, 36.

reclamator, *-oris* **quelqu'un qui réclame, qui proteste: BUDÉ IV, 141, 12.

reclamitator, *-oris* quelqu'un qui réclame, qui proteste: BUDÉ I, 64, 17.

reclaresco, *-ere* A) *briller à nouveau: HUTT. V, 110, 20. - B) briller: AL., Jovy III, 260, 14.

reclinatorius, *-a, -um* dans *sella reclinatoria*, fauteuil: APH., 24 v°, 31.

recoctrix, *-icis* (empl. adj. F.) apte à retremper, à reforger: BUDÉ I, 226, 20 (fig.: *philosophia recoctrix hominum*).

+ **recognitio**, *-onis* A) revision, correction d'un texte (en vue d'une édition ou d'une réédition): ANDREAS in *Praef.*, 48, 15; GAG. II, 55, 9; LEF., 151, 9; fréq. - B) revision d'un procès: BUDÉ III B, 32, 50.

recognitiuncula, *-ae* petite revision de texte: RHEN., 259, 9. - dim. de *recognitio.*

recognitor, *-oris* un reviseur de textes: ER., Allen II, n° 456, 100; CHANS., 42, 9; ap. CALV. XV, 650, 37; etc.

recollectio, *-onis* A) recueillement, réflexion: ap. ER., Allen VI, n° 1579, 44. - B) souvenir, mémoire: ap. CRAN., n° 97, 22. - C) fait de retrouver, de récupérer: HUTT. V, 486, 11.

recommendatio, *-onis* *recommandation: PETR. II, 950, 33; ER., Allen I, n° 19, 18; ap. AMERB. I, n° 432, 3; fréq.

recommendo, *-are* *recommander: PETR. II, 814, 32; ap. CELT., n° 62, 2; ap. AMERB. I, n° 47, 78; etc. - Condamné par VALLA I, 304, 6 et 306, 24 (*Recommendo non est latinum uocabulum*).

recompensa, *-ae* *compensation, prix: AMERB. J. I, n° 491 a, 57; ap. ER., Allen II, n° 443, 11; AL. Paquier, 284, 4; etc.

reconciliatorius, *-a, -um* **de réconciliation: POGG. I, 187, 10; CALV. I, 1074, 38; 1076, 5; etc.

reconcinnatio, *-onis* réparation, remise en état: BUDÉ I, 12, 25; 57, 22; BUC., Op. lat. XV, 278, 10; etc.

reconcinnatrix, *-icis* (empl. adj. F.) qui répare, qui raccommode: BUDÉ I, 12, 30; 64, 15; 141, 11; etc.

recondite secrètement → discrètement: LIPSE, Ep. II, n° 307, 7 (*stylus electus, recondite elegans*).

reconualescentia, *-ae* retour à la santé: ap. RHEN., 510, 33; ap. AMERB. VII, n° 3361, 11.

reconuenio, *-ire* *intenter à son tour un procès: BUDÉ III B, 79, 26; 156, 7 (*uulgo*); IV, 23, 32.

reconuentio, *-onis* *accusation en retour, reconvention: AMERB.

Bon. III, n° 1144, 74 (*uulgo*); n° 1147, 17; ZAS. V, 182 A, 83; etc.

reconuentorius, *-a, -um* reconventionnel: ZAS. ap. AMERB. III, n° 1145, 37 et 86.

recordator, *-oris* *quelqu'un qui rappelle, qui remet en mémoire: MORE, CW II, 75, 19 et 21.

recrastinator, *-oris* quelqu'un qui remet au lendemain: POLIT., 51, 35; ER., ASD V-3, 408, 122.

recreamentum, *-i* délassement: ap. LEF., 349, 13 (*pro animi recreamento*).

+ **recreatio**, *-onis* A) **délassement: HAL., 94, 29; BRIÇ., 94, 4. - B) fait de créer à nouveau: FIC. Conv., 223, 25.

recreatiuus, *-a, -um* qui ranime, qui rend courage: ap. ZW. VII, 478, 6.

recreatorius, *-a, -um* qui ranime, qui rend courage: ap. AMERB. III, n° 1255, 13.

recreatrix, *-icis* (empl. adj. F.) qui ranime, qui rend des forces: ER., ASD V-2, 345, 546; BUDÉ IV, 512, 16.

recredentia, *-ae* possession provisoire, fiduciaire: BUDÉ III A, 32, 44; 33, 9 et 11.

recriminatio, *-onis* A) réponse à un reproche, à une critique: VALLA I, 460, 3; BUDÉ I, 312, 30; ER., Allen III, n° 814, 14; etc. - B) critique, reproche: ap. CALV. XVIII, 561, 15.

recriminor, *-ari* répondre à une accusation, à une critique: ER., Allen II, n° 531, 400; ap. ER., Allen IX, n° 2424, 161.

rectibilis, *-is, -e* capable de diriger, de commander: ap. PIC 1, 265, 9.

+ **rector**, *-oris* A) *recteur d'université: BRENTA in *Reden*, 83, 1; ER., Allen II, n° 305, 199; ap. AL., Jovy III, 266, 5; fréq. Emploi critiqué par CROC. Farr., 208, 1. - B) directeur d'école latine: ap. AMERB. I, n° 114, 23; STURM, 98, 5; LIPSE, Ep. I, n° 92, 6; fréq. - C) recteur de couvent: TORR. I, n° 106, 22; n° 108, 26.

rectoratus, *-us* rectorat, fonction de recteur: GAG. I, 287, 22; ap. LUTH., WA Br. I, n° 148, 30; ap. AMERB. IV, n° 2082, 20; fréq.

+ **rectura**, *-ae* fonction de recteur (univ.): AL. ap. ER., Allen I, n° 256, 63; ap. AL., Jovy III, 265, 27; LIPSE, Ep. II, n° 534, 23.

recucullatus, *-i* (participe-adj. M.) qui a repris l'habit (et la vie) de moine: LUTH., WA Br. II, n° 535, 33.

recudo, *-ere* A) *retravailler, revoir: ER., Allen I, n° 146, 19; MURET, O.O. II, 177, 16; TORR. II, n° 574, 15; etc. - B) réimprimer: ap. AMERB. IV, n° 1542, 57; BÈZE II, 83, 8; MEL., O.O. I, 567, 19; fréq.

+ **recula**, *-ae* petite chose, chose sans importance: MORE Corr., n° 75, 557.

recuperabilis, *-is, -e* A) récupérable, réparable: ER., Allen VIII, n° 2136, 161; n° 2161, 35; ap. PFLUG I, n° 53, 73. - B) qui peut être repris (à l'ennemi): TORR. III, n° 986, 26.

recursim en courant en sens inverse: BUDÉ I, 160, 20 (*cursim recursimque*).

redaccipio, *-ere*: v. *reaccipio, -ere.*

\+ **redactio**, *-onis* formule (rédigée): PIC 1, 152, 48.

redamatio, *-onis* amour en retour, amour partagé: VALLA I, 659, 45.

redargutor I, *-oris* (subst. M.) A) *quelqu'un qui réfute: ER., Allen III, n° 750, 14; ap. ER., Allen IV, n° 1083, 32. - B) quelqu'un qui blâme, qui critique: POLIT., 401, 35.

redargutor II, *-oris* (empl. adj. M.) qui réfute: ALDE in *Praef.*, 253, 27.

redargutrix, *-icis* (empl. adj. F.) qui réfute, qui confond: MORE Corr., n° 63, 12.

\+ **redditio**, *-onis* reddition (d'une ville): TORR. I, n° 194, 11.

\+ **redditor**, *-oris* quelqu'un qui remet une lettre: ap. CELT., n° 69, 35.

\+ **reddo**, *-ere* recommencer, rétablir: MORE, CW IV, 70, 2 (*reddatur agricolatio*).

redeclaro, *-are* exprimer à nouveau: LIPSE, Ep. I, n° 33, 8.

redempticius, *-a, -um* de rachat: LIPSE, Ep. II, n° 463, 5.

\+ **redemptor**, *-oris* un Trinitaire (Ordre relig.): ap. ER., Allen VI, n° 1791, 74. - v. *trinitarius* A.

redemptorius, *-a, -um* de rachat: ap. PFLUG IV, n° 727, 42.

redequito, *-are* *revenir à cheval: ER., ASD I-1, 443, 17.

redimibilis, *-is, -e* *qui peut être racheté: VALER. C. Ep., n° 55, 9.

redimprimo, *-ere* réimprimer: BUC., Corr. I, n° 7, 127; ALCIAT ap. AMERB. III, n° 1018, 14. - v. *reimprimo, -ere.*

redinsto, *-are* approcher à nouveau: ap. PIGH., n° 5, 50.

redirascor, *-i* se fâcher en riposte, à son tour: BUDÉ II, 172, 32.

rediteratio, *-onis* rappel: AL. ap. ER., Allen X, n° 2638, 68 (*pristinorum officiorum rediteratio*).

reditero, *-are* reprendre, recommencer: AL. Paquier, 99, 9.

redolentia, *-ae* parfum. odeur (fig.): FIC., O.O. I, 447 B, 32.

\+ **redono**, *-are* **donner en retour: MORE Corr., n° 37, 18.

redormisco, *-ere* se rendormir: ER., Allen I, n° 113, 152; n° 296, 19; MORE, CW XIV, 307, 4; etc.

\+ **reduco**, *-ere* dans *se reducere,* se retirer (à tel endroit): TORR. III, n° 700, 65.

\+ **reductio**, *-onis* réduction de valeur, dévaluation: ap. ER., Allen VII, n° 1849, 10; n° 2024, 18.

reductiue *par réduction: SCHIF., 136, 611.

reductiuus, *-a, -um* qui permet de retrouver, de recouvrer: ARGYR. in *Reden*, 5, 24 (*medicina . . . scientia conseruatiua aut reductiua . . . sanitatis*).

reduplicatiuus, *-a, -um* *qui contient une explication double: CALV. XI, 652, 29; ap. CALV. XI, 784, 2 et 27.

reexamino, *-are* *réexaminer: PIC 1, 151, 27.

reexigo, *-ere* redemander, demander en retour: ap. ER., Allen VI, n° 1658, 14.

refatigo, *-are* harceler à nouveau: PETR. II, 1047, 25.

refectiuncula, *-ae* *petit repas, petite quantité de nourriture: ER., ASD IX-1, 72, 213. - dim. de *refectio*.

refectorium, *-ii* **réfectoire: GAG. II, 103, 11; ER., ASD I-3, 524, 1072; JON. I, 439, 22; etc.

refectrix, *-icis* (empl. adj. F.) qui apporte un réconfort, un délassement: ER., ASD V-2, 340, 389 et 396.

referuefacio, *-ere* réchauffer: ER., Allen VI, n° 1558, 103.

reflaccesco, *-ere* s'affaisser à nouveau, se calmer: BUDÉ I, 86, 21; 267, 23; 294, 1; etc.

reflectio: v. *reflexio*.

+ **reflecto**, *-ere* *réfléchir, refléter: SAL. III, ch. 9, 12 (*lumen . . . reflectatur*); FIC. Conv., 228, 19.

+ **reflexio** (*-ectio*), *-onis* **reflet, réflexion: SAL. III, ch. 9, 14 (*luminis reflexio*); FIC. Conv. 236, 27; BOV. Sap., 240, 28; etc.

+ **reflexus**, *-us* A) reflet, réflexion: ap. PFLUG II, n° 232, 6. - B) reflux?: VIVES, E.W. I, 22, 15 (*effluxus reflexusque maris*; mais vraisemblablement erreur typogr. pour *refluxus*: v. *infra*).

refluxus, *-us* *reflux: PETR. I, 121, 50; FIC., Theol. III, 67, 6; PIC 1, 10, 48; etc. - v. aussi *reflexus* B.

refocillator, *-oris* quelqu'un qui met en honneur, qui encourage: ap. HUTT. I, n° 319, 8 (*studiorum . . . refocillatores*).

+ **reformatio**, *-onis* réforme (relig., eccl.): RHEN., 482, 8; PFLUG II, n° 249, 73; BUC., Op. lat. II, 12, 12; fréq.

reformatrix, *-icis* (empl. adj. F.) **qui réforme, qui renouvelle: PETR. I, 290, 45.

+ **reformatus**, *-a, -um* A) dans *Ecclesia reformata*, l'Église réformée: ap. BÈZE III, 209, 24; IX, 88, 1; NANCEL, 268, 15; etc. - B) dans *reformata religio*, la religion réformée: ap. PIGH., n° 202, 41; NANCEL, 262, 10.

refractarie A) mal à propos, à contretemps: BUDÉ I, 355, 29; II, 303, 54. - B) obstinément: BUDÉ II, 35, 33.

refractio, *-onis* **réfraction: BOV. Sap., 240, 28 (*luminis . . . refractio*).

refragarius, *-a, -um* opposé: ap. CALV. XI, 153, 26.

refricabilis, *-is*, *-e* qui peut être rouvert, ravivé: BUDÉ III B, 87, 4.

refricatio, *-onis* *fait de renouveler, de raviver: ER., ASD IV-2, 160, 150; ap. ER., Allen X, n° 2861, 12; ap. CALV. XIII, 141, 19.

refruticor, *-ari* repousser (pour un arbre): ER., ASD I-5, 270, 806.

+ **refundo**, *-ere* A) *rembourser: ap. ER., Allen VI, n° 1651, 11. - B) payer: ap. ER., Allen VI, n° 1590, 18. - C) renvoyer (la lumière): ER., ASD I-5, 268, 765.

refutabunde à titre de réfutation: BUDÉ III B, 50, 23.

refutamentum, *-i* A) récusation (de témoins): BUDÉ III B, 131, 46. - B) réfutation: BUDÉ III B, 151, 22.

+ **refutatio**, *-onis* récusation (de témoins): BUDÉ III B, 160, 43.

refutatiuus, *-a*, *-um* qui concerne la réfutation: BUDÉ IV, 190, 31.

regale, *-is* réal (monnaie): CLEN., n° 20, 19; n° 24, 88; PLANT., I, 289, 6; etc.

regalitas, *-atis* *dignité royale: LUTH., WA X/2, 201, 4.

regeneratiuus, *-a*, *-um* *qui régénère: FIC., O.O. I, 587 A, 4; 587 B, 48; CATH. Disput., 245, 44.

regenerator, *-oris* **régénérateur (spirituel): LEF., 65, 32.

regeneratrix, *-icis* (empl. adj. F.) *régénératrice: BUC., Op. lat. I, 93, 31; BUC. ap. PFLUG III, n° 374, 19 et 47.

regens, *-ntis* A) (M.) « régent » d'un Collège universitaire: AMERB. J. I, n° 128, 7; ap. CRAN., n° 186, 26; PIGH., n° 169, 31; etc. Emploi critiqué par CROC. Farr., 207, 28. - B) (F.) Régente ou Gouvernante d'un pays: ap. ER., Allen X, n° 2689, 3; ap. AMERB. III, n° 1019, 32; ap. MORE Corr., n° 140, 23; etc.

regentia, *-ae* régence (univ.): ZAS. V, 190 B, 38; ap. AMERB. IV, n° 1542, 16 (*ut uocant*).

regesto, *-are* renvoyer (au dehors): BUDÉ I, 533, 18.

+ **regimen**, *-inis* A) régime, complément (gramm.): VALLA I, 35, 11; 95, 1; 182, 16; etc. - B) régime, genre de vie: AMERB. J. I, n° 246, 59; ap. AMERB. I, n° 179, 28 et 31; etc.

reginalis, *-is*, *-e* *de reine: PETR. I, 611, 1; ap. ER., Allen VI, n° 1660, 16; AGRIPPA, 57, 18; etc.

regineus, *-a*, *-um* de reine: VIVES ap. ER., Allen IV, n° 1222, 17.

registratio, *-onis* *enregistrement, confirmation: JON. I, 137, 1.

registrum, *-i* *registre: AMERB. J. I, n° 225, 15; LUTH., WA Br. I, n° 15, 12; BÈZE IV, 54, 5; etc.

regiuncula, *-ae* petite région: BUDÉ III A, 121, 23; ap. PFLUG III, n° 404, 32; GYR., 9, 27; etc. - dim. de *regio*.

+ **regnicolae**, *-arum* (M.) *les habitants d'un royaume, d'un pays: LEF., 480, 8 et 29; ap. PFLUG II, n° 178, 26; etc.

+ **rego**, *-ere* régir (sens gramm.): VALLA I, 37, 36; 51,39; CLEN., n° 40, 360; etc.

regrassor, *-ari* s'avancer, procéder: HUTT. V, 49, 25.
regratior, *-ari* **remercier: ap. AMERB. I, n° 426, 81; ap. CELT., n° 50, 11. - Condamné par VALLA I, 176, 44 (*barbare*).
+ **regula**, *-ae* **règle (d'un Ordre relig.): VALLA II, 291, 12; LEF., 316, 26; ER., Allen III, n° 858, 456; fréq.
+ **regularis** I, *-is*, *-e* *régulier (chanoine régulier . . .): GUAR. 1, Doc., 221, 11; CARBO in *Reden*, 99, 20; ap. CELT., n° 78, 1; fréq.
regularis II, *-is* *un régulier (prêtre régulier . . .): ER., Allen VI, n° 1547, 19; ASD I-3, 418, 56; TORR. I, n° 20, 9; etc.
regustatus, *-us* A) fait de goûter à nouveau: BUDÉ II, 283, 8. - B) fig., relecture: BUDÉ ap. ER., Allen III, n° 924, 5.
rehabeo, *-ēre* *ravoir: ap. CELT., n° 38, 14.
rehilaresco, *-ere* redevenir gai, se réjouir: AMERB. Bon. III, n° 1425, 72.
reiectamentum, *-i* rebut: ER., ASD V-2, 233, 293; BUC., Op. lat. II, 137, 11; CALV. I, 12, 11.
reiectitius, *-a*, *-um* A) rejeté, abandonné: ER., ASD I-1, 434, 22; CALV. VII, 621, 43. - B) à rejeter, inutile: ZAS. ap. AMERB. II, n° 640, 34; ap. PFLUG III, n° 576, 124.
reiector, *-oris* A) quelqu'un qui rejette, qui repousse: BUDÉ II, 283, 26 (*diuitum reiector*). - B) quelqu'un qui nie: BUDÉ I, 282, 42 (*culpae . . . reiector*).
reiectrix, *-icis* (empl. adj. F.) qui rejette, qui repousse: BUDÉ IV, 62, 16.
reimpello, *-ere* repousser: PETR. II, 1164, 40.
reimpleo, *-ēre* remplir: PETR. II, 1178, 17; ap. ER., Allen IX, n° 2413, 16.
reimpono, *-ere* A) replacer, remettre dans . . . : PETR. II, 711, 6. - B) imposer à nouveau: PETR. II, 799, 9; 865, 28.
reimprimo, *-ere* réimprimer: LÉON X in *Praef.*, 330, 1; RHEN., 579, 10. - v. *redimprimo, -ere.*
reincido, *-ere* *retomber: POGG. I, 17, 10; ARL., 157, 13.
reinuado, *-ere* *envahir à nouveau: PETR. II, 849, 26.
reinuenio, *-ire* **retrouver: PETR. II, 753, 20; 1045, 10; CELT., n° 91, 14. - cf. *redinuenio, -ire* (G.).
reiterabilis, *-is*, *-e* renouvelable: CATH. Disput., 214, 38 et 48.
reiteratio, *-onis* ***renouvellement, répétition (déjà QUINT. XI, 2, 35; var. éd. anc.): CATH. Disput., 214, 45.
reiuuenesco, *-ere* *rajeunir: FIC., Theol. III, 205, 9; ER., Allen I, n° 225, 13; MORE ap. ER., Allen III, n° 683, 57; etc.
relapsus I, *-i* *un relaps: ER., ASD V-2, 170, 219.
relapsus II, *-us* *rechute (du relaps): ER., ASD V-3, 59, 536.
relatitius, *-a*, *-um* qui est en relation avec . . . : BOV. Sap., 192, 26 (*sunt haec inuicem relatitia*).

relatro, *-are* aboyer (fig.): PETR. II, 836, 48; ap. ZW. VIII, 735, 5.

relaxamentum, *-i* temps libre: ap. CALV. XIII, 632, 21.

\+ **relaxatio** *-onis* A) indulgence (sens chrét.): ER., ASD I-3, 481, 402; IX-1, 74, 260. - B) dispense (eccl.): ER., ASD I-3, 512, 602; 543, 213; IX-1, 32, 393; etc.

\+ **relaxo** *-are* relever, dispenser (= accorder une dispense eccl.): ER., ASD I-3, 512, 604 et 612.

\+ **relegatio**, *-onis* renvoi (devant une autre juridiction): BUDÉ III B, 102, 42 et 43.

\+ **releuatio**, *-onis* relèvement, redressement: ap. PFLUG II, n° 336, 63.

\+ **religio**, *-onis* A) *Ordre religieux: VALLA II, 291, 8; ANDREAS in *Praef.*, 50, 3; LEF., 276, 23; fréq. - B) dans *reformata religio*: v. *reformatus, -a, -um.*

religiosa, *-ae* *une religieuse: POGG. I, 222, 37; TORR. I, n° 94, 2; III, n° 1179, 5.

religiosulus I, *-a, -um* **scrupuleux vis-à-vis des pratiques religieuses: ER., Allen I, n° 58, 24; III, n° 858, 466. - dim. de *religiosus,* avec connot. péjor.

religiosulus II, *-i* un « petit » religieux: ER., LB V, 27 B; MORE Corr., n° 83, 1172 et 1213. - empl. subst. du dim. *religiosulus* (v. *supra*).

\+ **religiosus** I, *-a, -um* A) **de religieux: LEF., 277, 19 (*sub saeculari habitu mentem religiosam gerens*). - B) dans *religiosa profectio*: v. *profectio.*

religiosus II, *-i* **un religieux: PETR. I, 295, 19; VALLA II, 287, 3; POGG. I, 263, 13; fréq.

religiuncula, *-ae* petit scrupule, légère crainte: BUDÉ I, 384, 20. - dim. de *religio.*

relimo, *-are* corriger, améliorer à nouveau: ER., Allen I, n° 20, 131.

relingo, *-ere* resucer, relécher: MORE, CW V/1, 682, 20.

reliquamentum, *-i* reliquat, restant: BUDÉ I, 225, 7; II, 54, 40; 287, 20.

\+ **reliquiae**, *-arum* **reliques (relig.): ANDREAS in *Praef.*, 64, 3; GAG. II, 248, 5; ER., Allen I, n° 143, 165; fréq.

relucentia, *-ae* *reflet, éclat: BOV. Sap., 192, 10; ER., ASD I-5, 192, 511; CALV. II, 110, 20; etc.

reluctamen, *-inis* résistance: CLICHT., 5 r°, 33.

remancipatio, *-onis* **rachat: BUDÉ III B, 139, 20 et 23.

remanentia, *-ae* maintien, persistance: PIC 1, 122, 22.

\+ **remergo**, *-ere* émerger: HUTT. V, 302, 3 (fig.: *remergentem . . . ueritatem*).

remiculus, *-i* humble rameur, simple rameur: ZAS. V, 186 B, 19 (fig.). - dim. de *remex, -igis.*

remigratio, *-onis* A) **retour: ER., ASD V-3, 240, 640; ap. ER., Allen

VII, nº 1931, 37. - B) dans *migratio ac remigratio*, allées et venues: ER., Allen II, nº 530, 5; nº 531, 595; III, nº 649, 3.

remissorialis, *-is, -e* rémissorial (droit): ap. AL. Paquier, 234, 10 (*literarum remissorialium*).

remissoriales, *-ium* (empl. subst. F. Pl., *litterae* sous-entendu), lettre(s) rémissoriale(s): AL. Paquier, 111, 6; 118, 19; 119, 19.

remoramentum, *-i* retard: SYLVIUS in *Pros.*, 618, 2. - cf. *remoramen* (G.).

remorsus, *-us* *remords: ER., ASD V-1, 70, 865; 374, 871.

remouibilis, *-is, -e* qui peut être enlevé, qui peut être ôté: POMP., 115, 16.

renascentia, *-ae* *régénération (par le baptême): ER., Allen IX, nº 2468, 97; ASD V-3, 412, 250.

Renensis: v. *Rhenensis.*

renitesco, *-ere* **briller à nouveau: MORING., 206, 32.

+ **renouatio**, *-onis* répétition, revision (d'une matière scolaire): STURM, 40, 24.

renta, *-ae* une rente: BUDÉ III A, 35 (p. chiffrée 33), 4 et 34 (*rentam constituere, ut uerbis uulgi loquar*).

renudatio, *-onis* la mise à nu, à découvert (fig.): ER., ASD IV-2, 297, 203.

renuntiatorius (*-ciatorius*), *-a, -um* de renonciation: AMERB. Bon VI, nº 2808, 13; ap. AMERB. VI, nº 2815, 12.

+ **reparatio**, *-onis* A) **réparation (d'une maison, d'un édifice): AL. Paquier, 283, 22; ap. ER., Allen II, nº 576, 23; ap. CALV. XIII, 643, 35; etc. - B) fig., réparation morale: CATH., Opusc. I, 122, 11.

reparatrix I, *-icis* (subst.) celle qui restaure, qui rétablit: LAT., 27, 17.

reparatrix II, *-icis* (empl. adj. F.) qui restaure, qui rétablit: PETR. I, 290, 45.

repartitio, *-onis* partage, répartition: CLUS. ap. LIPSE, Ep. II, nº 356, 19.

repastinator, *-oris* un correcteur, un réformateur: ap. VALLA I, 551, 24 (*tu, qui logicae repastinatorem te facis*); 582, 37.

+ **repedo**, *-are* **retourner auprès de quelqu'un: ap. ER., Allen VII, nº 2071, 16.

repensa, *-ae* paiement: ZAS. ap. AMERB. II, nº 973, 63.

repensilis, *-is, -e* qui vaut, qui coûte: BUDÉ II, 153, 37.

repetitiuncula, *-ae* petit commentaire: ap. AMERB. IX/1, nº 3614, 21. - dim. de *repetitio.*

+ **repetitor**, *-oris* répétiteur (dans une école): AGNELIUS, 133, 1.

repletiue de manière explétive: ap. BÈZE VI, 132, 1.

+ **replico**, *-are* *recommencer, répéter: VALLA I, 327, 37; ap. AMERB. I, n° 391, 11; BUC., Corr. I, n° 45, 10; etc.

reposcitor, *-oris* quelqu'un qui demande, qui réclame: BUDÉ I, 54, 35; 249, 20; BUDÉ ap. ER., Allen III, n° 810, 59.

+ **repositorium**, *-ii* reposoir (installé à l'occasion d'une procession): ap. MEL., W. VI, 282, 39.

repraesentatiuus (*repre-*), *-a, -um* *qui représente, qui est l'image de . . . : BUDÉ IV, 729, 43; BUC., Op. lat. I, 41, 16.

repraesentatorius, *-a, -um* qui représente: ap. CALV. XIII, 113, 29.

+ **repraesento**, *-are* décrire, représenter comme . . . : VALLA I, 341, 28 (*ut me ebriosum . . . repraesentares*).

reprecor, *-ari* souhaiter en retour: ER., ASD I-3, 128, 108; Allen II, n° 362, 34.

reprehensorius, *-a, -um* qui contient un blâme, une critique: PETR. II, 706, 32; VIVES ap. ER., Allen VI, n° 1792, 25; NANCEL, 22, 7.

represalia, *-ium* (*-iorum*) *représailles: ER., ASD I-3, 598, 257 (*quae uocant*); Allen III, n° 916, 169; ap. RHEN., 452, 17; etc. - ← ital.

representatiuus: v. *repraesentatiuus.*

+ **repressio**, *-onis* **critique, reproche: ap. LIPSE, Ep. III, n° 708, 5.

repressiuus, *-a, -um* qui arrête, qui met fin à . . . : FIC., O.O. I, 492 A, 1 (*pharmaca pituitae repressiua*).

+ **reprobatio**, *-onis* *damnation: CALV. VIII, 259, 42; 267, 36; ap. BÈZE IX, 75, 40; etc.

reprobus, *-i* **un damné: BÈZE I, 72, 15; CALV. VIII, 39, 27; BUC., Op. lat. II, 345, 20; etc.

reproductio, *-onis* maintien, persistance: PIC 1, 127, 50; 152, 1.

repropono, *-ere* proposer à nouveau: ap. CALV. V, 486, 31.

repubescentia, *-ae* rajeunissement: ER., ASD I-2, 75, 2.

repudiabilis, *-is, -e* qui peut être refusé: BUDÉ III A, 187, 41 (à propos de monnaie).

repuerascentia, *-ae* rajeunissement: ap. ER., Allen X, n° 2895, 48.

repugnaculum, *-i* **moyen de défense: FIC., O.O. I, 464 A, 46.

repullulascentia, *-ae* fait de pulluler à nouveau: ER., ASD I-2, 709, 9.

repullulasco, *-ere* se remettre à pousser, à se développer: ER., ASD IV-1, 68, 333; Allen I, p. 2, 20; II, n° 428, 37.

repullulatio, *-onis* nouveau développement, « renaissance » : ap. ER., Allen X, n° 2817, 310 (*bonarum literarum, maxime Graecarum, repullulatio*).

repumico, *-are* polir, nettoyer → corriger (un texte): CRUC., n° 13, 19.

repurgatio, *-onis* A) fait de corriger (un texte): ap. ER., Allen VI, n° 1685, 32; ap. ARL., 220, 41; BUC., Op. lat. XV, 264, 1;

etc. - B) fait d'expurger: PLANT. IV, 39, 13. - C) purification: ER., ASD I-3, 436, 98; IV-2, 182, 286; MEL., W. VI, 85, 24.

repurgator, *-oris* correcteur, reviseur: BUC., Op. lat. XV, 266, 11 (*legum . . . repurgatoribus*).

+ **repurgo**, *-are* A) corriger (un texte): VALLA I, 1, 16; ap. POLIT., 81, 29; MORE Corr., n° 86, 436; etc. - B) expurger: PLANT. IV, 39, 26.

+ **reputatio**, *-onis* *réputation: ap. AMERB. I, n° 436, 23; BUDÉ II, 270, 26. - Emploi dans ce sens condamné par VALLA I, 422, 41.

+ **reputo**, *-are* **considérer comme . . . : BOV. Opp., 38, 22.

requaesta (*-questa-*), *-ae* *requête: ap. MORE Corr., n° 89, 28; BUDÉ III A, 121, 48 (*quos hodie magistros requaestarum uocamus*); 123, 1; etc.

requirentia (*-cia*), *-ae* besoin, nécessité: SERRA, 96, 14; 126, 2.

+ **requisitio**, *-onis* A) *demande, requête: PIC 1, 87, 5; ap. ER., Allen IX, n° 2384, 76; ap. PFLUG II, n° 178, 44; etc. - B) ordre: ap. PFLUG II, n° 292, 9; ap. CALV. XI, 239, 7.

requisitorius, *-a*, *-um* de recherche: BUDÉ I, 79, 20.

res A) dans *res agibilis* : v. *agibilis*. - B) dans *res commeantes* : v. *commeo, -are*. - C) dans *res immobiles*: v. *immobilis*.

rescribendarius, *-ii* celui qui, à la Chancellerie pontificale, est chargé de répartir le travail entre les copistes: VALLA I, 349, 48.

+ **rescribo**, *-ere* recopier: ap. CELT., n° 142, ll. 49, 50 et 55.

rescriptito, *-are* répliquer, répondre (à un écrit): BUDÉ I, 45, 39; 183, 26; III B, 46, 41.

reserator, *-oris* celui qui ouvre l'accès à . . . : ap. ER., Allen II, n° 359, 26 (*bonarum literarum reserator*).

reserua, *-ae* réserve (droit canon): ap. CRAN., n° 141, 25.

reseruaculum, *-i* réserve, coffret: JON. I, 8, 17.

reseruatio, *-onis* A) **réserve (droit canon): ER., ASD IX-1, 174, 230; AL. Paquier, 253, 7; MEL., W. VI, 71, 38; fréq. - B) **conservation: BOV. Sap., 108, 16; ap. CALV. XVI, 115, 39.

residentia, *-ae* *résidence: PETR. II, 1137, 28; ap. ER., Allen IV, n° 1094, 25; BRIÇ., 99, 2; fréq.

residuo, *-are* avoir de reste: ZAS. ap. ER., Allen IX, n° 2602, 15.

resignatio, *-onis* A) *résignation (d'un bénéfice eccl.): ER., Allen I, n° 296, 126; AL. Paquier, 63, 5; ap. MORE Corr., n° 147, 10; fréq. - B) démission: ap. CELT., n° 176, 13. - C) fait de s'en remettre à . . . , abandon: ap. AMERB. V, n° 2475, 4 (*resignatio in Dominum*). - D) rupture d'un sceau: ap. REU., 151, 12 (fig.).

+ **resigno**, *-are* *résigner (un bénéfice eccl.): BUSL. Ep., n° 57, 10; AL. Paquier, 64, 2; ER., Allen V, n° 1417, 23; fréq.

resilientia, *-ae* fait de s'éloigner, d'éviter: BUDÉ IV, 1006, 43.
resoluens, *-ntis* analytique: SCALIGER in *Pros.*, 294, 26 et 27.
+ **resoluo**, *-ere* mettre en prose: CRUC., n° 20, ll. 15 (*resoluere carmen in prosam*), 34 et 67.
+ **resolutio**, *-onis* résolution, décision: ap. PFLUG II, n° 332, 49 et 86.
resolutorius, *-a, -um* **analytique: POLIT., 517, 11; 520, 32.
resoluturio, *-ire* avoir envie de résoudre: ap. LEF., 366, 2.
resortior, *-iri* aller en appel: BUDÉ III A, 41, 12; III B, 73, 15; 74, 51; etc.
resortitio, *-onis* fait d'aller en appel: BUDÉ III B, 80, 23; 86, 24; 94, 47; etc.
respectiue *respectivement: ap. REU., 234, 26; BUDÉ III B, 158, 29; S.J. I, 179, 22.
respectiuus, *-a, -um* *relatif: SERRA, 92, 33; ER., LB X, 1260 A.
+ **respiraculum**, *-i* A) appareil respiratoire: POLIT., 420, 13 et 14. - B) respiration: CALV. I, 922, 17.
respiratiuncula, *-ae* petite pause: ER., ASD IX-1, 450, 241. - dim. de *respiratio.*
respirium, *-ii* pause (dans le discours): HAL., 143, 30.
respondenter exactement, fidèlement: BRUNI, 113, 11.
responsatio, *-onis* une réplique: ER., ASD IV-2, 278, 347; V-1, 241, 58; 296, 648.
responsator, *-oris* (empl. adj. M.) qui réplique: ER., ASD I-3, 404, 46; LB IX, 1231 C; ap. BÈZE VI, 289, 34.
responsitatio, *-onis* consultation juridique: BUDÉ III B, 33, 38.
responsiuncula, *-ae* *petite réponse: PETR. II, 1209, 6; ER., ASD V-1, 388, 194; Allen VII, n° 1902, 320; etc. - dim. de *responsio.*
responsorius, *-a, -um* de réponse: ap. PFLUG IV, n° 727, 32; ap. CALV. XIX, 578, 3; ap. BÈZE XI, 109, 20; etc.
restauratrix, *-icis* **celle qui restaure, qui rétablit: CATH., Opusc. III, 59, 36.
restibilitas, *-atis* fait de se renouveler, de recommencer: BUDÉ III B, 115, 32.
restitanter en traînant, de mauvais gré: BUDÉ III B, 173, 29.
restitator, *-oris* (empl. adj. M.) qui traîne, qui fait traîner (les procès): BUDE III B, 157, 28.
+ **resulto**, *-are* *résulter: SAL. III, ch. 5, 31; POLIT., 262, 3; ARGYR. in *Reden*, 49, 26; etc.
+ **resumptio**, *-onis* **reprise, répétition: FIC. Conv., 224, 21; BOV. Sap., 168, 16; STURM, 44, 1; etc.
+ **resuo**, *-ere* **recoudre: APH., 18 r°, 14.
resupinitas, *-atis* inclinaison vers l'arrière: BUDÉ I, 501, 28.

retaliatio, *-onis* fait de traiter selon la loi du talion: RHEN., 234, 24.
retalio, *-onis* fait de traiter selon la loi du talion: ZAS. V, 173 A, 31.
retaxatio, *-onis* riposte: POLIT., 153, 36; ap. POLIT., 161, 15.
retectio, *-onis* A) révélation, divulgation: VALLA I, 993, 18 (trad. de Ἀποκάλυψις); ER., ASD IV-1 A, 74, 565; IV-2, 156, 51. - B) explication: BUDÉ IV, 267, 29.
retentiuus, *-a*, *-um* *qui garde, qui retient: SERRA, 40, 6; FIC., O.O. I, 527 A, 23 et 29.
retentrix, *-icis* (empl. adj. F.) qui retient: ap. AMERB. V, n° 2309, 9.
retice: v. *rhetice.*
reticularius, *-ii* fabricant de filets: POLIT., 471, 2.
\+ **reticulum**, *-i* raquette (pour jeu de paume): APH., 44 r°, 25.
retiformis, *-is*, *-e* en forme de filet: SERVET in *Pros.*, 648, 22.
retinctio, *-onis* deuxième baptême: ap. ER., Allen XI, n° 2998, 24.
retinctus, *-i* un rebaptisé → un anabaptiste: ap. ER., Allen XI, n° 3031 a, 217; ER., Allen XI, n° 3048, 66; n° 3049, 124.
retingo, *-ere* **rebaptiser: ER., ASD V-3, 156, 376; 192, 807.
\+ **retractator**, *-oris* quelqu'un qui remanie, qui modifie: BUDÉ I, 154, 24.
retributrix, *-icis* (empl. adj. F.) qui rétribue, qui récompense: ap. AMERB. I, n° 61, 36.
retroactus, *-us* fait de se retirer, recul: BUDÉ I, 165, 42.
\+ **retroago**, *-ere* Au passif, s'écouler, passer (à propos du temps): PETR. II, 992, 24; BUDÉ I, 250, 18; AGRIPPA, 46, 4; etc.
retrofero, *-ferre* pousser vers l'arrière, faire reculer: CALV. XIII, 87, 42.
retrogradarius, *-a*, *-um* qui va en arrière: PIC 1 ap. FIC., O.O. I, 916 B, 53; FIC., O.O. I, 917 A, 31.
retrosilio, *-ire* sauter en arrière, aller en arrière: ap. MORE Corr., n° 196, 35.
retrotraho, *-ere* ramener en arrière: CATH. Enarr., 293, 9.
retrouenditio, *-onis* revente: ap. AMERB. V, n° 2340, 14.
reualescentia, *-ae* retour à la santé: ap. ER., Allen VIII, n° 2316, 6.
Reuchlinista, *-ae* (M.) un admirateur ou un défenseur de Reuchlin: HUTT. I, 130, 9; 133, 26; ER., Allen IV, n° 1041, 13; etc.
Reuchlinomastix, *-igis* quelqu'un qui fustige Reuchlin: ap. HUTT. I, 152, 2. - v. *Capniomastix* et *mastix.*
reuelate clairement, nettement: BUC., Op. lat. II, 63, 25; 256, 5; 300, 12.
reuenditio, *-onis* revente: ap. AMERB. V, n° 2340, 14.
reuerberatio, *-onis* A) *réverbération: ap. AMERB. III, n° 1016, 54. - B) coup « en retour » : BUSL. Ep., n° 70, 18.
reuigeo, *-ēre* reprendre vigueur: HUTT. V, 110, 19.

reuendico, *-are* **revendiquer: ER., Allen X, n° 3032, 24.
reuisor, *-oris* reviseur: ap. PFLUG II, n° 232, 16; TORR. II, n° 477, 50; n° 540, 45; etc.
reuiuiscentia, *-ae* A) **résurrection, retour à la vie: ER., ASD V-1, 288, 428. - B) fig.: FIC. Conv., 157, 12.
reunio, *-ire* unir à nouveau: POMP., 42, 12.
reuocamentum, *-i* rappel: ER., Allen III, n° 858, 510.
+ **reuocatio**, *-onis* A) abrogation: ap. AL. Paquier, 155, 27; 156, 16; TORR. III, n° 740, 12; etc. - B) rétractation: BULL. ap. BÈZE XI, 298, 22.
reuocatrix, *-icis* celle qui rappelle, qui fait revenir: PETR. I, 295, 9.
reuoluito, *-are* repasser souvent (dans l'esprit): AMERB. Br. I, n° 256, 17; n° 299, 16.
+ **reuolutio**, *-onis* fait de consulter des livres, de tourner des pages: REU., 15, 30; ap. AMERB. I, n° 31, 34; XIMENES in *Praef.*, 46, 22; etc.
reuoluto, *-are* relire souvent: ASULANUS in *Praef.*, 347, 18.
reuolutrix, *-icis* la dévideuse: FIC., Theol. III, 163, 13 (*Clotho, id est reuolutrix*).
rhabarbarum: v. *rabarbarum.*
rhabduchus, *-i* celui qui porte un bâton → juge des jeux gymniques: BUDÉ III A, 136, 54; 137, 52 et 54. - ← ῥαβδοῦχος.
rhapsodus, *-i* rhapsode, poète: ER., ASD I-1, 62, 15; I-2, 701, 29; BUDÉ I, 179, 20; etc. - ← ῥαψῳδός.
Rhenensis (*Re-*), *-is* florin du Rhin (monnaie): CELT., n° 23, 13; ER., Allen V, n° 1437, 123; ap. CRAN., n° 207, 9; fréq.
rhetice (*re-*) en dialecte rhétique (rhéto-roman): ap. BULL., Gr. I, 409, 30; 414, 34; 467, 8.
+ **rhetor**, *-oris* rhétoricien, élève de la classe de rhétorique: ap. LIPSE, Ep. I, n° 1, 53; S.J. I, 161, 5; 165, 29; etc.
rhetorculus, *-i* médiocre orateur: ER., ASD I-1, 110, 8; MORE ap. ER., Allen IV, n° 1087, 62; RHEN., 233, 45; fréq. - ← ῥήτωρ (*rhetor*) + suff. lat. de dim., avec connot. péjor.
rhetoricatio, *-onis* recours aux subtilités des rhéteurs: ap. ZW. VIII, 375, 12; 451, 5; JON. I, 202, 23. - ← ῥητορική (*rhetorica*) + suff. lat.
+ **rhetoricus**, *-i* un poète!: HAL., 160, 15 (*uulgo*).
rhetoriunculus, *-i* médiocre orateur: POGG. I, 229, 11. - ← ῥήτωρ (*rhetor*) + suff. lat. de dim., avec connot. péjor.
rhipsaspis, *-idis* un déserteur: ER., ASD IX-1, 162, 975. - ← ῥίψασπις.
rhombus: v. *rhumbus.*
+ **rhumbus** (*rho-*), *-i* carreau (dans un jeu de cartes): APH., 46 r°, 20.

ribaldus, *-i* *un ribaud: MORE, CW IV, 84, 7.
rigidulus, *-a, -um* assez raide: ER., LB V, 7 A. - dim. de *rigidus.*
rigorose avec rigueur: TORR. III, n° 1192, 17 (*rigorosius*).
rigorosus, *-a, -um* **rigoureux: POLENTONUS in *Reden*, 163, 16; REU., 201, 28; ap. ER., Allen VI, n° 1589, 25; etc.
rimulentus, *-a, -um* fissuré, crevassé: BUDÉ III A, 174, 23; III B, 88, 10.
risma, *-ae* une rame (de papier): PLANT. IV, 72, 13; 74, 18; 88, 20; etc.
risus dans *risus Sardonius*: v. *Sardonius.*
rixatio, *-onis* lutte, combat: ER., Ferg., 236, 20.
rixatrix, *-icis* (empl. adj. F.) querelleuse, chicaneuse: ER., ASD IV-1 A, 171, 827.
robustulus, *-a, -um* assez fort, assez robuste: ER., Allen III, n° 867, 82. - dim. de *robustus.*
+ **rogationes**, *-um* **les rogations: TORR. III, n° 831, 3.
+ **rogator**, *-oris* un poseur de questions: VIVES, E.W. I, 12, 2.
rogitator, *-oris* **quelqu'un qui interroge (en justice): BUDÉ III B, 103, 37.
+ **romane** en langue latine: VALLA I, 4, 3; 215, 35; ER., Ferg., 183, 1329; etc.
Romanensis I, *-is* (subst.) un catholique romain → un papiste: ER., Allen IV, n° 1166, 111; BUC., Corr. I, n° 63, 272; LUTH., WA Br. II, n° 337, 31; etc.
Romanensis II, *-is, -e* « romain » → papiste: HUTT. I, 425, 7; CALV. VI, 257, 44; JON. II, 339, 4; etc.
Romanista, *-ae* (M.) un catholique romain → un papiste: MEL., O.O. I, 264, 20; BUC., Corr. I, n° 32, 11; HUTT. I, 396, 12; fréq.
romanor, *-ari* vivre comme à Rome (connot. péjor.): LUTH., WA Br. I, n° 16, 36.
Romanus, *-a, -um* dans *Romana Sedes*: v. *sedes.*
ronchisso, *-are* ronfler: APH., 7 r°, 10.
ropalum, *-i* battant d'une cloche: APH., 69 r°, 28.
roptrum, *-i* marteau (d'une porte): APH., 21 v°, 16.
rosariolum, *-i* rosaire: ER., ASD I-3, 535, 1473. - dim. de *rosarium.*
+ **rosarium**, *-ii* rosaire: LUTH., WA Br. I, n° 66, 5; JON. II, 341, 12; TORR. II, n° 410, 6; etc.
+ **Rota**, *-ae* A) *Rote, tribunal eccl.: REU., 220, 26; AMERB. Bon. II, n° 970, 11; ap. PFLUG III, n° 403, 8; etc. - B) Rote, tribunal civil: BOD. I, 204 B, 8 (Lucques).
+ **rotula**, *-ae* roulement (dans la désignation à des fonctions): ap. ER., Allen X, n° 2848, 10 (*ut uocant*).
+ **rotulus**, *-i* *rouleau (document officiel): ap. MORE Corr., n° 89, 19.

rubinus, *-i* *un rubis: FIC., O.O. I, 534 B, 18; AGRIC. G., 95, 3 (*uulgus*).

rubrico, *-are* **teindre en rouge: VALLA I, 641, 1.

ruderosus, *-a, -um* couvert de ruines: BUDÉ III B, 176, 31.

rudimentarius I, *-a, -um* rudimentaire, élémentaire: CLEN., n° 63, 100.

rudimentarius II, *-ii* un débutant: CLEN., n° 7, 12; n° 40, 321.

+ **rudis**, *-is, -e* non relié (à propos de livres): ER., Allen VI, n° 1755, 10.

ruditer grossièrement, mal: PETR. II, 1052, 24; POGG. I, 64, 35; VALLA I, 499, 9; etc.

ruditus, *-a, -um* rude, grossier: NIGER in *Praef.*, 236, 14.

rudiusculus, *-a, -um* assez rude, assez ignorant: GUAR. 1, Inaug., 289, 20; ap. ER., Allen II, n° 433, 30; BUDÉ I, 362, 2; etc. - dim. du compar. *rudior, -ius.*

rugibilis, *-is, -e* capable de rugir: VALLA I, 697, 48 et 50.

rumoratur (impers.) on répand la rumeur, le bruit court: PFLUG III, n° 514, 35.

ruptorium, *-ii* emplâtre pour provoquer une rupture de veine (en cas d'empoisonnement): ap. FIC., O.O. I, 582 A, ll. 8, 19 et 29; etc.

rutilitas, *-atis* rutilance: VALLA I, 650, 8.

S

+ **sabbatarius**, *-ii* un sabbataire: ER., ASD V-3, 312, 914; CALV. IX, 465, 43; JON. II, 365, 15. - cf. *Lex. f. Theol. u. K.*, IX, 190.

sabbatinus (*-thinus*), *-a, -um* dans *dies sabbatinus,* *samedi: PLANT. VIII, 10, 17; S.J. I, 153, 33; 205, 25; etc.

+ **sabbatum** (*-thum*), *-i* *samedi: LUTH., WA Br. II, n° 392, 7; HAL., 112, 4.

sabellianismus, *-i* sabellianisme: CALV. VII, 296, 12; XII, 19, 28; ap. CALV. XIX, 582, 9; etc.

Sabellianus, *-a, -um* de Sabellius: ap. CALV. XX, 337, 54; 340, 19; 341, 19.

sabellinus, *-a, -um* *de zibeline: ap. AMERB. III, n° 1110, 14; AMERB. Bon. III, n° 1141, 26.

saccaraceus, *-a, -um* sucré, doux: ER., Allen VIII, n° 2103, 1.

saccaratus (*saccha-*), *-a, -um* sucré, doux: BUDÉ I, 291, 27; 292, 15; BUC., Corr. I, n° 7, 6; etc.

saccareus (*saccha-, zacca-*), *-a, -um* sucré, doux: ap. POLIT., 188, 29; ER., Allen VIII, n° 2155, 2; BUDÉ II, 158, 53; etc.

sacchar-: v. *saccar-*.

saccophorium, *-ii* fait de porter un vêtement grossier: ER., ASD IX-1, 88, 662. - ← grec: cf. σακκοφόρος.

saccularius I, *-a, -um* qui concerne un porte-documents (ou les documents eux-mêmes): BUDÉ III A, 26, 27; III B, 109, 7: 152, 35; etc.

+ **saccularius** II, *-ii* celui qui s'occupe des porte-documents (ou des documents eux-mêmes): BUDÉ III B, 109, 6; 145, 39.

sacculosus, *-a, -um* au dossier volumineux (à propos d'un procès): BUDÉ III B, 157, 1.

sacellanus, *-i* chapelain: ER., Allen I, n° 85, adr.; ap. RHEN., 588, 26; BUC., Corr. I, n° 9, 8; fréq.

sacer, *-cra, -crum* A) dans *sacrum eloquium* : v. *eloquium.* - B) dans *Sacra pagina* : v. *pagina.*

sacerdotiolum, *-i* petit bénéfice (eccl.), petite prébende: ER., Allen III, n° 762, 13; AL. Paquier, 263, 34; LUTH., WA Br. I, n° 138, 5; etc. - dim. de *sacerdotium.*

+ **sacerdotium**, *-ii* bénéfice (eccl.); prébende: ANDREAS in *Praef*, 57, 14; ER., Allen II, n° 413, 24; RHEN., 87, 1; fréq.

sacerdotulus, *-i* « petit » prêtre: POGG. I, 156, 15; 176, 11; HUTT. I, 390, 11; etc. - dim. de *sacerdos*, avec connot. péjor.

sacralis, *-is, -e* *sacré: ap. CELT., n° 147, 54.

sacramentalis, *-is, -e* **sacramentel: ER., ASD IX-1, 258, 588; MORE, CW V/1, 510, 21; MEL., O.O. XXI, 210, 37; fréq.

sacramentaliter *sacramentellement: PIC 1, 121, 10; BÈZE VII, 114, 1; CALV. II, 1038, 15; fréq.

sacramentarius I, *-a, -um* sacramentaire: ER., Allen IX, n° 2579, 2; BÈZE V, 69, 27; BULL., Gr. I, 452, 35; etc.

sacramentarius II, *-ii* un sacramentaire: ER., Allen IX, n° 2631, 16; AMERB. Bon. III, n° 1198, 122; JON. I, 114, 14; fréq.

sacramentiperda, *-ae* (M.) un ennemi des sacrements: ap. CALV. XV, 789, 22.

sacramentulum, *-i* sacrement: CALV. I, 180, 4. - dim. de *sacramentum*, avec connot. péjor.

sacramentum dans *auricularium sacramentum*: v. *auricularius*.

+ **sacrarium**, *-ii* **sacristie: CASTILIONENSIS in *Reden*, 217, 2; POLIT., 639, 3; ap. RHEN., 552, 10; etc.

sacrificatorius, *-a, -um* de sacrifice: PFLUG I, n° 96, 25.

+ **sacrificium**, *-ii* **messe: PETR. II, 641, 1; ER., Allen II, n° 456, 57; MOS. Paed., 17, 27; etc.

+ **sacrifico**, *-are* *célébrer la messe: PETR. II, 640, 50; ER., Allen IV, n° 1211, 493; RHEN., 32, 43; fréq.

+ **sacrificulus**, *-i* prêtre (chrét.): MOS. Paed., 31, 10; ER., Allen V, n° 1518, 7; MORE, CW V/1, 532, 21; fréq.

sacrificus, *-i* prêtre (chrét.): ER., Allen II, n° 447, 489; ap. RHEN., 241, 9; CALV. VIII, 68, 19; fréq.

sacriloquus, *-a, -um* qui parle de choses sacrées: CLICHT. ap. LEF., 164, 29; RHEN., 577, 25.

sacrista, *-ae* (M.) *sacristain: S.J. I, 335, 27.

sacristia, *-ae* *sacristie: PETR. III, 1374, 42. - Critiqué par VALLA II, 291, 33.

+ **sacrum**, *-i* A) messe: MOS. Paed., 17, 31; ER., Allen I, n° 154, 19; MORE, CW IV, 48, 17; fréq. - B) Pl., sacrements: TORR. I, n° 71, 7; n° 106, 33. - C) dans *a sacris*, chapelain: ap. CELT., n° 146, 24; ER., Allen III, n° 811, adr.; LUTH., WA Br. I, n° 187, 1; fréq.; v. *a/ab*.

saecularis, *-is, -e* dans *brachium saeculare*: v. *brachium*.

sagatia, *-ae* *sagacité: MORE, CW V/1, 228, 31.

salariolum, *-i* petit salaire, petite solde: ER., ASD I-3, 456, 106; Allen VIII, n° 2256, 28. - dim. de *salarium*.

salebrositas, *-atis* aspérité, rugosité: ap. LEF., 251, 2.

salesco, *-ere* devenir salé: LIPSE, Ep. I, n° 58, 42.

salgamarius, *-a, -um* utilisé pour les conserves: BUDÉ II, 234, 50 (*de uasis salgamariis*).
salgemma, *-ae* sel gemme: ap. FIC., O.O. I, 581 A, 54; 582 B, 17.
salmata, *-ae* désigne une mesure de capacité: ap. AMERB. IV, n° 1541, 39.
salmulus, *-i* petit saumon: APH., 27 v°, 31. - dim. de *salmo.*
salpetra, *-ae* salpêtre: ap. ZW. VIII, 723, 5.
+ **salsitas**, *-atis* **teneur en sel, salure: MORE, CW IV, 160, 9.
salsuginosus, *-a, -um* salé: ER., ASD II-5, 202, 924; ap. LIPSE, Ep. II, n° 432, 37.
saltabunde en sautant: BUDÉ I, 67, 41.
saltuarius, *-a, -um* qui concerne les forêts: BUDÉ I, 71, 14; 75, 49.
salutabunde en saluant: BUDÉ III B, 129, 43.
salutatiuncula, *-ae* A) petit salut, petite salutation: ER., Allen V, n° 1524, 19; VII, n° 1875, 198; ap. RHEN., 252, 9. - B) salutation angélique, Ave Maria: ER., ASD I-3, 535, 1473. - dim. de *salutatio.*
+ **saluus**, *-a, -um* dans *saluus conductus,* sauf-conduit: LUTH., WA Br. I, n° 178, 23; ap. HUTT. I, 136, 33; BULL., Gr. I, 325, 32; fréq. - Critiqué par CROC. Farr., 204, 18.
sama, *-ae* instrument de torture: ER., LB II, 989 A. - ← σάμη.
sambucinus, *-a, -um* *de sureau: FIC., O.O. I, 496 B, 34. - cf. *sambuceus* (G.) et *sambucineus* (SOUTER).
sanabiliter d'une manière qui peut être guérie: ER., Allen VII, n° 1853, 46 (*sanabiliter aegrotantibus*).
sanatrix, *-icis* celle qui guérit, qui prend soin de . . . : ap. AMERB. I, n° 94, 18.
sancta, *-ae* *une sainte: HAL., 149, 26.
sanctarium, *-ii* sanctuaire: BUDÉ I, 157, 26; 162, 19; 227, 31. - cf. *sanctuarium* (G.).
sancticulus, *-a, -um* qui se croit saint, qui se croit vénérable: LUTH., WA Br. II, n° 382, 19 (*sancticulus . . . Episcopus*). - dim. de *sanctus,* avec connot. péjor.
sanctificabilis, *-is, -e* qui peut être sanctifié: CATH. Disput., 125, 56; 245, 20.
+ **sanctio**, *-onis* A) **décision: MORE Corr., n° 15, 837; TORR. III, n° 861, 34. - B) doctrine, opinion: ANDREAS in *Praef.*, 75, 7 et 27; 77, 4.
sanctulus, *-i* un « petit » saint: CALV. II, 874, 8; V, 504, 32. - dim. de *sanctus,* avec connot. ironique.
sanctus, *-a, -um* dans *Sancta Sedes* : v. *sedes.*
sandaliatus, *-a, -um* chaussé de sandales: CLEN., n° 49, 53.
sandalinus, *-a, -um* de santal: ap. FIC., O.O. I, 575 B, 35. - ← σαντάλινος.

sandalus, *-i* santal: FIC., O.O I, 490 A, 22; 491 B, 25; ap. AMERB. III, n° 1115, 240; etc. - ← σάνταλον.
sanguineus, *-i* *un sanguin: FIC. Conv., 253, 25 et 26; 254, 3.
sanguinitas, *-atis* *consanguinité: PETR. II, 910, 2.
sanguinolenter cruellement, impitoyablement: ap. CALV. XV, 191, 36.
sanguis dans *sanguinis extractio*: v. *extractio.*
sanitudo, *-dinis* santé: BOV. Opp., 152, 32.
sapientia dans *ultramundana sapientia*: v. *ultramundanus, -a, -um.*
saporiferus, *-a, -um* savoureux: PETR. II, 725, 49.
sapphireus, *-a, -um* de saphir: VALLA I, 641, 14. - cf. *sapphirinus* (G.).
sapunculum, *-i* savon: VIVES, E.W. I, 70, 2 et 5; 82, 4.
sarcasticus, *-a, -um* sarcastique: BUDÉ I, 169, 20.
sarcinicula, *-ae* petit bagage: PETR. II, 1043, 30. - dim. de *sarcina*; cf. *sarcinula* (G.).
sarcites, *-is* anasarque (maladie): APH., 15 v°, 16. - ← σαρκίτης.
sarcophagia, *-ae* fait de manger de la viande (les jours maigres): ER., Allen VI, n° 1620, 45. - ← σαρκοφαγία.
sardonice sardoniquement: ER., ASD II-5, 292, 87 et 93.
Sardonius, *-a, -um* dans *risus Sardonius* **rire sardonique: ER., ASD II-5, 289, 1; MORE, CW V/1, 490, 27; CRUC., n° 2, 11; fréq. - cf. CIC. *Fam.* VII, 25, 1, où l'expression est en grec: γέλωτα σαρδόνιον.
+ **sartor**, *-oris* **couturier, tailleur: CORD. IV, n° 35; n° 36.
sartoria, *-ae* art de coudre: ER., ASD I-1, 98, 9.
satanicus (*sath-*), *-a, -um* *satanique: CLICHT., 8 r°, 16; ZAS. ap. AMERB. III, n° 1127, 47; DORP, 96, 19; fréq.
satanista, *-ae* (M.) suppôt de Satan: MORE, CW V/1, 82, 13; 212, 26; 214, 22; etc.
+ **satisfactio**, *-onis* **satisfaction, pénitence (sens chrét.): ER., ASD I-3, 422, 171; CALV. I, 128, 20; MEL., O.O. I, 126, 28; etc.
satisfactionarius, *-ii* un partisan de la satisfaction (v. *satisfactio*): CALV. I, 174, 22.
satisfactiuncula, *-ae* petite satisfaction, petite pénitence: MEL., O.O. I, 351, 44; CALV. I, 169, 38. - dim. de *satisfactio.*
satisfactor, *-oris* quelqu'un qui fait ce qu'il doit, ce qui lui est demandé: ap. CELT., n° 67, 12.
satisfactorium, *-ii* accomplissement, réalisation: CLICHT. ap. LEF., 364, 15 (*pollicitationis nostrae satisfactorium*).
satisfactorius, *-a, -um* A) **satisfactoire (sens chrét., v. *satisfactio*): ER., ASD IX-1, 414, 876; CALV. I, 527, 34; 778, 54; etc. - B) satisfaisant: PIC 1, 102, 22; ZAS. ap. CELT., n° 80, 7.
saturio, *-ire* être rassasié: LIPSE, O.O. IV, 395 B, 45.

+ **Saturnalia**, *-ium* carnaval: TORR. I, n° 56, 37; n° 178, 4. - v. *Bacchanalia* et *carniualia*.
saturninus, *-a, -um* maléfique: ap. AMERB. I, n° 1, 17.
satyrula, *-ae* petite satire: POGG. I, 170, 15; 174, 4. - dim. de *satyra*.
saxifico, *-are* pétrifier: BÈZE VI, 200, 33.
+ **scabies**, *-ei* dans *scabies Gallica/Hispanica/Neapolitana*, syphilis: LUTH., WA Br. I, n° 31, 30; ER., ASD I-3, 726, 217; APH., 15 r°, 5; etc. - v. *lues Gallica* et *morbus Gallicus*.
scabinatus, *-us* *échevinage: TORR. III, n° 807, 2. - ← germ. + suff. lat.
scabinus, *-i* *échevin: AL. Paquier, 69, 23; ap. AMERB. III, n° 1354, 74; ap. RHEN., 463, 5; fréq. - ← germ.
scabiosa, *-ae* scabieuse: ap. FIC., O.O. I, 584 A, 22 et 48; 584 B, 24; etc.
scabre rudement: VALLA I, 607, 1.
scabrositas, *-atis* rudesse: ap. VALLA I, 340, 14; FICHET, 154, 27.
scaccarius, *-ii* jeu d'échecs: ER., ASD II-5, 120, 390 (*uulgo*). - ← persan.
scaci (*schacci*), *-orum* *échecs (jeu): ER., ASD I-4, 41, 924 (*uulgus*); S.J. I, 402, 18. - ← persan.
scaenula, *-ae* petite scène (dans une pièce de théâtre): ALCIAT ap. AMERB. II, n° 926, 9. - dim. de *scaena*.
+ **scalaris**, *-is, -e* dans *annus scalaris*, année climatérique: FIC., O.O. I, 515 B, 34; ap. ER., Allen VIII, n° 1994 a, 51; MAN. P., 125, 25. - v. *annus decretorius* et *annus gradarius*.
scalptus, *-us* fait de gratter: MORE, CW IV, 172, 19; 176, 11; ER., ASD I-3, 332, 238.
scalulae, *-arum* petite échelle → marchepied: ER., LB II, 1032 E (fig.). - dim. de *scalae*.
scandalodes scandaleux: ER., Allen V, n° 1334, 109 (N. Sg.). - ← σκανδαλώδης, -ης, -ες.
scandalose de façon scandaleuse: ER., ASD IX-1, 470, 751. - ← σκάνδαλον (*scandalum*) + suff. lat.
scansim en montant, vers le haut: ER., ASD I-1, 564, 37; BUDÉ I, 234, 1; II, 313, 15; etc.
scapulare, *-is* (subst. N.) **scapulaire: GAG. I, 396, 12; ER., Allen I, n° 296, 173; APH., 17 v°, 29; etc.
scapularis, *-is, -e* dans *scapularis uestis*, scapulaire: RHEN. ap. ER., Allen I, p. 60, 128.
scarabeius, *-a, -um* de scarabée: ER., ASD II-6, 418, 623.
scariola, *-ae* scarole: ap. FIC., O.O. I, 578 A, 1. - ← ital.
scelerose de manière honteuse, criminelle: CATH., Opusc. II, 84, 14.

scelus dans *scelus oblaesae maiestatis*: v. *oblaesus, -a, -um.*
scenographice, *-es* désigne une partie de l'optique: POLIT., 467, 35. - ← σκηνογραφικός, -ή, -όν.
scepticus I, *-a, -um* sceptique: LUTH., WA XVIII, 605, 9; 613, 24; CATH. Assert., 112, 15. - ← σκεπτικός.
scepticus II, *-i* un sceptique: LUTH., WA XVIII, 603, 22; ER., Allen XI, n° 3127, 7; MEL., O.O. III, 69, 7. - ← σκεπτικός.
schacci: v. *scaci.*
schachia, *-orum* échecs (jeu): S.J. I, 449, 23. - ← persan.
schedatim feuille par feuille, page par page: BUDÉ I, 282, 5.
schedula dans *schedula supplex*: v. *supplex.*
schedularius, *-ii* auteur de placards, de libelles (connot. péjor.): LUTH., WA Br. II, n° 255, 15.
+ **schisma**, *-atis* déchirure: CATH., Opusc. I, 169, 33.
schismaticus, *-i* **un schismatique: PFLUG II, n° 209, 29; n° 241, 34; n° 243, 48; etc. - ← σχισματικός.
schlanga, *-ae* serpentine: ap. CALV. XII, 539, 32 (*ut Germani uocant*). - ← all.
+ **schola**, *-ae* A) dans *a scholis*, maître d'école: ap. ER., Allen IX, n° 2475, 59; v. *a/ab.* - B) dans *schola uniuersalis*: v. *uniuersalis.*
scholarcha, *-ae* (M.) scholarque: ap. AMERB. V, n° 2432, 7; BULL. ap. BÈZE V, 66, 3; STURM, 2, 19; etc. - ← σχολάρχης.
scholaster, *-eris* (*-eri*) écolâtre (chanoine): ER., ASD I-4, 24, 330; BARL., n° 65, titre; ap. PIGH., n° 223, 3; etc.
scholasteria: v. *scholastria.*
+ **scholasticus** I, *-a, -um* *scolastique: ER., Allen VII, n° 2037, 169 (*scholasticae subtilitates*); MORE, CW V/1, 586, 26; DORP, 101, 29; fréq.
+ **scholasticus** II (*scol-*), *-i* A) *écolâtre (chanoine): ap. ER., Allen VII, n° 1947, 12; ap. PFLUG II, n° 265, 33; TORR. I, n° 228, 6; etc. - B) un philosophe scolastique: CALV. I, 318, 18; MEL., O.O. I, 325, 11; CATH., Opusc. I, 42, 13; etc.
scholastria (*-teria*), *-ae* *fonction d'écolâtre, écolâtrie: ap. PIGH., n° 222, 4 (*ut uocant*); PIGH., n° 241, 14; n° 244, 11; etc.
scholiastes, *-ae* (M.) un scoliaste: ER., Allen VI, n° 1635, 33; PERAXYLUS in *Praef.*, 435, 16; ESTIENNE in *Praef.*, 507, 36; etc. - ← σχολιαστής.
scholiolum, *-i* petite scolie: ER., Allen IV, n° 1144, 71. - ← σχόλιον (*scholium*) + suff. lat. de dim.
scholium, *-ii* scolie: LEF., 65, 10; ER., Allen IV, n° 1204, 26; BUDÉ III A, 154, 46; fréq. - ← σχόλιον.
schultetus: v. *scultetus.*
Schwenckfeldianus (*Schue-*), *-i* sectateur de Schwenckfeld: BULL.

ap. CALV., XII, 290, 2; XV, 737, 9; ap. CALV. XVII, 623, 42; etc. - v. *Stenckfeldianus, Suenckfeldianus, Swenckfeldicus*: cf. *Dict. Théol. Cath.*, XIV, 1586-91.

sciamachia, *-ae* combat contre un adversaire fictif: PIC 2, O.O. 875, 27. - ← σκιαμαχία.

sciamachus, *-i* quelqu'un qui lutte contre un adversaire fictif: POLIT., 470, 24. - ← σκιαμάχος.

+ **scienter** **sciemment: XIMENES in *Praef.*, 46, 25; ap. AMERB. III, n° 1190, 25; CORD. V, n° 22.

scientifice A) *scientifiquement, savamment: PIC 1, 112, 8; BUDÉ III A, 22, 11; 67, 37. - B) en connaissance de cause: ER., ASD IV-3, 154, 450.

+ **scientificus**, *-a, -um* savant, instruit: PETR. I, 85, 16 (*scientificus praeceptor*).

scirrosus, *-a, -um* squirreux: LAGUNA in *Pros.*, 592, 24. - ← grec: cf. σκιρρώδης.

sciscitatiuus, *-a, -um* qui consiste à s'informer, à interroger: BUDÉ IV, 639, 22.

sciscitorius, *-a, -um* interrogatif: ER., ASD I-2, 312, 13.

sclopetarius, *-ii* un carabinier (v. *sclopetus*): BÈZE VI, 41, 4; BULL. ap. BÈZE VI, 172, 6; ap. PLANT. Suppl., 135, 1; etc. - ← ital.

sclopetus, *-i* escopette, arquebuse: BÈZE I, 68, 20; IV, 76, 35; ap. BULL., Gr. I, 320, 17; etc. - ← ital.

scobator, *-oris* un balayeur: HUTT. V, 105, 18. - v. *scopator.*

scobo, *-are* racler, nettoyer: AMERB. J. I, n° 265, 33. - cf. *scopo, -are* (G.).

scoenosus, *-a, -um* sale, puant: POGG. I, 166, 12.

scolasticus: v. *scholasticus* II.

scommatice **avec raillerie, sarcastiquement: BUDÉ III A, 198, 32; IV, 911, 38. - ← grec: cf. σκομματικός (*scommaticus*).

scommaticus, *-a, -um* railleur, moqueur: ap. CELT., n° 27, 44; BUDÉ III A, 351, 46; III B, 155, 34. - ← σκομματικός.

+ **scopae**, *-arum* dans *a scopis*, un balayeur: ER., ASD I-3, 160, 1137 (ironique). - v. *a/ab.*

scopator, *-oris* un balayeur: HUTT. I, 393, 12. - v. *scobator.*

scordacismus, *-i* désigne une sorte de danse: ER., ASD II-6, 465, 814. - ← κορδακισμός, écrit σκορ- dans éd. anc.

scorpiunculus, *-i* petit scorpion (fig.): RHEN., 232, 43. - dim. de *scorpio.*

scortatrix, *-icis* une débauchée: BÈZE X, 92, 19.

Scotista, *-ae* (M.) un Scotiste: PIC 1, 85, 26; ER., ASD IV-1 A, 174, 914; LUTH., WA XVIII, 681, 30; fréq.

Scotisticus, *-a, -um* Scotiste: ER., Ferg., 179, 1194; LUTH., WA Br. I, n° 117, 8; JON. I, 93, 6; etc.

scotomia, *-ae* *vertige: ap. AMERB. VII, n° 3338, 25. - cf. *scotoma, -atis* (G.) ← σκότωμα, -ατος.

scribacitas, *-atis* manie d'écrire: ap. CALV. XIX, 727, 31; ap. BÈZE XII, 132, 25.

scribax, *-acis* A) qui écrivaille: ER., ASD IX-1, 412, 807. - B) qui a la manie d'écrire: ap. CRAN., n° 240, 26; ap. AMERB. VII, n° 3042, 11.

scribligo (*-biligo*), *-inis* A) un écrit sans qualité, sans valeur littéraire: ALCIAT ap. AMERB. III, n° 1222, 42; V, n° 2377, 16. - B) solécisme: DORP, 98, 23; DORP in *Mon.*, 364, 17. - cf. *stribligo* (G.).

scriniarium, *-ii* dépôt d'archives: BUDÉ III A, 122, 9.

+ **scriniarius**, *-ii* menuisier: RHEN., 447, 33; VALER. C. Coll., 183 a, 10.

scriniatim par boîte, par cassette: BUDÉ ap. ER., Allen III, n° 915, 57.

scriniolarius, *-ii* menuisier: APH., 74 v°, 25.

+ **scrinium**, *-ii* dans *a scriniis*, archiviste: ER., ASD I-2, 287, 13; I-6, 174, 637; Allen III, n° 855, 35. - v. *a/ab.*

scriptaliter par écrit: LUTH., WA Br. I, n° 43, 9.

scriptitatio, *-onis* A) *fait d'écrire beaucoup, d'écrire souvent: ap. PIGH., n° 5, 58; HOTM., 498, 14. - B) la mise par écrit: BOV. Sap., 196, 19.

scriptitator, *-oris* un polygraphe (avec connot. péjor.): DOLET in *Pros.*, 246, 7; BÈZE XIV, 130, 23.

scriptorculus, *-i* un écrivassier: OBSOPOEUS in *Praef.*, 378, 18. - dim. de *scriptor*, avec connot. péjor.

+ **Scriptura**, *-ae* (éventuellement avec un adj.: *diuina/ mystica/ sacra* ; parfois Pl.) **l'Écriture Sainte: PETR. I, 288, 26; VALLA I, 120, 2; POGG. I, 189, 22; fréq.

+ **scrupularis**, *-is, -e* scrupuleux, minutieux: BUDÉ I, 170, 28.

scrupulosiolus, *-i* un homme scrupuleux, vétilleux: LUTH., WA Br. I, n° 135, 54. - empl. subst. de *scrupulosiolus, -a, -um* (non attesté?), dim. de *scrupulosus.*

scrutatorius, *-a, -um* qui « fouille », qui cherche: BUDÉ I, 352, 52.

+ **scrutinium**, *-ii* *scrutin: ap. PFLUG III, n° 452, 7; n° 460, 15; V/1, doc. 13, l. 18.

sculptorius, *-a, -um* **de sculpteur, de sculpture: BUC., Corr. I, n° 63, 109 et 295.

scultetus (*schu-*), *-i* *écoutète: PFLUG II, n° 325, 5 (*quem . . . uocant*); ap. CALV., XII, 700, 27; JON. II, 167, 31; etc. - ← germ.

scutatum, *-i* écu (monnaie): AMERB. J. I, n° 283, 28; n° 330, 24; AMERB. Br. I, n° 331, 19; etc. - v. *scutatus, scutum* B et *scutus.*

scutatus, *-i* écu (monnaie): ER., Allen I, n° 48, 10; AL. Paquier, 92, 24; ap. AMERB. IV, n° 1498, 34; fréq. - v. *scutatum, scutum* B et *scutus.*

scutellula, *-ae* *très petite coupe, très petite assiette: AL. Paquier, 122, 3 et 9. - dim. de *scutella*, déjà dim. de *scuta*.

scutifer, *-eri* *un écuyer: BOD. I, 190 A, 52.

+ **scutum**, *-i* A) *blason, écu: ER., ASD I-3, 633, 141. - B) écu (monnaie): AMERB. J. I, n° 225, 20; ap. ZW. VII, 42, 8; ap. ER., Allen VI, n° 1651, 9; etc.; v. *scutatum*, *scutatus* et *scutus*.

+ **scutus**, *-i* écu (monnaie): ap. AMERB. VI, n° 2906, 85; VIII, n° 2886a, 7. - v. *scutatum*, *scutatus* et *scutum* B.

Scythice à la manière des Scythes → de manière inconvenante: ER., ASD I-6, 184, 866. - ← Σκυθικῶς.

secatio, *-onis* *fait de couper: VALLA I, 6, 4.

secerniculum, *-i* différence: CLICHT. ap. LEF., 423, 29.

secretariatus, *-us* secrétariat: VALLA I, 352, 6; 621, 25; ANDREAS in *Praef.*, 63, 20; etc.

secretarius I, *-a*, *-um* secret: BUC., Op. lat. I, 85, 16 (*confessionis secretariae*).

secretarius II, *-ii* **secrétaire: VALLA I, 335, 38; POGG. I, 2, 16; ACCURSIUS in *Praef.*, 156, 26; fréq.

+ **secretum**, *-i* dans **a secretis*, secrétaire, conseiller intime: POLIT., 263, 36; ALDE in *Praef.*, 297, 13; ER., Allen I, n° 295, adr.; fréq. - v. *a/ab*.

+ **sectarius** I, *-a*, *-um* d'une secte: PLANT. VI, 109, 7.

sectarius II, *-ii* un membre d'une secte, un hérétique: ap. PFLUG I, n° 97, 50; ap. AMERB. IV, n° 2078, 21; BÈZE XI, 189, 37; etc.

sectibilis, *-is*, *-e* qui peut être coupé: VALLA I, 12, 38. - cf. *sectilis* (G.).

sectile, *-is* ceitis (monnaie): CLEN., n° 24, ll. 104, 105 et 280; etc.

sectiliatim ceitis par ceitis (v. *sectile*): CLEN., n° 24, 385.

+ **sectio**, *-onis* A) intersection: BOV. Opp., 66, 10; 72, 10; 74, 3; etc. - B) dissection: AGR. G., 75, 4; ap. AMERB. VIII, n° 3524, 6.

sectista, *-ae* (M.) un membre d'une secte, un hérétique: ap. ER., Allen XI, n° 2977, 14.

sectiuncula, *-ae* A) petit trait (dans l'écriture): ZAS. V, 175 B, 10; 181 A, 16. - B) petite section (d'un texte): BUC., Op. lat. II, 272, 16; 359, 23. - dim. de *sectio*.

secundario *en second lieu: POMP., 78, 15.

+ **secundarius** I, *-a*, *-um* A) dans *secundaria ecclesia*, église collégiale: AL. Paquier, 61, 6; 71, 15; 91, 11; etc. - B) *secundaria*, empl. subst. F., église collégiale: AL. Paquier, 62, 8; 70, 5; 71, 12; etc.

secundarius II, *-ii* chanoine d'une église collégiale: AL. Paquier, 71, 21; 76, 12; 81, 33; etc.

secundatrix, *-icis* celle qui seconde, qui aide: SAL. III, ch. 3, 159.

secundogenitus, *-a*, *-um* *second dans l'ordre des naissances: BULL., Gr. II, 175, 28.

secundum, *-i* une seconde (soixantième partie de la minute d'angle): RING., 336, 22.
sedatrix, *-icis* (empl. adj. F.) qui apaise, qui calme: ESTIENNE in *Praef.*, 545, 2.
+ **sedentarius**, *-a, -um* sédentaire, qui voyage peu: CLEN., n° 45, 2; n° 47, 5; n° 63, 325.
+ **sedes**, *-is* A) dans *Romana Sedes*, *le Saint-Siège: GAG. II, 154, 3; ER., Ferg., 83, 336; 105, 758; etc. - B) dans *Sancta Sedes*, même sens: LÉON X ap. CRAN., n° 3, ll. 34, 35 et 86.
+ **sedimentum**, *-i* fondement, appui: BUDÉ I, 459, 27.
seditionarius, *-a, -um* *séditieux: ap. ER., Allen XI, n° 2992, 15.
seditiosulus, *-a, -um* prêt à la révolte: VIVES, E.W. I, 94, 28. - dim. de *seditiosus.*
+ **segmentum**, *-i* section (d'un texte): BUDÉ IV, 685, 26 et 39; 880, 7.
segniculus, *-a, -um* assez peu empressé: JON. I, 279, 19. - dim. de *segnis.*
seiugarius, *-ii* conducteur d'un char à six chevaux: POLIT., 470, 28.
selibralis, *-is, -e* d'une demi-livre: BUDÉ II, 150, 33 et 53.
sella dans *sella reclinatoria*: v. *reclinatorius, -a, -um.*
+ **sellarius**, *-ii* *sellier: APH., 52 v°, 12; 75 v°, 6.
semestre, *-is* un semestre: MOS. Paed., 15, 10; ap. AMERB. III, n° 1318, 2; MERC., 152, 35; fréq.
semiabsens, *-ntis* à demi absent (c-à-d. « présent » par l'envoi d'un texte): PETR. I, 332, 4.
semiabsorptus, *-a, -um* à demi recouvert: ap. CELT., n° 256, 89 (*a terra semiabsorpti*).
semialbus, *-a, -um* à moitié blanc: ER., Ferg., 206, 17; 224, 443.
semiangelus, *-i* « demi-ange », « petit ange » (à propos d'un homme!): CALV. VIII, 65, 28.
semiannus, *-i* *une demi-année: ap. CALV. XI, 241, 31; APH., 66 r°, 27; S.J. II, 192, 11.
semiarens, *-ntis* à demi desséché: PETR. II, 1089, 11. - cf. *semiaridus* (G.).
semiasellus, *-i* un « demi-ânon » : POGG. I, 438, 13. - ← *semi* + *asellus*, dim. de *asinus.*
semiaulicus, *-a, -um* qui concerne à moitié la Cour: HOTM. ap. LIPSE, Ep. II, n° 474, 3 (*in hac semiaulica et semimilitari peregrinatione).*
semiauulsus, *-a, -um* à demi arraché, à demi détaché: LIPSE, Ep. II, n° 363, 11.
semiazotice à moitié en langue azotienne: ER., ASD IV-1 A, 174, 926 (*semiiudaice loquentes et semiazotice*; cf. Anc. Testament, 2e Livre d'Esdras, XIII, 24; *ex media parte loquebantur azotice*).

semibarbare à moitié en langue « barbare » : VALLA I, 388, 44 (*semilatine ac semibarbare*).

semicalceatus, *-a, -um* à demi chaussé: ER., ASD I-3, 523, 1038; 692, 208; 693, 230; etc.

semicardinalis, *-is* « à moitié cardinal » → bientôt cardinal: CLEN., n° 34, 21.

semicertus, *-a, -um* à demi certain, pas vraiment certain: VALLA I, 717, 33.

semicircularis, *-is, -e* *semi-circulaire: BUDÉ III A, 148, 49.

semicomesus, *-a, -um* à moitié mangé: APH., 25 v°, 28.

semiconcretus, *-a, -um* à demi solidifié: BUDÉ I, 449, 31.

semicorrosus, *-a, -um* à moitié rongé: ap. ER., Allen VI, n° 1774, 9.

semicyathus, *-i* demi-coupe, demi-verre → coupe à moitié pleine: ER., ASD I-3, 684, 304. - ← *semi-* + κύαθος (*cyathus*).

semidalites (adj. M.) fait à la fleur de farine (quelifie un pain): BUDÉ II, 231, 37. - ← σεμιδαλίτης.

semidesperatus, *-a, -um* à demi désespéré, qui n'a guère, d'espoir: ap. ER., Allen VIII, n° 2115, 13.

semidigitus, *-i* un demi-doigt: AMERB. Bon. III, n° 1131, 27 (*ad semidigiti altitudinem*)

semidirutus, *-a, -um* à moitié détruit, à moitié en ruines: ap. CELT., n° 256, 89.

semidiurnus, *-a, -um* à demi diurne: PIC 1, 452, 32.

semidrachma, *-ae* demi-drachme (poids): BUDÉ II, 62, 30. - ← *semi-* + δραχμή (*drachma*).

semiexplicitus, *-a, -um* à demi achevé: PETR. I, 411, 18.

semifatuus, *-a, -um* à demi fou: ER., Allen II, n° 447, 374; ASD I-3, 565, 146; MORE, CW V/1, 612, 8; etc.

semifolium, *-ii* A) demi-feuille formant un demi-cahier d'un livre imprimé (v. *folium* B): PIGH., n° 119, 24; PLANT. III, 50, 24; VI, 315, 30; etc. - B) feuillet (recto-verso): ap. AMERB. IX/1, n° 3611, 44; v. *foliolum.*

semifractus, *-a, -um* *à demi brisé: BUDÉ I, 275, 2 (fig.: *semifracto animo*); HUTT. I, 292, 24 (empl. subst. M.); CALV. XVIII, 214, 41; etc.

semigallice à moitié en langue française: ER., Allen I, n° 31, 37.

semigemmeus, *-a, -um* à moitié en pierres précieuses: ER., ASD V-3, 72, 853 (*statuam semigemmeam ac semiluteam*).

semigrammaticus, *-a, -um* à demi érudit, à demi instruit: ER., Allen VIII, n° 2091, 152.

semigrossus, *-i* un demi-gros (poids): BUDÉ II, 62, 30.

semihaereticus, *-a, -um* à demi hérétique: ER., Allen IV, n° 1126, 85; TORR. I, n° 272, 19.

semihomuncio, *-onis* un « pauvre petit homme » : ER., Allen IV, n° 1081, 4. - dim. de *semihomo.*
semihorula, *-ae* une « petite » demi-heure: VIVES Pseud., 61, 5; PLANT. II, 311, 4; LIPSE, Ep. III, n° 633, 4; etc. - dim. de *semihora.*
semihumanus, *-a, -um* à demi humain: BÈZE I, 51, 28.
semiimpressus, *-a, -um* à demi imprimé, en cours d'impression: PLANT. III, 241, 21.
semiinsanus, *-a, -um* à demi fou: ER., ASD I-2, 60, 21.
semiiudaice à moitié en hébreu: ER., ASD IV-1 A, 174, 925.
semilatine à moitié en latin: VALLA I, 388, 43; ER., Allen I, n° 31, 36.
semilatinus, *-a, -um* *à demi latin: VALLA I, 389, 7; BRUNI, 77, 7; ER., ASD I-6, 50, 479; etc.
semileuca, *-ae* une demi-lieue: CLEN., n° 54, 94; n° 55, 145.
semilibere assez librement: POLIT., 215, 29.
semilimatus, *-a, -um* à demi achevé, à demi « poli » : ap. CELT., n° 351, 45 (*opus semilimatum*).
semilingua, *-ae* A) langue à moitié connue: ER., LB V, 78 F. - B) langue corrompue: DORP, 69, 32.
semiluscus, *-a, -um* presque borgne: [ER.], Ferg., 211, 158.
semiluteus, *-a, -um* à moitié en argile: ER., ASD V-3, 72, 854.
semilutheranus, *-i* un « semi-luthérien » : ap. CALV. XVI, 68, 13.
semimarcidus, *-a, -um* assez insalubre: PIC 1, 327, 10 (*stagnantibus aquis regio semimarcida*).
semimater, *-tris* celle qui se comporte comme si elle n'était qu'à moitié mère: ER., ASD I-3, 467, 522 et 523 (*uix semimater est, quae recusat alere quod peperit*).
semimaurus, *-i* un « demi-Maure » : ap. PIGH., n° 163, 4.
semimiliare, *-is* un demi-mille ou une demi-lieue: ap. ZW. VIII, 424, 1.
semimilitaris, *-is, -e* à demi militaire, à demi guerrier: HOTM. ap. LIPSE, Ep. II, n° 474, 3.
semimina, *-ae* une demi-mine (poids): BUDÉ II, 4, 5.
semimonachus, *-i* un « demi-moine » : ER., Allen II, n° 447, 251.
semimus, *-muris* une « demi-souris » (à propos de la chauve-souris!): VALLA I, 138, 41.
+ **seminarium**, *-ii* Séminaire (pour futurs prêtres): S.J. I, 75, 34; VER., n° 3, § 5; MURET, O.O. I, 297, 8; etc.
seminatrix, *-icis* (empl. adj. F.) **qui sème (fig.): LUTH., WA Br. I, n° 5, 9.
seminecessarius, *-a, -um* à moitié nécessaire: VALLA I, 717, 34.
seminifico, *-are* produire des semences: CATH. Enarr., 51, 9.
seminiger, *-gra, -grum* à moitié noir: [ER.], Ferg., 206, 17; 224, 443.
seminobilis, *-is, -e* à demi noble: PETR. I, 41, 18; POGG. I, 68, 38.
seminocturnus, *-a, -um* à demi nocturne: PIC 1, 452, 32.

seminudatus, *-a, -um* à moitié nu: MORE, CW III/1, 59, 27.
semiobsessus, *-a, -um* à demi assiégé: PETR. I, 5, 18; II, 965, 31.
semiociosus: v. *semiotiosus.*
semioppletus, *-a, -um* à demi rempli, à demi comblé: PETR. I, 124, 48; VALLA II, 25, 27.
semioticon: v. *simioticon.*
semiotiosus (*-ciosus*), *-a, -um* à demi inactif: PLANT. VII, 247, 11.
+ **semipaganus**, *-a, -um* à demi païen: ER., Allen IV, n° 1175, 4.
semipagella, *-ae* une demi-feuille: ap. BÈZE VIII, 161, 22. - ← *semi-* + *pagella*, dim. de *pagina.*
semipapista, *-ae* (M.) un « semi-papiste » : ap. BULL., Gr. III, 277, 35; ap. BÈZE XIII, 282, 10.
semipelagianus, *-i* un « semi-pélagien » : BÈZE IV, 184, 22.
semiperiodus, *-i* une demi-période (dans un texte): ER., Allen III, n° 798, 8.
semipraebendarius, *-ii* un semi-prébendier (eccl.): ap. RHEN., 516, 40; 524, 30.
semipuer, *-eri* quelqu'un qui est à demi enfant: VALLA I, 991, 28.
semiputridus, *-a, -um* à moitié pourri: PLANT. II, 212, 3.
semiputris, *-is, -e* à moitié pourri: ER., ASD I-1, 569, 6; I-3, 684, 278.
semiquadrans, *-ntis* un huitième (« la moitié d'un quart »): VALER. C. Coll., 103 a, 13.
semiquaternio, *-onis* demi-cahier de quatre feuilles doubles → deux feuilles doubles (= 8 pages): VALER. C. Ep., n° 111, 39; n° 117, 21. - cf. *quaternio* (G.).
semirelictus, *-a, -um* à moitié abandonné: ap. BULL., Gr. III, 330, 32.
semireptilis, *-is, -e* à demi rampant: ER., ASD I-3, 318, 162.
semirhetor, *-oris* un « demi-orateur » → un mauvais orateur: LUTH., WA X/2, 208, 38.
semiruptus, *-a, -um* à moitié brisé → à moitié détruit: PETR. I, 621, 11 (*domus*. . .*senio semirupta*); CALV. XIII, 487, 19.
semirusticus, *-a, -um* à demi paysan, à demi campagnard: POGG. I, 69, 2.
semisapiens, *-ntis* un « demi-sage » : ER., ASD IV-3, 132, 138.
semiscrupulus, *-i* un demi-scrupule (poids): BUDÈ II, 213, 45 et 47.
semiscyphus, *-i* un demi-verre → un verre à moitié rempli: CLEN., n° 63, 1053. ← *semi-* + σκύφος (*scyphus*).
semisectum, *-i* la moitié: LASCARIS in *Praef.*, 189, 31.
semisextariolus, *-i* un « petit » demi-setier: BUDÉ II, 214, ll. 7, 18 et 20. - dim. de *semisextarius.*
semisextarius, *-ii* un demi-setier: BUDÉ I, 447, 42; II, 216, 4; 223, 29; etc.

semisobrius, *-a, -um* « à moitié sobre » = à moitié ivre: ap. AMERB. II, n° 544, 62.
semistadialis, *-is, -e* d'un demi-stade (v. *semistadium*): MORE, CW III/1, 63, 14 et 24.
semistadium, *-ii* **un demi-stade (mesure de longueur): ap. POLIT., 181, 25.
semistructus, *-a, -um* *à demi construit: LASCARIS in *Praef.*, 186, 36.
semitonus, *-i* *un demi-ton: FIC. Conv., 190, 1; ap. LEF., 373, 1.
semitres, *-es, -ia* deux et demi: LUTH., WA Br. I, n° 11, 6 et 10 (*semitres florenos*).
semiuacuus, *-a, -um* **à moitié vide: REU., 193, 7.
semiualetudinarius, *-a, -um* à moitié malade: JON. I, 277, 1.
semiuerus, *-a, -um* à demi vrai, partiellement vrai: VALLA I, 716, 6 et 8; 717, 33; etc.
semiuetus, *-eris* assez vieux: POLIT., 245, 19.
semiuigil, *-ilis* **à demi éveillé: ap. AMERB. III, n° 1115, 145.
semiuita, *-ae* une « demi-vie » (contexte chrét.: la vie ici-bas opp. à la vie éternelle): HUTT. I, 50, 5.
semiuniuersalis, *-is, -e* assez général: VALLA I, 717, 42.
semotio, *-onis* **séparation, mise à l'écart: ER., Allen IV, n° 1167, 317.
sempiterno, *-are* conserver toujours, assurer toujours: CLEN., n° 22, 25; n° 24, 348.
sena, *-ae* le séné: FIC., O.O. I, 494 A, 9; AGR. G., 57, 8. - ← arabe.
senario en six parties, en six points: BOV. Sap., 112, 3.
senatulus, *-i* petite réunion: ER., ASD I-3, 630, 33; Allen XI, n° 3049, 149; CLEN., n° 54, 358; etc. - dim. de *senatus.*
senescallus (*-challus*), *-i* *sénéchal: PETR. II, 1119, 35; VALLA I, 599, 16; BUDÉ III A, 96, 9; fréq. - ← germ.
+ **senio**, *-onis* **cahier de six feuilles doubles (= 24 pages): ER., Allen IV, n° 1206, 56; VI, n° 1479, 152; CALV. X B, 52, 1; etc. - A rapprocher: *binio* (ou *bino ?*), *duernio, octernio, quaternio* (G.), *quinternio, sexternio* et *ternio.*
+ **senior**, *-oris* **chef d'une communauté chrétienne: ap. CALV. XIX, 168, 4 et 6; 170, 4; etc.
senioratus, *-us* fonction de chef d'une communauté chrétienne: ap. CALV. XIX, 171, 36.
+ **sensa**, *-orum* **sens, signification (des mots): POGG. I, 203, 13; GUAR. 2, Ord., 82, 4; VIVES Pseud., 51, 10; etc. - Emploi condamné par VALLA I, 389, 28.
sensatio, *-onis* sensation: POMP., 40, 23; ap. AMERB. III, n° 1115, 147.
+ **sensatus**, *-a, -um* *perçu par les sens: SERVET in *Pros.*, 650, 15.
sensiliter de manière sensible, de manière tangible: BUDÉ I, 517, 31.

sensitiuus, *-a, -um* *sensitif, sensuel: SERRA, 41, 29; FIC., Theol. I, 276, 20; PIC 1, 22, 48; fréq.

sensorius, *-a, -um* des sens, sensoriel: BUDE I, 117, 38; 532, 33; SERVET in *Pros.*, 650, 14.

+ **sensualitas**, *-atis* *sensualité: ER., Allen VIII, n° 2260, 149 (*dicitur uulgate sed barbare*); CATH. Enarr., 216, 27 et 33.

sententia dans *sententia prouisionalis*: v. *prouisionalis.*

sententiarius I, *-a, -um* A) qui concerne les *Sentences* de Pierre Lombard: LUTH., WA Br. I, n° 41, 11. - B) sentencieux: BULL. Stud., 102, 37.

sententiarius II, *-ii* A) un auteur de sentences: MEL., W. VI, 101, 25; 389, 31; O.O. XXIII, 630, 50. - B) un « sentencier » : TORR. I, n° 124, 51 (à Liège: *unus e tribus sententiariis quos uocamus*); II, n° 292, 56.

sententiuncula, *-ae* petit avis, petite déclaration: ap. CALV. XIX, 559, 32. - dim. de *sententia.*

senticulosus, *-a, -um* couvert d'épines: PETR. II, 779, 6.

sentimentum, *-i* *sentiment, avis: REU., 272, 1 (*ut aiunt*); ER., ASD IX-1, 146, 633; LUTH., WA Br. I, n° 12, 9; etc.

sentinarius, *-ii* quelqu'un qui vide l'eau de la sentine: ZAS. ap. AMERB. II, n° 966, 41 (fig.).

seorsim **séparément: LUTH., WA Br. I, n° 15, 29; AGR. G., 41, 29; BÈZE XI, 62, 24; etc. - cf. *seorsum* (G.).

separabilitas, *-atis* **possibilité de séparation: POMP., 5, 22; 17, 22; 23, 17; etc.

sepelitio, *-onis* **fait d'ensevelir: BUC., Op. lat. II, 514, 6.

septennalis, *-is, -e* qui dure sept ans: AL. Paquier, 181, 3.

+ **septiceps**, *-cipitis* *à sept têtes: BÈZE VIII, 239, 31 (*hydram septicipitem*).

septimestris, *-is, -e* de sept mois: BUDÉ I, 536, ll. 13, 17 et 20; etc.

septuncialis, *-is, -e* de sept onces: BUDÉ II, 105, 13; 239, 42.

septuplex, *-icis* (adj.) **septuple: BOD. I, 76 B, 26.

septuplico, *-are* multiplier par sept: CALV. XVIII, 620, 50.

sequenter **ensuite, par la suite: LUTH., WA XVIII, 760, 26.

+ **sequestratio**, *-onis* **une mise sous séquestre, une saisie: BUC. ap. AMERB. V, n° 2414, 58; RHEN., 494, 10.

+ **sequestro**, *-are* emprisonner: TORR. III, n° 1048, 4.

seraphicus I, *-a, -um* A) *séraphique, angélique: PIC 1, 209, 25; FIC., O.O. I, 415 B, 27; ER., ASD V-3, 332, 61; etc. - B) de Franciscain: ER., Allen IX, n° 2522, 71 et 79; BULL. ap. CALV. XVI, 125, 18.

Seraphicus II, *-i* un Franciscain: ER., Allen IX, n° 2523, 54.

serarius, *-a, -um* dans *faber serarius*, serrurier: CAST., De arte I, ch. 7, 50.

serenata, *-ae* sérénade: POGG. I, 483, 10 (*ut aiunt*). - ← ital.
serenatio, *-onis* sérénité: CATH. Assert., 1, 12.
serenitudo, *-dinis* sérénité: BOV. Sap., 76, 15.
seriatim **en série, en file: ER., Allen I, n° 20, 35; AMERB. Br. I, n° 331, 3; ap. LEF., 415, 22; etc.
seriusculus, *-a, -um* assez sérieux: ap. AMERB. III, n° 1255, 15. - dim. de *serius*.
+ **sermo**, *-onis* A) **sermon, homélie: MORE Corr., n° 15, 921; n° 60, 68 et 72. - B) dans *paternus sermo*: v. *paternus*.
sermocinalis I, *-is* (subst.) la logique: GUAR. 1, Inaug., 130, 5; 139, 27 (*sermocinalis seu logica*).
sermocinalis II, *-is, -e* A) de la logique: PIC 1, 210, 5 (*artem sermocinalem siue rationariam*). - B) dans *sermocinalis philosophia* (var. *sermotionalis*), le trivium: BULL. Stud., 32, ll. 2, 7 et 13; etc.
sermocinatorius, *-a, -um* habile à parler: BUDÉ I, 7, 14 (= λόγιος à propos de Mercure).
sermocinista, *-ae* (M.) un faiseur de sermons (connot. péjor.): LUTH., WA Br. I, n° 211, 9.
+ **sermocinor**, *-ari* *faire un sermon, prêcher: PETR. II, 1178, 40.
sermotionalis: v. *sermocinalis* II, B.
sermotiuncula, *-ae* propos, parole: PETR. I, 410, 43. - dim. que l'on peut rattacher à *sermo*.
serosus, *-a, -um* écrémé: APH., 29 r°, 19.
Serpentarius, *-ii* le Serpentaire (constellation): FIC., O.O. I, 539 A, 39 et 50.
serpigo, *-ginis* *désigne une maladie de la peau: APH., 15 r°, 7.
serptio, *-onis* reptation: BOV. Sap., 66, 11.
+ **seruatio**, *-onis* conservation, sauvetage: MEL., O.O. XXI, 608, 19 (*seruatio in diluuio*).
seruatorius, *-a, -um* qui sauve, relatif au salut: BUDÉ I, 133, 29; 158, 25; 166, 6; etc.
seruatura, *-ae* fait de sauver, action salvatrice: BUDÉ I, 166, 10; 167, 8; 170, 41; etc.
Seruetanus (*-tianus*) I, *-a, -um* qui concerne Michel Servet: BULL., Gr. I, 411, 29; ap. BULL., Gr. I, 329, 37; ap. CALV. XV, 739, 16; etc.
Seruetanus (*-tianus*) II, *-i* partisan ou disciple de Michel Servet: BULL., Gr. I, 411, 25; ap. BULL. Gr. I, 421, 17; ap. CALV. XV, 324, 2; etc.
Seruetianus: v. *Seruetanus* I et II.
Serueticus I, *-a, -um* de Michel Servet: MEL., W. VI, 367, 4; MARN. I, n° 3, 47 et 70.
Serueticus II, *-i* partisan ou disciple de Michel Servet: ap. CALV. XVI, 456, 36.

Seruetinus, *-a, -um* de Michel Servet: ap. CALV. XV, 154, 2 et 4.
seruilitas, *-atis* *caractère servile: ER., ASD I-1, 563, 4.
sesquiannus, *-i* un an et demi: ER., Allen III, n° 906, 8; MORE Corr., n° 15, 1504; BUDÉ I, 114, 38; fréq.
sesquiannuus, *-a, -um* d'un an et demi: BUDÉ II, 2, 30.
sesquicentesimus, *-a, -um* cent cinquantième: BUDÉ I, 223, 10 (*sesquicentesimo foenore*: à 150 % d'intérêts).
sesquicentum (indécl.) cent cinquante: VALER. C. Ep., n° 47, 16.
sesquicorbula, *-ae* un picotin et demi: VALER. C. Coll., 95 a, 16. - ← *sesqui-* + *corbula,* dim. de *corbis.*
sesquicoronatus, *-i* une couronne et demi (monnaie): CALV. X B, 280, 13; AMERB. Bon. IX/1, n° 3655, 35.
sesquidaricus, *-i* un darique et demi (monnaie): BUDÉ II, 4, 5 et 7. - *sesqui-* + δαρεικός (*daricus*).
sesquidecas, *-adis* une dizaine et demie: ap. ER., Allen IX, n° 2433, 37. - ← *sesqui-* + δεκάς (*decas*).
sesquidenariolus, *-i* un « petit » denier et demi: BUDÉ II, 199, 16. - ← *sesqui-* + *denariolus,* dim. de *denarius.*
sesquidies, *-ei* un jour et demi: ap. RHEN., 179, 13; AMERB Bon. II, n° 533, 11; CLEN., n° 49, 100; etc.
sesquidrachma, *-ae* une drachme et demie: BUDÉ II, 42, 30; 43, 23. - ← *sesqui-* + δραχμή (*drachma*).
sesquidrachmalis, *-is, -e* d'une drachme et demie: BUDÉ II, 42, 36. - v. *sesquidrachma.*
sesquiennalis, *-is, -e* d'un an et demi: ap. ER., Allen XI, n° 3031, 192 et 687.
sesquiennium, *-ii* un an et demi: ap. ER., Allen IX, n° 2404, 65.
sesquifolium, *-ii* une feuille et une demi-feuille, formant un cahier et demi d'un livre imprimé (v. *folium* B et *semifolium* A): VALER. C. Ep., n° 111, 33.
sesquifuriosus, *-a, -um* « plus que fou », tout à fait fou: MORE, CW V/1, 612, 9.
sesquihaereticus (*-hereticus*), *-a, -um* « plus qu'hérétique », tout à fait hérétique: ER., ASD I-3, 341, 87; II-4, 192, 903; BULL., Corr., I, 106, 20.
sesquihorula, *-ae* une « petite » heure et demie: ap. AMERB. V, n° 2363, 16. - dim. de *sesquihora.*
sesquilibris, *-is, -e* d'une livre et demie: BUDÉ III A, 20, 18.
sesquimedimnus, *-i* un médimne et demi: BUDÉ II, 201, 53. - ← *sesqui-* + μέδιμνος (*medimnus*).
sesquimendum, *-i* « une faute et demie », une faute plus grave qu'une simple faute: ER., ASD I-2, 272, 6.
sesquimestris, *-is, -e* d'un mois et demi: BUDÉ I, 321, 25; III B, 167, 30.

sesquimiliarius, *-ii* un mille et demi (mesure de longueur): ER., ASD I-4, 129, 234; Allen IV, nº 1169, 6.
sesquimille (invar.) mille cinq cents: ap. ER., Allen II, nº 563, 46; ap. RHEN., 281, 17; BUC., Op. lat. I, 142, 10.
sesquimillesimus, *-a, -um* mille cinq centième: CHANS., 48, 5; ap. RHEN., 459, 24; 461, 33.
sesquimina, *-ae* une mine et demie (poids): BUDÉ II, 4, 4.
sesquimodialis, *-is, -e* d'un boisseau et demi: BUDÉ II, 235, 22.
sesquipinta, *-ae* une pinte et demie: BUDÉ II, 214, 8; 218, 23; 230, 17.
sesquipollex, *-icis* un pouce et demi: BUDÉ II, 7, 7.
sesquiquadrans, *-ntis* trois huitièmes (« un quart et la moitié d'un quart »): BUDÉ II, 105, 13.
sesquiregale, *-is* un réal et demi (monnaie): CLEN., nº 24, 281.
sesquiscrupulum, *-i* un scrupule et demi (poids): BUDÉ II, 62, 28.
sesquiscutatus, *-i* un écu et demi (monnaie): ER., Allen I, nº 219, 4.
sesquisextarius, *-ii* un setier et demi: BUDÉ II, 217, 17; 223, 40.
sesquisolatus, *-i* un « écu au soleil » et demi (monnaie; v. *solatus* II): BUDÉ II, 253, 25.
sesquistipendium, *-ii* « une solde et demie », une solde augmentée de 50 %: BUDÉ II, 4, 6.
sesquiuigenus, *-i* un vintêm et demi (monnaie; v. *uigenus*): CLEN., nº 24, 107 et 109.
sesquiulnaris, *-is, -e* d'une aune (brasse) et demie: HUTT. IV, 48, 24.
sessitatio, *-onis* vie toujours dans le même lieu (opp. à *uagationes*): MORE Corr., nº 83, 1423.
+ **sessor**, *-oris* **celui qui occupe un siège épiscopal: ER., ASD V-2, 45, 349 et 350; 46, 402.
sestertianus, *-a, -um* d'un sesterce: BUDÉ I, 389, 6 et 45.
setaceus, *-a, -um* en soie de porc: ap. PIGH., nº 21, 37 (*penicillo setaceo*).
sexagecuplus, *-a, -um* multiplié par soixante, qui vaut soixante fois autant: ER., ASD V-2, 122, 787.
sexcentuplicatus, *-a, -um* multiplié par six cents: BUDÉ II, 280, 15.
sexennialis, *-is, -e* de six ans, d'une durée de six ans: AMERB. Bon. VIII, nº 2404 a, 16.
sexterniculus, *-i* « petit » cahier de six feuilles doubles (= 24 pages): ZAS. ap. AMERB. II, nº 973, 46; III, nº 1289, 1. - dim. de *sexternio*.
sexternio, *-onis* cahier de six feuilles doubles (= 24 pages): ap. CELT., nº 153, 39; ZAS. V, 179 A, 26; ap. AMERB. II, nº 850, 19; etc. - A rapprocher: *binio* (ou *bino?*), *duernio*, *octernio*, *quaternio* (G.), *quinternio*, *senio* et *ternio*.
sicinnis, *-idis* désigne une sorte de danse sacrée: ER., ASD II-6, 465, 813; 466, 832. - ← σίκιννις.
sicophantice: v. *sycophantice*.

sicya, *-ae* ventouse: ER., ASD I-5, 202, 664; 206, 747. - ← σικύα.
sigillatio, *-onis* *apposition de sceaux: AL. Paquier, 75, 25; 98, 30; AMERB. Bon. III, n° 1144, 31; etc.
sigillatorius, *-a, -um* qui concerne les sceaux: ap. AMERB. VI, n° 2906, 114 et 123.
sigillifer, *-eri* *détenteur du sceau: AL. Paquier, 76, 12; 215, 9; TORR. I, n° 258, 48; etc.
+ **signatio**, *-onis* ***indication (déjà TAC. *D.* 16, 4; var. éd. anc.): AMERB. Br. I, n° 383, 2.
+ **signatorius**, *-a, -um* qui constitue une signature de cahier: AMERB. J. I, n° 293, 40 (*litteram unam alphabeticam quaternionum signatoriam*).
signatura, *-ae* signature: ap. ER., Allen IV, n° 1245, 16; ap. CRAN., n° 141, 43; TORR. II, n° 528, 65, etc.
signatus, *-i* désigne une monnaie: VALLA I, 83, ll. 32, 34 et 35; etc.
signetum, *-i* *petit sceau: AMERB. J. I, n° 234, 44; n° 330, 73. - dim. de *signum*; condamné par CROC. Farr., 212, 5 (*barbari dicunt*).
significatrix, *-icis* (empl. adj. F.) **qui indique, qui désigne: FIC., Theol. I, 300, 25; BUDÉ IV, 960, 19; AMERB. Bon. IV, n° 1855, 22; etc.
+ **significatum**, *-i* **signification, sens (d'un mot): VALLA I, 139, 16; TIPHERNAS in *Reden*, 184, 16; ACCURSIUS in *Praef.*, 168, 28; fréq.
+ **signo**, *-are* A) **faire le signe de la croix: SERRA, 75, 23. - B) nommer, désigner (à une fonction): TORR. I, n° 80, 22.
+ **signum**, *-i* enseigne de maison, d'atelier . . . : BB², II, 136 (*sub signo diui Claudii*, Paris, 1517); 151 (*sub signo diui Martini*, Paris, 1521); VI, 42 (*sub Fontis signo*, Paris, 1537); etc. - v. *insigne, intersigne* et *intersignium*.
siluanus, *-i* un habitant des forêts: LIPSE, O.O. IV, 385 B, 2.
similaritas, *-atis* ressemblance: BUDÉ I, 535, 13; 538, 20.
simiola, *-ae* jeune guenon: LEF., 6, 23; BUDÉ I, 396, 10. - dim. de *simia*.
simioticon, *-i* sémiologie (médecine): POLIT., 463, 18 et 21. - On attendrait *semioticon* ← σημειωτικόν; mais cf. prononc. byz.
simonia, *-ae* **simonie: ER., ASD I-3, 523, 1030; BÈZE VII, 85, 1; ap. PFLUG IV, n° 829, 54; fréq.
simoniace *de manière simoniaque, en faisant de la simonie: TORR. III, n° 788, 11.
simonismus, *-i* simonie: HUTT. IV, 210, 4.
simulachricola, *-ae* (M.) un idolâtre: CAST., De arte II, ch. 13, 4.
simulatiuncula, *-ae* petite simulation, petite feinte: LIPSE, Ep. I, n° 90, 129. - dim. de *simulatio*.
simultaneus, *-a, -um* simultané: ap. HUTT. I, 458, 4; PFLUG II, n° 356, 60; ap. PFLUG III, doc. 52, l. 19.

sincipitius, *-a, -um* de la tête: ap. POLIT., 40, 16.
sinechus, *-i* un compagnon, un convive: BOV. Sap., 156, 18. - On attendrait *synechus* ← συνέχω; mais cf. prononc. byz.
singultificus, *-a, -um* entrecoupé, saccadé: POLIT., 414, 19.
sinonius, *-a, -um* digne de Sinon, plein de ruse: BUDÉ III A, 205, 31.
sinualis, *-is, -e* de golfe: BUDÉ I, 499, 51.
sirenicus, *-a, -um* de sirène: ESTIENNE in *Praef.*, 550, 35.
sirenula, *-ae* petite sirène: POLIT., 448, 37. - dim. de *sirena.*
sirupus (*sy-*), *-i* *sirop: FIC., O.O. I, 492 A, 12; ER., ASD V-3, 311, 887; ap. PLANT. V, 290, 13; etc. - ← arabe.
sitibundus, *-a, -um* **assoiffé A) sens propre: PETR. I, 536, 11; POGG. I, 452, 15; FIC., Theol. III, 238, 4; etc. - B) fig.: PETR. II, 1089, 11; POGG. I, 178, 6; FIC. Conv., 217, 30; etc.
siticula, *-ae* **légère soif: VALLA I, 27, 11; ER., ASD I-3, 168, 1400. - dim. de *sitis.*
sitophylaces, *-um* contrôleurs des vivres (Athènes anc.): BUDÉ III A, 365, 31; BOD. I, 184 B, 45. - ← σιτοφύλακες.
sitta, *-ae* pic, pivert: ER., ASD II-6, 408, 301. - ← σίττη.
situo, *-are* *situer, placer: SERRA, 40, 18; 41, 27; 71, 7.
smilion, *-ii* tranchet: ER., ASD I-1, 485, 10. - ← σμιλίον.
snaphanus, *-i* chenapan: ER., ASD I-3, 398, 314; Allen IV, n° 1209, 7. - ← all.
sociabilitas, *-atis* fait d'être de même nature, de même espèce: BUDÉ IV, 883, 3.
+ **Societas**, *-atis* (*Societas* seul ou *Societas Iesu, Societas nominis Iesu, Sancta Societas*) Compagnie de Jésus: MURET, O.O. II, 75, 26; PFLUG IV, n° 845, 8; S.J. I, 9, 16; fréq.
+ **sodalis**, *-is* frère (dans une congrégation relig.): BUDÉ III A, 299, 40 et 41.
+ **sodalitas**, *-atis* congrégation religieuse: BUDÉ III A, 299, 41; III B, 12, 29.
sodaliter en association, en groupe: CELT., n° 329, 10.
sodomia, *-ae* **sodomie: ER., Ferg., 105, 786.
Sodomitarius, *-a, -um* de Sodome: DORP, 5, 8. - cf. *Sodomitanus* (G.) et *Sodomiticus* (G.).
sodomitor, *-ari* imiter les gens de Sodome: LUTH., WA Br. I, n° 16, 35.
solaciosus, *-a, -um* consolant: ap. CELT., n° 107, 13.
+ **solaris**, *-is, -e* « au soleil » (à propos de monnaies): AMERB. Bon. IX/1, n° 3655, 36 (*coronatum solarem*).
+ **solatium**, *-ii* dans *meum solatium,* « ma consolation » (terme de tendresse): ER., ASD I-3, 126, 34.
+ **solatus** I, *-a, -um* « au soleil » (à propos de monnaies): AMERB. Bon. IX/1, n° 3747, 21 (*coronatos solatos*).

solatus II, *-i* écu au soleil (monnaie): BUDÉ II, 253, 30.
soldanella: v. *soldonella*.
soldanus, *-i* *sultan: HAL., 144, 15 et 17. - ← arabe; v. *sultanus*.
soldonella, *-ae* soldanelle: ap. CRAN., n° 219, 38 et 40. - Il faudrait peut-être lire *soldanella*.
solicitator: v. *sollicitator*.
solidarius, *-a, -um* dans *solidarius negotiator*, grossiste: BUDÉ III A, 114, 19; APH., 61 v°, 31.
solifugus, *-a, -um* qui fuit le soleil, la lumière: BUDÉ II, 308, 28.
solitudinarius, *-ii* un solitaire (homme): ap. AMERB. IX/1, n° 3716, 19.
+ **sollicitator** (*soli-*), *-oris* A) quelqu'un qui propose, qui incite: ap. ER., Allen X, n° 2828, 14; ap. PFLUG II, n° 232, 68; n° 322, 46. - B) un procurateur: BUDÉ III A, 339, 10; AMERB. Bon. II, n° 970, 13; ap. CRAN., n° 141, 35; etc.
sollicitatorius, *-a, -um* de sollicitation: ap. RHEN., 521, 11.
soloecisso, *-are* **commettre des solécismes: ER., Allen V, n° 1304, 62; ASD V-2, 67, 27; RHEN., 320, 40; etc. - ← σολοικίζω.
solpetarius, *-ii* fantassin: CLUS., 3, 21.
+ **solute** en prose: CRUC., n° 20, 66.
+ **solutus**, *-a* *célibataire: TORR. I, n° 188, 35.
somnolenter **en somnolant: ap. JON. I, 18, 10.
somnolesco, *-ere* somnoler: BRIÇ., 90, 17.
sonantia (*-cia*), *-ae* retentissement: SERRA, 118, 16.
sonatio, *-onis* *action de sonner: VALLA I, 6, 1.
sophisticatio, *-onis* *sophisme: MORE, CW V/1, 558, 15; ZAS. ap. AMERB. III, n° 1122, 13. - ← σοφιστική (*sophistice*) + suff. lat.
sophisticor, *-ari* faire de la sophistique, user de sophismes: MORE, CW V/1, 462, 29; BUC., Op. lat. I, 21, 24; ER., LB X, 1264 F. ← grec: cf. σοφιστικός (*sophisticus*).
sophronista, *-ae* (M.) inspecteur des bonnes moeurs (Athènes anc.): BOD. I, 184 B, 54. - ← σωφρονιστής.
soraismus, *-i* mélange des termes: MOS. Tab., 18, 6; 19, 3. - ← σοραισμός.
Sorbonice à la manière d'un membre (théologien) de la Sorbonne: ap. CALV. XI, 44, 31.
Sorbonicus I, *-a, -um* de la Sorbonne: CALV. IX, 25, 25; XI, 687, 35; ap. CALV. XI, 569, 41; etc.
Sorbonicus II, *-i* membre (théologien) de la Sorbonne: LUTH., WA Br. I, n° 167, 57.
Sorbonista, *-ae* (M.) théologien de la Sorbonne: CALV. II, 611, 25; XI, 258, 29; ap. CALV. XI, 786, 35 (*ut uocant*); etc.
sordidiusculus, *-a, -um* assez bas, assez trivial: ANDREAS in *Praef.*, 84, 28. - dim. du compar. *sordidior, -ius*.

+ **soror**, *-oris* **soeur = religieuse: ap. AMERB. I, n° 342, 4; LEF. ap. RHEN., 38, 19; ARL., 114, 23; etc.

+ **sororcula**, *-ae* « petite » soeur = religieuse: ER., Allen IV, n° 1211, 80; TORR. II, n° 405, 23.

sorptus, *-us* absorption: BUDÉ II, 171, 14.

sortilegium, *-ii* A) sortilège: ER., Allen II, n° 447, 618. - B) croyance en la divination: ER., ASD V-1, 226, 583.

sortitia, *-ae* la « jeteuse de sorts » : FIC., Theol. III, 163, 12 (*Lachesis, id est sortitia*).

+ **soteria**, *-orum* fêtes en l'honneur de la libération d'un prisonnier: BÈZE III, 205, 25.

sparta, *-ae* charge, fonction: ER., LB II, 551 D; MEL., O.O. XXI, 1008, 36; ap. PFLUG IV, n° 841, 19. - ← σπάρτη (-α); cf. CIC. *Att.* I, 20, 3 et IV, 6, 2, où le terme est en grec.

spartula, *-ae* petite charge, petite fonction: ap. AMERB. V, n° 2295, 28; ap. CALV. XIX, 486, 17. - ← σπάρτη (*sparta*) + suff. lat. de dim.

spasmaticus, *-a, -um* dû à des spasmes: ap. REU., 76, 8. - ← grec: cf. σπάσμα (*spasma*).

spatum, *-i* spath: AGR. G., 115, 4. - ← all.

specificatio, *-onis* *spécification: SERRA, 79, 23; PIC 1, 114, 9; 150, 6; etc.

specificatiue *spécifiquement: PIC 1, 89, 34 et 55; 90, 17; etc.

specifico, *-are* **spécifier, préciser: SAL. III, ch. 4, 30; ap. CELT., n° 136, 8; ap. MORE Corr., n° 10, 15; etc.

+ **specilla**, *-orum* lunettes: POLIT., 451, 16; ap. AMERB. I, n° 300, 18; n° 317, 11; etc. - v. *conspicilla, ocularia, perspicilla* et *uitrei oculi.*

+ **specillatus**, *-a, -um* pourvu de lunettes: ZAS. ap. AMERB. IV, n° 1886, 9.

speciositas, *-atis* **beauté: CLICHT. ap. LEF., 98, 8.

+ **spectatiuus**, *-a, -um* qui regarde, qui observe: BOV. Sap., 160, 44; 166, 35; 168, 5; etc.

+ **spectrum**, *-i* A) spectre, fantôme: ER., ASD II-4, 167, 381; Allen VII, n° 2037, 91; CALV. VIII, 49, 6; etc. - B) image, souvenir: ZW. VIII, 458, 8 et 10. - cf. PUELMA.

speculatiue *spéculativement: CATH. Enarr., 147, 35.

+ **speculatorius**, *-a, -um* de miroir: BOV. in *Pros.*, 134, 11.

+ **speculatrix**, *-icis* (empl. adj. F.) *spéculative, contemplative: FIC., Theol. II, 215, 31; BOV. Sap., 258, 25; BUDÉ I, 212, 36; etc.

speifico, *-are* donner l'espoir, laisser espérer: ap. AMERB. II, n° 573, 6.

sperice: v. *sphaerice.*

spermologus, *-i* un bavard, un « perroquet » : ER., Allen III, n° 916, 358; LUTH., WA Br. II, n° 345, 26; ap. BULL., Gr. II, 377, 35; etc. - ← σπερμολόγος.

sphaerice (*sperice*) **en rond: SAL. I, ch. 2, 98. - ← σφαιρικῶς.

sphaeristicus, *-i* quelqu'un qui joue bien au jeu de paume: BUDÉ III A, 200, 5; APH., 44 r°, 32. - ← σφαιριστικός.

+ **sphaerula**, *-ae* dans *sphaerulae precatoriae*, grains d'un chapelet → chapelet: ER., ASD I-3, 686, 6.

sphaerularis, *-is*, *-e* dans *sphaerularis ludus*, jeu de paume: BUDÉ III A, 200, 5. ← σφαίρα (*sphaera*) + suff. lat.

sphecia, *-ae* nid de guêpes: ER., Allen X, n° 2892, 33. - ← σφηκία.

sphenoïde, *-es* os sphénoïde: SYLVIUS in *Pros.*, 632, 12. - ← grec: cf. σφηνοειδής.

+ **spinetum**, *-i* épinette: AMERB. Bon. III, n° 1279, 63 (*Instrumentum musicum . . . , quod spinetum uocant*).

spingula, *-ae* espingole (arme): AGNELIUS, 130, 31 (*ut aiunt*).

spinose subtilement: ER., Allen III, n° 721, 5; CLEN., n° 18, 27; BÈZE VI, 188, 29.

spintria, *-ae* (M.) un novateur (connot. péjor.): BUDÉ II, 295, 31; 306, 17.

+ **spiraculum**, *-i* **souffle: VALLA I, 662, 39; PIC 1, 340, 4; FIC., O.O. I, 57 A, 59; etc.

spiratus, *-us* ***souffle, respiration (déjà PLIN. 1, XI, 2, 6; var.): VALLA I, 392, 17; HAZ., 23, 34.

spiritosus, *-a*, *-um* qui a la respiration courte: ER., ASD I-4, 46, 63; 88, 477.

spirituosus, *-a*, *-um* A) en proie aux esprits (avec connot. ironique): ap. ER., Allen VIII, n° 2082, 343. - B) dans lequel l'esprit vital est présent: SERVET in *Pros.*, 648, 10.

+ **spiritus**, *-us* Pl. dans *spiritus uitales*, « esprits animaux » (langage médical): ER., LB V, 481 A.

spirulatim en forme de spirale: BUDÉ III A, 241, 41.

+ **spissitudo**, *-dinis* épaisseur: ER., ASD II-4, 168, 397; MUNST., 17, 3.

spithamiaeus, *-a*, *-um* d'un empan: SYLVIUS in *Pros.*, 624, 28. - ← σπιθαμιαῖος.

splendidulus, *-a*, *-um* assez brillant, assez éclatant: ap. ZW., VII, 92, 3. - dim. de *splendidus*.

+ **spongia**, *-ae* (par métaphore) = bourse: ap. ER., Allen IX, n° 2370, 3; n° 2413, 16; n° 2494, 33; etc.

spongiator, *-oris* pêcheur d'éponges: BUDÉ III A, 189, 5.

+ **sponsa**, *-ae* *l'épouse: ER., ASD I-2, 405, 8; 406, 11; I-3, 306, 180; etc.

+ **sponsalicius** (*-tius*), *-a*, *-um* A) *qui concerne le mariage: BUDÉ I, 190, 40. - B) qui contient un engagement, une promesse: ap. AMERB. VI, n° 2780, 26 et 28.

sponsorius, *-a*, *-um* qui contient un engagement, une promesse: LIPSE, Ep. II, n° 461, 37.

+ **sponsus**, *-i* *l'époux: ER., ASD I-2, 405, 4; I-3, 301, 15; I-5, 388, 75; etc.

sportularia, *-ae* dans *sportulariam facere*, vivre de cadeaux, de pourboires: BUDÉ III B, 87, 45.

sportularius I, *-a, -um* A) donné en cadeau, en pourboire: BUDÉ III A, 349, 12. - B) qui rapporte un cadeau, un pourboire: BUDÉ III B, 109, 46; 110, 7; 152, 45.

sportularius II, *-ii* quelqu'un qui reçoit des cadeaux, des pourboires: BUDÉ III B, 87, 46.

sprete avec mépris: ap. ER., Allen VI, n° 1579, 106.

spurca, *-ae* forte tempête: APH., 82 r°, 23.

spurciloquus, *-a, -um* qui a recours à des paroles obscènes: OBSOPOEUS in *Praef.*, 397, 26.

squalorosus, *-a, -um* négligé, malpropre: ap. POLIT., 129, 9.

squinantia, *-ae* *angine: ap. CELT., n° 251, 46.

stallo (*-alo*), *-onis* *un étalon (cheval): POGG. I, 481, 19 (*ut uulgo aiunt*). - ← germ.

Stancarianus, *-a, -um* de Stancarus (-o): ap. CALV. XVII, 602, 30; XIX, 174, 4; XX, 330, 15. - cf. *Dict. Théol. Cath.*, XIV, 2558-61.

Stancaricus, *-i* sectateur de Stancarus (*-o*): ap. CALV. XVIII, 238, 35. - v. *Stancarianus.*

Stancarista, *-ae* (M.) sectateur de Stancarus (-o): ap. CALV. XV, 99, 34. - v. *Stancarianus.*

stannarius, *-ii* *étameur: APH., 74 v°, 12.

stapeda, *-ae* *étrier: CLEN., n° 63, 488 et 490; APH., 52 v°, 13.

stapedarius, *-ii* celui qui tient l'étrier pour quelqu'un → écuyer: AL. Paquier, 203, 22.

stathmos, *-i* étape: BUDÉ III A, 176, 19 et 21; 367, 28. - ← σταθμός.

stationatim sans bouger: BUDÉ I, 77, 11.

statiuncula, *-ae* A) petit chapitre (d'un ouvrage): GAG. II, 276, 13. - B) poste de guet (pour chasseurs): BUDÉ I, 77, 23 et 32. - dim. de *statio.*

statuncula, *-ae* **statuette: BUC., Op. lat. I, 165, 15. - dim. de *statua*; cf. *statunculum* (G.).

+ **status**, *-us* Pl. les états (noblesse, clergé, tiers-état), États généraux, États provinciaux . . . : ap. CRAN., n° 69, 7; BÈZE III, 72, 18; LIPSE, Ep. I, n° 91, 2; fréq.

stauromastix, *-igis* « fouetteur de la Croix » → ennemi du christianisme: BUDÉ I, 232, 32. - ← σταυρός + μάστιξ; v. *mastix.*

staurophoria, *-ae* **fait de porter une croix: BUDÉ I, 231, 46; 233, 2. - ← grec: cf. σταυροφόρος.

staurophorus, *-a, -um* qui porte une croix: BUDÉ I, 210, 39; 232, 47. - ← σταυροφόρος.

staurostichos, *-i* poème en forme de croix: GYR., 13, 13. - ← grec: cf. σταυρός + στίχος.

stelaeum, *-i* un manche (de cognée . . .): ER., LB II, 973 A. - ← στέλαιον (= στελεόν).

stellatim **en forme d'étoile: BUDÉ II, 19, 30.

+ **stellula**, *-ae* *petite étoile: ER., Allen IV, n° 1205, 30; DORP, 22, 4; VIVES Conscr., 132, 12; etc.

Stenckfeldianus, *-i* sectateur de Schwenckfeld: ap. CALV. XVI, 456, 36. - v. *Schwenckfeldianus.*

stentoricus, *-a, -um* de stentor: ap. RHEN., 456, 1 (*uoce stentorica*).

stercusculum, *-i* petit excrément, petite fiente: BUDÉ I, 68, 12. - dim. de *stercus.*

stereometria, *-ae* stéréométrie: FIC., O.O. I, 738 A, 40 et 49. - ← στερεομετρία.

steresis, *-is* privation: BOV. ap. LEF., 211, 20. - ← στέρησις.

sterlinus, *-i* esterlin (poids): BUDÉ II, 62, 31.

sternomantia, *-ae* art de devin ventriloque: POLIT., 473, 37. - ← grec: cf. στερνόμαντις.

sternotypicus, *-a, -um* qui consiste à se frapper la poitrine: BUDÉ I, 200, 11. - ← grec: cf. στερνοτυπία.

stigmaticus, *-a, -um* marqué au fer: POGG. I, 176, 20; ER., ASD I-1, 494, 8; BUDÉ III B, 46, 12; etc. - ← grec: cf. στίγμα (*stigma*), -ατος.

stigmatiger, *-eri* porteur de stigmates: ANDREAS in *Praef.*, 50, 1; 59, 8. - ← στίγμα, -ατος + *-ger.*

stigmentitius, *-a, -um* de raclure: BUDÉ IV, 696, 52.

stillula, *-ae* **petite goutte: ER., ASD IV-3, 192, 252. - dim. de *stilla.*

stipatus, *-us* **accompagnement, fait d'entourer: BUDÉ I, 219, 38.

stipendiolum, *-i* A) petit paiement, petit salaire: ap. CELT., n° 176, 14; ap. AMERB. VI, n° 2978, 9; S.J. I, 273, 15; etc. - B) petite bourse d'études: MEL., O.O. II, 647, 18; ap. PFLUG IV, n° 617, 14; v. *alimentum, bursa* B, *censulus* et *stipendium.* - dim. de *stipendium.*

+ **stipendiosus**, *-a, -um* rémunérateur, bien payé: BUDÉ I, 379, 16.

+ **stipendium**, *-ii* bourse d'études: MEL., O.O. II, 648, 14; 798, 10 (*ut nominant*). - v. *alimentum, bursa* B, *censulus* et *stipendiolum* B.

stipulaceus, *-a, -um* de paille, d'étoupe: ER., ASD II-4, 254, 827 (fig.).

Stoicaster, *-tri* un prétendu Stoïcien: VALLA I, 940, 5; BUDÉ I, 360, 21.

stoicisso, *-are* imiter les Stoïciens: ap. RHEN., 177, 18.

stoicor, *-ari* imiter les Stoïciens: VALLA I, 508, 45; 644, 21.

+ **stola**, *-ae* *étole: ER., ASD I-3, 419, 87 (*quam uocant*); BÈZE I, 52, 30; S.J. I, 274, 16. - Emploi dans ce sens critiqué par VALLA II, 291, 33.

stolidesco, *-ere* devenir insensé, agir en insensé: BRIÇ., 121, 2.

stomachabunde avec irritation, avec colère: BUDÉ ap. ER., Allen III, n° 896, 73.

stomachulus, *-i* petit estomac: PETR. I, 541, 1; II, 1114, 21. - dim. de *stomachus.*

stomaticus, *-a, -um* de bouche, oral: BUDÉ I, 158, 47. - ← στοματικός.

stopa, *-ae* *grande coupe, chope: JON. I, 13, 30 (*cantharum magnum, quam stopam uocant*). - ← all.?

storga, *-ae* affection, marque d'affection: MEL., O.O. XI, 855, 31. - ← στοργή.

strategematicus, *-a, -um* A) qui concerne les stratagèmes: BUDÉ III B, 159, 48 (*arte strategematica*). - B) expert en stratagèmes: BUDÉ III B, 119, 53. - ← στραταγηματικός.

stratiotes, *-ae* (M.) soldat: AL. Paquier, 82, 13; ap. RHEN., 70, 9; ap. PFLUG IV, n° 727, 43; etc. - ← στρατιώτης.

strenarius, *-a, -um* de cadeau, d'étrenne: BUDÉ I, 269, 35.

strenula, *-ae* petite étrenne: ER., ASD I-1, 424, 6; MOS. Paed., 31, 27; VALER. C. Ep., n° 1, 16; etc. - dim. de *strena.*

strepidulus, *-a, -um* assez bruyant, assez strident: PETR. I, 153, 36; II, 1159, 23. - dim. de *strepidus* (non attesté?).

striatim en stries: BUDÉ III A, 248, 53.

+ **strophiolum**, *-i* mouchoir: S.J. I, 426, 37; 427, 10; 428, 22; etc.

strophologia, *-ae* ironie: ER., Allen IV, n° 1066, 38; BUDÉ I, 306, 31. - ← στροφολογία.

strumulus, *-i* stockfisch: ap. AMERB. I, n° 1, 13.

stuba, *-ae* *poêle, chambre avec poêle: ZAS. ap. AMERB. III, n° 1139, 26; n° 1250, 8. - ← all.

studens, *-ntis* *un étudiant: LEF., 27, 15; 37, 4; ap. LEF., 248, 34.

+ **studiolum**, *-i* **petit bureau, cabinet de travail: AGNELIUS, 122, 6; 139, 2. - v. *academiola* C, *litteratorium, museolum, museum* et *phrontisterium.*

studiositas, *-atis* zèle scrupuleux: ap. AMERB. I, n° 391, 6.

+ **studiosus**, *-i* A) un intellectuel: FIC., O.O. I, 483, 10; 484 A, 16; 487 A, 31; etc. - B) un étudiant: ER., ASD IV-1, 198, 816; BUDÉ I, 65, 28; MORE Corr., n° 60, 256; fréq. Pour *conuentus studiosorum,* v. *conuentus.*

+ **studium**, *-ii* A) *université: PETR. III, 1251, 11; ap. CELT., n° 58, 21; LEF., 1, 15; fréq.; v. *academia* B, *academiola* A, *archigymnasium, Athenaeum, gymnasium, lycaeum* et *uniuersitas.* - B) dans *a studiis,* précepteur: PLANT. VIII, 220, 11; 228, 16; v. *a/ab.* - C) dans *praefectus studiorum,* v. *praefectus.*

stuferus (*stuff-*), *-i* double sou, patard (monnaie): ap. ER., Allen IV, n° 1094, 16; CLEN., n° 7, 20; APH., 38 v°, 8; fréq. - ← néerl.

stultefex, *-icis* quelqu'un qui agit sottement: MORE, CW V/1, 436, 11.

stultesco, *-ere* déraisonner:ER., ASD IV-3, 84, 251; VOLZ ap. RHEN., 463, 3; CALV. IX, 109, 1; etc.

stultifico, *-are* montrer la « sottise » de quelqu'un → montrer que quelqu'un n'est rien, ne vaut rien: ap. RHEN., 318, 38.

stultulus I, *-a, -um* ***assez insensé (déjà APUL. *M.* IX, 30, 1; var.): ER., ASD I-3, 175, 1635; Allen IV, n° 1088, 6. - dim. de *stultus.*

stultulus II, *-i* un « petit insensé » : ER., Allen IV, n° 1074, 44; ap. ER., Allen IV, n° 1083, 20; ap. RHEN., 265, 12. - Empl. subst. M. de *stultulus* I, dim. de *stultus.*

stupide sottement, stupidement: MORE Corr., n° 86, 204.

sturio, *-onis* *esturgeon: ER., ASD IX-1, 30, 320 (*uulgo*); MUNST., 180, 5; MEL., O.O. II, 738, 33 (*uulgo*). - ← francique.

sturnatim comme des étourneaux → en bande: POMPONIUS ap. POLIT., 12, 9; AL. ap. ER., Allen I, n° 256, 136.

+ **stygius**, *-a, -um* *de l'enfer, infernal (contexte chrét.): BUC. ap. RHEN., 112, 12; BUDE I, 101, 41; 114, 17; etc.

stypticitas, *-atis* astringence: ap. FIC., O.O. I, 569 A, 41. - ← στυπτικός (*stypticus*) + suff. lat.

suasibilis, *-is, -e* *capable de persuader: BOV. Sap., 190, 17.

suasiuus, *-a, -um* de nature à persuader: ap. PETR. II, 1077, 38.

suauiuscule assez agréablement: MORE, CW IV, 250, 8. - dim. du compar. adv. *suauius.*

subacerbe avec une certaine aigreur, avec une certaine peine: BUDÉ I, 114, 43; ap. CALV. XV, 491, 23.

subacerbus, *-a, -um* assez âcre, assez pénible: ER., ASD I-5, 258, 626; BUDÉ I, 102, 9; CHANS., 39, 29; etc.

subacesco, *-ere* devenir un peu aigre: MORE Corr., n° 217, 13 (le texte édité porte *subacesseret,* mais var. *-sceret*).

subadolesco, *-ere* commencer à se développer: LEF., 191, 8.

subaduocatus, *-i* « sous-avocat », « sous-avoué » ; empl. fig. à propos d'un saint, à distinguer du Christ, qui est « avocat » des hommes auprès de Dieu: CATH., Opusc. II, 36, 20. - A rapprocher: *submediator.*

subaedifico, *-are* établir des bases: JON. II, 256, 1; 339, 16.

subaegroto, *-are* être un peu malade: ER., ASD I-1, 436, 3.

subalternatio, *-onis* subordination, dépendance: S.J. II, 140, 11.

subalterno, *-are* *subordonner: ap. LEF., 244, 23; CALV. XII, 488, 9; S.J. II, 140, 12; etc.

subamarulentus, *-a, -um* assez amer: ER., ASD II-5, 292, 105; LB V, 77 D.

subancillor, *-ari* être au service de, être subordonné à . . . : PIC 1, 19, 29; PERNA in *Praef.*, 598, 14; 599, 4.

subantistes, *-itis* un adjoint, un subordonné: BUDÉ I, 142, 54; 181, 50; III B, 177, 45.

subanxius, *-a, -um* assez inquiet: BUDÉ I, 390, 28.

subaquatilis, *-is, -e* qui se trouve sous l'eau: BUDÉ III A, 188, 48.
subaridus, *-a, -um* quelque peu desséché: ER., ASD I-3, 444, 216.
subarrogans, *-ntis* assez arrogant, assez présomptueux: ER., Allen I, n° 163, 7.
subasperatus, *-a, -um* rendu assez âpre → quelque peu irrité: BRIÇ., 111, 10.
subaspere assez rudement, assez durement: MURET, O.O. II, 123, 21.
subauguror, *-ari* prédire, présager: LEF., 379, 32; ap. PFLUG I, n° 123, 87.
subauscultator, *-oris* quelqu'un qui épie en écoutant: BUDÉ II, 310, 9.
subausterulus, *-a, -um* assez sévère, assez rude: ap. ER., Allen VII, n° 1814, 99. - dim. de *subausterus*, où *sub-* a déjà cette valeur.
+ **subausterus**, *-a, -um* assez austère: ER., ASD I-2, 72, 11.
subblaesus (*-blesus*), *-a, -um* qui a tendance à bégayer: ER., ASD I-3, 525, 1087; APH., 8 r°, 2.
subcaesius, *-a, -um* verdâtre, pers: ER., Allen IV, n° 999, 40; AGR. G., 115, 4.
subcastigator, *-oris* modeste correcteur: BUDÉ II, 212, 48.
subclaudico, *-are* boitiller A) sens propre: ER., ASD I-3, 596, 183; Allen X, n° 2776, 67. - B) fig.: ap. BULL., Gr. I, 62, 15; BULL., Gr. III, 52, 31.
subcognitor, *-oris* remplaçant du défenseur, du mandataire: BUDÉ III B, 103, 50; 162, 21; 180, 48.
subcomitia, *-orum* petites réunions, petites assemblées: ap. BULL., Gr. III, 283, 35; 286, 19; 296, 37; etc.
subcontumeliosus, *-a-, -um* quelque peu outrageant: LIPSE, Ep. I, n° 218, 46.
subconuiua, *-ae* (M.) convive « suppléant », convive de remplacement: ER., ASD I-1, 476, 32.
subcoquus, *-i* aide-cuisinier: VALLA I, 369, 17; 370, 21 et 23.
subdecumanus, *-a, -um* assez grand: BUDÉ I, 70, 25.
subdelegatio, *-onis* *subdélégation: BUC., Corr. I, n° 30, 5.
subdelegatus, *-i* *un sous-délégué: AMERB. Bon. II, n° 970, 11; ap. PLANT. VIII, 238, 17.
subdelego, *-are* *subdéléguer: AMERB. Bon. II, n° 623, 17; ap. CRAN., n° 174, 19; ap. PFLUG IV, n° 843, 41; etc.
subdensus, *-a, -um* assez épais: VALLA I, 681, 34.
subdisceptator, *-oris* remplaçant d'un juge: BUDÉ III B, 162, 20.
+ **subdistinguo**, *-ere* **faire une distinction « au deuxième degré », faire une double distinction: PETR. I, 382, 11; 460, 26.
subditio, *-onis* *dépendance, sujétion: PETR. II, 678, 29.
subditus, *-i* A) **sujet d'un prince, d'un roi . . . : ap. MORE Corr.,

n° 10, 32; PFLUG II, n° 257, 45; CALV. I, 620, 50; etc. - B) sujet (gramm.): BOV. Opp., 70, 6 et 10.

subdoctura, *-ae* « sous-doctorat » = licence (univ.)?: BUDÉ III A, 351, 9.

subdormito, *-are* être assoupi, somnoler: VALLA II, 34, 34.

subdubitatio, *-onis* léger doute: GUAR. 1, Doc., 178, 7.

subdubium, *-ii* léger doute: ap. LEF., 54, 31.

subdubius, *-a, -um* A) **qui éprouve quelque doute: AMERB. J. I, n° 184, 34. - B) assez douteux: ER., Allen I, n° 226, 3.

+ **subduco**, *-ere* souligner: LIPSE, Ep. I, n° 70, 10.

subductitius (*-cius*), *-a, -um* qui s'écarte de . . . , qui se sépare de . . . : CALV. X A, 181, 23.

subduplo, *-are* doubler (un vêtement): ER., Allen II, n° 477, 20.

suberubesco, *-ere* rougir quelque peu: GAG. II, 24, 3.

subex: v. *subiex.*

subf-: v. aussi *suff-.*

subferio (*suff-*), *-ire* frapper, atteindre: ZAS. V, 173 A, 31.

subfeudatio, *-onis* fait de donner en arrière-fief: AMERB. Bon. VII, n° 3105, 32 et 43; n° 3141, 20; etc. - v. *subinfeudatio.*

subfeudo, *-are* donner en arrière-fief: AMERB. Bon. IX/2, ann. 2, 163 et 167. - v. *subinfeudo, -are.*

subfeudum, *-i* arrière-fief: AMERB. Bon. VII, n° 3087, 11; IX/2, ann. 2, 158.

subfulcrum (*suff-*), *-i* support: CHANS., 74, 4; AMERB. Bon. VI, n° 2845, 162; ap. AMERB. V, n° 2522, 2.

subfulgentia, *-ae* éclat diminué, lumière diminuée: CLICHT. ap. LEF., 184, 18.

subfungor (*suff-*), *-i* s'acquitter de . . . , accomplir: ap. LEF., 448, 3.

subfusco (*suff-*), *-ere* obscurcir un peu: ER., ASD I-3, 418, 39; Allen VIII, n° 2330, 3.

subg-: v. aussi *sugg-.*

subgestio, *-ire* s'agiter quelque peu, être assez impatient: BUDÉ I, 38, 14.

subglisco, *-ere* croître, se développer: ER., ASD I-1, 409, 12.

subglorior (*sugg-*), *-ari* se glorifier, se prévaloir quelque peu de . . . : BRUNI, 125, 20.

subgrundula (*sugg-*), *-ae* petit avant-toit: BUDÉ III A, 390, 49. - dim. de *subgrunda.*

subgubernator, *-oris* vice-gouverneur: VALLA II, 38, 22.

subhaesito, *-are* éprouver une certaine hésitation, éprouver quelque incertitude: ER., ASD V-1, 346, 150; Allen I, n° 61, 180; n° 163, 7; etc.

subhebes, *-etis* assez émoussé, assez faible: BUDÉ I, 264, 44; III B, 188, 18.

subiex (*subex*), *-icis* soumis à . . . : LIPSE, O.O. IV, 391 B, 1 (soumis au Destin).
subincuso, *-are* soupçonner de . . . , faire un léger reproche: ER., Allen I, n° 154, 4.
subindignatio, *-onis* légère irritation, léger dépit: GAG. II, 171, 1.
subinfeudatio, *-onis* fait de donner en arrière-fief: AMERB. Bon. VII, n° 3105, 43. - v. *subfeudatio.*
subinfeudo, *-are* donner en arrière-fief: AMERB. Bon. VII, n° 3044, 12. - v. *subfeudo, -are.*
subingero, *-ere* introduire subrepticement: ap. ER., Allen XI, n° 2957, 82.
subiniquus, *-a, -um* assez défavorable, assez mal disposé: MURET., O.O. II, 142, 3; 183, 40.
subinnuo, *-ere* *laisser entendre: ap. BULL., Gr. III, 132, 14.
subinstrumentum, *-i* « sous-instrument », instrument second: LEF., 298, 5 (à distinguer de *Paulus . . . diuinae scientiae instrumentum*) et 7.
subinsulse assez sottement: ap. LIPSE, Ep. II, n° 309, 13.
subintellectio, *-onis* fait de sous-entendre, de laisser entendre: VALLA I, 96, 5; 234, 41.
subinuidus, *-a, -um* assez envieux, assez jaloux: ER., ASD I-6, 96, 751.
subinuolo, *-are* dérober pour ainsi dire, dérober en quelque sorte: ap. POLIT., 187, 37.
subiracunde avec quelque colère: ER., ASD I-2, 307, 8.
subiracundus, *-a, -um* quelque peu irritable: ap. ER., Allen X, n° 2725, 17.
subiunctiue en subordination, dans une proposition subordonnée: VALLA I, 98, 11; 110, 38; ER., ASD I-4, 221, 379.
sublacrimor, *-ari* larmoyer: LEF., 141, 11.
sublasciuus, *-a, -um* un peu folâtre: ER., ASD I-3, 229, 63.
+ **sublatio**, *-onis* vol, pillage: ER., LB II, 1000 A.
sublatro, *-are* aboyer (fig.): GAG. II, 156, 18.
sublector, *-oris* un voleur: BUDÉ I, 229, 13.
subleuamen, *-inis* **aide, soulagement: PLANT. IV, 232, 8.
+ **subleuatio**, *-onis* élévation: ap. CALV. XI, 455, 29 (*eucharistiae subleuatio*).
subleuator, *-oris* *quelqu'un qui soutient, qui aide: POGG. I, 313, 30; ANDREAS in *Praef.* 95, 37; ZAS. ap. ER., Allen IX, n° 2602, 17.
subleuatrix, *-icis* (empl. adj. F.) A) qui soulève: BUDÉ I, 469, 13. - B) qui soulage: BUDÉ III B, 177, 41.
sublimiloquus, *-a, -um* qui parle de choses élevées, de choses célestes: ER., ASD I-1, 411, 38.
sublimipeta (adj. M.-F.) A) qui cherche les choses élevées, le ciel,

Dieu . . . : BUDÉ I, 75, 20; 239, 39; II, 306, 1; etc. - B) qui cherche les honneurs les plus grands: BUDÉ II, 274, 23.

+ **sublimitas**, *-atis* dans *tua Sublimitas*, « Ta/Votre Grandeur » : BRUNI, 144, 13; ER., Allen III, n° 860, 23; LUTH., WA Br. I, n° 48, 8; etc. - v. *tua*.

sublongus, *-a, -um* **assez long, allongé: PETR. II, 858, 41; VIVES, H.L., 94, 9.

submediator, *-oris* un « sous-médiateur », à propos d'un saint, à distinguer du Christ, premier médiateur entre les hommes et Dieu: CATH., Opusc. II, 36, 20. - A rapprocher: *subaduocatus*.

submetuo, *-ere* éprouver une certaine crainte: AMERB. Bon. IV, n° 1536, 7; n° 1904, 16; ap. PIGH., n° 8, 51.

submiror, *-ari* s'étonner quelque peu: POGG. I, 380, 17.

+ **submisse** à voix basse, en chuchotant: CORD. III, n° 1.

+ **submissio** (*summ-*), *-onis* **soumission: MORE, CW V/1, 680, 32; ap. PFLUG IV, n° 734, 54; CALV. I, 432, 12; etc.

submissitius, *-a, -um* supposé, substitué: ER., ASD I-6, 120, 286; LB II, 1014 F.

submoenia, *-ium* faubourgs: ap. LEF., 321, 5.

submolior, *-iri* dans *submoliri in altum*, mettre en mouvement d'en bas vers le haut: ER., LB II, 1039 B.

submonitio, *-onis* *avis, remarque: LIPSE, Ep. I, n° 148, 18.

submonitiuncula, *-ae* petit reproche: ER., ASD IV-2, 154, 992. - dim. de *submonitio*.

submonitor, *-oris* A) quelqu'un qui avertit, qui met en garde: ER., ASD IV-2, 265, 71. - B) un aide, un adjoint: NANCEL, 196, 20; 198, 30; 206, 10. - C) souffleur (au théâtre): NANCEL, 182, 33.

submorose **avec une certaine mauvaise humeur: RHEN., 375, 17 (*submorosius*).

submotio, *-onis* fait d'enlever, d'ôter: ap. BUC., Corr. II, n° 144, 8.

submotorius (*summ-*), *-a, -um* qui tend à écarter, à repousser: BUDÉ IV, 62, 8.

submotrix (*summ-*), *-icis* (empl. adj. F.) qui tend à écarter, à repousser: BUDÉ IV, 137, 7.

submussor (*summ-*), *-oris* quelqu'un qui marmonne: PIC 1, 76, 47.

subnitor, *-i* **s'appuyer sur . . . : PETR. II, 1217, 11.

subodiose d'une façon assez déplaisante: ER., Allen III, n° 607, 7.

subodoror, *-ari* **subodorer, soupçonner: ER., Allen I, n° 231, 1; CELT., n° 16, 4; BUDÉ I, 482, 37; fréq.

+ **subolesco**, *-ere* se développer, prospérer: ER., Allen V, n° 1411, 16; VII, n° 2044, 24; VIII, n° 2136, 189.

+ **subordinatio**, *-onis* subordination: BÈZE IX, 138, 12; 139, 13.

subordino, *-are* A) *subordonner: SAL. I, ch. 2, 122; ARGYR. in *Reden*, 17, 5; SERRA, 99, 41; etc. - B) déléguer: ap. ZW. VIII, 498, 3; BÈZE

I, 170, 14. - C) prévoir, arranger: LUTH., WA Br. I, n° 15, 13 (*moneo . . . ut registrum . . . subordines*).
subornatio, *-onis* **subornation: ap. ER., Allen V, n° 1454, 14.
subp-: v. aussi *supp-*.
subpatrocinor (*supp-*), *-ari* protéger, appuyer: ap. ER., Allen VI, n° 1773, 25.
+ **subpedito** (*supp-*), *-are* *fouler aux pieds → écraser, vaincre: MORE, CW XIV/1, 553, 4.
subpilator, *-oris*: v. *supilator*.
+ **subpraefectus** (*supp-*), *-i* lieutenant: ap. ARL., 219, 18; BÈZE II, 196, 17.
subpraes (*supp-*), *-aedis* seconde caution: BUDÉ III A, 42, 16; III B, 46, 52.
subprobatio (*supp-*), *-onis* preuve sur un point particulier: FICHET, 143, 2 et 10; 144, 9.
subpullulasco (*supp-*), *-ere* repousser, renaître: ER., ASD II-4, 139, 211.
subpullulo (*supp-*), *-are* se propager, se répandre: ER., Allen III, n° 821, 11; HUTT. I, 197, 12; ap. RHEN., 245, 27; etc.
subputris (*supp-*), *-is, -e* un peu pourri: ER., ASD IV-2, 142, 610; V-2, 374, 528.
subquincuplex, *-icis* un cinquième: BUDÉ IV, 231, 53.
+ **subrectio** (*surr-*), *-onis* **le lever, le fait de se lever: VALER. C. Coll., 12 a, 5; 93 a, 9; LIPSE, O.O. III, 348 A, 10.
subregens, *-ntis* « sous-régent » (dans Collège univ.): ap. CRAN., n° 118, 14; n° 133, 13. - v. *regens* A.
subremex, *-igis* aide-rameur: BÈZE XIII, 118, 37 (fig.).
subreptitie (*-cie*) A) **malhonnêtement: REU., 240, 17; TORR. III, n° 719, 11. - B) *en cachette: CATH. Disput., 108, 51.
subrequiro, *-ere* demander en outre: VALLA II, 30, 34.
subrisiuus, *-a, -um* assez amusant: ap. PLANT. VIII, 94, 3.
subrubesco, *-ere* *rougir un peu, éprouver quelque honte: REU. ap. ER., Allen II, n° 562, 4.
subrutile de manière assez claire: LEF., 62, 23.
subsaeuio, *-ire* sévir, faire rage: CHANS., 92, 10.
subscateo, *-ēre* A) rejaillir, regorger de . . . : ER., ASD I-1, 582, 2; I-2, 308, 10; I-3, 481, 409. - B) provenir de . . . , couler de . . . : ER., Allen II, n° 373, 165.
subscaturio, *-ire* échoir en abondance: ER., ASD I-1, 477, 37.
+ **subscriptio**, *-onis* **approbation: CALV. VIII, 624, 22.
subsectus, *-a, -um* branlant, chancelant: ZAS. V, 178 B, 67.
subsegnis, *-is, -e* assez peu zélé: RHEN., 82, 23; AMERB. Bon. II, n° 882, 103; IV, n° 1589, 17.
subselliatim de banc en banc: BUDÉ III A, 220, 17.

subserpo, *-ere* ramper sous . . . : HAL., 12, 34.
subseruus, *-i* un « sous-domestique » → un humble domestique: LEF., 299, 18.
subsesquiplus, *-a, -um* de deux tiers: BUDÉ II, 62, 33; 255, 14.
subsessio, *-onis* fait de se baisser, de s'accroupir: LIPSE, O.O. III, 268 B, 50.
subsessus, *-us* fait de se baisser, de s'accroupir: LIPSE, O.O. III, 269, 2.
subsibilo, *-are* *siffler légèrement, doucement: ER., ASD I-3, 664, 421.
subsidiolum, *-i* petite aide, petit subside: ap. PLANT. VII, 109, 22. - dim. de *subsidium*.
subsignifico, *-are* donner à entendre, laisser entendre: ER., ASD II-5, 344, 409; VIVES ap. CRAN., n° 8, 20; CUEVA, 47 r°, 8; etc.
+ **subsigno**, *-are* signer: ER., Allen IV, n° 1127, 32; VI, n° 1571, 73; BÈZE I, 151, 14; etc.
+ **subsipio**, *-ere* comprendre quelque peu, soupçonner: BOV. Sap., 304, 3.
subsistentialiter personnellement: ap. BÈZE VI, 129, 23 (*subsistentialiter uel personaliter*).
+ **subsisto**, *-ere* attendre: PETR. I, 94, 46 (*subsiste paululum*).
+ **substantialiter** **substantiellement: ER., Allen VI, n° 1678, 34; MEL., O.O. II, 661, 12; CALV. XIV, 590, 13; etc.
substantiatio, *-onis* transformation en substance, fait de devenir substance: PIC 1, 121, 4 et 56.
substantificatio, *-onis* transformation en substance, fait de devenir substance: PIC 1, 123, ll. 6, 10 et 12; etc.
substantificor, *-ari* donner la substance à . . . , créer: PIC 1, 109, 2.
substantio, *-are* donner la substance à . . . , créer: PIC, 1, 109, 1 et 8; 121, 35.
substantiue substantivement: VALLA I, 273, 8; ER., ASD I-6, 168, 475; BUDÉ III A, 224, 1; etc.
substantiuo, *-are* *employer substantivement: VALLA I, 40, 9; 650, 45; 651, 43; etc.
substantiuum, *-i* substantif: VALLA I, 6, 23; 8, 50; 14, 22; etc.
substerniculum, *-i* une base, un point de départ: ap. LEF., 231, 35.
substes, *-itis* soldat qui se trouve derrière un autre: APH., 78 r°, 14.
substituticius, *-a, -um* de remplacement: ER., ASD I-1, 459, 23.
substitutus, *-i* *un remplaçant, un substitut: MUNST., 35, 25; TORR. III, n° 873, 12 (*substitutum archidiaconi*); n° 1199, 5.
subsultio, *-onis* sautillement: ap. AMERB. III, n° 1115, 97.
subsultura, *-ae* sautillement: ap. LIPSE, Ep. II, n° 442, 40.
subsultus, *-us* sautillement: ER., ASD II-6, 465, 806.

+ **subsum**, *-esse* *être soumis à . . . , dépendre de . . . : PETR. II, 812, 10 (*unus est Deus, cui omnia subsunt*).

subsumo, *-ere* raisonner: MORE, CW V/1, 82, 5.

subtaceo, *-ēre* taire quelque chose: SAL. II, ch. 4, 39.

subtaxo, *-are* émettre une légère critique: RHEN. ap. ER., Allen I, p. 68, 441.

subtercelo, *-are* **cacher: ap. AMERB. V, n° 2357, 16.

+ **subterfugium**, *-ii* *refuge: ap. ER., Allen VII, n° 1935, 65.

subternoto, *-are* ajouter des notes: ap. ZW. VII, 130, 3.

subtersilio, *-ire* sauter, passer: OBSOPOEUS in *Praef.*, 377, 30 (*totas subtersilit paginas*).

subticeo, *-ēre* A) **taire quelque chose: VALLA I, 261, 11; LEF., 46, 16; ER., Allen II, n° 337, 824; fréq. - B) se taire: PETR. II, 1050, 1; VALLA I, 998, 40; ap. ER., Allen X, n° 2716, 54; etc.

subtillum, *-i* difficulté d'uriner, fait d'uriner goutte à goutte: APH., 16 v°, 28.

subtimesco, *-ere* éprouver une certaine crainte: ap. CALV. XIX, 575, 7.

subtimide avec une certaine réserve, avec une certaine gêne: ER., Allen II, n° 300, 10; ap. ER., Allen XI, n° 2975, 16; ALCIAT ap. AMERB. IV, n° 1498, 26.

subtimidus, *-a, -um* assez timide, assez circonspect: TUSCANELLA in *Reden*, 193, 2; ER., Allen VII, n° 1853, 26; ap. AMERB. VI, n° 2753, 2; etc.

subtrepidus, *-a, -um* quelque peu inquiet, quelque peu craintif: ALCIAT ap. AMERB. II, n° 848, 22.

subtriste (adv.) de manière assez triste: VIVES Conscr., 34, 12.

subtristor, *-ari* s'attrister quelque peu: GAG. I, 376, 18.

subtrudo, *-ere* pousser par dessous → remplacer: ZAS. ap. ER., Allen II, n° 344, 35.

subturbidus, *-a, -um* assez agité: VIVES Conscr., 132, 9.

subturbulentus, *-a, -um* assez agité: ER., Allen XI, n° 3049, 69.

subtussio, *-ire* **toussoter: ER., ASD I-1, 66, 21.

+ **subuectio**, *-onis* montée, élévation (sens spirituel): BOV. Sap., 264, 32.

subuentaneus, *-a, -um* qui ne contient que du vent; vain, vide: ER., ASD I-5, 160, 14; ap. HUTT. I, 29, 24; ZW. VIII, 716, 8; etc.

subuerecunde avec une certaine retenue, avec une certaine réserve: BUDÉ IV, 390, 40; ap. ER., Allen V, n° 1449, 133; ap. BÈZE XI, 121, 17; etc.

subuerecundus, *-a, -um* assez réservé: ap. CRAN., n° 127, 9.

subuerenter avec une certaine crainte: ZAS. ap. ER., Allen II, n° 367, 3.

subustum, *-i* hypocauste: BUDÉ III A, 200, 7.
subuuidus, *-a, -um* A) un peu humide: ER., ASD I-3, 160, 1144; APH., 20 r°, 18. - B) un peu ivre: ER., ASD I-1, 476, 4.
sucatum: v. *succatum.*
succaratum, *-i* sucrerie: ap. ER., Allen VI, n° 1671, 34 et 38.
succatum (*suca-, zuca-*), *-i* sucrerie: ap. ER., Allen VI, n° 1651, 21; TORR. II, n° 383, 48; n° 387, 7.
succensum, *-i* hypocauste: BUDÉ III A, 200, 7.
succenturius, *-a, -um* supplémentaire: ap. LIPSE I, n° 186, 9.
successiue **successivement: ARGYR. in *Reden,* 22, 25; LÉON X ap. ER., Allen II, n° 518, 22; ap. AMERB. III, n° 1115, 50; etc.
+ **successiuus**, *-a, -um* de succession, qui concerne une succession: ZAS. V, 183 A, 55; peut-être aussi ZAS. ap. AMERB. III, n° 1431 B, 49 et 65 (toutefois *successorius* ZAS. V, 183 A, 37 et 54, même lettre; pour *successorius,* cf. G.).
succineus (*suci-*), *-a, -um* qui a la couleur de l'ambre: ALDE in *Praef.,* 251, 11.
succulentia (*sucu-*), *-ae* la douceur, le sucré: ap. REU., 277, 27; ap. AMERB. III, n° 1115, 183; ap. CALV. XVIII, 421, 14; etc.
succursus, *-us* *secours, fait de venir au secours: PETR. II, 1118, 30.
succussarius, *ii* cheval qui secoue, qui a le trot dur: APH., 52 r°, 22.
sucineus: v. *succineus.*
suculentia: v. *succulentia.*
sudariunculum (*-onculum*), *-i* petit mouchoir: PLANT. IV, 152, 32. - dim. de *sudarium.*
sudarius, *-a, -um* A) dans *sudaria pestis,* suette: ap. ER., Allen III, n° 624, 3. - B) dans *sudarius morbus,* même sens: ap. ER., Allen III, n° 639, 22.
+ **sudatorius**, *-a, -um* A) dans *sudatoria pestis,* suette: ER., Allen VIII, n° 2256, 62. - B) dans *morbus sudatorius,* même sens: SYLVIUS in *Pros.,* 628, 24.
+ **sudor**, *-oris* suette: ER., Allen VIII, n° 2260, 55 (*sudor letalis*); n° 2348, 17 (*sudore Britannico*); AMERB. Bon. III, n° 1399, 99 (*sudorem Anglicum*); etc.
Suencfeldianus (*Swe-*), *-i* sectateur de Schwenckfeld: ap. CALV. XVII, 366, 28; MERC., 216, 15; MARN. I, n° 18, 259; etc. - v. *Schwenckfeldianus.*
suff-: v. aussi *subf-.*
suffectus, *-i* un remplaçant, un auxiliaire: ARL., 187, 15.
sufflator, *-oris* A) un souffleur (alchimie): PETR. I, 113, 11. - B) quelqu'un qui souffle sur un feu (fig.): ap. BULL., Gr. III, 305, 7.
suffraganeatus, *-us* fonction de suffragant: HUTT. I, 428, 1.
suffraganeus, *-i* *un suffragant: ER., Allen I, n° 130, 63; AMERB.

Bon. III, nº 1102, 25; ap. ZW. VIII, 436, 9; fréq.

suffragatiuncula, *-ae* appui, recommandation: BUDÉ I, 32, 52. - dim. de *suffragatio.*

suffragatus, *-us* appui, recommandation: BUDÉ I, 32, 20.

+ **suffragium**, *-ii* dans *a suffragiis*, un suffragant: ER., Allen IV, nº 1144, 39; nº 1211, 92; MORING. in *Mon.*, 273, 492; etc. - v. *a/ab.*

sugg-: v. aussi *subg-.*

suggestor, *-oris* A) *quelqu'un qui suggère: BUDÉ III A, 337, 32. - B) un subordonné, un suppléant: ER., Allen III, nº 843, 516; ASD IX-1, 134, 293; BUDÉ I, 367, 1; etc.

suggestrix I, *-icis* (subst.) *celle qui suggère: BUDÉ I, 76, 26.

suggestrix II, *-icis* (empl. adj. F.) qui aide: BUDÉ III A, 178, 22.

+ **suggestum** (*-us*), *-i* (*-us*) A) chaire à prêcher: POGG. I, 432, 8; MORE Corr., nº 3, 45; ER., ASD I-3, 156, 1001; fréq. - B) chaire de professeur: ap. ER., Allen III, nº 854, 67; ap. AMERB. V, nº 2229, 12; BUC., Op. lat I, 176, 8; etc.

suggilator (*sugi-*), *-oris* quelqu'un qui outrage, qui insulte: BUC., Corr. I, nº 3, 33; ER., Allen IV, nº 1117, 67; VI, nº 1685, 10.

suggillatrix, *-icis* (empl. adj. F.) qui outrage, qui insulte: ER., Allen IV, nº 1167, 191.

sugillator: v. *suggillator.*

suisseticus, *-a, -um* de Richard Swineshead ou Suisseth (« *calculator* » d'Oxford, XIVe s.): PIC 2, Vita, 60, 26 (*suisseticas quisquilias*). - A noter la trad. erronée de Sorbelli (p. 61): « quisquilie degli epicurei » ; Sorbelli doit avoir vu dans *suisseticas* les mots *sus, -uis* et *ethica* et avoir pensé aux « porcs du troupeau d'Épicure » !

suitas, *-atis* « sa propre personne », « son propre droit » : BUDÉ III A, 11, 6; HOTM., 464, 17. - A rapprocher: *meitas* et *tuitas.*

sulcatim sillon par sillon: BUDÉ II, 214, 11.

sulfuracius: v. *sulphuracius.*

sulfuratarius, *-ii* un soufreur: POLIT., 470, 45.

sulphuracius (*sulfu-*), *-a, -um* de soufre: VALLA I, 338, 32.

sultanus (*sultha-*), *-i* *sultan: POLIT., 228, 40; ER., ASD V-3, 48, 304; HUTT. V, 109, 16; etc. - ← arabe; v. *soldanus.*

summa dans *summa capitalis* : v. *capitalis.*

summarie *en résumé, brièvement: PETR. II, 1197, 4; PIC 1, 149, 4; ap. MORE Corr., nº 42, 22; etc.

summarius I, *-a, -um* A) *succinct, résumé: PIC 1, 84, 41. - B) de peu de valeur: ER., ASD II-4, 230, 341 et 342. - C) élémentaire, rudimentaire: AMERB. Bas. 2, VIII, nº 3577, 99; AMERB. Bon IX/1, nº 3591, 33; TORR. I, nº 134, 29; etc.

summarius II, *-ii* auteur d'une « somme » (livre): RHEN., 93, 9.

summissio: v. *submissio.*

summista, *-ae* (M.) auteur d'une « somme » (livre): MEL., W. V, 341, 16; CATH. Enarr., 407, 32.
+ **summo**, *-are* résumer: BUC., Op. lat. II, 447, 15.
summularius I, *-a*, *-um* de « petite somme » (livre): ER., Allen II, n° 396, 81. - dérivé de *summula*, dim. de *summa*.
summularius II, *-ii* auteur d'une « petite somme » (livre): ER., Allen II, n° 531, 152; MORE Corr., n° 83, 833; RHEN., 123, 33; etc. - dérivé de *summula*, dim. de *summa*.
summus, *-a*, *-um* dans *summa perunctio*: v. *perunctio*.
sumptiuncula, *-ae* petite proposition, petite affirmation: BUDÉ IV, 266, 46. - dim. de *sumptio*.
superabunde (*-habunde*) **surabondamment: BOV. Sap., 90, 21; 134, 36.
superadmirabilis, *-is*, *-e* particulièrement admirable: LEF., 356, 19.
superadueniens, *-ntis* qui survient: PETR. II, 756, 37.
superaduertens, *-ntis* qui fait attention à . . . , qui surveille: ap. AMERB. V, n° 2562, 40 (empl. subst. M.).
superamabilis, *-is*, *-e* particulièrement digne d'être aimé: LEF., 313, 3.
superarbiter, *-tri* un tiers arbitre: CALV. XVII, 432, 2; 434, 18; ap. CALV. XVII, 457, 37; etc.
superattendens, *-ntis* A) un surintendant: PFLUG III, n° 514, 3; ap. PFLUG III, n° 516, 4; JON. I, 136, 7; etc. - B) un surveillant: AMERB. J. I, n° 246, 8; n° 283, 17.
superattendentia, *-ae* surintendance: JON. I, 129, 1; 137, 3; ap. JON. I, 368, 36; etc.
superattendo, *-ere* surveiller: AMERB. J. I, n° 234, 8.
superaugeo, *-ēre* *rehausser, rendre plus grand: PETR. I, 379, 29.
superaugustus, *-a*, *-um* très saint, très vénérable: ap. LEF., 415, 18.
superbenedictus, *-a*, *-um* bénit entre tous (à propos de Dieu, de la Vierge . . .): ANDREAS in *Praef.*, 64, 6; AMERB. Bon. II, n° 682, 37; RHEN., 32, 42; etc.
superbenignus, *-a*, *-um* bienveillant entre tous, tout à fait bienveillant: BRIÇ., 98, 24; 115, 28; 122, 23; etc.
superbonus, *-a*, *-um* *tout à fait bon, bon entre tous: BRIÇ., 95, 12; 99, 9; ap. ZW. VII, 18, 1; etc.
superbulus, *-a*, *-um* assez fier, assez orgueilleux: ap. CALV. XV, 188, 34. - dim. de *superbus*.
superciliose *présomptueusement, avec arrogance: ER., LB V, 51 A; BUDÉ III A, 214, 2; CALV. I, 23, 10; etc.
superciliositas, *-atis* présomption, arrogance: NANN., 271, 47.
superdominus, *-i* le maître suprême: LEF., 299, 19 et 21.
superductitius, *-a*, *-um* ajouté: POLIT., 216, 18.

supereffluenter surabondamment: GAG. II, 275, 14; JON. I, 248, 14.
supereminenter *d'une manière tout à fait éminente: FIC., Theol. III, 320, 26; ARGYR. in *Reden*, 22, 31.
superextruo (*-exstruo*), *-ere* élever par dessus, construire dessus: BUDÉ I, 104, 15.
superexundans, *-ntis* surabondant: GAG. II, 2, 4.
superfetatio (*-foetatio*), *-onis* conception supplémentaire, fécondation supplémentaire: BUDÉ III A, 151, 38; 152, 9; ER., Allen V, n° 1302, 37 (fig.).
+ **superficiarius**, *-a, -um* superficiel: PETR. II, 687, 44.
superfoetatio: v. *superfetatio.*
superhabunde: v. *superabunde.*
superheroicus, *-a, -um* très héroïque, très élevé: SAL. II, ch. 6, 26.
+ **superi**, *-orum* dans contexte chrét. A) = Dieu: ER., Allen II, n° 335, 48 et 72; n° 345, 8. - B) les saints: ap. ER., Allen II, n° 316, 13. - C) le ciel (opp. à l'enfer): BUDÉ I, 137, 28; 139, 31.
superillustris, *-is, -e* très illustre: ap. HUTT. I, 456, 31.
superincubitor, *-oris* celui qui couve (fig.): PETR. II, 843, 37.
superindulgens, *-ntis* très bon, très bienveillant: PETR. II, 1023, 15.
superintelligibilis, *-is, -e* qui est au-dessus de toute intelligence: RHEN., 577, 33 (*Deo superintelligibili*).
superintendens, *-ntis* *un surintendant: JON. I, 184, 11; ap. BÈZE II, 44, 30; ap. CALV. XIII, 629, 1; etc.
superintendentia, *-ae* surintendance, droit de regard sur . . . : ap. JON. II, 221, 25; ap. TORR. II, n° 566 b, 56; S.J. I, 16, 21; etc.
superioritas, *-atis* *supériorité, autorité: VALLA I, 677, 23; ap. AL. Paquier, 149, 5; ap. LUTH., WA Br II, n° 244, 239; fréq.
supermundane *d'un point de vue céleste, d'un point de vue très élevé: LEF., 72, 27.
supermundanus, *-a, -um* **céleste: FIC., Theol. II, 276, 28; O.O. I, 729 B, 1; LEF., 113, 33; etc.
supernaturalis, *-is, -e* **surnaturel: PETR. I, 44, 43; VALLA I, 1001, 2; SAL. III, ch. 9, 143; fréq.
supernaturaliter *surnaturellement: PETR. II, 850, 39; SAL. I, ch. 3, 17; PIC 1, 130, 33; etc.
superoptabilis, *-is, -e* très souhaitable: PETR. I, 291, 9.
superoptimus, *-a, -um* *le meilleur de tous: ap. LEF., 252, 13 (*Deus superoptimus*).
superpellicium, *-ii* *surplis: CLEN., n° 34, 56; ap. CALV. XII, 215, 20; ap. BÈZE VIII, 150, 22; etc.
superplenus, *-a, -um* **surabondant: FIC., O.O. I, 18 B, 20; 420 A, 16; DORP, 13, 2; etc.
superpluo, *-ere* envoyer de la pluie sur . . . , arroser: BRIÇ., 99, 22.

superpondialis, *-is, -e* qui présente un excès de poids: BUDÉ II, 99, 17.

supersatis « plus qu'assez » : GAG. II, 114, 16; 121, 13.

+ **superscriptio**, *-onis* **suscription (d'une lettre): VIVES Corr., 74, 11; VOLZ ap. ER., Allen XI, n° 3114, 29; MERC., 215, 9; etc.

superstitiosulus (*-ciosulus*), *-a, -um* assez superstitieux: CALV. V, 274, 32; ap. RHEN., 296, 3; ap. BÈZE XI, 337, 19. - dim. de *superstitiosus.*

superstructio, *-onis* superstructure: BUC., Op. lat. II, 67, 24.

supersubstantiabiliter: v. *supersubstantialiter.*

+ **supersubstantialis**, *-is, -e* **qui transcende toute substance: BOV. Sap., 188, 26; 210, 12; 296, 1.

supersubstantialiter *d'une manière qui transcende toute substance: BOV. Nih., 48, 28; v. aussi 132, 27, où on lit *supersubstantiabiliter,* peut-être par erreur.

superuiuus, *-a, -um* survivant: ap. AMERB. VI, n° 2927, 3.

supilator, *-oris* un voleur, un pilleur: AMERB. Bon. II, n° 689, 9. - On attendrait *suppilator* ou *subpilator* : cf. *suppilo, -are* ou *subpilo, -are* (G.).

+ **supinitas** (*supp-*), *-atis* oisiveté: ap. ER., Allen V, n° 1421, 19.

supp-: v. aussi *subp-.*

supparasitabunde à la manière d'un parasite: BUDÉ I, 100, 19.

supparasitatrix, *-icis* (empl. adj. F.) flatteuse, flagorneuse: BUDÉ ap. ER., Allen III, n° 987, 18.

suppedaneus, *-a, -um* « qui se tient aux pieds de » → très humble: ZAS. ap. AMERB. III, n° 1431 A, 5 (*suppedaneus seruitor*).

suppeditabilis, *-is, -e* que l'on peut se procurer: BUDÉ IV, 450, 16.

suppeditator, *-oris* quelqu'un qui procure en abondance: BUDÉ I, 58, 32; 86, 32; III B, 180, 15.

suppeditatrix I, *-icis* (subst.) celle qui procure en abondance: BUDÉ I, 85, 4; 295, 35; II, 276, 16.

suppeditatrix II, *-icis* (empl. adj. F.) qui procure en abondance: BUDÉ I, 88, 39.

suppilator: v. *supilator.*

suppinitas: v. *supinitas.*

supplaceo (*subp-*), *-ēre* être assez satisfait: ap. AMERB. IV, n° 2091, 10 (*mihi nonnihil supplaceo*).

+ **supplex**, *-icis* A) dans *libellus supplex,* une supplique: BUDÉ I, 40, 1; BUC., Op. lat. I, 164, 5; AMERB. Bon. III, n° 1120, 39; fréq. - B) dans *schedula supplex,* même sens: BUDÉ III A, 121, 34.

supplicabunde en suppliant: BUDÉ III B, 85, 35; 141, 33; 186, 51.

supplicabundus, *-a, -um* A) qui supplie: ap. MORE Corr., n° 177, 69. - B) de demande, de supplique: ap. PFLUG III, n° 508, 13 (*litteras supplicabundas*).

+ **supplicatio**, *-onis* A) **une supplique: ap. ER., Allen XI, n° 3111, 119; PFLUG II, n° 243, 69; ap. PFLUG III, n° 396, 10; etc. - B) procession (sens chrét): BUDÉ III A, 233, 25; 239, 54; APH., 70 r°, 15; etc.

supplicatiuncula, *-ae* petite demande de grâce, petite demande d'avantage: TORR. III, n° 787, 11. - dim. de *supplicatio.*

+ **supplicator**, *-oris* quelqu'un qui présente une supplique: BUDÉ III B, 103, 43; 170, 2.

supplicatorius, *-a*, *-um* *de demande, de supplique: ap. ER., Allen VIII, n° 1739 a, 2 (*supplicatorias litteras*); AL. Paquier, 173, 24.

supplosito, *-are* frapper du pied: BUDÉ II, 306, 54.

suppositabilis, *-is*, *-e* qui peut devenir un suppôt, une personne (philos.): PIC 1, 110, 34; 127, 48.

supposito, *-are* *faire en sorte que la substance soit un suppôt, une personne (philos.): PIC 1, 105, 51; 106, 1 et 13; etc.

suppositum, *-i* A) sujet (gramm.): VALLA I, 96, 2; GUAR. 2, Ord., 46, 15; SERRA, 64, 14; fréq. - B) suppôt (philos.): PIC 1, 110, 6; 121, 5. - C) suppôt d'une université: S.J. I, 175, 13; 181, 14; 182, 30.

+ **suppressio**, *-onis* A) fait de baisser la voix: HAL., 143, 31. - B) suppression: TORR. II, n° 636, 58; n° 653, 13; III, n° 698, 3; etc.

+ **suppressor**, *-oris* quelqu'un qui supprime, qui efface: PETR. II, 844, 43.

supprior (*subp-*), *-oris* *sous-prieur: ER., ASD I-3, 483, 467; LUTH., WA Br. I, n° 30, 18; ap. AMERB. I, n° 436, 37; etc.

suppudescens, *-ntis* qui éprouve quelque honte: ap. PFLUG I, n° 94, 3.

suppunctura, *-ae* douleur semblable à une piqûre: ZAS. ap. AMERB. III, n° 1001, 15.

suppurasco, *-ere* se mettre à suppurer: ap. CALV. XI, 517, 39.

supramundanus, *-a*, *-um* céleste: LEF., 62, 31; CLICHT. ap. LEF., 231, 35; RHEN., 43, 19; etc.

suprapositus, *-a*, *-um* *cité plus, haut, susdit: PETR. II, 1157, 36.

suprascriptio, *-onis* A) **suscription (d'une lettre): ap. ER., Allen VII, n° 1931, 7. - B) inscription (sur un monument): POGG. I, 136, 21.

surdulus, *-a*, *-um* un peu sourd: VALLA I, 9, 31. - dim. de *surdus.*

surr-: v. *subr-.*

susceptaculum, *-i* réceptacle: FIC., Theol. I, 177, 11; 189, 32; PIC 1, 364, 14; etc.

susceptibilis, *-is*, *-e* **apte à recevoir: PIC 1, 107, 22; CATH., Opusc. III, 154, 7; SERVET ap. CALV. VIII, 654, 19; etc.

+ **susceptio**, *-onis* A) **fait d'être parrain: RHEN., 434, 3. - B)

**fait de recevoir (un sacrement): MORE, CW V/1, 106, 5.

susceptiuus, *-a, -um* A) *susceptible de . . . : PIC 1, 104, 23; CATH., Disput., 218, 22. - B) qui reçoit, qui prend en charge: FIC., Theol. I, 130, 17; BOV. Sap., 102, 1; POMP., 84, 19; etc.

+ **susceptor**, *-oris* *le parrain: ER., ASD I-3, 136, 359; MORE, CW II, 32, 11; APH., 69 r°, 27; etc.

susceptrix I, *-icis* (subst.) la marraine: ap. CRAN., n° 105, 21.

susceptrix II, *-icis* (empl. adj. F.) prête à prendre: BUDÉ I, 517, 12; ap. RHEN., 221, 24.

suscepturio, *-ire* être prêt à admettre, à accepter: ap. CELT., n° 13, 18.

+ **suscipio**, *-ere* **recevoir (un sacrement): MORE, CW V/1, 106, 15.

+ **suscitabulum**, *-i* incitation: BUDÉ IV, 1226, 17.

+ **suscito**, *-are* **ressusciter quelqu'un: PETR. I, 297, 21; II, 1003, 20; ER., ASD V-1, 146, 877.

suscula, *-ae* porcelet: CRUC., n° 11, 131. - dim. de *sus.*

+ **suspensio**, *-onis* *suspension (eccl.): ap. ER., Allen III, n° 187 A, 7.

suspiciosulus, *-a, -um* quelque peu soupçonneux: ER., Allen I, n° 55, 6; n° 138, 15. - dim. de *suspiciosus.*

suspiciuncula (*-tiuncula*), *-ae* léger soupçon: ER., Allen I, n° 133, 18; BUDÉ I, 306, 52; ap. AMERB. III, n° 1464, 6; fréq. - dim. de *suspicio.*

sustentarius, *-a, -um* qui soutient, qui appuie: ap. PFLUG II, n° 348, 33.

susurramentum, *-i* murmure: NIGER in *Praef.*, 236, 16. - cf. *susurramen* (G.).

+ **sutor**, *-oris* couturier, tailleur: POGG. I, 427, 2; FIC., O.O. I, 729 A, 42; CATH. Enarr., 324, 42; etc. - Emploi dans ce sens condamné par VALLA I, 389, 39.

sutoria, *-ae* A) métier de chausseur, de cordonnier: ER., Allen VIII, n° 2284, 153. - B) art de coudre des peaux pour en faire des tentes: ER., ASD I-3, 256, 764 (cf. LB VII, 738 D: *e pellibus consuere tabernacula*).

Swenckfeldicus, *-i* sectateur de Schwenckfeld: ap. CALV. XVI, 641, 7. - v. *Schwenckfeldianus.*

sybarite voluptueusement, agréablement: ARL., 57, 19.

sycophantice (*si-*) avec fourberie, méchamment: ER., ASD IX-1, 454, 347; ap. ER., Allen V, n° 1405, 2; MEL., O.O XXI, 614, 17. - ← συκοφαντικῶς.

sycophanticus, *-a, -um* fourbe, méchant: ER., Allen III, n° 750, 8; ap. ZW. VII, 380, 6; MEL., O.O. XXI, 620, 24; fréq. - ← συκοφαντικός.

syllabarius, *-a, -um* qui concerne les syllabes: NANCEL, 208, 1. - ← συλλαβή (*syllaba*) + suff. lat.

syllabula, *-ae* « petite » syllabe, simple syllabe: VIVES Conscr., 136, 12. - ← συλλαβή (*syllaba*) + suff. lat. de dim.

syllogista, *-ae* (M.) auteur de syllogismes → sophiste: ER., ASD IX-1, 246, 307. ← συλλογιστής.

symboliso, *-are* *symboliser: CALV IX, 186, 43. - ← grec: cf. συμβολικός.

+ **symbolum**, *-i* A) preuve, gage, symbole: ER., ASD II-4, 136, 131; ap. ER., Allen VII, n° 1937, 12; MORE, CW XIV/1, 11, 4; etc. - B) enseigne (d'une maison, d'une auberge...): ER., Allen V, n° 1342, 105. - C) dans *symbolum uocale* : une maxime: ER., ASD I-3, 614, 80.

symbuleutes, *-ae* (M.) un conseiller: ap. PFLUG III, n° 381, 32. - ← συμβουλευτής.

symmachus, *-i* un allié: ER., Allen IV, n° 1147, 68. - ← σύμμαχος.

symmathetes, *-ae* (M.) un condisciple: ap. ER., Allen II, n° 501, 10. - ← συμμαθητής.

symmoria, *-ae* symmorie (Athènes anc.): BUDÉ II, 205, 8 et 15; 207, 13. - ← συμμορία.

symmorites, *-ae* (M.) membre d'une symmorie (Athènes anc.): BUDÉ II, 207, 15. - ← συμμορίτης.

symphonus, *-a, -um* qui est en harmonie: POLIT., 464, 40 et 45; MEL., O.O. XI, 10, 3. - ← σύμφωνος.

symphradmo, *-onis* un conseiller: MEL., O.O. I, 775, 46. - ← συμφράδμων.

symposiarcha, *-ae* (M.) président de banquet: ap. CELT., n° 261, 2. - ← συμποσιάρχης.

symposiarchia, *-ae* fonction de président de banquet: BUDÉ IV, 1171, 21. - ← συμποσιαρχία.

symposiarchus, *-i* président de banquet: ER., ASD I-3, 439, 41. - ← συμποσίαρχος.

sympotes, *-ae* (M.) un convive: BOV. Sap., 128, 11; ER., Allen IV, n° 1153, 206; ap. JON. I, 13, 19. - ← συμπότης.

sympresbyter, *-eri* collègue dans le sacerdoce: ER., Allen VI, n° 1581, 21. - ← συμπρεσβύτερος.

+ **synagoga**, *-ae* **réunion, rassemblement (sens premier de συναγωγή): ER., Allen IV, n° 1234, 14; ap. BULL., Gr. I, 233, 15; TORR. II, n° 622, 10; etc.

synagogula, *-ae* petite réunion, petit groupe: POGG. I, 160, 16. - ← συναγωγή (*synagoga*) + suff. lat. de dim.

synallagma, *-atis* convention réciproque: BOD. I, 74 B, ll. 35, 55 et 56; etc. - ← συνάλλαγμα.

synanagnostes, *-ae* (M.) deuxième lecteur: ER., Allen II, n° 531, 463. - ← συν- + ἀναγνώστης.
syncategoricus, *-a*, *-um* qui détermine, qui précise: CAUCIUS in *Pros.*, 352, 14. - ← συν- + κατηγορικός.
syncomistus, *-a*, *-um* fait de déchets de farine, grossier (qualifie un pain): BUDÉ II, 231, 38. - ← συγκομιστός.
syncopo, *-are* *syncoper un mot: VALLA I, 84, 5 et 8; 86, 32; etc. - ← συγκοπή (*syncopa*).
syncretismus, *-i* alliance, coalition: ER., ASD I-3, 542, 161; MEL., W. VI, 427, 21; BULL. Gr. I, 228, 6; fréq. - ← συγκρητισμός.
syncretizo, *-are* s'allier, s'accorder avec quelqu'un: ap. CALV. XVI, 454, 37. - ← συγκρητίζω.
synderesis, *-is* remords, conscience: ER., LB V, 1463 B; CATH. Enarr., 362, 14; Assert., 136, 2; etc. - v. *synteresis* ← συντήρησις.
syndicatus, *-us* appel (d'un jugement): ap. AMERB. V, n° 2164, 70; ALCIAT ap. AMERB. V, n° 2179, 13. - ← σύνδικος (*syndicus*) + suff. lat.
synecdochicos par synecdoque: ZW. VIII, 737, 20. - ← συνεκδοχικῶς.
synechus: v. *sinechus.*
synecphoneticus, *-a*, *-um* qui se prononce en même temps: POLIT., 465, 34. - ← grec: cf. συνεκφωνέω.
synepia, *-ae* tirade, extrait: NANN., 282, 31. - ← συνέπεια.
syngrapha dans *syngrapha quietantaria*: v. *quietantarius*, *-a*, *-um.*
synodaliter **en Concile: ap. LUTH., WA Br. I, n° 203, 21; II, n° 244, 289. - ← σύνοδος (*synodus*) + suff. lat.
syntagma, *-atis* **ouvrage, traité: LIPSE, Ep. I, n° 9, 32; n° 94, 18; ap. LIPSE, Ep. I, n° 186, 11; etc. - ← σύνταγμα; cf. CIC. *Att.* XII, 44, 4 et XVI, 3, 1, où le terme est en grec.
synteresis, *-is* conscience, remords: NANCEL, 272, 17. - ← συντήρησις; v. *synderesis.*
synthesiatus, *-a*, *-um* revêtu d'une veste courte: APH., 18 v°, 20. - ← σύνθεσις (*synthesis*) + suff. lat.
syntomia, *-ae* concision: MOS. Tab., 21, 6 et 16. - ← συντομία.
syphar (N. indécl.) peau dont un serpent se débarrasse lors de la mue → A) peau d'homme, homme « qui n'a que la peau sur les os » : ER., ASD I-3, 676, 4. - B) corps humain (« enveloppe de l'âme »), vie humaine ici-bas: ER., Allen VI, n° 1603, 107; n° 1605, 12; ap. BULL., Gr. I, 92, 25. - ← τό σῦφαρ (indécl.); v. *leberis.*
syrupus: v. *sirupus.*
+ **systole**, *-es* systole (mouvement du coeur; sens attesté pour συστολή): LAGUNA in *Pros.*, 592, 25.

T

tabacum (*-us?*), *-i* tabac: CLUS., 64, 12 (gén. *i*). - ← esp.
tabella dans *tabella osculatoria*: v. *osculatorius, -a, -um.*
+ **tabellio**, *-onis* messager: ER., Allen I, n° 123, 2; ap. ZW. VII, 87, 3; CLEN., n° 23, 51; fréq.
tabellionatus, *-us* *fonction de notaire, de greffier: ZOPINUS in *Praef.*, 334, 7.
tabellula, *-ae* tablette, lettre: ER., ASD I-1, 453, 20; I-6, 77, 98; BÈZE XI, 67, 38. - dim. de *tabella*, déjà dim. de *tabula*.
tactrix, *-icis* (empl. adj. F.) qui concerne le toucher: BUDÉ I, 529, 16.
taediolum, *-i* *léger dégoût, petit ennui: ER., Allen VII, n° 1887, 60. - dim. de *taedium.*
taetrice (*te-*), sévèrement: POLIT., 4, 21.
talentaris, *-is, -e* d'un talent (somme d'argent): BUDÉ I, 189, 30; II, 153, 6.
+ **talentum**, *-i* *talent, capacité: S.J. II, 252, 23 et 27.
talerus (*dale-, -dalle-, tha-*), *-i* taler, thaler ou daler (monnaie): ap. BULL., Gr. I, 367, 3; MUNST., 114, 26; ap. PFLUG III, n° 523, 13; fréq. - ← germ.
talesius, *-ii* celui qui travaille le laine, les draps: APH., 74 r°, 3.
Talmut (*Th-*; indécl.) Talmud: PIC 1, 37, 6; 119, 33; FIC., O.O. I, 11 B, 49; etc. - ← hébreu.
talmuticus I (*tha-, -dicus*), *-a, -um* talmudique: FIC., O.O. I, 42 A, 51; PIC 1, 37, 3; ap. REU., 243, 18; etc. - ← hébreu + suff. lat.
talmuticus II (*-dicus*), *-i* un talmudiste: PIC 1, 119, 31; FIC., O.O. I, 34 A, 20; BOD. I, 239 A, 52; etc. - ← hébreu + suff. lat.
talmutistae (*tha-*), *-arum* (M. Pl.) les auteurs du Talmud: PIC 1, 36, ll. 14, 40 et 53; etc. - ← hébreu + suff. lat.
talochus, *-i* dé (à jouer): ALCIAT ap. AMERB. II, n° 926, 11.
tamarindus, *-i* *tamarinier d'Inde: AGR. G., 57, 7; ap. FIC., O.O. I, 580 A, 18.
tarantula, *-ae* tarentule: ER., ASD V-3, 174, 116. - ← ital.
tarcotella, *-ae* tarentule: ER., ASD II-5, 292, 78.
tardidiscentia, *-ae* fait d'apprendre sur le tard: ap. ER., Allen IV, n° 1105, 36.
tartara, *-orum*: v. *tartarus, -i.*

+ **tartareus**, *-a, -um* **de l'enfer (contexte chrét.): ER., Ferg., 68, 74; BUDÉ I, 17, 39; CALV. VI, 245, 27; etc.

tartaricus, *-a, -um* **de l'enfer (contexte chrét.): BUDÉ I, 137, 3; 157, 51.

tartaridae, *-arum* (M. Pl.) les « fils du Tartare » → les démons (contexte chrét.): BUDÉ I, 14, 41; 164, 50; 238, 27.

+ **tartarus** (*-a*), *-i* (*-orum*) **l'enfer (contexte chrét.): PETR. I, 17, 35; CLAM., 105, 4; ER., Allen II, n° 447, 265; fréq. - v. *Erebus, inferi* et *Orcus* A.

tauraeum, *-i* tauromachie: ER., ASD IX-1, 80, 416; Allen XI, n° 3032, 418.

taurice comme un taureau (ironique): ER., ASD I-3, 132, 216. - ← ταυρικός.

taxa, *-ae* *une taxe: BARON, 40, 14.

taxiarchia, *-ae* *commandement, direction, hiérarchie: BUDÉ I, 154, 7; 173, 50. - ← ταξιαρχία.

taxiarchus, *-i* taxiarque (Athènes anc.): BUDÉ I, 50, 35; BOD. I, 185 A, 3. - ← ταξίαρχος.

technologus I, *-a, -um* plein d'artifices, très habile: ER., Allen I, n° 138, 150. - ← τεχνόλογος.

technologus II, *-i* spécialiste d'un art., d'une technique: BUDÉ I, 80, 2. - ← τεχνόλογος.

tectim en cachette, secrètement: ap. CALV. XI, 671, 48. - cf. *tecte* (G.).

tecton, *-onis* ouvrier qui travaille le bois: LIPSE, O.O. III, 260, 12. - ← τέκτων.

+ **tegula**, *-ae* A) scapulaire: ER., Allen II, n° 447, 472. - B) carreau (dans un jeu de cartes): APH., 46 r°, 20.

telearchia, *-ae* fonction d'officier de police (Thèbes anc.): MURET., O.O. I, 260, 13. - ← τελεαρχία.

telearchus, *-i* officier de police (Thèbes anc.): MURET, O.O. I, 260, 11 et 15. - ← τελέαρχος.

telesticus, *-a, -um* initiatique: BUDÉ IV, 1055, 43 (qualifie la théologie). - ← τελεστικός.

teletarches, *-ae* (M.) celui qui préside à des cérémonies religieuses → celui qui fonde des cérémonies religieuses: BUDÉ II, 272, 48 (*teletarches Christus*). - ← τελετάρχης.

tellureus, *-a, -um* A) terrestre: BOV. Sap., 80, 8 et 25; 140, 8; etc. - B) fait de terre: BOV. Sap., 94, 32; 96, 16; 150, 11; etc.

telones, *-ae* (M.) douanier: ER., Allen III, n° 867, 47; HUTT. I, 350, 2; AMERB. Bon. IV, n° 1736, 11; etc. - ← τελώνης.

telonicus, *-a, -um* *qui concerne la douane, le péage: ER., Allen III, n° 867, 51; n° 889, 13. - ← τελωνικός.

telus, *-i* impôt, taxe: ER., ASD I-3, 479, 321. - ← τέλος.

temeratrix, *-icis* (empl. adj. F.) falsificatrice: MORE Corr., n° 143, 405.

temperatrix, *-icis* (empl. adj. F.) qui modère, qui tempère: FIC., Theol. I, 281, 4; BUDÉ I, 188, 53.
+ **temperatura**, *-ae* modération: ER., Allen VII, n° 2037, 318.
+ **temperies**, *-ei* modération: LIPSE, Ep. III, n° 633, 12 (*de temperie in religionis rebus*).
tempestiuiter à propos, à bon escient: ER., ASD I-6, 66, 832; II-4, 300, 421; ap. CALV. XVIII, 133, 30; etc.
+ **templum**, *-i* **église, temple (édifice chrét.): PETR. I, 301, 1; VALLA I, 359, 4; POGG. I, 269, 6; fréq.
+ **temporalis**, *-is*, *-e* **temporel (opp. à spirituel): PETR. I, 386, 6; GAG. II, 269, 3; ER., ASD V-1, 157, 232; fréq.
+ **temporaliter** *temporellement (opp. à spirituellement): LÉON X ap. CRAN., n° 3, 19.
tempt-: v. *tent-*.
tempusculum, *-i* **temps bref, moment: BUDÉ I, 35, 28; ZAS. V, 172 A, 60; ap. AMERB. I, n° 424, 14; fréq. - dim. de *tempus*.
tenaculus, *-a*, *-um* assez attaché à . . . : ZAS. V, 177 A, 55 (*tenaculus in conseruandis pecuniis*). - dim. de *tenax*.
tenementum, *-i* *tenure: ap. MORE Corr., n° 149, ll. 7, 13 et 18.
teneriusculus, *-a*, *-um* assez tendre: ap. POLIT., 182, 36; CLICHT. ap. LEF., 58, 14; BUSL., Or. D, 13; etc. - dim. du compar. *tenerior*, *-ius*.
+ **tenor**, *-oris* ténor (voix de): NANCEL, 228, 15.
tensilis, *-is*, *-e* *de tension, que l'on tend: POLIT., 466, 45.
tentatiua (*tempt-*), *-ae* proposition, affirmation: BÈZE III, 235, 32 (*Sorbonica, ut uocant, tentatiua*).
tentatiuncula (*tempt-*), *-ae* A) tentation: LUTH., WA Br. II, n° 282, 10 et 12. - B) intention: ap. RHEN., 246, 6. - dim. de *tentatio* (*tempt-*).
+ **tentator** (*tempt-*), *-oris* **le tentateur, le démon: ER., ASD I-3, 299, 55; V-1, 350, 229.
tepefactio, *-onis* attiédissement: VIVES, E.W. I, 86, 24.
tepiditas, *-atis* **tiédeur: PETR. II, 1183, 24; BUC. ap. AMERB. VI, n° 2723, 22.
tepidiusculus, *-a*, *-um* assez tiède: ap. AMERB. III, n° 1238, 26. - dim. du compar. *tepidior*, *-ius*.
terebellum, *-i* *tarière, perçoir: VALLA I, 8, 20; ER., ASD I-1, 79, 20; APH., 74 v°, 29; etc. - dim. de *terebra* (v. VALLA, *loc. cit.*).
terebinthina, *-ae* térébenthine: AGR. G., 101, 19 et 20.
tergiuersabundus, *-a*, *-um* qui tergiverse: BUDÉ III B, 160, 50.
tergiuersatorius, *-a*, *-um* A) **qui tergiverse: CALV. V, 293, 41. - B) discutable: CALV. I, 971, 27; CAST. Haer., 91, 28.
tergiuersatrix, *-icis* (empl. adj. F.) qui tergiverse: BUDÉ III B, 98, 23.
+ **terminus**, *-i* *terme, mot: SAL. II, ch. 5, 4; CLICHT. ap. LEF., 10, 17; BOV. Opp., 146, 15; etc.
termus, *-i* asticot: APH., 58 r°, 8.

ternarium, *-ii* triade: BOV. Nih., 74, 23.

+ **ternio**, *-onis* A) cahier de trois feuilles doubles (= 12 pages): ER., Allen II, n° 421, 59 (*sic enim nunc uocant*); LUTH., WA Br. II, n° 523, 22; ap. RHEN., 256, 28; fréq.; à rapprocher: *binio* (ou *bino ?*), *duernio, octernio, quaternio* (G.), *quinternio, senio* et *sexternio.* - B) série de trois, groupe de trois choses: ER., Allen III, n° 735, 1; IV, n° 1211, 507.

terraceus, *-a, -um* terrestre: MORE, CW XIV-1, 553, 4.

terrestreitas, *-atis* ce qui est terrestre (opp. à ce qui est céleste, divin): BRIÇ., 110, 28.

terrificator, *-oris* quelqu'un qui effraie: PETR. II, 819, 39.

terrifice de manière effrayante: PETR. I, 214, 5; II, 1204, 37.

terrirepus, *-a, -um* qui est « terre à terre » : PETR. I, 477, 30.

territabundus, *-a, -um* qui effraie: BUDÉ I, 508, 38.

territamentum, *-i* frayeur, effroi: FIC., Theol. III, 231, 16.

terscelestus, *-i* homme « trois fois coquin » (cf. *scelestus*, G.): ER., ASD I-1, 460, 27.

terse soigneusement, élégamment: CELT., n° 358, 91; AMERB. Bon. II, n° 766, 14.

tersim soigneusement, élégamment: ap. CELT., n° 219, 11.

tersitas, *-atis* pureté, netteté: ZAS. V, 173 B, 53.

tertianula, *-ae* fièvre tierce: ap. ER., Allen II, n° 498, 1. - dim. de *tertiana.*

tertium, *-ii* la tierce (soixantième d'une seconde d'angle): RING., 336, 22; 391, 18.

tesseralis, *-is, -e* de cube: BUDÉ II, 197, 16.

+ **testa**, *-ae* teston (monnaie): AMERB. J. I, n° 348, ll. 5, 20 et 41.

testatrix, *-icis* (empl. adj. F.) qui atteste, qui rend témoignage: AMERB. Bon. III, n° 1450, 6.

testis dans *oculatus testis* : v. *oculatus.*

testo, *-onis* teston (monnaie): AMERB. Bon. III, n° 1100, 25; ER., Allen VIII, n° 2183, 8; CLEN., n° 24, 96; fréq.

+ **testula**, *-ae* A) **coquille: ap. ER., Allen VII, n° 1814, 384. - B) petite tête: ER., ASD I-2, 35, 17; LB V, 144 A.

testunus, *-i* teston (monnaie): AMERB. J. I, n° 348, ll. 5, 20 et 41.

tetrice: v. *taetrice.*

Tetzeliaster, *-tri* partisan de Tetzel (avec connot. péjor.): ap. LUTH., WA Br. I, n° 92, 17.

teutonice (*-tho-*) A) en langue allemande: VALLA I, 386, 16; ap. CELT., n° 143, 19; ER., Allen IX, n° 2587, 21; etc. - B) en langue néerlandaise: HAL., 102, 15; CLEN., n° 25, 52; VER., n° 24, ann. (3). v. *belgice, cimbrice, flandrice, germanice, hollandice.*

texta, *-ae* l'enveloppe, ce qui entoure: FIC., Theol. II, 237, 24.

+ **textrina**, *-ae* art du tisserand: ER., ASD I-1, 98, 9.

textualis, *-is, -e* de texte: LUTH., WA Br. I, nº 117, 5 et 9.
+ **textus**, *-us* **texte: PETR. I, 381, 12; SAL. II, ch. 6, 50; PIC 1, 231, 2; fréq. - Emploi dans ce sens condamné par VALLA, I, 547, 37.
thalamicus, *-a, -um* qui concerne le mariage: ap. CRAN., nº 260, 24. - ← grec: cf. θάλαμος (*thalamus*).
thalerus: v. *talerus*.
Thalmut et dérivés: v. *Talmut* et dérivés.
thatta, *-ae* très probabl. var. graphique pour *tata* (G.), papa: ER., ASD I-2, 69, 18.
thaumatopoeus, *-i* un charlatan, un imposteur: ER., ASD V-1, 248, 276. - ← θαυματοποιός.
thaumaturgice par une adresse prodigieuse: POLIT., 468, 7. - ← θαυματουργικός.
theatrizatus, *-a, -um* exposé en spectacle: VALLA I, 887 A, 40. - trad. de θεατριζόμενος.
theca A) dans *theca calmaria*: v. *calmarius, -a, -um*. - B) dans *theca pennaria*: v. *pennarius, -a, -um*.
thematiolum, *-i* petit thème, petit devoir: ap. ER., Allen II, nº 500, 21. - ← θέμα (*thema*) + suff. lat. de dim.
theocratia, *-ae* théocratie, règne de Dieu: BUDÉ I, 14, 36; 186, 35; 192, 41; etc. - ← θεοκρατία.
theocraticus, *-a, -um* théocratique: BUDÉ I, 18, 24. - ← grec: cf. θεοκρατία.
theodidactus, *-a, -um* instruit en matière religieuse: ap. BULL., Gr. I, 415, 30; CALV. I, 34, 31; ap. CALV. XIII, 540, 5; etc. - ← θεοδίδακτος.
theoleptus, *-i* un inspiré de Dieu: ap. PFLUG V/1, nº 459 bis, 23. - ← θεόληπτος.
theologalis, *-is, -e* théologal: TORR. III, nº 814, 10; NANCEL, 250, 19. - ← θεολόγος (*theologus*) + suff. lat.
theologaster, *-tri* un théologien (avec connot. péjor.): ER., Allen I, nº 64, 88; LUTH., WA Br. I, nº 24, 12; MEL., O.O. I, 295, 9; fréq. - ← θεολόγος (*theologus*) + suff. lat.
theologice *conformément à la théologie, en théologien: VALLA I, 544, 22; BUDÉ IV, 1158, 38; LUTH., WA Br. II, nº 261, 4; fréq. - ← θεολογικῶς.
theologico, *-are* A) apprendre la théologie, faire de la théologie: BULL. Stud., 74, 85. - B) forme passive avec valeur déponente, même sens: MEL., O.O. XI, 62, 37 et 38. - ← grec: cf. θεολογέω.
theologiso (*-isso, -izo*), *-are* A) faire de la théologie: LUTH., WA Br. I, nº 167, 91; nº 251, 15; ap. ER., Allen VI, nº 1768, 54. - B) forme passive avec valeur déponente, même sens: LUTH., WA X/2, 204, 18. - ← grec: cf. θεολογέω.
theologista, *-ae* (M.) un théologien (avec connot. péjor): REU., 207,

9; HUTT. I, 44, 28; MORE Corr., n° 15, 1374; fréq. - ← grec: cf. θεολόγος (*theologus*).

theologisticus, *-a*, *-um* théologique: ap. HUTT. I, 340, 20. - ← grec: cf. θεολόγος (*theologus*).

theologizo, *-are*: v. *theologiso, -are.*

theologor, *-ari* faire de la théologie, parler de théologie: ER., ASD I-1, 96, 22; I-6, 68, 872. - ← grec: cf. θεολογέω.

theomachia, *-ae* **combat entre dieux, combat contre les dieux: BUDÉ I, 17, 44; II, 271, 33; III A, 204, 51. - ← θεομαχία.

theomachus, *-i* A) **un ennemi de Dieu, quelqu'un qui « lutte contre Dieu » (le Dieu des chrétiens): BUDÉ II, 168, 6; TORR. I, n° 87, 31. - B) quelqu'un qui fait la guerre aux dieux (mythologie): BUDÉ III A, 204, 51. - ← θεομάχος.

theophania, *-ae* *apparition de Dieu: CLICHT. ap. LEF., 403, 12. - ← θεοφανία.

theophrastus, *-i* quelqu'un qui parle de Dieu, qui explique Dieu: ap. PFLUG V/1, n° 459 bis, 23. - ← θεόφραστος.

theosebius, *-ii* quelqu'un qui honore Dieu, un homme pieux: ap. PFLUG V/1, n° 459 bis, 23. - ← θεοσεβής.

theosophia, *-ae* *connaissance des choses divines: BUDÉ I, 172, 36; ap. AMERB. VIII, ann. 9, 107; MORING. in *Mon.*, 270, 401; etc. - ← θεοσοφία.

theosophicus, *-a*, *-um* théologique: BUDÉ I, 227, 28. - ← grec: cf. θεοσοφία.

theosophus, *-i* *un théologien: BUDÉ I, 171, 27; 172, 32; 207, 7. - ← θεόσοφος.

theosophista, *-ae* (M.) un théologien (avec connot. péjor): ap. HUTT. I, 28, 29; ap. REU., 279, 7; AGRIPPA ap. ER., Allen X, n° 2737, 16. - grec: cf. θεοσοφία.

therapeutica, *-ae* la thérapeutique: ER., Allen V, n° 1381, 194. - ← θεραπευτική.

therelencicus, *-a*, *-um* qui concerne la traque du gibier: BUDÉ I, 73, 49. - ← θήρα + ἔλεγχος.

therelencus, *-i* chien qui traque le gibier, qui indique la présence de gibier: BUDÉ I, 73, 43; 79, 15. - ← θήρα + ἔλεγχος.

theriophylax, *-acis* gardien d'animaux sauvages: APH., 80 v°, 4. - ← θηρίον + φύλαξ.

theriotrophium, *-ii* ménagerie: BUDÉ II, 88, 43. - ← θηριοτροφεῖον.

+ **thermae**, *-arum* fig., imprimerie (atelier): ALDE in *Praef.*, 255, 16; 273, 14.

thesauraria, *-ae* A) *trésorerie: CALV. V, 299, 26; TORR. III, n° 1105, 6. - B) trésor: ER., Allen V, n° 1434, 19; n° 1471, 13; n° 1484, 7; etc. - ← θησαυρός (*thesaurus*) + suff. lat.

thesauriatus, *-us* *fonction de trésorier: TORR. I, n° 80, 21. - ←

θησαυρός (*thesaurus*) + suff. lat.

thesaurulus, *-i* A) petit trésor, petite somme d'argent: ER., Allen VIII, n° 2159, 24. - B) fig., à propos d'un manuscrit: RHEN., 186, 3. - ← θησαυρός (*thesaurus*) + suff. lat. de dim.

+ **thesaurus**, *-i* dans *a thesauris*, trésorier: ER., ASD I-2, 287, 11; RHEN. ap. ER., Allen I, p. 69, 491; ALDE in *Praef.*, 297, 34; etc. - v. *a/ab.*

thesmothesia, *-ae* fonction de thesmothète: BUDÉ III A, 93, 45. - ← θεσμοθεσία.

thesmotheta, (*-es*), *-ae* (M.) thesmothète: BUDÉ III A, 93, 39; MEL., W. V, 332, 11; MURET, Scr. Sel. II, 162, 14; etc. - ← θεσμοθέτης.

Thomaster, *-tri* un Thomiste (avec connot. péjor.): MEL., O.O. I, 325, 40.

Thomasterculus, *-i* un Thomiste: LUTH., WA Br. I, n° 135, 8. - dim. de *Thomaster*, avec double connot. péjor.

Thomista, *-ae* (M.) un Thomiste: PIC 1, 90, 15; ER., ASD I-1, 81, 17; LUTH., WA Br. I, n° 135, 19; fréq.

Thomisteus, *-i* un Thomiste: ap. MEL., O.O. I, 247, 3; 252, 46; 258, 33.

thomisticaliter à la manière thomiste: LUTH., WA X/2, 211, 7.

thomistice à la manière thomiste: LUTH., WA X/2, 204, 18; MORE, CW V/1, 620, 7.

thomisticor, *-ari* se comporter en thomiste, raisonner en thomiste: LUTH., WA X/2, 211, 1; 212, 8.

thomisticus, *-a*, *-um* thomiste: MORE, CW V/1, 586, 26; ER., Ferg., 179, 1194; LUTH., WA Br. I, n° 117, 4; fréq.

thomistitas, *-atis* attachement au thomisme (avec connot. péjor.): LUTH., WA X/2, 188, 18; 189, 18.

thonella: v. *tonella.*

thrasonice à la manière de Thrason; en fanfaron, en vantard: ER., Allen VII, n° 1934, 431; ap. AMERB. VI, n° 2722, 22; CALV. IX, 7, 11; etc.

thrasonicus, *-a*, *-um* fait à la manière de Thrason, « digne de Thrason » : ER., ASD I-6, 108, 984 (*thrasonica iactantia*); CALV. VI, 404, 19; VIVES Conscr., 66, 5; etc.

thrasonismus, *-i* fanfaronnade, vantardise: ER., Allen VII, n° 1934, 136; n° 2008, 32.

threnodia, *-ae* chant plaintif, chant funèbre: BUDÉ II, 280, 20. - ← θρηνῳδία.

threnodus, *-a*, *-um* qui chante un chant plaintif/funèbre: BUDÉ II, 280, 45. - ← θρηνῳδός.

throtta (*trocta*), *-ae* truite: ER., Allen V, n° 1342, 397 (*uulgus*); ASD IX-1, 30, 320. - cf. *tructa* (G.).

thunnisso, *-are* exciter, piquer: ER., ASD II-4, 80, 452. - ← θυννίζω.

thylacus, *-i* sac: ER., LB II, 1003 B. - ← θύλακος.

+ **thynnus**, *-i* « thon » au fig. = grand personnage, « gros bonnet » : ER., Allen II, n° 447, 420; n° 451, 7; IV, n° 1211, 205.

thyoma, *-atis* aromate: HUTT. V, 461, 10. - ← θύωμα.

timidiuscule avec une certaine timidité, avec une certaine crainte: MORE Corr., n° 37, 4; ap. CALV. XIV, 92, 13. - dim. du compar. adv. *timidius.*

timidiusculus, *-a, -um* assez timide, assez craintif: ER., ASD V-1, 42, 55. - dim. du compar. *timidior, -ius.*

timidulus, *-a, -um* *assez timide, assez craintif: ER., ASD IV-3, 178, 869; MORE, CW XIV/1, 103, 5; ap. RHEN., 173, 20; etc. - dim. de *timidus.*

timorculus, *-i* légère crainte: ZAS. ap. AMERB. II, n° 720, 13. - dim. de *timor.*

tinesmus, *-i* désigne une maladie des intestins: SYLVIUS in *Pros.*, 626, 17. - ← τεινεσμός.

+ **tingo**, *-ere* **baptiser: ER., ASD V-3, 156, 376; ZW. VIII, 269, 26; BUC., Op. lat. I, 202, 31; etc.

tinna, *-ae* tonneau: BUSL. ap. BÈZE XIV, 149, 28.

tinnule d'une voix claire et perçante: BUDÉ III B, 111, 25.

+ **tirunculus**, *-i* jeune élève: CRUC., n° 11, 69; n° 20, 13.

Titanicus, *-a, -um* digne des Titans, énorme: ER., ASD II-4, 78, 431; BUDÉ I, 180, 27; MEL., O.O. I, 304, 26; etc.

titionarius, *-ii* chauffeur, celui qui est chargé de s'occuper du feu: BUDÉ I, 372, 13; 1254, 30.

titiuillitio, *-onis* gazouillement → oeuvre sans valeur: LIPSE, Ep. I, n° 180, 3.

titulatim titre par titre: BUDÉ III A, 106, 21.

titulatio, *-onis* **l'intitulé, le titre (d'un ouvrage): PIC 1, 171, 38; ap. ER., Allen II, n° 309, 13.

titulose « avec des titres » : BUDÉ I, 198, 51 (*titulose salutantur*).

titulosus, *-a, -um* plein de titres, bien pourvu en titres: BUDÉ I, 147, 28; 201, 26; 211, 8; etc.

+ **tolerantia**, *-ae* tolérance (relig.): TORR. I, n° 70, 174.

tollio, *-onis* un pilleur, un voleur: ER., LB II, 1026 A.

tolutiloquus, *-a, -um* volubile: BOV. Opp., 32, 22.

tomulus, *-i* petit tome: CLEN., n° 40, 527. - dim. de *tomus.*

tonella (*tho-*), *-ae* tonne d'or (monnaie de compte): ap. BULL., Gr. II, 136, 5; 659, 22.

tonellus, *-i* *tonnelet: BUDÉ II, 235, 24; 252, 30 et 33; etc. - dim. de *tona* (NIERMEYER).

tonitor, *-oris* celui qui « tonne » : MORE, CW V/1, 240, 25 (*fulminator ac tonitor*).

tonitruarius, *-a, -um* qui fait un bruit de tonnerre, tonitruant: CLICHT., 23 v°, 25; 24 r°, 23.

tonitus, *-us* bruit de tonnerre: VALLA I, 6, 3.

tonna, *-ae* tonne d'or (monnaie de compte): BULL., Gr. III, 182, 1; JON. II, 203, 23.

tonnellus, *-i* tonne d'or (monnaie de compte): BULL. ap. CALV. XVI, 122, 32.

+ **tonsura**, *-ae* **tonsure (eccl.): AL. Paquier, 103, 27; ap. PFLUG II, n° 156, 9; CALV. I, 180, 34; etc.

topolepsia, *-ae* fait de considérer les lieux: LUTH., WA XVIII, 628, 37. - ← grec: cf. τόπος + λῆψις; à rapprocher: *chaerolepsia*, *prosopolepsia* et *tropolepsia*.

+ **torcular**, *-aris* presse d'imprimerie: ALDE in *Praef.*, 286, 2.

tormentarius, *-a, -um* A) qui concerne les machines de guerre: RHEN., 580, 9; BÈZE IV, 76, 35; APH., 77 v°, 19; etc. - B) qui concerne la torture, accompagné de tortures: BUDÉ III B, 43, 47 (*quaestionem tormentariam*).

tormentilla, *-ae* tormentille: ap. FIC., O.O. I, 569 B, 34; 570 A, 38; 576 B, 52; etc.

tornate joliment: DORP, 46, 13 (*ut ita loquar*).

torneamentum, (*-ni-*), *-i* *tournoi: BUDÉ III A, 232, 20; PFLUG III, doc. 51, 175; ap. BÈZE XI, 164, 6.

torpide avec raideur: DORP, 77, 12.

torrefactio, *-onis* fait de brûler, de dessécher: POLIT., 428, 5.

torsura, *-ae* souffrance, douleur: AMERB. J. I, n° 266, 21.

torue de manière farouche, menaçante: MORE, CW III/1, 69, 17.

totalis, *-is, -e* *total: TORR. III, n° 1095, 23 (*totalis summa*).

totalitas, *-atis* *totalité: VALLA I, 698, 23.

totifariam de toutes sortes: SAL. III, ch. 1, 84.

toxicus, *-a, -um* *toxique: ER., ASD I-2, 652, 23; Allen VIII, n° 2134, 120. - ← τοξικός.

toxinus (*-um?*), *-i* tocsin: BÈZE III, 252, ll. 7, 12 et 23 (acc. *-um* ; gén. *-i*).

toxopoeus, *-i* fabricant d'arcs: APH., 75 r°, 30. - ← τοξοποιός.

+ **tractatio**, *-onis* traité (étude): ZAS. ap. AMERB. II, n° 984, 19; BULL. ap. BÈZE III, 54, 15 et 17; etc.

tractatulus, *-i* *petit traité (étude), opuscule: CLAM., 137, 10; GAG. II, 60, 3; AMERB. J. I, n° 234, 16; fréq. - dim. de *tractatus*.

+ **tractatus**, *-us* *traité (convention): ap. MORE Corr., n° 10, 6 et 13; n° 14, 23; etc.

+ **traditio**, *-onis* *trahison: MORE, CW XIV/1, 407, 4; 427, 5.

traditiuncula, *-ae* tradition: ER., Allen I, n° 164, 26; HUTT. I, 374, 2; MEL., W. VI, 65, 1; etc. - dim. de *traditio*, avec connot. péjor.

+ **traduco**, *-ere* transmettre (à propos du traducianisme; v. *tradux*): BÈZE XII, 99, ll. 29, 31 et 33.
+ **traductio**, *-onis* traduction (de textes): VALLA I, 326, 39; BRUNI, 74, 3; FIC., O.O. I, 437 B, 36; fréq.
+ **traductor**, *-oris* A) un traducteur: POGG. I, 191, 40; VALLA I, 243, 13; BRUNI, 87, 32; etc. - B) celui qui se moque de quelqu'un: ER., ASD V-3, 228, 157 et 178.

tradux, *-ucis* (adj.) transmis: BÈZE XII, 99, 25 (*traducis animae dogma* = traducianisme; v. *traduco, -ere*).

tragoediola, *-ae* petite tragédie: JON. I, 114, 2. - ← τραγῳδία (*tragoedia*) + suff. lat. de dim.

+ **traha**, *-ae* **traîneau: APH., 53 r°, 26.

trahearius, *-ii* conducteur de traîneau: APH., 53 r°, 26.

tral-: v. *transl-*.

tranatio, *-onis* traversée à la nage: POGG. I, 178, 8.

transanimatio, *-onis* **métempsychose: BUDÉ I, 25, 47.

transcendens I, *-ntis* (empl. subst. N.) le transcendant (logique): VALLA I, 645, 27; 646, 23; BOV. Opp., 160, 35; etc.

transcendens II, *-ntis* (adj.) *transcendant: BOV. Opp., 160, 4 (*transcendentis philosophiae*).

transcriptum, *-i* **transcription, copie: BULL. ap. BÈZE V, 163, 21; PLANT. V, 107, 8.

transcursatio, *-onis* passage d'une chose à l'autre: ap. ER., Allen IX, n° 2632, 135.

transcursim **rapidement, à la hâte: MERULA in *Praef.*, 146, 3; ap. LIPSE, Ep. II, n° 349, 19.

transfertitus, *-a, -um* transféré, transmis: FIC., O.O. I, 968 B, 56.

+ **transfiguratio**, *-onis* transfiguration (du Christ); ER., LB V, 143 C; MEL., W. IV, 188, 19.

transformabilis, *-is, -e* qui peut se transformer: PIC 1, 13, 50.

transformatorius, *-a, -um* qui transforme: ER., ASD V-1, 356, 402; 359, 467.

+ **transfundo**, *-ere* A) **traduire: ER., Allen I, n° 182, 91; MEL., O.O. II, 879, 24; ap. BULL., Gr. I, 199, 16; etc. - B) reproduire (une pièce de monnaie): ap. PIGH., n° 14, 2 et 16; n° 21, 5; etc.

transgressibilis, *-is, -e* qui fait passer d'un endroit à l'autre: BUDÉ I, 529, 34 (trad. de μεταβατικός).

transgressilis, *-is, -e* qui fait passer d'un endroit à l'autre: BUDÉ II, 14, 53 (trad. de μεταβατικός).

transgressiuncula, *-ae* petite infraction, petite faute: CALV. I, 426, 16; V, 269, 12. - dim. de *trangressio*.

+ **transitio**, *-onis* déménagement: BUDÉ ap. ER., Allen III, n° 915, 9.

transitiuncula, *-ae* petite transition: ER., ASD I-2, 301, 13; 302, 24; 547, 6. - dim. de *transitio*.

+ **translaticie** (*-tie*) **métaphoriquement: CALV. I, 998, 3; V, 27, 53; BÈZE VII, 118, 3.

translatista (*tral-*), *-ae* (M.) un traducteur: ER., Allen VI, n° 1621, 43.

translatitie: v. *translaticie.*

translatiuncula (*tral-*), *-ae* « petite » traduction: POGG. I, 171, 33; RHEN., 89, 28. - dim. de *translatio.*

+ **translatiuus**, *-a*, *-um* A) ***courant, vulgaire (déjà PLIN. 2, *Ep.* IX, 37, 1; var.): AMERB. Bon. II, n° 806, 31. - B) métaphorique: BUDÉ IV, 1225, 3.

+ **translator** (*tral-*), *-oris* messager, porteur de lettres: ap. MORE Corr., n° 157, 49; n° 158, 13; n° 177, 72; etc.

translatrix, *-icis* (empl. adj. F.) qui transporte ailleurs, qui transfère: PETR. I, 123, 17; BUDÉ III B, 103, 27.

transmeatus, *-us* traversée, passage: BUDÉ I, 524, 48.

transmetior, *-iri* franchir (une distance): ER., ASD V-1, 494, 33.

+ **transmigratio**, *-onis* A) **transmigration des âmes: POMP., 42, 16; 62, 4. - B) déménagement: TORR. III, n° 699, 57; n° 753, 8.

+ **transmutatio**, *-onis* A) **transformation: POGG. I, 138, 8; PIC 1, 107, 14; CLICHT. ap. LEF., 232, 33; etc. - B) **métonymie: ER., ASD I-6, 68, 900; VIP. Poet., 59, 7.

+ **transmuto**, *-are* *transformer: POGG. I, 140, 4; PIC 1, 130, 32; ER., ASD V-1, 250, 335; etc.

transnaturalis, *-is*, *-e* métaphysique (adj.): ap. POLIT., 205, 45; ARGYR. in *Reden*, 11, 4; ALDE in *Praef.*, 218, 19; etc.

transnoto, *-are* transcrire: ER., Allen V, n° 1473, 6.

transparens, *-ntis* *transparent: BOV. Sap., 242, 4; 244, 24; 246, 3; etc.

transparentia, *-ae* *transparence: BOV. Sap., 258, 7 et 18; 270, 34.

transpareo, *-ēre* être transparent: BOV. Sap., 282, 27.

transpicuus, *-a*, *-um* transparent: FIC., Theol. III, 371, 27; O.O. I, 1000 B, 6.

transportator, *-oris* porteur, messager: BUDÉ IV, 321, 22.

transpositio, *-onis* A) **transposition: VALLA I, 737, 24; MORE Corr., n° 15, 458; BUDÉ II, 236, 47; etc. - B) transformation: PETR. I, 368, 22.

transsu-: v. *transu-.*

transuasatio, *-onis* transvasement: BUDÉ II, 258, 45.

transuaso, *-are* transvaser: BUDÉ II, 211, 41; 237, 18.

transubstantiatio (*-nssu-*), *-onis* *transsubstantiation: PIC 1, 127, 41; ER., ASD IV-3, 150, 428; MORE, CW V/1, 442, 15; fréq.

transubstantiator (*-nssu-*), *-oris* partisan de la transsubstantiation: BÈZE VII, 115, 40; 117, 9; CAST., De arte II, ch. 43/2, l. 87; etc.

transubstantio (*-nssu-*), *-are* *transsubstantier: ER., Allen IV, n° 1039, 252; BUC., Op. lat. I, 52, 6; LUTH., WA X/2, 202, 21; fréq.

transubstantionatus (*-nssu-*), *-a*, *-um* transsubstantié: ap. ER., Allen VI, n° 1638, 84 (*sanguinem de uino transubstantionatum*).

transuibro, *-are* darder, lancer (fig.): ap. CALV. XIX, 173, 10.
+ **transumptio** (*-nssu-*), *-onis* passage: BOV. Sap., 164, 25; Opp., 66, 14.
transumptiue *par métalepse: PIC 1, 120, 11.
transumptum, *-i* *transcription, copie: TORR. II, n° 570, 4.
tratta, *-ae* traite, lettre de change: ap. BULL., Gr. III, 329, 24 et 27; 330, 21. - ← all.
tremefacto, *-are* faire trembler, ébranler: ER., ASD II-6, 398, 21; IV-3, 80, 147.
tremulentia, *-ae* tremblement: GAG. II, 43, 13.
tremulo, *-are* agiter: PETR. II, 1212, 1.
treuga, *-ae* *trêve: ap. CELT., n° 308, 79; ap. AMERB. I, n° 240, 17; ap. ER., Allen VII, n° 2024, 33; etc. - ← germ.; condamné par VALLA I, 397, 41.
triangulator, *-oris* « maître des triangles » (astrologie): PIC 1, 430, 56. - v. *trigonocrator.*
tribeneficiarius, *-ii* quelqu'un qui jouit de trois bénéfices (eccl.): CALV. VII, 671, 37.
tribunalitius, *-a, -um* de tribunal: BUDÉ III B, 180, 36.
+ **tribus**, *-us* classe (groupe d'élèves): STURM, 22, 17; 24, 19; 34, 27; etc. - v. *classis, curia* D, *gradus* B, *locus* et *ordo* D.
tricenarium, *-ii* *trentain (de messes): ER., ASD I-3, 549, 434.
trierarchia, *-ae* obligation d'équiper une trière à ses frais: BUDÉ II, 207, 18; 208, 20; MURET, O.O. I, 276, 32; etc. - ← τριηραρχία.
trierarchicus, *-a, -um* qui concerne la « triérarchie » (v. *trierarchia*): BUDÉ II, 208, 9; IV, 166, 21. - ← τριηραρχικός.
+ **trifidus**, *-a, -um* qui se divise en trois, qui a trois aspects: PETR. I, 438, 46 (*uirtus . . . trifida*).
trifoliaris, *-is, -e* de trois feuillets: ap. LIPSE, Ep. I, n° 123, 127.
+ **trifolium**, *-ii* trèfle (dans un jeu de cartes): APH., 46 r°, 22.
trigecuplus, *-a, -um* multiplié par trente, qui vaut trente fois autant: ER., ASD V-2, 122, 786.
trigla, *-ae* **mulet de mer ou rouget: ER., ASD II-4, 240, 554. - ← τρίγλα (-η).
trigonocrator, *-oris* « maître des triangles » (astrologie): PIC 1, 412, 43; 414, 46; 415, 13; etc. - ← τριγωνοκράτωρ; v. *triangulator.*
+ **trilinguis**, *-is, -e* où l'on enseigne trois langues (latin, grec, hébreu), dans *Collegium trilingue*: ER., Allen III, n° 761, 62; RHEN. ap. ER., Allen I, p. 67, 394; ap. MORE Corr., n° 112, 177; fréq.
+ **trimestre**, *-is* période de trois mois, trimestre: ARL., 194, 19; ap. AMERB. VI, n° 3007, 44; CLUS., 9, 24; etc.
trimma, *-atis* vin aromatique: ER., Allen I, n° 140, 16. - ← τρίμμα.
trimodialis, *-is, -e* de trois boisseaux: BUDÉ II, 251, 34.
trimodius, *-a, -um* de trois boisseaux: BUDÉ II, 252, 33.

trinipara (adj. F.) qui a trois rejetons: BOV. Sap., 122, 27 (*trinipara Anima* !).
trinitarius, *-ii* A) un Trinitaire (Ordre relig.): ap. ER., Allen VII, n° 1814, 244; n° 1879, 40. - B) un partisan de la croyance en la Sainte Trinité: CALV. II, 108, 36; ap. CALV. XX, 336, 6.
triniter triplement, de trois manières: BOV. Sap., 58, 10; 72, 33; 140, 31; etc.
triobolaris, *-is, -e* qui ne vaut que trois oboles → qui ne vaut presque rien: BUDÉ III A, 20, 19; ER., Allen IV, n° 1074, 128; AMERB. Bon. III, n° 1144, 6; etc.
triobulatus, *-a, -um* qui ne vaut que trois oboles → qui ne vaut presque rien: ap. CALV. XVI, 128, 24.
trioculus, *-a, -um* qui a trois yeux: ER., ASD I-5, 204, 695.
triophthalmus, *-a, -um* qui a trois yeux: BOV. Sap., 220, 19. - ← τριόφθαλμος.
tripersonatus (adj. M.) qui a trois personnes (concerne Dieu): BÈZE VIII, 283, 13; CALV. IX, 367, 20.
tripertite **en trois parties: SERRA, 41, 27.
tripudiator, *-oris* un danseur: VALLA I, 920, 15: HUTT. I, 178, 14.
trisaecularis, *-is, -e* de trois siècles: BUDÉ I, 182, 31; 183, 18; 208, 22; etc.
trisagius, *-a, -um* trois fois saint: LEF., 235, 20. - ← τρισάγιος.
trisippium, *-ii* marque au fer rouge sur la mâchoire des chevaux réformés: ER., ASD II-4, 182, 725 et 726. - ← τρυσίππιον, écrit τρισ- par ER., *loc. cit.*
tristiloquus, *-a, -um* dans *tristiloqua fama*, triste réputation: PETR. II, 978, 26.
tritalentarius, *-a, -um* de trois talents (poids): BUDÉ II, 251, 2.
tritheismus, *-i* trithéisme: BÈZE VIII, 242, 46; IX, 141, 11; XI, 175, 13; etc. - ← grec: cf. τριθεία.
+ **triuialis**, *-is, -e* *qui concerne le « trivium » (grammaire, rhétorique, dialectique): SERRA, 61, 5; ER., ASD I-1, 110, 18; ap. ER., Allen II, n° 459, 32; etc. - Emploi dans ce sens critiqué par VALLA I, 127, 1-2.
+ **triuium**, *-ii* *études qui forment le « trivium » (grammaire, rhétorique, dialectique): ap. PFLUG I, n° 34, 10.
triumphabundus, *-a, -um* triomphant: ER., Allen IX, n° 2516, 27; LUTH., WA Br. I, n° 161, 20; CALV. VIII, 487, 46; etc.
triumphaliter **triomphalement: PETR. I, 98, 22; II, 663, 23; 938, 4.
triunus (adj. M.) trois en un (Dieu): BRIÇ., 106, 13; 127, 11. - A rapprocher: *unitrinus.*
trocta: v. *throtta.*
tropolepsia, *-ae* fait de considérer la manière: LUTH., WA XVIII, 628, 37. - ← grec: cf. τρόπος + λῆψις; à rapprocher: *chaerolepsia, prosopolepsia* et *topolepsia.*

tropologus, *-a, -um* qui a recours aux tropes: LUTH., WA XVIII, 713, 1. - ← grec: cf. τροπολογέω.
truncate incomplètement: PIC 1, 104, 40; CATH. Disput., 357, 9.
trunce incomplètement: ER., ASD II-4, 80, 482.
+ **tua** (F. de *tuus, -a, -um*), accompagnant un nom abstrait, forme avec celui-ci une périphrase équivalant à *tu*, avec une connotation particulière, presque toujours honorifique et respectueuse: *tua Amplitudo, Auctoritas tua, Beatitudo tua, tua Benignitas, tua Caritas, tua Claritudo, Clementia tua, tua Dignatio, tua Dignitas, Dilectio tua, Dominatio tua, tua Eminentia, Excellentia tua, tua fraternitas, Generositas tua, tua Grauitas, Humanitas tua, tua Integritas, tua Magnanimitas, tua Magnificentia, tua Magnitudo, Maiestas tua, tua Nobilitas, tua Paternitas, Pietas tua, Praestantia tua, tua Prudentia, tua Sublimitas.* - v. chacun de ces noms; v. aussi *uestra.*
+ **tudicula**, *-ae* sceau (?): BOV. Sap., 192, 9.
tuipso, *-are* tutoyer: NANCEL, 184, 25 (*tuipsando, ut aiunt*). - Il faudrait peut-être lire *tuiso, -are* (BLAISE II) ou *tuisso, -are.*
tuiso, *-are*: v. *tuipso, -are.*
tuissimus, *-a, -um* *ton très cher, ton très dévoué, tout à fait « tien » : ap. CRAN., n° 83, 11; BUC., Corr. I, n° 5, 25; ap. ZW. VII, 276, 25; fréq. - A rapprocher: *meissimus.*
tuisso, *-are*: v. *tuipso, -are.*
tuitas, *-atis* « ta personne » : ZAS. ap. AMERB. II, n° 788, 10. - A rapprocher: *meitas* et *suitas.*
tulipa, *-ae* tulipe: CLUS., 18, 28; 29, 15; LIPSE, Ep. II, n° 586, 3; etc. - ← turc.
tumulatio, *-onis* *mise au tombeau: VALLA I, 843 B, 27.
tumultuanter précipitamment, rapidement: ER., Allen I, n° 180, 140; BUC., Op. lat. I, 198, 18; RHEN., 71, 15; fréq.
tumultuariter précipitamment: ap. CRAN., n° 68, 66.
+ **tumultuarius**, *-a, -um* qui agit précipitamment, pressé: ap. CALV. XIV, 409, 9.
tumultuator, *-oris* un impétueux: ER., Allen I, n° 157, 30.
+ **tumulus**, *-i* **épitaphe: ALCIAT ap. AMERB. III, n° 1312, 63.
tunicaster, *-tri* partisan de l'unité de l'Église: LUTH., WA Br. I, n° 174, 60; mot forgé par dérision au départ de l'expression *tunica inconsutilis* (Évangile selon saint Jean, XIX, 23). - v. *inconsutilista.*
tunicella, *-ae* *petite tunique, surplis: GAG. I, 396, 11. - dim. de *tunica.*
turbinalis, *-is, -e* de forme conique: POLIT., 467, 41; BUDÉ I, 522, 3.
turcice à la manière turque → cruellement: ap. BULL., Corr. I, 226, 1.
turciso, *-are* imiter les Turcs → devenir musulman: ap. CALV. XV, 100, 7.
turmula, *-ae* *petite troupe, petit groupe: STURM ap. CALV. XVIII, 54, 33; 55, 21. - dim. de *turma.*

turpicule assez laidement: POLIT., 63, 22. - adv. formé sur *turpiculus*, dim. de *turpis*.

turpiloquus, *-a, -um* **qui dit des choses honteuses, obscènes: ER., ASD II-6, 489, 167; IV-1, 139, 98; V-3, 145, 946; etc.

turpiusculus, *-a, -um* assez laid, assez honteux: POGG. I, 349, 40. - dim. du compar. *turpior, -ius*.

turrificus, *-a, -um* qui bâtit des tours: PETR. II, 795, 34.

turturarius, *-ii* gardien des tourterelles: VALLA I, 376, 33.

tuscice en langue italienne (toscane): CUEVA, 22 v°, 12. - v. *etrusce* et *italice*.

tutabundus, *-a, -um* très bien protégé: BUDÉ I, 494, 32.

tutatrix I, *-icis* (subst.) **une protectrice: ER., ASD I-3, 662, 319.

tutatrix II, *-icis* (empl. adj. F.) protectrice: ER., ASD IV-2, 61, 19.

+ **tutela**, *-ae* pension pour étudiants: ER., Allen I, n° 137, 23 (*sic appellant*); n° 138, 30; n° 147, 34; etc. - v. *paedagogia* C.

tutelariter à la manière de ce qui se fait dans une pension pour étudiants: ER., Allen I, n° 137, 24 et 33; n° 147, 35.

tuttia (*tutia*), *-ae* *oxyde de zinc: ap. AMERB. V, n° 2381, 16. - ← arabe.

tuus, *-a, -um*: v. *tua*.

tymbus, *-i* tombeau: ER., ASD I-3, 545, 264. - ← τύμβος.

tympanizator, *-oris* joueur de tambour: VALLA I, 260, 5. - ← τυμπανίζω (*tympanizo, -are*) + suff. lat.

+ **typicus**, *-a, -um* d'imprimerie: ap. RHEN., 20, 31.

typographeium (*-eum*), *-i* imprimerie (atelier): ap. ER., Allen VII, n° 1899, 95; PLANT. III, 29, 9. - ← grec: cf. τύπος + γραφεῖον.

typographia, *-ae* imprimerie (atelier): BÈZE V, 146, 14; ap. AMERB. VII, n° 3383, 5; LIPSE, Ep. I, n° 225, 14; fréq. - ← grec: cf. τύπος + γράφω.

typographicus, *-a, -um* d'imprimerie, d'impression: ER., Allen IV, n° 1195, 134; AMERB. Bon. III, n° 1215, 27; APH., 22 r°, 22; fréq. - ← grec: cf. τύπος + γραφικός.

typographus, *-i* imprimeur: ER., Allen I, n° 70, 30; MORE Corr., n° 86, 451; CLEN., n° 4, 8; fréq. - ← grec: cf. τύπος + γραφεύς.

+ **typus**, *-i* A) caractère (manuscrit), écriture: RING., 38, 25; 47, 5; 222, 8. - B) caractère d'imprimerie: ALDE in *Praef.*, 197, 30; AMERB. J. I, n° 293, 6; ER., Allen II, n° 337, 141. Pour *collector typorum*, v. *collector*; pour *typis formare*, v. *formo, -are*.

tyranniso, *-are* **se montrer tyran, agir en tyran: LUTH., WA Br. II, n° 262, 15; HOTM., 236, 2. - ← τυραννίζω.

tyromantia, *-ae* divination au moyen d'un fromage: POLIT., 473, 38. - ← grec: cf. τυρόμαντις.

U

Pour rappel (v. introduction, p. xi)
Contrairement à G., nous ne distinguons pas en latin *u* et *v*: nous écrivons partout *u* (*V* à l'initiale majuscule). Le lecteur trouvera donc ici en une suite alphabétique unique des mots comme *ubiquitismus* et *uegetabilia, uiuifice* et *ullubi.*

uacantiae, *-arum* vacances: AMERB. J. I, n° 353, 29; ZAS. ap. AMERB. III n° 1258, 19; CELT., n° 39, 5; etc.

+ **uacatio**, *-onis* A) *vacance d'un poste, d'une fonction: FIC., O.O. I, 927 B, 6; GAG. II, 194, 2; BRUNI, 75, 16; etc. - B) congé: ap. AMERB. I, n° 403, 6 et 7; REU., 126, 12. - C) *Pl., vacances: CELT., n° 42, 18; ALCIAT ap. AMERB. III, n° 1312, 16; ap. CLEN., n° 1, 14; etc.

uacatura, *-ae* *vacance d'un bénéfice (eccl.), d'une fonction: AL. Paquier, 257, 33; PIGH., n° 164, 1.

uacillabunde en oscillant: BUDÉ II, 297, 21; III A, 348, 18.

uacillabundus, *-a, -um* prêt à tomber, à chanceler: AMERB. Bon. IV, n° 1520, 40 (dans le domaine relig.).

uacillanter *avec hésitation: ER., LB X, 1298 A.

uadabilis, *-is, -e* où l'on peut s'avancer, accessible: VOLZ in *Mon.* 382, 18.

uadator, *-oris* celui qui oblige à comparaître, qui amène . . . : BUDÉ I, 170, 33 (fig.).

uafrities (*-cies*), *-ei* **habileté, ruse: ER., Allen I, n° 111, 47; MORE, CW IV, 198, 4; RHEN., 324, 5; fréq.

ualedictio, *-onis* **l'adieu, l'au revoir: ap. CELT., n° 57, 6; LUTH., WA Br. I, n° 112, 11; ap. PFLUG I, n° 11, 9; etc.

ualeriana, *-ae* valériane: ap. FIC., O.O. I, 575 B, 56.

ualetudo dans *pancratica ualetudo*: v. *pancraticus, -a, -um.*

+ **ualiditas**, *-atis* validité: AMERB. Bon. V, n° 2360, 13 (*de testamenti ualiditate*).

uallensis, *-is* désigne le thaler (v. *talerus*), monnaie de Sankt Joachimsthal: ap. PFLUG IV, n° 607, 57.

+ **ualuula**, *-ae* valvule: SERVET in *Pros.*, 648, 5.

uapesco, *-ere* être en train de s'éventer (à propos de vin): ER., Allen X, n° 2880, 14; ap. ER., Allen X, n° 2895, 34.

uariabilitas, *-atis* *variabilité: BARON, 62, 7.

uariegatio, *-onis* diversité: ap. ER., Allen IX, n° 2424, 196 (*linguarum uariegatio*).

+ **uarietas**, *-atis* une variante (dans un texte): ap. MURET, O.O. II, 115, 21.

uasallus: v. *uassalus.*

uascularius, *-a, -um* qui concerne les vases, les récipients: BUDÉ II, 105, 1; 223, 33.

uassalus (*uasallus*), *-i* *vassal: ap. MORE Corr., n° 10, 9; AMERB. Bon. VII, n° 3105, 33; PFLUG II, n° 249, 11; fréq.

+ **uastities**, *-ei* étendue, grandeur: ap. LIPSE, Ep. II, n° 545, 17.

uattologia: v. *battologia.*

ubiquarius I, *-a, -um* qui concerne l'ubiquisme: BULL. ap. BÈZE V, 65, 32; ap. BÈZE VI, 36, 24; 139, 12.

ubiquarius II, *-ii* un ubiquitaire ou ubiquiste: BULL. ap. BÈZE V, 50, 22.

ubiquista, *-ae* (M.) un ubiquitaire ou ubiquiste: BULL. ap. BÈZE V, 51, 11; BÈZE VI, 114, 27; ap. CALV. XVI, 587, 5; etc.

ubiquitarius I, *-a, -um* qui concerne l'ubiquisme: BÈZE XII, 127, 23.

ubiquitarius II, *-ii* un ubiquitaire ou ubiquiste: BÈZE IV, 161, 25; V, 44, 10; BULL. ap. BÈZE XI, 251, 8; etc.

ubiquitas, *-atis* ubiquisme: CALV. XV, 387, 21; BÈZE II, 133, 42; BULL. ap. BÈZE IV, 151, 1; fréq.

ubiquitismus, *-i* ubiquisme: BÈZE XII, 65, 27.

uegetabilia, *-ium* *des végétaux: POLIT., 463, 12 et 13; AGRIPPA, 53, 1.

+ **uegetabilis**, *-is, -e* *végétal: VALLA I, 657, ll. 42, 43 et 44.

uegetale, *-is* (subst. N.) un végétal: SAL. III, ch. 6, 68; PIC 1, 11, 39.

uegetalis, *-is, -e* A) végétatif: FIC., Theol. III, 193, 6; 196, 21. - B) végétal: PIC 1, 14, 39.

uegetatiuus, *-a, -um* *végétatif: FIC., Theol. I, 249, 9; ARGYR. in *Reden*, 26, 12; BOV. Sap., 194, 18; etc.

uegetatrix, *-icis* (empl. adj. F.) végétative: FIC., Theol. I, 225, 22; 249, 8; BOV. Sap., 198, 18; etc.

uehementiuscule assez vigoureusement: ER., Allen I, n° 114, 5. - dim. du compar. adv. *uehementius.*

uehibilis, *-is, -e* *transportable: SAL. III, ch. 9, 122.

+ **uelamen**, *-inis* un voile (fig.): ap. RHEN., 47, 44 (*sine uelamine et aenigmate*).

uelitatim sous forme d'escarmouches: ZAS. V, 173 B, 86.

uelitatiuncula, *-ae* petite escarmouche: BUDÉ I, 202, 52; III B, 164, 11. - dim. de *uelitatio.*

uenabilis, *-is, -e* digne d'être chassé, assez grand pour être chassé: BUDÉ I, 70, 23 (*ceruum uenabilem*).

uenabundus, *-a, -um* grand amateur de chasse: BUDÉ I, 312, 48.
uenaliter de façon vénale: PETR. I, 267, 30.
uenaturio, *-ire* faire la chasse, être à la recherche de . . . : ap. ER., Allen VI, n° 1720, 6.
uenditatrix, *-icis* A) celle qui cherche à vendre: BUDÉ I, 130, 42; 181, 34. - B) celle qui est fière de . . . : BUDÉ I, 25, 6.
uenditurio, *-ire* avoir envie de vendre: CLEN., n° 54, 179 (*ut sic dicam*).
uenenositas, *-atis* *fait de contenir du poison: ap. FIC., O.O. I, 590 A, 2.
ueneratorius, *-a, -um* qui vénère, qui concerne la vénération: ap. CELT., n° 147, 47.
+ **uenia**, *-ae* *une indulgence (sens chrét.): RHEN., 123, 26.
ueniola, *-ae* une « petite » indulgence (sens chrét.): ER., Allen IV, n° 1211, 474. - dim. de *uenia*.
uentitator, *-oris* quelqu'un qui vient souvent, qui vient régulièrement: BUDÉ III B, 122, 32.
uentoso, *-are* *appliquer des ventouses: PIC 1, 329, 33.
uentricosus, *-a, -um* *ventru: ER., ASD I-1, 571, 3; MORE, CW XIV/1, 599, 4; BUDÉ II, 234, 48; etc.
+ **Venus**, *-eris* dans *dies Veneris*, **vendredi: ER., ASD I-3, 518, 834; MORE, CW V/1, 206, 28; HAL., 113, 36; fréq.
uepricosus, *-a, -um* épineux A) sens propre: PETR. II, 779, 8. - B) fig.: PETR. I, 92, 28.
ueracitas, *-atis* sincérité: ER., ASD V-3, 158, 456.
uerbalis, *-is, -e* dans *processus uerbalis* : v. *processus*.
uerbatim (*-otim*) *mot à mot, textuellement: ap. AMERB. I, n° 474, 31; ap. ER., Allen VI, n° 1638, 102; ap. RHEN., 46, 32; etc.
uerbotim: v. *uerbatim*.
uerbunculum, *-i* un mot: LUTH., WA Br. I, n° 2, 15. - dim. de *uerbum*.
uerificus, *-a, -um* *qui découvre la vérité, qui établit la vérité: FIC., Theol. II, 144, 22 et 24.
uerminus, *-a, -um* de ver; semblable à un ver: VALLA I, 338, 11.
+ **uermis**, *-is* vermine: LUTH., WA X/2, 184, 8.
uermix, *-icis* le vert-de-gris: ap. PIGH., n° 14, 21. - V. aussi ap. PIGH., n° 21, 27 et 32 où *vermice* donné par le manuscrit a été « corrigé » par l'éditeur en *uernice* (vernis); il faudrait peut-être garder *uermice* l. 27 et lire *uernice* l. 32.
uernacule en langue vulgaire: REU., 155, 6; LUTH., WA Br. II, n° 446, 37; BUDÉ III B, 19, 28; fréq.
uernix, *-icis* vernis: peut-être ap. PIGH., n° 21, l. 32 (et déjà l. 27?); v. *uermix*.
uerruculosus, *-a, -um* pourvu de petites excroissances: BUDÉ I, 81, 5. - dim. de *uerrucosus*.

uersabilitas, *-atis* **capacité de transformation: BUDÉ I, 74, 45.

uersatiliter avec une grande mobilité: BUDÉ I, 516, 45.

uersator, *-oris* celui qui provoque un changement, qui transforme: BUC., Corr. I, n° 11, 29 (*uersator cordium Deus*).

uersatrix, *-icis* (empl. adj. F.) qui provoque un changement, qui bouleverse: SAL. III, ch. 12, 196.

uersicoloritas, *-atis* variété des couleurs, bigarrure: BOV. Sap., 272, 14.

uersiculor, *-ari* versifier, écrire en vers: CLEN., n° 36, 157 et 236.

uersificatorculus, *-i* médiocre versificateur: ER., Allen VIII, n° 2209, 101; n° 2223, 7. - dim. de *uersificator*, avec connot. péjor.

uersificatorius, *-a*, *-um* qui concerne la versification: BARL., n° 53, 153.

uersio, *-onis* A) traduction: MORE Corr., n° 75, 161; ER., Allen V, n° 1490, 13; OBSOPOEUS in *Praef.*, 377, 35; fréq. - B) changement: ap. BÈZE II, 213, 29.

uersiuncula, *-ae* « petite » traduction: ER., Allen VII, n° 2077, 23; VIII, n° 2188, 124. - dim. de *uersio.*

uersutiloquentia, *-ae* langage astucieux, trompeur: BUDÉ I, 45, 27; 192, 19.

uersutulus, *-i* un « petit » astucieux: LIPSE, Ep. II, n° 581, 14. - dim. de *uersutus*, empl. subst.

uertebralis, *-is*, *-e* vertébral: BUDÉ I, 534, 5.

+ **uerticalis**, *-is*, *-e* du/au sommet de la tête: BUDÉ III B, 103, 8 (*insigne illud uerticale* = tonsure).

uerueculus, *-i* jeune mouton: VALLA I, 374, 5. - dim. de *ueruex.*

+ **uesica**, *-ae* dans *bilis uesica*, vésicule biliaire: POLIT., 417, 1.

uesperiae, *-arum* *vespéries (univ.): ER., ASD I-3, 751, 368 (*ut uocant*).

+ **uestalis**, *-is* une religieuse, une moniale: ARL., 41, 21; AGRIPPA, 87, 11; ap. PFLUG II, n° 156, 27; etc.

uester, *-tra*, *-trum*: v. *uestra.*

uestiaria, *-ae* métier de tailleur: ER., Allen VIII, n° 2284, 153.

uestibularis, *-is*, *-e* de vestibule, d'entrée: BUDÉ IV, 1499, 54.

uestibularius, *-a*, *-um* de vestibule: ZAS. V, 181 B, 1; BUDÉ III B, 109, 26.

uestigialis, *-is*, *-e* A) pourvu de traces, d'empreintes: BUDÉ I, 74, 33; 79, 17; 111, 13. - B) où l'on peut passer, où l'on peut mettre ses pas: BUDÉ II, 272, 10.

uestigiarius, *-a*, *-um* pourvu de traces, d'empreintes: BUDÉ I, 79, 4.

uestis dans *scapularis uestis*: v. *scapularis.*

+ **uestra** (F. de *uester*, *-tra*, *-trum*), accompagnant un nom abstrait, forme avec celui-ci une périphrase équivalant à *uos* (empl. par vouvoiement), avec une connotation honorifique et respectueuse: *Dignitas uestra, Dilectio uestra, Dominatio uestra, Excellentia uestra, Maiestas uestra, uestra Nobilitas, Paternitas uestra.* - v. chacun de ces noms; v. aussi *tua.*

uetatio, *-onis* **interdiction: VALLA I, 5, 48; 98, 36.

ueternose de manière somnolente, de manière léthargique: BUDÉ I, 193, 47.

uetus A) dans *Vetus Foedus* : v. *Foedus.* - B) dans *Vetus Instrumentum* : v. *Instrumentum.* - C) dans *Vetus pagina* : v. *pagina* C.

uexabunde avec de mauvais traitements: BUDÉ IV, 1017, 18.

uexatiuncula, *-ae* petite souffrance, petit tourment: ER., LB V, 22 B. - dim. de *uexatio.*

+ **uiaticum**, *-i* **saint viatique, extrême-onction: TORR. II, n° 526, 11.

uiatorium, *-ii* boussole: MUNST., 67, 26.

+ **uicaria**, *-ae* *vicariat (eccl.): LÉON X ap. ER., Allen II, n° 517, 44; JON. I, 8, 25; ap. PIGH., n° 40, 9.

uicariatus, *-us* *vicariat (eccl.): GAG. II, 99, 20; LUTH., WA Br. I, n° 18, 11; BUC., Op. lat. IV, 52, 12; etc.

+ **uicarius**, *-ii* remplaçant, représentant de Dieu ou d'un ecclésiastique: A) **le Pape (*Christi uicarius* ; *uicarius nostri Saluatoris* ; *Dei uicarius* ; *omnipotentis Domini uicarius*): PETR. II, 975, 40; POGG. I, 51, 34; VALLA I, 768, 8; fréq. - B) *vicaire général (*episcopi/ archiepiscopi uicarius* ; *uicarius generalis* ; *uicarius* seul): POGG. I, 319, 36; VALLA I, 360, 45; ER., Allen I, n° 153, adr.; fréq. - C) *remplaçant effectif du curé bénéficiaire: BRIÇ., 93, 19; 125, 13; 126, 21.

uiceballiuus (*-bali-*), *-i* vice-bailli: ap. CALV. XIX, 162, 41; 163, 45.

uicecamerarius, *-ii* *vice-chambellan: VALLA I, 349, 29; II, 426, 26; 427, 19.

uicecancellarius, *-ii* *vice-chancelier: ANDREAS in *Praef.*, 53, 28; ER., Allen I, p. 22, l. 31; AL. Paquier, 171, 32; fréq.

uicecomes, *-itis* A) *vicomte: PETR. I, 548, 43; POGG. I, 426, 24; POLIT., 109, 4; fréq. - B) shérif (Angleterre): MORE, CW IV, 46, 7; 110, 6; 246, 9.

uicedecanus, *-i* vice-doyen: ER., ASD IX-1, 343, 377; Allen VIII, n° 2205, 6; BUC., Op. lat. I, 161, 26; etc.

uicediaconus, *-i* sous-diacre: TORR. I, n° 25, 11.

uicelegatus, *-i* vice-légat: ap. AMERB. III, n° 1067, 4 et 6; V, n° 2547, 23.

uicepastor, *-oris* auxiliaire du curé, vicaire: TORR. III, n° 735, 8.

uiceplebanus, *-i* vice-pléban (fonct. eccl.): ZAS. ap. AMERB. II, n° 671, 14.

uicepraepositus, *-i* vice-prévôt: ER., Allen III, n° 867, 117; IV, n° 1170, 24; ap. ER., Allen III, n° 972, 29.

uiceprior, *-oris* sous-prieur: TORR. II, n° 595, 7.
uicerex, *-regis* vice-roi: BUDÉ III A, 121, 3; ap. AMERB. III, n° 1016, 215; BULL. ap. BÈZE V, 78, 23.
uiciolum: v. *uitiolum.*
Vicleuita: v. *Vuycleuita.*
uictoriose *victorieusement: ap. LEF., 238, 32.
uigenus, *-i* vintêm (monnaie): CLEN., n° 24, 98 et 105.
uigilator, *-oris* **celui qui veille: LUTH., WA Br. I, n° 132, 35.
uigilatrix, *-icis* celle qui veille, qui est attentive à . . . : SERRA, 49, 33.
+ **uigilia**, *-ae* Pl., fruit des veilles → oeuvre littéraire: POLIT., 118, 11.
uigiliola, *-ae* A) veille, fait de veiller: GAG. I, 176, 9; ER., Allen I, n° 145, 104; ap. PFLUG I, n° 115, 27; etc. - B) Pl., fruit des veilles → oeuvre littéraire: POLIT., 105, 35; 153, 34. - dim. de *uigilia.*
uigneta, *-ae* vignette (dans un livre imprimé): PLANT. III, 170, 28.
+ **uilicatio**, *-onis* fonction, mission: ap. LEF., 349, 25 (à propos des *praeceptores*).
+ **uilicus** (*uilli-*), *-i* maïeur, bourgmestre: TORR. I, n° 124, 68.
uilipendium, *-ii* *mépris: SAL. III, ch. 12, 44; POGG. I, 155, 30.
uilipendo, *-ere* ***mépriser (déjà PL. *Truc.* 539; var. éd. anc.): PETR. I, 378, 4; ap. ER., Allen VII, n° 1880, 38; ap. HUTT. I, 18, 26; etc.
uiliusculus, *-a, -um* d'assez peu de valeur: LUTH., WA Br. I, n° 223, 20. - dim. du compar. *uilior, -ius.*
uillagium, *-ii* *village: ap. AMERB. I, n° 240, 15; AMERB. J. I, n° 330, 44; ap. ZW. VIII, 423, 5.
uillanus, *-i* *un campagnard: APH., 46 v°, 17.
uillicus: v. *uilicus.*
+ **uinositas**, *-atis* abus de vin: ap. AMERB. VI, n° 2605, 4.
uir dans *uir primarius* : v. *primarius.*
+ **uirga**, *-ae* **membre viril: POGG. I, 423, 40; 466, 15; 479, 40; etc.
uirgifer, *-eri* *porteur de baguettes: ER., ASD II-4, 137, 159 et 163 (trad. de ῥαβδοῦχος).
+ **uirgineus**, *-a, -um* de religieuse: CARBO in *Reden*, 101, 15.
+ **uirgo**, *-inis* **une religieuse: POGG. I, 232, 9; ER., Allen II, n° 447, 382; RHEN., 33, 2; fréq.
+ **uirguncula**, *-ae* une religieuse: ER., ASD V-2, 257, 64; ap. ER., Allen XI, n° 2966, 65.
uiridaceus, *-a, -um* verdâtre: VALLA I, 689, 11.
uirnissum, *-i* vernis: ap. AMERB. I, ann. 2, l. 6.
uirtualiter *virtuellement: CATH. Enarr., 219, 13 et 40.
uirtuose **vertueusement: PETR. I, 357, 20; SAL. III, ch. 12, 50; CLAM., 112, 12; etc.
uirulente avec virulence: ER., Allen III, n° 948, 46; ap. ER., Allen IV, n° 1061, 481; JON. I, 83, 31; etc.

uirulenter avec virulence: MORE ap. ER., Allen IV, n° 1087, 227; BÈZE X, 33, 32; ap. CALV. XV, 556, 27; etc.
+ **uirulentia**, *-ae* virulence, méchanceté: ER., Allen III, n° 858, 365; LUTH., WA X/2, 183, 37; MORE Corr., n° 86, 646; fréq.
uirunculus, *-i* « petit » homme → homme faible: ZAS. ap. AMERB. II, n° 720, 17. - dim. de *uir.*
uiscalis: v. *fiscalis.*
uiscerator, *-oris* celui qui découpe les entrailles (du gibier): BUDÉ I, 73, 40 et 47; 74, 10.
uisitatorius, *-a,-um* *qui concerne un visiteur (eccl.): ap. PFLUG II, n° 156, 29.
uisitatrix, *-icis* (empl. adj. F.) qui concerne la vue: BUDÉ I, 529, 15.
uisiuus, *-a, -um* **visuel: FIC., Theol. II, 86, 14; BOV. Sap., 298, 36; BULL. Stud., 16, 36; etc.
uitalis dans *spiritus uitalis*: v. *spiritus.*
uitiolum (*uici-*), *-i* petit défaut: BUDÉ III A, 110, 5; v. aussi ZAS. ap. AMERB. III, n° 1057, 9 (toutefois ZAS. V, 179 B, 76, même lettre, on lit *uitiosa,* de l'adj. *uitiosus*). - dim. de *uitium.*
+ **uitium**, *-ii* dans *natalium uitium,* naissance illégitime: TORR. I, n° 103, 9.
+ **uitreus**, *-a, -um* dans *uitrei oculi,* lunettes: ER., ASD I-3, 375, 6; IV-3, 120, 949; CLEN., n° 58, 72; etc. - v. *conspicilla, ocularia, perspicilla* et *specilla.*
uitriolum, *-i* A) *vitriol: ap. FIC., O.O. I, 582 B, 3; 584 A, 28. - B) dans *uitrioli acetum,* acide sulfurique: LIPSE, Ep. II, n° 425, 8; n° 429, 14.
uituperium, *-ii* ***reproche, critique (déjà CIC. *Leg.* III, 10, 23; var.): ER., ASD I-3, 671, 155; I-6, 160, 338; ap. ER., Allen II, n° 423, 11; etc. - Critiqué par VALLA I, 423, 3.
uiuificatiuus, *-a, -um* qui vivifie: ap. BUC., Corr. II, n° 112, 154.
uiuifice **manière vivifiante: PIC 1, 315, 7.
ullubi quelque part: ap. ER., Allen X, n° 2715, 42.
Vlpianice à la manière d'Ulpien: BUDÉ I, 392, 16.
ultimogenitus, *-a, -um* *dernier-né: BOV. Sap., 82, 29.
ultraequinoctialis, *-is* quelqu'un qui habite de l'autre côté de l'équateur: MORE, CW IV, 108, 2.
utramarinus, *-a, -um* *d'outre-mer: ER., Allen II, n° 325, 106.
+ **ultramundanus**, *-a, -um* dans *ultramundana sapientia,* la métaphysique: ER., ASD I-6, 198, 37.
umbecula, *-ae* petite ombre, petite apparence: POGG. I, 39, 3. - dim. de *umbra.*
+ **umbella**, *-ae* A) petite ombre (sens propre): BOV. Sap., 268, 31. - B) petite ombre (fig.): ap. BULL., Corr. I, 251, 15. - C) chapeau qui protège du soleil: APH., 17 v°, 17.

+ **umbraculum**, *-i* A) ombre protectrice: ANDREAS in *Praef.*, 49, 11. - B) apparence: XIMENES in *Praef.*, 42, 12.
umbriso, *-are* être l'ombre de . . . : CALV. IX, 186, 44.
uncosus, *-a*, *-um* recourbé: ap. CELT., n° 256, 44.
+ **unctor**, *-oris* *celui qui donne l'onction (sens chrét.): MORE, CW V/1, 388, 13; BUDÉ II, 278, 8; CALV. XV, 335, 4.
undiquaque A) partout: ER., ASD I-3, 221, 21; ap. BULL., Gr. I, 258, 34. - B) à tous points de vue, à tous égards: ER., ASD I-3, 424, 11; 462, 332; 481, 386; etc.
unialis, *-is*, *-e* unique, simple: LEF., 95, 6; BOV. Opp., 154, 15 et 21.
unifariam A) de manière univoque, sans équivoque: ARGYR. in *Reden*, 26, 26; 28, 32. - B) de manière uniforme: ap. ER., Allen VI, n° 1579, 18.
unificus, *-a*, *-um* *qui unifie: FIC., Theol. II, 165, 7; O.O. I, 423 B, 6; BOV. Sap., 294, 20.
unifrons, *-ntis* qui n'a qu'un visage: BOV. Sap., 216, 24.
uniparus, *-a*, *-um* qui met au monde un seul petit: BUDÉ III A, 151, 43 et 44 (*uniparum . . . animal*).
unitatim un à un: BOV. Opp., 86, 1; 94, 23; 108, 33; etc.
unitrinus, *-a*, *-um* un en trois: BRIÇ., 106, 12 (Dieu); BOV. Opp., 166, 15; 168, 1; etc. - A rapprocher: *triunus*.
+ **uniuersalis**, *-is*, *-e* dans *schola uniuersalis*, université: AMERB. J. I, n° 353, 10. - v. *uniuersitas*.
uniuersim A) ***en général (déjà GELL. I, 3, 22): BUDÉ I, 84, 28; 143, 13; AMERB. Bon. IV, n° 1487, 51; etc; cf. *uniuerse*, pour lequel G. donne not. GELL., *loc. cit.* - B) complètement: BUDÉ I, 155, 25.
+ **uniuersitas**, *-atis* *université: PETR. III, 1251, 38; HAZ., 22, 3; PIC 1, 90, 8; fréq. - v. *academia* B, *academiola* A, *archigymnasium*, *Athenaeum*, *gymnasium* A, *lycaeum*, *studium* A et *uniuersalis (schola)*.
+ **uniuoce** de manière non ambiguë, en un seul sens: POMP., 40, 9; CATH. Disput., 236, 52.
uocabularium, *-ii* vocabulaire, lexique: ALDE in *Praef.*, 259, 7; AL., Jovy III, 249, 12; CUEVA, 71 v°, 7; etc.
uocabularius, *-ii* A) vocabulaire, lexique: LUTH., WA X/2, 212, 14; 216, 16; HAL., 104, 23; etc. - B) vocabulaire d'un domaine, d'une branche de connaissances: HAL., 22, 10.
+ **uocalis**, *-is*, *-e* A) dans *uocales dentes*, les incisives: ZAS. V, 176 A, 67. - B) dans *symbolum uocale* : v. *symbolum*.
uociferate d'une voix forte: BUDÉ III B, 67, 51.
uoculosus, *-a*, *-um* à la voix contenue (?): BUDÉ I, 54, 30.
uolax, *-acis* capable de voler: ER., ASD II-6, 436, 110 et 113.
uoluminaris, *-is*, *-e* d'un volume, noté dans un volume: BUDÉ III B, 123, 43; 175, 53.

uoluptatula, *-ae* petit plaisir, petite volupté: ER., Allen I, n° 83, 22; ap. AMERB. II, n° 630, 6; TORR. III, n° 889, 20; etc. - dim. de *uoluptas.*

uoluptifer, *-era, -erum* qui fait plaisir: BUC., Corr. I, n° 7, 22.

uoluptuor, *-ari* vivre dans la volupté, dans les plaisirs: ER., Allen III, n° 785, 26; ER., ASD V-3, 185, 554.

uolutio, *-onis* fait de tourner, révolution (astronomie): GAG. II, 31, 4.

uomerculus, *-i* pique (dans un jeu de cartes): APH., 46 r°, 21.

uomitiuus, *-a, -um* *vomitif: ap. FIC., O.O. I, 576 B, 17.

uomiturio, *-ire* avoir envie de vomir: ER., ASD I-6, 174, 632; IV-1 A, 156, 320.

uorabilis, *-is, -e* qui peut être mangé: BUC., Corr. II, n° 109, 55.

uotatus, *-a, -um* souhaité: ZAS. V, 172 A, 84 (. . . *quod omni uoto mihi est uotatius, si ita loqui liceat*).

uotitius, *-a, -um* qui consiste en un voeu, exprimé sous forme de voeu: RHEN., 255, 37.

\+ **uox**, *-uocis* voix (gramm.): BUDÉ III A, 223, 44 (*uoce actiua . . . passiua*); IV, 25, 47; CUEVA, 27 v°, 14; etc.

uranognomon, *-onis* celui qui connaît le Ciel: BUDÉ II, 294, 45 (à propos de saint Paul). - ← οὐρανογνώμων.

uranographia, *-ae* uranographie: BOD. I, 118 A, 33. - ← οὐρανογραφία.

uranoscopus, *-a, -um* qui observe le ciel, les choses célestes: BUDÉ II, 305, 41. - ← οὐρανοσκόπος.

urbaniter poliment: ER., ASD IV-2, 192, 114.

urbitensis, *-is, -e* de la ville: ap. CELT., n° 117, 46.

uributeri: v. *urybuteri.*

\+ **ursinus**, *-i* ourson (pour désigner une monnaie de Berne): RHEN., 164, 5.

urticetum, *-i* endroit plein d'orties: ER., ASD I-3, 387, 441.

urticosus, *-a, -um* plein d'orties: BUDÉ I, 203, 2 (fig.).

urybuteri (*uri-*), *-orum* corsaires, pirates: TORR. II, n° 351, 8; III, n° 803, 19; n° 959, 11; etc. - ← néerl.

usialis, *-is, -e* essentiel, substantiel (philos.): VALLA I, 673, 25 et 26. - ← οὐσία (*usia*) + suff. lat.

ustiuus, *-a, -um* qui provoque du feu, qui fait brûler: BUDÉ I, 466, 31.

usucapibilis, *-is, -e* que l'on peut acquérir par usucapion: AMERB. Bon. III, n° 1157, 30.

usufructus, *-us* **usufruit: ap. ER., Allen X, n° 2866, 40.

usurarius, *-ii* **un usurier: POGG. I, 4, 34; VALLA I, 437, 34; ER., ASD II-4, 146, 371; etc.

utricen, *-inis* joueur de cornemuse: ER., ASD I-3, 591, 22.

Vuicl-: v. *Vuycl-*.

\+ **uulcanalia**, *-ium* vacances d'été: ALCIAT ap. AMERB. IV, n° 1508, 34; ap. AMERB. IV, n° 1542, 13.

\+ **uulgaris**, *-is*, *-e* vernaculaire, vulgaire (à propos d'une langue): ER., Allen V, n° 1469, 7; CUEVA, 14 v°, 26; APH., 38 r°, 26; etc.

\+ **uulgariter** *en langue vulgaire: CUEVA, 17 v°, 7; 37 v°, 1; 72 r°, 19; etc.

\+ **uulgate** couramment: ER., Allen VIII, n° 2260, 199.

uulgatio, *-onis* publication: BULL. ap. CALV. XIII, 405, 23 et 30.

\+ **uulgatus**, *-a*, *-um* vernaculaire, vulgaire (à propos d'une langue): ER., Allen VII, n° 1969, 41; ASD II-5, 318, 749.

uulnifice de manière blessante: BUDÉ III A, 205, 28.

uulpisso, *-are* imiter le renard, user de ruses comme un renard: ap. HUTT. II, 459, 33.

uultureus, *-a*, *-um* *de vautour: ER., ASD I-6, 108, 984.

Vuyclefianus (*Vui-*), *-i* partisan de Wyclif: ap. ER., Allen V, n° 1367, 76.

Vuycleficus (*Vui-*), *-a*, *-um* de Wyclif: ZAS. V, 189 A, 19; ap. ER., Allen V, n° 1367, 63.

Vuycleuita (*Vi-*, *Vui-*), *-ae* (M.) partisan de Wyclif: ER., Allen V, n° 1352, 155; ASD I-3, 488, 647; IX-1, 246, 323.

X

xenagogus, *-i* guide, chef: BUDÉ I, 299, 34; II, 305, 46. - ← ξεναγωγός.
xenialis, *-is*, *-e* reçu en cadeau: ZAS. V, 176 A, 14. - ← ξένιον (*xenium*) + suff. lat.
+ **xenodocheum** (*-ium*), *-i* **hospice: APH., 22 v°, 11; STURM, 8, 17; 18, 10.
xenomania, *-ae* passion pour ce qui est étranger: BUDÉ II, 170, 23. - ← ξενομανία.
xeroma, *-atis* onguent sec: HUTT. V, 461, 10. - ← grec: cf. ξηρόμυρον (*xeromyron*, G.).

Y

ydolatratio, *-onis* idolâtrie: BARON, 44, 2. - Graphie aberrante: on attendrait *id-* : cf. εἰδωλολατρεία (*idololatria* ou *idolatria*) + suff. lat.

ypostaseus: v. *hypostaseus.*

ysochelius, *-a, -um* isocèle: BOV. Opp., 98, 21; 100, 24. - Graphie aberrante: on attendrait *isocelius* ou *-scelius* ← ἰσοσκελής (*isosceles*).

Z

zebellinus, *-i* *zibeline: ER., ASD I-3, 632, 117. - ← ital.
zedoaria, *-ae* zédoaire (plante médicinale): FIC., O.O. I, 505 A, 53; 505 B, 5; AGR. G., 57, 8; etc.
zelator, *-oris* un partisan, un défenseur: MORE, CW V/1, 228, 5; LUTH., WA Br. I, n° 174, 10; ap. ER., Allen V, n° 1457, 25. - ← ζηλόω (*zelo*) + suff. lat.
zelosus, *-a, -um* zélé: ap. LUTH., WA Br. II, n° 266, 59; ap. ER., Allen VI, n° 1639, 14. - ← ζηλόω (*zelo*) + suff. lat.
+ **zelotes**, *-ae* (M.) un zélateur: ER., ASD IX-1, 382, 219 (*euangelii zelotes*); ap. PFLUG II, n° 336, 57.
zenith (indécl.) *le zénith: BOV. Sap., 252, 18; MERC., 27, 6 et 17. - ← arabe.
zinobrium, *-ii* cinabre: ap. AMERB. I, ann. 2, l. 6.
+ **zona**, *-ae* pays, région: PETR. II, 1180, 33 (*natalis zona*).
zoophyton, *-i* zoophyte: POLIT., 463, 15; PIC 1, 5, 5; BUDÉ I, 460, 25; etc. - ← ζῳόφυτον.
zucatum: v. *succatum.*
Zuinglianismus (*Zwi-*), *-i* zwinglianisme: PFLUG I, n° 127, 2; BÈZE VII, 222, 28; ap. CALV. XV, 279, 32; etc. - v. *Cinglianismus.*
Zuinglianus I (*Zwi-*), *-a,-um* Zwinglien: ER., Allen VIII, n° 2341, 10; ZAS. ap. AMERB. III, n° 1112, 31; MEL., W. VII/2, 81, 27; etc. - v. *Cinglianus* I.
Zuinglianus II (*Zwi-*), *-i* un Zwinglien: ER., Allen VI, n° 1616, 26; MEL., O.O. II, 21, 40; BULL., Gr. II, 28, 8; fréq. - v. *Cinglianus* II.
Zuinglicus (*Zwi-*), *-i* un Zwinglien: BULL. ap. CALV. XX, 41, 10.
zuingliso, *-are* se montrer partisan de Zwingli: BULL. ap. BÈZE VI, 176, 9.
Zwi-: v. *Zui-.*
zygostaticus, *-a, -um* A) scrupuleux (comme un vérificateur des poids): BUDÉ I, 298, 11. - B) qui concerne le (les) poids: BUDÉ II, 62, 19; 80, 41; ap. AMERB. VII, n° 3337, 14; etc. - ← grec: cf. ζυγοστάτης (*zygostata*).

LISTES ANNEXES RÉCAPITULATIVES

A. Mots d'origine non-latine
1. Grec.
2. Langues du Proche-Orient.
3. Langues germaniques.
4. Langues romanes.

B. Diminutifs (adjectifs, adverbes, substantifs)

C. Mots classés d'après divers suffixes ou terminaisons
1. Adjectifs et substantifs en *-alis.*
2. Adjectifs en *-aris.*
3. Substantifs en *-aster.*
4. Substantifs en *-atus* (4e décl.).
5. Adjectifs en *-ax.*
6. Adjectifs en *-bilis.*
7. Adjectifs en *-bundus* et adverbes en *-bunde.*
8. Adjectifs et substantifs en *-icus,* adverbes en *-ice/-icos.*
9. Substantifs en *-ismus.*
10. Verbes en *-iso/-isso/-izo* (*-are*).
11. Substantifs en *-ista.*
12. Substantifs en *-itas.*
13. Substantifs en *-mentum.*
14. Adjectifs en *-osus* et adverbes en *-ose.*
15. Verbes en *-sco* (*-ere*).
16. Adverbes en *-sim.*
17. Substantifs en *-sio.*
18. Adjectifs en *-siuus* et adverbes en *-siue.*
19. Substantifs et adjectifs en *-sor.*
20. Adjectifs en *-sorius* et adverbes en *-sorie.*
21. Adverbes en *-ter.*
22. Adverbes en *-tim.*
23. Substantifs en *-tio.*
24. Adjectifs en *-tiuus* et adverbes en *-tiue.*
25. Substantifs et adjectifs en *-tor.*
26. Adjectifs en *-torius* et adverbes en *-torie.*
27. Substantifs et adjectifs en *-trix.*
28. Substantifs en *-tudo.*
29. Substantifs en *-tura.*
30. Verbes en *-turio* (*-ire*).

A. Mots d'origine non-latine

1. Grec

abyssalis
academice
academiola
acanthia
accisso
achristianus
acolytatus
acosmia
acritomythus
acroamaticus
acrochirista
acrothinia
acyron
adespotus
adiaphora
adiaphorus
adipsia
adipsus
aenigmaticus
aenigmatium
aenigmatizor (e-)
aeolice
aetiologicon
aezumnetes
agathallus
agogus
agronomus
agyrta
alectromantia
alete
alethia
aleurites
aleuromantia
alimmaticus
allegoricos
alogicus
alogistia
alphabetarium
alphabetarius I/II
alphabeticus
alphestes
alphitomantia
ambliopia (ambly-)
mots composés avec amph(i)-
amusus
amygdaletum
anabaptismus
anabaptista
anabaptisticus
anacrisis
anaematos
anagnosis
anagogice
analphabeticus I/II
analphabetus
analysis
anantapodoton
anapodoton
anarchia
anasarca
anatasis
anatomicus
ancter
andria
androlepsia
androsphinx
anemographia
anorexia
ant-: v. anti-
anthropolatria
anthropopathia
mots composés avec ant(i)-
anuminis
apalaester
aparemphatos
apartilogia
aphe
aphonus
aphorismicus
aphrodisius
apirocalia
apithia
apocopo
apodictice
apolis
apologaster
apologeticus
apologiso
apomagdalia
apophthegma
apophthegmaticus
aposynagogus
apseutes
apyrustus
arachne
mots composés avec archi-
archus
aretalogia
argyrocopium
argyrognomonica
aristocratia
aristocraticus I/II
arithmetra
aromatarius I
aromaticitas
aromatopola
artolatria
ascesis
aschematiston
asmatographus
asophus
asotodidascalus
astragalomantia
astrolabium
astynomia
astynomus
asylia
asylus
atheia
atheismus
atheista
athlotheta
atrachilus
auledus
authentice
autodidactus
autolecythus
autoschedion
autotypon
axiomaticus

battalus
battologia
battologismus
Biblia I/II
mots composés avec
biblio-
bigamia
bigonus
blaese
blaesitas
blaesulus
boethetica
bombarda et dérivés
bombylius I/II
borborygmus
bubo
bucolice
buleus
bulimia
butiranus (buty-)
butyratus

mots composés avec
cac(o)-
caerolepsia (chae-)
callilogia
calobates
calopodiatus
calotechnius
canonicalis
canonicatus
canonisma
canonissa
canonista
canonizatio
cappacismus
cardiognostes
cardiulcus
caryca
catabaptismus
catabaptista
catabaptisticus
catagoga
catalalus
cataleptice
catalyma
catechisticus
categorematice
categorice
catharma
catharus
cathedralis
cathedraticus
catoptice (-trice)
catoptricum
catorthoma
catorthomaticus
causonicus
cecryphalus
centaurice
centrobaricus (-ticus)
cercopisso
ceroplasta
chaerolepsia (cae-)
chalcedonius
chalcographarius
chalcographia
chalcographicus
chalcographus
chalcotypus I/II
chamaeleonteus
characteristicus
characterizo
chariophylus
charisterium
charopus
chartophorus
chartophylax
chasmaticus
cheopina ?
chernibs
chimericus (-mae-)
mots composés avec
chiro-
chnauma
choenicarius
chondrites
choralis I/II
chordula
choregia
chorodidascalus
chorographicus
chorostates
chrestologia
chronicarius
chronocrator
chronologia
chronologus
chrysophagus
chrysoplysium
chrysulcus
chrysurgicus
chrysurgus
chymeutice
chymice etc.
cibisis
cimelium
cimitericus
cionida
coax
coaxatio
coccismus (-ysmus)
coccysso
coenobiarcha
coenobiarchia
coenobicus
coenobiticus
colaphista
colica
collops
colophonius
comicotragicus
comicotragoedia
commystes
comoediola
comopolitanus
comphilosophor
comphilosophus
consymmysta
coprus
coracula
corallus
corycaeus
coryphaea
coscinomantia
cosmographicus
cothon
cothonizo
crada
cranium
crasis

cremaster
cretisso
crinomenon
crithomantia
crystallizo
cyathulus
cyclopaedia
cyclopicus
cylindricus
cyminopristes
cynagogus
cynamyia
cypho

daedalogia
daemonarches
daemonidae
daemoniosus
dalopus
daricus
dasypodium
decarchia
decarchus
decastichon
democraticus I/II
desidaemonia
despotes
deuterosis
diacosii
diadematicus
dialecticor
dialexis
dialogicus
dialogismus
dialogulus
dialysis
dianoea
diaphanus
diaphonus
dicasterium
dicastes
dichotomia
didacticus
didascalus
dinastia (dy-)
dinosis
dioecesanicus
dioptica (-trica)
dioscureus
diplomaticus
diplomatophorus
discolitas (dy-)
ditheita
dithyrambice
dodecaedrum
dogmatice
dogmation
doriphorema (dory-)
dosis
doso
doxicus
doxologia
doxosophus
drosopachne
dulia
dynastia (di-)
dyscolia
dyscolitas (di-)
dyscolus
dysnomia

ecbolium
eccentricitas
eccentricus
ecclesiastes
ecclesiatim
ecclesiuncula
echemythia
echemythus
eclyptica (ecli-)
ecphrasis
ectragodismus
ectypum
electreus
eleemosynarius
eleemosynula
elegiographus
elegiola
embryon
emmelia
emphatice
emphaticus
emporiandus
empyreum
encomiastes
encomiasticus
encomium
encyclopaedia
endiadis (hendiadys)
endoxus
engastrimythos
enigmatizor (ae-)
entheasticus
enthusiasmus
enthusiasta
enthusiasticus I/II
epagogicus
epagogus
ephectice
ephecticus I/II
ephectus
ephedrus
ephemerus
epheta
ephippiarius
epialus
epichaerecacia
epidemia
epidemicus
epiglottis
epigrammatographus
epigrammographus ?
epigraphia
epigraphus
epilogo
epimastidium
epimythium
epinomis
epirrhema
episcope
episcopulus
episodium
epistomium
epithalamicus
epithalamographus
epithalamus (-ius)
epitimesis
epitoma, -atis
epitomicus
epithomographus
epixenium

epobelia
epoche
epomis
eponymus
epopoeia
epyllium
eremia
eremitorium
eremodicialis
esotericus
ethelodulia
ethice
ethnarchia
ethnicismus
ethographus
etymographus
euangelice
euangelicus II
euangelismus
eucharisticus
eucolpus
eucrasia
eunomia
eustochia
euthanasia
euthymia
exagogicus
exegematicus
exegesis
exegetes
exegetice
exegeticus
exoche
exodus
exstaticus

fantasta (ph-)
fantasticalis (ph-)
fatoscopus

gamia
gargalismus
gargara
genealogicus
genethliologus
geodesia
geodeta
geographice
geomanticus I/II
geometralis
geomoria
gerocomium
gerontagogos
gerontotrophium
mots composés avec
glossa-/-sso-
gnesius
gnomaticus
gnomologicus
graecophilos
grammatocipho (-cy-)
grammatographia
grammatophorus
graphaeus
gry
gymnasiarcha
gymnasiolum
gymnasma
gymnastes
gymnastica
gymnopaedica
gynaecobaptista
gynaecocosmus
gynaecocraticus
gyratio
gyrgathus
gyromantia

hamaxiaeus
harmonice
harmostes
harpagatio
hebdomadarius
hebdomadatim
hebdomatim
hecas
hellanodices
Hellenotamiae
mots composés avec
hemi-
henas
hendiadys (endiadis)
heptaboeus
heptatechnus
heremicola
herpeta
hestiasis
hetaeriarcha
heterogeneus
heteromallus
heteromolius
heteroplus
heteroscii
heterosis
hexagonus
hexapeda
hexapus
mots composés avec
hier(o)-
mots composés avec
hipp(o)-
hirmus (ir-)
holagra
holagricus
holcas
holmus
holochrysius (olo-)
hololampus (olo-)
Homerice
homoeologia
homogeneus
homologo
homophonus
homotechnus
homotimi
hoplomachia
horocrator
horologiographicus
horonomium (or-)
mots composés avec
hydro-
hygiinon
hylax
hymnodia
hymnographus
hymnologia
hyparxis
hypera
hyperaspistes
hypercriticus
hyperdulia

hyperphysicus
hypnologus
hypnosophista
mots composés avec
hypo-

iambographus
iatrica
ichthyopola
ichthyopolium
ichthyotrophium
iconice
iconicos
iconoclasta
iconomachus
idiochirum
idiosystasis
idolatra
idolatratio (yd-)
idolicola
idolodulia
idolomachia
idolomachus
idolomania
idolomanicus
idolomastix
irene
irmus (hi-)
mots composés avec
iso-

labyrinthosus
laconice
laconicos
lactiphagus
laemargia (le-)
lampadephoria
lampadula
leberis
leipsanus
lemargia (lae-)
leptoleschia
leptologema
leptologia
lerodia
leuca
lexicon

lipopsychia
lipothymia
lithianicus (ly-)
lithiasis
lithositatus
liturgia
loedorium
logicalis
logicus
logodaedalus I/II
logomachia
logotheca
loxodoxia
Lutherolatra
lytae
lythianicus (li-)
lytierses

macheropoeus
macrologus
magadas (-is?)
magdalia
manerus
manganaria
maniacus
mastigonomus
mastix
mataeologia
mataeologus
mathemata
mazapanis
mechanopoetice
mellodidascalia
mellodidascalus
mellonymphius
mellothanatus
mesenterium
mesodicus
mesuranisma
metamorphoseus
metaphoricus
metaphysica etc.
meteora
meteoricus
meteorologicus
meteoroscopice
methodice

metonymice
metronomus
metropoliticus
micrologia
micropsychosis
(mycropsycosis)
microschola
mimitice
minunthadius
mots composés avec
mis(o)-
mixobarbarus
momicus
mots composés avec
mon(o)-
moria
morionor
morologia
morosophia
morosophus
museolum
musicalis
musicor
mycropsycosis
(micropsychosis)
mycterismus
myopia
myristicus
myroma
myrothecium
mystagogicus
mystax
mythologus

Neacademia
Neacademicus
neas
necromantis
nemophylax
neopropheta
nephalius
neulcus
noema
nomarcha
nomarchia
nomismatium
nomophylacia

nomophylacium
nomophylax
nomos
nomothetes
nomothetica
nosodocheum
nosognomonica
nosuntotrophium

ochlocratia
odeporicum
odontalgia
oecumenicus
oedema
oenoclepta
oenopola
oenopta
oligarcha
oligarchia
oligarchicus I/II
oligopolium
olochrysius (ho-)
ololampus (ho-)
olympifer
omophorium
oniropolus
onocephalus
opisthographia
oporapolis
opsodaedalicus
opsodaedalus
opticum
organista
organizo
organopoetice
organopsalticus
orgya
oronomium (ho-)
orphana
orthodoxe
orthodoxia
orthodoxicus
orthogonaliter
ostracismus
ostracum
otalgia
othonium
oxymoria
oxytocum

paeanisso
mots composés avec
paed-
paepalema
palaeotericus
palaesta
palimbolus
palinor
panacea
pancraticus
pancratiste
pandaesia
pandocheum
pandocheus
panegyris
panegyrismus
panicus
panolethria
panoplia
pantachusiasta
papimania
mots composés avec
par(a)-
parrhesiastes
parthenius
paspala
patriarchatus
patriarchia
pelargicum (-ycum)
pelargus
pelargycum (-icum)
penia
pentaglottus
pentastega
pentecostanus
mots composés avec
peri-
perissologus
phalaricus
phalarismus
phalarista
phallophorus
phantasiola
phantasior
phantasta (f-)
phantasticalis (f-)
phantastice
phantaston
pharmacum et dérivés
pheronymus
mots composés avec
phil(o)-
philonisso
phloesbus
phratria
phratriarchus
phratrius
phrenetice
phrontista
phrontisterium
physalus
physicalis
physiognomunta
physionomia
physionomus
pinacium
pixidula (py-)
Platonice
platonisso
Platonista
pleonexia
plethoricus
plurisyllabus
Plutacademia
Plutacademicus
podagror
poecilomorphus
polemarchia
polemarchus
policentricus (poly-)
poligonia (poly-)
poliorcetica
politarcha (poly-)
politice I/II
politicus
mots composés avec
poly-
polytarcha (poli-)
poppysso
porrophagus
practicans etc.

prepon
procleticum
proedria
proedrus
prognosta
programmaticus
progymnasma
promachus
prooemialis
prooemialiter
prooemiolum
propaedeuma
prophylace
prophylacticon
prophylacticus
prosodium
prosopographia
prosopolepsia
mots composés avec
proto-
protrepticus
proxeneticus
proxenetrius
prozeugma
psecas
psellismus
mots composés avec
pseud(o)-
psychagogus
psylla
ptochodochium
ptochotrophia
ptochotyrannus
ptysis
pyragra
pyramidula
pyrecbolus
pyrolabes
pyromanticus
Pythagorista
pyxidula (pi-)

rhabduchus
rhapsodus
rhetorculus
rhetoricatio
rhetoriunculus
rhipsaspis

saccophorium
sama
sandalinus
sandalus
sarcites
sarcophagia
Sardonius
scandalodes
scandalose
scenographice
scepticus I/II
schismaticus
mots en
schol-
sciamachia
sciamachus
scotomia
Scythice
semicyathus
semidalites
semidrachma
semioticon (si-)
semiscyphus
sesquidaricus
sesquidecas
sesquidrachma
sesquidrachmalis
sesquimedimnus
sicinnis
sicya
simioticon (se-)
sinechus (sy-)
sitophylaces
sitta
smilion
soloecisso
sophisticatio
sophisticor
sophronista
soraismus
sparta
spartula
spasmaticus
sperice (sphae-)
spermologus
sphaerice (spe-)
sphaeristicus
sphaerularis

sphecia
sphenoïde
spithamiaeus
stathmos
stauromastix
staurophoria
staurophorus
staurostichus
stelaeum
stereometria
steresis
sternomantia
sternotypicus
stigmaticus
stigmatiger
stomaticus
storga
strategematicus
stratiotes
strophologia
stypticitas
sycophantice
sycophanticus
mots composés avec
{syl-
{sym-
{syn-
syphar

taurice
taxiarchia
taxiarchus
technologus I/II
tecton
telearchia
telearchus
telesticus
teletarches
telones
telonicus
telus
thalamicus
thaumatopoeus
thaumaturgice
theatrizatus
thematiolum
mots composés avec
theo-

therapeutica
therelencicus
therelencus
theriophylax
theriotrophium
thesauraria
thesauriatus
thesaurulus
thesmothesia
thesmotheta
threnodia
threnodus
thunnisso
thylacus
thyoma
tinesmus
topolepsia
toxicus
toxopoeus
tragoediola
trierarchia
trierarchicus
trigla
trigonocrator
trimma
triophthalmus
trisagius
trisippium
tritheismus
tropolepsia
tropologus
tymbus
tympanizator
typographeium etc.
tyranniso
tyromantia

uranognomon
uranographia
uranoscopus
usialis

xenagogus
xenialis
xenomania
xeroma

ydolatratio (id-)
ysochelius (isoce-)

zelator
zelosus
zoophyton
zygostaticus

2. Langues du Proche-Orient

arabe
admiraldus etc.
alchimia etc.
Alcoranus
alcumicus etc.
alembicum
ambra
aranceus
arancia
assassinus

bassa
bezoar
bezuarius
borago

camphora
camphoratus
cifra
cramesinum
cuscuta

duana

elemus

gabella

hegira

iulep

lasurius ?

Mahumetaeus etc.
marcassita
Muhamedicus

nadir
nuca

sena
sirupus
soldanus
sultanus

tuttia

zenith

araméen
rabbinicus
rabinulus
rabinus

hébreu
Cabala et dérivés
cherubicus I/II

phase

Talmut et dérivés

persan
lasurius ?

scaccarius
scaci
schachia

turc
Othomanicus

tulipa

3. Langues germaniques
(allemand, anglais, francique, néerlandais . . .)

aldermannus
allodium
ammanus
archibusarius

balla

ballus
banleuca
bannum
baro
baronatus
baronia
bassio
batzius
batzo
begina ?
beginagium ?
beginarius ?
bidellus
bisemutum
blappardus
brodiator ?
burgimagister
burgrauius

centnerus
cheopina ?
clenodium
cobaltum

drossardus

exbannio

felonia
feodalis etc.
flapardus

garba
grauio
griseus
guantus
guardia
guardianus
guerra

halabarda
halabardacha
hauso
heraldus
hussernus

indentura

landgrauia
landgrauius
lanquinetus
lanzknechtus

marca I/II
mardurinus
marescalcus
margrauianus
margrauius
martes
milordus

oma
orgelerus

pfaffus
plapardus
pomarantium
prosenescallus

quarzum

rappa
rapus

scabinatus
scabinus
schlanga
scultetus
senescallus
snaphanus
spatum
stallo
stopa ?
stuba
stuferus
sturio

talerus
tratta
treuga

urybuteri

4. Langues romanes (espagnol, français, italien, portugais, provençal)

ambassiator
armellina
assassinus

bagathinus
bancarius
bancus
beanus
bossellus
brodiator ?

cambium
camusus
canto
carisea
cheopina ?
colonellus
curtisanicus
curtisanus

doccia
duana

elemus
excambium

fagottum
flauttum
florenus
francolinus
fusta

galeazza
galeo
guaiacanus
guaiacum
guida
gundula

Hugonisticus
Huguenotus

liardus
lieutenantus

lotaria

marchio etc.
marmelatum
millio
ministra
morsellus
musaicus

palefredus
pasportus
pasquillianus
pasquillus
passeportus
pertuisana
pinta ?
porcellana
posta
pugnalis

represalia

scariola
sclopetarius
sclopetus
serenata

tabacum
tarantula

zebellinus

B. Diminutifs (adjectifs, adverbes, substantifs)

abbatiola
abbatulus
absurdiusculus
absurdulus
academiola
accessiuncula
acclamatiuncula
accuratiuscule
accusatiuncula
acerbiuscule
acerbiusculus
aceruulus
acetosella
additiuncula
adfecticulus
adhortatiuncula
adiectiuncula
adrogantulus
adsentatricula
adtentiuscule
aegriuscule
aemulatiuncula
aenigmatium
aerariolum
altercatiuncula
amariuscule
amariusculus
ambitiosule
ambitiosulus
ambitiuncula
amicitiuncula
animaduersiuncula
animalculum
apiculus
arabiculus
arcellula
arcicula
argumentulum
argutiuncula
argutulus
articula
aspersiuncula
asperulus
auctorculus
auctoritatula
audacule
auidiusculus
auidulus
aulula

ballistula
beneficiolum
blaesulus
blandiuscule
blandiusculus
bombardula
bombardulus
brassicula
breuiculum
breuiuscule
breuiusculus

caedicula
caeremoniola
calunculus
camerula
campanula
caniculus
cantorculus
canunculus
capitiolum
castigatiuncula
cauillatiuncula
cautiusculus
cedula
censulus
ceruisiola
ceruulus
cessatiuncula
chordula
cibulus
clementiuscule
clericulus
coactiuncula
cogitatiuncula
cognatulus
colloquiolum
coloniola
columbella
columbula
columnula
commendatiuncula
commentatiuncula
commentulum
comoediola
compaguncula
compendiolum
compotatiuncula
conatulus

concertatiuncula
conditiuncula
confabulatiuncula
confessiuncula
conflictatiuncula
confutatiuncula
congressiuncula
coniectatiuncula
coniecturula
coniunctiuncula
consiliariolus
consiliolum
consolatiuncula
constitutiuncula
consultatiuncula
contatiuncula
conuenticula
copiola
coracula
coronatulus
corruptiuncula
crassiusculus
crassulus
crebriusculus
criticulus
crumenula
currulus
cursiuilla
cyathulus

deambulatiuncula
declaratiuncula
decusculum
defensiuncula
degustatiuncula
deiculus
delicatulus
denariolus
dentatulus
detractiuncula
deuotiuncula
deuotulus
dialogulus
diciuncula
dicteriolum
dictionariolum
digladiatiuncula
digressiuncula
dimicatiuncula
disceptatiuncula
disertulus I/II
dispendiolum
dissentiuncula
dissertatiuncula
dissidiolum
distinctiuncula
diuinaculus I/II
diuticule
diutiuscule
doctorculus
doctorellus
doctrinula
doctulus
dogmation
domicula
donariolum
dubiolum
dubiusculus
dulciusculus
duriuscule

ecclesiuncula
edictulum
effigiuncula
eleemosynula
elegiola
elementulum
emendatiuncula
enarratiuncula
epicureolus
episcopulus
epistolula
equitatiuncula
erratiuncula
erratulum
eruditiuncula
euasiuncula
exercitatiuncula
exhortatiuncula
exordiolum
explanatiuncula
expostulatiuncula

fabellula
facetiola
facetulus
familiariusculus
fastidiosulus
fastigiolum
fatuelus
fenestrella
ferocule
festinantiusculus
firmiusculus
flasculum
florentulus
florenulus
florulentulus
foraminulentum
fortuniolum
fortunula
fratricellus
fraudula
frigidiuscule
fucatulus
fumulus
functiuncula
furcinula
furiosulus
fututulus

gemmeolus
germiculum
gestatoriolum
gloriosulus
grammatellus
grammaticulus
gratiola
grossulus
guttulus
gymnasiolum

haereticulus
haesitatiuncula
hallucinatiuncula
haustulus
hereditatula
herniola
hilariuscule
hilariusculus
horridule

hortatiuncula
horula
hypocaustulum

iactantiuncula
ignarulus
imaginatiuncula
imitatricula
imperiolum
imperitulus
impostricula
inclementiuscule
indusiolum
industriola
ineptule
ineptulus
infirmiusculus
informatiuncula
iniuriola
insectulus
insolentiusculus
institutiuncula
instructiuncula
insulula
interfatiuncula
intermissiuncula
interspiratiuncula
introductiuncula
inuidiolus
inuidulus
iracundulus
iurgiolum

laborculus
lacunula
leesulus
laminula
lampadula
languidiusculus
languidule
laquelli
laqueoli
lasciuiusculus
laternula
latiuscule
latrociniolum
laudatiuncula
leuiuscule
leuiusculus
linguaculus
liticula
liticulosus
ludificatricula
ludimagisterculus
lupulus
lusiuncula

magistellulus
magisterculus
magisteriolum
magistrellus
magnificule
maiuscula
maiuscule
mancipiolum
mandatulum
manula
manuscula
maritellus
melliculus
mendaciolum
mentiuncula
mercatorculus
meticulus
minulae
minuscula
missula
modiculus
molliusculus
monachulus
monitiuncula
monstrulum
mordaculus
morosiuscule
morosulus
morsiculus
murulus
museolum

naeniola
nasutulus
nebulunculus
negligentiuscule
negotiatiuncula
nemusculum
nictatiuncula
nomismatium
notatiuncula
nugaculae
nugella
nugiuendulus

obesulus
obiectatiuncula
obiectiuncula
obiurgatiuncula
oblectatiuncula
obligatiuncula
obscuriusculus
obsequentulus
obseruantiola
obseruatiuncula
obstructiuncula
obtrectatiuncula
occupatiuncula
octonariolus
officiolum
officiuncula
ollula
onusculum
opecula
opellula
opellum
opinatiuncula
oppugnatiuncula
oratorculus
oscitatiuncula

paedagogulus
papillula
parculus
partiuncula
paruunculus
pastorculus
pauciusculi
pauidulus
peccatorculus
peccatulum
pecuniola
pedellum
peiuscule

perargutulus
perbellule
percontatiuncula
perdicula
peregrinatiuncula
perobesulus
peroratiuncula
perplusculi
persciolus
persuasiuncula
peruetulus
pestilentiola
phantasiola
pigellus
pignusculum
pigriculus
pintula
pituitula
pixidula (py-)
placentula
plantula
pluteolus
pluuiola
poetulus
pontificulus
potatiuncula
praebendula
praeceptiuncula
praeceptorculus
praeconiolum
praedula
praemiolum
praetendiculum
precula
prehensiuncula
pressiuncula
primitiolae
priorculus
procreatricula
profectiuncula
professorculus
prolixiuscule
prolixiusculus
pronepotulus
prooemiolum
propositiuncula
proteruulus
prouerbiolum
prouinciola
psalteriolum
putidiuscule
pyramidula
pyxidula (pi-)

quadratulus

rabinulus
rabiosule
racemulus
ramentula
ranicula
rapaculus
rariusculus
recaluaculus
recognitiuncula
refectiuncula
regiuncula
religiosulus I/II
religiuncula
remiculus
repetitiuncula
respiratiuncula
responsiuncula
rhetorculus
rhetoriunculus
rigidulus
robustulus
rosariolum
rudiusculus

sacerdotiolum
sacerdotulus
sacrementulum
salariolum
salmulus
salutatiuncula
sancticulus
sanctulus
sarcinicula
satisfactiuncula
satyrula
scaenula
scalulae
scholiolum
scorpiunculus
scriptorculus
scrupulosiolus
scutellula
sectiuncula
seditiosulus
segniculus
semiasellus
semihomuncio
semihorula
semipagella
semisextariolus
senatulus
sententiuncula
seriusculus
sermotiuncula
sesquicorbula
sesquidenariolus
sesquihorula
sexterniculus
signetum
simiola
simulatiuncula
sirenula
siticula
sordidiusculus
spartula
splendidulus
statiuncula
statuncula
stercusculum
stillula
stipendiolum
stomachulus
strenula
strepidulus
stultulus I/II
suauiuscule
subausterulus
subgrundula
submonitiuncula
subsidiolum
sudariunculum
suffragatiuncula
sumptiuncula
superbulus
superstitiosulus

supplicatiuncula
surdulus
suscula
suspiciosulus
suspiciuncula
syllabula
synagogula

tabellula
taediolum
tempusculum
tenaculus
teneriusculus
tentatiuncula
tepidiusculus
terebellum
tertianula
thematiolum
thesaurulus
Thomasterculus
timidiuscule
timidiusculus
timidulus
timorculus
tomulus
tonellus
tractatulus
traditiuncula
tragoediola
transgressiuncula
transitiuncula
translatiuncula
tunicella
turmula
turpicule
turpiusculus

uehementiuscule
uelitatiuncula
ueniola
uerbunculum
uerruculosus
uersificatorculus
uersiuncula
uersutulus
uerueculus
uexatiuncula
uigiliola
uiliusculus
uirunculus
uitiolum
umbecula
uoluptatula

C. Mots classés d'après divers suffixes ou terminaisons

1. Adjectifs et substantifs en -alis

abbatialis
abyssalis
additionalis
aduentualis
aliqualis
antepaschalis
archidiaconalis
archiducalis
archiepiscopalis
arcualis
arterialis

bursalis

canonicalis
cardinalis
carnispriuialis
cathedralis
choralis I/II
claustralis I
coelementalis
collateralis I/II
commissorialis
compulsorialis
consistorialis
contoralis I/II
conuentualis I/II
conuersionalis
cordialis
credentialis

decanalis
decemcubitalis
decimalis
dimissorialis
dipondialis
doctoralis
Dominicalis I/II

effectualis
elementalis
eremodicialis
examinalis
exordialis
experimentalis
exsecutorialis
extraiudicialis

fantasticalis (ph-)
feudalis I/II
fiducialis
fiscalis
fratralis I/II
frontalis
fulminalis

geometralis
gradualis
gutturalis

habitalis

impartialis
inconsubstantialis
instrumentalis
irreuerentialis

latitudinalis
logicalis

marginalis
mentalis
mercimonialis
metaphysicalis
minalis

ministerialis
missalis
ministerialis
modalis
monialis
moralis
musicalis
mutualis

nationalis
Nominalis

obiectiualis
omnipraesentialis I/II
oralis
oualis

paedagogialis
paenitentialis
papalis
parlamentalis
parochialis
patricialis
pestilentialis
phantasticalis (f-)
physicalis
plaustralis
ponderalis
potentialis
praecordialis
praedialis
praeternaturalis
prandialis
presbyteralis
proclamatorialis
promotionalis
promotorialis
prooemialis
prouisionalis
(pugnalis)

quadragesimalis
quadriennalis
quietantialis
quinqueminalis

realis I/II
reginalis
remissorialis

sacralis
sacramentalis
selibralis
semicardinalis
semistadialis
semiuniuersalis
septennalis
septuncialis
sermocinalis I/II
sermotionalis
sesquidrachmalis
sesquiennalis
sesquimodialis
sexennialis
sinualis
supernaturalis
superpondialis

tesseralis
textualis
theologalis
totalis
transnaturalis
trimodialis
turbinalis

uegetalis
uertebralis
uestigialis
ultraequinoctialis
unialis
usialis

xenialis

2. Adjectifs en -aris

anteliminaris
aquilaris

biparticularis

calcularis
capitularis
cingularis
clientelaris
consiliaris
cornicularis
corpuscularis
cucullaris
cuticularis

diecularis
dilucularis

elementaris

formularis

globularis

interlinearis
irregularis

mutularis

obolaris
oracularis
orbicularis

parlamentaris
pergularis
pilearis
pilularis
pinnularis
polaris
praefamiliaris
praeliminaris
praesularis
prouelitaris

rabularis

scapularis
semicircularis
semimilitaris
sesquiulnaris
sphaerularis

talentaris

trifoliaris
triobolaris
trisaecularis

uestibularis
uoluminaris

3. Substantifs en -aster

apologaster
arabicaster

Dominicaster

hebraicaster

monachaster

patriciaster
poetaster

Stoicaster

Tetzeliaster
theologaster
Thomaster
tunicaster

4. Substantifs en -atus (4e décl.)

acolytatus
adlatratus
archiepiscopatus
archipraesulatus
archipresbyteratus
aspiratus
auditoratus

baccalaureatus
baronatus
baubatus

cancellariatus
canonicatus
caprizatus
cardinalatus
consiliariatus
contrectatus
cubiculariatus

decanatus
doctoratus

electoratus
equeriatus
exspiratus

generalatus

imploratus
inclamatus
interspiratus

librariatus

marchionatus
migratus
ministratus

notariatus

obstetricatus
octouiratus
officialatus

paedotribatus
papatus
pastoratus
patriarchatus
perduellionatus
personatus
plebanatus
praepositatus
procancellariatus

receptoratus
rectoratus
regustatus

scabinatus
secretariatus
senioratus
spiratus
stipatus
suffraganeatus
suffragatus
syndicatus

tabellionatus
thesauraiatus
transmeatus

uicariatus

5. Adjectifs en -ax

diuinax

lucrax

obloquax
obstinax

praemordax

scribax

uolax

6. Adjectifs en -bilis

accommodabilis
adsumptibilis
adtingibilis
aedificabilis
agibilis
alienabilis
alterabilis
amplexabilis
amplificabilis
antiquabilis
appensibilis
applicabilis

circumincessibilis
circumscriptibilis
citabilis
compatibilis
compossibilis

comprehendibilis
concoctibilis
conductibilis
conglutinabilis
coniungibilis
considerabilis
consternabilis
conturbabilis
corrigibilis

deprauabilis
derisibilis
descriptibilis
despuibilis
difflabilis
disceptabilis
dispensabilis
distinguibilis
ductibilis

effigiabilis
eleuabilis
eloquibilis
enabilis
excolibilis
exemptibilis
explebilis
exstirpabilis
exsudabilis
exustibilis

fabilis
factibilis
fallibilis
felicitabilis
finibilis
fissibilis
fluctuabilis
fluxibilis
fungibilis

illabefactabilis
illamentabilis
illegibilis
illigabilis
immeabilis
immultiplicabilis
imparabilis
imperceptibilis
imperdibilis
impertransibilis
imperuestigabilis
impingibilis
imponderabilis
improportionabilis
imputabilis
inabsolubilis
inadspectabilis
inaffabilis
inaffirmabilis
inalterabilis
inauspicabilis
incogibilis
incognibilis
incohercibilis
incommeabilis
incompatibilis
incompensabilis
incompossibilis
inconceptibilis
incondonabilis
inconductibilis
inconfutabilis
inconspicabilis
inconstabilis
inconsummabilis
incoquibilis
indamnabilis
indefectibilis
indesolabilis
indicibilis
indiffinibilis
indispensabilis
inexemplebilis
(-impl-)
inexhauribilis
ineximplebilis
(-empl-)
inexistibilis
inexpressiblis
inexpurgabilis
inexsecrabilis
infrangibilis
infrigescibilis
ingenerabilis
inimaginabilis
innegabilis
inoperabilis
insanctificabilis
inscibilis
interpellabilis
interpolabilis
inuariabilis
irrecreabilis
irrepressibilis
irrestinguibilis
iungibilis

labefactabilis
locabilis

medicinabilis
mensibilis

osculabilis

peccabilis
pellicibilis
peramabilis
perdibilis
perfectibilis
permissibilis
peroptabilis
perspirabilis
peruenerabilis
plantabilis
plurificabilis
praescriptibilis
principiabilis
procurabilis
propagabilis
proportionabilis

quiritabilis

rasibilis
reciprocabilis
rectibilis
recuperabilis
redimibilis
refricabilis

reiterabilis
remouibilis
repudiabilis
rugibilis

sanctificabilis
sectibilis
seminobilis
suasibilis
superadmirabilis
superamabilis
superintelligibilis
superoptabilis
suppeditabilis
suppositabilis
susceptibilis

transformabilis
transgressibilis

uadabilis
uehibilis
uenabilis
uorabilis
usucapibilis

7. Adjectifs en -bundus et adverbes en -bunde

addubitabundus
admirabunde
admirabundus
adorabundus
adsentabunde
anhelabunde

bellabundus
blasphemabundus

captabundus
castigabundus
cauillabunde
causabunde
commemorabunde
commemorabundus
concionabunde
consternabundus
consultabundus
contestabunde
criminabundus
cunctabunde

deprecabunde
designabunde
desperabundus
diuinabundus
dormitabundus
dubitabundus

errabunde
explorabundus
exspectabundus
exspirabundus

fabulabundus
fremebunde
fugitabundus

gemebunde
gestibundus
gloriabunde
grassabundus

haesitabunde
hallucinabundus

iactabunde
immutabundus
inclamabunde
incusabunde
indignabunde
innatabundus
iocabunde
iurgabundus

lacrymabunde
lamentabundus
ludibunde
lusitabundus

minabundus
mirabunde
miserabunde
miserabundus
mussitabunde

negabundus

obsecrabunde
obsecrabundus
optabundus
oscitabunde
ostentabunde

paenitebundus
palabunde
palpitabundus
pensitabundus
percontabundus
populabunde
potabundus
praecipitabundus
praeuaricabunde
praeuaricabundus
precabunde
prouocabunde
pudibunde
punctabundus

queribunde
quiritabundus

refutabunde

saltabunde
salutabunde
sitibundus
stomachabunde
superabunde
supparasitabunde
supplicabunde
supplicabundus

tergiuersabundus
territabundus
triumphabundus
tutabundus

uacillabunde
uacillabundus

uenabundus
uexabunde

8. Adjectifs et substantifs en -icus, adverbes en -ice/ -icos

abbaticus
Abraamicus
academice
Achitophelicus
acroamaticus
aenigmaticus
aeolice
alchimicus
alchimisticus
Alciaticus
alcumicus
alcumisticus
alemannice
alimmaticus
allegoricos
alogicus
alphabeticus
amphibologice
amphibologicus
anabaptisticus
anagogice
analphabeticus I/II
anatomicus
anglice
antacademicus
antadiaphoristicus
antimachometicus
aphorismicus
apodictice
apologeticus
apophthegmaticus
archidiaconicus
Arianicus
aristocraticus I/II
artisticus
Auerroicus I/II
authentice
axiomaticus
bapirificus
belgice
bibliopolicus
bohemice
bombardicus
britannice
Buceranicus
bucolice
Budaice
Budaicus I/II
bullaticus
Busiricus

Cabalisticus
cacangelicus
cacodaemonicus
cacologicus
Caluinicus I/II
Caluinisticus
Carmeliticus
Cartusianicus
castigatoricus
catabaptisticus
cataleptice
catapulticus
catechisticus
categorematice
categorice
cathedraticus
catorthomaticus
causonicus
centaurice
centrobaticus (-ricus)
cerdonicus
chalcographicus
chaldaice
characteristicus
chasmaticus
cherubicus I/II
chimericus
chiromanticus I/II
chironomicus
chirurgicus
chorographicus
christianice
chrysurgicus
chymicus I/II
cimitericus
coenobicus
coenobiticus
collegiaticus
comicotragicus
concanonicus
concentricus
conestabilicus
consacrificus
cosmographicus
curtisanicus
cyclopicus
cylindricus

daricus
democraticus I/II
diadematicus
dialogicus
didacticus
dioecesanicus
diplomaticus
dithyrambice
dogmatice
Donatisticus
doxicus
druidicus

eccentricus
emphatice
emphaticus
encomiasticus
entheasticus
enthusiasticus I/II
epagogicus
ephectice
ephecticus I/II
epidemicus
epithalamicus
epitomicus
Erasmice
Erasmicus I/II
esotericus
ethice
etrusce
euangelice
euangelicus II
eucharisticus

exagogicus
exegematicus
  exegetice
exegeticus
exstaticus

  flandrice
fructificus

genealogicus
genericus
gentilicus
  geographice
geomanticus I/II
  germanice
gnomaticus
gnomologicus
gynaecocraticus

  harmonice
harpocraticus
  heluetice
hemisphaericus
hierarchicus
  hispanice
  histrionice
holagricus
  hollandice
  Homerice
horologiographicus
Hugonisticus
  hungarice
Husseticus
Huttenicus
hypercriticus
hyperphysicus
  hypocritice
hypocriticus
  hypostatice
hypostaticus

  iconice
  iconicos
identicus
idolomanicus
Iesuiticus
  impostrice

impudicus
  inamice
inerraticus
interimisticus
  italice
  iuridice

  laconice
  lanionice
lithianicus (ly-)
locusticus
logicus
Lucianicus I/II
ludificus
  lusitanice
  Lutheranice
Lutheranicus
Luthericus I/II
  lymphatice
lythianicus (li-)

madauricus I/II
maestificus
Mahumetanicus
Mahumeticus
manichaicus
  medice
melliticus
mesodicus
metaphoricus
  metaphysice I
metaphysicus I/II
meteoricus
meteorologicus
  methodice
  metonymice
metropoliticus
  mimitice
Minoriticus
miraculificus
misologicus
missalicus
missaticus
momicus
monarchicus
monocentricus
Montanicus

Moricus
Mosaicus
Muhamedicus
mundanicus
musaicus
myristicus
mystagogicus

Neacademicus
  nebulonice
nebulonicus
nomadicus

Occamicus
Occamisticus
oecumenicus
oligarchicus I/II
opsodaedalicus
organopsalticus
Origenicus
orthodoxicus
Osiandricus

paedagogicus
paedotriuicus (-bicus)
  paganice
pagicus
palaeotericus
pancraticus
panicus
  papistice
papisticus
parabolicus
paracleticus
paraeneticus
paraliticus (-ly-)
  paraphrastice
paraphrasticus
Parnassicus
parodicus
pergamenicus
  peripatetice
  periphrastice
  periphrasticos
peristaticus
pestilenticus
Phalaricus

phantastice
pharaonicus
philodicus I/II
philosophistoricus
philostauricus
phrenetice
pistolicus
Platonice
plethoricus
Plotinice
Plutacademicus
policentricus (poly-)
Politianicus
politice I
politicus
polonice
polycentricus (poli-)
polysyllabicus
posterioristicus
potaticus
poticus
potisticus
practice
practicus II
programmaticus
prolificus
prophylacticus
protophysicus
protrepticus
proxeneticus
pseudeuangelicus
pseudocatholicus
pseudoclericus
pseudodialecticus
pseudoecclesiasticus I/II
pseudoeuangelicus
pseudolutheranicus
pugilicus
pulchrificus
pulmonicus
putrificus
pyromanticus
Pyrrhonicus

quodlibeticus

rabbinicus
rhetice

sacrificus
sarcasticus
sardonice
satanicus
scepticus I/II
schismaticus
scientifice
scommatice
scommaticus
Scotisticus
Scythice
semiaulicus
semiazotice
semigallice
semigrammaticus
semihaereticus
semiiudaice
semirusticus
seraphicus I/II
Serueticus I/II
sesquidaricus
sesquihaereticus
simoniace
singultificus
sirenicus
Sorbonice
Sorbonicus I/II
spasmaticus
sphaerice
sphaeristicus
Stancaricus
stentoricus
sternotypicus
stigmaticus
stomaticus
strategematicus
suisseticus
superheroicus
Swenckfeldicus
sycophantice
sycophanticus
syncategoricus
synecdochicos
synecphoneticus

taetrice
talmuticus I/II
tartaricus
taurice
telesticus
telonicus
terrifice
teutonice
thalamicus
thaumaturgice
theocraticus
theologice
theologisticus
theosophicus
therelencicus
thomistice
thomisticus
thrasonice
thrasonicus
Titanicus
toxicus
trierarchicus
turcice
turrificus
tuscice
typographicus

uerificus
uiuifice
Vlpianice
unificus
uulnifice
Vuycleficus

Zuinglicus
zygostaticus

9. Substantifs en -ismus

anabaptismus
anteuangelismus
antichristianismus
arabismus
Arianismus
atheismus

battologismus
Brentianismus
Buceranismus

Caluinianismus
Caluinismus
cappacismus
catabaptismus
catholicismus
celtismus
Cinglianismus

dialogismus

echetismus
ectragodismus
enthusiasmus
epicureismus
ethnicismus
euangelismus

fanatismus

gargalismus
gentilismus
germanismus
Geusismus
gnathonismus
graecismus

hebraismus
hellenismus

italismus

laconismus
Lucianismus
Lutheranismus
Lutherismus

Mahumetismus
monachismus
mycterismus

Oecolampadianismus
ostracismus

paedobaptismus
panegyrismus
papismus
paralogismus
paroxysmus
pelagianismus
phalarismus
pharisaismus
psellismus

Sabellianismus
scordacismus
simonismus
soraismus
syncretismus

thrasonismus
thritheismus

ubiquitismus

Zuinglianismus

10. Verbes en -iso, -isso, -izo (-are)

accisso
aenigmatizor (e-)
afrisso
apologiso

caluiniso (-izo)
caprizo
cercopisso
characterizo
cothonizo (-isso)
coturnisso
cretisso (-izo)
crystallizo

enigmatizor (ae-)

fratrisso

galbisso
gallizo

hebraisso (-aizo)
hispaniso (-izo)
hypostatizo

libertinizo
lutherisso

neronisso (-izo)

organizo
origenisso

paeanisso
paralogizo
parsimonizo
pelagizo
philonisso
platonisso
praeconiso

ronchisso

soloecisso
stoicisso
symboliso
syncretizo

theologiso (-isso, -izo)
thunnisso
tuiso (-isso) ?
turciso
tyranniso

umbriso
uulpisso

zuingliso

11. Substantifs en -ista (M.)

acrochirista
Adiaphoristae
alchimista
alcumista
anabaptista
antadiaphoristae

artista
atheista
atticista
Auerroista

Cabalista
cacangelista
Caluinista
canonista
catabaptista
chymista
confessionista
consummatistae
copista

decretista
deista
Dominicista

Erasmista
Eutychista

Farellista
feudista

Gabrielista
Gersonista
graecista
gynaecobaptista

humanista
hypnosophista

inconsutilista
Interimista
iurista

legista
Lutherista

Mahumetista
Maiorista
mammonista
Martinista
Maximinianista
(Maximia- ?)
metrista
Montanista

Occanista
organista
Osiandrista

pancratista
papista
patrista
Phalarista
phrontista
Platonista
poetista
potista
pseudeuangelista
pseudobaptista
pseudoeuangelista
Pythagorista

quaestionista

Reuchlinista
Romanista

sacrista
satanista
Scotista
sectista
semipapista
sermocinista
sophronista
Sorbonista
Stancarista
summista
syllogista

Talmutista
theologista
theosophista
Thomista
translatista

ubiquista

12. Substantifs en -itas

abbatialitas
abscoloritas
acetositas
acuitas
admiralitas
adsumptibilitas
amicabilitas
ampullositas
aromaticitas
asinitas

bellacitas
bellicositas
bestialitas
bibacitas
blaesitas

caliditas
caritas
causalitas
cerebrositas
columitas
commensalitas
concretitas
concupiscibilitas
confinitas
confraternitas
congermanitas
contiguitas
corporeitas
culpabilitas

delectabilitas
difformitas
disciplinabilitas
discolitas (dy-)
disparitas
dyscolitas (di-)

ecceitas
eccentricitas
entitas
euitabilitas

femineitas
ferreitas
finitas
fluiditas
foetositas
formalitas
formidolositas

fratralitas
fungositas

Gallicitas
graecanitas

hebreitas
hicceitas

immaterialitas
immititas
immultiplicabilitas
impatibilitas
impauiditas
impeccabilitas
imperiositas
improbabilitas
imputabilitas
inamoenitas
incommensurabilitas
incomprehensibilitas
incorrigibilitas
inculpabilitas
indexteritas
indissolubilitas
indiuisibilitas
ineuitabilitas
inexcusabilitas
inexplebilitas
inexplicabilitas
infallibilitas
inferioritas
inflexibilitas
inhabilitas
innascibilitas
insalubritas
inscititas
insinceritas
intelligibilitas
intractabilitas
intranquillitas
inuolubilitas
inurbanitas
irascibilitas
irrationalitas
irregularitas
isticceitas
italitas

labilitas
legalitas
lepiditas
ligneitas
locabilitas

magistralitas
maioritas
marmoreitas
materialitas
maternitas
meitas
minacitas
minoritas
mititas
modernitas

neutralitas
nigritas
nobilitas
notabilitas
nullitas

oblongitas

paneitas
particularitas
perspicitas
pertinacitas
peruicacitas
petacitas
pilositas
pituitas
plausibilitas
pluritas
posterioritas
potentialitas
praesentialitas
praestabilitas
preciositas
prioritas
promptitas
pronitas
propensitas
putiditas

quidditas
quotitas

realitas
regalitas
restibilitas
resupinitas
rutilitas

salebrositas
sanguinitas
scabrositas
scribacitas
separabilitas
seruilitas
similaritas
sociabilitas
speciositas
studiositas
stypticitas
suitas
superciliositas
superioritas

tepiditas
terrestreitas
tersitas
thomistitas
totalitas
tuitas

uariabilitas
ubiquitas
uenenositas
ueracitas
uersabilitas
uersicoloritas

13. Substantifs en -mentum

aberramentum
adiutamentum
adlegamentum
adstrigmenta (Pl.)
adumbramentum
applicamentum
ariolamentum
arrendamentum
assamenta (Pl.)
auspicamentum

blateramentum

cauillamentum
citamentum
cohonestamentum
conglobamentum
conturbamentum

degustamentum
dehortamentum
deornamentum
dictamentum

excantamentum
exprobramentum
exspiramentum

fabulamentum
frustulamentum
fucamentum

gesticulamentum

haesitamentum

imaginamentum
incrustamentum
insignimentum
irretimentum

lucubramentum
ludificamentum

nidulamentum

oblucteramentum
(-tamentum?)
opitulamentum
ordinamentum
ostentamentum

parlamentum
perlectamentum
praefloramentum
praegustamentum
praelibamentum
praeparamentum
proiectamentum

recreamentum
refutamentum
reiectamentum
relaxamentum
reliquamentum
remoramentum
reuocamentum

sentimentum
subinstrumentum
susurramentum

tenementum
territamentum
torneamentum

14. Adjectis en -osus et adverbes en -ose

acrimoniosus
aculeosus
adagiosus
aerumnose
ambagiose
amorosus
ampullose
ampullosus
articulose
auguriosus

bellicose

caeremoniosus
cauillose
colluuiosus
corniculosus
crenulosus

daemoniosus
defectuosus
desideriose
desideriosus
dispendiose

echinosus
excipulosus
excrementosus

facetosus
fastuose
flatuosus
fluminosus

gaudiosus
gesticulosus
globose

inartificiose
informosus
ingenerosus
inofficiose
instrumentosus

labyrinthosus
lenociniosus
liticulosus

maiestuosus
merdosus
meticulose
miraculosus

naeuosus
nequitiosus

obsequiose
offendiculosus
ostentosus

paludinosus
penuriosus
peranimosus
pergloriosus
pergratiosus
perofficiosus
petricosus
petulosus
praemorosus
prouerbiosus

quaesticulosus
querulose

quisquiliosus

rigorose
rigorosus
ruderosus

sacculosus
salsuginosus
scandalose
scelerose
scirrosus
scoenosus
semicorrosus
semiotiosus
senticulosus
serosus
sesquifuriosus
solaciosus
spinose
spiritosus
spirituosus
squalorosus
subcontumeliosus
submorose
subodiose
superciliose

titulose
titulosus

uentricosus
uepricosus
uerruculosus
ueternose
uictoriose
uirtuose
uncosus
uoculosus
urticosus

zelosus

15. Verbes en -sco (ere)

aduerbiasco
compubesco
conflammesco
consopesco
contepesco

deflaccesco
defrondesco
deplumesco

efflaccesco
exaugesco
exhilaresco

flagrasco

indormisco
inflammesco
ingruesco
instupesco
intersilesco

lignesco

paludesco
perinesco
praeagnosco
praesentisco
profanesco
pulu erasco
pulueresco

reclaresco
redormisco
reflaccesco
rehilaresco
reiuuenesco
renitesco
repullulasco

salesco
somnolesco
stolidesco
stultesco
subacesco
subadolesco
suberubesco
subfusco
subglisco
subpullulasco
subrubesco
subtimesco
suppurasco

uapesco

16. Adverbes en -sim

concisim
cusim

densim
descensim
diuersim

fusim

intermissim

recursim

scansim
seorsim

tersim
transcursim

uniuersim

17. Substantifs en -sio

admensio

circumincessio
complosio
compromissio
contrusio
corrosio

defossio
delapsio
detorsio

emulsio
erasio

excusio
expromissio

haesio

impensio
incessio
infensio
intrusio

oblaesio

perculsio
persensio
praetensio
propulsio
protrusio
punsio

subsessio

18. Adjectifs en -siuus et adverbes en -siue

adhaesiue
adsensiuus
apprehensiuus

conuersiuus
corrosiuus
cursiuus

decisiue
decisiuus
defensiue
defensiuus
diffusiuus
discussiuus
dissensiuus

exclusiuus

impulsiuus
inclusiue
irrisiuus

offensiue
offensiuus
permansiuus
permissiue
possessiue
progressiuus

repressiuus

suasiuus
subrisiuus
successiue

19. Substantifs et adjectifs en -sor

admensor
applausor

comprehensor I/II
conuersor
corrosor

demorsor
discessor

effossor
expensor
explosor

impressor
inuersor

morsor

perpensor
praelusor
praeuisor
pressor

recensor
reuisor

submussor

20. Adjectifs en -sorius et adverbes en -sorie

accessorie
accessorius
adgressorius
admissorius
ascensorius

cursorie

decisorius I
dissuasorius

elusorius
excursorius
excusorius

impressorius
incisorius

prolusorius
prouisorius

reprehensorius
responsorius

sensorius
sponsorius

21. Adverbes en -ter

abhorrenter
addubitanter
aequidistanter
altiloquenter
amarulenter
angeliformiter
antecedenter
antiquariter
aptitudinaliter
auidenter

caelestiformiter
capitulanter ?
capitulariter
carnaliter
cauillanter
certitudinaliter
christianiter
circulariter
circunmspicienter

cogitanter
collegialiter
commendabiliter
comprehensibiliter
conciliariter
concomitanter
condecenter
conformiter
congratanter
conniuenter
contestanter
conuenticulariter
conuentualiter
cordialiter

delectanter
deponentaliter
desipienter
diametraliter
dicaciter
discorditer
diuinaciter
diuiniter
doctrinaliter
dominabiliter
dormitanter

effectualiter
elementaliter
exaudibiliter
exemplariter
experimentaliter
extremiter

fallaciloquenter
fallibiliter
filialiter
filiariter ?
formaliter

gestienter
grandiloquenter
graueolenter
gustabiliter

habitualiter
hallucinanter
helluanter
heriliter

ignoscibiliter
illibenter
immaterialiter
immedicabiliter
immediocriter
impatibiliter
impertinenter
implacabiliter
inaduertenter
inattingibiliter
incidentaliter
incidenter
incogitanter
incommunicabiliter
inconniuenter
inconsolabiliter
indefatigabiliter
independenter
indicibiliter
ineluctabiliter
ineptiter
inerrabiliter
inexstirpabiliter
infitialiter
ingustabiliter
inhaesitanter
iniquiter
inobseruanter
insinuanter
insociabiliter
insperanter
instrumentaliter
irreconciliabiliter
irrefragabiliter
irreplicabiliter
irreprobabiliter
irreuerentialiter
irreuulsibiliter
iuridicialiter

lamentabiliter
languenter
laudanter
legibiliter
linguaciter
litteraliter

magistraliter
manualiter
maritaliter
metaphysicaliter
modulabiliter
monstrabiliter

notanter
nugaciter
nulliter

obaudienter
obscuriter
occasionaliter
orbiculariter
orthogonaliter

palpabiliter
papaliter
pariformiter
partibiliter
perbenigniter
perfamiliariter
perfrequenter
pergratanter
perpendiculariter
peruehementer
petenter
pienter
plausiliter ?
pluriformiter
pluriter
pontificaliter
praecellenter
praecociter
praecordialiter
praedicabiliter
praedulciter
praegrauiter
praelargiter
praemordaciter
praesenter
praesidenter
praeuaricanter
promouenter
prooemialiter
prouincialiter

quadranter
quadrupliciter

realiter
respondenter
restitanter
ruditer

sacramentaliter
sanabiliter
sanguinolenter
scriptaliter
sensiliter
sequenter
sodaliter
somnolenter
subsistentialiter
subuerenter
supereffluenter
supereminenter
supernaturaliter
supersubstantiabiliter ?
supersubstantialiter
synodaliter

tempestiuiter
thomisticaliter
triniter
triumphaliter
tumultuanter
tumultuariter
tutelariter

uacillanter
uenaliter
uersatiliter
uirtualiter
uirulenter
urbaniter

22. Adverbes en -tim

adgregatim
aemulatim
amussatim
angariatim
apertim
armentatim

buccellatim

calendatim
casatim
cenaculatim
chartulatim
circumiectim
circumspectim
ciuitatim
clauiculatim
contentim
cuppatim
curtim

despectim
dietim
dimidiatim
dissimulatim
districtim
domatim
duernicatim

ecclesiatim
examussatim
explicatim

fasciculatim
foliatim
frustrulatim

gracculatim

haustim
hebdomadatim
hebdomatim
heminatim
horatim
hospitatim

inconiunctim
intercolumniatim
interpunctim
iteratim
iugatim

litteratim

mansionatim
mutilatim

numeratim

obuolutim

paginatim
persultim
plateatim
prostratim

ramulatim

schedatim
scriniatim
sectiliatim
seriatim
spirulatim
stationatim
stellatim
striatim
sturnatim
subselliatim
sulcatim

tectim
titulatim

uelitatim
uerbatim
unitatim

23. Substantifs en -tio

abannatio
abiunctio
adflatio
admunitio
adornatio
adseruatio
adsiduatio
adsociatio
adstipatio
adstitio

adsuefactio
adsurrectio
alimentatio
approximatio
arrestatio
auspicatio

beatio

canonizatio
castrametatio
cauponatio
causificatio
cenitatio
certificatio
circumdictio
circumfinitio
circumgestatio
circumuolutio
coalitio
coaxatio
coindicatio
collabellatio
collimatio
collineatio
commonefactio
concelebratio
concenturiatio
concreatio
condecuriatio
confluctuatio
consarcinatio
consopitio
conspurcatio
constipulatio
consubstantiatio
consussuratio
contrucidatio
conuiciatio
conuolutio
conuotio
corrugatio
cribratio
crispatio
curtatio

damnificatio
deacceptatio
degrandinatio
delassatio
delinitio
delitigatio
demurmuratio
denarratio
deordinatio
depilatio
depotatio
destomachatio
deturpatio
diffidatio
diffractio
digladiatio
dignotio
dilaudatio
dinundatio
discontinuatio
disertio
disparitio
disperditio
disproportio
domatio
dotatio
dulcoratio
duratio

effigiatio
eiaculatio
elargitio
elementatio
elocatio
elucidatio
elucubratio
emaculatio
emansitatio
emendicatio
emolitio
enucleatio
essentiatio
euectio
euibratio
euulgatio
exbalistatio
exbursatio
excantatio
excoriatio
excorporatio
exemplificatio
exenteratio
exoculatio
exscriptio
exsibilatio
exspatiatio
exstimulatio
extractio
exuitio
exungulatio

falsificatio
fellatio
feriatio
finitatio
foedatio
frigefactio

gyratio

harpagatio
hypostatizatio

idolatratio (y-)
ignitio
immigratio
immixtio
immurmuratio
impanatio
imperceptio
impermixtio
impetitio
implantatio
importatio
impraemeditatio
inaffectatio
inauctoratio
incarceratio
incineratio
incircumscriptio
incompactio
indispositio
ineducatio
inexercitatio
ingeminatio

inglomeratio
inobseruatio
insanatio
insignitio
intertentio
interturbatio
intoxicatio
intricatio
intritio
inuulgatio
itineratio
iuuatio
iuxtapositio

laetificatio
laureatio
lectitatio
legitimatio
lictio
liquefactio
longatio
lucrefactio

madefactio
malleatio
mandatio
manducatio
manuductio
missatio
muginatio
mundificatio

nobilitatio
nonsolutio
notificatio
nummatio

obturbatio
obuiatio
oppigneratio
opploratio

pandiculatio
patrocinatio
pensiculatio
pergraecatio
perlustratio
permeatio
perornatio
perpetuatio
persolutio
personatio
perstillatio
peruolutatio
philosophatio
plicatio
popinatio
postergatio
practicatio
praedefinitio
praedeliberatio
praedispositio
praefractio
praegustatio
praeiunctio
praemiatio
praemolitio
praeordinatio
praesentatio
praesentio
praeseruatio
prodeambulatio
profundatio
prolectatio
prolongatio
propalatio
propinquatio
pudefactio
pugnatio

qualificatio
queritatio
querulatio

rarefactio
ratificatio
reassumptio
recantatio
reciconiatio
recollectio
recommendatio
reconcinnatio
reconuentio
recriminatio
redamatio
rediteratio
refractio
refricatio
registratio
reiteratio
remancipatio
remigratio
renudatio
repartitio
reproductio
repullulatio
repurgatio
reseruatio
resignatio
resortitio
responsatio
responsitatio
retaliatio
retaxatio
retectio
retinctio
retrouenditio
reuenditio
reuerberatio
rhetoricatio
rixatio

scriptitatio
secatio
semotio
sensatio
sepelitio
serenatio
serptio
sessitatio
sigillatio
sonatio
sophisticatio
specificatio
subalternatio
subdelegatio
subditio
subdubitatio
subfeudatio
subindignatio
subinfeudatio

subintellectio
submonitio
submotio
subornatio
subprobatio
substantiatio
substantificatio
subsultio
superfetatio
superstructio
suprascriptio

tepefactio
titiuillitio
titulatio
torrefactio
tranatio
transanimatio
transcursatio
transpositio
transuasatio
transubstantiatio
tumulatio

ualedictio
uariegatio
uetatio
uolutio
uulgatio

ydolatratio (i-)

24. Adjectifs en -tiuus et adverbes en -tiue

adgregatiuus
adiectiue
adsertiue
adsertiuus
aduentiuus
alternatiue
alternatiuus
ampliatiue
appellatiue
applicatiuus
appositiue
causatiue
circumlocutiue
cogitatiuus
cognitiuus
cognoscitiuus
collatiue
collectiue
commemoratiuus
commensuratiue
commutatiuus
concretiue
connotatiuus
consecutiue
consecutiuus
conseruatiuus
conspiratiue
consultatiuus
correctiuus
correlatiue
correlatiuus

deiectiuus
determinatiuus
dicatiuus
disceptatiuus
dispositiuus
dissipatiuus
dissociatiuus

eductiuus
effectiue
emendatiuus
enuntiatiue
exclamatiuus
exhibitiuus
exornatiuus
exspectatiuus
extenuatiue

factiuus
formatiuus

generatiuus

ignoratiue
imaginatiue
imaginatiuus
inquisitiue
interpretatiue
intuitiuus

maturatiuus
mundificatiuus

nutritiuus

obiectiue
obsecratiuus
obstructiuus
operatiuus
opinatiue
ostentatiuus

partitiue
perceptiuus
peremptiuus
perfestiuus
pluratiue
praeparatiuus
praesentatiuus
praeseruatiuus
prohibitiuus

qualitatiue
quantitatiue
quantitatiuus

receptiuus
recitatiue
recitatiuus
recreatiuus
reductiue
reductiuus
reduplicatiuus
refutatiuus
regeneratiuus
repletiue
repraesentatiuus
respectiue
respectiuus
retentiuus

sciscitatiuus
sensitiuus

specificatiue
speculatiue
subiunctiue
substantiue
susceptiuus

uegetatiuus
uiuificatiuus
uomitiuus
ustiuus

25. Substantifs et adjectifs en -tor

abductor
abgregator
abtrectator
acclamator
acupictor
adfector
adformator
adglutinator
adornator
adseruator
adseuerator
adtentator
adtritor
adumbrator
ambassiator
amplexator
appretiator
arabicator
ariolator
arrendator
aucupator

beator
blaterator
boator
brodiator

calefactor
causator
causificator
centuriator
circumuallator
clamitator
coaceruator
coagmentator
coargutor
coelector
coexecutor
cohortator
collaborator
commonstrator
compactor
compensator
comperendinator
complicator
compotator
conator
condonator
confractor
congestor
conglutinator
congratulator
conquestor
conrector
consarcinator
conscelerator
consertor
conspirator
conspurcator
consputor
consubstantiator
consutor
contestator
contrarotulator
conuasator
corroborator
crapulator

deambulator
debacchator
decantator
decretor
decurtator
deformator
deificator
deletor
demutilator
depanator
depictor
deportator
deseruitor
deturbator
deturpator
diffamator
dimicator
diremptor
discerptor
discubitor
disquisitor
dissector
domificator

ebuccinator
effascinator
effictor
effigiator
efflagitator
efformator
elimator
elocator
elocutor
emaculator
enecator
eneruator
enucleator
essentiator
estor
euector
exarator
excerptor
exclamator
excoctor
exenterator
exhaustor
exhilarator
expatrator
expenditor
expiscator
expostulator
exquaestor
exscriptor
exsibilator
exspatiator I/II
exustor

farctor
ferruminator

formulator
fortunator I/II
fumiuenditor
funditator

garrulator
glossator

horocrator

iactor
illaqueator
illigator
implorator
importator
inclamator
inescator
infortunator
iniector
inquinator
interlocutor
interturbator
iocator
irruptor
iugulator
iurgator

labefactator
lactator
latinitor
latitator
lenitor
ligator
lucubrator
Lutherozelator

maculator
miniator
missator
molestator
mortificator

nauiculator
nobilitator
notator

obauditor
obluctator
obnuntiator
obreptor
obscurator
obstetricator
obtruncator
obumbrator
occentor
occlamator
occupator
oscitator
osculator

palpitator
patrocinator
peierator
peractor
peragrator
periclitator
perimitator
perlustrator
perpotator
pertentator
perunctor
pessundator
placator
porrector
praedestinator
praeitor
praelibator
praemetator
praescriptor
praesentator
praestolator
procognitor
procrastinator
prolatator
prolectator
propastor
propinator
prorector
prosperator
prouector
pseudopastor
purificator

quiritator

reclamator
reclamitator
recognitor
recordator
recrastinator
redargutor I/II
refocillator
regenerator
reiector
repastinator
reposcitor
repurgator
reserator
responsator
restitator
rogitator

satisfactor
scobator
scopator
scriptitator
semirhetor
spongiator
subauscultator
subcastigator
subcognitor
subdisceptator
subgubernator
sublector
subleuator
submediator
submonitor
sufflator
suggestor
suggillator
superincubitor
supilator
suppeditator

terrificator
tonitor
transportator
transubstantiator
triangulator
trigonocrator
tripudiator
tumultuator

tympanizator

uadator
uentitator
uersator
uicepastor
uigilator
uiscerator

zelator

26. Adjectifs en -torius et adverbes en -torie

ablutorius
abrogatorius
acclamatorius
addictorius
adhortatorius
admonitorius
adsentatorius
auscultatorius

blasphematorius

caduceatorius
citatorius
collaudatorius
commentatorius
comminatorius
commonefactorius
comperendinatorius
conciliatorius
concionatorius
condemnatorius
confirmatorius
congratulatorius
consecratorius
consultorius
  contradictorie
conuitiatorius
conuiuatorius
criminatorius

declaratorius
declinatorius
decoctorius
decubitorius
dedicatorius
  demeritorie
demeritorius
demolitorius
destillatorius
detractatorius
deuinctorius
diffamatorius
digladiatorius
disceptatorius
discubitorius

electorius
emaculatorius
excubitorius
exhilaratorius
expostulatorius
exsiccatorius

fictorius
flagitatorius
foeneratorius
fornicatorius
fortunatorius

grassatorius
gratificatorius
gubernatorius

haustorius

illuminatorius
impositorius
impostorius
incitatorius
incusatorius
infamatorius
initiatorius
inquisitorius
instructorius
intentorius
interlocutorius

lamentatorius
liberatorius
  litigatorie
litigatorius
luctatorius

  meritorie
  minatorie
missatorius
molitorius
muratorius

nauigatorius
  notorie
nuncupatorius
nuntiatorius

  obiurgatorie
obluctatorius
obsignatorius
obtrectatorius
osculatorius

percontatorius
percontorius
perfectorius
persecutorius
  praeceptorie
praeceptorius
praefatorius
praestigiatorius
probatorius
  proditorie
  pronunciatorie
propugnatorius
punctatorius

quaesitorius

ratificatorius
recitatorius
reclinatorius
reconciliatorius
reconuentorius
recreatorius
redemptorius
renuntiatorius
repraesentatorius
requisitorius

resolutorius

sacrificatorius
satisfactorius
sciscitorius
scrutatorius
sculptorius
sermocinatorius
seruatorius
sigillatorius
sollicitatorius
submotorius
supplicatorius

tergiuersatorius
transformatorius

ueneratorius
uersificatorius
uisitatorius

27. Substantifs et adjectifs en -trix

abrogatrix
absolutrix
abstitrix
abtruncatrix
adaequatrix
addubitatrix
adhortatrix
adleuatrix
adminiculatrix
administratrix
admiratrix I/II
adornatrix
adsecutrix
adseruatrix
adsimulatrix
adtractrix
adulteratrix
aedificatrix
aestimatrix I/II
aleatrix I/II
altercatrix
ampliatrix
apparitrix
architectatrix
architectrix I/II
ariolatrix
aucupatrix
auditrix
auguratrix
auspicatrix
autoratrix

beatrix
benefactrix
blateratrix
buccinatrix

caecatrix
calefactrix
calefatrix
carminatrix
casitatrix
castigatrix I/II
cauponatrix
cinctrix
circumscriptrix
clamitatrix
coadiutrix
cogitatrix
cognitrix
cohibitrix
cohortatrix
commentatrix
commonefactrix
commutatrix
comprobatrix
comptrix
concinnatrix
concionatrix
concupitrix
conglutinatrix
congregatrix
consolatrix
constitutrix
contemplatrix
contentrix
conturbatrix
conuiciatrix
conuictrix
cooperatrix I/II
correctrix

declaratrix
declinatrix
decoctrix
deductrix
defecatrix
dehortatrix
delatrix
deliberatrix
deprauatrix
depultrix I/II
designatrix
destinatrix
detractrix
delargitrix
directrix
diremptrix
discretrix
domatrix

editrix
effictrix
emunctrix
enarratrix
eneruatrix
erectrix
euectrix
euocatrix
exanimatrix
excogitatrix
exhibitrix
exhortatrix
exornatrix
expiatrix
expolitrix
expostulatrix
exsecratrix
exsiccatrix
exsuscitatrix

fabulatrix
fascinatrix I/II
filatrix
finitrix
focillatrix
fortunatrix I/II

fotrix
frustratrix
fulminatrix
funditatrix

gesticulatrix
gratulatrix
gustatrix

hallucinatrix
honoratrix
humectatrix

iactatrix
illitrix
illustratrix
immolatrix
immutatrix
imploratrix
importatrix
impostrix
inambulatrix
inauguratrix
indicatrix
inductrix
infamatrix
informatrix I/II
innouatrix
insectatrix
instauratrix I/II
institrix
institutrix
interpellatrix II
inuolatrix

labefactatrix
largitrix I/II
legislatrix
legum latrix
limatrix
litigatrix
locatrix
locupletatrix I/II
locutrix
lotrix I/II
ludificatrix

mensuratrix
minatrix
monitrix I/II
monstratrix I/II
moratrix
motrix
murifractrix

narratrix
neglectrix
netrix

obambulatrix
obiurgatrix
oblectatrix
obliteratrix
obsecratrix
obsonatrix
obtrectatrix
odoratrix
offensatrix
opitulatrix

pacificatrix
patrocinatrix
peieratrix
pensatrix
perpolitrix
popinatrix
praeparatrix
praesentatrix
praeseruatrix
praesultrix
prensatrix
procreatrix
productrix
prolatatrix
pronunciatrix
propagatrix I/II
propulsatrix
proseminatrix
protectrix
purgatrix

rapinatrix
receptrix
recoctrix
reconcinnatrix
recreatrix
redargutrix
refectrix
reformatrix
regeneratrix
reiectrix
reparatrix I/II
restauratrix
retentrix
retributrix
reuocatrix
reuolutrix
rixatrix

sanatrix
scortatrix
secundatrix
sedatrix
seminatrix
significatrix
subleuatrix
submotrix
suggestrix I/II
suggillatrix
supparasitatrix
suppeditatrix I/II
susceptrix I/II

tactrix
temeratrix
temperatrix
tergiuersatrix
testatrix
translatrix
tutatrix I/II

uegetatrix
uenditatrix
uersatrix
uigilatrix
uisitatrix

28. Substantifs en -tudo

arctitudo

caritudo
curtitudo

differitudo

gnaritudo
gratitudo

immansuetudo
impromptitudo
inconsuetudo
infinitudo
irrequietudo

lacessitudo
limpitudo

paritudo
perfectitudo
promptitudo

sanitudo
serenitudo

29. Substantifs en -tura

abbreuiatura
altercatura
argenteatura

buccinatura

captatura
commendatura
comptura
concionatura
conductura
confrictura
contabulatura

detritura
dicatura
doctura

electura

illigatura
incrustura
indentura
indictura
informatura
inuestitura

latratura
licentiatura

maculatura

nuncupatura

portatura
praedicatura
praelatura
praestigiatura
primogenitura
procuratura

quadruplatura

seruatura
signatura
subdoctura
subsultura
suppunctura

uacatura

30. Verbes en -turio (-ire)

abiturio
aduolaturio
arabicaturio
aulicaturio

bellaturio

castigaturio

disciturio
dormiturio
ducturio

facturio

geniturio

iturio

migraturio

resoluturio

subscaturio
susceptturio

uenaturio
uenditurio
uomiturio